송자대전

한국고전번역원 한국문집번역총서

송자대전 11

宋子大全

송시열 지음
宋時烈

정문채 옮김

일러두기

1. 이 책《송자대전》은《국역 송자대전》(1981~1988)의 미번역 부분을 포함하여 수정·번역한 완역서이다.
2. 이 책의 번역 대본은 한국고전번역원에서 간행한 한국문집총간 108~116집 소재《송자대전(宋子大全)》으로 하였다. 번역 대본의 원문 텍스트와 원문 이미지는 한국고전종합DB(http://db.itkc.or.kr)에서 확인할 수 있다.
3. 역주는 내용이 간단하면 간주(間註)로, 길면 각주(脚註)로 처리하였다.
4. 한자는 필요한 경우 이해를 돕기 위하여 넣었으며, 운문(韻文)은 원문을 병기하였다.
5. 원문의 오류를 수정하였거나 오류가 의심되는 경우, 교감자료와 중요한 자구(字句)에서 차이가 있는 경우에는 그 내용을 각주로 밝혔다.
6. '한글 맞춤법'의 용법과 다르거나 새로 만든 문장 부호는 다음과 같다.

「 」: ' ' 안의 재인용을 나타낼 때 사용한다.

『 』: 「 」 안의 재인용을 나타낼 때 사용한다.

…… : 원문의 '云云'을 처리할 때, 각주에서 긴 인용문을 처리할 때, 각주의 표제어가 네 어절 이상일 경우 생략되는 말을 처리할 때 사용한다.

- - : 본문에서 소자(小字) 원문 주(註)의 처음과 끝에 사용한다.

□ : 원문의 글자가 빠진 빈 난을 표기하거나 '결락과 판독 불가 글자에 대한 지침'에 따라 번역할 때 사용한다.

▨ : 훼손 등으로 인해 판독이 불가능한 원문을 표기할 때 사용한다.

차례

송자대전 제50권

서 書

송자대전 제51권

서 書

송자대전 제52권

서 書

송자대전 제53권

서 書

송자대전

제50권

書서

이계주[1]에게 보냄 신유년(1681, 숙종7) 1월 16일

與李季周 辛酉正月十六日

방금 보은(報恩) 유생이 찾아와 만나 보았는데, 그때 강화 유수(江華留守)[2]도 마침 와서 하는 말이 "성동주(成東洲)[3]는 이미 공주(公州)의 공암서원(孔巖書院)에 봉향되었고 중봉(重峰)[4] 역시 이미 옥천(沃川)과 김포(金浦)의 서원에 봉향되었습니다. 공암, 옥천, 김포의 서원은 모두 사액(賜額)이 이루어진 곳이니 더 이상 논의할 만한 일이 없을뿐더러 다시 상소로 청할 필요도 없습니다."라고 하였습니다. 이 이야기가 옳으니, 다시 의논하여 처리하는 것이 어떻겠습니까? 김학(金澩)[5]

1 이계주(李季周) : 이단하(李端夏, 1625~1689)로, 본관은 덕수(德水), 자는 계주, 호는 외재(畏齋)·송간(松磵), 시호는 문충(文忠)이다. 택당(澤堂) 이식(李植)의 아들로, 송시열의 문인이다. 1662년(현종3) 문과에 급제한 뒤 교리, 승지, 대제학, 예조판서 등을 거쳐 좌의정에 이르렀다. 저서로 《외재집(畏齋集)》이 있다. 《睡谷集 卷13 先季父議政府左議政府君行狀》

2 강화 유수(江華留守) : 이선(李選, 1632~1692)이다. 본관은 전주(全州), 자는 택지(擇之), 호는 지호(芝湖)·소백산인(小白山人)이다. 《宋子大全隨箚 卷4》

3 성동주(成東洲) : 성제원(成悌元, 1506~1559)으로, 본관은 창녕(昌寧), 자는 자경(子敬), 호는 동주, 시호는 청헌(淸憲)이다. 저서로 《동주유고(東洲遺稿)》가 있다. 《秋坡集 卷2 東洲成公墓碣銘》

4 중봉(重峰) : 조헌(趙憲, 1554~1592)의 호이다. 본관은 배천(白川), 자는 여식(汝式), 이이(李珥)와 성혼(成渾)의 문인이다. 임진왜란 당시 의병을 일으켰다가 전사하였고, 옥천의 창주서원(滄洲書院)과 김포의 우저서원(牛渚書院)에 배향되었다. 저서로 《중봉집(重峰集)》이 있다. 《月汀集 卷6 贈吏曹參判趙公一軍殉義碑》

5 김학(金澩) : 1641~1709. 본관은 경주(慶州), 자는 학원(學源), 호는 장졸와(藏拙

이 청한 일에 대해서도 가부를 결정해 주셔서 먼 곳에 와 있는 사람이 오래 머무르는 불편을 겪지 않도록 해 주신다면 매우 다행이겠습니다.

별지

이번 일에 대해서는 손자 아이가 대략 그 전후 사정에 대해 아뢰었습니다. 저의 생각으로는 집사께서 찬찬히 여론을 살피시다가 혹 그 논의가 그칠 기미 없이 계속 일어날 경우엔 곧장 장문의 사직 단자를 올리고, 세 차례 말미를 더 줄 경우엔 병을 이유로 소장을 올려 산릉(山陵)[6]이 끝나기를 기다렸으면 합니다. 그렇게 한다면 거취의 문제도 차차 순조롭게 결정될 것입니다. 대략 요즈음 돌아가는 상황을 보건대 시끄럽게 다투는 말들을 잠재우기가 어려우니, 입을 다물고 피하는 것이 더 낫겠습니다. 저의 생각이 이와 같으니, 깊이 생각하여 잘 처리하기를 바랍니다.

窩)이다. 보은에 거주하였으며 송시열의 훈도를 받았다.《濯溪集 卷9 藏拙窩金公行狀》

6 산릉(山陵) : 숙종의 비 인경왕후(仁敬王后)의 무덤을 조성하는 일을 가리킨다.

이계주에게 답함 신유년(1681, 숙종7) 2월 23일

答李季周 辛酉二月二十三日

성상께 영원한 하직을 고하자니 눈물이 줄줄 흘렀고 조정에서 밤낮없이 일하는 여러분에게도 서글픈 마음이 들었는데, 그러던 차에 이렇게 편지를 보내 주니 제 마음에 조금이나마 위로가 됩니다. 지금 저의 이 걸음은 오직 예경(禮經)을 범하기 어렵다는 의리[7]의 차원에서 행한 것인데, 들리는 말로는 여러 유생이 저를 만류하기를 청하는 소장을 올리면서 본래의 취지와 상관없는 다른 말을 끼워 넣었다고 합니다.[8]

7 예경(禮經)을……의리 : 《예기》〈곡례 상(曲禮上)〉에 "대부는 나이가 일흔이 되면 벼슬을 내놓는다."라고 한 내용을 어길 수 없는 의리를 가리킨다. 송시열이 사직을 고하던 1681년 2월 20일 당시 그의 나이가 이미 75세였기 때문에 이렇게 말한 것이다.

8 여러……합니다 : 1681년 2월 20일 송시열이 사직 상소를 올리자 성균관 유생 정제태(鄭齊泰) 등 90여 명이 송시열을 만류하기를 요청하는 소장을 올렸는데, 이때 정재숭(鄭載嵩) 및 박태손(朴泰遜)과의 불화가 송시열이 조정을 떠나려는 이유라고 주장한 것을 말한다. 이에 앞선 1678년 조정에서는 송시열과 복제(服制)에 관해 주고받은 문답을 근거로 기해예송(己亥禮訟) 때 송시열과 더불어 기년복(朞年服)을 주장한 정태화(鄭太和)를 현종(顯宗)의 묘정에 배향할 수 없다는 주장이 일었다. 이에 정태화의 아들이자 당시 우의정이었던 정재숭은 부친의 설과 송시열의 설은 근본적으로 다르며 송시열과 주고받았다는 문답 역시 송시열이 꾸며 낸 것이라고 주장하면서 송시열과 갈등을 빚었다. 《宋子大全 卷71 與李擇之(丙午二月)》《宋子大全 附錄 卷8 年譜》 한편 1681년 어진익(魚震翼)의 공청도 관찰사(公淸道觀察使) 임명이 마땅치 않다는 헌납 박태손의 상소가 올라오자 결국 이사명(李師命)이 대임하게 되었는데, 이에 송시열이 어진익을 변호하면서 사람을 너무 까다롭게 논하는 것은 문제가 있다는 취지로 소장을 올렸다. 이로 인하여 결국 박태손도 인혐하여 사직을 하였다. 《肅宗實錄 7年 1月 29日, 2月 13日》《宋子大全 附錄 卷8 年譜》

만류를 청하는 것만도 이미 극히 불안한 일인데 거기에 더해 분쟁이 일어날 단서까지 생겼으니, 그 불행함을 어떻게 해야 할지 모르겠습니다.

동협(東峽)으로 돌아가 살겠다는 계획은 실로 보내온 편지에서 말한 것과 같습니다. 대체로 늘그막에는 자손들을 향한 그리움을 가눌 수 없는 법이니, 그 계획이 이루어진다면 긴 시간 동안 손자들을 어르고 놀면서 한가롭게 지낼 수 있을 것입니다. 아울러 바라는 바는 조만간 귀향하여 함께 지팡이 짚고 신발 신고서 서로 어울려 지내는 일입니다.

이계주에게 답함 신유년(1681, 숙종7) 2월 27일
答李季周 辛酉二月二十七日

편지에서 말씀하신 내용을 삼가 다 살펴보았습니다. 회옹(晦翁)이 "맹자(孟子)는 일평생 인고하여 '왕척직심(枉尺直尋)'이란 네 글자를 드러내 밝혔는데, 요즘 사람들은 기필코 이 네 글자를 사용한다."라고 하였습니다.[9] 저는 현재 예경(禮經)의 큰 가르침을 위반하였으니, 비록 큰 공업을 이루었더라도 족히 볼만한 것이 없을진대 하물며 그럴 만한 능력조차 없는 자는 어떻겠습니까.

동협으로 돌아가 살겠다는 계획은 처음에는 몹시도 결연하였는데, 갑자기 닥친 손자며느리의 상(喪)으로 어린아이들의 울음소리가 방안에 가득하여 차마 멀리 떠날 수 없게 되었습니다. 이에 대감께 사과드리는 바이니, 일단 상황을 살펴보다가 종내에는 반산(半山)의 언약[10]을 이룰 것입니다. 갖추어 다 말씀드리지 못합니다.

9 회옹(晦翁)이……하였습니다 : '왕척직심'은 한 자를 굽혀 여덟 자를 편다는 말로, 큰 이익을 위해서 작은 의리를 버린다는 뜻이다. 《孟子 滕文公下》 주희(朱熹)가 여조겸(呂祖儉)에게 보내는 편지에서 "맹자는 일평생 곤궁함을 참고 굶주림을 감수하며 심력을 남김없이 다 써서 단지 '왕척직심'이란 네 글자를 설파하였는데, 오늘날 여러분은 애써 고심하고 힘을 들이며 언어를 남김없이 다 써서 단지 '왕척직심'이란 네 글자를 이루어 낼 뿐입니다."라고 하였다. 《晦庵集 卷47 答呂子約》

10 반산(半山)의 언약 : 마음이 맞는 두 사람이 인접한 곳에 함께 은거하자고 하는 언약을 말한다. 송(宋)나라 장영(張詠)이 화산(華山)에 은거하고 있는 진단(陳摶)과 종유하면서 화산의 반을 나누어서 살게 해 달라고 한 고사에서 온 말이다. 《漁隱叢話 後集 卷19 張復之》

이계주에게 보냄 신유년(1681, 숙종7) 5월 8일

與李季周 辛酉五月八日

보내신 편지는 일전에 받아 보았으나 병으로 늘 괴로운 처지이고 또 혐의되는 점이 없지 않아서 오랫동안 답장을 미루고 있으니, 해량해 줄 것으로 생각합니다. 전해 듣기로, 진정을 피력하는 소장을 올렸다고 하는데 무슨 내용으로 말씀하였습니까?

사관(史官)이 가는 편에는 또한 감히 진부한 말로 번독하게 진달할 수 없어 오직 "성학(聖學)에 힘쓰고 백성을 화합시켜야 한다."라는 내용으로 성지(聖旨)에 대략 응답하였습니다.[11] 대체로 성학에 힘쓰지 않으면 물욕이 행해져 백성을 화합시킬 수 있는 이치가 없게 되고, 인심이 기뻐하지 않으면 천의(天意)가 무엇을 통하여 즐거워지겠습니까. 그러한즉 아뢰었던 이 두 가지 말이 비록 심히 진부하긴 하지만 그보다 종요로운 것은 없는데, 성상께서 과연 옳다고 여기실지 모르겠습니다.

다 죽어 가는 이 늙은 몸은 다만 근심으로 애태울 뿐입니다. 나머지 얘기는 병석에 누워 다른 사람의 손을 빌려 쓰는 것이라 다 갖추어 말씀드리지 못합니다.

11 사관(史官)이……응답하였습니다 : 1681년 5월 1일 숙종이 가뭄과 지진의 발생에 따른 해결책을 구하기 위하여 송시열에게 사관을 보내 진언할 것을 명하였다. 《肅宗實錄 7年 5月 1日》 송시열이 응답한 내용은 《송자대전》 권24에 〈기주관 조정선이 전유한 뒤에 올리는 서계〔記注官曺廷善傳諭後書啓〕〉란 제명으로 실려 있다.

이계주에게 답함 신유년(1681, 숙종7) 8월 2일

答李季周 辛酉八月二日

전후로 보내 주신 편지에 대해 모두 아직 답장을 보내지 못하였는데, 이는 병으로 쇠약해진 이유도 있지만 서울로 보내는 편지를 자주 쓰고 싶지 않아서이기도 합니다. 앓고 있는 병은 다름 아니라, 다만 습열(濕熱)이 위(胃)를 공격함에 따라 음식을 먹고 싶은 생각이 완전히 사라져 원기가 날로 소모되는 지경에 이른 것이니, 한공(韓公)의 "사람이 죽을 때엔 반드시 내장이 먼저 병에 걸린다."라는 말[12]이 허언이 아닙니다.

이전 편지에서 말씀한 '권(權)'과 '경(經)'에 대한 설은 다시금 일전어(一轉語)[13]를 내려 주신 것이 참으로 옳습니다. "저쪽의 휘호(徽號)……"[14]라고 한 것에 대해 말씀드리자면, 당초에 제가 그 문제에

12 한공(韓公)의……말 : 당(唐)나라 문인 한유(韓愈)의 〈장중승전후서(張中丞傳後序)〉에 나오는 말이다. 《韓昌黎文集 卷13》

13 일전어(一轉語) : 선가(禪家)에서 유래한 말로, 미혹에서 벗어나 깨달음을 얻을 수 있게 하는 한마디 말을 이르는 것이다.

14 저쪽의 휘호(徽號) : 청(淸)나라가 효종(孝宗)의 시호로 내려 준 두 글자를 송시열이 폄하하여 표현한 말이다. 조선의 국왕이 승하하였을 때 종래에는 명(明)나라에서 내려 준 두 글자를 합쳐 시호를 10자로 해 오다가, 인조(仁祖)의 대상(大喪) 때부터는 본조에서 올린 8자만 써 왔다. 그러다가 1659년(효종10) 효종이 승하하자 송시열이 차자를 올려, 청나라에서 보낸 시호 두 글자를 결코 쓸 수 없을뿐더러 그렇다고 그 두 글자를 남겨 둘 수도 없는 노릇이므로 이제부터는 은밀히 본조에서 직접 나머지 시호 두 글자를 정하자고 주장하였다. 《宋子大全 附錄 卷3 年譜》《承政院日記 顯宗卽位年 10月 6日》《顯宗實錄 卽位年 10月 5日》

대해 힘써 간쟁하였으나 끝내 성상께서는 분명한 결정을 내려 주지 않고 "삼가 가르쳐 준 내용을 잘 알겠습니다."라고만 하셨습니다. 비록 함부로 논한 것이었지만 외인(外人)이 알기를 바라지 않는 것이 당시 성상의 뜻이었기 때문에 또한 감히 재차 그 문제를 제기하지 못하였습니다.

외손녀[15]는 아비가 없어 제대로 된 가르침을 받지 못하였는데 귀하의 가문은 체통이 대단하므로 아마도 제대로 일을 받들어 해내지 못할 것이니, 이것이 걱정입니다.

○ "삼가 가르쳐 준 내용을 잘 알겠습니다."라고 하신 것은, 당시 상이 갓 즉위하신 상태였기 때문에 스스로 어리다고 자처하여 말씀을 극히 겸손하고 공손하게 하신 것입니다.

별지

대개 "성서(聖庶)가 적자(嫡子)의 지위를 빼앗는다."라고 하는 설[16]은 고금을 관통하는 대경(大經)이요 대훈(大訓)입니다. '빼앗는다.'

15 외손녀 : 송시열의 외손녀 파평 윤씨(坡平尹氏)로, 이태진(李泰鎭)의 처이자 이단하의 종손부(從孫婦)이다. 《宋子大全隨箚 卷5》

16 성서(聖庶)가……설 : 성서는 성인(聖人)인 서자(庶子)를 말하는 것으로, 서자라도 천자나 제후와 같은 통치자의 지위에 오르면 적통이 그에게 돌아간다는 말이다. 《漢書 梅福傳》 이에 대해 송시열의 스승인 사계(沙溪) 김장생(金長生)은 "《통전(通典)》에 한(漢)나라 매복(梅福)이 말하기를 '제후가 종(宗)을 빼앗는다.'라고 하였으니, 이는 아버지가 사(士)가 되고 서자가 제후왕(諸侯王)에 봉해지면 서자가 종적(宗嫡)을 빼앗아 제사를 주관함을 말한 것이다. 제후의 경우도 빼앗는 의리가 있는데, 하물며 천자는 어떻겠는가. 성서란 것은 무왕이 서자이지만 성덕(盛德)이 있어서 형인 백읍고(伯邑考)의 종적을 빼앗아 대신함과 같은 것이다."라고 하였다. 《近思錄釋疑 卷9》

라고 하였으면 당초 본연의 장자(長子)와는 차이가 있으므로 복(服)을 낮출 수 있으며, 이미 빼앗아 적자가 되었다면 바로 적통(嫡統)은 그곳에 있습니다. 무왕(武王)의 통서(統緖)를 두고 누가 감히 그것이 적통이 아니라고 말할 수 있겠습니까.[17] 또 "곁가지가 뻗어서 곧은 줄기가 되는 것과 같다."라는 것은 바로 정자(程子)의 정의(正義)의 설입니다.[18] 이미 곧은 줄기가 되어 버렸다면 다시 곁가지가 될 수 없음이 명백하니, 이미 끊어진 본줄기에 다시 싹이 돋더라도 다시 본줄기가 될 수 없음을 알 수 있습니다. 그러나 정자가 굳이 '곁〔旁〕'이라는 글자를 붙인 것은 그 의도가 따로 있습니다. 이 두 가지 설을 살펴본다면 요즘 저 무리들이 사람을 함정에 빠뜨리는 데 급급해하고 있음을 알 수 있습니다.

17 무왕(武王)의……있겠습니까 : 주(周)나라 문왕(文王)의 차자인 무왕이 적자인 백읍고를 대신하여 문왕의 뒤를 이어 왕위에 올랐기 때문에 이렇게 말한 것이다. 《史記 周本紀, 管蔡世家》

18 곁가지가……설입니다 : 북송(北宋)의 학자 정이(程頤)가 "종자법을 세우는 것은 또한 천리이다. 비유컨대 나무는 반드시 뿌리에서 하나의 줄기로 곧게 뻗어 올라가고 또 반드시 곁가지가 있는 것과 같다. 또 물이 비록 멀리 흘러가도 반드시 근원이 있고, 또 반드시 물길이 갈라진 곳이 있는 것과 같다. 이는 자연의 형세이다. 그렇기는 하지만 곁가지가 뻗어 나가 줄기가 되는 경우도 있다. 그러므로 '옛날에 천자가 나라를 세우면 제후가 종적을 빼앗는다.'라는 말이 있는 것이다."라고 한 것을 말한다. 《二程遺書 卷18》

이계주에게 보냄 임술년(1682, 숙종8) 1월 16일

與李季周 壬戌正月十六日

돌아가고 싶어도 그러지 못했던 뜻을 언제나 알고 또 염려하였는데, 이제 후련하게 떠나는 그 기분이 과연 어떠합니까? 다만 한 끼 밥을 먹을 때에도 임금을 감히 잊지 못하는 마음만큼은 가슴속에 더욱 맺혀 풀리지 않을 것으로 생각되니, 그 점이 또한 저를 눈물짓게 합니다. 책을 본다는 것을 언제나 알고 있으니 반드시 득력할 것입니다. 요즈음엔 또 무슨 일을 하십니까? 젊을 적엔 느끼는 맛이 깊지 않고 늙어버린 뒤엔 정력이 따라 주지 않는 것, 이는 사람들이 공통으로 겪는 근심이니 어떡하면 좋습니까. 저는 죽을병이 온몸을 감싸고 있으니 끝내 일어나지 못하리라는 것을 스스로 잘 알고 있습니다. 그러니 이 이후에 만나 정담을 나누는 일은 영원히 기약할 수 없게 되었습니다. 죽을 때 자식을 부탁하지 않는 것은 고인이 칭송했던 행위이지만, 가여운 어린 손자를 부디 끝까지 지도해 주시는 것이 어떻겠습니까. 격식을 갖추지 못합니다.

이계주에게 답함 임술년(1682, 숙종8) 8월 7일

答李季周 壬戌八月七日

그간 보내 준 세 통의 편지로 매우 위로가 되고 감사하였는데, 중간에 보내 준 편지 한 통을 통해서는 좋은 가르침을 듣게 되어 어리석고 우둔한 저로 하여금 경계하여 깨닫는 점이 있도록 하였으니 특히 감사하고 다행입니다.

경서(經書)는 냉담(冷淡)한 것입니다.[19] 만일 그 '맛없는 가운데의 맛'을 느끼지 못한다면 일단 그것을 제쳐 두고 다른 데서 찾아야 하는데, 이는 선정(先正)조차 면치 못했던 일입니다. 그러나 그때에도 오직 멀리 가지 않고 되돌아오는 것[20]을 중시해야 하는데, 다만 다시 돌아온 뒤에는 하다 말다 하면서 끝내 아무런 성과도 내지 못하는 것을 경계하지 않아서는 안 됩니다. 저는 다행스럽게도 주자(朱子)의 뒤에 태어난

19 경서(經書)는 냉담(冷淡)한 것입니다 : 송(宋)나라 주희(朱熹)의 말로서, 경서는 맹물처럼 심심하고 담담하여 일견 무미(無味)하게 느껴진다는 말이다. 주희가 여백공(呂伯恭)에게 보낸 편지에서 "먼저 경서에 뜻을 두게 하는 편이 좋을 듯하니, 사서(史書)는 시끌벅적하고 경서는 냉담합니다. 후생들은 심지가 안정되지 못해 바깥쪽으로만 쏠리지 않을 사람이 드무니, 이 점을 미리 방비해야 합니다."라고 하였다. 《晦庵集 卷33 答呂伯恭》

20 멀리……것 : 《주역》 〈복괘(復卦) 초구(初九)〉에 "머지않아서 되돌아오니, 후회하는 일이 없을 것이요 크게 좋을 것이다."라는 말이 나온다. 본래 선(善)에서 멀어지다가 금세 깨닫고 다시 돌아오는 것을 의미하는데, 여기서는 경서의 냉담한 맛을 느끼지 못한다면 일단 경서 읽기를 중지하고 다른 종류의 책을 읽되, 오래지 않아 다시 경서 읽기로 되돌아와야 한다는 의미로 쓰였다.

데다 기질이 용렬하고 형편없어 이단의 설에 이끌려 가지는 않았으니, 이 점은 개인적으로 큰 다행이나 다만 실행에 힘쓰지 못하여 늙도록 아무것도 이루어 놓은 것이 없습니다. 이에 매양 무후(武侯)의 "오두막에서 슬피 탄식한들 장차 무슨 소용이 있겠는가."라는 말[21]을 욀 때마다 두려운 심정으로 자책하지 않은 적이 없습니다.

선대인(先大人)[22] 원고의 잡록(雜錄)은 일찍이 열에 두셋 정도의 분량까지 첨지(籤紙)를 붙여 나갔었는데, 근간에는 병과 잡다한 일로 인하여 서가에 방치해 두고 있는 실정입니다. 이번에 손자 아이가 돌아왔으니 응당 말한 대로 대조하고 교감하겠습니다. 손자 아이에 대한 그리움이 마치 목이 타는 것처럼 간절하여 다시 보지 못하고 죽게 될까 염려하였는데, 이렇게 보내 주니 감사하고 다행한 마음 뭐라 말할 수 없습니다. 그 아이의 게으른 습관은 늘 곁에서 보고 들은 것에 익숙히 젖어 형성된 것이니, 황공할 따름입니다. 연촌(煙邨)의 발문[23]을 보내

21 무후(武侯)의……말 : 무후는 촉한(蜀漢)의 승상 제갈량(諸葛亮)으로, 노년이 되어 젊었을 때에 부지런히 학문에 힘쓰지 않은 것을 후회하며 슬피 탄식한다는 뜻이다. 제갈량의 〈계자서(戒子書)〉에 "나이는 시절과 함께 치달리고 뜻은 세월과 더불어 가버려서 마침내 시들고 쇠락하게 되면 궁벽한 오두막에서 슬피 탄식한들 장차 무슨 소용이 있겠는가."라고 하였다. 《三國志 蜀書》

22 선대인(先大人) : 이단하의 부친인 택당(澤堂) 이식(李植)을 말한다.

23 연촌(煙邨)의 발문 : 이단하가 쓴 〈연촌최선생가록후발(烟村崔先生家錄後跋)〉을 말한다. 이 글은 《연촌최선생유사(烟村崔先生遺事)》에 부록으로 실려 있다. 연촌은 최덕지(崔德之, 1384~1455)의 호이다. 본관은 전주(全州), 자는 가구(可久)로, 권근(權近)의 문인이다. 태종 때 관직에 진출하여 문종이 즉위한 뒤에 예문관 직제학에 제수되었으나 관직을 버리고 낙향하였다. 그의 낙향은 세조의 왕위 찬탈을 앞두고 일어난 일로, 이후 세인들은 세상이 혼란해질 것을 미리 간파하고 관직에서 물러난 그를

주니 몹시 다행입니다. 제 생각을 별지에 기록해 두었으니, 타당하지 않은 곳은 바로잡아 가르쳐 주면 몹시 다행이겠습니다. 손자며느리가 앓고 있는 병이 지루하게 이어지니 근심스럽기 그지없습니다. 그러나 자애롭게 품어 주는 가운데 응당 약효를 볼 것입니다. 나머지 얘기는 병석에 누워 다른 사람의 손을 빌려 쓰는 형편이라 일일이 갖추어 말씀드리지 못합니다.

별지

저는 당초에 '「기미를 아는 것이 신묘할 것이다.」[24]라는 것은 바로 성인(聖人)의 일로서, 연촌이 비록 현인이라고는 하지만 그에 해당하기에는 부족할 듯한데 선대인의 글에는「오히려 연촌을 칭송하기에도 부족하다.」라고 하였으니,[25] 이는 어찌「기미를 아는 것이 신묘

생육신에 견주었다.《艮齋集 卷7 烟郵崔先生神道碑銘》《宋子大全隨箚 卷5》

24 기미를……것이다 :《주역》〈계사전 하(繫辭傳下)〉에 나오는 말로, 공자가 "기미를 아는 것이 신묘할 것이다. 군자는 위로 사귀되 아첨하지 않고 아래로 사귀되 모독하지 않으니, 기미를 아는 것이다."라고 하였다.

25 선대인의……하였으니 : 이식은 1636년(인조14) 7월 최덕지의 가문에 소장되어 있던 그의 유고를 읽고 후서(後序)를 작성하였는데, 그 글은《택당집》권9에〈연촌최선생가전시문록후서(烟村崔先生家傳詩文錄後敍)〉라는 제명으로 실려 있다. 송시열이 지적한 부분은 그 글 가운데 세조의 왕위 찬탈을 앞두고 미리 관직에서 물러난 최덕지의 행위를 칭송하면서 "선생의 행동은 실로 기미에 환하여 몸을 보존한 것과 같으니, 이 때문에 세상에서 더욱 그 밝은 지혜를 칭송하였다. …… 선생의 급류용퇴(急流勇退)는 그야말로 천도(天道)와 신명(神明)이 도와준 것으로서 저절로 대란(大亂)에 떨어지지 않게 된 것이니, 어찌 눈치 빠르게 기미를 살펴 화에서 도망치는 자들과 견줄 수 있겠는가."라고 한 것을 가리키는 듯하다.

할 것이다.」라고 한 것 위에 또다시 그 이상의 지위를 두는 것이 아니겠는가.' 하는 망녕된 의문을 품었습니다. 제 생각이 이와 같았기 때문에 과연 질문하고자 하였는데, 지금 그대의 글에서 '기미를 아는 것'을 양웅(揚雄)이 말한 '명철(明哲)' 등의 의미로 파악하고는 주 부자(朱夫子)가 양웅을 두고 "사심(邪心)으로 유리한 상황을 차지한다."라고 비판한 말을 인용하면서 그것을 논파하였습니다.[26] 이는 세속에서 이야기하는 '기미를 아는 것'으로서 현인인 연촌은 반드시 그렇게 하려고 하지는 않았을 것이니, 선대인의 글에서 칭찬한 은미한 뜻이 과연 이와 같을 듯합니다. 대개 선대인의 유고에 실린 글 가운데 의리를 논설한 내용은 십분 정밀하고 합당하기 때문에 비록 자잘한 부분이라도 허투루 넘겨서는 안 됩니다. 하물며 연촌이 마주한 시대와 처신한 의리는 실로 국조(國朝)의 큰 관건에 관계되는 것이니만큼, 붓을 들어 용어를 사용할 적에 필시 공정하고 타당하

26 지금……논파하였습니다 : 한(漢)나라 양웅의 저서인 《양자법언(揚子法言)》 권6에 "명철한 사람은 기미에 밝아 끝없이 두루 살피고 뜻하지 않은 상황을 대비하기 위하여 겸손함으로써 천명을 보전한다."라는 말이 있다. 이와 관련하여 주희가 제자들과 《시경》 〈대아(大雅) 증민(烝民)〉의 "이미 명철하여, 자기 몸을 보존한다.〔旣明且哲, 以保其身.〕"라고 한 의미에 대해 강론하면서 "이른바 '명철'이란 것은 천하의 사리를 환히 알아 이치에 맞게 행동하는 것이니, 그러면 자연히 재해가 자신에게 미치지 않아 그 녹위를 보존할 수 있다. 그런데 요즘 사람들은 사심을 가지고 《시경》을 읽는 바람에 '명철이란 기미를 보고 은미함을 알아 앞장서 유리한 상황을 차지하는 것이다.'라고들 한다. 양자운(揚子雲)이 말한 '명철한 사람은 기미에 밝아 끝없이 두루 살피고 뜻하지 않은 상황을 대비하기 위하여 겸손함으로써 천명을 보전한다.'라는 것은 바로 유리한 상황을 차지한다는 말이니, 이러한 이유로 그들은 일생 이 몇 구의 잘못을 당한 것이다."라고 하였다. 《朱子語類 卷81》

게 하였을 것입니다. 그러나 보내온 발문에서 "주 부자가 《주역》을 해설하셨다." 이하의 내용은 말이 너무 많아 도리어 올바른 의리가 분명히 드러나지 않습니다. 그 부분을 재차 줄이고 생략함으로써 '기미를 아는 것'에도 사정(邪正)의 차이가 있다는 의미가 분명히 드러나도록 한다면 세도(世道)에 도움이 없지 않을 것입니다.

이계주에게 답함 임술년(1682, 숙종8) 10월 27일

答李季周 壬戌十月二十七日

인편에 편지를 받으니 그리워하던 마음에 큰 위로가 됩니다. 집사의 거취[27]에 대해 늘 생각하고 고민하기를 어찌 제 일처럼 하지 않겠습니까. 그런데 일찍이 듣건대 변고가 발생하여 경계가 삼엄하던 때[28] 자삼(子三)[29]이 급히 사람을 보내 그 사실을 알려 주었다고 하니, 그렇다면 집사께서는 필시 성상께 달려가 위로를 드렸을 것이므로 지난 일들은 모두 부질없는 고민이 되어 버린 것입니다. 이에 좌상(左相 민정중(閔鼎重))이 말한 '특별한 지우'란 말도 정말 사실인 것이며, 또 당시 배척하는 말을 하던 사람[30]도 조정에 없는데 이는 비록 오로지 집사 때문에 일어난 일은 아니나 공의(公議)는 실현된 것입니다. 게다가 현재 백성들의 농사일이 망극한 상황이니, 집사께서 위로는 임금께 고하고 아래

27 집사의 거취 : 이단하는 1681년에 이조 판서에 제수되었다가, 같은 해 12월 교리 박태보(朴泰輔)의 탄핵으로 관직에서 물러나 낙향하여 오랫동안 출사하지 않고 있었다. 《肅宗實錄 7年 12月 20日 · 26日, 8年 1月 9日》《宋子大全隨箚 卷5》

28 변고가……때 : 1682년에 김환(金煥)과 김익훈(金益勳) 등이 허새(許壐), 허영(許瑛), 민암(閔黯), 유명견(柳命堅) 등 남인이 복평군(福平君) 이연(李㮒)을 왕으로 추대할 역모를 꾸몄다고 고변하여 역옥이 일어난 것을 가리킨다. 《宋子大全隨箚 卷5》《肅宗實錄 8年 10月 27日, 11月 2日》

29 자삼(子三) : 이단하의 조카인 이여(李畬, 1645~1718)의 자이다. 본관은 덕수(德水), 호는 포음(浦陰) · 수곡(睡谷)이다. 송시열의 제자로 영의정에 올랐다.

30 배척하는……사람 : 교리 박태보를 가리킨다. 박태보가 1681년 12월 문묘 종사에 관해 상소하면서 이단하를 논척한 일이 있다. 《肅宗實錄 7年 12月 20日》

로는 조정의 신하들에게 떠들썩하게 말하여서 새어 나가는 비용을 막아 나라의 재용에 보탬으로써 백성의 수고를 크게 덜어 주지 않는다면,[31] 지극정성으로 백성을 사랑하는 성상의 마음을 백성에 닿게 하는 일과 한 푼 또는 반 푼이나마 위태로운 상황을 구제하는 일은 이루기 힘들게 될 것입니다. 또 언관(言官)이 외직으로 나간 데 대해 불평하는 논의가 없지 않은 상황이니, 그의 소환을 청하는 일을 집사께서 행하면 좋을 듯합니다.[32] 이 외에는 계속해서 물러나게 해 달라고 청하다가 결국 조용히 물러나게 되면 이전의 비방 또한 가라앉을 수 있을 것입니다.

손자 아이는 본시 말씀대로 하려 하였으나 마침 그의 형이 어떤 일로 남쪽으로 돌아갔습니다. 내가 비록 돌아가도록 허락하였지만 그 아이가 차마 그 형과 떨어지지 못하였습니다. 머지않아 응당 돌아올 것이니, 그때 즉시 보내고자 합니다.

31 위로는……않는다면 : 당시 이단하가 진휼청 당상으로 있었기 때문에 이렇게 말한 것이다. 《尤菴先生書節要集解 卷3》

32 언관(言官)이……듯합니다 : 언관은 박태보를 가리킨다. 1681년 12월 박태보는 이단하를 탄핵하다 오히려 숙종의 노여움을 사서 해가 넘도록 배척을 받다가 외진 고을의 수령으로 좌천되었다. 이단하는 송시열의 이 말대로 과연 1682년 11월 1일 숙종에게 자신을 공박했던 박태보의 소환을 청하였다. 《肅宗實錄 7年 12月 20日, 8年 11月 1日》

이계주에게 보냄

與李季周

기해년(1659, 효종10) 5월 4일 상의 병세가 위독하던 당시에 삼공 이하가 모두 대궐 뜰에 모여 탕약 화로를 둘러싸고 땅바닥에 웅크린 채 앉아 있었는데, 중관이 내전에서 급히 달려 나와 명을 전하기를 "영상과 이판은 어서 빨리 들어오시오. 곧 고명(顧命)이 있을 듯합니다."라고 하기에 천신(賤臣)이 정상(鄭相 정태화(鄭太和))과 급히 일어나서 달려 들어가자 좌상(左相) 이하도 역시 따라서 들어갔습니다.

그런데 탑전(榻前)에 이르러 보니 상은 이미 승하하셨고 중궁과 세자는 이미 곡을 하고 계셨습니다. 중궁께서 어탑(御榻) 서북쪽에 병풍을 설치하고 그곳으로 몸을 피해 들어가 가슴을 치고 발을 구르며 슬퍼하자, 신하들도 마침내 어탑에 둘러서서 곡을 하였는데 가슴을 치고 발을 구르지 않는 이가 없었습니다. 그러고 나서 얼마 뒤 세자가 아직 서무(西廡)에 계셔서 중궁의 거처와 매우 가까웠기 때문에 모두 나아가 곡을 한 다음에 나왔습니다.

그리고 대궐 안에 있는 신료들은 모두 거애(擧哀)하였으며, 대궐에 아직 나아오지 못한 경평군(慶平君 이륵(李玏)) 이하가 차례로 동반(東班)과 서반(西班)에 들어가 곡을 하였습니다. 당시 직사(職事)가 있는 자들은 저마다 자기에게 해당하는 일을 집행하였는데 반열에서 직질이 높은 이로서 분명히 기억할 수 있는 사람은 완남군(完南君 이후원(李厚源))과 경평군이었습니다. 당시의 사실이 이러했는데 어떻게 염습(殮襲)한 뒤에 비로소 거애할 리가 있겠습니까.

동춘(同春 송준길(宋浚吉))과 시남(市南 유계(兪棨))이 서로 의논하기를 "《국조오례의(國朝五禮儀)》에는 미비한 점이 많고 또 온당치 않은 곳도 있습니다. 이번 대상(大喪)에는 모름지기 고례(古禮)를 참고하여 습(襲), 대렴, 소렴 같은 일은 일제히 영위(靈位)를 만들고 거애하는 것이 좋겠습니다."라고 하였는데, 당시 예조 판서는 바로 윤강(尹絳)이었고 예조 참의는 윤집(尹鏶)이었는바, 모두가 그 의론을 따랐습니다. 《일기(日記)》에서 "염습한 뒤에 거애하였다."라고 한 것은 이것을 가리켜 말한 것 같습니다.[33]

소렴할 때에 대신 이하가 들어가 염습을 참관하게 해 달라고 청하였으나 내전에서 허락하지 않았는데, 그때 대사헌을 맡고 있던 이응시(李應蓍)가 복합(伏閤)하여 울면서 청하자 한참 만에야 비로소 허락하였습니다. 이에 대신 이하가 들어가서 보니 염습은 이미 끝난 뒤였는데, 하체의 왼쪽이 오른쪽보다 짧았으므로 천신이 정선흥(鄭善興)에게 묻기를 "무엇 때문에 이렇게 하였는가?"라고 하니, 정선흥이 "이곳은 지난해에 상처를 입으신 곳이기 때문에 이렇게 하였습니다."라고 하였습니다. 천신이 "예(禮)에 '소렴할 때엔 사방을 바르게 하는 것이다.' 하였소."[34]라고 하고, 드디어 정선흥과 함께 맨 아랫부분의 의금(衣衾)을

33 일기(日記)에서……같습니다 : 《일기》는 《승정원일기》로 보이는데, 해당 내용은 현재 전하지 않고 다만 《현종실록》 즉위년 5월 4일 기사에 "당시 대신들과 이조 판서 송시열 등은 《의례(儀禮)》에 자리를 만들어 곡하는 일이 염습의 뒤에 기록되어 있다고 하여 백관들로 하여금 염습하는 예가 끝난 후에 거애하게 하려고 하였으나, 승지 유계가 불가하다 하여 드디어 바깥뜰에서 먼저 곡림(哭臨)하고 절은 하지 않았다."라고 하였다.

34 예(禮)에……하였소 : 《주자가례(朱子家禮)》 권4 〈상례(喪禮)〉에 "옷을 말아 두 다리에 끼워서 사방을 바르게 한 후에 나머지 옷으로 시신을 덮는다."라고 하였다.

걷고 어의(御衣) 한 벌을 포개 짧은 곳을 채우고 이불로 감싸니, 좌우가 가지런하게 되었습니다.

그런 뒤에 천신이 "예에 '소렴을 하고도 효(絞 매)로 묶지 않는 것은 행여 다시 소생하기를 바라서임은 물론 때때로 그 얼굴을 보려고 해서이다.'라고 하였소.[35] 그러나 사가(私家)에서는 반드시 염습을 마친 연후에야 비로소 길이와 너비를 측정하여 관(棺)을 제작할 수 있지만, 지금은 대상이므로 재궁(梓宮)이 미리 준비되어 있으니 측정할 일이 없소. 의당 예에 의거하여 효를 묶지 않아야 할 것이오."라고 하니, 제공(諸公)이 더러는 그렇지 않다고 하였으나 천신의 말이 대략 시행이 되었습니다.

그래서 천신이 바로 재궁이 있는 곳으로 나아가 살펴보니, 폭이 좁아 염습과는 너무도 맞지 않으므로 즉시 담당 내관을 불러서 "이 재궁은 옥체를 수용하지 못할 듯하니, 모름지기 세죽(細竹)으로 재어 보고 오라."라고 하였습니다. 이에 중사(中使)가 천신이 말한 대로 옥체를 재어 보고 왔는데, 그 너비가 재궁 밖까지 넘고도 남음이 있었습니다. 그래서 천신이 즉시 영상에게 "이를 장차 어떻게 해야겠습니까? 대신들과 다시 들어가서 살펴본 뒤에 급히 변통하지 않을 수 없을 듯합니다."라고 하니, 영상이 크게 놀라 이 사실을 들어가 세자께 진달하였습니다. 세자께서 허락하시자 곧장 다 함께 들어가서 꿇어앉아 살펴보니 과연 대단히 장대하였습니다. 더러는 염습한 옷이 너무 두꺼워 그런

35 예에……하였소 : 《주자가례》 권4 〈상례〉에 "이불로 싸는데 아직은 효로 묶지 않고 그 얼굴을 덮지도 않는다. 이는 대개 효자는 여전히 다시 살아나기를 기다리며 때로 그 얼굴을 보고자 하기 때문이다."라고 하였다.

것인가 하고 의심하기에 손으로 양쪽 어깨를 어루만져 보니, 염습한 것이 매우 얇았기 때문에 그 부분이 견갑골임을 분명히 알 수 있었습니다.

제공이 마침내 나와서 무(廡) 아래에 엎드려 있는 가운데 영상이 진달하기를 "망극한 가운데 더욱 망극한 일이 있습니다. 재궁을 사용할 수 없겠습니다."라고 하니, 세자께서 영(令)을 내리기를 "망극하고 망극하오. 장차 어떻게 하여야겠소?"라고 하셨습니다. 영상이 진달하기를 "비록 널리 큰 판자를 구한다 해도 재궁을 다시 만드는 일은 할 수 없을 것임을 분명히 알겠습니다. 신의 생각으로는 판자를 연결하는 방법 외에는 다른 대책이 없을 것 같습니다."라고 하였는데, 이에 세자께서 영을 내리기를 "모름지기 잘 생각하여 빨리 조처하시오."라고 하셨습니다.

그러자 마침내 나와서 한곳에 일제히 모였는데, 이 영부사(李領府事 이경석(李景奭))가 "만일 다른 것을 구하려 한다면 정선흥이 아니면 안 됩니다."라고 하자, 정선흥이 부르기도 전에 와서 제공 앞에 꿇어앉아 "오늘의 일에 대해 외부의 의논은 반드시 소인들이 염습을 잘못하여 그렇게 되었다고 할 것입니다. 그러나 단연코 그렇지 않습니다. 옥체의 양쪽 어깨 사이가 매우 넓었기 때문에 늘 승하하신 뒤의 일을 염려했습니다. 저의 생각이 이와 같았기 때문에 염습할 때에 어깨 위에는 감히 두껍게 염습하지 않았습니다."라고 하고는, 이어 오른쪽 손가락으로 자기의 왼쪽 어깨를 어루만지면서 "지금 양쪽 어깨를 어루만져 보면 염습한 옷의 두께를 알 수 있을 것입니다."라고 하였습니다. 이상(李相 이경석)이 "이전에 살펴볼 때에 과연 그러하였다."라고 하였는데, 정선흥의 얼굴빛을 살펴보니 염습을 잘못한 것에 대한 책임이 자신에게 돌아갈까 봐 몹시도 두려워하여 급급히 변명하는 말을 하였습니다. 정선흥이 이어 "소인이 가 보겠습니다만 이런 큰 판자는 필시 구할 수 없을 것이니, 모름지기 한편으로 서둘러서 판자를 이어 붙이게 하는 것이 좋겠습니다."라고 하기에, 영상이 마침내 판자를 이어 붙이는 일을 연성군(延城君) 이시방(李時昉)에게 맡기자 잠시 뒤에 완성되었습니다.

소렴하던 날 저녁에 중궁께서 임씨(林氏) 성을 가진 중사를 시켜 천신에게 하교하기를 "옥체에 부기(浮氣)가 있는데 어떻게 해야 되겠습니까?"라고 하기에, 천신이 꿇어앉아 대답하기를 "이것은 굳이 염려하지 않으셔도 됩니다. 소신이 사대부의 상(喪)에서 증험한 바 있으니, 부기가 극도에 달하면 으레 도로 가라앉습니다. 지금 대렴할 시기가 아직 멀었으니, 대렴하기 전에 틀림없이 예전 상태로 돌아올 것입니다."라고 하였습니다. 이튿날 저물녘에 중궁께서 또 중사를 시켜 하교하기를 "어제 말한 것과 같이 과연 옥체의 부기가 도로 평상시처럼 가라앉았으니 매우 다행이오."라고 하셨습니다. 당시 일의 전말이 이와 같은데도 윤선도(尹善道)와 윤휴(尹鑴)의 무리가 천신을 원수처럼 미워하여 모든 일에 대한 죄를 반드시 천신에게 돌리려 하였는데, 그 후로 무함하는 글은 말하지 않아도 알 수 있을 것입니다.

재소(再疏)에서 권제(權制)를 따를 것을 청했다고 하는 것은, 전혀 그러한 일이 없었습니다.

유후성(柳後聖)의 일[36]에 대해서 나는 언제나 신가귀(申可貴)가 이

36 유후성(柳後聖)의 일 : 효종 승하 후 송시열이 상소를 올려 당시 수의였던 유후성의 책임을 물어 서둘러 극형에 처해야 한다고 청한 것을 말한다. 유후성은 유명한 침술

미 죽었은즉 유후성이 수의(首醫)였으므로 결코 죄를 면할 도리가 없으리라고 여겼습니다.

"시호(諡號)……"라고 한 것에 대해서는, 그 당시 묘지문(墓誌文)을 지어 올린 뒤 이어 밀소(密疏)를 진달하여 "저들로부터 온 시호는 결코 휘호(徽號)에 사용할 수 없습니다."라고 하였는데, 상께서는 오래도록 결론을 짓지 않으셨고 그 뒤의 밀유(密諭)에도 분명한 말씀이 없으셨습니다. 이는 대개 천신의 말이 틀렸다고 여긴 것은 아니지만 또한 나를 좋게 보지 않는 자가 누설하여 일을 만들까 봐 우려해서 그러신 것입니다.

윤길보(尹吉甫 윤선도)의 묘문(墓文)은 여기에 초본이 없어서 등사해 보낼 수 없습니다. 그러나 초본이 있더라도 "먼저 죽였다.……"라고 한 말이 어찌 거기에 있겠습니까. 일찍이 그 소장을 보니 간략하게 이에 대한 언급이 있었습니다.

판서 심집(沈諿)의 일[37]에 대해서는 인조대왕께서 그 일의 실상을

가로서 효종 재위 시에 수시로 대궐에 드나들며 침을 놓은 인물이다. 1659년 5월 4일 유후성과 또 다른 의관 신가귀가 효종의 얼굴에 난 종기를 치료하던 중, 유후성의 반대에도 불구하고 신가귀가 종기에 침을 놓아 피를 내는 시도를 하다가 출혈이 멎지 않아 마침내 효종이 승하하였다. 이로써 신가귀는 다음 달 교형(絞刑)에 처해지고, 유후성은 죽음을 면하여 유배형에 처해졌다. 《宋子大全 卷9 論柳後聖事箚》《顯宗實錄 卽位年 5月 4日, 6月 10日, 8月 30日》

37 판서 심집(沈諿)의 일 : 심집(1569~1644)은 본관은 청송(靑松), 자는 자순(子順), 호는 남애(南崖)이다. 1636년(인조14) 병자호란 당시 청나라가 화친의 조건으로 조선의 왕자와 대신을 인질로 데려가려고 하자, 조정에서는 고심 끝에 종실(宗室)인 능봉수(綾峯守) 이칭(李偁)을 왕의 동생이라고 가칭하고 당시 형조 판서이던 심집을 대신이라고 가칭하여 보냈다. 그런데 심집이 청나라 측의 추궁에 제대로 대답하지 못하

아셨기 때문에 난이 끝난 뒤에 예조 판서에 제수하셨던 것입니다. 그때 저쪽 사람이 오직 무함을 받을까만을 두려워하였는데, 그러다가 심중미(沈仲美)의 대인(大人)이 청음(淸陰 김상헌(金尙憲))의 편이 되어 이계(李烓), 유석(柳碩)과 의견이 갈라진 뒤로는[38] 저쪽 사람이 도리어 있는 힘껏 심 판서를 공격하였으니, 그 간사한 형상을 말로 표현할 수 있겠습니까.

"정 동래(鄭東萊)[39]……"라고 한 것에 대해서는, 저는 정 동래와는 평소 모르는 사이입니다. 정 동래는 강 정승(姜政丞 강석기(姜碩期))의 사위입니다. 동춘(同春)은 강 정승의 이종제(姨從弟)이기 때문에 정 정승(鄭政丞 정태화)과 서로 알고 지냈고 늘 그를 기용할 만하다고 극력 말하였는데, 저쪽 사람이 틀림없이 동춘을 저로 착각하였을 것입니다.

종질(從姪)인 송기후(宋基厚)가 일찍이 실수로 윤휴의 문하에 들어갔는데 그때 저쪽 사람이 극력 그 현명함을 칭찬하였습니다. 그러다가 이 종질이 잘못을 깨닫고 진로를 바꾸자 도리어 저쪽 사람에게 미움을

고 우물쭈물하다가 사실이 탄로 나 일이 실패로 돌아갔고, 이듬해 그는 문외출송(門外黜送)되었다. 송시열이 그의 신도비명을 지었다. 《仁祖實錄 14年 12月 16日, 15年 2月 12日》《肅宗實錄 7年 2月 11日》《宋子大全 卷165 禮曹判書沈公神道碑銘》

38 심중미(沈仲美)의……뒤로는 : 중미는 심유(沈攸)의 자이며, 그 부친인 심동귀(沈東龜, 1594~1660)는 곧 심집의 아들이다. 자는 문징(文徵), 호는 청봉(晴峰)이다. 심동귀가 병자호란 당시 척화를 주장하던 대표적인 인물인 김상헌과 뜻을 함께하여 당시 주화파였던 이계, 유석과 대립하였다는 말이다. 《仁祖實錄 22年 3月 21日》《宋子大全 卷177 晴峯沈公墓碣銘》

39 정 동래(鄭東萊) : 정태제(鄭泰齊, 1612~1669)로, 그가 동래 부사를 지냈기 때문에 이렇게 호칭한 것이다. 본관은 동래, 자는 동망(東望), 호는 국당(菊堂)·삼당(三堂)이다.

사서 홍여하(洪汝河)의 소장[40]에 언급되기에 이르렀습니다. 이 종질의 문자는 초본이 이곳에 없는데, 그의 사위인 유상기(兪相基)가 곧 윤보(胤甫 유명윤(兪命胤))의 아들이므로 그 문자가 그곳에 있으니 그쪽에서 구하여 보는 것이 어떻겠습니까.

"윤원거(尹元擧)와 권시(權諰)……"라고 한 것에 대해서는, 더욱 뜻밖입니다. 윤원거가 일찍이 권시의 뜻에 찬동하는 소장을 올렸으나 저와 권시의 교유는 끝까지 변함이 없었는데, 어찌 권시의 뜻에 찬동하였다는 이유로 평소 가까웠던 윤원거를 배척하였겠습니까. 갑진년(1664, 현종5) 손자 주석(疇錫)의 관례 때에 윤원거를 맞아 빈(賓)으로 삼았으며, 그 뒤에 권시가 우리 집에 와서 술을 마시고 취하여 돌아갔고 나도 송규렴(宋奎濂)과 술병을 차고 권시의 원림(園林)으로 가서 즐겁게 술을 마셨습니다. 비난과 배척을 받은 자라면 과연 이같이 했겠습니까. 저번에 권시의 장자와 장손이 때를 틈타 꾸짖으며 욕을 하였는데 차마 말로 하지 못할 것이 있었습니다. 저는 현종 초년에 이조 판서를 사임하였고 그 뒤에는 이조에 제수하는 명이 전혀 없었습니다. 그리고 윤선도가 소장을 올려 꾸짖으며 욕했던[41] 시기는 현종 즉위 초였는

40 홍여하(洪汝河)의 소장 : 1659년 6월 2일 경성 판관(鏡城判官) 홍여하가 올린 응지 상소(應旨上疏)를 말한다. 이 글에서 홍여하는 나라의 상벌이 제대로 운용되고 있지 않으며 그 원인은 이후원 같은 간사하고 한쪽으로 치우친 무리가 임금의 옳은 판단을 막아 올바른 인재의 진출이 막혀 있기 때문이라고 하였다. 이 소장은 실은 송준길과 송시열을 배척하는 상소문으로 여겨져 송시열이 사직하는 등 파장을 일으켰고, 결국 홍여하는 유배되었다. 《顯宗實錄 卽位年 6月 2日, 4日》《宋子大全 附錄 卷3 年譜》

41 윤선도가……욕했던 : 1659년 효종이 승하한 뒤에 자의대비(慈懿大妃)의 복상(服喪) 문제를 두고 기해예송(己亥禮訟)이 벌어졌는데, 1660년 4월 18일 자최 삼년복(齊衰三年服)을 주장하는 윤선도가 상소를 올려 기년복(朞年服)을 주장한 송시열의 의견을

데, 그때 바로 인혐하는 소장을 올렸습니다. 고향으로 내려오고 나서는 조경(趙絅), 홍우원(洪宇遠), 유세철(柳世哲) 등이 소장을 올렸는데[42] 그에 대해 모두 간략하게 인혐하였을 뿐 별다른 말을 하지 않았습니다. 온양(溫陽) 온천으로 행행하셨을 때에 성환역(成歡驛) 마을에서 허적(許積)을 만난 적이 있는데, 그때 허적이 이러한 이유로 "유세철이 분명히 간사한 모의를 하였는데도 공은 그들과 서로 겨루지 않았으니, 장자(長者)의 도리는 진실로 이와 같아야 합니다."라고 하였던 것입니다.

조목조목 반박한 것을 말한다. 이로 인하여 윤선도는 파직되어 유배형에 처해졌다. 《顯宗實錄 1年 4月 18日》

42 조경(趙絅)……올렸는데 : 1660년 4월 18일 송시열의 예설을 반박하는 윤선도의 소장이 제출되어 결국 윤선도가 유배형에 처해지자, 이듬해 4월 조경과 홍우원이 각각 상소를 올려 윤선도의 예설을 옹호하였고, 1666년 3월에는 경상도 유생 유세철이 〈상복고증(喪服考證)〉 29조를 지어 역시 송시열 등이 주장한 기년복에 반대하고 윤휴, 허목(許穆) 등이 주장한 삼년복을 지지한 것을 가리킨다. 《顯宗實錄 1年 4月 18日, 2年 4月 19日, 7年 3月 20日》

이계주에게 보냄

與李季周

일찍이 호좌(湖左)의 과거와 관련된 일로 아뢰었더니 이러저러한 답변을 해 준 일이 있습니다. 그 후로 회시(會試)가 올가을로 미뤄 정해짐에 따라 느긋하게 논의하여 결정을 내릴 수 있게 되었기 때문에 재차 감히 그때 다 말하지 못한 생각을 전부 말씀드릴 터이니, 삼가 살펴보아 주기 바랍니다.

오늘날 풍속은 의(義)를 뒤로하고 이(利)를 앞세우는 통에 이미 빼앗지 않으면 만족하지 않는 상황이 되어 버렸으니, 접때 일어난 역옥(逆獄)[43]도 그 한 증거입니다. 지난해 진천 향교(鎭川鄕校)에서 일어난 변고는 고금에 없던 것입니다. 그때 호좌의 과유(科儒)들 가운데 과장에 들어가기 전에 그 일을 들은 자들은 과장에 들어가지 않았고, 과장에 들어간 뒤에 그 일을 들은 자들은 답안을 작성하지 않고 과장을 나왔으니, 이 어찌 의를 좋아하고 이를 잊은 것이 아니겠습니까. 이는 조정에서 응당 가상하게 여기기에도 겨를이 없을 일인데, 듣자 하니 다른 과유들이 도리어 그에 대해 심히 어리석고 꽉 막혔다며 비웃고는 조정의 명을 기다리지 않았다고 꾸짖었다고 하니, 풍속이 이익에 함몰된 정도가 심합니다. 호우(湖右)에서는 종장(終場)에 들어간 뒤에야 그 일을 듣게 되어, 답안을 작성하지 않고 과장을 나온 자가 많기는

43 접때 일어난 역옥(逆獄) : 1682년(숙종8)에 김환(金煥) 등이 고변한 역모를 가리킨다. 34쪽 주28 참조.

하였지만 또한 전혀 과장을 나오지 않은 자들도 있었습니다. 이는 각기 자기 고을의 풍속 때문에 차이가 난 것이니, 탄식을 금할 수 있겠습니까.

듣건대 효묘조(孝廟朝) 당시 안변(安邊)의 향교에서 변고가 발생하였는데 역시 과거를 앞둔 상황이었는지라 그 과거 일자를 연기하였고, 과거를 연기 -원문 결락- 성현의 위판(位版)을 여전히 봉안하지 못하였기에 또다시 다음 해로 미룬 뒤에야 실시하였습니다. 그 당시에 효묘께서 천리를 밝히고 인심을 바르게 하는 일에 힘쓰셨기 때문에 조정과 선비의 습속이 다 같이 아름다웠던 것입니다. 그런데 지금은 어찌 이리도 아름답지 못하여 호좌의 과유들만 유독 이익에 함몰되지 않은 것입니까.

삼가 부디 이런 내용으로 상 앞에서 진달하거나 혹은 차자로 품달하여 추후에 과거를 다시 실시함으로써 도를 향하고 성현을 높이도록 장려하고 이어 의를 뒤로하고 이를 앞세우는 것을 경계하기 바랍니다. 그렇게 된다면 실로 세도(世道)에 큰 보탬이 될 것입니다. 만약 추후 과거를 다시 실시할 때 다른 사람이 함부로 난입하는 것이 걱정된다면, 당시 도목(都目)이 여전히 녹명(錄名)한 곳에 있으니 어찌 감히 함부로 난입하는 폐단이 있겠습니까. 저의 형제와 자질(子姪)들이 만약 그 수효에 있었다면 저는 혐의쩍어 감히 말할 수 없었을 것이니, 부디 집사는 해량해 주기를 바랍니다. 조정에서 비록 시행하지 못하더라도 또한 족히 선을 권장하고 악을 징계하는 한 가지 일이 될 것입니다.

이계주에게 답함 임술년(1682, 숙종8) 11월 4일

答李季周 壬戌十一月四日

집사의 거취가 과연 저의 생각대로 결정되었습니다. 앞으로 늦게 떠날지 빨리 떠날지는 또한 주상께서 알아주시는 것이 깊은지 얕은지에 달려 있습니다. 대개 국세가 이 지경에 이르렀으니, 우리 임금님의 "백(伯)을 불러 나를 도우리라."라고 하는 뜻[44]이 저로 하여금 몹시도 눈물을 흘리게 합니다. 대단한 일이 있지 않으면 차마 버리고 떠나지 못할 듯하니, 이 밖에 또 정미한 의리가 있는 것은 미천하고 비루한 제가 엿볼 수 있는 바가 아닙니다. 삼가 보건대 이 판부사(李判府事)[45]가 백성의 근심에 대해 성의가 있으니 그와 함께 상의하여 백성이 죽음으로부터 벗어난다면 거의 나라를 부지할 가망이 있을 것입니다. 지금 조정에서 오가는 논의는 모두 호의호식하는 이서배(吏胥輩)에 대한 염려로 되레 그들이 부유하지 못할까 걱정하고들 있으니, 이러한 사사로운 마음이 제거되지 않는다면 비록 제갈공명(諸葛孔明)이라도 손을 쓸 수 없을 것입니다. 회현방(會賢坊) 대가(大家)[46]의 가법(家法)에

44 백(伯)을……뜻 : 환란이 발생하기 전에는 현신을 버려두고 등용하지 않다가 사태가 발생된 뒤에야 현신에게 도움을 청한다는 뜻이다. 《시경》〈소아(小雅) 정월(正月)〉에 "너의 수레에 실은 짐을 떨어뜨리고서야 백을 불러 나를 도우라고 할 것이다.〔載輸爾載, 將伯助予.〕"라고 한 데서 온 말이다. '백'은 어떤 사람의 자이다.

45 이 판부사(李判府事) : 당시 판중추부사(判中樞府事)로 있던 이경억(李慶億)을 가리키는 것으로 보인다. 《宋子大全隨箚 卷5》

46 회현방(會賢坊) 대가(大家) : 회현방에 살았던 정태화(鄭太和)를 가리키는 것으

“천지를 뒤흔드는 곳은 결코 가벼이 범할 수 없다.”라는 말이 있는데 이는 대개 이서배와 시정배(市井輩)를 가리켜 말한 것입니다. 이 무리들이 궁액(宮掖)과 결탁하여 공경(公卿)의 직임에 대해서조차 승진과 파면을 좌지우지하는 까닭에 공경들도 그들을 두려워하여 감히 건드리지 못하고 있으니, 탄식하지 않을 수 있겠습니까. 현재 백성을 좀먹고 나라를 해치는 것이 모두 여기에 있으니, 어떻게 하면 좋을지 모르겠습니다. 한번 생각해 보고 주상을 면대하는 날에 저를 언급해 주시면 더할 나위 없이 감사하겠습니다.

별지

오늘 원사(爰辭)에 등장한 공경들에 대하여 일괄적으로 모두 죄를 따져 묻지 않은 것[47]은 신중을 기하려는 훌륭한 뜻인데, 갑자기 거제(巨濟)로 귀양 보낼 것을 청하는 계사가 올라온 것은 어째서입니까? 경중의 순서를 상실한 것이 이와 같으니, 염려스럽고 염려스럽습니다.

백성을 진휼할 대책은 응당 불에 타는 이를 구제하고 물에 빠진 이를 건지는 것처럼 제때 미치지 못할까 두려워하듯이 해야 하는 법이니, 주 선생(朱先生)께서 절동(浙東)에서 하신 일[48]을 살펴보면

로 보인다. 《宋子大全隨箚 卷5》

47 원사(爰辭)에……것 : 이 편지가 작성된 시기와 같은 날의 《숙종실록》 기사를 보면, 복평군(福平君)을 왕으로 추대하려 했다는 죄목으로 국문을 받고 있던 허새(許璽)가 사사로이 적어 둔 문서 가운데 목내선(睦來善), 이관징(李觀徵), 이우정(李宇鼎)의 성명이 있었는데, 국청(鞫廳)에서는 그들이 간여한 흔적이 없었으므로 내버려 두고 힐문하지 않았다고 하였다. 《肅宗實錄 8年 11月 4日》

48 주……일 : 1181년 주희(朱熹)가 절동 제거(浙東提擧)의 신분으로 기근 등을 염려

그 점을 알 수 있습니다. 선생은 그 당시 인재를 얻는 것에 오로지 힘써 비록 직임에서 해면된 수령일지라도 반드시 맞이하여 일을 함께 하셨습니다. 이제 모름지기 훌륭한 계책과 충성스러운 뜻이 있는 사람을 널리 구한 뒤에 정신을 한데 모으고 여러 장점을 모아 실행한다면 거의 일을 해결할 수 있을 것입니다. 저의 아우[49]는 제용감첨정(濟用監僉正)이라 그와 관련한 일을 매우 환하게 알고 있고 또 그 마음이 성실하여 의지할 만하니, 만약 진휼청 낭청으로 계하(啓下)한다면 그가 어찌 감히 사양하여 피할 수 있겠습니까. 또한 모름지기 널리 듣고 널리 보아 인재를 많이 모은 뒤에 각자의 기량에 맞게 일을 맡긴다면 거의 힘들이지 않고도 일이 이루어질 것입니다. 부디 주의하고 잘 생각하여 실행하는 것이 어떻겠습니까.

하여 효종(孝宗)에게 〈연화주차(延和奏箚)〉를 올려 구황책을 진달한 것을 말한다. 《晦庵集 卷13》

49 저의 아우 : 송시열의 아우 송시도(宋時燾, 1613~1689)이다.

이계주에게 보냄 임술년(1682, 숙종8) 11월 11일

與李季周 壬戌十一月十一日

손자 아이에게 준 편지를 받아 보았습니다. 절름발이가 걷기를 구한다고 한 뜻은 저의 사정과 그야말로 똑같지만, 서투른 자로 하여금 대책을 올리기를 바라는 것은 곧 맹인에게서 눈을 빌리고자 하는 것과 똑같은 일입니다. 제게 만약 올릴 만한 대책이 있다면 어째서 스스로 그 대책을 활용하지 않고 이렇게 고생스럽게 지내겠습니까. 삼가 보건대 성상께서 성대한 마음으로 집사께 도움을 구하시는 모습이 더없이 간절하고 지성스러운데, 이러한 상황에서 어찌 차마 옷자락을 뿌리치고 떠날 수 있겠습니까. 제가 쇠약하고 병든 상태임에도 불구하고 머뭇거리면서 차마 떠나지 못하는 것은 실로 나라를 걱정하고 임금을 사랑하는 마음이 저의 천성에 뿌리박혀 있어 그러한 것입니다. 더구나 집사께서는 성상으로부터 충성을 인정받고 있기에 말씀을 올리면 채택되니, 정히 이러한 때에 아래로는 민생을 구하고 위로는 종묘사직을 부지하는 것은 그만둘 수 없는 길일 듯합니다. 이 외에는 더 이상 소견이 없으니 집사께서는 어떻게 생각하는지요? 나머지는 다 갖추어 말씀드리지 못합니다.

이계주에게 보냄 임술년(1682, 숙종8) 12월 6일

與李季周 壬戌十二月六日

이 강가[50]로 온 뒤로 날마다 중씨(仲氏)와 더불어 지팡이 짚고 신 신고서 노닐고 있는데, 집사와 함께하지 못하는 것이 한스럽습니다. 요즘 기후가 범상치 않아 저로 하여금 우려를 품게 하는데, 이러한 때에 건강은 좋으십니까? 구구하게 우러러 사모하는 이 마음은 언제나 여일합니다. 오래도록 지난 편지에 대한 답장을 드리지 못하고 있는데, 대개 "이 간서(簡書)가 두렵구나."라고 하는 말은 그야말로 오늘날 단장취의해서 받아들여야 할 것입니다.[51] 제가 어찌 시사에 대해 말한 적이 있겠습니까. '파방(罷榜)' 등의 일[52]은 일찍이 화숙(和叔)과 서로

50 강가 : 여강(驪江)을 말한다.

51 대개……것입니다 : 《시경》 〈소아(小雅) 출거(出車)〉에 "어찌 돌아가고 싶지 않으랴마는, 이 간서가 두렵구나.〔豈不懷歸, 畏此簡書.〕"라고 하였다. 간서는 임금이 장수를 전장에 내보낼 때에 경계할 사항을 담아 주는 글이다. 이 대목은 원래 출정한 장수가 비록 돌아가 쉬고 싶어도 임금의 경계가 두려워 열심히 업무에 종사한다는 의미인데, 송시열이 해당 대목을 단장취의하여 이단하가 보내 준 편지에 담긴 당부와 경계가 두렵다고 한 것이다.

52 파방(罷榜) 등의 일 : 1682년 8월 19일에 열린 증광 감시(增廣監試) 복시(覆試)에서 거자(擧子)들이 과장에 함부로 난입하는 사건이 발생하자 정언 이굉(李宏), 대사간 유상운(柳尙運) 등을 중심으로 복시의 파방을 청하는 의론이 비등하였는데, 지평 조형기(趙亨期), 영의정 김수항(金壽恒) 등이 그에 맞서서 파방을 반대하여 논쟁이 가열되었다. 이에 숙종은 "죄가 시관(試官)에게 있으면 시관을 죄주고 죄가 거자에게 있으면 거자를 죄줄 것이니, 파방하지 말라."라는 선조(宣祖)의 수교(受敎)가 명백히 있다는 이유로 윤허하지 않았다. 《肅宗實錄 8年 8月 19日, 10月 1日, 11月 2日》

경계하면서 말하지 말자고 했던 것인데,[53] 삼가 듣건대 비방하는 의론이 이 몸에까지 미쳤다고 하니 황공하여 마음이 불편한 가운데 더 깊숙이 산림으로 들어가지 않은 것이 한스럽습니다.

진휼하는 일은 현재 어떻게 처리하고 있습니까? 삼가 듣건대 도적 떼가 날로 증가하여 충음(忠陰)의 길에서 약탈하는 일이 발생한다고 하니, 앞으로의 일이 어떻게 될지 모르겠습니다. 생각이 여기에 미치자 가슴이 무너지는 듯이 두렵습니다. 지금은 실로 재용을 아껴서 파탄에 이른 백성을 구하지 않아서는 안 될 시기인데 제공(諸公)이 사사로운 뜻으로부터 끝내 벗어나기 어려우니, 탄식한들 어찌겠습니까. 저의 아우가 그곳으로 나아가서 일꾼의 말석에 끼이게 된다면 그는 감히 어리석은 충심을 다 드러내지 않을 수 없을 것이니, 만약 그것이 불가하다면 얼른 한가롭게 물러나게 하는 것이 낫습니다. 말하고 싶은 것이 몹시 많지만 병들고 쇠약하여 계속해서 입으로 불러 쓰게 할 수 없으니, 오직 더욱 자중하여 먼 곳에 있는 제 마음에 부응해 주시기를 바랄 뿐입니다.

53 화숙(和叔)과……것인데 : 화숙은 박세채(朴世采)의 자이다. 이때 송시열의 손자인 송주석(宋疇錫)이 회시(會試)에 응시하지 않았고 박세채의 집안사람도 회시에 응하지 않았기 때문에 혐의쩍어 말할 수 없었던 것이다. 《宋子大全隨箚 卷5》

이계주에게 답함 임술년(1682, 숙종8) 12월 15일

答李季周 壬戌十二月十五日

강 언덕 위에 병들어 누워 있는 동안 온 마음이 걱정과 근심으로 가득하였는데, 홀연 이렇게 편지가 와서 그 속에 담긴 많은 말을 다 살펴보고는 이 마음에 몹시 위로가 되었습니다. '무수리〔鶖鶬〕'는 황명(皇明)의 사전(祀典)[54]에 기재되어 있기 때문에 완남부원군(完南府院君)이 극력 그것을 '고니〔天鵝〕'의 대체재로 사용하게 함으로써 민간에 끼치는 폐해를 제거하려고 하였는데,[55] 방납(防納)을 담당하는 이서배(吏胥輩)가 자기들한테 이익이 없다고 여겨 조정의 의론을 꾀는 바람에 결국 그 시도가 저지되고 말았으니 통탄을 금할 수 있겠습니까. 지금 성상께서 지극히 인자한 마음으로 폐단 혁파와 백성 구휼에 뜻을 두고 계시니, 그와 비슷한 일들을 미루어 그 나머지 사항들에 다 적용한다면 국사는 거의 해결될 수 있을 것이고, 이렇게 되면 조금이나마 재용을 저축할 수 있을 것입니다. 그러나 이렇게 저축한 재용을 어떻게 하면 새어 나가지 않게 하겠습니까. 소 발자국에 고인 얼마 되지 않는 빗물을 모두 끌어다 확보한다 해도 작은 구멍으로 조금씩 새어 나가 버리는 것, 이것이 나라의 큰 걱정거리입니다. 좌상이 저의 보잘것없음을 모르

54 황명(皇明)의 사전(祀典) : 《대명집례(大明集禮)》를 가리킨다.

55 완남부원군(完南府院君)이……하였는데 : 완남부원군 이후원(李厚源)이 1658년(효종9) 8월 8일 차자를 올려 동짓달 종묘 제향에 고니를 올리는 것은 백성들의 고통을 야기하므로 《대명집례》에 의거하여 무수리로 대체하자고 하였다. 《宗廟儀軌 4冊 薦新》 《宋子大全 卷204 迂齋李公諡狀》

고 그렇게 말한 것이니, 지자(智者)라면 아마도 그렇게 하지 않을 것입니다.

이계주에게 답함 임술년(1682, 숙종8) 12월 18일
答李季周 壬戌十二月十八日

편지를 보내 주시어 감사합니다. 자삼(子三)이 돌아와서 조석으로 함께 어울리고 있는데,[56] 조정에서 이 사람을 잃은 것이야 실로 한탄할 일이지만 이곳에 있는 저의 기쁘고 다행한 심정은 어찌 말로 다 할 수 있겠습니까. 다만 보건대 자삼은 자질이 매우 훌륭하니, 그를 홍문관에 묶어 둠으로써 그 몸과 마음을 매몰시킨다면 그것은 실로 애석한 일이 될 것입니다. 오늘의 이 일을 통해 어찌 옥성(玉成)의 자질을 갖추지 않겠습니까. 조화옹이 실로 괜한 뜻으로 이렇게 한 것이 아닙니다. 별지에서 말한 내용은 삼가 다 살펴보았습니다. 감히 어리석은 견해로 우러러 답을 올리니, 대개 의리를 상론하고자 함입니다. 타당하지 않은 부분이 있다면 회답해 주기를 바랍니다. 그러나 남에게는 절대 보이지 말면 좋겠습니다. 다 갖추어 말씀드리지 못합니다.

별지

파방(罷榜)의 일이 흐르고 흘러 이 지경에 이르렀으니, 심히 개탄스

56 자삼(子三)이……있는데 : 자삼은 이단하의 조카인 이여(李畬, 1645~1718)의 자이다. 그는 이때, 1682년 8월 19일에 열린 증광 감시(增廣監試)의 복시(覆試)에서 거자(擧子)들이 과장에 함부로 난입하는 사건이 발생하여 파방의 당위를 둘러싸고 논쟁이 오래도록 가라앉지 않은 가운데 굳이 문과(文科) 회시(會試)의 감시관으로 나아가 대간의 체모를 실추하였다는 이유로 탄핵을 받아 남이성(南二星), 신양(申懹) 등과 함께 체차된 상태였다. 《承政院日記 肅宗 8年 12月 11日》《宋子大全隨箚 卷5》

럽습니다. 이미 선대 조정의 수교(受教)가 있으니 대신(大臣)이 그것을 흔들림 없이 지키는 것이 어찌 불가하겠습니까마는, 그러나 수교가 있은 뒤에도 파방한 때가 없지는 않았습니다. 이번 과거에서는 사람들의 말이 지극히 번다한데, 파방을 청하는 대각(臺閣)의 논의도 잡아 지키려는 의리가 전혀 없다고는 생각지 않으니, 저마다의 견해를 고집한다고 해도 양쪽이 다 해가 될 것이 없습니다.

그런데 다만 대신이 대간을 몹시 준엄하게 공격함에 따라 논의가 격렬하게 일어나, 이미 논의를 멈춘 마당에 또다시 논의가 일어나는 지경에 이르렀습니다. 무릇 '격렬함'이라는 것이 비록 과도한 것이라고는 해도, 그것을 초래한 근원을 궁구해 보면 결국 해당하는 곳이 있는 듯합니다. 그러나 그렇다고는 해도 대과(大科)까지 아울러 파기하려 한 것은 삼가 생각건대 경계와 분수를 침범하는 행동인 듯하니, 격렬함에 격렬함을 하나 더 보탠 꼴입니다.

지금 자삼이 대과의 감시관(監試官)으로 들어간 것은 신중히 살피지 못한 과오가 조금 있습니다. 그가 논핵을 받았을 때 상께서는 그에게 굳이 억지로 공무를 수행하게 하지 않으려는 의도를 가지고서 대신에게 물어보았는데, 그렇다면 대신은 응당 변통하여 자삼과 두 공으로 하여금 피혐하려는 소원을 이루어 주도록 해야 했습니다. 그런데 도리어 좋은 계책이 없다는 이유로 명을 억지로 받들어 공무를 수행하게 함으로써 끝내 이런 낭패를 겪게 하였으니 탄식을 금할 수 있겠습니까. 자삼을 비롯한 여러 사람이 이러한 상황에 처한 이상 대신은 스스로 책임을 지면서 주위의 비방을 함께 나누는 의리가 있어야 할 듯한데, 과연 그런지 모르겠습니다. 제가 우려하는 바는 이로 인하여 조정의 논의가 혹 분열되지나 않을까 하는 것이었습니다.

그런데 이제 듣건대 자삼이 유 대신(兪臺臣)[57]을 찾아가 만나 보고는 인혐하고 사과하였다고 하니, 심히 탄복을 금치 못함과 동시에 지난번에 몹시도 함부로 우려했던 것이 부끄럽습니다.

이제 보내온 편지에서 인용한 사신(使臣)의 일은 실로 오늘의 증거가 될 만합니다만, 자세히 생각해 보건대 그렇지 않은 점이 있습니다. -원문 결락- 임금의 명을 받아 멀리 타국에 있는 자입니다. 지금의 어사(御史), 감사(監司), 병사(兵使), 수사(水使), 수령이 된 자들이 어찌 임금의 명을 받은 자들이 아니겠습니까마는 혹시라도 탄핵을 받으면 감히 공무를 행하지 못하는 것은 규례입니다. 하물며 현재 대관(臺官)을 맡고 있는 자는 어사와 감사로서 대관을 겸직하는 경우와는 차이가 있으니, 또한 그것과 똑같이 비교할 수 없을 듯합니다. 대저 오늘날의 이 일은 파방하지 않아도 무방하고 파방해도 무방한 것이라 그다지 긴요하지 않은 문제임에도, 조정에서는 원대한 생각이 없이 공연히 한쪽만을 고집하고 거기에다 이기기를 좋아하는 마음까지 개입시켜 이 지경에 이르러 국가의 시급한 당면 문제를 관심 밖에 버려두니, 이 무슨 식견입니까.

제가 우려하는 것은, 지난번 성상께서 대각의 계사를 무시하면서까지 끝내 공주(公主)의 저택을 만든 것은 실로 온당치 않은 일이었기에 대신이 "족히 있으나 마나 상관이 없습니다."라는 말을 하면서 인피(引避)하였는데, 이는 그야말로 대각의 체통을 얻은 행동이었습니다. 그러나 이 이후로 주상께서 만약 대각의 논의를 무시하고

57 유 대신(兪臺臣) : 이여의 체차를 발의한 사람으로, 유신일(兪信一)인 듯하다. 《宋子大全隨箚 卷5》

정말로 하면 안 될 일을 스스로 행하면서 말씀하기를 "너희들도 일전에 이렇게 한 적이 있었다."라고 하신다면 장차 무슨 말로 스스로를 변명하겠습니까. 성상께서 춘추가 한창이시니 이런 식으로 인도해서는 안 됩니다.

집사와 이야기를 주고받았다고 하는 말에 대해서는 집사께서 이미 스스로 그러한 일이 없다는 사실을 알고 있으므로 더 이상 말할 필요가 없으니, 이는 그야말로 아버지를 여읜 딸에게 장가들었는데 장인을 때렸다는 식의 말입니다.

"삼사(三司)에서 운운하였다."라는 것과 같은 것은, 몇몇 젊은 사람들이 혹 좌중에서 그런 말을 하는데도 내가 몽둥이를 들고 그것을 막지 못하였으니 함께 죄에 연루되는 것이 역시 옳지 않겠습니까. 대저 제 손자 아이가 소과(小科)의 회시에 나아가지 않았는데, 이는 고결한 뜻이 있어서 그런 것이 아니라 대각의 의론을 두려워한 데 따른 행동에 불과합니다. 그러나 당시 저는 멀리 시골에 있었기 때문에 그것은 제가 알 수 있는 일이 아니었는데도 한쪽의 의심하고 노여워하는 말이 모두 저에게 몰린 것은 사리와 형세가 그러했던 것입니다. 초겨울 강을 건널 적에 화숙(和叔 박세채(朴世采))과 만나 우연히 과거에 대한 일을 언급하게 되었는데, 제가 화숙에게 "우리 양가의 자손은 모두 다른 사람들의 의견을 따르지 않았으므로 파방이란 두 글자가 우리 입에서 나오면 안 될 것입니다."라고 하자, 화숙이 웃으면서 "나는 이미 망발을 하였습니다."라고 하였습니다. 이른바 망발이란 것이 무슨 일을 가리키는지 모르겠지만 삼가 그의 뜻을 보건대 '유생은 국가의 원기(元氣)이므로 응당 예의로 배양해야 하는데, 한창 대각의 계사가 펼쳐지고 있는 와중에 그들로 하여금 몰염치하게 과장에 들어가도록 하는 것은 대간을 업신여기는 것일 뿐만 아니라 선비에게도 박하게 대우하는 것인 듯하다.'라는 것이었습니다. 저는 혐의쩍어 감히 한마디도 하지 못하였는데 이제야 편지로 말씀하시니, 참으로 "완전함을 구하려다 비방을 받는다."라는 격입니다. 황공하고 황공합니다.

이계주에게 보냄 계해년(1683, 숙종9) 1월 2일

與李季周 癸亥正月二日

삼원(三元)이 이미 돌아와 천시(天時)가 형통해졌으나 굶어 죽는 자가 도처에 가득하여 시사(時事)가 망극한 지경에 이르렀습니다. 애태우며 고생하시는 여가에 침식은 잘 버텨 나가고 계십니까? 구구히 사모하는 마음이 날로 더욱 간절합니다. 천신(賤臣)은 갈수록 특별한 은혜를 입었으나, 오직 "늙어 벼슬에서 물러난다."라는 한 가지 사항을 중대한 한계 지점으로 삼았기 때문에 말씀을 받들어 조금이나마 도움을 드릴 수가 없습니다. 성상께서 부지런히 근심하고 진휼하시는 것을 생각할 때마다 더욱 목이 멜 뿐입니다.

지난번 편지에서 말씀하신 내용은 삼가 잘 알았습니다. 얼음과 숯이 한 그릇에 담기면 필시 양쪽 모두 온전할 리가 없습니다. 그러나 상대를 너무 심하게 미워함으로써 난(亂)을 초래하는 것도 좋은 일이 아닙니다. 누가 능히 이 일에 양 극단의 상반된 주장을 잡고서 중도를 행하겠습니까. 숙위군(宿衛軍)이 단출하고 취약하다는 우려는, 비단 선대인(先大人)의 문집에 기록된 임가(任哥) 놈의 일뿐 아니라 유효립(柳孝立)과 유탁(柳濯)의 변란[58]에서 모두 목도한 사실입니다. 유탁의 변

58 유효립(柳孝立)과 유탁(柳濯)의 변란 : 1628년(인조6) 1월 인조반정으로 유배되었던 전 승지 유효립이 대북파의 잔당들과 함께 인성군(仁城君) 이공(李珙)을 추대하려는 역모를 꾀하다 처벌되었고, 1646년 3월에는 이산현(尼山縣)의 유탁이 권대용(權大用) 등과 함께 임경업(林慶業)을 대장으로 삼아 청(淸)나라를 토벌하려 한다고 하면서 역모를 꾀하다 발각되어 처형되었다. 《仁祖實錄 6年 1月 3日, 24年 3月 28日》

란이 일어났을 때 연양군(延陽君 이시백(李時白))이 이르러 금위군(禁衛軍)을 거느리고 강을 건너 맞서 싸울 계책을 세웠는데, 오늘날의 형세는 예전과 비교하면 더욱 위급한 실정이므로 대략 그에 대해 홍우(洪友)와 말을 나누었습니다. 그러나 만약 변통하여 잘 대처할 방법이 있다면 제번(除番)시켜 목전에 닥친 백성의 일을 구제하게 하는 것이 옳지 않겠습니까. 부디 저의 견해를 장애로 여기지 말기를 바랍니다.

하사하신 후추와 단목(丹木) 등의 물건을 통해 또한 자애로운 성상의 지극한 마음을 볼 수 있었습니다. 도랑에서 뒹구는 백성이 또한 어찌 죽음을 원망하겠습니까. 성상의 마음은 이와 같은데 아래에 있는 자는 저마다 자기 것만을 아끼니, 또한 불인(不仁)한 것입니다. 비망기를 본 뒤로 밤에도 잠 못 이루고 흐르는 눈물을 이루 다 닦아 낼 수 없습니다. 다만 더욱 충정을 다하여 만분의 일이나마 보탬이 되기를 바랄 뿐입니다. 다 갖추어 말씀드리지 못합니다.

이계주에게 답함 계해년(1683, 숙종9) 1월 그믐

答李季周 癸亥正月晦日

25일에 보내 주신 편지를 받아서 삼가 다 읽어 보았는데, 길게 말씀하신 내용을 통해서 형언할 수 없는 위로가 되었습니다.

늙어 벼슬에서 물러나는 한 가지 일에 대해 말하자면, 상께서는 대체로 그것을 허락해 주고 이어 가까운 지역에 머물러 있도록 하고자 하셨으니 이는 매우 좋지만, 대신(大臣)과 삼사(三司)가 합사(合辭)해서 저지하고 이에 천신이 쉼 없이 거듭 청하자, "박모(朴某)가 올라오기를 기다려 의논해 처리하고자 한다."라고 하교하셨습니다. 그러나 화숙(和叔 박세채(朴世采))은 도중에 머물러 있는 형편이라 저의 일이 결정될 기약이 없으니 한없이 답답하기만 합니다.

삼수량(三手糧)의 수효를 가지고 삼수(三手)를 약정하는 것은 사리상 지극히 당연하나, 각 군문(軍門)에서 저마다 개인적인 이유로 그것을 견제하기 때문에 일을 맡은 자들이 고생스럽게 힘은 들이면서도 효과는 적게 보는 것입니다. 이로 인하여 돌아갈 생각이 더욱 급하게 되었으니, 병조 판서를 만난다면 생각을 말하여 차분히 상의해 보고자 합니다.

자삼(子三)에 대해서는 여러 사람들이 어사의 직임을 개차하자는 의론을 개진하였으나 연석에서 좌상만 혼자 이견을 냈으니, 대개 그의 뜻은 이를 통하여 자삼을 이끌어 내고자 한 것으로, 부지런하다고 이를 만합니다. 저의 생각으로는 그가 비록 그대로 출사하려고 하지는 않더라도 이 일을 마무리 짓고 난 뒤에 병을 핑계 대는 것이 또한 편할 텐데, 어떨지 모르겠습니다.

이계주에게 답함 계해년(1683, 숙종9) 2월 26일

答李季周 癸亥二月二十六日

근자에 인편을 통하여 멀리까지 보내 준 편지를 받고서, 한가롭게 거처하는 가운데 책을 읽으며 날마다 흥취가 있다는 것을 삼가 알게 되었으니, 저를 몹시도 부럽게 합니다. 공물(貢物)을 재감(裁減)하는 한 가지 일에 대해서는, 본청(本廳)이 남들의 원망을 아랑곳 않고 변치 않는 마음으로 그 일을 행함으로써 굶주린 이를 구휼하는 밑천으로 삼았으니, 이것이야말로 많은 곳에서 덜어 내어 적은 곳에 더해 주는 의리입니다. 이서배(吏胥輩)가 매우 시끄럽게 날뛰었지만 가난한 백성은 장차 실질적인 혜택을 입을 수 있었는데 갑자기 대신(臺臣)이 마구 공격하면서 이서배의 기세를 돕고 말았으니, 극히 한탄스럽습니다.

저는 질병이 점차 고질이 되어 병석에 누운 지 벌써 한 달이 넘었으니, 살아서 벼슬에 나아갔다가 죽어서야 고향으로 돌아와 묻힐지도 모른다는 걱정에 두렵습니다. 성상의 뜻이 한껏 분발되어 정말로 좋은 기회를 맞이하고 있는데, 조정의 의론은 수습할 수 없을 정도로 어지럽고 분분하니 어찌하면 좋습니까. 집사께서는 현재 무슨 책을 보고 있습니까? 서책에 침잠하는 것은 물론 이치를 궁구하고 마음을 보존하는 요체이지만 성찰하고 사욕을 다스리는 공부를 놓아 버려서는 더욱 안 됩니다. 매양 회옹(晦翁)의 가르침을 생각할 때마다 실행에 힘쓰지 못하는 것을 스스로 슬퍼합니다. 나머지는 남의 손을 빌려 쓰느라 갖추어 다 말씀드리지 못합니다.

이계주에게 답함 계해년(1683, 숙종9) 3월 11일

答李季周 癸亥三月十一日

시끌벅적한 곳에 있는 가운데 매양 집사의 편지를 보게 되면 그때마다 번번이 마음이 깨어나고 기운이 소생합니다. 나아가기를 어렵게 여기는 집사의 의리는 어찌 말할 필요가 있겠습니까. 지금은 염치가 모두 무너져 나라의 명맥이 피폐해진 상황이니, 오직 염퇴(恬退)하는 한 가지 일만이 혹여 조금이나마 부지할 수 있는 방도입니다. 이러한 까닭에 제공(諸公)은 모두 집사께서 와 주기를 원하고 있으나 저는 그것을 원하지 않아, 매번 제공에게 그렇게 말하고 있습니다.

늙어 벼슬에서 물러난 뒤에 집사께서 축하하는 편지를 보내 주었으니, 진실로 저를 아는 사람입니다. 이로부터 유유자적하면서 남은 나날들을 보낼 수 있을 것인데, 병세가 이와 같으니 편안하게 청복(淸福)을 누리지 못할까 두렵습니다.

금수(禽獸)와 관련한 말씀은 극히 저를 두렵게 합니다. 명색은 비록 사람이지만 사람의 도리를 잃으면 누군들 금수가 아니겠습니까. 지금 집사께서 이러한 점을 명확하게 알고 서둘러 깨우쳐 주었으니, 많은 은혜를 입었습니다. 다만 위 무공(衛武公)과 거원(蘧瑗) 같은 용기[59]가

59 위……용기 : 늙어서도 자신의 잘못을 반성하고 개선하려는 용기를 말한다. 춘추 시대 위(衛)나라 무공은 95세의 나이에도 신하들에게 "내가 늙었다고 하여 버리지 말고 반드시 아침저녁으로 공경히 하는 마음으로 서로들 나를 경계시키라."라고 하였고, 춘추 시대 위나라 대부 거원은 50세가 되자 49년 동안 저지른 잘못을 깨달았으며 60세가 되는 동안 60번이나 잘못을 깨닫고 고쳤다고 한다. 《國語 楚語上》《淮南子 原道訓》

없어 끝내 세상에 알려지지 않은 사람이 되고 말 것이니, 스스로 심히 슬퍼할 뿐입니다. 저는 이미 청량한 경계로 들어왔지마는 지난번 청이 받아들여지는 것에 급급한 나머지 결국 "지금 비록 윤허를 받더라도 어찌 차마 이러한 위급한 시기에 멀리 떠날 수 있겠습니까."라고 아뢰었습니다. 이제 성상께서 이 말을 가지고 유시하시면서 마음대로 할 수 없게 하니, 형세상 장차 다시 얽매인 뒤에 떠날 수 있는 기회를 기다려야겠습니다.

재신(宰臣) 홍모(洪某)[60]는 본디 선인(善人)인데 갑자기 고인이 되었으니 한없이 슬픕니다. 나머지는 일찍 일어나 기운이 없으므로 다 갖추어 말씀드리지 못합니다.

《莊子 則陽》

60 재신(宰臣) 홍모(洪某) : 홍처량(洪處亮, 1607~1683)으로, 자는 자회(子晦), 호는 북정(北汀), 시호는 정정(貞靖)이다. 1637년(인조15) 정시 문과(庭試文科)에 급제하여 대사헌, 예조 판서 등을 지냈다. 문집으로 《북정집(北汀集)》이 있다.

이계주에게 보냄 계해년(1683, 숙종9) 5월 11일

與李季周 癸亥五月十一日

서책을 읽고 있는 마음을 상상해 보노라니 그리운 마음 견딜 수 없습니다. 저는 당초 서울로 가서 한번 등대(登對)한 뒤에 소장을 남기고 물러 나오려고 하였습니다만, 말을 조심하지 않아 사람들의 분노를 돋운 나머지[61] 이렇게 지레 돌아와 성은을 저버릴 수밖에 없었으니 황공하고 부끄럽기 그지없습니다. 이로 인하여 강가에 머무는 것조차 기약할 수 없게 되었으니, 혹여 신륵사(神勒寺)와 용문사(龍門寺)에서 지극한 논의를 듣게 된다면 실로 평생의 유쾌한 일이 될 것입니다. 나머지는 다 갖추어 말씀드리지 못합니다.

61 말을……나머지 : 1683년 4월 8일 송시열이 조강(朝講)에 나아갔을 때 함께 입대한 삼사(三司)의 신하들이 허새(許璽)와 허영(許瑛)의 역모 사건과 관련하여 김중하(金重夏)를 죽여야 한다고 주장하면서 영의정 김수항(金壽恒)의 분명치 않은 태도를 비판하자, 며칠 뒤 송시열은 좌의정 민정중(閔鼎重)에게 "전일 조강 때 삼사가 크게 잘못했습니다. 대신에게 과실이 있으면 탄핵하여 논죄하는 것이야 가하지만 의견이 각각 다른 경우에 억지로 같게 하려 하거나 아무 말 않는다고 배척하는 것은 불가하니, 이는 체통(體統)을 손상하는 것입니다."라고 하였다. 이후 민정중은 이 말을 숙종에게 아뢰었고, 결국 대사간 유상운(柳尙運), 정언 이동욱(李東郁) 등이 송시열의 말을 비판하면서 인피하였다. 《肅宗實錄 9年 4月 8日, 16日, 17日》《宋子大全 附錄 卷9 年譜》

이계주에게 보냄 계해년(1683, 숙종9) 6월 6일

與李季周 癸亥六月六日

오늘의 이 일을 어찌 말로 할 수 있겠습니까. 평소 회옹(晦翁)의 가르침을 독실하게 믿어 이른바 "대성(臺省)은 재상에게 통솔되고, 재상은 다른 여러 직책을 겸하여 통솔하면서 천자와 함께 가부를 의논해서 정령을 낸다."[62]라고 하는 말씀을 욀 때마다 늘 '어찌하면 이와 같은 때를 볼 수 있을 것인가.'라는 생각을 하였습니다. 그런데 마침 좌상이 있는 자리에서 우연히 체통(體統)의 설[63]을 언급하자 그 말류의 폐해가 이런 지극한 지경에 이르고 말았으니, 말조심하지 않은 죄는 만번 죽은들 어찌 속죄할 수 있겠습니까. 다만 산속에서 문을 닫아걸고서 스스로 반성하고 자책해야 할 뿐이니 이 밖에 또 무슨 말을 하겠습니까. 집사께서는 장차 어떻게 할 계획입니까? 어부와 변장자(卞莊子)[64]가 족히

62 대성(臺省)은……낸다 : 주희(朱熹)의 〈경자응조봉사(庚子應詔封事)〉에 나오는 말이다. 《晦庵集 卷11》

63 체통(體統)의 설 : 66쪽 주61 참조.

64 어부와 변장자(卞莊子) : 둘이 다투는 틈을 타 이득을 취하는 무리를 가리킨다. 《전국책(戰國策)》 〈연책(燕策)〉에 도요새와 조개가 상대방을 물고 놓지 않다가 어부에게 다 잡히고 말았다는 어부지리(漁父之利)의 고사가 나오고, 《사기(史記)》 〈장의열전(張儀列傳)〉에는 춘추 시대 노(魯)나라 대부 변장자가 범을 잡으려 할 때 관수자(館豎子)의 "저 두 호랑이가 막 소를 잡아먹으려 하는데 먹이가 맛있으면 반드시 다툴 것이고 다투면 반드시 싸울 것이니, 싸우면 큰 놈은 상처를 입고 작은 놈은 죽을 것이다. 그때 상처 입은 놈을 때려잡으면 한꺼번에 호랑이 두 마리를 잡았다는 이름이 날 것이다."라는 조언대로 하여 호랑이 두 마리를 동시에 잡았다는 내용이 나온다.

두렵지 않습니까. 보내 주신 여러 별지는 하나하나 그대로 돌려보냅니다. 나머지는 병으로 남의 손을 빌려 쓰느라 이만 줄입니다. 황공합니다.

이계주에게 답함 계해년(1683, 숙종9) 6월 18일

答李季周 癸亥六月十八日

이번 달 7일에 보낸 편지를 역마 편으로 받아 보니, 헤어진 후로 그리웠던 마음에 매우 위로가 됩니다. 오늘의 이 일을 어찌 말로 할 수 있겠습니까. 회옹(晦翁)은 일찍이 산곡(山谷)의 "서강(西江)의 파도는 어느 때쯤 잠잠해지려나."라는 시구를 외면서 "정말 귀신도 울릴 만한 노래이다."라고 하셨는데,[65] 오늘날에 이러한 상황을 정말로 만날 줄 어찌 생각이나 했겠습니까. 듣건대 화숙(和叔 박세채(朴世采))이 물러나 돌아가자 그가 주장한 것은 대신들이 쓰지 않았고 그가 언급한 대간은 준엄한 전지를 받았다고 하니, 이 일이 장차 어떻게 수습될지 모르겠습니다. 초야에 있는 저는 걱정을 견딜 수 없습니다. 《주자어류(朱子語類)》는 지금 돌려보내려고 하는데 장맛비가 이와 같으니 응당 나중에 확실한 인편을 기다려야겠으나, 다만 일이 지체되는 것이 불안할 뿐입니다. 나머지는 갖추어 다 말씀드리지 못합니다.

65 회옹(晦翁)은……하셨는데 : 산곡은 송(宋)나라 시인 황정견(黃庭堅)의 호이다. 황정견이 강에 빠져 죽은 여동생을 추모하는 〈훼벽(毁璧)〉이란 시에 "돌아가 편히 쉬시게나. 서강의 파도는 어느 때나 잠잠해지려나.〔歸來兮逍遙, 西江波浪何時平?〕"라고 하였는데, 주희(朱熹)가 임성계(林成季)에게 보낸 편지에서 해당 구절을 인용하면서 위와 같은 말을 하였다. 이는 정승 조여우(趙汝愚)가 한탁주(韓侂胄)의 무고를 입고 귀양 가 죽은 것을 한탄한 것이다. 《古今事文類聚 後集 卷11》《晦庵集 別集 卷1 林井伯》《宋子大全隨箚 卷1》

이계주에게 답함 계해년(1683, 숙종9) 7월 23일

答李季周 癸亥七月二十三日

지난번에 역마 편으로 보낸 편지를 받았으나 보낼 만한 인편이 없어 여태껏 답장을 미루고 있던 까닭에 늘 한탄스러웠습니다. 그런데 지금 손자 아이의 편지로 인하여 신령의 도움으로 체후가 편안하다는 사실을 알게 되었으니, 위로되고 기쁘기가 이루 말로 표현할 수 없을 정도입니다.

지난번 편지에서 언급하신 산곡(山谷)의 시와 주자(朱子)의 말씀[66]은 어찌 그리도 오늘날의 일을 이렇게까지 정확하게 그려 낸 것인지요. 평소 그 글들을 공연히 읊조리기만 하였는데, 오늘날 직접 그 상황을 겪을 줄은 생각조차 못 하였습니다. 바로 이러한 시절에 집사와 숙질(叔姪)은 초연히 벼슬을 사직하고 물러나 있으니, 어쩌면 지난 일은 참으로 이른바 "모질게 하고 나서 즐겁게 만들어 준다."[67]라는 것이겠습니다. 저 같은 경우는 이미 깊은 산속의 쓸데없는 놈이 되어 버렸는데

66 산곡(山谷)의……말씀 : 69쪽 주65 참조.

67 모질게……준다 : 현재의 모진 시련은 훗날의 즐거움을 위한 것이라는 말이다. 송(宋)나라 장뢰(張耒)가 부친의 명으로 어쩔 수 없이 관직 생활을 하며 괴로워하는 진구(秦觀)에게 추운 겨울에 식물이 혹독한 시련을 받다가 나중에는 당당한 재목이 되기 마련이라는 말로 달래 주면서 "이것을 일러 '덜어 내지만 유익하고 망가뜨리지만 이루어지고 학대하지만 즐겁다'고 한다." 하였다. 《古文眞寶 後集 卷10 送秦少章序》 송시열은 곳곳에서 이 말을 장자(莊子)의 말이라고 하였다. 《宋子大全 卷48 答李季周, 卷58 答閔大受》

도 저의 이름이 날마다 소장에 올라가니, 밤낮으로 두려워 더욱 깊이 산림 속에 들어가고 싶은 심정입니다. 게다가 질병까지 점차 더해 가는 가운데 근자에는 학질을 앓아 얼마 남지 않은 숨을 가쁘게 몰아쉬고 있는 실정이니, 피안에 이를 날이 머지않았음을 너무도 잘 알겠습니다. 나머지는 남의 손을 빌려 쓰느라 다 갖추어 말씀드리지 못합니다.

이계주에게 답함 계해년(1683, 숙종9) 8월 26일

答李季周 癸亥八月二十六日

제 손자가 와서 편지를 전해 주니, 그리워하던 마음에 크게 위로가 되었습니다. 편지를 보낸 뒤로 기거는 평안한지요?

부본(副本)[68]은 다행히 삼가 읽어 보았는데, 시국을 근심하고 시속을 안타까워하면서 조정하고 화합시키고자 하는 뜻이 문장 밖으로 넘쳐 났습니다. 이를 통해 인인(仁人)이 세상을 구제하려는 마음이 백성의 고통을 자신의 몸이 병을 앓는 것같이 여김을 볼 수 있었습니다. 만약 모든 사람이 다 집사의 마음과 같다면 국사가 어찌 이 지경에 이르렀겠습니까. 다만 통렬한 정문일침(頂門一針)은 보이지 않고 그저 혼합하여 하나로 만들려고만 하였으니, 그것은 형세상 이루어질 수 없는 점이 있으며 단지 맹렬하게 들고일어나는 상황만 더 보탤 뿐입니다. 이는 율옹(栗翁)이 패배한 까닭[69]이며, 주 선생(朱先生)께서 조정

68 부본(副本) : 1683년 8월 4일 이단하가 올린 상소문의 부본을 가리킨다. 이 상소에서 이단하는 현재 조정의 분열과 다툼이 과거 동서 분당(東西分黨)의 과정과 유사하게 진행되고 있다고 하면서, 붕당의 씨앗을 불식하기 위해 최대한 양쪽 세력의 조화와 보합에 힘을 써야 한다고 주장하였다. 《肅宗實錄 9年 8月 4日》

69 율옹(栗翁)이 패배한 까닭 : 율옹은 율곡(栗谷) 이이(李珥)를 가리킨다. 이이는 심의겸(沈義謙)과 김효원(金孝元)이 서로 대립하여 조정의 분열이 심화되자 두 사람을 외직으로 내보내 조정의 분란을 잠재우고자 노력하였다. 그러나 동인들은 이이를 서인으로 지목하면서 공격하였고, 결국 이이는 1583년(선조16)에 허봉(許篈), 송응개(宋應漑), 박근원(朴謹元) 등의 무함을 받아 낙향하였다. 이로써 당쟁을 보합하려는 그의 노력은 수포로 돌아갔고 동서 분당은 고착화하기에 이른다. 《宋子大全隨箚 卷5》

책(調停策)과 건중책(建中策)을 탓하면서 그것이 잘못이라고 하신 까닭입니다.[70]

저는 현재 사우들과 함께 《주자대전차의(朱子大全箚疑)》를 교감하고 있는데, 만약 이 작업을 완성하여 주상께 바칠 수 있다면, 문을 닫아걸고 배고픔을 참으면서 이번 생을 끝낼 수 있을 것입니다.

제 손자 아이가 재주도 없는데 초시에서 장원을 차지하고 주석(疇錫) 또한 높은 성적으로 합격하였으니, 이 늙은이의 심사는 전혀 즐겁지가 않습니다. 주 선생이 수지(受之 주숙(朱塾))에게 과문(科文)을 공부하게 하면서 "가문을 위한 계책을 세우고자 한다."라고 말씀하셨지만 오늘날은 그때로부터 매우 긴 시간이 지났으니, 다만 산에서 밭을 갈며 입에 풀칠해야 할 뿐입니다. 나머지는 갖추어 다 말씀드리지 못합니다.

70 주……까닭입니다 : 조정책과 건중책은 송(宋)나라 철종(哲宗) 때 사마광(司馬光)의 구법당(舊法黨)과 왕안석(王安石)의 신법당(新法黨)의 대립을 해결하기 위하여 어느 한쪽을 일방적으로 배제하지 않고 포용하려던 정책을 가리킨다. 주희(朱熹)는 이러한 노선을 몹시 비판하여 "대개 천하에는 단지 하나의 옳음과 하나의 그름만 있으니, 옳은 것에는 모름지기 옳은 것이 돌아가고 그른 것에는 모름지기 그른 것이 돌아가야 비로소 자연스러운 공평함이 된다. 만약 사정(邪正)도 구분하지 않고 시비(是非)도 분별하지 않으면서 단지 공평해지기만 바란다면 결코 공평해질 수 없으니, 이것이 원우(元祐)의 조정책과 원부(元符)의 건중책이 실패한 까닭이다."라고 하였다. 《晦庵集續集 卷5 答黃直卿》《宋名臣言行錄 後集 卷12 劉安世》

이계주에게 답함 계해년(1683, 숙종9) 10월 6일

答李季周 癸亥十月六日

계속된 편지에서 자상하게 말씀해 주니, 저를 비루하게 여기지 않는 두터운 그 마음에 몹시 감격하였습니다. 천서(川西)의 두환(痘患 천연두)이 무사히 나았으니 어찌 그대 가문의 경사일 뿐이겠습니까. 과부로 있는 딸 집안의 기쁨도 이루 다 말할 수가 없습니다.

말씀하신 시사(時事)에 대해서는, 제가 절대 입 밖에 꺼내지 않은 지가 오래되었습니다. 그런데 집사만큼은 나라가 전복되는 것을 차마 보지 못해서 자기 입장이 혐의쩍음을 잊은 채 서둘러 이부(嫠婦)의 근심[71]을 본받았으니, 여기서 인인(仁人)의 마음을 볼 수 있는지라 지극히 감탄하는 마음 금할 수 없습니다.

지천(地天)에 관한 설[72]은 어찌 지극히 공정하고 정성스러운 것이 아니겠으며, "선인(先人)의 가르침……"이라고 한 것 또한 어찌 화평하고도 크게 관대한 도리가 아니겠습니까. 그렇지만 이것은 한(漢)나라

71 이부(嫠婦)의 근심 : 자신의 일은 잊고 나라를 걱정하는 마음을 말한다. 《춘추좌씨전(春秋左氏傳)》 소공(昭公) 24년에 "과부가 베 짜는 북실이 끊어질 것은 걱정하지 않고서 천자의 나라인 주나라가 망할 것을 걱정한다는 말이 있는데, 이는 그 재앙이 자기에게도 미칠 것이라고 여겨서이다."라고 한 데서 유래한 것이다.

72 지천(地天)에 관한 설 : 이단하가 당쟁이 격화되어 가는 현실을 해결하기 위하여 소장에 인용한 《주역》 〈태괘(泰卦) 구이(九二)〉의 "거친 것을 포용해 주고, 황하(黃河)를 맨몸으로 건너는 용맹을 발휘하며, 멀리 있는 것을 버리지 않고, 붕당(朋黨)을 없애면 중도에 합치하리라."라는 말을 가리킨다. 《宋子大全隨箚 卷5》

와 당(唐)나라 이전에는 적용할 만하지만 그 이후에는 시행하기 어려운 것입니다. 눈과 귀로 보고 들은 것과 제가 직접 당한 일로 말해 보겠습니다.

《지봉유설(芝峯類說)》에는 선악을 포폄한 것이 매우 공정하고도 정당하였고, 그의 아들인 참판(參判)[73]에 이르러서도 오히려 문성공(文成公 이이(李珥))의 제사에 적(炙)을 올렸으며 인묘(仁廟) 초에는 문묘(文廟)에 종사(從祀)하는 것이 합당하다는 말을 경연에서 진달했습니다. 그런데 을해년(1635, 인조13)에 동학(東學)에서 악랄하게 헐뜯은 뒤로는[74] 그가 올리는 소장의 내용이 이전과 완전히 달라졌습니다. 또 그의 조카 한 사람[75]이 병자년(1636) 이후로 강호(江湖)에 은거하면서 깨끗한 지조를 지녀 문을 닫아걸고 일절 출입하지 않으므로 내가 늘 마음속으로 경모하였고 그 뒤에 그의 친족이 전하는 말을 들으니 나의 예론(禮論)을 후세에 펴려 하였다는데, 윤휴(尹鑴)의 무리에게 잘못

73 그의 아들인 참판(參判) : 《지봉유설》을 지은 이수광(李睟光, 1563~1628)의 아들 이민구(李敏求, 1589~1670)로, 그가 예조 참판을 지냈기 때문에 이렇게 칭한 것이다.

74 을해년에……뒤로는 : 1635년 5월에 송시영(宋時瑩)을 비롯한 관학(館學)의 유생 270여 명이 상소하여 이이와 성혼(成渾)을 문묘에 배향하자고 요청하자, 채진후(蔡振後)와 오정일(吳挺一) 등 동학 유생 57명이 "이이는 진퇴(進退)가 바르지 않았고 성혼은 임진왜란 때 임금을 저버렸으니 문묘에 종사하는 것은 합당하지 않다."라고 상소하며 반대한 것을 말한다. 《仁祖實錄 13年 5月 11日》

75 그의……사람 : 이동규(李同揆, 1623~1677)로, 자는 조연(祖然), 호는 혼천(混泉)이다. 이민구의 형 이성구(李聖求)의 둘째 아들이다. 이동규는 원래 송시열과 친하게 지냈으나 나중에 윤휴와 가까이 지내고 그의 추천을 받아 등용되면서 송시열과 멀어졌다. 《息山集 續集 卷6 外王考……混泉先生墓誌銘 幷序》《肅宗實錄 1年 6月 4日》《宋子大全隨箚 卷5》

빠지고 나서는 전후가 마치 딴사람같이 변해 있었습니다. 지난해 이승선(李承宣)의 경우[76]에는 애당초 은혜나 원망이 조금도 없었는데 그의 소장의 내용에 헤아리지 못할 말이 있었으므로 마음속으로 괴이하게 여겼습니다. 그런데 나중에 들으니, 그 무리가 욕하고 꾸짖으면서 "시의(時議)에 아부하였다."라고 하였기 때문에 어쩔 수 없이 그렇게 함으로써 그 내용이 사실이 아님을 스스로 증명한 것이었습니다. 무릇 지봉의 자손은 대가(大家)이며 명류(名流)이니 의당 마음가짐에 치우침이 없어야 할 터인데도 오히려 이와 같은데, 하물며 비루하여 남의 눈치만 살피는 자들은 어떻겠습니까. 이와 같은데 무슨 수로 태화(太和)를 보합(保合)하겠습니까.[77] 이것이 바로 주자(朱子)가 원풍(元豐) 연간의 사람들과 함께 일하자고 한 명도(明道)의 말을 크게 칭찬하였다가 끝에 가서는 온 힘을 다해 명도마저 아울러 공박하여[78] 장돈(章

76 이 승선(李承宣)의 경우 : 이 승선은 이동규의 조카인 우승지 이현석(李玄錫)을 가리킨다. 1682년 10월 15일에 상소하여, 자신이 1679년 정언으로 있을 때 장기(長鬐)에 위리안치된 송시열을 절도(絶島)로 옮길 것을 청한 일이 있었는데 현재 송시열이 다시 조정에 돌아온 상황에서 서로 불편한 점이 있다고 아뢰었다. 이 상소 때문에 송시열은 자신으로 인해 조정이 분쟁과 소란의 장소가 되었다고 하면서 도성을 떠났다. 《肅宗實錄 5年 3月 25日, 8年 10月 15日 · 16日》

77 무슨……보합(保合)하겠습니까 : 노론과 소론으로 분열된 조정을 화합시키고자 한 이단하의 입장을 부정적으로 본 것이다. 보합은 안정시켜 화합하게 하는 것을 말하고, 태화는 음양(陰陽)이 잘 조화된 원기(元氣)를 말한다. 《주역》 〈건괘(乾卦) 단(彖)〉에 "건도가 변하여 화함에 각각 성명을 바루니, 태화를 보합하여야 이에 이롭고 정하다.〔乾道變化, 各正性命, 保合大和, 乃利貞.〕"라고 하였다.

78 주자(朱子)가……공박하여 : 명도는 북송(北宋)의 학자 정호(程顥)의 호이다. 원풍은 송 신종(宋神宗)의 연호이다. 신종이 죽고 철종(哲宗)이 즉위하여 이른바 원우(元祐) 제현(諸賢)이라 불리는 사마광(司馬光), 여공저(呂公著) 등이 집권하자 정호는

惇)의 끽검(喫劍)의 설[79]까지 거론한 까닭이니,-이 내용은 《주자어류(朱子語類)》에서 함괘(咸卦)의 동동왕래(憧憧往來)[80]설을 논한 부분에 보입니다.- 그 뜻을 알 수 있습니다. 대개 을(乙)이 아무리 마음을 함께하려 하여도 병(丙)이 그렇게 하려고 하지 않는데 어찌하겠습니까.

그리고 오늘날 이른바 시론(時論)이라는 것도 경악스러운 점이 있습니다만, 그 어찌 모두가 본심에서 나온 것이겠습니까. 그것은 수컷 한 마리가 선창하고 수많은 암컷이 그에 화답함에 따라 급격한 바람과 맹렬한 번개가 몰아치는 상황이 초래되어 사람이 버티고 서 있지 못하게 하는 것에 불과합니다. 그중에서도 조광보(趙光甫)[81] 같은 자는 선

신종 때인 희령(熙寧) 연간과 원풍 연간에 군자를 배척하며 권력을 휘둘렀던 채확(蔡確), 조정지(趙挺之) 등도 함께 등용하여 그 당시 이들이 만들었던 법을 함께 고쳐야 한다고 주장하였다. 훗날 주희(朱熹)는 정호의 당시 주장에 대해 전후로 상반된 평가를 내렸다. 우선 친구인 여조겸(呂祖謙)에게 보낸 편지에서는 "모름지기 명도가 보여 준 이와 같은 광대한 규모와 화평한 기상을 지니고 있어야만 사람들을 감동시킬 수 있다."라고 긍정적인 평가를 내렸다. 그러다 나중에는 제자들과 나눈 대화에서 "당초 명도의 뜻은 희령 연간과 원풍 연간에 정치를 맡았던 사람들과 함께 일을 하여 그 당시의 법을 바꾸도록 하는 것이었다. …… 그러나 역시 서툰 계책이다."라고 하며 도리어 정호의 그 주장을 비판하였다. 《宋史 司馬光列傳》《晦庵集 卷35 答呂伯恭論淵源錄》《朱子語類 卷72 易8》

79 장돈(章惇)의 끽검(喫劍)의 설 : 장돈은 북송 신종 때 왕안석(王安石)을 도와 신법(新法)을 추진하던 자이다. 사마광이 장돈과 함께 왕안석이 이루어 놓았던 신법을 혁파하려고 하였으나 끝내는 장돈이 염전(簾前)에서 욕설을 하다가 죄를 얻고 쫓겨나게 되자, 장돈은 분함을 참지 못하고 "훗날 내가 상공에게 보복하지 못한다면 칼을 물고 죽으리라.〔他日不能陪相公喫劍〕"라고 소리쳤다고 한다. 《朱子語類 卷72 易8》

80 함괘(咸卦)의 동동왕래(憧憧往來) : 《주역》 〈함괘 구사(九四)〉에 "왕래하기를 자주 하면 벗만이 네 생각을 따르리라.〔憧憧往來, 朋從爾思.〕"라고 한 것을 가리킨다.

81 조광보(趙光甫) : 조지겸(趙持謙, 1639~1685)으로, 본관은 풍양(豐壤), 자는 광

대의 가르침이 충후하고 정직하였으며 사람됨도 보통 사람에 비교할 바가 아니었으니 어찌 조정의 분열이 국가의 큰 재앙이 된다는 것을 몰랐겠습니까마는, 그럼에도 오히려 그런 행태를 보일 수밖에 없었던 것은 단지 동료들에게 잘못 빠져서 벗어나지 못한 탓입니다. 조광보 같은 사람도 이러한데 그 밖의 다른 사람들이야 말해 무엇 하겠습니까. 오늘날의 일이 이미 이와 같아서 비록 지혜 있는 사람이라고 해도 다시는 손쓸 곳이 없게 되어 버렸으니, 오직 시골에서 몸을 숨기고 말없이 묵묵히 있어야만 몸을 망치고 나라를 그르치는 죄를 그나마 면할 수 있을 것입니다.

언급하신 황위(黃霨)의 소장[82]에 대해서는, 그 말이 어떠하다는 것을 말하기 전에 그자의 행동이 매우 괴이하다는 말을 들었습니다. 그런데도 스스로 사론(士論)이라고 말하니 또한 우습지 않겠습니까. 다만 화숙(和叔 박세채(朴世采))에게 누가 될 뿐입니다.

보, 호는 우재(迂齋)이다. 부친이 윤선거(尹宣擧)와 가까웠고 그 역시 윤선거의 아들이자 송시열과 대립하고 있던 윤증(尹拯)과 우의가 두터웠다. 이러한 이유로, 서인이 노론과 소론으로 분열하자 윤증과 함께 소론의 거두가 되었다. 1682년에 김환(金煥)과 김익훈(金益勳) 등이 허새(許璽), 허영(許瑛), 민암(閔黯), 유명견(柳命堅) 등 남인이 복평군(福平君)을 왕으로 추대할 역모를 꾸몄다고 고변하여 역옥이 일어났을 때 조지겸을 비롯한 대간에서는 김익훈이 사람들을 협박하여 남을 무고하였다며 삭출하고 죄주기를 청하여, 김익훈을 두둔한 송시열과 대립하였다. 《肅宗實錄 8年 10月 21日・27日, 11月 2日》

82 황위(黃霨)의 소장 : 1683년 7월 27일 태학생 황위 등 30여 명이 올린 소장으로, 김석주(金錫冑)가 김익훈과 김환을 두둔한 일을 논핵하고 김석주를 비판한 박세채를 두둔하였다. 이에 숙종은 황위를 극변으로 유배 보내고 나머지 유생들은 정거(停擧)하라고 명하였다. 《肅宗實錄 9年 7月 27日》

또 언급하신 조광한(趙匡漢)의 소장[83]에 대해서는 애석함을 금할 수 없습니다. 대체로 박태유(朴泰維)의 소장이 전파된 뒤에 사람들이 다투어 그를 엄호하였으니 세도가 진실로 개탄스럽습니다만, 성조(聖朝)께서 이미 시시비비를 분명히 하여 처분을 내리셨고 보면 초야에서 올린 소장은 의미가 없어진 것이라고 할 만합니다. 그러나 다만 문열공(文烈公)이 북경(北京)에 갔다 와서 논한 종사(從祀)에 관한 의론[84]과 신묘년(1591, 선조24)에 있었던 존주소(尊周疏)를 거론하면서 자기 선조의 학문과 지조를 밝혔더라면 세도에 보탬이 없지는 않았을 것이고, 선대의 미덕을 천명하여 드러내는 도리에 있어서도 할 말이 없다고는 못했을 것입니다. 그런데 되레 사람들의 득실에 대해 지나치게 언급함으로써 작은 물결을 일으켜 큰 파란을 조장하는 행동을 하였으니 다만

83 조광한(趙匡漢)의 소장 : 1683년 6월에 박태유가 태조(太祖)의 위화도 회군의 공덕을 태조의 시호에 가상(加上)하여야 한다고 주장한 송시열을 비판하고 또 온 세상이 구차히 송시열에게 부합하려 한다는 내용으로 소장의 초본을 작성하였다가, 누군가의 조언으로 그 내용을 삭제한 후 다시 상소하였다. 그러나 그 초본의 내용이 이미 세상에 전파되는 바람에 대로(大老)를 공격하였다는 이유로 논척을 당하고 외직에 보임되었다. 이에 조광한이 8월에 소장을 올려 박태유를 극력 비판하는 한편, 박태유를 두둔하고 신구(伸救)하던 오도일(吳道一), 조지겸 등을 비난하며 그들의 척출을 청하고 박세채까지 논척하였다.《肅宗實錄 9年 8月 4日》《宋子大全隨箚 卷5》

84 문열공(文烈公)이……의론 : 문열공은 조헌(趙憲)으로 조광한의 증조부이다. 1574년 성절사(聖節使)의 질정관(質正官)으로 북경에 갔을 때 중국의 성대한 문물제도를 관찰하고 8조목에 이르는 방대한 분량의 〈동환봉사(東還封事)〉를 올렸는데, 그 첫 번째 조목이 성묘(聖廟)의 배향(配享)에 관한 것이었다. 여기서 그는 중국의 종향(從享) 제도를 본받아 김굉필(金宏弼), 조광조(趙光祖), 이언적(李彦迪), 이황(李滉) 등 사현(四賢)을 속히 포장(褒奬)하고 종사해야 한다고 주장하였다.《宋子大全 卷207 重峰趙先生行狀》《燕行錄選集 東還封事》

사람에게 누를 끼치기에 충분한 것입니다. 그는 바로 어릴 적부터 저의 집에서 교육을 받은 자이기 때문에 제 마음이 더욱 편치 않습니다.

또 그 소장은 조광보에 대한 침해와 배척이 특히 심하였는데, 그가 틀림없이 과거의 우의가 매우 중했다는 것을 몰라서 그랬을 것입니다.-문효공(文孝公)[85]이 반정(反正) 초기에 경연에서 문열공의 학문과 절의를 극력 칭송하고 문열공의 서자(庶子)에게 벼슬 주기를 청하자 곧장 6품직에 올려 수령을 제수하였으니, 그때 수령에 제수된 사람이 바로 조생(趙生)의 조부입니다.- 조광보에게 만약 잘못이 있다면 그의 도리상 조광보의 집에 찾아가 개인적으로 그 일을 따져 물었어야 하는데, 지금은 도리어 소장에서 곧바로 공박을 하였으니 이는 크게 도리를 잃은 것입니다. 그리고 그 소장에서 말한 저와 관련한 일도 사실과 맞지 않은 점이 없지 않았습니다. 범순인(范純仁)이 자신을 보존할 계책을 세웠다는 말[86]을 가지고 요즈음 무리들을 책망하였다고 했는데, 저는 사실 그러한 일을 한 적이 없습니다. 제가 무슨 역량이 있어서 감히 그렇게 했겠습니까. 아배(兒輩)가 비록 뭐라 뭐라 하더라도 저는 금지시키기에도 겨를이 없습니다.-일찍이 헌신(憲臣) 유신일(兪信一)을 만났을 적에 대략 중숙(重叔)을 비롯

85 문효공(文孝公) : 조익(趙翼, 1579～1655)으로, 자는 비경(飛卿), 호는 포저(浦渚)이다. 조지겸의 조부이다.

86 범순인(范純仁)이……말 : 송 철종 때 신법당(新法黨)인 채확(蔡確)이 선인태후(宣仁太后)를 비방하는 시를 지어 원우 제현의 구법당(舊法黨)으로부터 거센 비난을 받고 유배형에 처해지려 하자, 범순인은 그를 너무 심하게 다루면 자신들도 나중에 우환을 면하지 못할 것이라고 우려하면서 선처를 청하였다. 이후 주희가 이 일을 논하면서 "미리 자신을 보전할 계책을 세운 것은 자신을 위하여 사사로운 행위를 했다는 것을 면하지 못한다."라는 말로 범순인을 비판하였다. 《宋史 蔡確列傳》《晦庵集 卷37 答鄭景望》

한 여러 사람들을 위하여 그 "세력을 형성하고 위엄을 세우고 있다."라는 말[87]은 사실이 아니라고 해명하였으나 그는 들은 체도 하지 않았습니다. 유신일도 이런데 하물며 그 나머지 사람하고는 더불어 말할 수 있겠습니까.- 그렇다면 황위는 말할 것도 없고 조광한도 잘했다고 할 수 없습니다. 이렇게 엎치락뒤치락하니, 어떻게 편안히 쉴 때가 있겠습니까.

오늘날 훈척(勳戚)[88]에게 공은 있으나 죄가 없다는 것은 진실로 편지에서 말한 내용 그대로입니다. 다만 요즈음 무리들이 의리를 분변하지 못하고 함부로 공격하고 배척하면서 스스로를 청론(淸論)이라 하니, 이것이 매우 가소롭습니다. 만약 "척리(戚里)를 높여 등용하면 장차 폐단이 있을 것이므로 후세에 보일 수 없다."라고 한다면 타당하겠습니다. 그런데 조자직(趙子直)[89] 같은 이는 실로 당시 황실의 종친으로서

87 그……말 : 1682년 12월 22일 사헌부 집의 한태동(韓泰東)이 인피(引避)하는 상소를 올려 김익훈이 남인들을 몰아내기 위하여 역모설을 조작한 것을 강하게 비판하면서 "오직 그의 종당(宗黨)들이 자리를 굳게 차지하여 세력을 형성하고 위엄을 세우고 있으므로, 온 세상이 눈을 부릅뜨며 주시하면서 묵묵히 아무 말도 못 하고 있습니다. 그리하여 한 무리의 더럽고 천하고 경박한 자들만이 그의 위세를 바라보고 몸을 의탁하여, 부끄러운 줄도 모르고 그 남은 은택을 받아 특별히 발탁되거나 승진하고 있습니다. 이것이 불꽃처럼 타오르는 위세의 실상이 아니겠습니까."라고 한 것을 가리킨다.《肅宗實錄 8年 12月 22日》

88 훈척(勳戚) : 숙종의 장인 김만기(金萬基)와 그 숙부 김익훈, 현종의 처사촌 김석주 등을 가리킨다. 그들은 모두 1680년 경신대출척(庚申大黜陟) 이후 보사 공신(保社功臣)의 녹훈을 받았다.

89 조자직(趙子直) : 남송(南宋)의 재상 조여우(趙汝愚)로, 자직은 그의 자이다. 주희, 장식(張栻), 여조겸(呂祖儉), 왕응신(汪應辰) 등과 교유하였다. 송 효종(宋孝宗)이 죽고 광종(光宗)이 정신병으로 집상(執喪)을 못 하게 되자 황실의 외척인 한탁주(韓侂胄)와 몰래 모의하여 광종을 퇴위시키고 영종(寧宗)을 옹립하는 데 공을 세웠다.

경원(慶元) 연간에 제위(帝位)를 바꾼 일이 있었으니, 실로 천지간의 큰 변고였으나 그가 종묘사직을 편안하게 한 공은 실로 큰 것이었고 또 선류(善類)의 종주(宗主)가 되었기 때문에 주자가 끝까지 그와 함께 왕실을 돕기로 기약했던 것입니다. 오늘날 이성(二城)[90]이 기미를 포착해 역적을 토벌함으로써 군부(君父)의 위급함을 구원한 행위는 경원 연간의 일과 비교하여 어떠하다 하겠습니까. 그런데 지금 까닭없이 공박하고 배척하여 조정에서 용납되지 못하게 하니, 이것이 무슨 도리란 말입니까. 요즈음 무리들은 그 공을 누리면서도 그 사람을 공박하니, 이는 군자의 마음이 아닐 듯합니다. 그리고 또 한 문제(漢文帝)가 두광국(竇廣國)을 기용하지 않은 것에 대해 선유(先儒)는 잘못된 일이라고 여겼는데, 주자가 그 내용을 《자치통감강목(資治通鑑綱目)》에 드러내셨습니다.[91] 하물며 오늘날 나라 형세를 볼 때 더욱 그들을

이후 영종 경원 연간에 한탁주가 조여우를 축출하기 위해 그가 황실의 종친이라는 점을 이용하여 자신의 장인인 이목(李沐)을 정언(正言)으로 삼아 찬역을 꾀한다고 무고하여 귀양 가 죽었다. 《宋史 趙汝愚列傳, 韓侂冑列傳》

90 이성(二城) : 김만기와 김석주를 가리키는 말로, 1680년 경신대출척 때의 공으로 각각 광성부원군(光城府院君)과 청성부원군(淸城府院君)에 봉해졌기 때문에 이렇게 칭하였다.

91 한……드러내셨습니다 : 두광국은 한 문제의 후비인 두 황후(竇皇后)의 동생으로, 문제는 그를 어질고 행실이 훌륭하다고 생각해 재상으로 삼으려다가 사심에 의한 인사라는 비판을 두려워하여 등용하지 않았다. 주희는 《자치통감강목》 권3에 "문제가 두광국을 정승으로 삼지 않은 것은 사사로운 마음으로 스스로 혐의한 것이고, 지공무사함으로 처신한 것이 아니었다. 두광국이 과연 어질다면 비록 친척이라도 버려서는 안 되고 과연 어질지 않다면 비록 친척이라도 등용해서는 안 되니, 군주가 어찌 마음에 담아 둘 것이 있겠는가."라고 한 북송의 학자 양시(楊時)의 비평을 수록하였다.

버려둘 수 있겠습니까. 그런데도 요즈음 무리들은 이성만 용납되지 못하게 할 뿐 아니라 이로 인하여 화숙까지 불안하게 하니 "오히려 또한 이로움이 있다."[92]라고 말할 수 있겠습니까.

또 듣건대 요즈음 무리들은 점차로 지난날의 사람들[93]과 정의(情義)가 부합하여 그것을 스스로 잘된 계책으로 여긴다고 합니다. 정말로 지난날의 사람들이 군자라서 그들과 서로 합심하여 나라를 편안하게 한다면 또한 훌륭하지 않겠습니까마는, 그러나 그들이 군자라고 여겨 서로 어울리는 것인지 아니면 자기 세력을 도울 것이라고 여겨 서로 좋게 지내는 것인지 모르겠습니다. 공(公)이냐 사(私)냐 하는 것은 오직 털끝만 한 차이에서 갈라지는 것입니다.

대체로 피차간의 잘잘못을 따지기 전에 나랏일이 이 지경에 이르렀으므로 한밤중에 그 점을 생각하면 억장이 무너지는 것 같은데, 외로이 텅 빈 산중에 혼자 앉아 있다 보니 마주 대하여 말할 사람이 없었습니다. 그런데 집사께서 반복하여 해 주는 말에 감격하여 누누이 말하다가 여기까지 이르렀으니, 부디 외인(外人)에게는 말하지 말기를 바랍니다. 사람들이 틀림없이 미친병에 걸렸다고 여길 것입니다. 다 갖추어

92 오히려……있다 : 신하가 다른 사람을 잘 포용하여 나라를 잘 보전할 이익이 있음을 말한다. 《서경》〈진서(秦誓)〉에 "만일 한 신하가 정성스럽고 다른 재능은 없으나 그 마음이 착하여 포용함이 있는 듯하여, 남이 지닌 재능을 마치 자기가 지닌 것처럼 여기고 남의 성스러움을 마음속으로 좋아하기를 마치 자기 입에서 나온 것처럼 여길 뿐만이 아니라면 그는 진실로 남을 능히 포용하는 것이어서 우리 자손과 백성을 보전할 수 있으리니, 오히려 또한 이로움이 있을 것이다."라고 한 데서 온 말이다.

93 지난날의 사람들 : 경신대출척으로 정권에서 물러난 윤휴(尹鑴)와 허적(許積) 등을 말한다. 《宋子大全隨箚 卷5》

말씀드리지 못합니다.

○ 요즈음 무리들에게 또 괴이한 일이 있습니다. 정시한(丁時翰)과 홍세형(洪世亨) 같은 자들과는 비록 서로 만나 보지는 못했으나 그들의 행의(行義)에 대해 익히 들어 왔습니다. 그러므로 서울에 있을 때는 "그들을 어찌 기용하지 않는가."라고 말하곤 하였으나 끝내 거론은 하지 않았습니다. 그런데 이제 듣기로는 도리어 내가 저지했기 때문에 기용하지 않았다고들 하니, 그 경악스러움이 이와 같습니다.

이계주에게 답함 갑자년(1684, 숙종10) 5월 12일

答李季周 甲子五月十二日

큰 병으로 거의 죽을 뻔한 목숨을 겨우 부지하고 있는 터에 갑자기 편지를 받고 요사이 기거가 편안함을 알게 되었으니 위로되고 감격스러운 심정을 표현할 길이 없습니다. 근래에는 쇠약하고 병든 것이 더욱 심해지다가 이달 초에는 바깥의 사기(邪氣)에 감촉되어 여러 번 기절하기까지 하였습니다. 그러한 사정이 번거롭게도 성상의 귀에까지 들어가 외람되게도 의원(醫員)과 약물(藥物)을 내리라는 명까지 있었으니, 황공하여 몸 둘 바를 모르는 가운데 한 가지 다른 증세를 더 보태게 되었습니다.

편지에서 "세도(世道)……"라고 한 것에 대해 말해 보자면, 어째서 집사께서는 부질없이 이러한 것을 마음에 두고 있습니까. 그자가 부형(父兄)의 일 때문에 늘 불평하는 마음을 지니고 있으므로 자기도 모르게 그렇게 발설한 것입니다.[94] 그러나 그가 말한 것은 저의 실제 병통에 딱 들어맞는 것입니다. 대체로 저는 위기지학(爲己之學)에 뜻을 두었

94 그자가……것입니다 : '그자'는 윤선거(尹宣擧)의 아들 윤증(尹拯)을 가리킨다. '부형(父兄)의 일'이란 송시열이 윤선거의 묘갈명을 지으면서 병자호란 때 윤선거의 처신을 기록하여 윤증이 여러 번 삭제 요청을 했으나 끝내 송시열이 그 부탁을 거절한 것을 가리킨다. 윤증이 발설했다는 것은 1682년 5월 박세채(朴世采)에게 보낸 편지에서 "왕도와 패도를 아울러 쓰고 이(利)와 의(義)를 함께 행하니, 《대학》의 성의(誠意), 정심(正心) 공부와는 같지 않다."라고 하면서 송시열의 본원과 언행을 거세게 비판한 것을 말한다. 《宋子大全 附錄 卷10 年譜》

으나 성실하게 공부하지 못한 까닭에 총명은 사리를 밝히지 못하고 뜻은 기운을 통솔하지 못하였으니, 사사롭고 부정한 데로 마음이 흘러 온전히 인욕(人慾)에서 비롯된 것이 매우 많았습니다. 더구나 본원(本源)을 함양하는 공부가 전혀 없었기 때문에 마음속이 어둡고 어수선하니, 본원이 이미 이러한데 일상생활에 드러나는 것이 어떻게 천리(天理)의 바름을 얻을 수 있겠습니까. 그자는 저와 매우 오래 교유하여 이 같은 사실을 진정으로 알고 있기 때문에, 자기의 오랜 벗에게 분명히 말하고 잘 의논하는 가운데 그 어느 것 하나도 진실하게 본 지점이 아닌 것이 없습니다. 그런데 이른바 "왕도(王道)와 패도(霸道)를 아울러 쓰고, 이(利)와 의(義)를 함께 행한다."라고 한 것에 이르러서는 오히려 저를 너무 관대하게 봐준 말이었습니다. 사실이 이와 같기 때문에 늘 스스로를 살피고 돌아볼 때마다 저도 모르게 땀이 등을 적셔 한밤중에 일어나 앉아 새벽까지 잠을 이루지 못하였습니다.

지금 윤공(尹公)의 이 말이 비록 과실을 서로 바로잡아 주려는 뜻에서 나온 것은 아니지만, 제 마음에 있어서는 마치 침으로 몸을 찌르는 것처럼 따끔하게 경계하고 일깨워 주어 두려운 마음이 들게 하니, 거의 일말의 유익한 점이 있습니다. 병든 사람이 증세에 들어맞는 약제를 복용하고 고질병을 고칠 수 있었다면 훌륭한 의원의 마음가짐이야 어떻든 따질 것 없이 그 은덕에 감사하는 것이 어떻다 하겠습니까. 만약 그 말이 진심에서 우러난 것이 아니라면 하늘이 그자를 싫어할 것입니다. 하늘이 그자를 싫어할 것입니다. 그런데 예상치도 못하게 최신(崔愼)이 일개 무식한 사람으로서 감히 함부로 행동하여 임금의 귀를 번거롭게까지 하였으니,[95] 경악스러워 저로 하여금 부끄러워 죽고 싶은 마음이 들게 합니다. 그런데 삼가 들리는 말에 의하면 집사께서는 최신의 행위를 잘못되었다고 여기지 않는다고 하는데, 정말 그렇습니까?

아, 원래 '학(學)'이란 글자는 사람의 본분인데 세상이 쇠하고 도가 미약해져서 이 한 글자를 세상에서 꺼리게 되었습니다. 그러나 유독 집사만큼은 언제나 이 한 글자만 말하였으므로 평소부터 늘 존경하고 탄복하면서 '이는 필시 가정에서 들은 것이 이와 같을 것이다.'라고 생각하였고, 이러한 까닭에 깊은 존경과 탄복이 집사에게만 그치는 것이 아니었습니다. 그런데 지금 무엇 때문에 저로 하여금 망연히 실망하게 만들어 먹지도 자지도 못하게 하는 것입니까. 안자(顏子)는 평생 남이 자신에게 잘못을 범해도 따지지 않았는데,[96] 이것이 어찌 안으로는 분노를 품고서 밖으로 겸양하는 척하는 것이었겠습니까. 안자는 참으로 성인(聖人)을 배웠기 때문에 그 성심이 자연히 그러했던 것입니다. 그런데 지금 집사께서는 언제나 '학'을 말하다가 하루아침에 사달을 당하여 이처럼 힘을 쓰지 못하니, 거듭 저로 하여금 망연히 실망하게 합니다. 부디 바라건대 자신에게 돌이켜 마음속에서 찾아 자신의 사심(私心)을 극복하여 제거하는 것이 어떻겠습니까.

삼가 들리는 바에 의하면 노봉(老峯 민정중(閔鼎重))도 최신의 행위를 패악한 것으로 생각지 않는다고 하는데, 어찌 그것이 사실이겠습니까. 노봉은 바야흐로 세도(世道)를 맡아 펼치고 있으니, 더욱 마땅히

95 최신(崔慎)이……하였으니 : 1684년 4월 9일에 송시열의 제자인 사옹원 직장 최신이 상소하여, 윤증이 박세채에게 보낸 편지에서 스승인 송시열을 욕하고 배반하였다고 논핵한 것을 가리킨다. 《肅宗實錄 10年 4月 9日》

96 안자(顏子)는……않았는데 : 《논어》 〈태백(泰伯)〉에, 증자(曾子)가 안회(顏回)를 평하면서 "있어도 없는 듯하고, 가득해도 빈 듯하며, 남이 자신에게 잘못을 범하여도 따지지 않는다."라고 하였다.

상황을 진정시켜야겠다는 마음가짐으로 경박한 무리가 잘못된 의론을 멋대로 주장하지 못하도록 해야 합니다. 이것이 그의 책임인데 어찌 술 취한 사람이 길거리로 나가 사람을 마구 구타하는 것과 같은 행동을 따라 하려고 하겠습니까. 그러나 제가 들은 것이 혹여 조금이라도 사실과 유사한 부분이 있다면 참으로 이른바 "현철한 사람치고 어리석지 않은 이가 없다."[97]라는 경우이니, 어찌하면 좋겠습니까. 부디 이에 대해 치구(穉久)[98]를 통하여 이런 일이 있었는지 대신 물어봐 주기를 바랍니다. 저는 감히 기부(記府)[99]에 편지를 보낼 수 없습니다. 하고 싶은 말은 매우 많으나 정신이 혼미하고 기운이 떨어져 입으로 불러 주는 말조차 이어지지 않으니 스스로 가련할 뿐입니다. 아울러 양찰해 주기를 바랍니다.

○ 지금 말한 모든 것이 만약 저의 진심에서 나온 것이 아니라 털끝만큼이라도 거짓으로 꾸며서 집사를 속인 것이라면 하늘이 저를 싫어할 것입니다. 하늘이 저를 싫어할 것입니다. 혹 저의 뜻을 가지고 대략 치구에게 진술하여 그로 하여금 아침저녁으로 부모님을 문안하는 가운데 조용히 고하게 하는 것도 한 가지 방법일 것입니다. 선대인의 문집에서 율옹(栗翁)의 일에 관해 논하면서 "사계(沙溪)는 학문 때문에 그러하였으나 그 나머지는 모두 당(黨) 때문에 그러한 것이다."라

97 현철한……없다 : 《시경》 〈대아(大雅) 억(抑)〉에 "치밀한 위의(威儀)는 덕의 단면이니라. 사람이 또한 말하기를 현철한 사람치고 어리석지 않은 이가 없다고 하나니, 중인(衆人)의 어리석음은 또한 기질의 병통 때문이거니와 철인의 어리석음은 상도(常道)에 어긋나는 것이로다."라고 하였다.

98 치구(穉久) : 민정중의 아들인 민진장(閔鎭長)의 자이다.

99 기부(記府) : 의정부의 별칭으로, 여기서는 좌의정인 민정중을 지칭한다.

고 한 구절[100]을 읽을 때마다 무릎을 치며 통쾌히 여기지 않은 적이 없습니다.

100 선대인의……구절 : '선대인의 문집'은 이단하의 부친인 택당(澤堂) 이식(李植)의 문집으로, 《택당집(澤堂集)》 별집 권15의 〈시아대필(示兒代筆)〉에 "우계(牛溪)와 율곡(栗谷)이 배척을 당한 이후로, 서울의 선비로서 명색이 학문을 한다는 사람들은 모두 꺼리고 피하며 등을 돌렸고, 떠나지 않은 사람은 김사계(金沙溪) 등 두세 사람에 불과하였다. 그리고 지금에 와서는 두 공(公)을 종주(宗主)로 여기는 사람들이 비록 많다고는 해도 거의 대부분이 당(黨) 때문이지 학문 때문은 아니라고 할 것이다."라고 한 것을 가리킨다.

이계주에게 답함 을축년(1685, 숙종11) 7월 4일

答李季周 乙丑七月四日

지난번 편지에 대한 답장을 미처 부치기도 전에 다시 지난달 4일에 부친 편지를 받아 여러 말씀을 모두 살펴 알게 되었습니다. 이 일[101]은 애당초 대현(大賢)을 존경하여 받들려는 진심에서 출발한 것인데, 늙은이가 명이 박하여 하는 일마다 분란을 일으키다가 이제는 좋은 일이 나쁜 일로 뒤바뀌어 버렸으니, 몹시 한탄스럽습니다. 김 영부사(金領府事)가 어지럽게 오가는 논의를 기억하였다가 알려 주었는데, 저의 도리에 있어서 그 문제에 대해 더는 간여하지 않는 것이 마땅하지만 이왕 시작한 것을 매듭짓지 않을 수 없으므로 다시 답장을 보내면서 그 내용을 기록하여 올리니, 부디 헤아려서 다시 가르침을 주는 것이 어떠합니까. 늙은 나이에 기력이 쇠하여 옳으니 그르니 다투는 상황 속으로 들어가고 싶지는 않으니 이것이 정말 진심으로 원하는 바입니다만, 윤증(尹拯)의 소란이 아직 그치지 않은 상황에서 뒤이어 이러한

101 이 일 : 율곡(栗谷) 이이(李珥)의 손자 이후시(李厚蒔)의 아들인 이계(李繼)가 후사 없이 요절하여 이이의 향사(享祀)가 끊어질 위기에 처하자 송시열이 이후시의 종제 이후수(李厚樹)의 차자(次子)인 이연(李綖)을 이후시의 후사로 세우려고 한 것을 말한다. 송시열은 1685년 초부터 이 일에 대해 영중추부사 김수홍(金壽興)과 긴밀히 논의하여 힘써 달라고 부탁하였고, 결국 같은 해 2월 10일 김수홍이 그 일을 숙종에게 아뢰어 윤허를 받았다. 그런데 이후 이계의 처가 후사를 세워 종통을 빼앗으려 하면서 문제가 발생하였다.《宋子大全 卷53 答金起之(乙丑正月二十日), 答金起之(乙丑四月二十七日), 答金起之(乙丑七月四日)》《宋子大全隨箚 卷5》《肅宗實錄 11年 2月 10日》

일까지 생겼습니다. 이는 비록 작은 일이긴 하지만 없느니만 못한 것입니다.

귀향할 계획이 점차 늦어지고 있다고 하였는데, 개인적인 번민은 비록 깊겠으나 성상의 뜻을 저버리기 어렵습니다. 구결을 단 《주역》[102]을 장차 경연에서 진강합니까? 성상께서 만약 이에 능하여 침잠하고 깊이 체득하신다면, 복희씨(伏羲氏)와 주 문왕(周文王)의 도가 거의 실현될 수 있을 것이니, 가히 천년에 한 번 있는 기회라고 할 만합니다. 제가 말하고자 하는 바를 모두 묵묵히 마음속으로 이해해 주시리라 여깁니다.

102 구결을 단 주역 : 이이가 현토한 정이(程頤)의 《역전(易傳)》을 가리킨다. 1685년 6월 11일 이단하가 《역전》에 현토하여 올리라는 명을 받고 상소를 올려 이이가 《역전》에 현토한 책을 구하였으니 이것으로 진강하면 좋겠다고 하자, 숙종이 허락하였다. 《肅宗實錄 11年 6月 11日》

이계주에게 답함 을축년(1685, 숙종11) 8월 3일
答李季周 乙丑八月三日

일전에 손자 주석(疇錫)이 그 아비가 옥리(獄吏)에게 나아갔다는 소식을 듣고 황급히 길에 올랐을 때, 그에게 대략 편지 한 통을 부쳐 적당한 방편으로 전달해 보내도록 하였습니다. 그런데 지금 상중에 있는 친척이 오는 편에 다시 보내 주신 편지를 받고 삼가 고요히 지내시는 정황이 편안하다는 것을 알았으니, 평소보다 배로 위로가 됩니다.

율옹(栗翁)의 후사에 관한 문제는 지난 편지에서 대략 진달하였고, 또 그보다 앞선 시기에 김 상공(金相公 김수항(金壽恒))에게 별지로 써 보내어 집사께 전해 보여 주기를 바랐습니다. 당초에 이이(李珥) 종가의 여러 사람들에 대해 알려 준 것이 상세하지 않아 상 앞에서 대신이 의론하여 정하게 되었으니, 그렇다면 일이 매우 올바르고 마땅하게 될 것입니다. 제갈공(諸葛公)과 호 문정(胡文定)은 이미 후사를 세운 뒤에 비록 자기 자식이 생겼지만 오히려 바꾸지 않았는데,[103] 하물며 지금의 사체(事體)가 두 공과는 또 다르니 말할 나위가 있겠습니까.

103 제갈공(諸葛公)과……않았는데 : 삼국 시대 촉(蜀)나라의 승상 제갈량(諸葛亮)이 아들이 없어 그의 형 제갈근(諸葛瑾)의 아들 제갈교(諸葛喬)를 후사로 삼았는데, 제갈량이 그 뒤에 아들 제갈첨(諸葛瞻)을 낳았으나 제갈교를 그대로 적자로 두었다. 호 문정은 남송(南宋)의 학자 호안국(胡安國)으로, 문정은 그의 시호이다. 호안국이 형의 아들 호인(胡寅)을 양자로 들여 후사로 삼았다가 뒤에 아들 둘을 낳았지만 양자 호인을 그대로 후사로 인정하였다. 《通典 卷69 養兄弟子爲後後自生子議》《宋史 胡安國列傳》

김 상공이 저의 별지를 보고는 그렇다고 깊이 인정하였으니, 이로부터 시끄러운 논란이 사라질 수 있을 텐데, 다만 요즘 세상은 분열하기를 좋아하므로 어찌 기필할 수 있겠습니까.

집사께서는 귀향할 뜻을 굳힌 지가 이미 오래인데 저 박 판서(朴判書)는 대개 제사에 쓰고 남은 고기 같은 신세이니, 박 판서가 이것으로 곤란을 당한다면 이는 온당치 않을 듯합니다.

아들놈의 일은 이미 마무리되었다고 하니, 국은(國恩)이 깊습니다. 다만 아쉬운 것은 이로 인하여 파직되어 돌아갈 수 없다는 점입니다. 또한 그 자식의 낭패스러움[104]에 대해 몹시 불쌍하고 가련하게 여깁니다. 나머지는 다 갖추어 말씀드리지 못합니다.

104 그 자식의 낭패스러움 : 송시열의 손자인 송주석이 노론과 소론 사이에서 일어난 사문시비(斯文是非) 때문에 상소를 올리고 귀향하였다. 그런데 이때에 이르러 다시 출사하였으므로 이렇게 말한 것이다. 《宋子大全隨箚 卷5》

이계주에게 보냄 을축년(1685, 숙종11) 9월 22일

與李季周 乙丑九月二十二日

상사(喪事)[105]를 당한 뒤로 살아갈 의지가 더욱 없어졌으니, 이미 반쯤은 죽은 사람이 되어 버렸습니다. 이러한 때에 고요히 거처하는 생활은 어떠합니까? 우러러 그리운 마음 더욱 깊습니다. 인심이 선하지 못하여 선사(先師) 문원공(文元公)께서 다시 망극한 무함을 당하게 되었습니다.[106] 이에 문원공의 문집을 교정해 바치는 일을 계기로 그 일의 곡절을 자못 아뢰었는데, 그야말로 남들의 주먹질과 발길질을 면할 수 없었으나 저의 도리상 감히 그렇게 하지 않을 수 없었습니다. 자삼(子三 이여(李畬))은 정히 이러한 때에 요직에 들어가 있으니, 몹시 편치 않습니다. 어떻게 거취를 결론지을지 모르겠습니다. 손자 아이가 더욱 백척간두에 있으니, 밤낮으로 걱정되고 두렵습니다. 누가 그로 하여금 글을 지어 과거에 급제하라고 시켰습니까. 한탄스럽고 한탄스럽습니다.

105 상사(喪事) : 윤문거(尹文擧, 1606~1672)에게 시집간 막내딸의 상사를 가리킨다. 《宋子大全 附錄 卷10 年譜》

106 문원공(文元公)께서……되었습니다 : 문원공은 사계(沙溪) 김장생(金長生)이다. 윤증(尹拯)이 부친 윤선거(尹宣擧)가 병자호란 당시 강화도에서 순절하지 않고 탈출하였다는 비판을 변호하기 위하여 이이(李珥)를 비방하였는데, 이에 대해 유생들이 거세게 비판하였다. 그러자 1685년 5월 26일 홍수주(洪受疇)가 윤증을 변호하는 소장을 올려, 이이가 젊은 날 불교에 들어갔던 사실에 관한 윤증의 언급은 무함이라 할 수 없고, 이이의 제자인 김장생 또한 이이가 머리를 깎은 것을 증언하였다고 주장하였다. 《宋子大全 附錄 卷10 年譜》《肅宗實錄 11年 5月 26日》

이계주에게 보냄 을축년(1685, 숙종11) 12월 26일

與李季周 乙丑十二月二十六日

병든 몸으로 궁벽한 골짜기에서 칩거하는 가운데 그리운 마음은 날로 깊어만 갑니다. 한 해가 거의 저물려 하는 이때 외로이 육방옹(陸放翁)의 나고(儺鼓) 시구[107]를 읊노라니 실로 한 해가 다해 가는 것에 대한 감회를 견딜 수 없습니다. 올해는 무슨 책을 보았으며, 날마다 새로워지는 공부는 노쇠함으로 인하여 퇴보하지는 않았는지요? 그곳으로 나아가 고요히 지내시는 정취를 여쭙지 못하는 것이 한스럽습니다. 저는 상사(喪事) 이후로 질병까지 겹쳤는데, 이대로 며칠만 지나면 곧 80세가 됩니다. 앞으로 남은 날이 또 얼마나 되겠습니까. 이미 지나간 일은 다시 되돌릴 수 없으니 한탄한들 어쩌겠습니까. 그리워하던 가운데 문득 관청에서 보낸 인편을 만나 대략 이렇게 안부를 묻습니다.

107 육방옹(陸放翁)의 나고(儺鼓) 시구 : 송(宋)나라 시인 육유(陸游)의 〈사북만보(舍北晩步)〉를 가리킨다. 《劍南詩稿 卷38》 방옹은 그의 호이다. '나고'는 섣달그믐에 역귀(疫鬼)를 쫓던 의식을 말한다.

이계주에게 답함 병인년(1686, 숙종12) 윤4월 28일
答李季周 丙寅閏四月二十八日

멀리서 보낸 편지를 재차 받으니 위로되는 마음 어찌 형언할 수 있겠습니까. 윤씨(尹氏) 집안과의 오랜 우의는 어찌 말로 할 필요가 있겠습니까마는, 세도가 일변한 뒤로 인심이 선하지 못하여 혹 자식이 그 아비를 팔아 시론에 빌붙는 경우가 있으니 선대의 우의를 어찌 돌보겠습니까.[108]

추증(追贈)하는 성전(盛典)[109]은 장차 선대인의 덕을 빛낼 것이니, 또한 사림의 영광입니다. 이천(伊川)이 스스로 말하기를 "당초 관직으로 나올 때 세 번을 거절하였으니 봉작(封爵)과 증직(贈職)을 청하지 않는다."라고 하였는데[110] 회옹(晦翁)은 그렇게 하지 않았으니, 초야에

108 윤씨(尹氏)……돌보겠습니까 : 윤증(尹拯)의 조부인 윤황(尹煌)이 대사간으로 있을 때 이단하의 부친인 이식(李植)을 논핵한 일이 있었는데, 그 후 병자호란 당시 남한산성에서 두 사람이 시를 수창하면서 지난날의 감정을 풀고는 양가가 인척 관계를 맺어 우의를 다졌다. 그런데 1685년에 이단하가 송시열을 비판한 윤증을 비판하자, 윤증이 "양가는 선대부터 관계가 좋지 않았는데 과연 지금 원한을 갚는구나."라고 하는 한편 송시열은 이단하한테만 후하고 자신의 집안에는 박하다고 비난하였다. 이에 이단하가 송시열에게 편지로 어떻게 할지 묻자, 송시열이 윤증은 선대의 우의도 돌아보지 않고 이단하를 미워하였다고 한 것이다.《尤菴先生書節要集解 卷3》

109 추증(追贈)하는 성전(盛典) : 1686년 초 이단하가 영의정을 지내고 판부사(判府事)가 되자 추은(推恩)에 의해 그의 부친인 이식이 좌찬성 겸 판의금부사로 추증되었다.《宋子大全 卷203 澤堂李公諡狀》

110 이천(伊川)이……하였는데 :《근사록집해(近思錄集解)》 권7 〈출처(出處)〉에 보인다.

서 기용된 경우와 과거로 진출한 경우의 차이가 있어서인 듯합니다.

손자 아이의 질병이 계속 낫지 않아 늙은 할아비의 속이 타들어만 가니 어찌하면 좋습니까.

제가《주자대전차의(朱子大全箚疑)》를 지은 것은 단지 사적으로 서로 상의하여 안목을 갖춘 이의 선택을 기다리고자 한 것에 불과하지만 그 책은 전적으로 퇴도(退陶)의 《주자서절요기의(朱子書節要記疑)》를 위주로 하였으므로 다행히 죄가 없을 수 있게 되었습니다. 그러므로 김 판부사(金判府事 김수흥(金壽興))가 그에 대해 한번 상께 아뢰었고 이에 상께서 천신에게 그 초본을 가져오라고 하셨는데, 마침 그 책이 이곳에 있지 않아 벗인 권상하(權尙夏)의 집으로 사관을 보내어 상께 올리도록 하였다가 뜻하지 않게 시론이 준엄하게 일어나 사관과 권상하까지 아울러 공박을 받았습니다. 무릇 왕인(王人)[111]을 지휘한 행동은 물론 죄가 있지만, 저 두 사람은 다스릴 만한 죄가 어디 있겠습니까. 이미 스스로를 탄핵하는 소장을 올렸는데 시배(時輩)가 또 어떻게 여길지 모르겠습니다.

저의 생각에 집사께서 비록 한번 나아가는 것을 면치 못하더라도 그저 모른 척 들어갔다가 묵묵히 돌아온다면 시의(時義)에 합당할 듯합니다. 무릇 '중(中)'이란 것은 천하의 정도(正道)이지만 때에 맞지 않으면 또한 중이 아닙니다. 나머지는 병든 손자 아이의 편지에 자세히 실려 있으니, 이에 끝까지 다 말씀드리지 않습니다.

111 왕인(王人) : 왕명을 받든 사람으로, 여기서는 사관을 가리킨다.

이계주에게 답함 병인년(1686, 숙종12) 7월 25일

答李季周 丙寅七月二十五日

수령[112]이 그의 분암(墳菴)[113]에 도착해서 먼저 편지와 연설(筵說) 한 통을 보냈는데, 참으로 문곡(文谷 김수항(金壽恒))의 말은 그 명백하고 온화한 것이 범순보(范淳甫)[114]와 똑같았습니다. 대감은 이에 따라 더 이상의 유감이 없을 것입니다. 거짓된 사서(史書)를 수정한 것[115]은 사체(事體)가 몹시 중하니, 세도의 다행이 이보다 큰 것이 어디에 있겠습니까. 손자 아이가 독리(毒痢)에 걸려 병세가 매우 위중한 나머지 늙은 할아비도 옮아 처음에는 심각하다가 이제는 다행히 약효가 없지는 않으니, 이로부터 거의 쾌유를 바랄 수 있을 것입니다. 마침 안국(安國) 편으로 인하여 대략 이렇게만 쓰고 다 갖추어 말씀드리지는 못합니다.

112 수령 : 김진귀(金鎭龜, 1651～1704)로, 본관은 광산(光山), 자는 수보(守甫), 호는 만구(晩求)이다. 광성부원군(光城府院君) 김만기(金萬基)의 아들이다. 《宋子大全隨箚 卷5》

113 분암(墳菴) : 선영(先塋) 근처에 지은 암자를 말한다.

114 범순보(范淳甫) : 송(宋)나라 학자 범조우(范祖禹)로, 순보는 그의 자인데 순부(淳夫)라고도 한다. 정이(程頤)는 그를 두고 "안색과 기운이 온화하여 군주의 마음을 인도할 수 있다."라고 하였고, 소식(蘇軾)은 "순보의 강설은 의리가 명백하고 문장을 찬연하게 이루었다."라고 평하였다. 《宋子大全隨箚 卷5》

115 거짓된……것 : 기자헌(奇自獻), 이이첨(李爾瞻) 등 북인의 관점에서 편찬된 《선조실록》을, 1641년(인조19) 이식(李植)의 주도하에 개수(改修)한 것을 가리킨다. 《仁祖實錄 25年 6月 13日》

세 자급(資級)을 올려 주고 증직(贈職)하는 것은 비록 구례(舊例)가 있지만 도리로 헤아려 본다면 그다지 정당하지는 않으니, 전례를 원용할 수는 없을 듯합니다. 또 사서를 개수한 공로를 들어 별도로 추증하는 것은 개수한 사서로 비추어 볼 때 사체가 높고 중하므로, 제 생각으로는 대신의 진달을 기다린 뒤에 시행하였으면 합니다.

속례(俗例)에는 신주(神主)에 증직을 먼저 쓰는데, 이는 선후가 뒤바뀐 것입니다. 주자는 반드시 행직(行職)을 먼저 썼습니다. 그런데 지금 기필코 선대의 규례를 따르겠다면 증직을 먼저 써도 무방하지 않을까 합니다. 부인에게는 생전에 받은 작호(爵號)를 쓰지 않고 다만 증직된 작호를 쓰니, 이는 속례가 그러한 것입니다. 만일 생전에 받은 작호를 함께 쓰고자 한다면, 《주자대전(朱子大全)》에 나와 있는 봉호(封戶)의 예에 의거하여 '실봉(實封)' 두 글자를 '정부인(貞夫人)' 위에 쓰는 것은 어떠합니까?

신주에 글자 수가 많아 쌍행으로 쓸 수밖에 없는 것은 부득이한 일입니다. 듣자 하니 전후의 글자 수가 많은 것으로 치면 백사(白沙) 이공(李公 이항복(李恒福))의 경우만 한 것이 없다고 하니, 그 집안에 한번 물어보는 것이 어떠합니까? 또 신주에 '현(顯)' 자를 쓰는 것은 오랑캐인 원(元)의 제도에서 나온 것이며 《가례(家禮)》에는 그러한 것이 없습니다. 만약 그 한 글자를 지운다면 비용 절감에 일조할 수 있을 뿐만 아니라 용하변이(用夏變夷)[116]의 도가 될 것입니다.

116 용하변이(用夏變夷) : 중화의 문화로 오랑캐의 문화를 변화시키는 것을 말한다. 《맹자》 〈등문공 상(滕文公上)〉에 나오는 "나는 중화의 문화로 오랑캐를 변화시켰다는

구 문의(具文懿)는 대감한테는 심 청양(沈靑陽)과 더불어 간극이 있으나,[117] 외증조(外曾祖) 외에는 또 부를 만한 속칭(屬稱)이 없으니 의기(義起)[118]하기가 어렵습니다. 스스로의 칭호는 '미생(彌甥)'이란 두 글자가 매우 적당하니, 이는 대개 《좌전》에서 나온 말이면서[119] 우리나라의 선배들도 많이 그렇게 칭하였습니다. 정임당(鄭林塘 정유길(鄭惟吉))은 우리 선조 쌍청당(雙淸堂 송유(宋愉))에게 외손이 되는데 청음(淸陰 김상헌(金尙憲))도 정임당의 외손이기 때문에 쌍청당에게 스스로를 미생이라고 칭하였습니다.

분황(焚黃)은 주 선생(朱先生)이 전부 가묘(家廟)에서 행하였는데, 또한 일찍이 "세상 사람들이 모두 묘(墓)에서 실시하니 따르지

말은 들었지만, 중화의 문화가 오랑캐에 의해 변화되었다는 말은 듣지 못하였다."라는 구절에서 따온 것이다.

117 구……있으나 : 구 문의는 구사맹(具思孟)으로, 문의는 그의 시호이다. 심 청양은 심의겸(沈義謙)으로, 청양은 그의 봉호이다. 이단하의 모친 청송 심씨(靑松沈氏)는 바로 심의겸의 손녀이자 구사맹의 외손녀이다. 《宋子大全隨箚 卷5》

118 의기(義起) : 《예기》 〈예운(禮運)〉에 "예라는 것은 의(義)의 실질이다. 의에 맞추어서 맞으면 예는 비록 선왕(先王) 때에 없던 것일지라도 의로써 새로 만들 수 있다."라고 한 데서 온 말로, 예문(禮文)에 없더라도 이치를 참작하여 새로운 예를 만드는 것이다.

119 이는……말이면서 : 《춘추좌씨전(春秋左氏傳)》 애공(哀公) 23년 기사에, 송 원공(宋元公)의 부인이자 노(魯)나라 계강자(季康子)의 외조모인 경조(景曹)가 죽자 계강자가 염유(冉有)를 송나라에 조문을 가게 하였는데, 그때 염유로 하여금 "나 비(肥)는 송나라의 미생이기에 선인(先人)의 목장에서 생산된 변변치 못한 마필을 구(求)를 시켜 부인의 가재(家宰)에게 바칩니다."라고 고하게 하였다는 내용이 있다. 그 주석에 "미(彌)는 멀다는 뜻이다. 계강자 부친의 외숙이기 때문에 미생이라 칭한 것이다."라고 하였다. 비(肥)는 계강자의 이름이고, 구(求)는 염유의 이름이다.

않을 수 없을 듯하다."라고 하셨습니다. 이 내용은《가례》사당장(祠堂章) 고사조(告事條)의 부주(附註)에 보이니, 상고하여 알 수 있습니다.

이계주에게 보냄 병인년(1686, 숙종12) 8월 10일
與李季周 丙寅八月十日

어제 듣건대 은혜로이 말미를 받아 고향으로 돌아갔다고 하는데, 분황(焚黃)하는 예식을 지금 이미 실시하였습니까? 이번에 입은 은례(恩禮)는 보통의 수준을 훨씬 뛰어넘는 경우라 장차 어떻게 보답해야 할지 모르니, 도리어 그 점이 우려됩니다. 분황을 마친 뒤에는 조정에 돌아가지 않을 수 없을 듯한데, 무슨 계획을 가지고 있는지 듣고 싶습니다. 저는 수절하던 딸의 연제(練祭)를 이제 막 지낸 터라 슬픈 심정이 더욱 처음처럼 새롭고, 말손(末孫)은 일전에 이질(痢疾)을 앓아 거의 손쓸 수 없는 지경이었다가 다행히 나아지고 있는데 예전 병증이 이로 인해 다시 더해지니, 끝내 어떻게 될는지 모르겠습니다. 늙은 할아비의 애끓는 이 염려를 어떻게 말로 표현할 수 있겠습니까. 근자에 퇴계(退溪)가 심 청양(沈靑陽)에게 답한 편지[120]를 보았는데, 거기에 신도비문(神道碑文)을 지어 달라는 부탁을 극력 사양하는 내용이 있었습니다. 그 뜻은 대개 "묘지문(墓誌文)과 묘갈문(墓碣文)이라면 괜찮겠으나 신도비는 감히 지을 수 없다."라는 것인데, 모르겠으나 비(碑)와 갈(碣)의 사체(事體)는 무슨 이유로 현저히 다른 것입니까? 문자의 분량과 크기가 같지 않아서 그런 것입니까? 저는 종전에 어떤 집안의 간절한 부탁에 몰린 나머지 끝내 그것을 사양하지 못하였는데, 지금 퇴옹(退翁)의

120 퇴계(退溪)가……편지 : 이 편지는 《퇴계집》 권9에 〈답심참의(答沈參議)〉란 제명으로 실려 있다. 심 청양은 심의겸(沈義謙)으로, 청양은 그의 봉호이다.

일을 보니 놀라움을 금치 못하겠습니다. 지금 외람되게도 제게 부탁하고자 하는 일[121]은 비단 써야 할 문자의 분량이 허다해서일 뿐만이 아닙니다. 주상께 주달하는 일의 사체가 무겁고도 크기에 감히 감당할 수 없을 듯합니다. 부디 이를 생각하고 헤아려 다른 사람에게 다시 부탁하는 것이 어떠합니까? 지금 영종손(令從孫 상대방의 종손)이 돌아가는 편에 이렇게만 대략 아뢰니, 다 갖추어 말씀드리지 못합니다.

121 외람되게도……일 : 송시열이 이단하로부터 부친인 이식(李植)의 시장(諡狀)을 지어 달라는 부탁을 받은 것을 가리킨다. 《宋子大全隨箚 卷5》

이계주에게 보냄 병인년(1686, 숙종12) 9월 8일

與李季周 丙寅九月八日

병든 몸으로 산속에 칩거하는 가운데 정승에 임명되셨다는 소식을 멀리서 듣게 되었습니다. 배워 온 것과 가슴에 온축한 것을 이제야 실현할 수 있게 되었으니 축하하는 마음 그지없습니다만, 개인적인 걱정과 지나친 염려 역시 제 마음속에 간절합니다. 거취를 장차 언제 결정할 작정입니까? 이는 사양하여 면직될 수 있는 여타의 임명과는 비교할 수 없으니, 이른바 '무인(武人)의 곧음'을 어떻게 하면 점칠 수 있겠습니까?[122] 삼가 생각건대 시세(時勢)가 이미 망극한 지경에 이르렀으니, 만약 끝내 사양하지 못할진댄 모름지기 몸과 마음을 다 바쳐 죽음을 각오하고 만분의 일이나마 구제함으로써 성상의 융숭한 보살핌과 신뢰에 보답해야 할 것이니, 이 밖에는 달리 도리가 없습니다. 무슨 계획을 가지고 있는지 알고 싶어 서둘러 회현(懷縣) 아전의 손을 빌려 우러러 안부를 묻고 인하여 저의 우려를 말씀드리니, 삼가 양찰하기를 바랍니다.

122 이른바……있겠습니까 : 어떻게 하면 과감하게 진퇴를 결정하여 물러날 수 있겠느냐는 말이다. 《주역》 〈손괘(巽卦) 초육(初六)〉에 "나아가고 물러남이니 무인의 곧음이 이롭다."라고 하였는데, 정이(程頤)의 《역전(易傳)》에 "음유(陰柔)의 사람이 비손(卑巽)함이 너무 지나치면 마음에 두려워하여 편안하지 못해서 혹 나아가고 혹 물러가 따를 바를 모르니, 이로운 바가 무인의 곧음에 있다. 만일 무인의 강(剛)하고 곧고 굳은 뜻을 쓴다면 마땅함이 되니, 힘써서 강함과 곧고 굳음을 행하면 지나치게 낮추어 두려워하는 잘못이 없을 것이다."라고 하였다.

이계주에게 보냄 병인년(1686, 숙종12) 9월 21일

與李季周 丙寅九月二十一日

일찍이 회곡(晦谷) 편으로 편지 한 통을 올렸는데, 이미 받아 보았습니까? 요사이 날이 추워져 가는데 어떻게 지내는지요? 사직 상소는 이미 몇 번 올렸습니까? 성상의 뜻이 간절하여 오랫동안 서로 옥신각신하느라 그저 황공한 마음만 쌓이고 있으니, 먼 곳에서의 한결같은 염려를 실로 억누를 수 없습니다. 마침 안군(安君)이 길을 떠나게 되어 이렇게 대략 씁니다.

○ 근자에 무슨 책을 읽고 있습니까? 학문을 진전시키고 지혜를 더하는 데는 책만 한 것이 없습니다. 이는 비록 7년 된 병에 3년 묵은 약쑥을 구하는 것과 같지만, 그래도 끝내 저축해 두지 않는 것보다는 낫습니다.[123] 저를 깊이 인정해 주었기에 감히 이 말을 외워 올리니, 황송하고 또 황송합니다.

123 이는……낫습니다 : 《맹자》 〈이루 상(離婁上)〉에 "맹자가 이르기를 '지금 왕 노릇을 하고자 하는 이는 마치 7년 된 병에 3년 묵은 약쑥을 구하는 것과 같다. 진실로 미리 저장하여 두지 않으면 종신토록 얻지 못하리니, 진실로 인(仁)에 뜻을 두지 않으면 종신토록 근심과 욕을 당하다가 죽음에 빠지고 말 것이다.' 하였다."라고 하였다.

이계주에게 보냄 병인년(1686, 숙종12) 12월 6일

與李季周 丙寅十二月六日

집사의 충성스러운 마음은 이러한 시기에 마치 광인처럼 또는 바보처럼 남의 비난과 비웃음쯤은 아랑곳하지 않은 채 바쁘고 다급하리라는 것을 물론 이미 잘 알고 있습니다. 대개 이 한 가지 대책[124]을 시행할 수만 있다면 그 밖의 낭비되는 비용에 대한 절감은 응당 파죽지세와도 같이 거침없이 실현되어 만분의 일이나마 나라를 부지할 가망이 있게 될 것입니다. 그러나 그것은 실로 환관, 궁첩(宮妾), 이서(吏胥), 시정(市井)의 무리들이 몹시 싫어하는 일이니 그들과 결탁한 사대부들이 힘써 저지하리라는 것은 말하지 않더라도 당연한 일이거니와, 조금이나마 스스로를 식견이 있는 사람이라 여기는 자들 또한 그 무리들의 원망과 비방이 두려운 나머지 속수무책으로 방관하면서 그 일이 성사되지 않기를 몰래 바랄 것이니, 이는 왕년의 일에서 분명하게 확인된 바 있습니다. 당시 저는 《논어》의 "재용(財用)을 절약하여 백성을 사랑해야 한다."라는 가르침을 공공연하게 읊으면서 비용을 절감하자고 힘써 주장하였는데,[125] 그러자 그 무리의 원망과 비방이 벌 떼같이 일어났

124 이……대책 : 계속되는 기근으로 나라의 재용이 탕진되는 위기 상황을 타개하기 위하여 이단하가 주장한, 묘향(廟享)의 공물을 절감하여 재용을 저축하자는 논의를 가리킨다. 《宋子大全隨箚 卷5》《肅宗實錄 12年 7月 26日》

125 당시……주장하였는데 : 1669년(현종10) 1월에 송시열이 공물의 재감을 주장하였는데, 이경석(李景奭)과 서필원(徐必遠) 등의 저지로 무산되었다. 《宋子大全 附錄 卷10 年譜》

고 저를 싫어하던 자들도 그때를 틈타 힘써 저를 공격하였습니다. 그 당시 성상께서 천신을 붙잡아 두려는 마음이 지극하였지만 끝내 감히 머물러 있을 수 없던 것은, 제 몸을 보전하지 못하여 성상의 은혜를 그르칠까 하는 우려 때문이었습니다. 그 후 성상의 위급한 질병에 달려가 위문을 드리자 시정의 무리가 서로 욕을 퍼부으면서 기와 조각으로 내려칠 뻔하기까지 하였으니, 이는 저의 아우가 직접 목도한 일입니다. 이 당시 집사께서는 환관의 수까지 절감해야 한다고 하셨는데, 저는 그 말을 듣고 크게 놀라 "모(某)는 분명 죽게 될 것이다."라고 하였으나 목숨은 온전히 부지되었고, 그런 뒤에야 성상의 지극한 성덕(聖德)을 더욱 알게 되었습니다.

대개 재감(裁減)의 어려움이란 그 형세가 이와 같습니다. 그렇기 때문에 열성조(列聖朝)에서 재감의 의론이 매번 꺾여 시행되지 못하였던 것입니다. 그런데 금상(今上)께서는 그렇지 않아 지난해에 확고하게 시행하셨고 재감을 청한 모든 사항에 대해서 하나같이 윤허해 주셨으니, 여기에서 금상의 인덕(仁德)과 성명(聖明)이 천고에 탁월하다는 사실을 알 수 있습니다. 현재 당면한 이 위급 상황은 남한산성으로 몽진했던 당시와 다름이 없고 집사의 이 의론 또한 때늦은 것이라 하겠습니다. 그러나 필시 시행될 수 없을 것이니, 말이 시행되지 않는데도 떠나지 않는 이치란 없습니다.

한편 "제사는 흉년에도 검소하게 지내지 않는다."[126]라는 말을 인용

126 제사는……않는다 : 《예기》 〈왕제(王制)〉에 나오는 구절인데, 그 전후의 말은 다음과 같다. "총재가 나라의 재용을 재정(裁定)하는데, 반드시 전년의 세말(歲末)에 오곡이 다 들어온 뒤에 재정한다. 땅의 대소를 기준으로 하고 농사의 풍흉을 보고서,

하며 하신 말씀은 전혀 그렇지 않습니다. 옛날 성인의 제도에는 반드시 3년을 경작하면 1년 치 양식을 남겨 두었기에 30년을 경작하면 10년 치 비용을 비축하여 흉년이 흉년이 되지 않을 수 있었는데, 이와 같은 경우라면 어찌 제사를 검소하게 할 수 있겠습니까. 그러나 오늘날의 상황이 3년을 경작하면 1년 치 양식을 남겨 두었던 그 세상과 같습니까, 다릅니까? 천신은 실로 성상께서 하문하신 뜻에 감격하여 속에 있는 생각을 다 털어놓고 싶은 마음 간절하지만, 지난 일에 징계(懲戒)된 나머지 유익함은 없고 해악만 있을 것이라고 생각하기에 감히 그렇게 하지 못하니, 은혜를 저버리고 의리를 저버림이 큽니다. 거듭해서 죽을죄를 지었습니다.

부탁한 행장(行狀)은 최근 질병으로 괴로워하다가 어제 겨우 그 초본을 자구(子久 이후망(李後望))의 맏아들에게 부쳐 보냈으니, 그가 다른 종이에 옮겨 적으면 필시 곧 볼 수 있을 것입니다.

○ 왕년에 날마다 소용되는 좋은 품질의 종이를 다른 것으로 바꿔 달라고 청하였을 때 처음에는 주리(主吏)들이 그 혜택을 받을 것이라고 생각했습니다. 그런데 장흥고(長興庫)의 관리가 곧장 와서 "아랫것들이 원망하고 화내는데, 죽고 싶습니다. 어떡하면 좋겠습니까?"라고 극력 말하므로 제가 "어째서인가?"라고 하니, "품질이 좋으면 이익을

30년간의 수입을 통산한 수효로 나라의 재용을 재정하고 수입을 헤아려 지출을 정한다. 제사에는 1년 수입의 10분의 1을 쓴다. …… 제사는 풍년에도 사치스럽게 하지 않고, 흉년에도 검소하게 하지 않는다. …… 3년을 경작하면 반드시 1년의 양식을 비축하고, 9년을 경작하면 반드시 3년 치 양식의 저축이 있어야 한다. 30년간의 수입을 통산한 저축이 있으면 비록 흉년이 들고 한재와 홍수가 생기더라도 백성에게 굶주린 기색이 없을 것이다."

많이 남기는데, 이젠 그 이익을 잃게 되었으므로 이러는 것입니다."라고 하였습니다. 그래서 제가 그에게 "그대는 국은(國恩)을 받은 자인데 나랏일을 생각지 않고 도리어 아랫것들을 위하여 나에게 유세한단 말인가. 또 아랫사람들과 이익을 나눠 먹는다는 혐의를 생각지 않는 것은 어째서인가."라고 꾸짖자, 그는 불쾌해하며 그 자리를 떠났습니다. 이를 통해 율로(栗老 이이(李珥))의 "우리나라는 서리(胥吏)에 의해 망할 것이다."라는 말씀[127]이 실제에 딱 들어맞는 말임을 분명히 알게 되었습니다.

127 율로(栗老)의……말씀 : 《율곡전서(栗谷全書)》 권5 〈만언봉사(萬言封事)〉에 실려 있다.

이계주에게 보냄 병인년(1686, 숙종12) 12월 22일
與李季周 丙寅十二月二十二日

올해도 장차 저물어 새해가 오려 합니다. 성상의 학문이 날로 진보하여 나라의 운명과 형세를 살려 내실 수 있겠습니까? 기거는 어떠합니까? 구구하게 염려하는 마음 어느 하루도 그친 적이 없어, 때때로 한밤중에 자리에서 일어나 날이 밝을 때까지 잠을 못 이루곤 하는데, 제대로 가르치지 못한 손자 아이가 함부로 논사(論思)하는 자리에 들어가니[128] 놀라움과 두려움이 또 한층 배가됩니다. 어떻게 하면 좋겠습니까. 선정(先正)의 장문(狀文)[129]은 병든 가운데 근근이 초본(草本)을 작성하여 집사의 영종손(令從孫 상대방의 종손)에게 건네주었는데 받아 보았습니까? 상께 바치는 이 글은 모름지기 십분 상세히 살펴서 사실과 다르거나 진실하지 않은 부분이 있게 해서는 안 됩니다. 나라를 걱정하고 임금을 사랑하는 집사의 충심은 딴마음 없이 성실하여 간절하기 그지없다는 것이야 물론 잘 알고 있지만, 성인(聖人)이 인용하신 지임(遲任)의 말[130]을 깊이 생각하지 않아서는 안 됩니다. 만약 "나아감만 있고 물러남은 없다."라는 것을 의리로 삼는다면 도리에 있어 온당치 않은

128 제대로……들어가니 : 송시열의 손자 송주석(宋疇錫)이 홍문관 정자(弘文館正字)에 제수된 것을 가리킨다. 《肅宗實錄 12年 11月 12日》

129 선정(先正)의 장문(狀文) : 이단하의 부친 이식(李植)의 시장(諡狀)을 가리킨다.

130 성인(聖人)이……말 : 《서경》 〈반경 상(盤庚上)〉에 "지임이 말하기를 '사람은 옛 사람을 구하고, 그릇은 옛것을 구할 것이 아니라 새 그릇을 쓰라.' 하였다."라고 한 것을 가리킨다.

것이 아닐까 합니다. 절절하게 사모하는 마음 이기지 못하여 이렇게까지 마음속에 품은 생각을 다 쏟아 냈으니, 황공하고 황공합니다.

○ 저는 소싯적부터 언제나 김동명(金東溟)[131]을 현인이라고 생각해 왔는데, 선대인의 행장을 상고한 뒤 저의 소견이 틀리지 않았음에 스스로 다행이라 여깁니다.[132]

131 김동명(金東溟) : 김세렴(金世濂, 1593~1646)으로, 본관은 선산(善山), 자는 도원(道源), 호는 동명이다. 1616년(광해군8) 문과에 장원 급제하여 도승지, 호조 판서 등을 역임하였다. 《東溟集 附錄 祭東溟先生文》

132 선대인의……여깁니다 : 이단하가 지은 부친 이식의 행장에 "김공 세렴(金公世濂)은 학식이 있었고 또 당론(黨論)을 좋아하지 않아 세인의 허물을 덮어 주려고 하였다. 이 때문에 특별히 칭찬하고 인정하여 그가 죽었을 때 글을 지어 제사 지내 주면서 심히 슬퍼하였다."라고 한 것을 가리켜 말한 것이다. 《畏齋集 卷9 先考資憲大夫吏曹判書……府君行狀》

이계주에게 답함 정묘년(1687, 숙종13) 1월 15일

答李季周 丁卯正月十五日

새해를 맞이하는 이때에 먼 곳에서 편지를 받으니 기쁘고 위로되기 그지없고, 이어 큰 복을 아울러 받아 기거가 건승하심을 살피고는 더욱 경사스러운 마음이 들었습니다. 편지에서 길게 한 말씀을 삼가 다 살펴보았습니다.

당초 수의(收議)하라는 명이 내려졌을 때, 어떤 사람이 '병으로 헌의하지 못한다'고 대답하라고 하였습니다만, 거드름을 피운다는 혐의를 두렵게 생각하여 대략 집사에게 몇 마디 말을 하였습니다. 그리하여 외람되이 번거로운 말을 하였던 것인데, 지금 이처럼 시비가 분분하게 되었으니 후회한들 어쩔 수 없습니다. 〈계사전(繫辭傳)〉의 "신하가 신밀(愼密)하지 않으면 몸을 잃는다."라는 말이 어찌 저를 속였겠습니까. 저는 질병이 차츰 심해져 가는데도 아직껏 죽지 않고 있으니, 조물주가 이 늙은이를 남겨 두어 어떤 상황을 맞닥뜨리게 하려는 것인지 모르겠습니다. 끝으로 한층 더 몸을 보중하여 우러러보는 여러 사람들의 소망을 위로하기 바랍니다.

이계주에게 보냄 정묘년(1687, 숙종13) 7월 9일

與李季周 丁卯七月九日

근래의 안부가 어떠한지 묻습니다. 시장(諡狀)은 그때 읽어 보았습니까? 이미 얼마큼 실마리가 잡혀 가고 있습니까? 시사(時事)가 어떻게 흘러갈지 짐작할 수 없으니, 미룰 수 없을 듯합니다. 전일에 '난(蘭)' 자 운으로 지은 근체시는 삼가 소문을 듣고 뜻을 부쳐 후손들을 빛내 주었으니 얼마나 감사한 일이며 얼마나 다행한 일입니까. 그러나 그 주된 뜻이 불초한 저를 추켜올리는 것으로 되어 있고, 말 또한 황공하게도 감히 감당치 못할 부분이 있어 저로 하여금 부끄러워 흐르는 땀이 거의 3일간이나 그치지 않게 합니다. 간절히 바라건대 다시 한 편을 고쳐 지어 오로지 옛 자취와 은연중에 부합한다는 의미를 드러내기만 함으로써, 만 명에 가까운 후손을 품어 주는 것이 어떠합니까? 당초엔 감히 남에게 그 시를 보여 주지 못하였는데, 들리는 말로는 일가 중에 사리에 밝지 못한 어떤 사람이 문곡(文谷 김수항(金壽恒))에게 써서 올렸다고 하니, 놀라운 심정을 이루 말할 수 있겠습니까. 그러나 다행히 이로 인하여 아름다운 시편을 재차 얻을 수 있다면 그 또한 작은 일이 아니니, 양찰하기를 재차 바랍니다.

이계주에게 보냄 정묘년(1687, 숙종13) 9월 7일

與李季周 丁卯九月七日

삼가 듣건대 사흘 밤을 묵은 뒤에야 떠나는 발길이 결국 강물을 거슬러 올랐다고 하니,[133] 비록 그대를 뒤쫓아 가라는 명이 있더라도 흐르는 강물처럼 돌아가려는 뜻은 끝내 되돌릴 수 없습니다. 다시 초야로 돌아온 뒤에 홀가분한 그 기분이 응당 어떠합니까. 다만 한스러운 것은, 그때의 사람이 눈을 부릅뜨고 노려보던 당시에 일찌감치 결단하지 못하여[134] 끝내 성상께서 구경(九經)의 성대한 가르침[135]을 위배하시도록

133 사흘……하니 : 관직을 버리고 떠나면서 임금이 걱정된 나머지 차마 쉽게 떠나지 못하였다는 뜻이다. 맹자(孟子)가 제(齊)나라를 떠나면서 혹시라도 왕이 마음을 고쳐먹지 않을까 하는 마음에 일부러 천천히 가서 사흘 밤을 묵은 뒤에야 주(晝) 땅을 나갔는데, 그때까지도 왕이 마음을 바꿔 자신을 쫓아오지 않자 그제야 비로소 흐르는 강물처럼 돌아갈 뜻을 품었다는 고사에서 온 표현이다.《孟子 公孫丑下》 1687년 7월 이단하는 청(淸)나라 사신을 맞이할 때 역관의 가자(加資)를 함부로 언급했다는 엄지(嚴旨)를 받고 수차례 사직 상소를 올려 8월 18일 좌의정에서 해면되었고, 같은 날 거취에 불안을 느낀 김수항(金壽恒)과 함께 도성 밖으로 나갔다.《肅宗實錄 13年 7月 15日, 8月 18日》《圃巖集 卷22 議政府左議政畏齋李公謚狀》

134 그때의……못하여 : 이에 앞서 이단하가 입대(入對)하여 이이(李珥)를 공격한 윤증(尹拯)의 죄를 논하다가 최석항(崔錫恒)에게 공척을 당하였는데 그때 바로 물러나지 못한 것을 지적한 말이다.《宋子大全隨箚 卷5》

135 구경(九經)의 성대한 가르침 :《중용장구(中庸章句)》 제20장에 "천하와 국가를 다스리는 데 구경이 있으니, 자신을 수양하는 것, 어진 이를 높이는 것, 친척을 친애하는 것, 대신을 공경하는 것, 신하들을 제 몸처럼 여기는 것, 서민을 자식처럼 여기는 것, 백공을 오게 하는 것, 먼 사람들을 회유하는 것, 제후들을 품는 것이다."라고 하였는데,

하였으니, 이는 나라를 위하는 충심이 심히 지극했던 때문이기는 하지만 시세를 살피는 뜻은 도리어 가벼웠던 것입니다. 돌아간 뒤로 안부가 진중하여 또한 책을 볼 만한 상황인지 모르겠습니다. 주 부자(朱夫子)는 70세가 된 뒤에도 건순(乾淳)[136] 때보다 한층 더 부지런히 힘쓰셨습니다. 우리가 지금 사모하여 힘을 쏟아야 할 것이 거기에 있지 않겠습니까. 저는 올여름 큰 병이 났는데 지금까지 죽지 않고 살아 있으니, 이 또한 밝은 시대의 한 물괴(物怪)입니다. 그러나 이는 다만 운명대로 맡겨 변화를 관찰해야 할 일일 뿐인데, 유독 손자 아이가 오히려 "물러나는 것을 함께한다."라는 뜻[137]을 상실하고 말았으니 이것이 걱정입니다.

여기에서는 '대신을 공경하는 것'을 위주로 하여 말한 것이다.

136 건순(乾淳) : 남송 효종(南宋孝宗)의 연호인 건도(乾道)와 순희(淳熙)의 병칭이다. 이 시기에 주희(朱熹)는 장식(張栻), 여조겸(呂祖謙) 등과 함께 성리학을 크게 진작하여 효종의 지우를 입었다.

137 물러나는……뜻 : 송(宋)나라 구양수(歐陽脩)가 직간(直諫)으로 좌천된 범중엄(范仲淹)을 변호하다가 함께 좌천당하였는데, 그 뒤에 범중엄이 섬서 안무초토사(陝西安撫招討使)에 임명되어 나갈 적에 구양수를 종사관으로 임명하자, 구양수가 웃으면서 "예전의 일이 어찌 자신의 이익을 도모하기 위해서 한 것이겠는가. 물러나는 것은 함께하고 진출하는 것은 함께하지 않는 것이 좋겠다."라고 말하며 사양했다. 《宋史 歐陽脩列傳》

이계주에게 답함 정묘년(1687, 숙종13) 9월 27일

答李季周 丁卯九月二十七日

회덕(懷德) 인편으로 부친 편지를 막 받아 보았으니 몹시 다행이고, 이어 18일에 보낸 나중 편지도 받았으니 그리워하던 마음에 더욱 위로가 됩니다. 중숙(重叔)이 편친(偏親)을 두고 멀리 귀양을 가니[138] 더욱 가련합니다. 그러나 시사(時事)가 이 정도로 그친다면 다행일 테지만 어찌 그것을 단정할 수 있겠습니까. 소인(小人)들은 반드시 끝을 본 뒤에야 남에 대한 모함을 그치니, 몹시 두려운 심정입니다. 손자 아이는 바로 이러한 때에 되레 영화로운 직위에 있는데, 회옹(晦翁)이 "목숨을 온전히 하려는 자는 비방을 당하고, 할 말을 다 하는 자는 화를 당한다."라고 한 것[139]이 다만 고개 한 번 돌리는 잠깐 사이에 닥칠 것이니, 밤낮으로 걱정이 됩니다. 그런데 집사의 경우는 하늘이 굴레를 벗겨 준 격[140]이라 이를 만하니, 산골짜기에는 일이 없어 옛날에 읽던

138 중숙(重叔)이……가니 : 중숙은 서포(西浦) 김만중(金萬重, 1637~1692)의 자이다. 그는 1687년 9월 11일에 올린 소장에서 우의정 조사석(趙師錫)이 후궁 장씨(張氏)의 어머니와 친밀하게 관계를 맺고 이를 통해 정승에 발탁되었다는 소문을 언급하였다가 숙종의 노여움을 사서 의금부에 투옥되고 다음 날 선천(宣川)으로 귀양을 갔다. 《肅宗實錄 13年 9月 11日, 12日》

139 회옹(晦翁)이……것 : 주희(朱熹)는 1199년 치사(致仕)를 앞두고 벗인 항안세(項安世)에게 작별의 편지를 보내면서 "시론이 한번 변하여 할 말을 다 하는 사람은 화를 당하고 목숨을 보전하려는 사람은 비방을 당하니, 이로움과 해로움의 길고 짧음의 사이를 그대 역시 마땅히 살펴서 처리해야 할 것입니다."라고 한 것을 말한다. 《晦庵集 卷29 答項平父》

책을 다시 익숙히 읽어 만년의 공을 거둘 만합니다. 다만 회옹이 "주상의 세력이 날로 외로워진다."라고 탄식한 것이 가슴 아플 뿐입니다. 저는 쇠약하고 병든 것이 날로 괴로운데 어린 손자의 병이 영영 나을 가망이 없으니, 밤낮으로 애가 타는 나머지 정말 아무것도 모르고 싶은 심정입니다. 나머지는 병든 몸을 무릅쓰느라 갖추어 다 말씀드리지 못합니다.

140 하늘이……격 : 이단하가 관직을 그만두고 돌아간 것이 오히려 천운이라는 말이다. 한유(韓愈)의 〈제유자후문(祭柳子厚文)〉에 "그대가 중도에 버림받은 것은 하늘이 굴레를 벗겨 준 것이다."라고 한 것을 원용한 표현이다. 《五百家注昌黎文集 卷23》

이계주에게 답함 정묘년(1687, 숙종13) 12월 20일
答李季周 丁卯十二月二十日

막 회인(懷仁)의 인편으로 편지를 부쳤습니다. 저한테 돌아와 살던 딸아이[141]가 두질(痘疾) 때문에 요절하여 어제 성복(成服)을 하였습니다. 그 아이의 신분은 비록 미천하였지만 아무런 차별 없이 사랑하고 걱정해 왔기에 칼에 베인 것 같은 슬픔과 괴로움이 정말 견딜 수 없는 지경입니다. 인간 세상에 오래 사는 것이 즐거운 일이 아님을 한층 더 알겠습니다. 그런데 어제 상차(喪次)에서 손자 아이를 통해 보내온 이달 10일의 편지를 보고 고요히 지내는 가운데 기거가 편안하다는 것을 잘 알게 되었으니, 비록 슬프고 심란한 와중이나 위로되고 다행스러운 마음 이루 말로 할 수 없습니다.

시사(時事)에 대해서는 감히 알 수도 없고 감히 말할 수도 없으니, 근심스러운 마음이 종남산(終南山)과 나란할 뿐만이 아닙니다. 주자(朱子)는 비록 한가로운 곳에 있을 때라도 언제나 붕우들 사이에서 통렬하고 절박한 말씀을 꺼내셨는데, 이는 당시에 "남들과 서로 간섭하는 일이 없도록 하고 몇 권의 남은 책을 마저 다 읽게 해 주십시오."[142]라

141 돌아와 살던 딸아이 : 송시열의 서녀(庶女)로 민씨(閔氏) 집에 출가하였었다. 《宋子大全 卷153 祭庶女閔氏婦文》

142 남들과……주십시오 : 1188년에 주희(朱熹)가 진량(陳亮)에게 답한 편지에서 한 말로, 자신의 사면(辭免)을 도와 달라는 내용이다. 전후의 글은 다음과 같다. "노형께 고하노니, 우선 이끌어 내지 말고 한가한 사람으로 남겨 두어 산속에서 나물 뿌리를 씹으면서 남들과 서로 간섭하는 일이 없도록 하고, 몇 권의 남은 책을 마저 다 읽어

고 말씀하신 것과 서로 모순되니, 어찌 이치에 어긋나지 않게 병행할 수 있겠습니까. 아니면 앞의 말은 묵자(墨子)가 아니며 뒤의 말은 양자(楊子)가 아닌 것으로 봐야 합니까?[143] 이 문제는 필시 의(義)가 정밀하고 인(仁)이 익숙한 자라야 알 수 있을 것입니다.

손자 회석(晦錫)의 병은 그의 편지에서 필시 상세하게 진달하였을 것입니다. 저의 질병은 5년이 다 되어 가도록 나을 기미가 보이지 않는데, 이 또한 저의 타고난 운명과 관계되니 어찌하겠습니까.

촌락의 준수한 학생들과 더불어 글줄이나 찾고 글씨를 헤아리는 것이 또한 하나의 일일 것입니다."《晦庵集 卷28 答陳同父書》

143 앞의……합니까 : 앞에 주희가 한가할 때라도 언제나 통렬한 말을 했다고 한 것이 마치 묵적(墨翟)이 주장한 겸애설(兼愛說)에 해당하는 행위처럼 보이지만 그렇지 않은 것이며, 뒤에 주희가 아무와도 어울리지 않고 싶다고 한 것이 마치 양주(楊朱)가 주장한 이기설(利己說)에 해당하는 행위처럼 보이지만 그렇지 않은 것이냐는 물음이다.《宋子大全隨箚 卷5》

이계주에게 보냄 무진년(1688, 숙종14) 2월 25일

與李季周 戊辰二月二十五日

흐린 봄 날씨가 오래도록 답답하게 이어지는 가운데, 한가하게 거처하면서 묵묵히 수양하는 동안 날로 좋은 흥취가 있을 것을 먼 이곳에서 생각하노라니, 구구하게 그리운 마음 그칠 때가 없습니다. 저는 이제 막 자식의 장사를 지내어 슬픈 마음이 한층 절절합니다. 그것이 병든 몸을 조리하는 데 몹시 방해가 되지만, 그런 줄 알면서도 마음을 다독일 수가 없으니 이는 정력(定力)이 없어서인 듯합니다.

삼가 생각건대 시론(時論)이 분분한 것은, 제가 처음에는 율곡(栗谷)이 수모를 당한 것에 대해 개탄하고 이어서는 절의(節義)가 배척을 당한 것에 대해 근심한 나머지 혐의에 구애받지 않고 여러 말을 하였기 때문입니다.

일찍이 듣건대 주자(朱子)는 조건(曹建)의 묘표 때문에 육구연(陸九淵)의 문인으로부터 마치 원수를 대하는 듯한 분노를 샀으나[144] 육구연

144 주자(朱子)는……샀으나 : 조건의 묘표는 주희(朱熹)가 지은 〈조입지묘표(曹立之墓表)〉를 가리킨다. 조건은 주희의 제자이며, 입지(立之)는 그의 자이다. 조건은 원래 육구연의 제자였다가 그가 선학(禪學)을 가까이하는 것을 보고는 그와 관계를 끊고 주희의 제자가 되었다. 조건이 젊은 나이에 요절하자 주희는 그의 묘표를 지었는데, 그 가운데 조건이 처음에 육구연에게 배우다가 스스로 만족하지 못하였고 나중에 장식(張栻)의 글을 보고서야 그와 함께 학문을 할 만하다고 생각했다는 일화가 등장한다. 육구연의 문인들이 이에 분노하여 거센 비판을 하였다.《宋元學案 卷18 滄洲諸儒學案》《晦庵集 卷54 答諸葛誠之, 卷90 曹立之墓表》

의 학문이 정도를 해치는 까닭에 그 혐의를 생각지 않고 있는 힘껏 시비를 가려 배척하셨으니, 지금 스스로 겸손하지 않고 삼가 그러한 뜻에 따라 감히 묵묵히 있을 수가 없었던 것입니다. 이것이 바로 요즈음 무리들이 저를 큰 죄인으로 여기는 이유입니다.

또 제가 윤선거(尹宣擧)에 대해서 전에는 두둔했다가 뒤에는 배척하는 등 행동의 차이를 보였는데, 그렇게 한 이유는 다음과 같습니다. 오랑캐가 황제의 칭호를 참칭하였을 때에 윤선거가 그 사자(使者)의 목을 베라고 청하자 오랑캐의 사자가 도망쳤는데 조정에서 이러한 사실을 아뢰어 우리 의로운 명성이 천하에 알려지게 되었으니 그 공이 컸고, 난이 끝난 뒤에는 강도(江都)에서 있었던 일을 부끄럽게 여겨 스스로 벼슬을 그만두고 유현(儒賢)을 따라 섬겼으니 스스로 처신한 것이 매우 좋았기 때문에 그를 공격하는 사람이 있으면 반드시 비호하는 말을 하였던 것입니다.

그러다 그 아들이 사국(史局)에 보낸 글을 보니, 강도에서 죽지 않았던 것을 도리에 십분 부합하는 일이라고 하면서 도리어 의(義)를 위해 죽고 인(仁)을 이룬 절사(節士)들을 배척하면서 꼭 죽어야 할 절의가 없었다고 하였고, 또 아비가 스스로 죽을죄를 지었다고 일컬은 것에 대해서는 강도에서 죽지 않은 것을 두고 말한 것이 아니라 벼슬을 사양한 것을 두고 말한 것이라고 하였습니다. 그것을 보고 처음에는 매우 경악하면서 이는 그 아들이 함부로 하는 말이라고 생각하였는데 윤선거가 마지막에 올린 소장의 말을 보니 과연 그 아들의 말 그대로였습니다. 이때부터 저는 망연히 지난날의 소견이 명확하지 못했음을 스스로 개탄하였습니다. 이것이 또한 요즈음 무리들이 전에는 두둔했다가 뒤에는 배척한다 하면서 저를 큰 죄인으로 여기는 이유입니다.

그런데 유독 윤선거가 윤휴(尹鑴)를 높이는 태도에 대해서는 시종일관 그를 향한 비판과 배척의 감정이 가슴속에 활활 타오릅니다. 대개 고금 천하에 악을 저지른 자가 어찌 끝이 있겠습니까마는 윤휴처럼 주자를 공격하고 배척한 자는 없었으니, 비록 중국의 이단의 학문인 왕수인(王守仁)과 이동양(李東陽) 같은 자라도 그 말의 불손함이 윤휴와 같지는 않았습니다. 윤선거가 윤휴를 높이는 것은 지극한 성심에서 나온 것이라 도리어 윤휴를 공격하는 사람을 공격하였으니, 이는 윤휴가 지은 윤선거의 제문[145]을 보아도 알 수 있습니다. 그 글에 "자네는 나더러 망녕되이 세상의 화(禍)에 걸렸다고 했고, 나는 자네더러 스스로 공을 수립하지 못한다고 하였네."라고 하였는데, 그러한 몇 마디 말에서 서로의 사이가 돈독하고 깊었음을 알 수 있습니다. 윤휴는 본래 남을 해치려는 마음을 품은 자인데 윤선거가 이러한 말로써 유도하였으니, 이는 원숭이에게 나무에 오르도록 부추긴 격입니다. 이러니 사화(士禍)가 어찌 심해지지 않을 수 있겠습니까. 제가 이 점에 대해서는 윤선거를 용서하려 해도 용서할 수가 없습니다.

대체로 윤선거에게는 두 가지 일이 있는데, 하나는 강도의 일이고 하나는 윤휴의 일입니다. 제가 강도에 관한 일에 대해서는 전에는 용서하고 나중에는 배척하였으며, 윤휴에 대한 일은 제 힘이 부족한 것도 깨닫지 못할 정도로 시종일관 극력 배척하였습니다. 제가 고집하는 것이 다만 이와 같았기 때문에 이여구(李汝九)[146]가 일찍이 "푸른 하늘

145 윤휴가……제문 : 《백호집(白湖集)》 권17의 〈제윤길보문(祭尹吉甫文)〉을 가리킨다.

146 이여구(李汝九) : 이기홍(李箕洪, 1641～1708)으로, 자는 여구, 호는 직재(直

에 빛나는 태양처럼 명백하여 조금도 의심할 것이 없다."라고 하였는데, 이는 감히 감당할 수 없는 말이나 또한 저의 마음에 사사로움이 전혀 없음을 안 것이라고 할 만합니다. 그런데도 온 세상 사람들은 모두 사적인 원수를 대하듯 저를 정죄하고 배척하니, 저에게 필시 불선한 실상이 있을 텐데 스스로는 그것을 모르겠습니다. 부디 집사께서 전후의 허다한 곡절에 따라서 조목조목 가르침을 내려 주는 것이 어떻겠습니까. 병든 가운데 정신이 혼미하여 자세히 말할 수 없으니, 모든 것을 양찰해 주기를 바랍니다. 다 갖추어 말씀드리지 못합니다.

齋)이다. 송시열의 문인으로, 1689년 송시열이 제주(濟州)로 귀양 가게 되자 동문 40여 명과 함께 이를 변론하다 회령(會寧)에 유배되어 그곳에서 후진을 교육했다. 《直齋集 卷10 附錄 行狀》

이계주에게 보냄 무진년(1688, 숙종14) 4월 21일

與李季周 戊辰四月二十一日

멀리서 듣건대 온천에 도착하고 이어 산중에서 문회(文會)를 가졌다고 하니, 그 일은 아름다운 일이나 필시 이루어지기 어려우리라 여겼습니다. 다만 권치도(權致道 권상하(權尙夏)), 김중화(金仲和 김창협(金昌協))와 책을 교감하기로 약속하고서 밤낮을 꼼짝 않고 기다렸는데, 갑자기 일이 생겨 일시에 흩어져 돌아갔습니다. 그러다 마침 편지가 와서 다소 견제되는 일이 있음을 알게 되었으니, 인간 세상 좋은 일은 으레 이처럼 뒤틀리기 쉬운 법인지라 한탄스러울 뿐입니다.

손자 아이의 병은 차도를 보이다가도 다시 위독해지는 등 병세가 오락가락하며 일정치 않습니다. 다만 원기는 이전보다 나아진 듯한데, 걱정스러운 것은 썩은 가래 냄새가 지독한 것이 이전과 조금도 달라진 게 없다는 사실입니다.

시사(時事)가 이 지경에 이르렀으니 사대부의 처신이 어려운 것이야 굳이 말로 할 필요도 없거니와 수백 년 동안 이어진 우리나라의 운명이 장차 어떻게 결말이 날지 모르겠습니다. 지난번 중화와 그에 관해 말하면서 거의 눈물을 떨굴 뻔하기까지 하였으나 이러한 이야기를 어찌 감히 남한테 할 수 있겠습니까. 오직 개인적으로 기쁘고 다행인 점은 손자 주석(疇錫)이 밖으로 나와 현감이 된 것이니, 만약 이로 인하여 영영 버려져 산림에 묻혀 살게 된다면 더욱 큰 다행일 것입니다.

자삼(子三 이여(李畬))은 언제 결심을 정할 것입니까? 능력을 펴서 반열에 나아가 제대로 할 수 없는데도 그만두지 않는 자는 군자라고 생각되지 않습니다. 하고 싶은 말을 일일이 다 하지 못하니, 모든 것은 오직 묵묵히 알아주시기 바랍니다.

이계주에게 답함 무진년(1688, 숙종14)

答李季周 戊辰

강승석(姜承碩)이 와서 편지를 전하니 더욱더 슬픔의 피눈물을 훔쳤습니다. 죽은 자[147]에 대한 애도의 심정 외에 또 슬픔과 괴로움으로 가슴이 찢어지는 부분이 있으니, 이에 대해서는 자세히 말하기 어렵습니다. 오직 바라건대 집사께서는 만아(萬兒)의 어미[148]를 잘 타일러 저의 이런 심정을 조금이나마 달래 주십시오. 그리해 준다면 혹 목숨을 조금 더 연장하여 남은 어린 자식을 다시 가르칠 수 있을 것입니다. 그는 자질이 보통 사람보다 두드러지게 순수한 데다 성정이 정직하고 진실하여 호오가 분명하였으며, 문재(文才)가 뛰어난 것은 다만 여사일 뿐이었습니다. 이 때문에 할아비와 손자가 서로 지기(知己)라고 여겼는데, 저보다 먼저 세상을 떠나 저로 하여금 무한한 슬픔을 느끼게 할 줄 어찌 생각이나 했겠습니까. 집사께서도 언제나 그를 아껴 주었으니, 부디 바라건대 만시(挽詩) 한 편을 지어 혼령을 위로하고 또 남은 어린 자식을 재차 타일러 주는 것이 어떻겠습니까. 말이 여기에 미치매 가슴이 더욱 치밀어 오릅니다.

147 죽은 자 : 1688년 10월 5일에 송시열의 손자이자 송무원(宋婺源, 1677～?)의 부친인 송회석(宋晦錫)이 세상을 떠났다. 《宋子大全隨箚 卷10》

148 만아(萬兒)의 어미 : 만아는 송무원으로, 그의 아명이 증만(曾萬)이었다. 《宋子大全隨箚 卷10》 그의 어머니는 이단하의 딸이다.

이계주에게 답함 무진년(1688, 숙종14)

答李季周 戊辰

골짜기에 있는 집으로 반우(返虞)하려고 한다는 말[149]은, 삼가 생각건대 집사께서 아직 예경(禮經)을 보지 못하여 그렇게 말한 듯합니다. 예(禮)에 "죽었는데 상주(喪主)를 맡을 사람이 없으면 동서(東西)의 이웃집이나 마을의 이장이 상주를 맡으니, 처의 집안은 비록 친족이라도 상주를 맡지 않는다."라고 하였습니다.[150] 성인이 예를 제정한 뜻을 비록 알 수는 없으나 반드시 그 속에 의의가 있을 것이니, 지금 어찌 감히 그 말씀을 버려둔 채 마음대로 정할 수 있겠습니까.

별지에서 말한 내용은 삼가 잘 알았습니다. 깊은 산에 병든 몸으로 칩거해 있느라 바깥의 일은 하나도 들리는 것이 없던 가운데 삼가 들리는 말로는 이 몸이 이미 백척간두에 놓여 있다고 하는데, 무슨 사달이 난 것인지는 모르겠으나 대략 간사한 자들의 모함이 두렵다고 합니다. 나이가 아직 차지도 않았는데 치사(致仕)하는 것은 비단 퇴계(退溪)뿐만 아니라 고인들도 그렇게 한 경우가 많았으니, 문산(文山)도 그중

149 골짜기에……말 : 이단하가 사위 송회석(宋晦錫)의 장사를 치른 뒤에 자기가 살던 지평(砥平)의 골짜기로 반우하려 한다고 한 말을 가리킨다. 송회석은 송시열의 손자이다. 《尤菴先生書節要集解 卷3》

150 예(禮)에……하였습니다 : 《예기》〈잡기 하(雜記下)〉에 "고모나 누이의 남편이 죽었는데 남편의 집안에 형제가 없다면 남편의 족인에게 상주를 맡게 한다. 처의 집안에 친족이 있더라도 상주를 맡지 않는다. 남편에게 족인도 없으면 앞뒤의 집이나 동서의 이웃이 상주를 맡고, 그것도 없으면 동네의 이장이 상주를 맡는다."라고 하였다.

하나입니다.[151] 오늘의 일은 다만 할 수 있는 것을 해야 할 뿐이고 화복은 조물주에 맡겨야 하니, 이것이 바로 쾌활하게 보내는 사람의 법도입니다.

○ 역적 윤휴(尹鑴)가 한번 도를 어지럽히고 사람들을 그르친 뒤로 예법이 모두 무너진 가운데 종법(宗法)이 먼저 망실되었습니다. 이에 주 부자(朱夫子)가 갖은 노고와 고생을 겪으면서 말씀을 하고 교훈을 남겨 후세를 가르친 모든 것들이 다 버려져 쓸모없는 것이 되고 말았으니, 탄식을 금할 수 있겠습니까. 못난 저는 선사(先師)에게 가르침을 받았으니, 비록 그것을 제대로 받들어 지키지는 못하더라도 저로부터 그것이 망가지는 것을 원치 않습니다. 모든 상(喪)에는 아버지가 살아 있으면 아버지가 상주가 되기 때문에[152] 자손의 신주에는 모두 할아버지와 아버지가 상주가 되어 집으로 반우하고, 상이 끝나면 그 선조의 사당에 부묘(祔廟)한 뒤 그 할아버지와 아버지가 모두 사망하기를 기다린 후에 별도로 소종(小宗)으로 삼으니, 이것이 예의 정도입니다. 만약 사적으로 친한 감정 때문에 이 지엄한 예법상 한계를 침범한다면 성인의 가르침을 위배하고 의리를 저버리는 것이라 그야말로 이른바 오랑캐의 풍속인 것인데, 요즘 세상에 윤휴를 높이는 자들은 하나같이 그것을 따르고 있습니다.

151 문산(文山)도 그중 하나입니다 : 문산은 남송(南宋) 때의 충신인 문천상(文天祥)의 호이다. 송 이종(宋理宗) 재위기에 환관 동송신(董宋臣)과 권신 가사도(賈似道) 등의 전횡으로 어지러워진 정치 현실을 누차 비판하다가 여러 차례 탄핵을 받자, 과거 40세의 젊은 나이로 치사한 북송(北宋)의 전약수(錢若水)의 전례를 들어 겨우 37세에 치사하였다. 《宋史 文天祥列傳》

152 모든……때문에 : 《예기》 〈분상(奔喪)〉에 나온다.

이계주에게 답함 무진년(1688, 숙종14) 10월 28일

答李季周 戊辰十月二十八日

연산(燕山)의 인편이 방금 24일에 부친 편지를 전해 주었습니다. 펼쳐서 읽어 보고는 슬픔으로 목이 메어 더욱 마음을 가눌 수가 없었습니다. 슬퍼한들 도움 될 게 없다는 것을 모르는 바 아니지만 스스로 슬픔을 억누를 수 없어 위독한 병세가 오히려 더 심해지는 지경에 이르렀습니다. 이는 대개 나이가 노쇠하고 마음이 약해진 탓이니, 죽을 날이 머지않았음을 더욱 알겠습니다.

장지(葬地)는 만의(萬義)로 하지 않으면 어디로 하겠습니까. 반우(返虞)를 여강(驪江)으로 하려고 한다는 말에 대해서는 지난 편지에서 이미 그것이 어려운 일임을 알렸습니다만 《가례(家禮)》의 반곡조(返哭條)를 보면 그 인정과 예법으로 볼 때 실로 차마 그렇게 하지 않을 수 없으니, 성인(聖人)이 귀신의 정상을 알아 예를 이렇게 정한 것입니다. 또 상이 끝난 뒤에는 그 신주를 차마 그 어미의 사당에 합사하지 않을 수 없으니, 저와 그 아비가 모두 죽은 뒤에야 만아(萬兒)[153]는 비로소 별종(別宗)이 되어 따로 제사를 지낼 수 있습니다. 성인이 예를 제정한 것이 이와 같으니, 지금 감히 거스를 수 없고 또한 감히 따르지 않을 수 없습니다.

153 만아(萬兒) : 송시열의 증손인 송무원(宋婺源)을 가리킨다. 송무원의 아명이 증만(曾萬)이었으므로 이렇게 칭한 것이다. 1688년 10월 5일에 그의 아버지 송회석(宋晦錫)이 세상을 떠났다. 《宋子大全隨箚 卷10》

다만 증만(曾萬)의 어미가 망극한 슬픔으로 정신없는 와중에 오직 마음 내키는 대로 곧장 행동하는 것을 의리로 삼고 있는지라, 이런 때에 저와 그의 시아비는 실로 차마 그에게 예에 의거하여 바른말을 할 수가 없으니, 깨우치고 타일러 마음을 되돌리는 일은 오로지 집사께서 행해 주기를 바랍니다. 무엇보다 만아에게 몹시 난처한 점이 있습니다. 지금 그 아이에게 차마 소상하게 말해 주지 못하니, 가슴을 태우며 애통히 눈물 적시는 이 늙은이의 마음 어찌 끝이 있겠습니까. 그러나 스스로 생각건대 저의 질병이 끝내 어떻게 해 볼 수가 없는 상황이 되어 버렸으므로, 죽은 뒤의 일은 알 수 있는 것이 아니지만 끝내 그 아이 때문에 눈을 감을 수 없습니다. 지금 바라는 바는 제가 죽은 뒤에 그 아이를 데려다 가르쳐 이끌어 주고 점차 연마시켜 선비가 되게 하는 것이니, 그렇게 된다면 그 아비는 반드시 지하에서 감동의 눈물을 흘릴 것입니다. 이러한 뜻을 이미 대략 둘째 아드님에게 부친 편지에서 언급하였으므로 감히 말을 끝까지 다 하지는 않겠지만, 그 아비가 죽음을 앞두었을 때 손수 회초리를 치고는 이내 눈물을 훔치던 모습을 떠올릴 때마다 가슴이 찢어지는 듯합니다.

이계주에게 답함 무진년(1688, 숙종14) 12월

答李季周 戊辰十二月

보내온 편지를 삼가 잘 읽어 보았습니다. 장사 지내는 일은 바위가 나와 마무리하지 못하였는데, 거기에서 조금 위에 위치한 곳은 토질은 매우 좋지만 그 어미의 분묘에 너무 가깝기 때문에 마침내 그곳에서 서쪽으로 몇 리쯤 되는 곳으로 장지를 옮기게 되었습니다. 그러다 보니 일이 마무리될 날이 너무 멀어져 서울 근방에 오랜 시간 머물러 있는 것이 편치 않은 점이 있으므로 관을 두드리며 영영 작별을 고하고 돌아왔습니다. 이내 심사를 그 누가 알겠습니까. 모든 것이 다 끝났으니 또 무슨 말을 하겠습니까.

여강(驪江)으로 반우(返虞)하는 것은 이미 그렇게 결정을 보았습니다. 대개 그가 살던 옛집에는 잠시 머물러도 큰 해가 될 것은 없겠지만, 만아(萬兒)의 어미[154]가 목숨을 부지하는 것이 어려운 일입니다. 이를 위해 전적으로 의지할 것은, 집사께서 자애롭게 감싸 주는 은택을 베풀어 내키는 대로 행동하지 말도록 잘 깨우치고 타일러 주는 것뿐입니다. 이 외 나머지 할 말은 어찌 다 진달할 수 있겠습니까. 무릎의 통증이 점차 괴로워져 가는데, 오래 살기 어렵겠다는 것을 너무 잘 알겠습니다. 모르겠습니다만, 눈을 감은 뒤로는 아득하고 막막하여 여기에서의 일들을 모두 다 잊을 수 있겠습니까?

154 만아(萬兒)의 어미 : 만아는 송무원으로, 그의 아명이 증만(曾萬)이었다.《宋子大全隨箚 卷10》그의 어머니는 이단하의 딸이다.

이계주에게 보냄 기사년(1689, 숙종15) 2월

與李季周 己巳二月

작년 겨울부터 이미 이러한 일[155]이 생길 줄 알았습니다. 비록 한마디 말조차 안 했더라도 어찌 화를 면할 수 있었겠습니까. 이번에 올린 소장은 단지 저의 의리를 다하려고 했던 것일 뿐입니다. 이제 진잠(鎭岑)에서 출발하여 탐라(耽羅)를 향해 가는데, 도중에 편지를 써서 권치도(權致道 권상하(權尙夏))에게 맡겨 전달할 작정이었습니다. 그런데 지금 급히 보낸 편지를 받고 그 속에 담긴 내용을 잘 알았으니, 몹시도 위로되고 몹시도 위로됩니다.

죽고 사는 것은 운명이니 조금도 그것에 대해 개의치는 않습니다만, 유독 차마 잊을 수 없는 것은 만아(萬兒)[156]입니다. 그런데 지금 그를 가르치고 독려하겠다고 하니, 저로 하여금 감격의 눈물을 흘리게 합니다. 삼가 시의(時議)를 듣건대 집사께서도 화를 면할 수 없을 듯하니, 만약 장려(瘴癘)가 없는 곳으로 가게 된다면 모름지기 그 아이를 데리고 가서 단지 책을 가르칠 뿐만 아니라 반드시 먹고 마시는 것과 마음대로 놀러 다니는 것 등을 삼가도록 하는 것이 어떻겠습니까. 또 주자(朱子)가 돌아가실 때 문인에게 내린 가르침은 다만 '직(直)'이란 한 글자

155 이러한 일 : 1689년 1월 숙종이 소의(昭儀) 장씨(張氏)의 소생을 원자(元子)로 삼자 송시열이 반대하는 상소를 올렸다가 제주(濟州)로 귀양 가게 된 것을 가리킨다. 《宋子大全 附錄 卷11 年譜》

156 만아(萬兒) : 129쪽 주153 참조.

일 뿐이었으니, 모름지기 그 말을 가지고 자주자주 정성껏 가르침을 내려 그로 하여금 그 말을 이마 위에 딱 붙여 두도록 만드는 것이 어떻겠습니까. 하고 싶은 말은 너무도 많으나 출발할 때가 되어 정신이 없으므로 갖추어 다 말하지 못합니다.

이계주에게 답함 기사년(1689, 숙종15) 2월 17일

答李季周 己巳二月十七日

어제 아침 권치도(權致道 권상하(權尙夏))와 태인현(泰仁縣)에서 작별하고 저녁에는 천원역(川原驛)에서 묵어 이제 막 재를 넘으려 합니다. 치도가 가는 편에 편지 한 통을 맡기고 홀로 남은 손부(孫婦)와 만아(萬兒)[157]를 위로하였는데, 홀연 천서(川西)의 인편을 통하여 이달 8일에 보낸 편지를 받으니 마치 저 하늘 끝 머나먼 곳의 소식을 받은 것 같아 위로되는 마음 말로 할 수 없습니다.

지금의 이 일이 벌어질 것을 이미 오래전부터 알고 있었고 작년 겨울부터 짐을 꾸리고서 기다렸거니와, 바깥사람들만 모르고 있었을 뿐입니다. 이는 실로 대운(大運)의 소관인지라 일신이 죽고 사는 것을 어찌 염두에 둘 것이 있겠습니까. 그러나 마음에 언제고 또렷하게 남아 죽을 때까지 잊지 못하는 것은 만아의 어미와 그 자녀들인데, 오직 믿을 사람은 집사뿐입니다. 집사도 화를 면키 어려울 것이 분명하지만 만약 너무 험한 지역으로 가지 않는다면 꼭 만아를 함께 데리고 가서 살뜰하게 보살펴 주고 가르치며 독려해 주기를 바랍니다.

말하고 싶은 것은 다름이 아니라, 다만 회옹(晦翁)의 '벽립만인(壁立萬仞)'[158]으로 서로를 면려하여 우리 도를 만분의 일이나마 부지한다면

157 홀로……만아(萬兒) : 송시열의 증손인 송무원(宋婺源)과 그의 모친인 덕수 이씨(德水李氏)를 가리킨다. 송시열의 손자이자 송무원의 부친인 송회석(宋晦錫)은 1688년 10월 5일에 세상을 떠났다. 《宋子大全隨箚 卷10》

매우 다행이겠습니다. 갖추어 다 말씀드리지 못합니다.

○ 성상의 하교와 그 아래 죄를 논하는 말의 내용은 태반이 윤증(尹拯)의 일입니다. 지난겨울 김만준(金萬埈)이 이미 곧 오늘날의 일이 있을 것이라고 말한 바 있습니다. 흉악스러운 모의를 하고 비밀스러운 계책을 꾸민 것에 대해 제 딴에는 아무도 모를 것이라고 생각하겠지만 하늘도 알고 귀신도 알며 저 자신도 알고 그들도 아니 어찌 속일 수 있겠습니까.

158 회옹(晦翁)의 벽립만인(壁立萬仞) : 주희(朱熹)가 송(宋)나라 영종(寧宗) 때 위학(僞學)으로 몰려 물러나 죽림정사(竹林精舍)에서 강학에 열중하였는데, 주위에서 강학을 그만두고 화를 피하라고 충고하자, "지금 화를 피하라고 하는 것이 물론 나를 아끼는 마음에서 나온 말이기는 할 것이다. 그러나 내가 만 길 절벽이 서 있는 것처럼 버틴다면 우리의 도를 밝히는 데에 어찌 도움이 되지 않겠는가."라고 하였다. 《朱子語類 卷107》 세상의 위협에 조금도 흔들리지 않고 의연히 절의를 지켰던 주희의 기상을 말한다.

이계주에게 보냄 기사년(1689, 숙종15) 2월

與李季周 己巳二月

화를 당한 이후에 대략 편지를 써 보냈는데, 이미 받아 보았습니까? 오늘의 이 일에 대해서는 다만 회옹(晦翁)이 정안사(淨安寺)에서 전별할 때 서로 한탄하고 위로하지 않았던 일[159]을 의리로 삼아야 할 것입니다. 손자 아이를 여강(驪江)으로 반우(返虞)하는 일에 대해 처음에는 회덕(懷德)으로 반우하는 것이 정도인지라 그것이 더 낫겠다고 생각하였지만, 이제 보니 비록 이미 회덕으로 반우하였더라도 또한 장차 여강으로 돌아가야 한다고 생각합니다. 청상(青孀)이 된 손부(孫婦)가 목숨을 부지하도록 보살펴 주는 일과 만아(萬兒)[160]를 가르치고 독려하는 일은 오로지 집사 부자(父子)를 믿으니 걱정할 것이 없습니다. 저의 유골을 거두는 일은 애당초 여러 자손들이 있으니 그 어미와 자식에게 염려하지 말라고 할 만한데, 다만 이번의 화가 집사한테도 연루될 듯하니 만약 물과 토질이 몹시 나쁜 곳으로 가지 않는다면 만아가 따라가는

159 회옹(晦翁)이……일 : 주희(朱熹)의 제자이자 벗인 채원정(蔡元定)이 죄에 걸려 귀양을 가게 되자 주희가 문인들과 함께 정안사에서 그를 전별하였는데, 이때 채원정은 많은 사람들이 슬퍼하는 가운데 감정의 동요 없이 평시와 같이 덤덤하게 있었다. 주희가 그 모습을 보고 "붕우 간에 서로 사랑하는 정과 계통(季通)의 굳은 지조가 둘 다 바른 도리를 얻었다고 할 만하다."라고 감탄하자, 채원정이 시를 지어 "손을 잡고 서로 웃으며 헤어질 것이요, 아이와 여자 같은 슬픔은 짓지 말아야 한다."라고 화답하였다. 《宋史 儒林列傳 蔡元定》

160 만아(萬兒) : 129쪽 주153 참조.

것을 허락할 만합니다. 이 아이는 비록 동심을 아직 버리지 못하였으나 그 기질은 굳세고 밝으니, 도리어 가망이 있습니다. 말하고 싶은 것이 심중에 켜켜이 쌓여 있으나 말을 달려서 온 나머지 피곤하여 자세히 다 말하지 못합니다. 모든 것을 묵묵히 이해해 주기를 바랍니다.

○ 예전에 빌렸던《주자어류(朱子語類)》는 선선생(先先生)[161]께서 손수 가점(加點)하고 정정(訂正)하신 것이니 깨우치는 공부에 매우 도움이 됩니다. 부디 다시 빌려주는 것이 어떻겠습니까? 제가 비록 죽더라도 저의 자손이 반드시 온전한 상태로 돌려드릴 것입니다.

161 선선생(先先生) : 이단하의 부친인 이식(李植)을 가리킨다.

이계주에게 보냄 기사년(1689, 숙종15) 3월 8일

與李季周 己巳三月八日

그동안 보낸 편지는 모두 받아 보았습니까? 소식을 일절 듣지 못하고 있으니, 이는 비록 상황상 그렇게 된 것이지만 그립고 답답한 마음 이루 말할 수 없습니다. 생각건대 또한 도소(道巢)에서 편안하게 거할 수는 없을 듯하니, 귀양지는 어디로 정해졌습니까? 만아(萬兒) 모자[162]는 누가 보살펴 줄 수 있겠습니까? 제가 죽고 사는 문제에 대해서는 이미 단념한 지 오래지만 오직 이 아이 모자만큼은 마음속에 맺혀 떨쳐 버릴 수가 없으니, 물과 토질이 나쁘지 않은 곳으로 가게 된다면 그로 하여금 따라갈 수 있게 하여 엄격하게 공부시키기를 몹시 바랍니다.

성인(聖人)은 운명을 만들어 내고 군자는 운명을 편안히 여기며 그 다음 수준은 운명에 맡기는 것이니, 오늘의 이 일은 다만 일찍 죽든 오래 살든 의심하지 않고 몸을 닦으며 기다려야 할 뿐입니다.[163] 삼가 듣건대 시배(時輩)가 윤증(尹拯)의 도덕을 탑전에서 몹시 칭찬하여 영광이 지극하였다고 하니, 이는 우리들의 죄가 더욱 드러난 것입니다. 만약 퇴계가 이러한 시기에 살았다면 필시 이러한 화는 겪지 않았을 텐데, 지금 가까이 퇴계를 본받지 않고 멀리 맹자(孟子)와 주자(朱子)를 본받았으니 맹자와 주자가 저를 속인 게 아니라 그분들을 본받은

162 만아(萬兒) 모자 : 134쪽 주157 참조.

163 일찍……뿐입니다 : 《맹자》 〈진심 상(盡心上)〉에 "일찍 죽든 오래 살든 의심하지 않고 몸을 닦으며 천명을 기다림은 천명을 세우는 것이다."라고 한 것을 원용하였다.

자가 애당초 잘 본받지 못했을 뿐입니다. 또 주자의 목을 베자고 청한 소장은 이미 경원(慶元) 때에 나왔는데,[164] 지금의 세상은 경원 때와는 시간적 거리가 아주 멂에도 불구하고 고집스러운 태도로 변통을 못 하였으니 이것이 더욱 죄가 될 만한 것입니다. 집사께서는 언제나 모재(慕齋 김안국(金安國))와 퇴계의 법도를 본받을 만하다고 말해 왔기에 우연히 이렇게 부질없이 언급을 했는데, 이 또한 이치를 궁구하고 사물에 나아가는 한 가지 일입니다.[165] 나머지는 자세히 다 갖추어 말하지 못합니다.

164 주자의……나왔는데 : 송 영종(宋寧宗) 경원 연간에 한탁주(韓侂冑) 등이 주희(朱熹)의 학문을 위학(僞學)으로 규정하고 그 일파를 탄압하는 경원 당금(慶元黨禁)이 한창일 때, 선인(選人) 여철(余嚞)이 주희를 베어 죽이자고 상소하였던 일을 가리킨다. 《朱子年譜 卷4》

165 이……일입니다 : 고금의 인물을 논하는 일을 가리킨다. 송나라 정이(程頤)가 "이치를 연구하는 것이 또한 여러 가지여서 혹은 책을 읽어 의리를 강명(講明)하고, 혹은 고금의 인물을 논하여 그 시비를 분별하고, 혹은 사물을 응접하여 마땅하게 대처하는 것이 모두 이치를 궁구하는 것이다."라고 한 것을 염두에 둔 표현이다. 《近思錄 卷3 致知》

이계주에게 보냄 기사년(1689, 숙종15) 윤월[166]

與李季周 己巳閏月

듣건대 미쳤다는 말로 처분을 받았다고 하니,[167] 이는 목숨을 보전해 주기 위한 의도입니까? 일찍이 대윤(大尹 윤선거(尹宣擧))의 처지를 살펴 주었으므로 그것에 보답을 해 주려는 것입니다. 혹시라도 끝내 나란히 함께 죽음을 당하지 않는다면 다행이겠습니다. 윤휴(尹鑴)가 복주되었다는 소식을 들었을 때부터 이미 오늘의 이 일이 생겨날 줄 알았으니,[168] 저의 단념은 꽤 오래되었습니다. 또 듣건대 율곡(栗谷) 선생과 함께 죄안에 올린 뒤에 이 별 볼 일 없는 자를 두고는 실로 율곡의 도통을 이었다고 하니,[169] 그 말은 비록 감당할 수 없으나 모년(暮年)의

166 윤월 : 1689년에는 3월에 윤달이 들었다.

167 미쳤다는……하니 : 기사환국(己巳換局)이 한창이던 1689년 2월 10일에 대간이 합사하여 김수항(金壽恒)을 비롯한 송시열 일파의 파직을 청하였는데, 이때 이단하를 향해서는 "이단하가 미친 것은 온 세상이 다 아는 사실이다."라고 첫 운을 띄운 뒤, 그런 사람이 송시열의 뜻으로 재상에까지 올라 권세를 남용하였다고 비판하였다. 《肅宗實錄 15年 2月 10日》

168 윤휴(尹鑴)가……알았으니 : 송시열은 1680년 경신환국(庚申換局)으로 윤휴가 복주되었다는 소식을 듣고는 손자 송주석(宋疇錫)에게, 윤휴의 신원(伸冤)은 반드시 윤증(尹拯)이 할 것이고 그때 일어날 사화는 반드시 이전보다 심할 것이며 조만간 윤증이 윤휴 일당과 합세하여 선인들을 해칠 뿐만 아니라 나라를 해칠 것이라고 하였다. 《宋子大全 附錄 卷8 年譜》

169 율곡(栗谷)……하니 : 1689년 2월 22일 원주(原州) 유생 안전(安瑑)이 상소하여 입산수도(入山修道)라는 불효를 행한 이력이 있는 이이(李珥)와 국난에 달려가지 않은 불충을 저지른 성혼(成渾)을 문묘에서 출향해야 한다고 주장하고, 이어 송시열을 향해

영광이 어찌 이리도 넘치는 것입니까. 저야 참으로 장차 웃음을 머금고 지하에 들어갈 테지만, 마음에 잊지 못하는 것은 만아(萬兒) 모자[170]입니다. 만아가 만약 지성으로 가르치고 독려한 아비를 생각하여 학문에 태만하지 않는다면 저 또한 눈을 감을 수 있을 것입니다. 바다 너머 이곳은 적막하여 사람 소리가 들리지 않는데, 날마다 손자 아이와 고서(古書)를 통독하고 있으니 고요한 가운데 이치를 관찰하는 것이 지난날과는 차이가 있습니다. 이에 비로소 "정 선생(程先生)의 《역전(易傳)》은 부주(涪州)에서의 기력을 얻은 것이다."[171]라고 하신 말씀이 정말로 저를 속이지 않았음을 알 수 있습니다. 하고 싶은 말은 멀리서 편지를 보내느라 자세히 다 갖추어 해 드리지 못합니다. 모든 것을 묵묵히 이해해 주기를 바랍니다.

서는 "스스로 이이와 성혼의 도통을 이었다고 칭하면서 그 아비를 무시하고 임금을 무시하는 여론(餘論)을 이어받았다."라고 하면서 처형을 요구한 것을 말한다. 《承政院日記 肅宗 15年 2月 22日》

170 만아(萬兒) 모자 : 134쪽 주157 참조.

171 정……것이다 : 정 선생은 북송(北宋)의 학자 정이(程頤)이다. 정이는 1097년에 부주로 귀양을 가 《주역》 연구에 몰두하였는데, 그것을 바탕으로 《역전》을 저술하였다. 후일 지남강군사(知南康軍事)로 부임한 주희(朱熹)는 공무로 학문에 침잠할 수 없는 사정을 고민하면서 "이천(伊川) 선생이 《역전》을 지을 수 있었던 것은 부주로 한 번 귀양 갔던 기력을 얻은 것임을 알겠다."라고 하였다. 《朱子全書 別集 卷6 林擇之》

송자대전

제51권

書서

김연지[1] 수증 에게 보냄 기축년(1649, 효종 즉위년) 9월 13일
與金延之 壽增○己丑九月十三日

밤사이 부모님을 모시며 잘 지내셨는지요? 저의 상소가 정원(政院)에 계류되었으니 남쪽으로 돌아갈 계획이 하루 이틀 정도 미뤄질 것 같아 근심스럽고 또 근심스럽습니다.

지난번 제때가 아니라고 한 말씀에 대해서는 바쁜 나머지 미처 그에 대해 논의하지 못하였으니 아쉽고 또 아쉽습니다. 일찍이 듣건대 회암(晦庵) 부자(夫子)는 "기회를 잡는 순간에는 털끝만큼의 오차도 허용될 수 없다."라고 하시고, 또 "징과 북을 울리고 창과 갑옷을 번쩍이면서 범을 쫓기보다는 범이 한창 잠자는 틈을 타 찔러 죽이는 편이 나은데, 정작 지금은 범을 흔들어 깨우고 나서도 모자라 또 느긋하게 걷고 천천히 나아감으로써 사납고 맹렬한 형세에 대적하려고 한다."[2]라고

1 김연지(金延之) : 김수증(金壽增, 1624~1701)으로, 본관은 안동(安東), 자는 연지, 호는 곡운(谷雲)이다. 청음(淸陰) 김상헌(金尙憲)의 손자이며, 김수흥(金壽興)과 김수항(金壽恒)의 형이다. 성천 부사(成川府使)로 있던 1675년(숙종1)에 송시열과 김수항이 예송(禮訟)의 여파로 조정에서 축출되자 강원도 춘천(春川)의 곡운에 은거하였고, 1680년에 다시 회양 부사(淮陽府使)로 복귀하였다. 이후 1689년 기사환국으로 송시열과 김수항이 죽자 벼슬을 그만두고 다시는 출사하지 않았다. 문집으로 《곡운집(谷雲集)》이 있다. 《三淵集 卷30 伯父谷雲先生墓表》

2 징과……한다 : 《회암집(晦庵集)》 권26 〈여대단서(與臺端書)〉에 나오는 내용이다. 1649년 인조가 죽고 효종이 즉위하자 송시열을 비롯한 신진 사류들이 대거 정계에 진출하였는데, 이때 송준길(宋浚吉), 김경여(金慶餘) 등을 비롯한 대간이 권세를 독점하던 김자점(金自點) 일당을 탄핵함으로써 조정의 다툼이 격화되었다. 《孝宗實錄 卽位年

하셨습니다. 의당[3] 회암만 한 분이 없을 듯한데, 어찌 이렇게 지나치게 엄하고 맹렬한 논의를 함으로써 후학을 그르치겠습니까. 이는 저의 생각으로 석연치 않은 점이 있기에 다시 감히 이렇게 진달하니, 부디 가정에서 가르침을 받는 여가에 이렇게 대신 여쭙는 것이 어떠합니까?

우리들은 오늘날 위로는 회암을 조술(祖述)하고 아래로는 이로(二老)[4]를 비호하며 의지하는 자들이니, 문하는 백세(百世)의 세월이 지난 뒤에 펴지고 또 펴질 것입니다. 성공과 실패, 이로움과 불리함 같은 것이야 어찌 따질 틈이 있겠습니까. 오직 우리 벗께서는 이러한 의리를 밝히고, 문하에 출입하는 자들 중 괜찮은 자를 살펴서 이러한 의리로 스승의 가르침을 논한다면 세도(世道)가 가망이 있게 될 것입니다. 할 말을 다 못 하니 다만 마음으로 이해해 주기를 바랍니다.

6月 22日, 9月 13日》《宋子大全隨箚 卷6》

3 의당 : 두주에는 '宜上恐脫'로 되어 있다.

4 이로(二老) : 청음 김상헌과 신독재(愼獨齋) 김집(金集)을 이른다.

김연지에게 보냄 기축년(1649, 효종 즉위년) 10월 22일

與金延之 己丑陽月二十二日

선생[5]께서 도성으로 들어오셨는데 제가 마침 병으로 칩거하던 중이어서 아직까지 찾아뵙지 못하였으니, 악정자(樂正子)의 죄[6]를 지었음을 알겠습니다. 요사이 부모님을 모시며 지내는 안부가 만복합니까? 저는 여전히 직임에서 벗어나지 못하고 있는데, 지금 남쪽으로 돌아가는 유무중(兪武仲)[7]을 전송하고 보니 고향에 대한 그리운 심정을 더욱 견디지 못하겠습니다. 신독재(愼獨齋)께서도 사직 상소를 올렸으니 오늘날 세도가 어떠한지 짐작해 볼 수 있는데, 떠나는 것을 애석해하는 노선생(老先生)의 심정이 장차 어떠하시겠습니까. 병으로 날마다 괴로워 찾아뵐 방법이 없으니 감히 이렇게 대신 뜻을 전합니다. 문안의 예식을 다 갖추지 못합니다.

5 선생 : 김수증의 조부 김상헌(金尙憲)을 가리킨다. 《宋子大全隨箚 卷6》

6 악정자(樂正子)의 죄 : 스승에게 서둘러 인사드리지 않은 죄를 가리킨다. 맹자가 제(齊)나라에 있을 적에 악정자가 제나라로 와서 하루가 지난 뒤에야 맹자를 찾아뵈었다. 이에 맹자가 늦게 온 것에 대해 꾸짖으니, 악정자가 "머물러 있을 관사를 정하지 못하여 늦었습니다."라고 하면서 변명하였다. 그러자 맹자는 "자네가 듣기로는 관사를 정한 뒤에 어른을 찾아본다고 하던가?"라고 하였고, 결국 악정자는 바로 자신의 죄를 인정하였다. 《孟子 離婁上》

7 유무중(兪武仲) : 유계(兪棨, 1607~1664)로, 본관은 기계(杞溪), 자는 무중, 호는 시남(市南), 시호는 문충(文忠)이다. 김장생(金長生)의 문인이며 송시열, 송준길(宋浚吉), 윤선거(尹宣擧), 이유태(李惟泰) 등과 더불어 충청도의 유림오현(儒林五賢)으로 일컬어졌다. 《宋子大全 卷162 市南兪公神道碑銘》

김연지에게 보냄 경인년(1650, 효종1) 1월 23일
與金延之 庚寅元月二十三日

요 며칠 밤사이에 부모님을 모시며 지내는 안부가 어떠한지요? 저는 여태껏 여기에서 지체하며 두려움으로 날을 보내고 있으니 괴롭고 괴로운 일입니다. 노선생(老先生)의 거취는 속히 결정하지 않아서는 안 됩니다. 대개 노선생이 다시 도성에 들어오신 것은 다름이 아니라 세도를 위한 것이었습니다. 이미 어찌해 볼 수 없다면 당초에 은거하려던 뜻을 다시 이루는 것이 어찌 정해진 진퇴의 방법이 아니겠습니까. 그러나 만약 도를 행할 수 있는 조짐이 충분하다면 또한 어찌 과감히 결정할 수 있겠습니까. 구구한 충심으로 우려를 금치 못하기에 감히 재차 이런 저런 말씀을 드리는 것이니, 삼가 바라건대 이렇게 여쭌 뒤에 말씀해 주시는 것이 어떻겠습니까. 다만 이렇게만 적습니다.

김연지에게 보냄 임진년(1652, 효종3) 7월 6일

與金延之 壬辰七月六日

시열은 아룁니다. 나라에 복이 없고 세도가 불행하여 노선생이 갑자기 세상을 떠나셨으니, 부음을 듣고는 통곡하며 무슨 말을 해야 할지 몰랐습니다. 따로 어떤 질병이 있으셨던 것입니까, 아니면 편안히 잠든 것처럼 홀연히 가 버리신 것입니까? 범이 떠나고 용이 사라졌으니,[8] 이 세상을 어떡하면 좋습니까. 산이 무너지고 들보가 무너졌으니,[9] 후생이 누구를 의지하겠습니까. "천하를 위하여 슬퍼하고 내 사사로운 정으로 곡한다."[10]라는 말이 바로 이 소자의 심정입니다. 부음을 듣던 날 곧장 두세 벗들과 예법대로 곡위(哭位)에 달려가 곡을 하고는, 즉시 향과 차의 예물을 갖춘 뒤 망곡(望哭)하면서 보내려고 하였으나 가난

8 범이……사라졌으니 : 뛰어난 인물의 죽음을 비유한 것으로, 김상헌(金尙憲)의 죽음을 가리킨다. 송(宋)나라 소식(蘇軾)의 〈제구양문충공문(祭歐陽文忠公文)〉에 "깊은 산과 큰 못에 용이 사라지고 범이 떠나가면 온갖 변괴가 발생하면서 미꾸라지와 뱀장어가 춤을 추고 여우와 살쾡이가 부르짖게 마련이다."라고 한 것을 원용한 표현이다. 《蘇軾文集 卷63》

9 산이……무너졌으니 : 스승의 죽음을 비유한 것으로 역시 김상헌의 죽음을 가리킨다. 《예기》 〈단궁 상(檀弓上)〉에 공자가 자신이 죽을 꿈을 꾸고 다음 날 아침에 "태산이 무너지겠구나. 들보가 부러지겠구나. 철인(哲人)이 죽게 되겠구나."라고 한 것을 원용한 표현이다.

10 천하를……곡한다 : 상대방의 죽음을 국가를 위해서 슬퍼할 뿐만 아니라 개인의 정리로 슬퍼한다는 뜻으로, 소식의 〈제구양문충공문〉에 "위로는 천하를 위해 슬퍼하고 아래로는 내 사사로운 정으로 곡한다."라고 한 말을 원용한 것이다. 《蘇軾文集 卷63》

한 집안에 사람이 없어 그 뜻을 이루지 못하였으니, 밤낮으로 서쪽을 향하여 한없이 슬퍼할 뿐입니다. 삼가 생각건대 효심이 지극한 그대가 애통하고 무너지는 마음을 어찌 견딜 수 있겠습니까. 대영감(大令監)[11]께서도 상중에 잘 버텨 내고 계십니까? 구구한 저의 마음은 걱정과 그리움을 견딜 수 없습니다. 온 사방의 사람들이 그대에게서 예를 어떻게 행하는지 관찰하고[12] 이어 잘못된 점을 찾으려 할 것이니 걱정이 없지 않습니다. 삼가 여러분은 깊은 사랑과 굳은 마음으로 슬픔과 예법을 모두 극진히 함으로써 보고 듣는 원근의 사람들에게 답하실 것으로 생각합니다. 저는 만약 병세가 조금 완화되고 거동이 조금 편해지면 조만간 조문하여 조촐한 제수를 올릴 것입니다만, 이 몸이 얼마 동안이나 이 세상에 머무를 수 있어 그 뜻을 이룰 수 있을지 모르겠습니다. 무릇 이 심정을 여러분이 양찰해 주실 수 있겠습니까. 놀랍고 슬픈 나머지 오래 앓던 병도 잠시 잊고 겨우 이렇게 쓰기에 말이 조리를 이루지 못하니 삼가 살펴 주기를 바랍니다.

11 대영감(大令監) : 김상헌의 아들이자 김수증의 부친인 김광찬(金光燦)을 가리킨다. 《尤菴先生書節要集解 卷3》

12 온……관찰하고 : 김수증은 김상헌이라는 대가의 후손이므로, 그가 상례(喪禮)를 행하는 것에 온 사방의 이목이 집중될 것이라는 말이다. 《예기》 〈단궁 상〉에 "자사(子思)의 모친이 위(衛)나라에서 죽자, 유약(柳若)이 자사에게 '그대는 성인(聖人)의 후손이다. 사방의 사람들이 그대에게서 예를 관찰할 것이니, 그대는 어찌 삼가지 않을 수 있겠는가.' 하였다."라고 한 데서 유래한 표현이다.

김연지에게 보냄 계묘년(1663, 현종4) 10월 그믐

與金延之 癸卯十月晦日

과거 슬프고 황공한 심정으로 경저(京邸)에 숨어 문을 닫아건 채 지내던 탓으로 비록 석호(石湖)에서 돌아온 줄을 알고 있었으나 감히 문안하지 못하였고 우리 벗께서도 매성유(梅聖兪)의 절개로써 스스로 육일거사(六一居士)의 집에 소식을 끊었으니,[13] 고향으로 돌아온 지 4, 5년 동안 한 번도 그립지 않은 적이 없었습니다. 지난겨울부터는 열 식구 생계를 위하여 서호(西湖)[14]에서 지내고 있는데, 이것이 비록 '여락(余樂)'[15]이라 하더라도 쓸쓸하고 적막한 이 신세는 흡사 아무도 없는 텅 빈 곳에 숨어 살면서 사람의 발자국 소리만 들어도 기뻐하는 처지[16]와

13 매성유(梅聖兪)의……끊었으니 : 김수증이 송시열에게 소식을 끊은 것을 가리킨다. 매성유는 송(宋)나라 시인 매요신(梅堯臣)으로 성유는 그의 자이며, 육일거사는 구양수(歐陽脩)의 호이다. 매요신은 일생을 빈궁하게 살았으나 뛰어난 시적 능력으로 구양수와 시교(詩交)를 맺어 그의 추천으로 몇 차례 관직을 맡기도 하였는데, 포의(布衣)로 지낼 때부터 절개를 지켜 스스로 구양수의 집에 찾아간 적이 없었다. 《宋子大全隨箚 卷6》

14 서호(西湖) : 여산(礪山)에 있는 황산(黃山)을 가리킨다. 《尤菴先生書節要集解 卷3》

15 여락(余樂) : 강호에 묻혀 사는 즐거움을 가리킨다. 한유의 〈송맹동야서(送孟東野序)〉에 "강호는 나의 즐거움이다.〔江湖, 余樂也.〕"라고 한 데서 온 말이다. 《五百家注昌黎文集 卷23》

16 아무도……처지 : 《장자(莊子)》 〈서무귀(徐无鬼)〉에 "아무도 없는 텅 빈 곳에 숨어 사는 사람은 명아주와 콩잎이 족제비의 길마저 막고 있는 상황에서 그 빈 곳에서 비틀거리며 지내게 되면 사람의 발자국 소리만 들어도 기뻐한다."라고 한 것을 말한다.

도 같습니다. 그런데 뜻하지 않게 이러한 때에 심부름꾼이 멀리서 찾아와 그대의 편지를 전해 주었습니다. 그 편지에서 길게 하신 말씀은 하나같이 천하고 비루한 제가 감당할 수 있는 바가 아니었기에, 기쁨이 극에 달하자 밀려온 두려움으로 오랜 뒤에야 마음을 진정할 수 있었습니다.

노선생(老先生)의 연보는 어찌 하루도 마음에서 잊은 적이 있겠습니까. 다만 근년 이래로 집안의 상사(喪事)가 거의 매달 생겨나 그로 인하여 슬프고 괴롭고 분주한 나머지 질병까지 찾아들었고, 또 장보(章甫)들의 간청으로 외람되이 석담(石潭 이이(李珥))과 파산(坡山 성혼(成渾))의 사적을 교감하고 있는데 사문(師門)의 유고(遺稿)는 또 때맞춰 손봐야 하는 부분이 있습니다. 이러한 이유로 미력한 힘마저 쇠약해져 미처 다른 것에 신경 쓸 틈이 없었습니다. 그러나 상의해 볼 만한 부분을 쉼 없이 읽어 보겠다고 이미 스스로 책임을 졌으므로, 심력이 조금 굳건해지고 바쁜 일이 조금 덜해지면 서둘러 작업에 착수하여 끝마치는 즉시 올려 아뢰겠습니다.

표문(表文)[17]을 교정해 준 것은 그 성실한 가르침에 몹시 감사합니다. 삼가 첨지(籤紙)에 따라 수정하여 드리니, 다시 지적할 사항이 있으면 꺼리지 말고 자세히 되풀이하여 말씀해 주기를 바랍니다.

《와유록(臥遊錄)》[18]의 후서(後序)는 눈 비비고 급히 읽어 내려갔는

17 표문(表文) : 송시열이 찬술한 김상헌(金尙憲)의 묘표이다. 《宋子大全 卷189 石室金先生墓表》

18 와유록(臥遊錄) : 김수증이 편찬한 당송(唐宋) 이하 문인과 우리나라 제현(諸賢)이 지은 산수기(山水記) 모음집이다. 김수증은 그 책에 스스로 후서를 짓고 송시열에게 발문을 청하였다. 《尤菴先生書節要集解 卷3》

데 두통이 낫는 기분 그 이상이었습니다.[19] 또 이를 통해 일찍이 풍악산(楓嶽山)을 유람하였음을 알게 되었으니, 그때 잠시 머물러서 샘물 소리와 산 빛깔이 둘러싼 그 가운데서 함께 소요하지 못한 것이 극히 아쉽습니다. 이 산은 모름지기 두보(杜甫)나 한유(韓愈)의 솜씨가 있어야만 비로소 그에 대한 시를 지을 수 있을 것이니, 지금 사람은 비록 매우 어리석긴 하지만 서응(徐凝)이 한 일을 본받으려 하지 않습니다.[20] 그때는 단지 거쳐 간 곳들을 기억해 두기 위한 목적으로 날마다 기록으로 남겨 두었다가, 한가할 때 내용을 첨가하여 글로 완성한 뒤 마음이 노니는 자료로 삼으려고 하였지만 그 또한 겨를이 나지 않았습니다. 조만간 그 작업을 하게 되면 그것까지 아울러 보내 드리겠습니

19 두통이……이상이었습니다 : 건안칠자(建安七子)의 한 사람인 진림(陳琳)만큼 문장이 뛰어나다는 말이다. 진림은 조조(曹操)의 밑에서 글을 담당하였는데, 평소 두통을 앓던 조조가 진림이 쓴 글을 보고 "이 글이 내 병을 치유해 주었다."라고 하며 그에게 후한 상을 내렸다. 《三國志 魏書 陳琳傳》

20 지금……않습니다 : 서응은 당(唐)나라의 시인이다. 일찍이 당나라 시인 이백(李白)이 여산(廬山) 폭포를 보고 "나는 물줄기 삼천 척 높이에서 곧장 내리니, 은하수가 하늘에서 떨어지는 듯하네.〔飛流直下三千尺, 疑是銀河落九天.〕"라고 노래한 바 있는데, 서응 역시 "예나 지금이나 길이 흰 비단이 날리는 듯하니, 한 줄기가 청산 빛을 둘로 갈라 깨뜨렸네.〔古今長如白練飛, 一條界破青山色.〕"라는 시어로 여산의 폭포를 묘사하였다. 이후 송나라 소식(蘇軾)은 서응의 시를 혹평하면서 "상제가 한 줄기 은하수를 내려보내니, 예로부터 오직 적선의 시가 있을 뿐이네. 나는 물줄기 뿌려지는 포말이 그 얼마나 많은가. 서응의 나쁜 시를 씻어 주진 않누나.〔帝遣銀河一派垂, 古來惟有謫仙詞. 飛流濺沫知多少? 不與徐凝洗惡詩.〕"라고 하였다.《蘇東坡詩集 卷23 世傳徐凝瀑布詩云……乃戲作一絶》 여기서는 송시열이 일찍이 금강산을 유람하였으나 서응처럼 후인의 기롱을 받을까 봐 함부로 그곳의 풍경을 묘사하는 시를 짓지 못하였다고 한 것이다.《尤菴先生書節要集解 卷3》

다. 다만 이른바 《와유록》은 꼭 한번 보고서 흉내 내는 글이나마 짓고 싶은데, 혹 보내 준다면 요청한 발문 또한 응당 그로 인하여 드리겠습니다. 후서는 말씀대로 돌려드리겠습니다.

〈안상서전(安尙書傳)〉[21]에 대해서는, 과연 이러한 사람이 있습니까? 남조(南朝)의 이 시랑(李侍郞)이 처음에는 청성(靑城)으로 행차하기를 권하다가 끝내는 옷을 바꿔 입는 변고 앞에서 죽음을 맞았으니,[22] 군자는 남에 대하여 그 지나간 일을 뒤늦게 탓하지 말아야 할 것입니다.

선물로 보내 준 청약(淸藥)과 육포는 그 지극한 성의에 너무도 감사히 잘 받았습니다. 먼 곳으로 보내는 편지에 어찌 속마음을 다 말할 수 있겠습니까. 단지 이 정도로만 씁니다.

21 안상서전(安尙書傳) : 권칙(權侙, 1599~?)이 지은 전(傳)으로 〈안여식전(安汝式傳)〉이라고도 한다. 이 작품에서 안여식은 명(明)나라 말기 사람으로 상서의 지위까지 올랐다가 1584년 명나라가 멸망하자 바다를 건너 우리나라로 와서 태백산에 은거하였고, 나이가 80인데도 얼굴에 윤기가 흐르고 걸음걸이가 나는 듯이 가벼워 신선술을 익힌 자로 묘사되었다. 《農巖集 卷21 送李舅之安東卜地太白山序》《宋子大全隨箚 卷6》

22 남조(南朝)의……맞았으니 : 이 시랑은 북송(北宋)의 충신 이약수(李若水)로, 1127년에 금(金)나라가 재차 침입하여 청성에 주둔하였을 때 휘종(徽宗)과 흠종(欽宗)을 안심시키며 금나라의 군영으로 호종하고 갔다가 결국 금나라 사람에게 사로잡혀 휘종과 흠종이 황제의 복장을 빼앗기려 할 때 끝까지 저항하다 죽음을 당하였다. 《宋史 李若水列傳》《續資治通鑑綱目 卷11》

김연지에게 보냄 병오년(1666, 현종7) 5월
與金延之 丙午五月

노선생(老先生) 연보의 초고는 지신사(知申事) 중씨(仲氏)와 계씨(季氏)께서 돌아오는 편에 보내 주신 것을 보고서 이제 막 첨지에 따라 수정하고 있습니다. 그 서문에 “수문(雖問)의……”라고 한 것[23]은 《춘추공양전(春秋公羊傳)》의 서문에 나오는 말로서 대개 “설자(說者)가 의혹을 품어 그 형세상 다시 질문을 하더라도 부득불 광범위하게 인용하며 말할 수밖에 없다.”라는 말이고, 또 “이창(二創)을 따르지……”라고 한 것[24] 역시 《춘추공양전》의 서문에 나오는 말로서 대개 “경(經)에 위배되고 자기 마음대로 하며 전(傳)과 반대로 하며 어긋나는 것이 일창(一創)이고, 다른 경전을 인용하여 구두를 실수하는 것이 일창이다.”라는 말입니다. 《탁씨미(鐸氏微)》는 책 이름입니다. 사마천 《사기(史記)》의 〈십이제후연표(十二諸侯年表)〉에 나옵니다.

○ 이상의 몇 가지는 온양(溫陽) 행조(行朝)에 있을 때 대학사(大學士 김수항(金壽恒))가 질문한 것들인데 그때는 자세히 진달할 수 없었으니, 부디 함께 지내는 날에 이상과 같이 언급해 주기를 바랍니다.

23 그……것 : 송시열이 1664년에 작성한 〈청음선생연보서(淸陰先生年譜序)〉에서 “나는 참람되이 스스로를 헤아리지 않고 제가의 범례를 다 취하여 약간의 손질을 가하고 보니, 혹 ‘수문’의 형세가 없지는 않으나 또한 감히 ‘이창’을 따르지는 않았다. 그러니 이를 펴 보는 자는 나를 널리 용서하는 것이 좋겠다.”라고 한 것을 가리킨다. 《宋子大全 卷137》

24 이창(二創)을……것 : 위의 주23 참조.

김연지에게 답함 경술년(1670, 현종11) 윤2월 16일
答金延之 庚戌閏二月十六日

대상(大祥)과 담제(禫祭)의 사이는, 장횡거(張橫渠)의 설[25]에 의거한다면 윤달을 넣어 계산하는 것이 의심할 바 없으나 《가례(家禮)》에서는 윤달을 계산하지 않는다고 분명하게 말하였습니다. 그런데 요즘 사람들은 《가례》의 그러한 내용은 대상 이전을 범연히 가리켜 말한 것이라고들 많이 말합니다. 그러나 《가례》에서는 이미 소상조(小祥條)와 대상조(大祥條)에서 각각 "윤달을 계산하지 않으니 13개월이다."라고 하고 "윤달을 계산하지 않으니 25개월이다."라고 해 놓고, 담제에서 굳이 또 "윤달을 계산하지 않으니 27개월이다."라고 하였으니, 이는 단지 대상과 담제 사이를 가리켜 말한 것인 듯합니다. 다만 《가례》에서 비록 정현(鄭玄)의 "27개월이다."라고 하는 주를 수록해 놓았으나, 주자(朱子)는 왕숙(王肅)의 "25개월이 되어 대상을 지낸 뒤에 바로 담제를 지낸다."라는 설을 옳다고 여겼습니다. 지금 27개월 외에 윤달 때문에 또다시 확장하여 28개월이 되게 한다면 그것은 주자의 본의가 아닐 듯합니다. 그러한즉 응당 장횡거의 설을 따르는 것이 더욱 의심할 바가 없겠으나, 만약 반드시 《가례》를 따라 윤달을 계산하지 않고 대상 이전

25 장횡거(張橫渠)의 설 : 북송(北宋)의 장재(張載)가 "대공(大功) 이하의 상(喪)에는 윤달을 계산하고, 기년(朞年) 이상의 상에는 기년으로 끊으며 윤달은 계산하지 않는다. 삼년상에서 담제와 상제(祥祭)는 윤달도 계산한다."라고 한 것을 이른다. 《張子全書 卷8 祭祀》

이라고 핑계 대고서 억지로 장횡거의 설과 같게 한다면 그것이 꼭 옳다는 생각은 들지 않는데, 어떠합니까?

○ 대상 이후의 서신 왕래는 그대로 대상 이전과 똑같이 하는 것이 마땅하니, 《가례》의 소장(疏狀) 격식에 자세히 보입니다.

김연지에게 답함 계축년(1673, 현종14) 9월 25일

答金延之 癸丑九月二十五日

편지를 통하여 가까운 곳에 있다는 사실을 알게 되어 외롭던 제 마음에 큰 위로가 되었지만, 두려움으로 위축된 처지인지라 함께 만나 담소를 나눌 길이 없습니다.

보내 준 농수정(籠水亭)[26]에 대한 글을 읽어 보았는데, 금세 이 마음이 훨훨 날아오르는 것 같은 느낌이 들어 마치 바위에 부딪히는 맑은 물결 소리가 들리는 듯하였습니다. 게다가 저는 오랫동안 깊은 산의 궁벽한 골짜기 속에 머물다가 한번 문을 나서자 곧바로 구설에 휘말렸는데, 지난날 산골짜기에 있을 당시 수많은 물길이 저의 주위를 단단히 둘러싸고 있지 않았던 것은 아니지만 말을 조심하고 행동을 삼가지 못함으로써 이런 지경까지 이르게 되었습니다. 이에 농수정으로 가 즐거운 모임을 가지면서 지결(旨訣)을 실컷 듣고 싶지만 뜻대로 되지 않습니다.

요청한 기문(記文)은 응당 입산한 뒤에 초안을 잡아 올리겠습니다. 길을 전송하는 글은 일전에 외람되이 완성하였지만 감히 드릴 수가 없었는데, 지금 거듭 요청하므로 감히 끝까지 숨기지 못하니 부디 보고서 한번 웃어 주기를 바랍니다.

26 농수정(籠水亭) : 성천 부사(成川府使)로 있던 김수증은 1675년 송시열과 김수항이 예송(禮訟)의 여파로 축출되자 강원도 춘천(春川)의 곡운(谷雲)에 농수정이라는 정자를 짓고 은거하였다. 《三淵集 卷30 伯父谷雲先生墓表》

김연지에게 답함 을묘년(1675, 숙종1) 윤5월 2일

答金延之 乙卯閏五月二日

주자(朱子)가 말씀하시기를[27] "내 젊었을 때 보니, 조 충간(趙忠簡 조정(趙鼎))과 이 참정(李參政 이병(李邴)) 제공은 바닷가에 있을 때 문인과 친구들이 세시마다 끊이지 않고 안부를 물었고, 호담암(胡澹菴 호전(胡銓)) 같은 사람은 오히려 날마다 지인들과 수창하고 왕래하면서 말하지 못하는 것이 없었다. 그럼에도 진회(秦檜)가 그들을 체포하여 모두 죽이지 못하였으니, 이는 애초부터 천명이 있어서 그러한 것이다. 이로써 사람이 가진 도량의 격차는 참으로 현격하다는 사실을 알게 되었으니 참으로 한스럽고 애석한 일이며, 또 평소 사람을 알아보는 안목이 없었던 것이 심히 부끄럽다."라고 하였습니다.

일찍이 어떤 사람과 〈취성도(聚星圖)〉[28] 족자에 대해 상의한 적이

27 주자(朱子)가 말씀하시기를 : 이하 주희(朱熹)의 말은《회암집(晦庵集)》속집(續集) 권3 〈답채계통(答蔡季通)〉의 일부이다.

28 취성도(聚星圖) : 후한(後漢)의 고사(高士) 진식(陳寔)이 자제들을 데리고 순숙(荀淑)을 방문하였는데, 이때 팔룡(八龍)이라 불리는 순숙의 여덟 아들도 한자리에 모였다. 그러자 천문을 관장하는 태사(太史)가 하늘에 덕성(德星)이 한 지점에 모인 것을 보고, 500리 떨어진 곳에 현인들이 모였다고 천자에게 아뢰었다. 취성정이란 이름은 여기에서 비롯되었는데, 마침 취성정의 소재지인 고정(考亭)에 살고 있던 주희는 1199년에 정자의 수리에 참여하고 동시에 공풍(鞏豐)과 상의를 거듭한 끝에 진식의 고사를 그린 병풍을 제작하여 거기에 찬을 지어 붙였는데, 그것이 바로 〈취성정화병찬병서(聚星亭畫屛贊幷序)〉이다. 주희는 이 작품에서 순숙의 손자인 순욱(荀彧)과 진식의 손자인 진군(陳群)이 한(漢)나라를 버리고 위(魏)나라 조조를 섬겼던 것을 비난하

있었는데, 저는 세 선생의 말씀[29]을 찬(贊)[30] 아래에다 붙이지 않을 수 없다는 생각에 따라 차례로 그 말씀을 배열하고 또 소발(小跋)[31]을 달아 놓았으나, 그 사람은 "세 선생의 말씀은 몹시 시휘(時諱)에 저촉된다."라고 하면서 할 수 없다고 사양하였습니다. 여기에서 그 사람의 식견과 도량이 좁다는 사실을 알 수 있고 또 요즘 세도가 어떠한지 알 수 있습니다. 전에 이 일을 하고 싶다는 말을 들었는데, 지금 이미 실마리가 잡혔습니까? 지금 그 사람과 함께 상의했던 것을 보내 드리니, 그대가 만약 오늘날의 당형(唐衡)과 장양(張讓)[32]을 겁내지 않는다면 부디 세상을 걱정하는 저의 구구한 뜻을 저버리지 말고 아울러 찬 아래에 세 선생의 말씀을 써 주시는 것이 어떻겠습니까. 우습습니다. 소발은 아울러 혹 버리지 않는다면 그 머리말에 그대의 성명과 자를 써넣는 것이 어떻겠습니까. 오늘의 이 일은 깊이 생각하지 않을 수

는 내용을 담았다. 《晦庵集 卷64 答鞏仲至, 卷85 聚星亭畫屛贊幷序》 송시열은 주희의 이 일을 본받아 김수증과 함께 〈취성도〉를 만듦으로써 은근히 윤황(尹煌)의 여덟 아들인 팔거(八擧) 중 윤선거(尹宣擧)가 가문의 명예를 계승하지 못하고 병자호란 때 절의를 다하지 못하였음을 비판하였다. 《尤菴先生書節要集解 卷3》

29 세 선생의 말씀 : 주희가 〈답유자징(答劉子澄)〉에서 후한 때 순숙의 아들 순상(荀爽)과 손자 순욱이 가문의 법도를 지키지 못하고 실절(失節)한 것을 비판한 것, 장식(張栻)과 황간(黃榦)이 각각 〈당고제현득실여하(黨錮諸賢得失如何)〉와 〈복이관지병부(復李貫之兵部)〉에서 후한의 진식이 당시 권세를 떨치던 환관 장양의 부친상에 혼자만 조문하여 후일 당고(黨錮)의 화에서 죽음을 면한 행동을 비판한 것을 가리킨다. 《晦庵集 卷35》 《南軒集 卷17》 《勉齋集 卷16》 《尤菴先生書節要集解 卷3》

30 찬(贊) : 주희의 〈취성정화병찬 병서〉이다. 《晦庵集 卷64》

31 소발(小跋) : 송시열의 〈취성도발(聚星圖跋)〉이다. 《宋子大全 卷149》

32 당형(唐衡)과 장양(張讓) : 모두 후한의 환관이다.

없기 때문에 아래에 별지를 붙여 보내니, 부디 아울러 살펴 또 하나의 진(秦)나라가 생겨나지 않도록 하는 것[33]이 어떻겠습니까.

"오늘날엔 모두 다 일관된 말을 하는데, 만약 한결같이 그 말을 끊어 버린다면 좋은 사람이 죄다 없어질 것이다."[34] ○ "우리 당은 외롭고 미약하기에 우리들 속에서 스스로 맞서는 짓을 하고 싶지도 않고 또 어지럽게 다투는 것도 싫다. 이러한 까닭에 일체 용인하면서 극단적으로 논란할 수가 없는 것이다."[35]-이상은 모두 주자의 말씀입니다.-

33 또……것 : 또 다른 강한 적대 세력을 만들지 않도록 하는 것을 말한다. 《사기(史記)》 〈장이진여열전(張耳陳餘列傳)〉에 "진나라가 아직 망하지 않은 상태에서 무신(武臣) 등의 집안을 처벌한다면 이는 또 하나의 진나라를 만들어 내는 것이다."라고 한 데서 유래하였다.

34 오늘날엔……것이다 : 《주자어류(朱子語類)》 권107에 실려 있는 말이다.

35 우리……것이다 : 《회암집(晦庵集)》 권54 〈답조기도(答趙幾道)〉에 실려 있는 말이다.

김연지에게 답함 을묘년(1675, 숙종1) 윤5월 16일

答金延之 乙卯閏五月十六日

질문하신 주자(朱子)의 이른바 일관된 말이란 것에 대해 말씀드리겠습니다. 대개 경원(慶元) 연간에 사화(士禍)가 일어났을 당시 벗들과 문인들은 모두 화를 피하라고 말하였습니다. 그런데 면재(勉齋 황간(黃榦))는 그런 말을 하는 자들을 비판하였기 때문에 선생이 그를 깨우치시기를 "오늘의 의론이 모두 이와 같으니, 만약 하나하나 비판한다면 좋은 사람이 하나도 없게 될 것이다."라고 하였으니, 이는 대개 면재가 과격한 의론을 하는 것을 원치 않으신 것입니다. 한편 이른바 "스스로 맞서는 짓을 하고 싶지 않다."라는 것에 대해 말씀드리자면, 선생의 의도는 '정론(正論)이 소멸되어 버린 이러한 시기에는 벗에게 조금 흠결이 있더라도 또한 포용함으로써 교우의 도리를 보전해야지, 벗들 간에 스스로 맞서는 짓을 함으로써 스스로를 약하게 만들 필요는 없다.'라는 것입니다.

○ 요즘 동료들 가운데 어찌 마음에 차지 않는 자가 없겠습니까마는 연소한 무리들이 공격을 너무 심하게 하니, 이는 주자가 조정(調停)하고 인도하여 남의 잘못된 행동을 억제하였던 뜻이 아닙니다. 이러한 까닭에 이지익(李之翼)과 조종저(趙宗著)가 저쪽으로 들어가[36] 스스로

36 이지익(李之翼)과……들어가 : 1674년(현종15)의 갑인예송(甲寅禮訟)으로 윤휴(尹鑴)와 허목(許穆) 등 남인이 득세하고 서인이 위기에 몰리자, 대대로 서인으로 일컬어져 왔던 이지익과 조종저가 남인의 주장에 동조한 것을 가리킨다. 특히 이지익은

그것을 잘한 계책이라고 여기는 것은 이미 어찌할 수 없는 것입니다. 그 외에 누구누구 같은 사람들은 아직은 특별한 행적이 없으므로 굳이 배척하여 저들을 위해 몰아낼 필요는 없습니다.

〈취성도(聚星圖)〉 족자에 관한 여러 이야기는 삼가 말씀대로 하겠습니다. 발문에 그대의 휘(諱)를 감히 곧바로 쓰지 못한 것은 -살아 있을 때 휘를 칭하는 것은 한(漢)나라 때의 전례가 있습니다.- 졸문(拙文) 속에서 갑작스러운 욕을 당하는 것을 원치 않아서인데, 지금 살뜰히 해 준 말씀을 받고 보니 도리어 깊이 부끄럽고 송구합니다.

○ 새기는 것을 원치 않음은 참으로 편지에서 말씀하신 대로입니다. 다만 기필코 사우들 사이에 널리 전하려고 한 것이 애초 저의 생각이었습니다. 능히 원본을 많이 제작할 수 있겠습니까?

○ 문밖의 모습과 방 안에 들어가 앉아 있는 모습을 그려 각각 한 단씩 제작한 뒤 이어 붙여 하나의 족자로 만드는 것은, 보내온 편지에서 말씀한 그 뜻이 정말 좋습니다.

○ 질문하신, 찬(贊) 중의 "환하게 밝은 마음은 가을 달이나 차가운 강바람이었네."라는 말[37]은 환관을 조문한 일[38]을 가리켜 말한 것이 아

당시에 대사간으로 있으면서 송시열을 헐뜯는 상소를 올렸다. 《肅宗實錄 卽位年 12月 25日》《宋子大全 附錄 卷7 年譜》

37 찬(贊)……말 : 주희(朱熹)가 〈취성정화병찬 병서(聚星亭畫屛贊幷序)〉에서 "몸을 바쳐 대중을 편안케 하고, 환관에게 조문하여 나라를 온전케 하였네. 환하게 밝은 마음은 가을 달이나 차가운 강바람과 같았네."라고 한 것을 말한다. 《晦庵集 卷85》

38 환관을 조문한 일 : 후한 영제(後漢靈帝) 때 권세를 잡은 환관 장양(張讓)의 아버지가 죽자 명사 가운데 조문하는 사람이 아무도 없었는데 진식이 혼자 조문하였다. 《後漢書 陳寔列傳》

닙니다. 대개 진식(陳寔)은 마음이 공평하여 사람들의 모범이 되었는데 쟁송하면서 판정을 요구하는 자에게 시비곡직을 분명히 깨우쳐 주었으므로 물러난 뒤에 누구 하나 원망하는 사람이 없었으니, 그 의미가 정히 이와 같을 뿐입니다. 순상(荀爽)이 세상에 발을 담근 것[39]에 대해 말하자면, 정자(程子)가 돈괘(遯卦)의 "조금 바로잡음이 이롭다.〔小利貞〕"에 대한 전(傳)에서 왕윤(王允)의 일을 논하였는데,[40] 왕윤의 일은 순상의 경우와 그야말로 유사합니다. 그러나 그것도 어쩌면 한 가지 방도일 수 있겠으나 요컨대 도를 굽혀서 남을 좇지 않으셨던 성인(聖人)의 도에는 해당되지 않으므로, 단지 순상이 스스로 한 말을 가지고 밝힌 것일 뿐입니다. 대저 진식과 순숙(荀淑)은 그 당시의 현자였기 때문에 여기에서는 그들이 처했던 상황과 품었던 마음을 가지고 추켜올려 허여하였으나 그 뒤의 설에서는 성인의 도로써 판결하여 조금도 용서하지 않으셨으니,[41] 그 억양 진퇴(抑揚進退)하는 의리는 저마다

39 순상(荀爽)이……것 : 후한(後漢) 순숙의 여덟 아들, 즉 순씨 팔룡(荀氏八龍) 중의 한 사람인 순상이 동탁(董卓)의 정권에 출사한 것을 가리킨다. 이후 동탁의 포악한 행태를 보고 사도(司徒) 왕윤과 동탁의 암살을 모의하였으나 마침 병으로 죽었다. 주희는 〈취성정화병찬 병서〉에서 그 일을 말하면서 "오직 이 자명(慈明)은 특히 출중하였는데, 만년에 험난한 시국을 만나니 감히 세상에 발 담그기를 꺼릴 수 있었겠는가. 미약한 나라의 명(命)이 그에 힘입어 조금 연장될 수 있었네."라고 하였다. 자명은 순상의 자이다. 《晦庵集 卷85》《宋子大全隨箚 卷6》

40 정자(程子)가……논하였는데 : 송나라 학자 정이가 《역전(易傳)》에서 돈괘의 "조금 바로잡음이 이롭다."라는 괘사(卦辭)를 설명하면서 후한 말기에 왕윤이 혼란한 세상에서 은거하지 않고 잠시 동안이나마 동탁의 정권에 출사한 행위를 옹호한 것을 가리킨다.

41 그 뒤의……않으셨으니 : 주희가 문인 유청지(劉淸之)에게 보낸 편지에서 "순숙은 양씨(梁氏)가 용사(用事)하던 날에 바른말을 하였으나, 그의 아들 순상은 이미 동탁이

마땅한 바가 있는 것입니다.

전횡하던 조정에 몸담았고, 그의 손자 순욱(荀彧)은 마침내 당형(唐衡)의 사위가 되고 조조(曹操)의 신하가 되었는데도 그것이 잘못인 줄 몰랐다."라고 한 것과 문인 손응시(孫應時)에게 보낸 편지에서 "순숙이 능히 양씨를 비판하였으나 순상이 이미 감히 동탁을 거스르지 못하였고, 순욱에 이르러서는 마침내 당형의 사위가 되었으며 조조의 신하가 되었다. 사람의 집안에 아버지와 할아버지가 천 길 높이의 절벽처럼 서 있어도 그 자손들이 오히려 스스로 이리 갔다 저리 갔다 갈팡질팡하는데, 하물며 태구(太丘)의 제행(制行)이 이와 같으니 그 말류의 폐단으로서 도적을 위하여 좌명 공신(佐命功臣)이 된 것이 또한 어찌 족히 괴이할 것이 있겠는가."라고 한 것을 가리킨다. '태구의 제행'이란 태구 현장(太丘縣長)을 지낸 진식이 환관 장양을 조문한 것을 가리키며, '도적을 위하여 좌명 공신이 된 것'이란 진식의 손자 진군(陳群)이 조조를 섬겨 시중(侍中)이 되었던 것을 말한다.《晦庵集 卷35 答劉子澄, 卷54 答孫季和》

김연지에게 보냄 을묘년(1675, 숙종1) 6월 12일

與金延之 乙卯六月十二日

북관(北關)에 있을 때[42]에도 고개에 막혀 떨어져 있는 것이 한이었는데, 이제는 멀리 떨어진 거리가 천 리일 뿐이 아닌 데다가 가시나무에 둘러싸인 처지가 되어 버려[43] 바람 소리, 새소리조차 들을 수가 없으니, 이러한 상황에서 어찌 벗의 소식까지 바라겠습니까. 삼가 우리 벗도 그로 인하여 슬퍼할 것이라 짐작합니다.

듣건대 저자들이 더욱 이를 갈고 있다고 하니, 저의 죽음은 그저 경각에 달린 일일 뿐입니다. 지난날 빌려 드린 물품[44]은 막 죽었을 때에 쓸 것이니, 부디 속히 돌려주어 저로 하여금 중화의 예복 차림으로 돌아가 우리 효묘(孝廟)를 뵐 수 있게 해 주기를 바랍니다. 다만 거리가 매우 멀어 심부름꾼을 보내기가 쉽지 않을 것이니 이 점이 우려됩니다.

〈취성도(聚星圖)〉 족자는 완성하였습니까? 만일 다행히도 죽기 전

42 북관(北關)에 있을 때 : 갑인예송(甲寅禮訟)에서 패한 송시열이 1675년 철령(鐵嶺)을 넘어 함경도 덕원(德源)에서 유배 생활을 한 것을 가리킨다. 북관은 함경도의 별칭이다. 《宋子大全 附錄 卷7 年譜》

43 이제는……버려 : 1675년 6월에 함경도 덕원에서 경상도 장기(長鬐)로 이배되어 위리안치(圍籬安置)된 것을 가리킨다. 《宋子大全 附錄 卷7 年譜》

44 빌려 드린 물품 : 난삼(襴衫)을 말한다. 송시열은 죽기 직전 염의(斂衣)를 어떻게 하면 좋겠느냐는 질문에 "심의(深衣)를 입히고, 그다음에 주자가 한가히 있을 때 입던 야복(野服)을 입히고, 그다음엔 황조(皇朝)의 유제(遺制)인 난삼을 입히라."라고 하였다. 《宋子大全隨箚 卷6》《燃藜室記述 卷35 肅宗朝故事本末》

에 그것을 볼 수 있다면 몹시 즐거운 일이 될 것입니다. 이렇게 편지를 주고받는 것은 기실 현재의 금기를 어기는 일이지만, 주 선생(朱先生)이 일찍이 말씀하시기를 “담암(澹菴 호전(胡銓))은 바닷가에 있을 때 날마다 친구들과 왕래하고 수창하면서 말하지 못하는 것이 없었다. 그럼에도 진회(秦檜)가 그들을 모두 체포하여 죽이지 못하였으니, 이는 본디 천명이 있는 것이다.”라고 하였습니다.[45] 이는 실로 평소 독실하게 믿고 있던 말씀이기에 감히 이렇게 하는 것이니, 모르겠지만 선생이 저를 속이셨겠습니까. 하고픈 말은 많으나 일일이 다 쓰지 못합니다.

45 주……하였습니다 : 주희(朱熹)의 말은 《회암집(晦庵集)》 속집(續集) 권3 〈답채계통(答蔡季通)〉의 일부이다.

김연지에게 답함 을묘년(1675, 숙종1) 6월 20일

答金延之 乙卯六月二十日

시의(時議)를 예측할 수 없어 서둘러 편지를 보내어 건복(巾服)을 돌려 달라고 청하였으니, 이는 창졸간에 빠뜨린 예물이 있어 돌아가 성조(聖祖)를 뵐 수 없을까 하는 염려였습니다. 그런데 편지가 도달하기도 전에 요청한 것이 먼저 이르렀으니, 이에 피차 생각이 똑같음을 알 수 있었습니다. 반 이랑 정도 되는 이 조그만 공간 안은 우울하고 답답한 마음이 치밀어 오르는데, 다행히 책을 읽을 공간은 있어 밤낮으로 뒤적여 보고 있으니, 인생에는 애당초 인연에 순응할 부분이 있음을 알 수 있습니다. 여러 장의 별지를 보내 준 것에 몹시 감사하고 감사합니다. 나머지 할 말은 일일이 갖추어 말씀드리지 못합니다.

별지

기성(箕城)의 화공(畫工)[46]이 아직 댁에 있습니까? 〈문희별자도(文姬別子圖)〉[47]를 그자에게 주어 모사하도록 부탁하고 한 본을 얻은

46 기성(箕城)의 화공(畫工) : 평양 출신의 화가인 조세걸(曺世傑, 1635~?)을 가리킨다. 본관은 창녕(昌寧), 호는 패주(浿洲)이다. 김명국(金明國)의 제자로 산수화에 능하였고 주로 서인(西人) 문인들의 후원을 받았다. 송시열과 김수증이 제작을 기획한 〈취성도〉를 그린 장본인이다.

47 문희별자도(文姬別子圖) : 후한(後漢) 말의 학자 채옹(蔡邕)의 딸인 채염(蔡琰)이 흉노에게 포로로 잡혀갔다 돌아올 때 그곳에서 낳은 두 아들과 이별하는 장면을 그린 것으로 원(元)나라 때의 화가 조맹부(趙孟頫)의 작품이다. 문희는 채염의 자이다.

뒤에, 집사의 팔분체(八分體)로 그 박(拍)[48]을 쓰고 이어 발문까지 아울러 써서 보내 준다면 얼마나 다행이겠습니까. 몹시 바라고 또 바랍니다. 〈취성도(聚星圖)〉 족자에 대해서 말해 보자면, 그림을 나누어 세 단으로 만드는 것은 화격(畫格)에서 꺼리는 일이기는 하나 오늘의 이 작업은 오로지 찬서(贊序)[49]의 의미를 밝히고자 하는 것이므로 반드시 이렇게 한 다음에야 그림을 살피고 글을 상고함에 실제의 정황이 분명해질 것입니다. ○ 이 족자를 사우들에게 나누어 주고자 한다면 반드시 차등을 두어 세 본으로 만들어야 합니다. 서찬(序贊)부터 발문까지 온전히 다 써넣는 것이 한 본이 되겠는데, 이는 우리 두 집안과 그 나머지에게 나누어 줄 것으로 그 수는 아마 서너 집안을 넘지 않을 것입니다. 한편 서찬부터 세 선생의 말씀[50]까지 써넣는 것이 또 한 본이 되고 서찬만 써넣는 것이 또 한 본이 되겠는데, 이 두 본은 사람에 따라 나누어 줄 뿐이니 그것은 다만 집사의 판단에 달려 있는 일입니다.

명(明)나라 신종(神宗)이 아끼던 궁중 소장품인 그 작품을 병자호란 이후 심양에 억류되었던 김상헌(金尙憲)이 심양관(瀋陽館)에서 발견하여 귀국할 때 가지고 왔고, 후에 손자인 김수증에게 물려주었다. 송시열이 그 그림의 발문을 썼다. 《宋子大全 卷147 趙孟頫文姬別子圖跋》《研經齋全集 卷31 皇朝故物記》

48 박(拍) : 채염이 지은 〈호가십팔박(胡笳十八拍)〉이다. 채염이 흉노에 붙들려 가 거기에서 아들 둘을 낳았는데, 조조(曹操)에 의해 돌아와 강제로 개가(改嫁)를 당하였다. 이에 채염은 절개 잃은 상심과 두 아들을 잊지 못하는 슬픔을 담아 그 노래를 지었다. 《後漢書 列女傳 董祀妻》

49 찬서(贊序) : 주희(朱熹)의 〈취성정화병찬 병서(聚星亭畫屛贊幷序)〉를 가리킨다. 《晦庵集 卷85》

50 세 선생의 말씀 : 160쪽 주29 참조.

'장거(將車)'[51]란 글자는 본디 《시경(詩經)》 〈무장대거(無將大車)〉의 글[52]에서 나온 것입니다. 대거(大車)는 평지에서 짐을 싣는 수레이니, 애당초 어거(御車)와는 같지 않습니다. 어거와 참승(驂乘)은 똑같은 일인 듯하니, "오늘에야 이 선생님의 수레를 몰 수 있었다.〔今朝得御李君〕"[53]라는 말로 고찰해 보면 그 사실을 알 수 있습니다.

원방(元方)과 계방(季方)[54]을 함께 전한 기록이 이와 같이 많으니 족히 길게 논변할 것은 없고 다만 찬서에 의거하는 것이 마땅할 듯합니다.

'하식(下食)'[55]은 진설(陳設)이란 의미가 아닙니다. 옛사람들은 그

51 장거(將車) : 주희의 〈취성정화병찬 병서〉의 첫머리에 나오는 말로, "살펴보건대 《세설신어(世說新語)》에 말하기를 '진 태구가 순 낭릉을 찾아갈 적에 가난하여 노복이 없었다. 그리하여 마침내 원방으로 하여금 수레를 떠밀게 하고 계방으로 하여금 지팡이를 잡고 뒤를 따르게 하였으며, 장문은 아직 어리므로 수레에 태웠다.'라고 하였다.〔按世說, 陳太丘詣荀朗陵, 貧儉無僕役, 乃使元方將車, 季方持杖從後, 長文尙小, 載著車中.〕"라고 하였다. 《晦菴集 卷85》

52 시경(詩經) 무장대거(無將大車)의 글 : 《시경》 〈무장대거〉에 "큰 수레를 떠밀고 가지 말지어다. 다만 스스로 먼지를 뒤집어쓰리라.〔無將大車, 祇自塵兮.〕"라고 한 것을 가리킨다.

53 오늘에야……있었다 : 순숙(荀淑)의 아들 순상(荀爽)이 명사(名士) 이응(李膺)을 찾아가 만난 뒤 이응을 위해 수레를 몰아 주고 집에 돌아와 자랑하며 한 말이다. 《後漢書 黨錮列傳 李膺》

54 원방(元方)과 계방(季方) : 각각 진식(陳寔)의 아들인 진기(陳紀)와 진심(陳諶)의 자이다.

55 하식(下食) : 주희의 〈취성정화병찬 병서〉에 나오는 말로, "도착한 뒤 순 낭릉은 숙자로 하여금 문에서 응대하게 하고 자명으로 하여금 술을 따르게 하고, 나머지 여섯

릇에 음식을 담아 내오고 비(匕)나 시(匙)나 작(勺)으로 음식을 담았는데, 비나 시나 작이 진설해 놓은 그릇 속으로 차차 나뉘어 내려가는 모습 때문에 '내린다〔下〕'라는 말을 쓴 것입니다.

'이사(離榭)'[56]는 별관(別館)이라는 말과 같습니다. 임금의 별궁도 이궁(離宮)이라고 합니다.

"아마도 약초를 단련하면 본래의 성질이 없어져서 병을 치료하지 못할 듯하다."[57]에 대하여 ○ 경원당화(慶元黨禍) 당시 어떤 사람이 주 선생(朱先生)에게 시속을 따라서 피하라고 권하자 선생이 이와 같이 대답하셨습니다. 대개 약초는 성질이 독하므로 단련하지 않으면 사람을 죽음에 이르게 하지만, 그렇다고 너무 심하게 단련하면 본래의 성질을 모조리 잃어버려 또 병을 치료할 수 없게 됩니다. 대개 선생의 의도는, 약초의 성질을 당신의 굳세고 엄격한 성품에 비유하고 시속을 따르는 것을 단련하는 것에 비유하신 것입니다. 즉 시속을 따름으로 인하여 그 굳세고 엄격한 성품을 상실함으로써 도를 맡아 세상을 바로잡지 못하게 되는 것을 병을 치료할 수 없게 되는 상황에 비유하셨습니다. 그러므로 선생이 또 일찍이 말씀하기를 "지금 화를 피하라고 말하는 자들은 물론 나를 아끼는 마음에서 그렇게 말하는 것이지만, 내가 만 길 높이의 절벽같이 설 수 있다면

아들로 하여금 음식을 내려놓게 하였다.〔旣至, 苟使叔慈應門, 慈明行酒, 餘六龍下食.〕"라고 하였다.

56 이사(離榭) : 주희의 〈취성정화병찬 병서〉에 나오는 말로, "고정 진씨에게 예로부터 별관이 있었는데 취성이라 이름하였다.〔考亭陳氏故有離榭, 名以聚星.〕"라고 하였다.

57 아마도……듯하다 : 《주자어류(朱子語類)》 권107에 실려 있는 말이다.

어찌 우리 도를 밝히는 데 도움이 되지 않겠는가."[58]라고 하신 것입니다.

선생이 동호(東湖)에서 탄식하신 것[59]에 대해 말하자면, 대개 진중거(陳仲擧)가 뜻을 이루지 못하였으나 나라를 위해 목숨을 바친 의리가 가상하기 때문에 취하신 부분이 있는 것이니, 이는 대개 선생이 스스로의 처지를 탄식하신 것입니다. 스스로 나아가고 물러나는 갈림길에 있으면서 서유자(徐孺子)가 되지도 못하고 그렇다고 또 진중거도 되지 못하여 다만 이렇게 떠도는 신세가 되었을 뿐입니다. 그러한 까닭에 진동보(陳同甫)가 선생에 대한 찬(贊)을 지어 말하기를[60] "덕이 얼굴과 등에 가득 흘러넘치는데 나는 그것이 무슨 즐거움인지 알지 못하며, 단정히 거하며 깊이 생각하는데 나는 그것이 무슨 근심인지 알지 못하네. 조대(釣臺)에 두어도 눌러서 머물러 있게 할 수 없으며, 운대(雲臺)에 그려 놓아도 잡아 두어 안정시킬 수가

58 지금……않겠는가 : 《주자어류》 권107에 실려 있는 말이다.

59 선생이……것 : 《회암집(晦庵集)》 권46 〈답황상백(答黃商伯)〉에 "지난번 예장(豫章)에서 노닐던 당시 동호 가에 이를 때마다 개연히 진중거와 서유자의 고상한 풍모를 마음에 품지 않은 적이 없다. 나아가고 물러나는 사이에 화복(禍福)이 같지는 않았으나 또한 각각 자신의 뜻을 실천한 것이니, 모르겠다, 떠도는 이 몸은 끝내 어떻게 될 것인가."라고 하였다. 진중거와 서유자는 후한의 진번(陳蕃)과 서치(徐穉)로, 중거와 유자는 그들의 자이다. 환관이 정권을 독단하는 혼란한 시기에 진번은 출사하여 두무(竇武) 등과 함께 환관들을 제거하려다 죽음을 당하였고, 서치는 진번의 천거에도 출사하지 않고 은거하여 목숨을 보전하였다. 《後漢書 陳蕃列傳, 徐穉列傳》

60 진동보(陳同甫)가……말하기를 : 이하의 내용은 남송(南宋) 때의 학자 진량(陳亮)이 쓴 〈주회암화상찬(朱晦庵畫像贊)〉에 나온다. 동보는 진량의 자이다. 《龍川集 卷20》

없구나.[61]"라고 하였으니, 선생을 아는 자라 할 만합니다.

모년(某年)의 봉사(封事)를 수록하지 않은 것[62]은, 대개 그 당시 문인들이 연보를 만들 때 이 편을 편집하여 넣지 않았고 보면 그것에 어떤 의미가 있을 듯하고, 또 이는 오늘날 응당 기피해야 할 것[63]이라 혹 집사께서 이 글을 보고 감정이 치밀어 올라 경솔히 그것을 따라 한다면 사류들이 모조리 죽게 될지도 모른다는 염려가 들었기 때문입니다. 그러나 이 또한 지나친 염려라 할 만합니다.-이러한 말들을 주고받는 것은 북관에 있을 때도 오히려 이어 갈 수 있었는데, 이제는 더 이상 그럴 가망이 없으니 몹시 한탄스럽고 한탄스럽습니다.-

〈악대설화(幄對說話)〉와 〈도산기언(陶山記言)〉은 지금 그 소재

61 조대(釣臺)에……없구나 : 조대는 후한의 엄광(嚴光)이 은거하며 낚시하던 곳이고, 운대는 후한의 명제(明帝)가 공신들의 초상화를 걸어 추모한 공신각(功臣閣)의 이름이다. 평생 출처의 사이를 자유롭게 넘나들던 주희의 면모는 은자(隱者)나 공신 어느 쪽으로도 규정할 수 없다는 의미이다.

62 모년(某年)의……것 : 주희의 글을 초록하면서 《회암집》 권12의 〈갑인의상봉사(甲寅擬上封事)〉를 수록하지 않은 것을 말한다. 이 글은 1194년 송나라 광종(光宗)이 태상황(太上皇)으로 있던 아버지 효종(孝宗)에게 문안하지 않는 것을 지적하며 간신들의 농간으로 자식의 도리를 소홀히 한다면 결국 화란이 초래될 것이라는 주장이 담겨 있다. 《宋子大全隨箚 卷6》

63 오늘날……것 : 이 당시 윤휴(尹鑴)와 홍우원(洪宇遠) 등이 숙종의 어머니인 명성왕후(明聖王后)의 국정 개입을 지속적으로 비판하면서 숙종에게 명성왕후를 단속하라고 주문하였기 때문에 이렇게 말한 것이다. 1675년에 김우명(金佑明)의 상소로 삼복(三福) 형제의 비리를 조사하다 무죄로 판결이 나자, 김우명의 딸인 명성왕후가 개입해서 삼복 형제를 처벌하도록 강력히 주장하여 결국 복창군(福昌君)과 복평군(福平君)이 유배형에 처해진 일이 있다. 《肅宗實錄 1年 3月 12日・14日・15日, 4月 1日》《宋子大全隨箚 卷6》

처를 알아내어 빨리 가지고 오라고 하였으니,[64] 가지고 오면 바로 분부대로 하겠습니다. 다만 돌아가는 인편을 구하는 것이 쉽지 않을까 봐 걱정스럽습니다.

"시의를 따르니 일정한 명칭이 없다."[65]라고 한 것은 전현(前賢)이 거취(去就)에 대해서 한 말입니다. 의리는 정미하여 보기가 어려운 것이지만, 선류(善類)들이 공격당하여 이미 다 사라진 마당에 저쪽의 왁자지껄한 주장 가운데 개입하는 것이 무슨 즐거울 바가 있겠습니까. 또 모령(某令)으로 말해 보건대, 만약 일찌감치 떠났더라면 대궐에 나아가는 일은 결코 없었을 것이고, 만약 대궐에 나아가지 않았더라면 필시 그 사람을 만나지 않았을 것이며, 그 사람을 만나지 않았다면 얼굴에 땀을 비 오듯이 흘리면서 아첨하였다는 비방이 없었을 것입니다. 그런데 이제 도리어 도승지 벼슬을 상으로 받았으니 이보다 추한 일은 없습니다. 선유(先儒)가 말하기를 "단단함과 흰빛이 부족한데도 스스로 갈리고 물들여지는 데에 시험하려 한다면 닳거나 검게 물들지 않을 자가 거의 드물 것이다."라고 하였으니,[66]

64 악대설화(幄對說話)와……하였으니 : 〈악대설화〉는 1659년(효종10) 3월 11일에 효종이 송시열과 독대한 일을 기록한 글이고, 〈도산기언〉은 김수증의 조부 김상헌(金尙憲)의 생전 언행을 기록한 글이다. 1675년 5월 김수증은 덕원(德源)에 유배되어 있던 송시열을 방문하여, 〈악대설화〉를 구해 〈도산기언〉 뒤에 붙여 책으로 만들고 싶다고 하였다. 《宋書拾遺 卷7 幄對說話》《宋子大全隨箚 卷7》

65 시의를……없다 : 북송(北宋)의 소옹(邵雍)이 지은 〈용문도중작(龍門道中作)〉에 "진퇴는 내게 있으니 이미 정한 계획이 있고, 용사는 시의를 따르니 일정한 명칭이 없네.〔卷舒在我有成算, 用舍隨時無定名.〕"라고 한 것을 원용한 것이다. 《伊川擊壤集 卷3》

66 선유(先儒)가……하였으니 : 《논어》 〈양화(陽貨)〉에 "단단하다고 하지 않겠는

이 말이 지극합니다.

가, 갈아도 없어지지 않으니. 희다고 하지 않겠는가, 검은 물을 들여도 검어지지 않으니."라는 말이 나온다. 이는 자로가 필힐(佛肸)을 찾아가려는 공자를 만류하자 공자가 그의 불선함이 자신을 더럽힐 수 없을 것이라는 의미로 대답한 것이다. 주희는 이에 대한 주석을 달면서 북송의 학자 양시(楊時)의 "갈아도 닳지 않고 물들여도 검어지지 않은 뒤에야 가함도 없고 불가함도 없는 경지인 것이니, 단단함과 흰빛이 부족한데도 스스로 갈리고 물들여지는 데에 시험하려고 한다면 닳거나 검게 물들지 않을 자가 거의 드물 것이다."라는 말을 인용하였다.《宋元學案 卷25》송시열이 양시의 말을 가지고 지조가 단단하지도 않은 자가 함부로 그것을 시험하려 했다가 결국 실절(失節)하게 된 것을 비판한 것이다.

김연지에게 답함 을묘년(1675, 숙종1) 8월 20일
答金延之 乙卯八月二十日

지금 문곡(文谷 김수항(金壽恒))이 보낸 편지를 받고 집사에게 보내는 답서까지 아울러 써서 사람을 시켜 전달하려고 하였는데, 그 인편이 아직 떠나기 전에 10일에 쓰신 편지가 갑자기 와서 거기에 담긴 여러 말씀을 자세히 살피게 되었으니 참으로 다행이고 참으로 다행입니다. 이른바 다른 계획이란 장차 어디로 향하려는 것입니까? 산이 높지 않은 것이 한스럽다는 것은 분명 주자(朱子)의 말씀이나,[67] 산만 높고 경작할 만한 곳이 없다면 그 또한 좋은 계획이 아닙니다. 다만 이러한 시기에 서울에 있으면 뜻밖의 재앙에 걸려들 염려가 있으니, 곡운산(谷雲山)이 비록 야트막하긴 하지만 일단 먼저 그곳으로 옮긴 뒤 차차 좋은 곳으로 들어가는 것이 어떠합니까? 속세를 등지겠다는 계획도 차분히 의견을 나누기가 어려운 점이 말씀대로 개탄스러우니, "물고기가 못에 있으니 또한 즐거울 수가 없구나.〔魚在于沼, 亦匪克樂.〕"[68]라고 한 것이 실로 저의 심정을 먼저 안 말입니다. 나머지 할 말은 모두 앞서 보낸 편지에 실려 있는데 이번 인편이 몹시 믿을 만하기에 같이

67 산이……말씀이나 : 주희(朱熹)가 문인인 유평(劉玶)의 제문을 지으면서 "남들은 임금을 위하여 몸을 굽히나 그대는 홀로 초연하였네. 산이 높지 않은 것이 한스럽고 강이 넓지 않은 것이 애석하도다. 좋은 날 남여(籃輿)를 타고 표연히 홀로 가네."라고 하였다.《晦庵集 卷87 祭劉平父文》

68 물고기가……없구나 :《시경》〈소아(小雅) 정월(正月)〉에 나오는 말이다. 물이 얕아 물고기가 환히 보이듯, 화란(禍亂)이 미쳐도 도망할 곳이 없음을 뜻한다.

부칩니다.

○ 한서(寒棲) 구(句)[69]의 '시(是)' 자는 말씀대로 '반(伴)' 자로 고쳤습니다. 두 개의 족자는 삼가 조만간 보내 주기를 기다리겠습니다. 모년(某年)의 봉사(封事)는 말한 대로 하는 것이 몹시 좋습니다. 다만 그 가운데 "초야(草野)는 의를 내걸고 일어날 것이며, 이적(夷狄)은 죄를 물을 것이다."[70]라고 한 말씀은 오늘날 사람들은 감히 사용하지 못할 말이니, 여기에서 송(宋)나라 조정의 인후한 기상을 볼 수 있습니다.

별지

〔문〕 어떤 사람이 말하기를 "선생이 북쪽에서 남쪽으로 배소(配所)를 옮길 당시 영동(嶺東)의 한 촌가에 이르렀는데, 거기에 시구가 쓰여 있었다. 그 시에 이르기를 '세 번 저자에 범이 나타났다 전하자 사람들 모두 믿었고,[71] 한 번 치마 속의 벌을 잡자 아비마저

69 한서(寒棲) 구(句) : 김수증이 송시열에게 보낸 시에 '한서'가 나오는 한 구절을 말하는 것으로 보이는데, 미상이다. 《宋子大全隨箚 卷6》

70 초야(草野)는……것이다 : 주희의 〈갑인의상봉사(甲寅擬上封事)〉에 있는 말을 축약한 것이다. 아버지 효종(孝宗)을 문안하지 않는 광종(光宗)에게 자식 된 도리를 다하지 않으면 필시 화를 초래할 것이라고 하면서 한 말인데, 그 전후의 글은 다음과 같다. "하루아침에 상제(上帝)의 진노 아래 필부들이 말을 퍼뜨림으로써, 초야는 참란(僭亂)하여 장차 의를 걸고 일어날 것이고 이적들은 밖에서 침욕(侵辱)하여 죄를 묻는 군사를 일으킬 것이니, 이런 때를 당해서 육군(六軍)의 마음을 능히 폐하께 따르도록 할 수 있겠으며 만백성의 마음을 굳게 단결시켜 풀어지지 않도록 할 수 있겠습니까." 《晦庵集 卷12》

71 세……믿었고 : 근거 없는 거짓말을 지속적으로 하여 주위 사람들 모두 그 말을 사실로 받아들였다는 말이다. 전국 시대 위(魏)나라 방총(龐葱)이 위왕(魏王)에게 "저

의심하였네.[72] 세상의 공명에는 나무와 거위를 볼 것이고,[73] 좌중의 담소에는 뽕나무와 거북을 삼가라.'라고 하였는데, 그 사실이 자못 이상하다…….''라고 하였습니다. 그러한 사실이 있었습니까?

〔답〕 제가 북쪽에서 남쪽으로 배소를 옮길 때 갑자기 큰비를 만나 양양(襄陽) 물치촌(勿緇村)의 양인(良人)인 정립(鄭立)의 집으로 달려 들어갔는데, 그 집 기둥에 과연 보내온 편지에서 말한 바와 같은 시구가 붙어 있었습니다. 그런데 위 구절은 순서에 맞게 쓰여 있고 아래 구절은 거꾸로 쓰여 있어서 주인에게 그 까닭을 물으니,

자에 범이 나타나지 않았음이 분명한데도 세 사람이 똑같이 말하면 사람들이 그것을 믿습니다. 그러니 왕께서는 참소하는 말을 잘 살피소서."라고 한 데서 유래하였다. 《戰國策 魏策2》

72 한……의심하였네 : 억울한 모함에 걸려들어 임금조차 의심한다는 말이다. 주(周)나라 윤백기(尹伯起)가 계모를 지극한 효성으로 섬겼는데, 계모가 윤백기를 죽이기 위한 계략으로 일부러 독침을 뺀 벌을 치마 위에 붙여 두었다. 이에 윤백기가 치마 위의 벌을 없애려 하자 곧 큰 소리로 "백기가 겁탈하려고 치마를 끌어당긴다."라고 하였다. 결국 윤백기의 아버지가 의심하자 윤백기는 스스로 목숨을 끊었다. 《太平御覽 卷950 蟲豸 蜂》

73 세상의……것이고 : 세상에서 아무런 화를 겪지 않고 무사히 공명을 이루려면 너무 유능해서도 안 되고 너무 무능해서도 안 된다는 말이다. 《장자(莊子)》〈산목(山木)〉에 나오는 고사에서 비롯된 표현이다. 장자가 산에서 잎이 무성한 큰 나무를 보았는데 근처의 벌목하는 자들이 아무도 그것을 베지 않자 그 까닭을 물으니, 쓸 만한 것이 없다고 하였다. 또 친구 집에서 자신을 대접하기 위해 잘 울지 못하는 거위를 택해 죽이는 것을 보았다. 이에 제자가 "어제 산속의 나무는 쓸모없기 때문에 천수를 다할 수 있었고 지금 주인집 거위는 쓸모없기 때문에 죽었으니, 선생께서는 장차 어느 쪽에 처하겠습니까?"라고 묻자, 장자가 말하기를 "나는 쓸모 있음과 쓸모없음의 사이에 머물 것이다."라고 하였다.

그 주인은 "지난해 5월에 상놈 같기도 하고 양반 같기도 한 어느 과객이 이렇게 쓰고 갔습니다."라고 하였습니다. 그 필체가 소박하면서도 제법 능숙하였습니다. 뽕나무와 거북이란 말의 출처를 본 적이 있습니까? 외서(外書)에 "동해(東海)의 어떤 사람이 신령한 거북을 한 마리 얻었는데, 거북이 스스로 말하기를 '천하의 나무를 다 태운다 해도 나를 삶아 죽일 수 없을 것이다.'라고 하였다. 이에 어느 도인이 '모처에 있는 마른 뽕나무를 가지고 삶으면 또한 죽지 않겠는가.'라고 하자, 거북이 그 말을 듣고 바로 머리를 떨구며 눈물을 흘렸다.……"라고 하였습니다.[74] 오늘날에는 좌중에서 한가하게 담소하는 경우에도 경계할 줄을 알아야 하겠습니다. 그러나 저 같은 사람이야 이미 솥 안에 든 물고기 신세가 되었으므로 털을 가지고 태우기만 해도 즉시 익어 문드러질 것이니, 굳이 뽕나무까지 쓸 것이 있겠습니까. 그날은 바로 윤5월 27일이었습니다. 정립이 또 말하기를 "그 사람이 이 글을 써 주고 가면서 '내년 이날에 다시 와서 방문하겠다.'라고 하였는데, 아직까지 오지 않았습니다."라고 하였습니다. 대체로 이 일은 몹시 이상하나 또한 함부로 이야기할 필요는 없겠습니다.

74 외서(外書)에……하였습니다 : 이 이야기는 남조(南朝) 송나라 유경숙(劉敬叔)이 지은 《이원(異苑)》 권3에 나오는 이야기를 축약하여 인용한 것이다. 구체적인 내용은 조금 다르나 대체로 말을 조심하지 않으면 죽음의 재앙이 닥친다는 의미를 담고 있다. 유가 경전 이외의 책이라는 의미에서 외서라고 하였다.

김연지에게 답함 을묘년(1675, 숙종1) 12월 28일
答金延之 乙卯十二月二十八日

10월 25일과 30일에 보낸 두 통의 편지를 차례로 받고는 그립던 마음이 충분히 위로되었습니다. 외람되게 부탁받은 선대인의 행장을 삼가 받고서 정중히 읽으니, 단지 감당키 어렵다는 두려운 마음만 들 뿐입니다. 서둘러 붓을 들어 써 올리려고 하였으나 앓던 병이 추위를 만나 더욱 위중해져서 아침저녁으로 하는 식사도 거의 중지하다시피 한 상황이니, 병세가 조금 호전되면 쇠한 이 몸을 힘써 다그쳐 보겠습니다.

별지(別紙)에서 누누이 하신 말씀을 병든 가운데 완미해 보니 기쁘고 다행스러운 심정을 금할 수 없습니다. 이 학문이 강습되지 못한 지가 오래되었는데, 이 책[75]에 이르러서는 더욱 철부지 아들이 악독한 입으로 아버지를 욕하는 격이자 하루살이가 나무를 흔드는 격이니 애당초 그로 인해 아무런 영향조차 받을 것이 없습니다. 그러나 어지러운 군생(群生)들이 그들의 위협과 몰아침을 받아 위세가 하늘까지 닿을 정도로 커져 버렸으니, 저로 하여금 깊은 우려와 큰 탄식을 불러일으킬 뿐입니다. 그러나 바깥의 위협을 물리치는 것에 뜻을 둔다면 내면을 닦는 일보다 먼저인 것은 없는데, 이 일을 해 나갈 마땅한 사람이 없는 것이 한스러웠습니다. 이제 다행하게도 그대가 홀로 서서 두려워하지 않고 먼저 이 일을 강구하여 밝히는 데 힘쓰고 있는데, 이단은 족히 막을 것도 없고 사설(邪說)도 족히 그치게 할 것이 없으니 이 얼마나

75 이 책 : 《주자대전》을 가리킨다. 《尤菴先生書節要集解 卷7》

좋은 소식이며 큰 관건이겠습니까. 오직 대업을 힘써 궁구하여 사도(斯道)가 다행스럽게 되기를 간절히 바랍니다.

저는 남쪽으로 배소를 옮긴 후 외부의 번잡한 일이 한층 더 없어졌습니다. 그러다 이 책 가운데 《주자서절요(朱子書節要)》에 수록된 것은 이 선생(李先生 이황(李滉))이 이미 변석해 놓았으나 그 나머지는 중국에서부터 우리나라에 이르기까지 수백 년 동안 그중 의심스럽고 분명치 않은 부분을 주해해 놓은 것이 없었으므로 처음 배우는 후생들이 더욱 입문하여 손을 댈 수가 없다는 생각이 들었습니다. 이러한 까닭에 스스로의 능력을 헤아리지 않고 망녕되게 차록(箚錄)하여 장차 고명(高明)에게 질정을 받을 작정이었는데, 그 규모가 이미 13편에 이르렀습니다. 다만 사체(事體)가 몹시도 중대하기에 언제나 참람함과 교만함과 분수에 넘는 행동을 한 것에 대한 두려운 마음이 있었는데, 지금 보내온 편지를 보건대 오(吳)나라와 초(楚)나라가 왕을 참칭한 것[76]과 같은 큰 죄에는 이르지 않았으니 개인적으로 기쁘고 다행한 심정을 이루 다 표현하지 못하겠습니다. 만약 사수(寫手)를 구하여 다른 종이에 옮겨 써서 그것을 정본(淨本)으로 삼으면 삼가 응당 올려 드리겠습니다. 물어 온 여러 말들에 대한 대답은 별지에 써서 보내 드립니다. 나머지 할 말은 병석에 엎드려 남의 손을 빌려 쓰기에 엉성하니, 널리 양해해 주는 것이 어떻습니까?

76 오(吳)나라와……것 : 분수에 넘치는 저술을 한 것을 가리킨다. 《한서(漢書)》〈양웅전(揚雄傳)〉에 "여러 학자들이 때로 비난하면서 '양웅은 성인도 아니면서 경(經)을 지은 것이 마치 춘추 시대에 오나라와 초나라가 왕을 참칭한 것과 같으니, 주멸을 당할 죄이다.'라고 하였다." 하였다.

○ 〈발왕형공진업후유사(跋王荊公進鄴侯遺事)〉[77]에 대해서 저는 이렇게 생각합니다. 일찍이 저는 세상에서 왕형공(王荊公)을 논하는 자들이 그가 송(宋)나라를 망하게 한 죄가 소인을 등용한 데에 있다는 것은 따지지 않은 채 한갓 그가 옛 법을 변경한 것만 가지고 허물하는 것을 병통으로 생각해 왔는데, 이 일에 대해서는 선생이 이미 〈양간의유묵설(兩諫議遺墨說)〉[78]에서 변론한 바 있습니다. 이제 주고(奏稿)에서 말한 것은 정히 〈양간의유묵설〉에서 말한 "왕안석의 변법(變法)은 물론 그것이 적합한 시기에 이루어지지 않았다고 말할 수 없고 그 마음씀 또한 바름을 상실한 것은 아니다."라고 한 것과 서로 부합합니다. 그런데 선생이 발문에서 하신 말씀은 마치 그의 말대로 시행되지 못하여 모병(募兵)의 비용으로 천하에 해악을 끼치게 된 것을 안타깝게 여기시는 것 같으니, 여기에서 대공지정(大公至正)한 태도로써 사람이 나쁘다고 그의 말까지 폐기해 버리지는 않는 선생의 실상을 또한 볼 수 있습니다. 더구나 그 글에서 "글 말미의 세 행은 어기가 매섭고 기세가 오르내리니 오히려 고금을 뛰어넘고 우주를 운행시키는 뜻을 볼 수 있다."라고 칭송하신 것[79]은 후생들이 또한 마땅히 알아야 할

77 발왕형공진업후유사(跋王荊公進鄴侯遺事) : 1192년 2월에 주희(朱熹)가 왕안석의 〈진업후유사차자(進鄴侯遺事箚子)〉를 읽고 쓴 발문으로, 원제는 〈발왕형공진업후유사주고(跋王荊公進鄴侯遺事奏稿)〉이다. 업후(鄴侯)는 당(唐)나라 이필(李泌)의 봉호로, 일찍이 왕안석은 신종(神宗)에게 《업후유사(鄴侯遺事)》를 올려, 그 책에 담긴 여러 부병(府兵)의 제도를 참고하여 신법(新法)을 추진하게 하였다. 《晦庵集 卷83》

78 양간의유묵설(兩諫議遺墨說) : 1199년 8월에 주희가 진사석(陳師錫)의 유첩(遺帖)과 진관(陳瓘)의 표고(表稿)를 보고서 왕안석을 비판한 글로, 원제는 〈독양진간의유묵(讀兩陳諫議遺墨)〉이다. 《晦庵集 卷70》

것이므로 선록(選錄)에서 감히 빼놓지 못하였습니다. 어떻게 생각할지 모르겠습니다.

○ 올려 드린 〈악대설화(幄對說話)〉를 노선생(老先生)의 글과 함께 이어 붙여 한 책으로 만들고자 한다고 하니, 부기(附驥)[80]의 영광을 어찌 감당할 수 있겠습니까. 황공한 마음만 더할 뿐입니다. 또 효종 초년에 비밀리에 올린 책자가 있었는데, 저의 손자 주석(疇錫)이 그 초본을 보관하고 있으니 삼가 응당 차후에 베껴 보내 드리겠습니다. 그리고 정유년(1657, 효종8)에 올린 글[81]은 그 초본을 찾을 수 없어서 늘 아쉬웠는데, 지금 양산(楊山) 중태(仲台 김수흥(金壽興))의 편지를 보면 그가 사관(史官)으로 있을 때 기록해 놓은 것이 있다고 하니 기쁘고 다행한 마음 견딜 수 없습니다. 가까운 시일 안에 보내 달라고 청하여 잘못된 곳이 없는지 살핀 뒤에 아울러 기록하여 보낼 생각입니다.

○ 주자의 주차(奏箚), 주장(奏狀), 신청(申請), 공이(公移) 등 여러 글들은 그 당시의 관용 문자(官用文字)로서 대략 우리나라의 이어(俚語)와 같은 것이니, 곧바로 이해할 수 없는 것이 당연합니다. 그리하여

79 그 글에서……것 : 주희가 〈발왕형공진업후유사주고〉에서 한 말이다. '글 말미의 세 행'은 왕안석의 〈진업후유사차자〉 말미의 "삼가 생각건대 정해진 계획이 이미 성상의 마음에 있으니, 신이 비록 지극히 우매하나 진실로 원컨대 스스로 온 힘을 다하여 거의 성상의 여광에 의지함으로써, 노년을 보내기 위하여 자리나 차지하는 신하가 되지는 않겠습니다."라고 한 것을 가리킨다. 《晦庵集 卷83》

80 부기(附驥) : 뛰어난 인물의 후광을 입어 덩달아 함께 명성을 얻는 것을 말한다. 《사기(史記)》 〈백이열전(伯夷列傳)〉에 "안연(顔淵)이 비록 독실하게 학문을 닦았지만, 천리마의 꼬리에 붙었기 때문에 그 행실이 더욱 드러나게 되었다."라고 하였다.

81 정유년에 올린 글 : 《송자대전》 권5의 〈정유봉사(丁酉封事)〉를 가리킨다.

지금 그 글들에 대한 차기(箚記)가 판(板) 하나마다 혹 10여 단락까지 되는데도 여전히 미진한 부분이 있습니다. 대개 너무 번다해지는 것을 꺼린 까닭에 누락되고 소략한 곳이 있음을 면치 못합니다.

김연지에게 답함 병진년(1676, 숙종2) 1월 1일

答金延之 丙辰正月一日

'대의멸친(大義滅親)'에 대해 말한 한 조목[82]은, 그로써 삼가 지적하는 뜻의 소재를 알겠습니다. 정자(程子)가 부주(涪州)로 유배 갈 때 사상채(謝上蔡)가 "이번에 유배를 가게 된 것은 형서(邢恕)와 정공손(程公孫)의 소행입니다."라고 하자, 정자는 "친구는 정이 두터우니 감히 의심할 수 없고, 족질(族姪)은 지극히 우매하니 족히 나무랄 것도 없다."라고 하셨습니다. 주자(朱子)가 소정자(小程子 정이(程頤))를 평가하면서 초년에는 엄격하고 매서웠다가 만년에는 다시 너그럽고 온화함을 보태었다고 하셨는데, 바로 이것이 실로 만년의 너그러움과 온화함이었습니다. 정공손이 정자에게 행하였던 불선한 실상이 어느 정도였는지 알지 못하며 또 정자와 얼마나 가까운 친족이었는지도 알지 못하지만, 형서는 "정모(程某 정이)는 만 갈래로 찢어 죽이더라도 아쉬울 것이 없습니다."라고까지 말하였음에도 정자의 말씀이 이와 같았으니, 그

82 대의멸친(大義滅親)에……조목 : 춘추 시대 위(衛)나라 대부 석후(石厚)가 공자(公子) 주우(州吁)와 함께 환공(桓公)을 죽이고 주우를 임금으로 세우자 석후의 아버지 석작(石碏)이 주우와 석후를 잡아 죽였는데, 《춘추좌씨전(春秋左氏傳)》 은공(隱公) 4년 기사에서 이 일을 '대의멸친'이라고 평가하였다. 김수증의 육촌 형이자 병자호란 때 순절한 김상용(金尙容)의 손자인 김수홍(金壽弘)은 자의대비(慈懿大妃)의 복상(服喪) 문제가 대두되었을 때에 서인임에도 남인의 입장에 서서 송시열의 기년설(朞年說)을 비판하였고, 조부 김상용의 사당에 올리는 축문에 청(淸)나라의 연호를 썼다. 이에 김수증이 대의멸친의 의리로 김수홍과 친족의 정을 끊으려고 송시열에게 질문한 것이다. 《宋子大全 附錄 卷5 年譜》《尤菴先生書節要集解 卷6》

충후함은 실로 성덕(盛德)의 일인 것입니다.

그러나 이런 일도 있었습니다. 정자가 유배를 갈 당시 이방직(李邦直)이 낙양 윤(洛陽尹)으로 있으면서 도감(都監)을 시켜 가 보게 하였는데, 정자가 나오는 것을 보자마자 그는 곧장 교자에 올라타기를 청하였고, 정자가 잠깐 숙모를 보고 싶다고 한 것도 그는 허락지 않았습니다. 유배 길에 올라 용문(龍門)에 이르렀을 때 이방직이 사람을 시켜 노자로 금 100성(星)을 보내었으나 받지 않으셨는데, 문인들이 "선생께서 길을 나섰을 때 공들이 준 노자는 모두 받으셨습니다. 그런데 이방직은 친척인데도 어찌하여 받지 않으셨습니까?"라고 묻자, 정자는 "그자는 그때 이미 나와 모르는 사이였으니 어찌 받을 수 있겠는가."라고 말씀하셨습니다. 여기에서는 비록 친척이라 하더라도 엄하게 끊어 내심이 또 이와 같았으니, 일률적으로 단정하기는 어렵지 않을까 합니다.

지금 집사께서 지적하신 바가 간사하게 악인을 당으로 삼은 죄는 말할 것도 없고 기필코 위호(僞號)를 칭함으로써 선대의 덕을 더럽힌 것에 해당한다면 아마도 왕돈(王敦)에 버금가는 수준[83]이 되는지라 정공손 및 이방직과 같은 죄과로 논할 수는 없을 듯한데, 이에 대해 어떻게 가르쳐 주실지 모르겠습니다.

83 왕돈(王敦)에 버금가는 수준 : 동진 원제(東晉元帝)의 외척인 왕돈이 재상에 오른 후 반역을 일으키자, 그의 종제(從弟)인 왕도(王導)는 동조하지 않고 친족들을 데리고 원제에게 나아가 사죄하였다. 그러자 원제는 그를 가상히 여겨 벼슬을 내리고 조서를 내려 "왕도는 대의를 위해 친족의 정을 끊었다. 내가 안동장군(安東將軍)으로 있었을 때의 부절을 그에게 빌려주겠다."라고 하였다. 《晉書 王敦列傳》 김수홍이 김수증의 재종형이므로 왕돈과 왕도의 고사를 인용한 것이다.

김연지에게 보냄 병진년(1676, 숙종2) 9월 2일

與金延之 丙辰九月二日

3월 20일에 보낸 편지를 한여름이 되어서야 받을 수 있었고 여러 장의 별지까지 아울러 받았는데, 이를 통해 어리석고 게으른 자를 깊이 깨우쳐 주었습니다. 몹시 다행이고 다행입니다. 가을이 깊어져 서리가 내리려 하는 이때 고요히 거처하는 생활은 어떠합니까? 그리운 마음 한량이 없습니다. 처음에는 운협(雲峽)에서 지내는가 하였는데 어제 죽서(竹西)의 편지[84]를 통하여 경호(鏡湖) 가로 들어갔다는 말을 들었습니다. 불편한 점이 있어 그쪽으로 거처를 옮긴 것입니까, 아니면 혹 잠깐만 있고 오래도록 머물 생각은 아닌 것입니까? 주 선생(朱先生)이 "떠도는 이 몸은 끝내 어떻게 될 것인가."라고 하신 말씀[85]은 진실로 오늘날의 이 상황을 묘사해 내신 것이니, 산이 깊지 않음이 한스럽다는 것은 옛말에도 있던 것입니다.[86]

어제 이산해(李山海)의 손자가 작성한 소본(疏本)[87]을 보았는데, 거

84 죽서(竹西)의 편지 : 삼척 부사(三陟府使)로 있던 이선(李選)의 편지를 가리킨다. 삼척에 죽서루(竹西樓)가 있으므로 죽서라고 한 것이다. 《宋子大全隨箚 卷6》

85 주……말씀 : 《회암집(晦庵集)》 권46 〈답황상백(答黃商伯)〉에 나오는 말이다. 172쪽 주59 참조.

86 산이……것입니다 : 176쪽 주67 참조.

87 이산해(李山海)의……소본 : 1676년 2월 28일 이조 참판으로 있던 이무(李袤)가 올린 소장을 가리킨다. 모두 6조목으로 이루어져 있는 이 소장에서 그는 송시열과 그 일파가 기해년(1659, 현종 즉위년) 자의대비(慈懿大妃)의 복제(服制)를 정할 때 기년

기서 우리들을 곧장 적미(赤眉)와 녹림(綠林)[88] 같은 반란의 무리로 여겼으니, 장차 우리를 어디에 놓아두려는지 모르겠습니다. 《시경》에 이르기를 "수리도 아니고 솔개도 아니니 어떻게 날아 하늘에 이를 것이며, 전어도 아니고 상어도 아니니 어떻게 못에 잠겨 도망치겠는가.〔匪鶉匪鳶, 其飛戾天? 匪鱣匪鮪, 潛逃于淵?〕"[89]라고 하였는데, 계책이 바닥난 백성의 심정이 어찌 이리도 고금이 똑같습니까.

선대의 명(銘)을 참람함을 잊고 초하여 보냅니다. 문곡(文谷)이 거듭 되풀이하여 의견을 보내 주기까지 하였는데, 지금 이미 들었을 것으로 생각합니다. 저의 병이 줄곧 낫지 않아 풍토병으로 생긴 결핵(結核)이 거의 온몸에 퍼졌습니다. 그러나 오늘날의 일은 응당 죽음을 얻는 것을 다행으로 여겨야 할 것이니, 또 무엇을 바라겠습니까. 일일이 다 말씀드리지 못합니다.

별지

《주자대전(朱子大全)》을 옮겨 적을 때 의심나는 부분을 곧바로 고

복(朞年服)을 주장하면서 종통과 적통을 나누어 임금을 낮추고 나라를 위태롭게 하였다고 비판하였다. 《肅宗實錄 2年 2月 28日》

88 적미(赤眉)와 녹림(綠林) : 모두 도적 떼를 뜻한다. 적미는 왕망(王莽)이 한(漢)나라를 찬탈하자 낭야(瑯琊) 사람 번숭(樊崇)이 일으킨 농민군을 가리키는데, 눈썹을 붉게 칠하여 관군과 구별되게 하였으므로 이렇게 칭한 것이다. 녹림은 본래 중국 호북성(湖北省)에 있는 산 이름인데, 역시 왕망이 한나라를 찬탈하자 신시(新市) 사람 왕광(王匡), 왕봉(王鳳) 등이 이 산을 근거로 봉기하였다. 《史略 西漢》

89 수리도……도망치겠는가 : 《시경》 〈소아(小雅) 사월(四月)〉의 일부인데, 환란이 닥쳐 도망할 곳이 없는 처지를 노래한 것이다.

쳐 적지 않고 "무엇은 마땅히 무엇이 되어야 한다."라고 추가하여 적는 것은 실로 한(漢)나라 유자들이 경전을 해석할 때 하던 변칙적인 사례인데, 이는 비록 사소한 일이지만 또한 의심스러운 것을 남겨두어 거듭 고치게 하려는 한 가지 일입니다. 주 선생이 《대학》의 "친(親)은 마땅히 신(新)이 되어야 한다."라고 한 것에서 자세히 말씀하셨으니, 이는 《대학혹문(大學或問)》에 보입니다.

왕륜(王倫)[90]은 사신으로서 처신이 형편없었으니 물론 죄를 주어야 마땅한 자이지만 범의 아가리를 드나들면서 위험과 곤욕을 꺼리지 않았고 5년 동안 억류되어 있으면서 굽히지 않고 절개를 지켰습니다. 또 주공(朱公) 행장의 이른바 "점한(粘罕)과 이야기한 것이 몹시도 절실하였다."라고 한 부분[91]은, 《송사(宋史)》를 상고해 보면

90 왕륜(王倫) : 남송(南宋)의 신하로, 재상 진회와 함께 금(金)나라와 화친할 것을 주장한 인물이다. 1127년에 가형부시랑(假刑部侍郞)으로 금나라에 사신으로 가서 억류되었다가 1132년에 석방되어 돌아왔고, 1139년에 금나라에 잡혀갔다 죽은 휘종의 시신을 모셔 오기 위해 영봉재궁사(迎奉梓宮使)로 다시 금나라에 사신으로 갔다가 재차 억류되었다. 이때 금나라에서 관직을 주며 회유하였으나 끝까지 거부하다가 죽음을 당하였다. 《宋史 王倫列傳》

91 주공(朱公)……부분 : 주희(朱熹)가 지은 주변(朱弁)의 행장 〈봉사직비각주공행장(奉使直祕閣朱公行狀)〉에서 "사신 왕륜과 함께 깃발을 활짝 펼치고 군중에게 선서한 뒤 곧바로 군대의 예봉을 범하며 길을 나섰으니, 이때가 실로 건염(建炎) 무신년(1128) 정월이었다. 가는 길에 노상(虜相) 점한을 백수락(白水濼)에서 만나 맞이하여 몹시 절실하게 이야기하였으나 점한은 듣지 않고 운중(雲中)으로 가 머물게 하고 예법대로 음식과 물품을 대 주었는데, 실제로는 군사로 지키게 한 것이었다."라고 한 것을 가리킨다. 주변은 자가 소장(少章)이며, 주희의 숙조(叔祖)이다. 정강(靖康)의 난 때 집안이 풍비박산 났고, 이후 자청하여 왕륜과 함께 금나라로 사신을 가서 16년 동안 억류되어 있다가 끝내 절개를 지키고 돌아왔다. 《晦庵集 卷98》

실은 왕륜이 한 것입니다. 또 왕륜이 주공보다 먼저 돌아온 것은 비록 주공이 계속 머물러 있게 해 달라고 청한 것보다 못한 행동이기는 하지만, 주공이 지은 휘종(徽宗)을 봉송(奉送)하는 글[92]을 가져와 바침으로써 주공의 충심이 천하 후세에 드러나도록 만들었으니, 이는 시기심으로 남을 이기려 하고 남의 장점을 질투하면서 오직 남이 세상에 알려질까 전전긍긍 두려워하는 자와는 확연한 차이가 있습니다. 그러므로 주공의 행장에 그에 대한 부정적인 평가가 없어 공(功)과 과(過)가 서로를 가리지 않도록 하였으니, 이는 필법상 당연한 것입니다. 또 주 선생은 진회(秦檜)에 대하여 온 마음을 다해 꾸짖었으나 때로는 '진 승상(秦丞相) 회(檜)'라고 칭하기도 하였으니, 그 포폄에 또한 절로 권도(權度)가 있었습니다.

주 선생은 초소(楚騷)[93]에 깊은 감회를 느끼셨습니다. 그 집주(集註)의 완성을 본 것은 돈괘(遯卦)를 만나 소장의 초고를 불태운 뒤의 일[94]인데, 그 취지가 서문에 자세히 보입니다. 그러므로 양집(楊楫)

92 주공이……글 : 1135년에 주변이 운중에 억류되어 있을 때 역시 금나라에 억류되어 있던 휘종이 붕어하였다는 소식을 듣고 비통해하며 참최복(斬衰服)을 입고 조석으로 곡하면서 제를 올렸는데, 그때 지은 제문이다. 《資治通鑑後編 卷110 宋紀》

93 초소(楚騷) : 초(楚)나라 굴원(屈原)의 〈이소(離騷)〉라는 뜻으로, 《초사(楚辭)》를 가리킨다.

94 돈괘(遯卦)를……일 : 송 영종(宋寧宗) 경원 연간에 간신 한탁주(韓侂胄)가 정치를 농단하고 조여우(趙汝愚)가 축출되는 등 당쟁이 극심해지는 것을 본 주희는 시사를 논하는 장문의 소장을 지어 올리려고 하였다. 그러자 문인 채원정(蔡元定)이 만류하며 일단 시초(蓍草)를 뽑아 점을 쳐 보고 그 결과에 따라 결정하라고 하였고, 이에 점을 쳐 보니 돈지가인괘(遯之家人卦)를 만나 "돈의 꼬리이다. 좋아하지만 은둔한다.〔遯尾. 好遯.〕"라는 점사(占辭)가 되었다. 이에 그 소장의 초고를 불태워 버렸다. 《朱子大全

의 발문에 이르기를 "경원(慶元) 을묘년(1195)에 나는 고정(考亭)에서 선생을 모시고 있었는데, 그때 조정에서는 한창 맹렬한 기세로 당인(黨人)을 다스려 승상 조공(趙公)이 영주(永州)로 귀양을 가 죽게 되었다. 이에 선생께서는 누차 시세를 근심하는 뜻을 안색에 드러내시다가 어느 날 갑자기 주석을 붙인 《초사(楚辭)》를 제자들에게 내보이셨다. 나는 자리에서 물러 나와 생각하기를 '선생이 평소 제자들에게 가르치실 때 《대학》, 《논어》, 《맹자》, 《중용》 등 사서를 우선하게 하고 그다음은 육경(六經), 그다음은 사전(史傳)을 보라고 하셨으며, 진한(秦漢) 이후의 사장(詞章)은 단지 그 외의 논의로 언급하실 뿐이었는데, 도리어 유독 《초사》를 해석하신 것은 무슨 뜻인가.'라고 하였다. 그러나 선생께서는 끝내 우리들에게 그 뜻을 말씀해 주지 않으셨고 우리들 또한 감히 질문하지 못하였다."라고 하였고, 이에 대해 주자의 문인이 평하기를 "양집의 말이 완곡하고도 깊다."라고 하였습니다. 그러한즉 주자가 초소에 대해 간절한 마음을 가지셨다는 것을 자세히 알 수 있습니다. 오직 젊은 시절에 좋아하신 것은 다만 그 문사(文詞)를 취한 것일 뿐이었습니다. 그렇기 때문에 늘 스스로 말씀하기를 "옛날에는 《초사》와 시(詩)와 병법(兵法) 등을 하나하나 모두 배우고자 하였는데, 어느 날 갑자기 스스로 '나는 다만 하나의 몸이 있을 뿐이니, 어떻게 허다한 것을 아울러 가질 수 있겠는가.'라는 생각이 들어 그때부터 수시로 제거해 나갔다."라고 하신 것이니, 이는 지금 이 여동래(呂東萊)에게 보낸 편지와 그야말로 생각이 똑같습니다. 그러한즉 초년에 문사를 취하였다

附錄 卷6 年譜》

가 곧바로 버린 것과 만년에 느끼는 바가 있어서 발휘한 것은 서로 모순되지 않고 공존하는 것입니다. 하물며 선생은 일찍이 동래가 문사를 좋아하는 것을 병통으로 여기면서 "참신하고 교묘한 것 외에 또다시 참신하고 교묘한 것을 추구한다."라고 하셨으니, 여기에서 서로 경책(警責)하였던 뜻을 또 볼 수 있습니다.

〈취성도(聚星圖)〉가 마침내 완성되었는데, 이는 세교(世教)에 깊은 도움이 될 것이니 몹시 다행이고 다행입니다. 또 저에게 보내주니 감사하고 다행인 마음 더욱 측량할 수 없습니다. 그 가운데 '성(星)' 자를 전서(篆書)의 별체로 쓴 것이 특히 고아(古雅)하니, 눈길을 줄 때마다 별도로 하나의 새로운 모습이 나타납니다.

궁벽한 골짜기에 외로이 의탁해 사느라 제사 지내는 일이 미비하다고 하니, 그 말씀에 슬픔과 한탄이 밀려옵니다. 다만 생각건대 삭망(朔望)의 의례는 《가례(家禮)》에서 규정하고 있는 것이 극히 간소합니다. 거기에서 "감실마다 햇과일과 대반(大盤) 하나"[95]라고 한 것은 그 감실 안에 고위(考位)와 비위(妣位), 정위(正位)와 부위(祔位)를 아울러 말한 것이며, 그 이른바 '대반'이라고 한 것은 바로 지금 속명(俗名)으로는 '대접〔大貼〕'입니다. 이와 같으니 비록 고조(高祖)까지 제사를 지내는 집이라고 해도 삭망까지 아울러 불과 햇과일 여덟 대접일 뿐이니, 이 어찌 마련하기 어렵겠습니까. 올리는

95 감실마다……하나 : 《가례》 권1 〈통례(通禮) 사당(祠堂)〉의 정지삭망즉참조(正至朔望則參條)에 "정조, 동지, 초하루, 보름에는 하루 전에 청소와 재계를 하고 잔다. 이튿날 날이 밝으면 일찍 일어나 문을 열고 발을 걷어 올린다. 감실마다 햇과일과 대반 하나를 탁자 위에 진설한다."라고 한 것을 가리킨다.

술은 또한 하루를 묵혀 이루어진 것을 사용하니 그 또한 그다지 어려운 것은 아닙니다. 저의 생각으로는 차라리 이 술과 과일 가운데 또 절감을 할지언정 삭망제와 절사(節祀)는 하나도 빠뜨려서는 안 될 듯합니다. 일찍이 조중봉(趙重峰 조헌(趙憲))의 매서(妹壻)인 박사삼(朴事三) 어른과 종유할 때 다음과 같은 말을 들었습니다. 중봉이 보은 현감(報恩縣監)에서 체직되어 옥천(沃川)의 산중으로 옮겨 들어가 살 때 시사(時祀)를 지내려고 하자 그 대부인(大夫人)이 "궁핍하기가 이와 같은데 어떻게 제수를 마련하려 하느냐?"라고 꾸짖었는데, 이에 중봉이 온화한 말로 무릎을 꿇고 "허락만 해 주시면 제가 힘닿는 대로 마련해 보겠습니다."라고 대답하였다고 합니다. 그러다 제삿날이 되어 진설한 것을 보니 각 신위마다 밥과 국, 좁쌀 가루로 만든 떡, 외, 채소가 한 그릇씩 담겨 있을 뿐이었는데 그 차림새가 몹시 정갈하였다고 합니다. 삼가 생각건대 가난한 집에서 선조의 제사를 받들 때에는 마땅히 이것을 본받아야 하지 않을까 합니다.

○ 지금 여기에서 인용한 《가례》의 "감실마다 대반 하나"의 설에 대해 언제나 마음에 의심을 지울 수 없어 '고위와 비위에는 그래도 한 대반으로 지낼 수 있겠으나 정위와 부위에는 어찌 이렇게 할 수 있겠는가.'라는 생각을 하였습니다만, 그 문장을 계속 반복해서 읽으면서 온 생각을 다 동원하여 자세히 궁구해 보아도 감실 하나에 대반 하나 외엔 더 이상 다른 뜻은 없었습니다. 삼가 어쩌면 주 선생이 참작하여 뺄 것은 빼고 보탤 것은 보태어 마땅한 데에 맞추려고 힘쓰신 것인데, 후생(後生)이 견식이 어두워 망녕되이 이러한 의심을 한 것은 아닌가 생각됩니다. 그러므로 의심할 만한 것은 바로 이쪽에 있는 것이지 저쪽에 있는 것은 아니기에 감히 다시 다른 의론

은 하지 못합니다. 그러나 견해가 미치지 못하는 탓에 그 본의를 잃게 되는 것을 일찍이 스스로 두려워하였으니, 부디 바라건대 이 조목에 대해 상세히 완미하고 사색하여 분명하게 가르쳐 주는 것이 어떠합니까?

김연지에게 답함 병진년(1676, 숙종2) 9월

答金延之 丙辰九月

왕도(王導)가 자제들을 이끌고 왕돈(王敦)의 부고를 발표하였는데,[96] 이는 비록 임시방편으로 일을 성사시키려는 계책에서 나온 행동이긴 하나 당시의 유사(有司)가 그것을 지적해 바로잡지 않았고 후세에 논평하는 자들도 그것을 비판하는 자가 없었습니다. 지금 왕돈에 버금가는 자[97]에 대해 고례(古禮)에 따라 곡(哭)을 하되 그 차례에 맞게 한다면 아마도 도리에 크게 어긋나지는 않을 것 같은데, 어떻게 생각합니까?

이 조목 및 진식(陳寔)과 순숙(荀淑)의 일로 인하여 삼가 물어볼 것이 생겼는데 송구함을 견딜 수 없습니다. 집사께서 어떻게 생각할는지 모르겠습니다. 순욱(荀彧)의 아들 순의(荀顗)가 또 역적 사마소(司馬昭)의 좌명 공신(佐命功臣)이 되었고, 조모(曹髦)가 죽었을 때 또 그의 조카인 진태(陳泰)를 권유하여 그로 하여금 사마소를 보좌하게 하였습니다. 순숙의 자손이 이와 같으니, 그 일종의 논의가 실상을 꾸미고 엄폐하여 그 사특한 주장이 제멋대로 흐르게 만들었던 실상을 더욱 볼 수 있습니다. 자손의 죄악이 커질수록 조상의 허물이 더욱 드러나는 법이니 주 선생이 경계하신 뜻이 참으로 깊고

96 왕도(王導)가……발표하였는데 : 동진(東晉)의 왕돈이 반역을 일으키다가 병이 위독해지자 그의 종제(從弟) 왕도가 그 소식을 듣고는 사람들로 하여금 왕돈에 대한 두려움을 없애고 분발하는 뜻을 유도하려고 거짓으로 왕돈이 죽었다는 부고를 발표하였다. 이에 사람들이 떨쳐 일어났고 결국 왕돈의 반란은 진압되었다. 《晉書 王敦列傳》

97 왕돈에 버금가는 자 : 김수홍(金壽弘)을 가리킨다. 186쪽 주83 참조.

간절하다고 하겠습니다. 삼가 생각건대 선원(仙源 김상용(金尚容)) 상공(相公)께서 목숨을 버렸던 큰 절개는 가히 고인에 비견될 만하지만 삼가 듣건대 평소의 행실과 의론이 때로 노선생(老先生)과는 크게 같지 않은 점이 있었다고 합니다. 이는 어쩌면 후인들이 그 본받을 만한 것은 본받지 않고 다만 제 뜻에 편리한 대로 하여 굳이 본받을 필요가 없는 것을 대충 가져다가 본받은 까닭으로, 마치 범을 그리려다가 개와 유사하게 그리는 것처럼 이렇게까지 된 것은 아닐는지요. 보잘것없는 후생으로서 무람없이 선정(先正)을 논하는 일이 옳지 않은 일임은 너무도 잘 알지만, 삼가 제가 들은 것이 꼭 확실하다는 보장이 없을 것이라는 생각에 감히 이렇게 질문하는 바이니, 잠시 너그럽게 용서하고 분명히 가르쳐 주기를 간절히 바라고 또 간절히 바랍니다.

김연지에게 답함

答金延之

"아직 사당에 알현하지 못한 여자를 선조의 사당에 옮기지 않는다."[98]라고 한 것은 석 달이 안 된 며느리[99]를 가리켜 말한 것입니다. 후세엔 친영(親迎)하지 않는 경우가 많으므로 며느리가 혹 자식을 낳아도 여전히 자기 집에 머무는 경우가 있는데, 어찌 자식을 낳았는데도 여전히 며느리가 되지 못할 이치가 있겠습니까. 일찍이 듣건대 영외(嶺外)의 한 선현이 자식 낳은 며느리에 대한 질문에 답하기를 "고례(古禮)가 이와 같으니 남편의 혈족에 합부(合祔)할 수 없다."라고 하였는데, 신독재(愼獨齋 김집(金集))께서 그 말을 듣고 "몹시 도리에 해가 된다."라고 하셨습니다.

98 아직……않는다 : 《예기》 〈증자문(曾子問)〉에 "증자가 묻기를 '여자가 사당에 알현하지 못하고 죽으면 어떻게 합니까?'라고 하니, 공자께서 '선조의 사당으로 옮기지 않고, 황고(皇姑)에 부묘(祔廟)하지 않으며, 신랑은 상장(喪杖)을 짚지 않고 짚신을 신지 않고 상차(喪次)에 머물지 않으며, 친정집으로 돌려보내 장례하니, 이는 아직 며느리가 되지 않았음을 보이는 것이다.'라고 대답하셨다."라고 하였다.

99 석……며느리 : 《예기》 〈증자문〉에 "석 달 만에 사당에 알현하면서 '시집온 며느리'라고 칭하고, 길일을 잡아 예묘(禰廟)에 제사를 지내는 것은 며느리의 의리를 이루는 것이다."라고 하였다.

김연지에게 답함 정사년(1677, 숙종3) 2월 18일

答金延之 丁巳二月十八日

지난달 24일에 보낸 편지를 받자마자 이동보(李同甫)의 인편을 통하여 또 지난번에 보낸 수찰(手札)과 여러 장의 별지를 받았습니다. 이에 며칠 동안이나 펼쳐 읽으며 손에서 놓을 수 없었는데, 구공(歐公)의 이른바 "먹빛이 바래고 종이가 해졌다."라는 말[100]조차 오히려 미진한 표현이 될 정도였습니다. 그동안에 망녕된 언설을 펼친 것은, 단지 정성스럽게 질문해 준 연유로 감히 스스로 입 닫고 있을 수 없었기에 마음 가는 대로 진술하여 혹 이것을 계기로 가르쳐 주고 깨우쳐 주는 말씀을 들을 수 있지 않을까 하는 기대 때문이었습니다. 그런데 매번 저의 말을 인정해 주면서 끝내 고쳐 주고 바로잡는 말씀이 없었으니, 저로 하여금 부끄럽고 송구한 마음만 들게 합니다. 무후(武侯 제갈량(諸葛亮))의 초상화는 마땅히 후일의 인편을 통하여 온전한 상태로 돌려드리겠습니다.

"이성(異姓)의 구촌……"이라고 한 것은, 숙질(叔姪)의 항렬이라서 혼사를 논할 수 없다는 뜻입니까? 만일 그런 것이라면 사실과는 다른 점이 있습니다. 대개 "숙질……"이라고 한 것은 요순(堯舜)의 일에 대

100 구공(歐公)의……말 : 구양수(歐陽脩)의 〈사석수재계(謝石秀才啓)〉에 "며칠 전 은혜롭게 방문해 주시고 이어 죽통(竹筒) 하나에 담아 보여 주신 아름다운 시편을 공손히 받으니, 눈을 비비며 글을 펼쳐 보매 종이가 해지고 먹빛이 바랬으나 손에서 놓을 수 없었습니다."라고 하였다. 《文忠集 卷95》

한 사론(史論) 때문에 나온 발언입니다. 그 뜻은 대개 "요 임금과 순 임금은 똑같이 황제(黃帝)로부터 나왔는데 요 임금이 어찌 두 딸을 오종(五從) 조카에게 시집보내고도 동성(同姓)에 구별이 없는 것을 편안하게 여겼는가."[101]라고 한 것인데, 그 주된 뜻은 동성에 구별이 없는 문제에 있을 따름이지 숙질은 안 되고 형제는 된다고 말한 것이 아닙니다. 하물며 이성은 그 근본이 또 애당초 같지 않으니 어찌 숙질과 형제를 가지고 물을 만한 것이 있겠습니까. 지난번 보내 준 별지는 응당 이동보의 인편이 돌아갈 때 답하여 보내겠습니다.

101 요 임금과……여겼겠는가 : 《십구사략(十九史略)》 권1 〈태고(太古)〉 '하후씨(夏后氏)' 조목의 우안(愚按)에 나온다.

김연지에게 답함 정사년(1677, 숙종3) 2월 29일

答金延之 丁巳二月二十九日

지난달 12일과 24일에 보낸 편지를 차례로 받아 여러 날 동안 자세히 완미하느라 고질병이 몸에 있는 줄도 까맣게 잊었습니다. 윤군(尹君)이 돌아갈 때 그에 대한 답장을 대략 써서 보냈는데, 아직 받아 보지는 못했을 것으로 생각합니다. 경포(鏡浦)에 은거하려던 계획은 어째서 어긋난 것입니까? 오늘날 세상 밖에서 노니는 호사가 우리들에게는 주어지지 않으니, 조물주는 가히 장난기가 많다고 할 만합니다. 《도산어록(陶山語錄)》은 삼가 이번에 보내 드리는데, 밀책(密冊)[102]은 이미 정사(淨寫)하기는 하였으나 미처 오류를 교정하지 못하였고 이군(李君)의 인편이 갑자기 와서 답장을 요구하므로 또 함께 보내지 못하였으니, 응당 나중에 적당한 인편을 기다려야겠습니다. 묘갈문[103]을 산개(刪改)하는 것을 만약 편지에서 말한 대로 한다면 양연기(楊燕奇)의 비문이 온전한 작품이 될 수 없을 것이니,[104] 이러한 일은 삼가 공론에

102 밀책(密冊) : 〈악대설화(幄對說話)〉를 가리킨다. 《宋子大全隨箚 卷6》

103 묘갈문 : 송시열이 지은 윤선거(尹宣擧)의 묘갈문을 가리킨다.

104 양연기(楊燕奇)의……것이니 : 당(唐)나라 문인 한유(韓愈)가 안녹산(安祿山)의 난 때 활약한 장수 양연기의 비문을 지었는데, 거기에서 그의 40년간의 무공을 기록하고 "의롭게 죽는 것을 두려워하지 않고 요행으로 살아남는 것을 영예로 여기지 않았다. 그러므로 임금을 섬길 때 머뭇거리는 행동이 없었고 윗사람을 섬길 때 비난하는 말이 없었다."라고 하는 등, 위험한 상황에도 죽음을 불사하는 용맹과 그로 인한 주변의 긍정적 평가를 서술하였다. 《韓昌黎文集 卷24》 여기에서는 윤선거가 병자호란 때 강화

부치는 것이 좋을 듯하므로 감히 분부대로 하지 못하겠습니다. 장기(瘴氣)가 서린 비에 젖어 병으로 인한 고통이 몹시 괴로운 까닭에 모든 답장을 남의 손을 빌려 적으니 글이 엉성합니다. 이에 한탄스럽고 또 황송하니 모든 것을 해량해 주시기를 바랍니다.

별지

맨 앞의 한 조목에서 질문한, 응당 무슨 책을 읽어야 하느냐는 말에 대해서는 우매한 견해를 가진 제가 어찌 감히 그 문제를 논할 수 있겠습니까. 그러나 삼가 일찍이 보건대 주 선생(朱先生)이 경(敬)이란 한 글자에 대해 설명하면서 "불행히도 때를 지나쳐 배우는 자가 진실로 능히 이에 힘써서 그 큰 것에 나아간다면 작은 것을 겸하여 보충하더라도 해될 것이 없으니, 그러면 나아가는 데 있어서 장차 근본이 없어 스스로 성취하지 못하리란 근심은 하지 않게 될 것이다."[105]라고 하셨는데, 여기에서 '큰 것'이란 《대학(大學)》을 말하며 '작은 것'이란 《소학(小學)》을 말합니다. 더구나 이른바 《소학》은 바로 우리 문정(文正 김상헌(金尙憲)) 노선생이 종신토록 익힌 책이며, 주 선생께서 일찍이 말씀하기를 "수신(修身)의 대법(大法)은 《소학》에 구비되어 있다."[106]라고 하셨습니다. 그러나 거기에 기록

도에서 목숨을 부지한 일에 관하여 말한 것인데, 그의 묘갈명에서 해당 일을 적실하게 쓰지 않고 수정을 가한다면 난리에서 죽음을 무릅쓰고 충성을 다하였던 양연기의 비문이 유명무실해질 것이라는 뜻으로 쓴 것으로 보인다.

105 불행히도……것이다 : 《대학혹문(大學或問)》에 나오는 말이다.

106 수신(修身)의……있다 : 《주자어류》 권105에 나오는 말이다.

된, 물 뿌리고 청소하며 응하고 대답하는 예절이 어찌 늙은 사람이 할 일이겠습니까. 그러므로 주 선생의 가르침은 《대학》을 위주로 하여 "작은 것을 겸하여 보충하더라도 무방하다."라고 하셨으니, 그 빈주(賓主)와 경중(輕重)의 순서가 어떠한지 또 알 수 있습니다. 저의 생각은 이와 같은데 옳은지 그른지 모르겠습니다.

"말에서 터득하지 못하고서 그 뜻을 통할 수 있는 자는 있지 않다."[107]라는 것은 바로 정자(程子)의 말씀인데, 보내온 편지에서 이 말씀을 인용하였으니 이는 참으로 바꿀 수 없는 지론입니다. 저는 《주자대전(朱子大全)》의 차기(箚記) 작업이 이미 절반을 넘어섰기 때문에 삼가 이를 집사에게 여쭈고자 하였으나 사수(寫手)를 구하지 못해 오래도록 실행에 옮기지 못하였습니다. 그런데 이제 비로소 적임자를 얻었으니, 몇 책을 완성한다면 차차 보내서 가르침을 청하겠습니다. 다만 확실한 인편을 구하지 못하는 것이 걱정입니다. 물어 온 범례는 한결같이 퇴옹(退翁)의 《주자서절요기의(朱子書節要記疑)》와 같이 하였습니다. 그러나 이것은 모두 질문의 뜻이며, 또한 퇴옹의 전례를 다 적용한 것은 아닙니다.

《주자서절요》 중에 긴요한 부분은 옆에 동그라미를 치고, 말이 좋은 부분은 방점(傍點)을 찍었는데, 고인 중에도 이렇게 한 전례가 있기는 하지만 이러한 방식을 경전(經傳)에 적용한 것은 본 적이 없습니다. 이 선생(李先生)이 《주자서절요》에서 이렇게 할 수밖에 없었던 것은 아마도 다른 사람을 위하는 뜻의 발로가 아닐까 하는데, 김 선생(金先生 김집(金集))이 그것을 온당치 않다고 한 것은, 이렇게

107 말에서……않다 : 정이(程頤)의 《역전(易傳)》 서문에 나오는 말이다.

하는 것이 마치 평론하고 정정하는 것 같기 때문입니다. 삼가 생각건대 이 두 입장은 아마도 서로 공존하고 모순되지 않을 듯하나, 신중하고 엄격히 하는 뜻으로 말해 보자면 김 선생의 말씀이 허물이 적을 듯합니다.

《주자대전》 가운데 상고해야 할 만한 인물의 성명, 관작과 시호, 자와 호는 퇴계 선생이 이미 《주자서절요》에 자세히 수록해 놓았는데, 그중 수록하지 않은 것은 당시에 상고할 것이 없어서 그러한 것으로 생각됩니다. 또 당시에 서책이 다 구비되어 있고 문인도 매우 많았음에도 상고해 내지 못하였고 보면, 지금 빠진 부분을 채워서 보완하기란 쉽지 않은 일이 아닐까 합니다. 또 대의(大義)에 관계된 것도 아니니 어찌 꼭 이와 같이 간절하게 하여 힘을 허비할 필요가 있겠습니까.

《주자대전》 가운데 논의된 역상(易象)과 악률(樂律)은 애당초 그것들의 근원을 모르면서 대번에 끝까지 알아내고자 한다면 비록 한평생의 시간을 들인다고 해도 공연히 정력만 허비하게 될 뿐입니다. 이 두 가지에 대해 알고자 한다면 모름지기 먼저 선생이 편찬한 《역학계몽(易學啓蒙)》과 채서산(蔡西山 채원정(蔡元定))이 편찬한 《율려신서(律呂新書)》[108]를 읽고 난 뒤에야 《주자대전》 가운데 실린 내용을 알 수 있을 것입니다. 대개 역상은 하도(河圖)를 근본으로 하여 둘씩 곱절로 나가고 악률은 낙서(洛書)를 근본으로 하여 셋씩 미루어 나가지만, 그 요령은 몹시 간략하여 혼란스럽지 않습니다. 만일 그

108 율려신서(律呂新書) : 대본에는 '律曆新書'로 되어 있다. 《송자대전》 부록 권2 〈연보(年譜)〉와 《사고전서총목》 권38에 근거하여 '曆'을 '呂'로 바로잡아 번역하였다.

요령을 얻기만 하면 주 선생의 이른바 "파죽지세와 같다."라는 말씀과 "참으로 가소롭다."라는 말씀을 실로 징험할 수 있을 것입니다.

《주자어류》 가운데 긴요한 부분은 이미 경서의 소주(小註) 및 《속근사록(續近思錄)》, 《성리대전(性理大全)》 등의 책에 실려 있으니 지금 군이 다시 삭제하여 정리할 필요까지는 없겠지만, 중복되는 것이 병존하기에 한만(汗漫)하고 호한(浩瀚)하여 망양지탄(望洋之歎)을 불러일으킵니다. 또 비록 비슷한 부류끼리 편을 나눈다고 하더라도 그 가운데 비슷한 부류로 서로 합칠 수 없는 것이 극히 많습니다. 예컨대[109] 《주역》 〈함괘(咸卦)〉의 효사인 "바르면 길하여 뉘우침이 없다."라는 것에 대해 논하다가 화제를 돌려 이 문정(李文靖)이 재상이 되었을 때의 일에 대해 말하고, 또 화제를 돌려 이 문목(李文穆)을 언급하고, 또 화제를 돌려 호 문정(胡文定)이 원우(元祐)의 인물을 논한 설에 대해 말하고, 또 화제를 돌려 정명도(程明道)가 원풍(元豐) 연간의 사람들을 등용하고자 한 일에 대해 말하고, 그것을 계기로 또 화제를 돌려 사마 온공(司馬溫公)이 장돈(章惇)을 붙잡아 두었던 일에 대해 말하고, 또 장량(張良)이 한 고조(漢高祖)에게 항우(項羽)를 공격하라고 권한 일에 대해 언급하고, 또 본조(本朝)의 국기일(國忌日)에 향을 태우고 돌아가 재상을 뵙는 일에 대해 언급하고, 또 진 위공(陳衛公) 때 탕사퇴(湯思退)가 재상이 된 일에 대해 언급하고, 또 진회(秦檜)를 두고 재상의 공업이 있으며 정신(精神)이 있다고 여긴 일에 대해 언급하고, 또 재차 사마 온공이 재상이 되었을 때의 일을 언급하였다가 마지막에 가서는 또 순(舜) 임금에

109 예컨대 : 이후에 언급되는 사례는 《주자어류》 권92에 보인다.

게 큰 공업이 있는 일에 대해 언급하였습니다. 이상의 이야기가 어찌 다 "바르면 길하여 뉘우침이 없다."라는 것과 관련 있는 일이겠습니까. 대화를 나누는 김에 이리저리 주제를 옮겨 가며 말해 나간 것에 불과합니다. 이와 같은 종류를 모두 그 위치를 이동하여 각자 비슷한 부류끼리 서로 합치고 또 중복된 것을 제거함으로써 보기에 편하게 만들고자 하지만, 그럴 만한 능력도 없거니와 사수(寫手) 또한 없습니다. 이 문제에 대해 여태껏 처리할 수 없었는데 이제 편지에서 언급해 주니, 한층 더 크게 탄식할 뿐입니다.

출처와 진퇴의 문제는 성인보다 한 등급 아래인 자들의 경우에 신중하지 않은 것이 없었습니다. 공자의 문하로 말해 보자면, 도를 전한 두 대현(大賢)[110]은 모두 은거하여 세상에 나아가지 않았고 민자건(閔子騫)은 문수(汶水) 가에서 벼슬을 사양하였습니다. 정자와 주자에 이르러서는 세상에 공자가 없었기 때문에 부득불 세도(世道)를 자임하여 나아가 세상의 쓰임이 되긴 하였으나, 나아가기를 어렵게 여기고 물러나는 것을 쉽게 여기는 절조는 해와 별처럼 환히 빛났습니다. 그러한즉 어찌 나아가지 않아 군자의 병폐가 된 적이 있겠습니까. 지금 세상의 헤아릴 수 없이 많은 사람들을 비록 일률적으로 재단할 수 없으나, 저 기필코 스스로를 비루하고 낮은 곳에 두는 자는 실로 애처롭고 딱합니다. 혼조(昏朝)에서 벼슬한 자들은 비록 새로운 정국이 펼쳐진 때에 폄척을 받지 않았더라도 시종일관 자신의 지조를 지킨 자들과 비교하면 보내온 편지에서 말한 "응당 한

110 도를……대현(大賢) : 《대학》을 저술한 증자(曾子)와 《중용》을 저술한 자사(子思)를 가리킨다.

수가 모자란다."라고 한 것이 진실로 명확한 의론입니다. 천하의 도리에는 제일의(第一義)가 있고 제이의(第二義)가 있으니, 제이의에 나아간 자를 아래 단계에 있는 자들과 동등한 수준으로 볼 수는 없겠지만 제일의에 미치지 못하였다는 점에서는 모두 마찬가지입니다. 그러므로 좌랑(佐郞) 권득기(權得己) 어른은 자식들을 훈계하는 글에서 "모든 일은 반드시 옳음을 추구하여 제이의에 떨어지지 말라."라고 하였는데, 저는 이 말을 욀 때마다 무릎을 치며 흥기하곤 합니다.

사군자(士君子)가 시속에 나아가 일을 행할 경우에는 사우(師友)들과 도성에서 어울리며 지내는 것이 물론 당연하지만, 그러지 않는 경우에는 궁벽한 곳에 거처하여 고요하고 평온하게 지내면서 독서하고 스스로를 성찰하는 것이 이치상 마땅합니다. 비록 한만(閑漫)한 인사(人事)를 가지고 말해 보더라도, 주 선생은 일찍이 말씀하기를 "향리가 비록 궁벽하고 적막하지만 도리어 자잘한 시비가 없으니, 이것이 즐거울 만하다."라고 하셨습니다. 지금 만일 서울 집에 머문다면 장차 인사가 오가는 것을 면할 수 없을 것이니 이는 도리어 책을 보는 공부에 방해가 되고, 또 이야기를 주고받는 사이에 아무리 깊고 중후한 성격을 가진 우리 벗일지라도 후회되는 일이 결코 생기지 않으리라고 보장하기 어렵습니다. 백번 생각해 보아도 혹자의 말이 적절한지를 모르겠습니다.

주 선생은 세도를 자임하여 "하나의 말이 갖추어지지 않으면 하나의 이치가 밝아지지 않고, 하나의 말이 이해되지 않으면 하나의 일이 빠지는 것이 있게 된다."라고 하셨습니다. 그러므로 비록 궁하게 거처하며 아래에 있을 때나 물리침을 당하여 곤경에 처해 있을 때에도 못 하는 말이 없이 대화하고 토론하며 독려하고 질책하셨습니다.

그러나 친소(親疏)와 현부(賢否)의 차이에 따라서 또한 그 내용의 깊이와 무게를 달리하여 합당한 균형을 맞추지 않음이 없으셨으니, 이는 도가 완전하고 덕이 구비되며 의(義)가 정밀하고 인(仁)이 익숙한 자가 아니라면 불가능한 일입니다. 선생께서 자처하신 것이 이미 이와 같았고, 그에 더하여 화변(禍變)을 당했다고 해서 고개 숙이고 기가 죽어 감히 벗들과 아무 말도 못 하는 행태를 심한 수치로 여기셨습니다. 오늘날 벗들에게 선생께서 자처하신 부분까지야 감히 바랄 수는 없더라도 심한 수치로 여겼던 부분에 대해서는 경계할 줄 알아야 합니다. 그러나 또한 남의 잘못과 악행을 함부로 논하다가 스스로 화를 불러서도 안 됩니다. 저 안면을 바꾸고 태도를 일변하여 남의 등창이나 빨고 치질이나 핥는 무리들은 또 어찌 족히 입에 올릴 가치가 있겠습니까.-사람에게는 또한 그 안에 허다한 모습이 있습니다. 옛날 채서산이 편관(編管)[111]되었을 때에 첨원선(詹元善)이 실로 힘써 돌봐 주었는데, 선생으로 하여금 정안사(淨安寺)에서 채서산과 서로 만날 수 있게 한 것도 모두 그의 힘이었습니다. 그런데 얼마 뒤 곧바로 스스로 그 자리를 떠남으로써 선생으로부터 부귀(富貴)의 기상이 있다는 질책을 받았으니,[112] 이러한 자들의 마음속은 자세히 다 알 수가 없습니다. 오늘날에도

111 편관(編管) : 죄인을 변방에 보내어 해당 지방의 호적에 편입시킴으로써 해당 지방관의 통제를 받게 하는 것이다.

112 얼마……받았으니 : 송 영종(宋寧宗) 때의 경원 당금(慶元黨禁)의 여파로 주희(朱熹)의 제자였던 채원정이 도주(道州)로 유배 가게 되자 주희가 문인들과 함께 정안사에서 그를 전별하였는데, 이때 주희의 문인인 첨체인(詹體仁)이 전별연이 성사되도록 많은 조력을 하였다. 그런데 한창 전별연이 이루어질 때 첨체인은 화에 걸릴까 봐 두려운 나머지 돌연 그 자리를 떠나 버렸고, 이에 주희는 "저 사람은 부귀의 기상이

역시 이러한 사람이 보이는데 이를 알지 않아서는 안 됩니다.-

김군 희진(金君希振)은 옛날 신독재(愼獨齋)의 문하에서 한 번 본 적이 있는데, 진실로 재덕(才德)이 훌륭한 자였습니다. 부탁한 글은 삼가 즉시 요청에 부응하겠습니다.

〈문희별자도(文姬別子圖)〉는 이렇게까지 제 뜻에 자상히 부응해 주시니, 감사한 끝에 기쁘고 다행한 심정 그지없습니다. 또 허다한 문자는 끝내 그대의 붓을 번거롭게 하여 이룬 것이니, 보물처럼 아끼는 마음 비록 지극하지만 도리어 한층 더 송구한 마음이 듭니다.

있다."라며 질책하였다. 이는 부귀한 사람이 되려 하고 좋은 사람은 되려 하지 않는다는 의미이다. 《朱子語類 卷107》《宋子大全隨箚 卷6》'원선'은 첨체인의 자이다.

김연지에게 답함 정사년(1677, 숙종3) 3월 1일
答金延之 丁巳三月一日

'교(敎)'라는 한 글자는 이전(二典)[113]에서부터 이미 두세 번만 쓰인 것이 아니고, 《중용》에 이르러서는 그 책이 성인(聖人)의 도통(道統)을 말한 것이라 또한 가장 먼저 그것을 말하였습니다. 성인인 공자(孔子)가 남들을 칭찬할 때 반드시 그 부형과 사우를 근본으로 두셨고, 송(宋)나라의 제현도 늘 가법(家法)을 말하였습니다. 무릇 가르침에는 득실(得失)이 있는데, 자제들이 그것을 따라 현인이 되기도 하고 그렇지 않기도 하는 것은 상도(常道)이며 혹 그에 따르지 않는 것은 변도(變道)입니다. 그러나 부형이 결코 현인이 아닌데도 자제가 성각(騂角)[114]이 되는 경우는 백에 한 번 있고 부형이 현인인데 자제가 돈견(豚犬)[115]이 되는 경우는 매우 많으니, 이는 또한 등붕(登崩)[116]의 형세가

113 이전(二典) : 《서경》의 〈요전(堯典)〉과 〈순전(舜典)〉을 말한다.

114 성각(騂角) : 소의 뿔이 붉고 바르다는 뜻으로, 자식이 아버지보다 훌륭함을 비유한다. 공자가 제자 염옹(冉雍)이 그의 아버지와는 달리 덕행이 훌륭한 것을 보고 칭찬하여 이르기를 "얼룩소의 새끼일지라도 색깔이 붉고 뿔이 바르게 잘 났으면, 비록 쓰지 않으려고 하더라도 산천의 신령이 그냥 놓아두겠는가."라고 한 데서 온 말이다. 《論語 雍也》

115 돈견(豚犬) : 자식이 아버지보다 못함을 비유한다. 위(魏)나라 조조(曹操)가 손권(孫權)의 군대를 보고 감탄하여 말하기를 "자식을 낳으려거든 손중모(孫仲謀)처럼 낳아야 한다. 유경승(劉景升)의 자식은 개돼지 같을 뿐이다."라고 한 데서 온 말이다. 중모는 손권의 자이고, 경승은 유표(劉表)의 자이다. 《三國志 吳書 孫權傳》

116 등붕(登崩) : 《국어(國語)》 권3 〈주어 하(周語下)〉에 "선을 따르는 것은 높은

그러한 것입니다. 한스러운 것은, 진식(陳寔)과 순숙(荀淑)은 현인으로서 위태롭고 혼란한 시기를 만나 세상의 변고에 대처한 것이 전부 사심(私心)에서 나왔다고는 할 수 없으나, 다만 털끝만 한 차이에서 그 정도(正道)를 조금 상실함에 따라 말류의 폐해가 순의(荀顗)에 가서 극에 달하게 되었다는 점입니다. 이것이 학자가 반드시 먼저 이치를 궁구하고서 그 밝게 분변하는 일을 반드시 선악이 갈라지는 기미에서 행해야 하는 까닭입니다.

한편 소공(蘇公) 부자[117]의 일은 그렇지 않은 점이 있습니다. 소공이 비록 기개와 절조가 있다는 명성이 있었으나 주 선생은 그 학술이 바르지 못함을 극론하셨고, 또 소소(少蘇)는 염정(恬靜)하다고 일컬어졌으나 다른 사람의 탄핵 상소를 외워 그 지위를 흔들고 자신이 그 지위를 대신하려고 하였습니다.[118] 그러한 나쁜 점 앞에서 좋은 점이란 그야말

곳에 오르는 것과 같고, 악을 따르는 것은 산이 무너져 내리는 것과 같다."라고 한 데서 나온 말이다.

117 소공(蘇公) 부자 : 송나라의 문장가로서 모두 당송팔대가(唐宋八大家)에 든 소순(蘇洵)과 그의 두 아들인 소식(蘇軾), 소철(蘇轍)을 이른다. 소순을 노소(老蘇), 소식을 대소(大蘇), 소철을 소소(小蘇)라고 부른다. 여기에서 소공(蘇公)은 소식을 가리킨다.

118 다른……하였습니다 : 송나라 철종(哲宗) 말기인 1093년 범순인(范純仁)이 재상에 임명되자 전중시어사(殿中侍御史) 양외(楊畏)가 소철에게 붙어 그를 재상으로 만들기 위하여 범순인을 탄핵하는 상소를 올렸으나 윤허를 받지 못하였고, 범순인은 이러한 사실을 모른 채 재상이 되었다. 이후 여대방(呂大防)이 양외를 간의대부(諫議大夫)로 만들어 자신의 조력자로 삼으려 하자 범순인은 그가 바른 사람이 아니므로 등용할 수 없다며 반대하였고, 이에 여대방이 "혹시 양외가 일찍이 상공(相公)에 대해 비난한 적이 있어서 그런 것인가?"라고 하니, 소철이 그 즉시 옆에서 양외가 올렸던 탄핵 상소를 입으로 외며 여대방의 주장을 도왔다. 《宋史紀事本末 卷10》

로 수레 가득한 땔나무의 불을 끄려는 물 한 잔과도 같아서 당해 내기에 역부족이니, 그 자손들이 어찌 심히 낭패를 보지 않을 수 있겠습니까.[119] 반드시 부 정공(富鄭公)에게 계신(季申)이 있고 한 위공(韓魏公)에게 한탁주(韓侂胄)가 있는 것[120]과 같은 뒤에야 상리(常理)의 변고라고 할 수 있는 것입니다.

범 당감(范唐鑑)[121]에 관해 말해 보자면, 보내온 편지에서는 마치 "의리(義理)의 공(公)을 이기지 못하였다."[122]라는 한 구절을 좋지 않은

119 그……있겠습니까 : 소식의 아들인 소과(蘇過)와 소매(蘇邁)가 환관 양사성(梁師成)의 문하에 드나든 일을 가리킨다. 《宋子大全隨箚 卷6》

120 부……것 : 부 정공은 정국공(鄭國公)에 봉해진 북송(北宋)의 명재상 부필(富弼)을 말하며, 계신은 부필의 손자 부직유(富直柔)의 자이다. 한 위공은 위국공(魏國公)에 봉해진 북송의 명재상 한기(韓琦)를 말하며 한탁주는 그의 증손이다. 부직유는 원래 정자(程子)의 문인이었으나 나중에 간신 진회(秦檜)의 객이 되었고, 한탁주는 경원 당금(慶元黨禁)을 일으킨 인물이다. 모두 훌륭한 조상 아래에서 못난 후손이 나온 예시로 든 것이다. 《宋子大全隨箚 卷6》

121 범 당감(范唐鑑) : 북송의 학자 범조우(范祖禹)를 가리키는데 그가 《당감(唐鑑)》을 저술하였기에 이렇게 칭한 것이다. 젊어서 정호(程顥)와 정이(程頤)를 사사하였으며, 사마광의 학문을 따랐다. 구법당과 신법당의 당쟁이 격화되던 와중에서 원만하고 공정한 성품으로 어느 한쪽을 일방적으로 추종하지 않은 인물이다. 《宋史 范祖禹列傳》

122 의리(義理)의……못하였다 : 북송의 학자 정이가 소식 일파의 모함으로 벼슬을 삭탈당할 위기에 처하였을 때, 범조우는 정이와 소식 모두와 가까운 관계였고 소식과는 동향인(同鄕人)이어서 정분이 특히 깊었던 터라 정이를 대놓고 변호하지 못하였다가, 정이가 부주(涪州)로 귀양을 가고 나서야 뒤늦게 변호를 하였다. 이에 주희(朱熹)는 여조겸(呂祖謙)에게 보낸 답서에서 범조우의 이러한 처신을 논하면서 "그가 정이천을 변론하였던 상주문을 보면 그 마음이 어찌 모두 동파(東坡)를 옳게 여기는 것이겠는가. 그러나 그 당시에 변론하지 못하고 몇 해가 지난 뒤에야 드러냈으니, 이는 강단이 부족하여 양쪽 모두를 따르려는 사심을 면치 못한 것인데, 그가 중히 여긴 대상이 여기에

일로 보는 것 같은데, 이는 그 본문을 상고해 보면 자세히 살피지 못한 부분이 있는 듯합니다. 주 선생의 본문에 의거해 보면, 범공(范公)은 정이천(程伊川)과 소식(蘇軾)에 대해 양쪽 모두를 따르는 사심을 면치 못하였지만, 그 중히 여긴 대상이 여기-이천을 가리킵니다.-에 있었으므로 끝내 의리의 공을 이길 수 없었던 것입니다. 그러니 이는 바로 범공의 어짊을 칭찬하신 것입니다. 부디 다시 본문을 살펴보는 것이 어떠합니까.

강희공(康熙公)[123]에 대해 말해 보자면, 그자가 소싯적 태학(太學)에서 공부할 당시에 큰 명성이 있어서 선비로서 그의 얼굴을 모르는 자가 있으면 서로들 얕보았습니다. 그러나 모든 말과 행동에서 혹 여론에 어긋나는 것이 있으면 반드시 원호(元昊)[124]를 일컬었기 때문에 -원호는 스스로 국호를 만들고 '오조(吾祖)'라고 하였습니다.- 식자들이 그때부터 이미 의심을 품었습니다. 그러다 성조(聖祖 효종)께서 처음 정사를 시작하였을 때 노선생(老先生 김상헌(金尚憲))이 조정의 부름에 응하여 사림이 노선생을 종주로 삼자 그것을 극구 불가하다고 하면서 노선생에게 발급된 전지를 봉환(封還)해 버렸고, 이렇게 된 뒤에야 벗들은 크게 경악하였습니다. 그의 천품이 이와 같으니 비록 어진 부형이라도 또한 어찌할 수 없는 노릇입니다. 보내온 편지에서 범공 집안의 일과

있으므로 끝내 의리의 공을 이길 수 없었던 것이다."라고 하였다. 《晦庵集 卷35 答呂伯恭》

123 강희공(康熙公) : 김수홍(金壽弘)을 가리키는 멸칭(蔑稱)이다. 그가 조부 김상용(金尚容)의 축문에 청(淸)나라의 연호인 강희를 사용하였기에 이렇게 부른 것이다.

124 원호(元昊) : 조부(祖父)를 뜻한다. 서하(西夏)의 황제 이원호(李元昊)가 즉위한 뒤에 자호(自號)를 '오조'라고 하였기 때문에 이렇게 칭한 것이다. 《宋史 元昊列傳》

"정 선생(程先生)과 무슨 상관이 있겠는가."[125]라는 대목을 인용하며 한 말은 타당하다고 할 수 있으니, 더욱 지난번 망녕되이 한 말이 부끄럽습니다.

또 제가 일찍이 함부로 행동을 하여 마음에 부끄럽고 후회스러운 것이 있습니다. 그 선대인인 도정(都正) 어른[126]은 저에게 비록 늦게 총애를 베풀어 주었지만 보여 준 사랑만큼은 특별하였습니다. 일찍이 인리(仁里)의 감사(監司) 이태연(李泰淵)의 집에 우거하였을 때 이 어른이 수시로 풍계(楓溪)에서 도보로 찾아와 함께 이야기를 나누기도 하였는데, 그 당시 그자는 양근 군수(楊根郡守)로 나가 있어서 이와 같은 사실을 꼭 알지는 못했을 것입니다. 그러다 무신년(1668, 현종9)에 서울에 들어갔을 때 '곡(哭)만 하고 조상(弔喪)은 하지 않는다면 선대의 우의에 어찌 해가 되겠는가.'라는 생각으로 마침내 궤연(几筵)에 나아갔습니다. 그때 그자가 나와서 만나 보았는데, 상일(祥日)은 이미 어제였는지라 제가 사실대로 고해 주었습니다. 그때 그자가 노여워하는 기색이 없었기에 계속해서 지난 일[127]이 망녕된 행동이었음을

125 정……있겠는가 : 《주자어류》 권114에 실려 있는 말로서, '정 선생'은 정이(程頤)이다. 주희의 제자 진문울(陳文蔚)이 "정 선생이 이처럼 근엄하셨는데 무슨 연고로 여러 문인들은 모두 근엄하지 않았습니까?"라고 묻자, 주희가 대답하기를 "정 선생은 그분대로 근엄하셨고 여러 문인들은 그들대로 근엄하지 않은 것이니, 정 선생과 무슨 상관이 있겠는가."라고 하였다.

126 도정(都正) 어른 : 김수홍의 부친인 김광환(金光煥)을 가리킨다. 그의 마지막 벼슬이 돈녕부 도정(敦寧府都正)이기 때문에 이렇게 부른 것이다.

127 지난 일 : 1666년 2월 김수홍이 송시열에게 편지를 보내어 자의대비(慈懿大妃) 조씨(趙氏)의 복제를 기년복(朞年服)으로 정한 송시열의 주장이 잘못임을 각종 예서(禮書)를 인용하면서 조목조목 비판한 것을 가리킨다. 《顯宗實錄 7年 2月 21日》

극구 말해 주었습니다. 제가 동춘(同春 송준길(宋浚吉))을 만나서 그에 대해 말하자, 동춘이 웃으며 말하기를 "어찌 연지(延之)에게서 자세히 알아보지 않고 그 같은 경솔한 행동을 하였는가."라고 하기에, 제가 말하기를 "내 분명 잘못 행동하긴 하였지만 그자가 실로 스스로 후회하고 자책하였으므로 잘못 행동한 것을 후회하지 않는다."라고 하였습니다. 그다음 날 그자가 와서 사과하고 또다시 깊이 뉘우치고 깨달았다며 극력 말하기에, 저는 '진심을 가지고 이러는 것이다.'라고 생각하였습니다. 그런데 얼마 뒤에 그자가 동춘을 만나 《국조오례의(國朝五禮儀)》에 모후(母后)가 입승대통(入承大統)한 대왕을 위하여 삼년복(三年服)을 입은 경우가 한두 번이 아니라고 낱낱이 말하면서 또다시 지난 설을 힘주어 주장하였다는 말을 들었습니다. 그제야 지난번 이미 경솔히 행동하는 잘못을 저질렀는데 그 뒤에 또다시 어리석게도 속았다는 사실이 내심 부끄러웠습니다. 그 뒤에 동춘이 정 수규(鄭首揆)[128]를 만나 "《국조오례의》에 모후가 입승대통한 대왕을 위하여 삼년복을 입은 경우가 한두 번이 아니라는 말을 들었는데, 정말 그러합니까?"라고 물었더니, 수규가 깜짝 놀라면서 "어느 사람한테서 그런 말을 들었습니까?"라고 묻기에 사실대로 대답하였답니다. 이에 수규는 묵묵히 미소를 띠며 말하기를 "그렇다면 필시 스스로 만들어 낸 말일 것입니다."라고 하였습니다. 동춘이 늘 이 일을 거론하면서 "이처럼 남들에게서 천대받고 무시당하는데도 자기는 모르고 있으니 불쌍하다."라고 하였습니다. 그 사람의 실상이 이와 같거늘 지금은 몹시 왕성한 때를 얻었기

128 정 수규(鄭首揆) : 영의정 정태화(鄭太和)를 가리키는 듯하다. 《宋子大全隨箚 卷6》

때문에 사람들이 모두 목을 길게 빼고 흠모하는 것입니다. 진사 김주일(金宙一)이란 자가 있는데, 그는 윤휴(尹鑴)의 이자(姨子)입니다. 그 자가 지난번 책자 하나를 만들어 보내왔는데 그 제목은 《적서변(嫡庶辨)》이었습니다. 모든 내용이 다 강희공의 주장을 그대로 본뜬 것이니, 진실로 이른바 "수컷 하나가 먼저 소리치면 수많은 암컷이 그에 화답한다."라는 격입니다. 아아, 세도를 무너뜨리는 자가 선원(仙源 김상용) 선생의 집안에서 나올 줄 그 누가 생각이나 했겠습니까. "일을 이루는 것은 하늘을 오르는 것처럼 어렵고, 일을 망치는 것은 터럭을 태우는 것처럼 쉽다."[129]라고 하였으니 진실로 개탄스러우며, 이욕(利慾)이 나라를 망치는 것을 더욱 경계해야 합니다. 보내온 편지에서 언급한 것으로 인하여 이와 같이 길게 말하였는데, 대개 저의 병이 점차 고질이 되어 더 이상 차분히 대화를 나눌 시간이 없기 때문에 이런 것이니 해량해 주기를 바랍니다.

《가례(家禮)》에 나오는 감실(龕室)의 제도는 아주 간소합니다. 감실 안에 탁자 하나를 놓고 그 탁자의 북쪽 끝에 신주를 봉안하며 그 앞의 빈 공간에는 술과 과일을 진설하니, 별도의 탁자가 있는 것은 아닙니다. 부위(祔位) 또한 이 탁자의 동쪽과 서쪽 끝에 봉안하는데, 《가례》의 사당장(祠堂章)에 나오는 위아래의 문장을 상고하면 알 수 있습니다. 부위를 동벽(東壁)과 서벽(西壁)에 봉안하는 것은 처자(妻子) 이하라면 이와 같이 해도 혹 괜찮겠지만, 만약 선조(先祖)와 선고(先考)보다 높은 친속이라면 서벽에 봉안하는 것이 참으로 온편하니,

129 일을 이루는……쉽다 : 《소학》 〈가언(嘉言)〉에 나오는 내용으로, 당(唐)나라 유빈(柳玭)이 자제들에게 선조를 욕되게 하고 집안을 망치는 것을 경계하며 한 말이다.

고위(考位)의 감실에 가까운 동벽에 봉안하는 것이 어찌 서로 혐의스럽지 않겠습니까. 혹 "이와 같다면 시제(時祭)를 할 때에는 어떻게 동벽과 서벽 아래에 부위를 설치합니까?"라고 한다면, 대답은 다음과 같습니다. 시제 때는 여러 정위(正位)를 모두 독(櫝)에서 꺼낸 뒤 당상(堂上)에 내어 고조(高祖)의 통어를 받게 하는데, 이 동벽과 서벽은 바로 고조의 동벽과 서벽이기 때문에 이렇게 하더라도 혐의스러울 것이 없습니다. 더구나 그 높은 항렬에 있는 자는 서벽에 위치하니 더욱 편안하지 않을 것이 없습니다. 평상시에는 정위 가운데 낮은 항렬이 감실 안에 높이 위치하고 부위 가운데 높은 항렬이 벽 아래에 드러나 위치한다면 어찌 양쪽 다 혐의스러운 점이 없겠습니까. 그러한즉 편지에서 말씀한 뜻은 《가례》의 제도가 아닐 뿐만 아니라 인정으로 헤아려 보더라도 삼가 편치 않은 점이 있는 듯합니다. 제 생각이 이와 같은데, 어떠합니까?

대저 사당 세 칸은 북쪽 가(架)를 나누어 4개의 감실을 만들면 동서의 폭이 좁을 염려도 없고 남북의 폭도 3자-포척(布尺)입니다.- 이하로 내려가지 않을 것입니다. 그 가운데 큰 탁자 하나를 놓은 다음 탁자 위의 북쪽 끝에 정위를 봉안하고 동쪽과 서쪽 끝에 부위를 봉안하면, 비록 동서로 각각 나눈다 하더라도 수용하기 어려울 염려는 없을 것입니다. 또 정위와 부위 앞 탁자 위의 빈 공간에 각각 잔 2개와 과일을 담은 대반(大盤) 1개를 진설하고, 절사(節祀)에는 각각 잔 2개와 음식을 담은 그릇 3개-제철 음식을 담은 그릇 1개, 나물을 담은 그릇 1개, 과일을 담은 그릇 1개입니다.-를 진설하면 어찌 비좁을 염려가 있겠습니까. 요즘 사람들은 으레 의자에 신주를 봉안하고 별도로 탁자를 놓기 때문에 감실 안에 수용하기 어려운 것입니다.

《가례》에서 참례 때 과반(果盤) 하나만 진설한다고 한 것은 아마도 정위에 근거하여 한 말인 듯합니다. 대개 부위는 으레 반드시 있는 게 아니므로 정위만을 말한 것입니다. 만약 부위가 있다면 한 그릇에 합하여 진설해서는 안 될 듯합니다.

김연지에게 답함 정사년(1677, 숙종3) 6월 11일

答金延之 丁巳六月十一日

지난번에 요청한 《주자서절요(朱子書節要)》를 초록한 글을 삼가 이제 보내 드립니다. 〈취성도(聚星圖)〉 족자는 이미 완성을 보았습니까? 우러러 기다리는 마음 견딜 수 없습니다. 다만 시인(時人)들이 이 늙은 몸을 남겨 두어 끝내 그것을 볼 수 있게 할는지는 알지 못하겠습니다. 무후(武侯)의 초상화 1본도 화양산(華陽山)에 보관하도록 할 수 있겠습니까? 언제나 번거로운 부탁만 드리니 미안하고 또 미안합니다. 대개 직접 모사하여 가지고 싶지만 끝내 화공(畫工)을 얻지 못하였기 때문에 이처럼 하는 것입니다. 그 그림을 그리는 바탕은 꼭 겸소(縑素)[130]여야 할 필요는 없으니, 종이라도 괜찮습니다.

이성(異姓)끼리 혼사를 논하는 일은 중화의 제도로 말해 보자면 응당 관계가 멀고 가까움을 따지지 않지만, 우리나라의 풍속은 팔촌, 구촌을 넘을지라도 놀랍고 이상하게 여깁니다. 그런데 오직 옛것을 좋아하는 거가대족(巨家大族)에서는 동성(同姓)과의 혼인을 삼가고 이성 친족과의 혼인은 굳이 구애받지 않아 점차 그것이 풍속이 되었으니, 비록 조금 가깝더라도 혐의될 것이 없습니다.

주 선생(朱先生)이 한가롭게 있을 때 입으셨던 야복(野服)은 《학림옥로(鶴林玉露)》[131]에 의거해 본다면, 상의하상(上衣下裳)에 황색이나

130 겸소(縑素) : 그림을 그릴 때 사용하는 하얀 명주 비단을 가리킨다.

131 학림옥로(鶴林玉露) : 남송(南宋)의 나대경(羅大經)이 지은 18권 분량의 수필집

백색, 청색을 사용하고, 직령(直領)에 양대(兩帶)를 묶고 도복(道服)처럼 흑색으로 가선을 두르며, 그 길이는 무릎과 나란하게 합니다. 또 치마는 반드시 황색을 사용하고 가운데와 양쪽 곁이 모두 4폭이 되게 하며, 또 두대(頭帶)는 모두 그와 같은 색을 쓰는데 이는 "누런 치마를 입는 것처럼 한다."라는 뜻[132]을 취한 것입니다. 따로 백견(白絹)으로 대대(大帶)를 만들고 양쪽 곁을 모두 청색이나 흑색으로 가선을 두르는데, 이것을 야복이라 하고 또 편복(便服)이라고도 합니다.

○ 이른바 '직령'이란 우리나라에서 말하는 직령과 같은 것이 아니라, 지금의 상복(喪服)에서 전폭(全幅)을 곧바로 내리듯이 한 것입니다. 이른바 '양대'는 곧 소대(小帶)입니다. 이른바 '두대'는 치마의 머리에 가로로 두르는 총 12폭의 띠를 말합니다. "백견으로 대대를 만든다."라는 것은 상의(上衣)에 의거하여 말한 것입니다. 대개 당시의 조복(朝服)은 지금의 반령(盤領)과 같은데, 대개 수 양제(隋煬帝)에서부터 시작하여 송(宋)나라에 이르도록 그 제도가 바뀌지 않아 상의하상이 도리어 한가롭게 거처할 때 입는 옷이 되었습니다.

양삼(涼衫)에 대해 말해 보자면, 《사물기원(事物紀原)》[133]에서 《필

으로, 북송(北宋)과 남송의 시문에 대한 평론 및 문인과 학자들의 여러 일화를 수록한 책이다.

132 누런……뜻 : 《주역》 〈곤괘(坤卦) 육오(六五)〉에 "황색 치마처럼 하면 크게 선하여 길하리라."라고 하였는데, 이에 대한 정이(程頤)의 전(傳)에 "황색은 중색(中色)이고, 치마는 아래에 입는 옷이다. 중도(中道)를 지키면서 아래에 거하면 크게 선하여 길할 것이니, 분수를 지킴을 말한 것이다."라고 하였다.

133 사물기원(事物紀原) : 송나라 고승(高承)이 편찬한 10권 분량의 유서(類書)로, 각종 사물의 시원(始原)과 유래(由來)에 대해서 간략하게 설명한 책이다. 《四庫全書總

담(筆談)》[134]의 말을 인용하여 "근년에 서울의 사인(士人)들이 조복 차림으로 말을 탈 때 참의(黲衣)를 덮고서는 그것을 양삼이라 부르는데, 역시 옛날 유법(遺法)이다."라고 하였습니다. 그러나 주 선생의 설을 상고하면[135] "선화(宣和)[136] 연간 말기에는 서울의 사인들이 길을 다니는 중에도 난삼(襴衫)을 입었는데, 장강을 건너가 전쟁을 하던 도중에 마침내 백양삼(白涼衫)으로 바뀌었다가 뒤에 전란이 일어나자 또 자삼(紫衫)으로 바뀌었으니, 모두 융복(戎服)이다."라고 하셨습니다.-주자의 설은 여기까지입니다.- 살펴보건대 주 선생의 이 설로 보자면 이른바 '양삼'이란 것도 반령의 제도인데 《사물기원》에서는 옛날의 유법이라고 하였으니 그 뜻이 자세하지 않습니다.-삼가 생각해 보건대 양삼은 옛날의 경의(景衣)와 같습니다. 옛날 사람들은 출입할 때 정복(正服)을 입은 뒤에 단포(單布)로 옷을 만들어 정복 위에 껴입어 먼지를 차단하였습니다. 후세에는 이를 계속해서 정복으로 하였을 뿐입니다. 경의는 《의례(儀禮)》에 보이는데 다만 후세의 반령과는 같지 않습니다.-

송옹(松翁 정철(鄭澈))이 어느 날 《가례(家禮)》를 들고 사계(沙溪) 선생을 방문하여 〈혼례(昏禮)〉 친영(親迎) 조목의 부주(附註)에 인용되어 있는 좌씨(左氏)의 설[137]을 가리키며 말하기를 "요사이 계속하여

目提要》

134 필담(筆談) : 송나라 심괄(沈括)이 지은 26권 분량의 유서인 《몽계필담(夢溪筆談)》을 가리킨다.

135 주……상고하면 : 이하 주희의 설은 《주자어류》 권91에 보인다.

136 선화(宣和) : 중국 북송의 연호로 1119년에서 1125년에 이르는 기간이다.

137 좌씨(左氏)의 설 : 《가례》 권3 〈혼례〉에 인용된 《춘추좌씨전》의 "위가 궤연을 펴고서 장왕과 공왕의 사당에 아뢰었다."라고 한 대목을 가리킨다. 이는 춘추 시대 초나

이 뜻을 탐구해 보았으나 끝내 이해하지 못하였습니다. 내 평생 허다한 책을 읽었는데 이 설처럼 난해한 것은 없었습니다. 원컨대 공한테 배우고자 합니다."라고 하였습니다. 이에 선생이 그를 위하여 그 설을 분석해 주자 송옹은 그 설명이 명쾌하다고 극구 칭찬하고는 집으로 돌아갔습니다. 그로부터 며칠 뒤 선조대왕께서 경연에 임어하여 《가례》를 내어 펼치고는 그 설을 가리키며 물으시기를 "내 여러 날 동안 자세히 살펴보았으나 끝내 이 설을 이해하지 못하였으니, 경들은 나를 위하여 해석해 보시오."라고 하자 연신(筵臣)들은 그 책을 돌려 보고서 다들 "감히 알지 못하겠습니다."라고 대답하였는데, 송옹은 곧 선생으로부터 들은 것을 가지고 명백히 아뢰었습니다. 이에 선조대왕께서 매우 기쁜 안색을 내보이며 말씀하시기를 "내 이해해 보려고 하였으나 오래도록 이해가 되지 않아 심히 답답하였는데, 오늘의 이 일은 참으로 다행이고 참으로 다행이오."라고 하시고는, 이어 연신에게 하교하기를 "모관(某官)은 맡은 일이 몹시 많은데도 공무를 끝낸 여가에 오히려 이렇게나 책을 강론하였다. 제인(諸人)은 어찌하여 책에 뜻을 다하지 않는가?"라고 하였습니다. 이에 모두들 사죄하고 부끄러워하며 엎드렸고, 이후 송옹이 나간 뒤에 추가로 상을 내리시며 "내 마음에 가상하게 여기니 이것으로 표창하는 바이다.……"라고 하셨습니다. 이에 송옹이 곧장 선생을 찾아가 말하기를 "내가 탑전(榻前)에서 '김모(金某)

라 공자 위가 공손단 씨의 딸에게 장가들 적에 스스로 궤연을 설치하고 자기 할아버지인 장왕과 아버지인 공왕의 사당에 자신의 혼례 사실을 고하였다는 의미이다. 《春秋左氏傳 昭公1年》 주희는 이 대목을 인용하면서 장가들 때 사당에 고하는 사례가 예로부터 있었음을 증명하였다.

에게서 새로 들어 대략 안 것입니다.'라고 거의 아뢰려고 하였으나, 목구멍까지 올라온 그 말을 결국 감히 하지 못하였습니다."라고 하고는 인하여 하사받은 물품을 나누어 주었다고 합니다.

○ 저는 매번 생각하기를 '송옹과 사계 선생의 황고(皇考)인 황강공(黃岡公 김계휘(金繼輝))은 뜻을 함께하는 친구지간이었으므로, 송옹한테 사계 선생은 연배가 한참 아래였다. 그런데도 정성스럽게 질문하는 것이 이와 같았고 게다가 글을 읽을 때 그냥 넘어가지 않는 것이 또한 이와 같았으니, 선배들의 독후(篤厚)한 기풍이 어떠한지 알 수 있다. 스스로를 높게 평가하다가 끝내 깜깜한 채로 받아들여 자신도 속이고 남도 속이는 것을 기꺼이 하는 자와 비교해 보면 어떠한가. 하물며 우리 성조(聖祖)께서는 더욱 위대한 점이 있으니, 이 《가례》의 문장은 나라를 다스리는 큰 법도에 관계된 것도 아닌데 능히 이렇게까지 마음에 두고 생각을 하셨으니 그 작은 행실도 부지런히 힘쓰고 세세한 행동도 삼가는 뜻은 어찌 후성(後聖)이 본받을 바가 아니겠는가.'라고 하였습니다. 그대가 그 일을 상세히 알고자 하는 것에 매우 깊은 뜻이 있으므로 대략 기록하여 올립니다.

주자(朱子)가 말씀하시기를 "《의례》에는 비록 아내에게 장가들면서 사당에 고한다는 문장이 없지만, 《춘추좌씨전(春秋左氏傳)》에 이르기를 '위(圍)가 궤연(几筵)을 펴고 장왕(莊王)과 공왕(共王)의 사당에 고하였다.'라고 하였으니, 이는 옛사람에게도 사당에 고하는 예가 있었던 것이다. 어찌하여 다른지 모르겠다."라고 하였습니다.-《춘추좌씨전》 소공(昭公) 1년 기사에 "봄에 초(楚)나라 공자 위가 정(鄭)나라를 빙문(聘問)하고 또 공손단(公孫段) 씨의 딸을 아내로 맞이하였다. 이때 오거(伍擧)가 부사(副使)였는데, 장차 정나라 객관(客館)으로 들어가려 할 때 정나라 사람들이 이를 꺼려 행인(行人)인 자우(子羽)를 시켜 위와 잘 말하여 성 밖에 머물게 하였다. 위가 군대를 거느리고 신부를 맞이하려 하자, 자산(子産)은 걱정하여 자우를 보내어 '폐읍(弊邑)은 협소하여 당신의 종자(從者)들을 수용할 수 없으니, 선(墠)을 만들고서 명을 따르기를[138] 청합니다.'라는 말로 거절하게 하였다. 그러자 영윤(令尹)이 태재(太宰) 백주리(伯州犁)에게 명하여 '정나라 임금께서 우리 대부 위에게 은혜를 내려「장차 풍씨(豐氏)의 딸을 너의 아내로 두게 하려 한다.」라고 하셨으므로, 위는 궤연을 펴고서 장왕과 공왕의 사당에 고하고 왔습니다. 그런데 만약 야외에서 신부를 내리신다면 이는 임금님의 은사(恩賜)를 풀밭에 버리는 것이며 또 위로 하여금 그 선군(先君)을 속여 장차 우리 임금의 노(老)가 될 수 없도록 하는 것[139]이니 돌아가 복명할 수가 없습니다.'라고 대답하게 하였다." 하였습니다.-

이상은 반공숙(潘恭叔)에게 답한 편지[140]로, 대개《의례》에는 사당에 고한다는 문장이 없는데《좌전》에는 그것이 있으므로 "다르다."라고 말씀하신 것입니다.

서거보(徐居甫)가 묻기를[141] "지금 부인이 문에 들어설 때 사당에

138 선(墠)을……따르기를 : '선'은 땅을 평평하게 닦아 놓은 곳을 말하는데, 성 밖에 땅을 깨끗이 쓸고 선을 만들어 혼례를 거행하게 하려 한 것을 가리킨다.《春秋左氏傳 昭公1年》

139 우리……것 : '노'는 대신(大臣)의 칭호로, 임금의 명을 그르치고 퇴출되어 임금의 대신으로 남을 수 없다는 말이다.

140 반공숙(潘恭叔)에게 답한 편지 : 반공숙은 주희의 문인인 반우공(潘友恭)으로, 공숙은 그의 자이다. 이 편지는《회암집(晦庵集)》권50에 실려 있다.

141 서거보(徐居甫)가 묻기를 : 서거보는 주희의 문인인 서우(徐寓)로, 거보는 그의 자이다. 이하 서우의 질문과 주희의 대답은《회암집》권58의〈답서거보(答徐居甫)〉에 실려 있다.

가서 뵙는 것을 대체로 온 세상이 그렇게 행하고 있습니다. 그런데 근간에 보건대 향리의 제현이 좌씨(左氏)의 '배필을 먼저 하고 조상을 뒤로 하였다.〔先配後祖〕'라는 설을 상당히 신뢰하니, 후세의 어지러운 말을 족히 따를 것이 없겠습니까, 아니면 옛 예법을 따라 바르게 행하는 편이 더 낫겠습니까?"라고 하자, 주 선생이 답하기를 "좌씨는 본시 다 믿기는 힘들지만 그 뒤에 친영을 설명한 곳에는 궤연을 펴고서 사당에 고하고 왔다는 말이 있으니, 이른바 '조상을 뒤로 하였다〔後祖〕'라는 것은 이 예를 어긴 것을 꾸짖은 듯하다."라고 하셨습니다.-《춘추좌씨전》 은공(隱公) 8년 기사에 "정나라 공자 홀(忽)이 진(陳)나라에 가서 부인 규씨(嬀氏)를 맞이하자 진나라 침자(鍼子)가 신부를 호송하였는데, 홀은 배필을 먼저 하고 조상을 뒤로 하였다. 이에 침자는 '이들은 부부라고 할 수 없다. 그 조상을 속였으니 예가 아니다. 어떻게 자손들을 생육할 수 있겠는가.'라고 하였다." 하였는데, 그 주에 "예법상 반드시 먼저 조상의 사당에 고하고 나서 행해야 하는 것이다. 이 때문에 초나라 공자 위가 장왕과 공왕의 사당에 고하였다고 말한 것인데, 지금 정나라의 홀은 먼저 부인을 맞이하고 뒤에 종묘에 고하였기 때문에 '배필을 먼저 하고 조상을 뒤로 하였다.'라고 한 것이다." 하였으니, 침자가 그 일을 보고 비판한 것입니다.-

"좌씨의 '배필을 먼저 하고 조상을 뒤로 하였다.'라는 설을 상당히 신뢰한다."라고 한 것은 대개 "향리의 제현이 《춘추좌씨전》에서 비판한 바 정나라 홀이 짝을 먼저 하고 조상을 뒤로 하였다고 한 설을 신뢰한다."라는 말인데, 지금 서거보의 질문에는 '비판한 바〔所譏〕'라는 두 글자가 없기 때문에 사람들이 이해하기 어렵게 된 것입니다. 대개 《춘추좌씨전》에서 진나라 침자가 비판한 뜻은 "정나라 홀이 장차 친영을 하기 위하여 진나라에 올 때에 먼저 조상의 사당에 고하지 않고 곧장 와서 부인을 맞이하였으니, 이는 배필을 먼저 하고 조상을 뒤로 한 것이 된다."라고 한 것인데, 제현이 이 문장을 잘못 이해하여 "정나라 홀이 진나라에서 부인을 맞이하고 돌아갈 때 먼저 조상의 사당에 고하지 않고 곧장 부인과 함께 배필이 되었기 때문에 침자가 비판한 것이다."라고 하면서 마침내 그로 인하여 부인을 맞이하고 문에 들어서서 사당에 나아가 뵙는 것을 예인 줄로 여겼습니다. 이에 선생이 답한 설에서 "좌씨의 다른 설은 본시 다 믿기는 힘들지만 이 설은 근거가 있다. 그 뒤에 친영을 설명한 곳에 '초나라 위가 궤연을 펴고서 사당에 고하고 왔다.'라는 문장이 있으니, 지금 정나라 홀에 대한 침자의 비판은 장차 길을 떠날 때에 사당에 고하지 않은 것을 가리킨 것이지 이미 돌아온 뒤에 고하지 않은 것을 가리킨 것은 아닌 듯하다. 이는 좌씨가 근거가 없지 않은 것이 된다."라고 하였습니다. 《춘추좌씨전》을 의거해 보면 초나라 위의 일은 정나라 홀의 뒤에 있으므로 '그 뒤에'라고 하신 것입니다.

김연지에게 답함 정사년(1677, 숙종3) 10월 23일
答金延之 丁巳十月二十三日

김군 복원(金君復元)[142]이 멀리서 와서 방문해 주었고 이어 지난달 3일에 보낸 편지와 여러 장의 별지를 받았는데 거의 천여 자에 이르는 분량이었습니다. 그 글을 병든 가운데 완미하노라니 통증이 몸에서 사라지는 줄도 거의 모를 지경이었습니다. 그동안 보내 드린 여러 책자는 중간에 유실되거나 혹 다른 사람의 눈에 뜨일까 봐 염려되니, 하나하나 직접 보았다고 말해 준다면 대단히 위안이 될 것입니다.

지난 편지에서 여쭌 것은 과연 세 책 가운데 하나입니다. 《대전문목(大全問目)》은 외람되이 낭주(朗州)[143]를 번거롭게 하여 옮겨 적도록 하였으니 조만간 전해 드릴 것입니다. 그것을 보고 부디 바로잡아 준다면 얼마나 다행이며 얼마나 다행이겠습니까. 낭주가 수정하고 윤색한 것에 참으로 발명되는 부분이 있으니, 후대 사람들에게 끼칠 은혜가 깊습니다. 일찍이 그의 편지에 답장을 보내어 "집사가 조정에 있었다면 감히 이런 일로 번거롭게 하지 못하였을 것이니, 이는 거의 하늘의 뜻입니다."라고 하였으니, 이는 실로 일득(一得)의 말[144]입니다.

142 김군 복원(金君復元) : 김지(金漬)로, 복원은 그의 자이다. 연흥부원군(延興府院君) 김제남(金悌男)의 증손이며 정랑(正郎)을 지냈다. 《宋子大全隨箚 卷13》

143 낭주(朗州) : 이 당시 전라도 영암(靈巖)에 유배되어 있던 김수항(金壽恒)을 가리킨다. 낭주는 영암의 옛 이름이다. 《宋子大全隨箚 卷6》

144 일득(一得)의 말 : 어리석은 사람이 어쩌다 한 번 얻은 좋은 말이라는 의미로, 자신의 말에 대한 겸사이다. 《사기(史記)》〈회음후열전(淮陰侯列傳)〉의 "지혜로운 자

〈취성첩(聚星帖)〉은 화격(畫格)의 정신이 관통하고 철저하여 더 이상의 유감이 있을 수 없지만, 그럼에도 아직 보완할 것이 있습니다. 그에 대해 별지에서 가르침을 구하였으니, 부디 후일의 인편을 통하여 회신해 주는 것이 어떠합니까? 저는 이달 초부터 치루(痔漏)가 갑자기 생겨나 날로 극에 달하는 괴로움을 겪고 있는데, 이로부터 건강이 크게 훼손되었습니다. 이렇게 편지를 왕래하는 것을 지하에서도 잊지 못한 채 그리워할 것입니다. 나머지 할 말은 남의 손을 빌려 적느라 다 갖추어 말씀드리지 못합니다.

별지

"《주자서절요》 제13권 가운데 초록된 '학자가 묻기를'……"이라고 한 것은 그 5개의 조목을 모두 아울러서 말한 것입니다.[145] 이 5개의 조목은 몹시 많이 요약되어 있기 때문에 당시에 질문을 했던 것입니다. 저의 《문목(問目)》 찬수 작업은 아직 절반을 넘지 못하였습니다. "서찰류에는 이미 훌륭한 말씀[146]이 있으니, 응당 퇴계의 《기의(記疑)》까지 아울러 엮되 거기에 빠진 부분을 추록하여 문목으로 만든 뒤에야 완정한 책이 될 수 있을 것입니다."라고 하였는데, 이 말이 그럴듯하므로 따르겠습니다. 《기의》의 온당치 않은 부분에 대

도 천 가지 생각 중에 하나의 잘못은 있게 마련이고, 어리석은 자도 천 가지 생각 중에 한 가지쯤 좋은 꾀를 낼 수도 있는 법이다."라는 말을 원용한 것이다.

145 주자서절요……것입니다 : 《주자서절요》 권13에 수록된 〈답호계수(答胡季隨)〉에 '학자가 묻기를'이라는 말로 시작하는 호대시(胡大時)의 질문이 5개의 조목으로 축약되어 실려 있다.

146 훌륭한 말씀 : 이황(李滉)의 《주자서절요기의(朱子書節要記疑)》를 가리킨다.

해서는 논변하지 않을 수 없으니 불위(不韙)를 범한 죄[147]가 큽니다. 종당에 보내어 취사선택을 기다리겠습니다.

《대학》에 이르기를 "천자로부터 서인에 이르기까지 일체 모두 수신(修身)을 근본으로 삼는다."라고 하였는데, 그 앞에는 격치성정(格致誠正)[148]의 공부가 있으며 그 뒤에는 제치평(齊治平)[149]의 사업이 있으니, 이 두 글자가 포괄하는 바가 이와 같이 큽니다. 주 선생(朱先生)이 《소학》을 편찬한 후에 말씀하시기를 "수신의 큰 법이 갖추어져 있다."라고 하였으니, 그러한즉 학문하는 자에게 지극히 절실하고 심히 중대한 것이 어찌 이 책보다 더한 것이 있겠습니까. 당연합니다, 노선생(老先生)이 일생 실천한 것이 모두 이 책에 담겨 있는 것과 또 그것으로써 후인들을 가르치신 것이. 그런데 지금 집사께서 또 주 선생의 서찰에 나오는 가르침을 가지고 비유하셨으니, 진실로 식견 있는 말이라고 할 수 있겠습니다. 선생의 문인이 선생을 칭송하며 말하기를 "공자 이후로 박문(博文)과 약례(約禮) 두 가지를 모두 지극하게 하신 분은 선생 한 분뿐이다."라고 하였으니,[150] 서찰에 나오는 가르침은 박문과 약례의 일 아님이 없으며 큰 규모와

147 불위(不韙)를 범한 죄 : 불위는 옳지 않다는 뜻으로, 여기에서는 자신의 역량과 분수를 헤아리지 않고 함부로 선현(先賢)의 주장을 논변한 죄를 가리킨다.

148 격치성정(格致誠正) : 《대학》의 팔조목(八條目) 가운데 격물(格物), 치지(致知), 성의(誠意), 정심(正心)을 줄인 말이다.

149 제치평(齊治平) : 《대학》의 팔조목 가운데 제가(齊家), 치국(治國), 평천하(平天下)를 줄인 말이다.

150 선생의……하였으니 : 주희(朱熹)의 제자 이방자(李方子)가 주희를 칭송한 것이다. 《朱子年譜 卷4》

엄한 심법이 모두 그 가운데 있습니다. 학자가 진실로 능히 먼저 《소학》에 종사하여 그 근본을 세운 뒤에 이 책을 겸하여 읽어서 그 조리가 서고 막힘없이 통달하여 충분히 무젖는다면 성학(聖學)의 가르침의 차서를 거의 이룰 수 있을 것입니다. 일찍이 기억하건대, 예전 신독재(愼獨齋) 김 선생이 동춘(同春 송준길(宋浚吉))에게 어떤 일이 있다는 말을 듣고는 편지를 보내 규계하기를 "그대는 《소학》을 읽은 것이 아직 미숙한 것인가."라고 하셨으니, 여기에서 노선생이 이 한 책에 대해 간절하게 마음을 둔 것이 이와 같았다는 사실을 알 수 있습니다. 지금 집사로 인하여 두 책을 아울러 논하여 드리는 바입니다.

선묘조(宣廟朝) 때 자가 사앙(士昻)인 한교(韓嶠)란 분이 있었는데, 율곡 선생의 문인입니다. 그분이 일찍이 《소학》 가운데 주자(朱子)의 언행이 없다는 생각을 하여 마침내 《주자대전(朱子大全)》, 《주자어류(朱子語類)》, 문인들이 서술한 여러 책에서 글을 초록한 뒤 《소학》의 편목에 의거하여 별도로 한 책을 만들었는데, 그 책은 우계(牛溪) 선생의 책상을 거친 뒤 문원공(文元公) 선생에게로 넘어갔습니다. 그러다 신독재 선생이 말년에 일찍이 저에게 그 책을 주시면서 "이 책은 좋기는 좋으나 번다함을 면치 못한 듯하니, 그대가 다듬고 산삭하게."라고 하셨습니다. 그러나 저는 오랫동안 그럴 여가를 갖지 못하였는데, 이번에 윤군 증(尹君拯)에게 대략 부탁하여 그 오류를 교정하게 하고 이어 그중 산삭해야 할 곳을 찌로 표시하여 가져오도록 하였습니다. 그러나 질병으로 신음하여 여태껏 작업을 하지 못한지라, 마침내 하루아침에 죽어 장자(長者)께서 부탁한 뜻을 저버릴까 염려되었습니다. 이제 김군을 통하여 바쳐 올리니, 바라건대 자세히 교정함과 동시에 윤군이 찌를 붙인 곳에다 그 잘잘못을 논하는 한편, 찌를 붙인 곳 외에 별도로 찌를 더 붙여 의견을 보여 준다면 제가 삼가 받들어 주선하겠습니다. 또 이 책은 다만 이 한 본 외에는 다른 것이 없어 주고받는 가운데 혹 분실될까 염려되니, 바라건대 그대가 사수(寫手)에게 맡겨 따로 한 건을 기록으로 남긴 뒤에 돌려주는 것이 어떠합니까? 우리들이 오늘날 이 일을 하는 것만이 오히려 우리들에게 속하는 것이므로 감히 이렇게 번거롭게 할 뿐입니다.

《주역》이란 책은 도학의 조종(祖宗)이자 근본이니 배우는 자가 어찌 읽지 않을 수 있겠습니까. 그렇지만 그 최초에 지어진 뜻을 알고자 한다면 반드시 《역학계몽(易學啓蒙)》을 먼저 읽어야 하니, 그렇게 하지 않으면 막막하여 그 본말과 선후를 알지 못할 것입니다. 정자(程子)의 《역전(易傳)》은 비록 의리가 극히 정밀하지만 때로 본경(本經)과 서로 상관없는 부분이 있는데, 《주역본의(周易本義)》는 한결같이 경전에 근본하여 말을 남기고 있으므로 《역전》과 상이한 부분이 많습니다. 이러한 까닭에 중국에서 이미 《역전》과 《주역본의》를 합쳐 한 질로 만든 뒤에 또 《주역본의》를 단행본으로 출간하였고, 본조(本朝)에서는 최간이(崔簡易)가 구결을 붙인 책[151]을 바쳐 올릴 때 또한 전적으로 《주역본의》를 위주로 하였습니다. 그러나 《주역본의》에서는 정자의 《역전》에서 옳다고 여기는 부분에 대해서는 더 이상 해석해 놓지 않았으니, 이것이 불가불 정자의 《역

151 구결을 붙인 책 : 간이(簡易) 최립(崔岦)의 《주역본의구결부설(周易本義口訣附說)》을 가리킨다.

전》을 함께 취하지 않을 수 없는 이유입니다.

《주자어류》의 '자릉책자(紫綾冊子)'라는 것은 아마도 기근 구제에 대해 보고한 것을 책으로 만들어 자주색 비단으로 단장한 것이 아닐까 합니다. 그러나 이러한 자잘한 것들은 비록 혹 이해하지 못하더라도 큰 흠이 되는 데까지는 이르지 않을 듯한데, 어떻게 생각합니까?

인심(人心)과 도심(道心)에 대한 문제는 주 선생이 정 선생(程先生)의 "인심은 인욕(人欲)이다."라는 설을 계기로 하여 그 의미를 드러내 밝힌 것이 매우 많습니다. 대개 처음에는 '잃어버린 것'을 가지고 인심이라고 하였는데, 이는 전적으로 악(惡)의 관점에서 말한 것이고, 중간에는 "비록 모두가 선심(善心)이지만, 솔개가 날고 물고기가 뛰어오르는 것[152]과도 같이 자연 천리가 유행하는 것이 도심이고, 억지로 힘쓰는 것에 관련이 되면 인심이다."라고 하였으며, 이목(耳目)과 시청(視聽)의 발함이라고 여겨 상지(上智)도 가지고 있다고 말한 것[153]은 최후의 관점이니, 《중용》 서문에 드러난 것이 그러합니다. 그런데 지금 그것들을 합하여 하나로 만들고자 한다면 구구절절 서로 어긋나게 될 것입니다.

정축년(1637, 인조15)의 연설(筵說)[154]은 실로 차마 볼 수 없기는

152 솔개가……것 : 《중용장구(中庸章句)》 제12장에 "《시경》에 이르기를 '솔개는 날아 하늘에 이르고, 물고기는 못에서 뛰논다.〔鳶飛戾天, 魚躍于淵.〕'라고 하였으니, 하늘의 도가 위아래에 밝게 드러난 것을 말한 것이다."라고 한 데서 온 말이다.

153 상지(上智)도……것 : 주희가 《중용장구》의 서문에서 "사람이라면 누구나 이 형체를 가지고 있으므로 비록 상지라도 인심이 없을 수 없다."라고 한 구절을 가리킨다.

154 정축년의 연설(筵說) : 1637년 1월 18일 김상헌(金尙憲)이 입대하여 최명길(崔

하지만 그 일을 수록함으로써 훈유(薰蕕)의 상이한 향[155]을 드러내지 않을 수 없을 듯합니다. 다만 그 설화는 추악하기가 비할 데 없으나 성상의 하교에 이르러서는 더욱 논의하기가 어려우니, 이것이 심히 난감한 점입니다. 그런데 지금 듣건대, 그 후에《북비수창록(北扉酬唱錄)》에 수록된 노선생의 "애를 쓴 것이 바로 여기에 있네.", "백 년의 의심이 갑자기 풀렸도다."라는 등의 구절[156]을 두고 말년에 노선생이 그의 본심을 살펴 용인하고 허여한 실제 행적이라 여긴다고 합니다. 이는 외부 사람이 감히 알 수 있는 바가 아니니 다만 집사를 비롯한 여러분의 판단 안에 있는 것입니다. 그러나 저의 생각으로는 이 재상[157]이 만년에 황조(皇朝)에 비밀리에 자문(咨文)을 보낸 한

鳴吉)이 초한 청(淸)나라에 대한 항복 문서를 찢으며 강화를 반대했던 일을 가리킨다. 《仁祖實錄 15年 1月 18日》

155 훈유(薰蕕)의 상이한 향 : 선악의 분명한 차이를 의미한다. 훈(薰)은 향기 나는 풀이고 유(蕕)는 악취 나는 풀로서, 여기서는 김상헌을 비롯한 주전파를 향기 나는 풀에 비유하고 주화파를 악취 나는 풀에 비유한 것이다.

156 북비수창록(北扉酬唱錄)에……구절 : 《북비수창록》은 병자호란 이후 최명길이 심양(瀋陽)의 북관(北館)으로 가 억류되어 있을 때 김상헌을 비롯한 여러 인물들과 수창한 시를 모은 책이다. 거기에 실린 김상헌의 시에 "좋은 시구 볼수록 더 묘하니 애를 쓴 것이 바로 여기 있네. 양대에 걸쳐 나눈 교분 다시 찾아서, 백 년의 의심 몽땅 풀어 버렸네.〔佳句看逾妙, 回腸正在斯. 從尋兩世好, 頓釋百年疑.〕"라는 대목이 있다. 이 시는 《청음집(淸陰集)》 권12에도 실려 있다.

157 이 재상 : 최명길(1586~1647)을 가리킨다. 본관은 전주(全州), 자는 자겸(子謙), 호는 지천(遲川)·창랑(滄浪), 시호는 문충(文忠)이다. 1605년(선조38)에 문과에 급제하고, 1623년 인조반정에 가담하여 완성부원군(完城府院君)에 봉해졌다. 1636년 병자호란 때 청나라와 강화를 맺는 데 주도적인 역할을 담당하고 항복 문서를 초안하여, 주전파인 김상헌 등과 갈등하였다. 1642년 영의정이 되어 임경업(林慶業) 등의 반청

가지 일[158]은 자못 스스로 속죄한 것이라고 할 수 있고 노선생이 고집하던 생각도 이 때문에 조금 풀어진 듯하니, 사론(士論) 또한 그 실상을 완전히 묻어 둘 수는 없습니다. 모름지기 연보 가운데 전후의 두 가지 일을 다 남겨 두어 공과 죄를 함께 드러내는 것이 사가(史家)의 공정한 필법일 듯한데, 어떻습니까? 부디 헤아려 가르침을 내려 주기를 바랍니다. 경진년과 임오년의 일은 별지에서 대략 갖추어 서술하였습니다.

《주자대전》 권64의 제20판 '자피중(自彼中)'부터 '자가첨전야(自可添展也)'까지 ○ 제23판 '취성각(聚星閣)'부터 '물시인야(勿示人也)'까지 ○ 제24판 '진태구(陳大丘)'부터 하판의 '관복교지(冠服教之)'까지

이상의 세 조목을 그림 아래에 부기함으로써 사람들로 하여금 선생의 당시 구상이 무엇인지, 그리고 지금 이 그림과 그때의 그림은 무엇이 같고 다르며 무엇이 더 상세하고 간략한지를 알 수 있도록 하는 것이 좋을 듯합니다. 대개 선생에게 이미 정론(定論)이 있었다면 이 그림은 마땅히 일체 그에 따라 기준을 삼아야 할 것이

활동에 책임을 지고 김상헌과 함께 청나라에 불려 가 갇혔다. 1645년에 귀국하여 곧 사망하였다. 《藥泉集 卷17 領議政文忠崔公神道碑銘》

158 황조(皇朝)에……일 : 1642년 최명길이 임경업과 함께 비밀리에 의승(義僧) 독보(獨步)를 명나라에 보내 조선이 청나라와 강화한 것은 종사(宗社)를 위해 부득이한 일이었으며 명나라를 성심으로 돕겠다는 내용으로 자문을 전달하게 한 일을 가리킨다. 나중에 이 일이 발각되어 최명길은 심양으로 잡혀갔다. 《燃藜室記述 卷26 仁祖朝故事本末 獨步》

지만 지금은 그렇지 못한 실정입니다. 선생이 여전히 상의하고 의논하는 가운데 있었으니, 후인들이 계획을 세우고 일을 추진하여 더할 것은 더하고 뺄 것은 빼는 것이 안 될 일은 아닙니다. 우선 이 세 그림 아래에 또 취성정(聚星亭)을 그려 넣고, 그 가운데 하나의 작은 병풍 모양을 만들어 거기에 가는 글자로 재차 선생의 찬(贊)을 쓰고, 또 취성정 곁에 선생의 고정(考亭)의 새 거처를 그려 넣고, 또 그 곁에 창주정사(滄洲精舍)를 그려 넣은 뒤, 이어 선생이 제자들과 함께 선성(先聖)으로부터 연평(延平)에 이르는 현인들께 석전(釋奠)의 예를 올렸던 일[159]을 드러냅니다. 그리한다면 그 일이 크게 완비될 뿐만 아니라 후대인들도 선생이 만년에 거처하셨을 때의 실상과 학문 연원의 내력까지 알 수 있게 될 것이니, 세교에 도움이 되는 것이 실로 작지 않습니다. 대개 선생은 만년에 담계(潭溪)에서 고정으로 거처를 옮기고 또 그 곁에 창주정사를 지어 학생들을 모으셨으며, 취성정이 마침 그 근처에 있었기에 선생은 그 정자를 보수하는 일을 도운 뒤 또 이 찬을 지어 세상 사람들에게 보이셨습니다. 지금 여기에 고정과 창주정사를 빠뜨린다면 진실로 퇴지(退之)의 이른바 "별들만 주워 모으고 해와 달은 빠뜨렸구나."라는 격[160]이 될 것입니다.

159 선생이 제자들과……일 : '선성'은 공자, '연평'은 주희의 스승인 이동(李侗)이다. 주희가 1194년 겨울 복건성(福建省) 건양(建陽)에 죽림정사(竹林精舍), 즉 후일의 창주정사를 건립한 뒤 제자들을 거느리고 그곳에서 공자에게 석채례(釋菜禮)를 올렸는데, 안자(顔子), 증자(曾子), 자사(子思), 맹자(孟子)를 배향(配享)하고 주돈이(周敦頤), 정호(程顥), 정이(程頤), 소옹(邵雍), 장재(張載), 사마광(司馬光), 이동을 종사(從祀)하였다. 《朱子大全 卷69 滄洲精舍釋菜儀, 卷86 滄洲精舍告先聖文》

일찍이 보건대 주 선생이 공중지(鞏仲至)와 함께 진식(陳寔)과 순숙(荀淑)의 일을 상의한 바 있습니다. 이제 하나의 그림을 제작하고자 하면서 선생과 남헌(南軒) 장 선생(張先生), 황면재(黃勉齋)의 여러 말씀을 그 아래에 이어 붙였는데, 누군가가 "한두 학사가 중관(中官)에 대해 언급하다가 거의 신문을 받을 뻔하였다. 지금 이 세 가지 말씀은 실로 시휘에 저촉되는 것이니 이 어찌 '위손오륭(危遜汚隆)'의 의리[161]이겠는가."라고 하였습니다. 이에 저는 '사람의 소견이 같지 않음이 이와 같으며, 여기에서 또한 오늘날의 세도가 어떠한지 볼 수 있다.'라고 여겼습니다.-이상의 글을 '일찍이 이 일을 하고 싶다.〔曾承欲爲之〕'라는 문장 위에 두고 그 아래 '그 사람과 함께〔與其人者〕'를 '선생이

160 퇴지(退之)의……격 : 작은 것만 기록하고 큰 것은 빠뜨리는 것을 말한다. 당(唐)나라 때 한유(韓愈)가 주(周)나라 선왕(宣王) 때에 사주(史籀)가 선왕의 공덕을 칭송하는 글을 새겼다고 하는 석고문(石鼓文)을 보고 〈석고가(石鼓歌)〉를 지어 "공자는 서쪽에 갔지만 진(秦)나라에는 이르지 않았으니, 별들만 주워 모으고 해와 달은 빠뜨렸구나."라고 하였다. '별'은 공자가 《시경》에 채집해 놓은 시를 가리키고, '해와 달'은 석고문을 가리킨다.

161 위손오륭(危遜汚隆)의 의리 : 도가 있는 세상에서는 언행을 준엄하게 하고 도가 없는 세상에서는 언행을 공손하게 해야 하는 의리를 가리킨다. 《논어》〈헌문(憲問)〉에, 공자가 "나라에 도가 있을 때에는 말을 준엄하게 하고 행실을 준엄하게 하며, 나라에 도가 없을 때에는 행실은 준엄하게 하되 말은 공손하게 하여야 한다.〔邦有道, 危言危行; 邦無道, 危行言孫.〕"라는 말에서 유래한 표현인데, 이 '위손오륭'이란 말은 그대로 주희의 〈취성정화병찬(聚星亭畫屛贊)〉에 나온다. 그 전후의 말은 다음과 같다. "훌륭하다 진자여. 신령스러운 산악이 빼어난 기운을 모아 낳았네. 글은 깊고 법도는 아름다우며 도는 넓고 마음은 공평하였네. 성쇠에 따라 언행을 준엄하게도 공손하게도 하며, 나아가고 물러남을 나로부터 하였네.〔猗歟陳子! 神嶽鍾英. 文淵範懿, 道廣心平. 危孫汚隆, 卷舒自我.〕"

상의하신 바〔先生所商量者〕'로 고치는 것이 어떠합니까?-[162]

선생의 〈창주정사석채의(滄洲精舍釋菜儀)〉는 《주자대전》 권69에 실려 있고, 그 축문(祝文)[163]은 권86에 실려 있습니다. 그 의례가 또 《주자어류》 권89 안에 상세히 보이니, 이른바 "새로 만든 서원의 낙성을 고하고"라고 시작하는 글[164]이 바로 이것입니다. 이 서원은 본래 명칭이 죽림(竹林)이었는데, 나중에 창주(滄洲)로 바꾸었습니다.

162 이상의……어떠합니까 : 이는 《송자대전》 권51 〈김연지에게 답함〔答金延之〕(乙卯閏五月二日)〉에 실려 있는 문장을 두고 한 말이다.

163 축문(祝文) : 〈창주정사고선성문(滄洲精舍告先聖文)〉을 가리킨다. 《朱子大全 卷86》

164 이른바……글 : 주희가 1194년에 창주정사에서 거행한 석채례의 과정을 기록한 글이다.

김연지에게 보냄 정사년(1677, 숙종3) 12월 28일

與金延之 丁巳十二月二十八日

주 선생(朱先生)의 〈와룡암기(臥龍菴記)〉에 "그 옛 집터에 여러 칸 규모의 집을 지은 뒤 명이 내리기를 기다려 그곳으로 이거(移居)하고, 얼마 뒤 또 연못에 이름 붙인 뜻[165]을 따라서 한(漢)나라 승상 제갈공(諸葛公)의 화상을 그려 그 당 안에 비치하였다."라고 하였고, 〈서원암기(西原菴記)〉에는 "마침 내가 와룡에 집을 지었기에 그로써 제갈 승상을 제사 지냈다."라고 하였습니다. 이 두 설을 합하여 본다면, 선생이 당초에 와룡에 집을 지었던 것은 다만 스스로 이거하려는 계획을 실천에 옮기고자 한 것이고, 또 연못에 이름 붙인 뜻을 따라서 무후(武侯)의 화상을 그려 당 안에 비치하였으며, 또 그에 따라 제사를 지냈습니다. 이에 근거해 본다면 보내온 편지에서 말한 "서너 칸을 이어 만들어 한쪽에는 초상화를 그린 족자를 걸어 두고 한쪽은 거처로 삼는다."라는 것은 아마도 이를 모방한 것인 듯합니다. 그런데 제사를 올린다는 한 대목은 알 수 없는 점이 있습니다. 선생의 와룡 시[166]에 "차가운 마름으

165 연못에……뜻 : 여산(廬山)의 오란봉(五亂峯) 아래에 있는 와룡담(臥龍潭)에는 와룡암(臥龍菴)이란 암자가 있었는데 무너져 터만 남아 있었다. 1184년에 주희(朱熹)가 사재를 털어 와룡암을 중수하고 '와룡'이라는 이름이 촉한(蜀漢)의 승상 제갈량(諸葛亮)의 호와 같다는 이유로 무후사(武侯祠)를 건립하여 제갈량의 화상을 안치하고 제사를 지냈다. 《晦庵集 卷79 臥龍菴記》

166 와룡 시 : 《회암집(晦庵集)》 권7에 실린 〈와룡암무후사(臥龍菴武侯祠)〉를 가리킨다.

로 방초의 향기를 바치고, 폭포수로 맑은 술을 올리네.〔寒藻薦芳馨, 飛泉奉明酌.〕"라고 하였는데, 이는 정말 차가운 마름과 폭포수를 바친 것일 뿐입니까, 아니면 술과 고기를 썼지만 시상이 우연히 그렇게 된 것입니까? 지금 다만 차가운 마름을 사용하고 샘물을 떠서 바치는 것이 또한 근거가 없는 일은 아니니, 어떠합니까? 대저 그 집과 그 제사는 당시에 아마도 극히 간소하였을 것으로 생각합니다.

김연지에게 보냄 무오년(1678, 숙종4) 1월 29일

與金延之 戊午正月二十九日

지난번 편지는 받아 보았습니까? 한교(韓嶠)가 편찬한 책에 관한 일은 어떻게 생각합니까? 〈취성도(聚星圖)〉에 대해 말씀드린 것은 혹시 생각해 보았습니까? 다시 생각해 보건대 응당 진식(陳寔)과 순숙(荀淑)의 일을 본체로 삼는다면 주 선생(朱先生)이 그 근처에 집을 짓고서 정자의 중수를 도우셨던 뜻을 대략 거론하는 것이 좋을 듯하고, 또 그로 인하여 창주정사(滄洲精舍) 역시 그 근처에 있음을 드러내어 진식과 순숙으로 하여금 그 영광을 누리도록 하는 것이 좋겠습니다. 그런데 만약 석채(釋菜)의 일을 자세히 드러낸다면 그 사체가 중대한 만큼 진식과 순숙의 일이 도리어 객의 입장이 되어 주객이 전도되고 명실(名實)이 어그러지게 됩니다. 이는 비록 작은 일이지만 이렇게 해서는 안 됩니다. 삼가 따로 그림을 하나 제작하였으면 하는데, 거기에 우선 고정(考亭)의 새 거처를 그리고 그 곁에 창주정사를 그려서 선성(先聖)과 선사(先師)께 석채를 올리는 의례를 자세히 갖추어 놓음으로써 후생들로 하여금 도통의 연원을 알게 한 다음 취성정을 대략 덧붙여 놓으면 또한 무방할 것입니다. 이어 〈복거(卜居)〉를 비롯한 선생의 여러 시를 그 위에 써넣는다면 또한 당시 은거하면서 확 트이고 상쾌하였던 기상을 상상해 볼 수 있을 것입니다. 일찍이 어느 집에 〈무이도(武夷圖)〉[167]가 있는 것을 본 적이 있는데 매우 기묘하고 뛰어났습니다만,

167 무이도(武夷圖) : 중국 복건성(福建省) 건안(建安)에 있는 무이산(武夷山)의 구

고정과 창주정사는 도리어 없었습니다. 지금 만약 이를 그려서 그 그림과 짝을 이루게 한다면 거의 학자들이 흠모하고 흥기하는 데 일조가 될 것입니다. 《주자대전문목(朱子大全問目)》 가운데 시편을 재차 수정한 것과 봉사(封事), 주차(奏箚)는 낭주(朗州)[168]로부터 차례로 받아 보았습니까? 부디 정정하여 가르침을 주기를 천만 간절히 바랍니다.

곡(九曲)을 그려 놓은 그림으로, 〈무이구곡도(武夷九曲圖)〉라고도 한다. 무이구곡은 주희(朱熹)가 한탁주(韓侂冑)의 모함을 피해 물러나서 강학하던 곳이다. 주희의 시 〈무이구곡가(武夷九曲歌)〉가 실려 있다. 《星湖全集 卷6 武夷九曲圖》

168 낭주(朗州) : 이 당시 전라도 영암(靈巖)에 유배되어 있던 김수항(金壽恒)을 가리킨다. 낭주는 영암의 옛 이름이다. 《宋子大全隨箚 卷6》

김연지에게 보냄 무오년(1678, 숙종4) 2월 17일

與金延之 戊午二月十七日

일찍이 윤형 길보(尹兄吉甫)와 함께 파산(坡山)의 문인이 쓴 신원(伸冤) 문자[169]를 읽을 때 윤형이 '견징(見徵)'[170]이라고 읽으므로 그 소본을 살펴보니 정말로 '징(徵)'으로 되어 있었습니다. 이는 당시 《주자대전(朱子大全)》본에서 '징'으로 잘못되어 있던 것입니까, 아니면 그 문하의 여러 사람들이 '징'으로 잘못 본 것입니까? 저의 생각으로는 만약 '미(微)' 자로 본다면 우계(牛溪) 선생의 일이 그다지 들어맞지 않고 '징' 자로 보면 서로 근사하다고 생각하는데, 그 당시 윤형에게 이렇게 말하였더니 윤형이 아주 옳다고 하였습니다. 후대의 군자가 만약 위(魏)나라가 둘로 갈라지는 것과 같은 사태를 당한다면 마땅히 주자(朱

169 파산(坡山)의……문자 : 파산은 파주(坡州) 우계(牛溪)에서 살았던 성혼(成渾)을 가리킨다. 이이(李珥)와 성혼의 문인인 한교(韓嶠)가 1611년(광해군3) 3월, 기축옥사(己丑獄事) 때에 최영경(崔永慶)을 억울하게 죽게 했다는 죄목으로 관작이 추탈된 성혼의 신원을 청한 소장을 가리킨다. 《光海君日記 3年 3月 29日》

170 견징(見徵) : 한교의 소장에 인용된 주희(朱熹)의 말 '견징지사(見徵之士)'를 가리키는데, 임금의 부름을 받은 선비라는 뜻이다. 선조가 임진왜란으로 의주(義州)로 피난할 때 성혼이 가까이 살면서도 길가에 나와 맞이하지 않았고 또 의주의 행재소(行在所)에도 뒤늦게 나아가 임금을 내팽개친 죄를 자초하였다는 비판에 직면하였는데, 이에 대해 한교는 주희의 "위나라가 둘로 갈라질 때 동쪽에는 고환(高歡)이 있었고 서쪽에는 우문태(宇文泰)가 있었다. 이때를 당하여 부름을 받을 선비는 이미 그 지위에 있지 않았지만, 불행히 그 지위에 있는 경우 좌우의 근신은 임금을 따라 서쪽으로 갔고 사직의 대신은 동쪽에서 나라를 지켰다."라는 말을 인용하면서 성혼의 행동을 변호하였다. 주희의 이 말은 《회암집(晦庵集)》 권42 〈답오회숙(答吳晦叔)〉에 실려 있다.

子)가 말씀한 대로 하는 것 외에 또 무슨 의리가 있겠습니까.

임금의 상(喪)에 분상(奔喪)하는 절목에 관해서 말해 보겠습니다. 주 선생(朱先生)이 고을을 다스렸을 때의 일로 보건대 그 경내의 사대부는 해당 관아에서 곡한다는 분명한 글이 이미 있고, 옛날에 또 조정에 있는 자는 조정에서 곡하고 재야에 있는 자는 재야에서 곡한다는 말이 있으며, 근세의 일로 말해 보면 서애(西厓) 유 상공(柳相公)은 밖에 있는 신하가 조정에 들어와 곡을 하는 것은 잘못이라고 극구 말한 바 있습니다. 그런데 근년에 와서는 밖에 있는 신하가 부곡(赴哭)하는 것이 하나의 법령이 되어 버렸습니다. 인조(仁祖)의 초상에 참의 송국택(宋國澤 명성왕후의 외조부)이 부곡을 늦게 했다고 하여 논핵을 받았고,-장례 이전에 부곡하였는데, 감사 김홍욱(金弘郁)이 집의의 자격으로 탄핵하였습니다.- 윤선도(尹善道)는 부곡하지 않았다고 하여 헌부에서 아주 오래도록 논계(論啓)를 하다가 신독재(愼獨齋)가 조정에 나아간 뒤에야 그 논의가 마침내 그쳤습니다. 그러나 송(宋)나라의 사례로 말해 보자면 신종(神宗)의 상에 사마 온공(司馬溫公)이 낙양(洛陽)으로부터 변경(汴京)에 들어와서 부곡하였습니다. 저의 생각에는 부곡을 하고 말고는 각자 나름의 의리가 있으며 굳이 서로 같아야 할 필요는 없지 않을까 합니다.

김연지에게 답함 무오년(1678, 숙종4) 6월 11일
答金延之 戊午六月十一日

일전에 거듭된 상사(喪事)를 당하였다는 소식을 듣고서 삼가 편지 한 통으로 위문하였는데, 받아 보았는지 모르겠습니다. 지난달 말쯤에 1월 13일에 보낸 편지를 받고는 말로 표현할 수 없을 만큼 기쁘고 위로되었습니다. 아무개가 주자(朱子)의 언행을 엮어 편찬한 책은 오직 한 본만 있을 뿐이어서 보내 드린 뒤로 중간에 유실되지는 않을까 늘 염려하였는데, 이제 편지에서 하는 말을 보고 말할 나위 없이 다행스러웠습니다. 한 건을 다른 종이에 옮겨 쓴 후 속히 해당 원본을 돌려준다면 다시 손질하고 정돈하여 여쭙겠습니다. 원본을 돌려줄 때에 겸양하지 말고 모름지기 지난번 편지에서 간청한 바에 부응해 주는 것이 어떠하고 어떠합니까?

저는 윤달 이래로 위병(胃病)을 추가로 얻어 식음을 전폐하고 있으니, 이는 다른 병에 비할 바가 아니라서 두려운 심정으로 위기감을 느끼고 있습니다.

무후(武侯)의 사당은 이미 완성하였습니까? 일전에 별 볼 일 없는 이야기를 가지고 고명한 그대의 질문에 답한 바 있는데 중간에 그 글이 유실되지는 않았는지요? 주 선생이 일찍이 서지백(徐志伯)에게 보낸 편지에서[171] "사당 안에 선배들의 초상을 둘러놓고서 본인은 도리어

171 주……편지에서 : 이하 내용은 《회암집(晦庵集)》 권58에 수록된 〈답서지백(答徐志伯)〉에 보인다.

복건(幅巾)과 편복(便服) 차림으로 그 안에서 노닐고 잔치하며 잠자고 앉아 있으니 편치 않은 일인 것 같다."라고 하셨고, 또 말씀하기를 "유자징(劉子澄)이 주릉도원(朱陵道院)을 지어 자신은 정당(正堂)에 거처하고 양쪽의 곁채를 선현(先賢)의 사당으로 만들었는데, 삼가 그것이 옳지 않은 행동이라는 의문을 품었다."라고 하셨으니, 지금의 이 일에서 이 두 사람의 잘못을 면할 수만 있으면 만족스러울 것입니다. 선생이 또 일찍이 이 일을 논하여 말씀하기를[172] "그 건물의 규모는 줄이되 그 재목은 장엄하게 함으로써 장구하게 보전할 계획을 해야 할 것이다."라고 하셨으니, 이는 실로 지금 본받아야 할 말씀입니다. 나머지 할 말은 병이 심하여 남의 손을 빌려 적느라 엉성하니, 몹시 황공한 마음을 견딜 수 없습니다.

별지

'소학중편(小學重編)'이란 명칭은 그 명명한 의미가 끝내 온당치 않으니, 어떻게 하면 좋을지 모르겠습니다. 혹 《근사속록(近思續錄)》의 전례를 따라 '소학속편(小學續編)'이라고 명명하는 것은 어떠합니까? 가르침을 내려 주기를 바랍니다.

모 재상[173]의 일에 대해 말해 보겠습니다. 저의 생각으로는, 노선생(老先生)이 "애를 썼다."라는 등의 말로써 그를 허여하신 것[174]은

172 선생이……말씀하기를 : 이하 내용은 《회암집》 권35에 수록된 〈답유자징(答劉子澄)〉에 보인다.

173 모 재상 : 최명길(崔鳴吉)을 가리킨다. 《宋子大全隨箚 卷6》

174 노선생(老先生)이……것 : 232쪽 주156 참조.

명교(名敎)에 공이 있음을 취한 것이지 구차히 허여하신 것은 아닌 듯하므로 노선생의 일과 관련이 없다고는 말할 수 없습니다. 이 때문에 지난번에 질문을 하였던 것인데, 일찍이 문곡(文谷)의 편지를 보니 보내온 편지에서 보인 뜻과 마찬가지였습니다. 그러나 저는 이 일에서 족히 노선생의 지공무사(至公無私)한 훌륭한 덕을 볼 수 있다는 생각을 가지고 있는데, 다시 헤아려 보는 것이 어떠합니까?

지난날 창주정사(滄洲精舍)와 관련하여 질문을 한 뒤에 이윽고 생각해 보니, 그 그림은 이미 취성정(聚星亭)이 위주가 되어 있는데 도리어 창주정사와 관련한 일을 상세히 한다면 객이 도리어 주인을 이기는 혐의가 있다고 판단하였습니다. 이러한 까닭에 재차 그 뒤에 보낸 편지에서 그 일을 질문하였는데, 지금 편지에서는 그에 관하여 언급하지 않았습니다. 이는 필시 뒤에 보낸 편지를 아직 보지 못한 탓일 텐데, 어느 곳에 그 편지가 정체되어 있는지 모르겠습니다. 〈취성도(聚星圖)〉의 병풍에 두사(頭辭)만 쓰는 것은 보내온 편지에서 말한 뜻이 몹시 마땅합니다.

김연지에게 보냄 기미년(1679, 숙종5) 1월
與金延之 己未正月

노선생(老先生)의 언행을 보여 준 것에 대단히 감사합니다. 다만 정자(程子) 문인이 정자의 언행을 기록할 때에 처음에는 '어록(語錄)'이라고 명명하였다가 나중에 '유서(遺書)'로 고쳤고, 주 선생(朱先生)이 《이락연원록(伊洛淵源錄)》에서 그 본전(本傳)과 비갈(碑碣)에서 미비한 부분을 보완하여 '유사(遺事)'라고 명명하였습니다. 이것이 실로 본받을 만하므로 참람하게도 '모 선생 유사'로 이름을 고쳤는데, 어떠합니까? 그중에 상의할 만한 부분이 없지 않으므로 일단 남겨 두고 나중에 여쭙겠습니다.

보여 준 노선생의 율시 〈유감(有感)〉 한 수[175]는 백세가 흐른 먼 후대에도 오히려 눈물을 짓게 할 만하니 하물며 자제들과 문인들은 어떻겠습니까. 고명한 그대가 그에 수창한 시는 이미 당시에 칭찬을 받았으니 어찌 감히 논평할 여지가 있겠습니까. 그러니 원운(原韻) 아래에 덧붙여 드러내는 것이 무슨 안 될 것이 있겠습니까. 편지의 마지막 부분에서 한 말씀을 감히 저버릴 수 없기에 어리석음을 무릅쓰고 창화시를 지어 올리니, 진실로 이른바 "한 문공(韓文公)의 다리 아래에서 글을 쓰는 것이 더욱 어렵다."라는 격[176]입니다. 그 아래 여러 행의 글은 법도

175 노선생의……수 : 청음(淸陰) 김상헌(金尙憲)이 1648년(인조26)에 지은 〈유감일수(有感一首)〉를 가리킨다. 《淸陰集 卷6》 김수증이 그 시에 차운하였고, 송시열이 다시 김수증의 차운시에 창화하였다.

에 어긋난다는 생각이 더욱 일어나니, 모두 장독의 덮개로나 써 주기를 바랍니다.

176 한……격 : 김수증이 이미 창화시를 지었으니, 송시열이 또 창화시를 지으면 우열이 더욱 비교되므로 짓기가 난감하다는 말이다. 한 문공은 당(唐)나라 문장가인 한유(韓愈)를 말한다. 주희(朱熹)가 진공석(陳孔碩)으로부터 원주(袁州)의 학기(學記)를 지어 달라는 요청을 받고 말하기를 "더구나 한 문공의 다리 밑은 문장을 지을 곳이 아니다."라고 하였다.《晦庵集 卷49 答陳膚仲》

김연지에게 답함 기미년(1679, 숙종5) 2월 2일
答金延之 己未二月二日

고(故) 이 정승 집안의 인편이 정초에 고귀(告歸)할 때 대략 짧은 편지를 쓰고 아울러 요절한 자식[177]의 묘지문을 보내 드렸는데, 그 편지가 전해지기도 전에 지난 섣달 6일에 보낸 편지를 지금 받게 되었습니다. 그 편지에서 '층봉(層峯)'[178]을 언급하셨는데, 남의 슬픔을 제 일처럼 슬퍼하시는 뜻이 글 밖으로 넘쳐흐르는지라 감격한 나머지 슬픔의 눈물이 절로 떨어졌습니다.

서책 공부는 계속 이어 가는 것이 참으로 쉬운 일이 아닙니다. 더구나 이에 한 걸음 더 나아가 함양하고 성찰하는 공부는 더욱 말하기 어렵습니다. 그러나 고명한 그대가 이미 계속 이어 나갈 수 없다는 것을 깨달은 만큼, 이 깨달은 부분이 바로 능히 계속 이어 나갈 수 있는 징조가 되니, 우러러 공경스럽기 그지없습니다.

《주자대전문목(朱子大全問目)》은 계속 보내 드려 교정을 부탁하고 싶지만 모두 암초(暗草)[179] 가운데 있으니, 다른 종이에 옮겨 쓰기를

177 요절한 자식 : 1678년 8월에 죽은 송시열의 장녀를 가리킨다. 《宋子大全 卷153 祭長女權氏婦文》

178 층봉(層峯) : 당나라 한유(韓愈)가 조주 자사(潮州刺史)로 폄척되어 임지로 가는 도중 어린 딸이 죽어 층봉역(層峯驛) 근처의 산기슭에 임시로 매장해 두었다가, 사면을 받고 조정으로 돌아올 때 그 묘에 들러서 시를 지었다는 고사가 있다. 《韓昌黎集 卷10》 여기서는 송시열의 장녀가 죽은 일을 말한다.

179 암초(暗草) : 자기만 알아보게 써 놓은 초고(草稿)를 말한다.

기다려야겠습니다. 저는 병이 날로 더해 가고 학문은 날로 퇴보하니 오직 부끄러움을 품은 채 죽게 될 뿐입니다. 만약 편지를 통하여 깨우침과 경책을 받음으로써 이 좁은 안목을 넓히는 요행을 얻는다면 몹시도 큰 은혜가 될 것입니다. 지극히 간절한 바람을 견딜 수 없습니다.

김연지에게 답함 기미년(1679, 숙종5) 3월 3일
答金延之 己未三月三日

1월 29일에 보낸 편지와 2월 2일에 보낸 편지를 모두 받으니, 그 위로되고 후련한 마음을 말로 표현할 수 없습니다.

이 목사(李牧使)의 문자[180]에 대해 말해 보겠습니다. 이러한 때에 글을 짓지 않겠다는 평소의 다짐을 깨는 것은 물론 어려운 일이지만 애당초 같은 문하라면 곧 형제의 의리가 있는 것입니다. 더구나 편지에서 말한 뜻이 이와 같이 간곡한 데다 양산(楊山)과 동주(東州)[181]가 신신당부한 말이 지극히도 간절하며, 또 아울러 이 효자(李孝子)[182]가 슬픔을 무릅쓰고 천 리를 멀다 하지 않고 산을 넘고 물을 건너서 찾아왔으니 그 뜻이 더욱 차마 저버릴 수 없는 점이 있습니다. 이에 질병으로 신음하는 가운데 억지로 애를 쓰며 초고를 완성하고는 도중에 이 효자

180 이 목사(李牧使)의 문자 : 김수증의 매부인 이정악(李挺岳)의 묘갈명을 가리키는데, 그가 파주 목사(坡州牧使)를 지냈으므로 이렇게 부른 것이다. 이정악의 자는 수이(秀而)이고, 호는 아은(啞隱)이다. 《宋子大全 卷180 坡州牧使贈參判李公墓碣銘》

181 양산(楊山)과 동주(東州) : 김수흥(金壽興)과 김수항(金壽恒)을 가리킨다. 양산은 양주(楊州)의 이칭인데, 김수흥은 1674년(현종15) 8월 자의대비(慈懿大妃)의 복제(服制) 문제로 양사(兩司)의 탄핵을 받아 춘천에 유배되었다가 이듬해 풀려 나와 고향인 양주로 물러가 살았다. 동주는 철원(鐵原)의 이칭인데, 김수항은 1675년에 송시열, 김우명(金佑明) 등을 두둔하고 남인을 비난하는 차자를 올려 영암(靈巖)으로 유배되었다가 이때 철원으로 양이(量移)되었다. 《宋子大全隨箚 卷6》

182 이 효자(李孝子) : 죽은 이정악의 아들을 가리킨다. 효자는 부모가 죽어서 상을 입은 상주를 지칭하는 말이다.

가 약정한 기일에 뒤늦게 맞췄으니, 취사선택의 기준은 오직 집사 여러 분의 평가와 판단을 기다릴 뿐입니다.

창주정사(滄洲精舍)와 관련한 여러 그림은 유의하면서 계획을 세워 진행해 나가겠다고 허락하였으니 몹시도 다행이고 다행입니다. 이는 선생을 존경하고 사모하는 데 있어 지엽적인 일이라는 것을 너무도 잘 알지만, 그 모습을 상상하여 흥기하는 데 거의 만분의 일이나마 일조할 수 있을 것입니다. 일찍이 동주에게 질문하였던 《주자대전문목(朱子大全問目)》을 혹시 집사의 책상으로 옮겨 놓을 수 있다면, 간절히 바라건대 정밀하게 산삭하고 증보함으로써 분비(憤悱)의 심정[183]에 부응해 주는 것이 어떠합니까. 이것이 사람들에게 보탬이 되는 것은 다른 여러 그림에 비할 바가 아닙니다.

이씨(李氏)에게 시집간 따님의 묘명(墓銘)[184]은 과한 칭찬을 받았으니 참으로 부끄럽습니다. 비백(朏魄)과 간지(干支)는 모두 《상서(尙書)》에서 온 것인데 그 사이에 우열은 그다지 없습니다만, 후인들이 쉽게 상고하게 하려면 비(朏)로 쓰는 것이 더 좋을 듯합니다.

졸시(拙詩)에 있는 오자(誤字)는 저의 불민함이 심한 탓입니다. 삼가 다른 종이에 옮겨 써서 보내 드리겠습니다.

183 분비(憤悱)의 심정 : '분(憤)'은 제대로 이해하지 못해서 분해하는 것이고, '비(悱)'는 제대로 표현할 줄 몰라서 답답해하는 것으로, 여기에서는 곧 《주자대전》의 난해한 대목을 해결하기 위한 간절한 심정을 가리킨다.

184 이씨(李氏)에게……묘명(墓銘) : 이병천(李秉天)에게 시집간 김수증 딸의 묘명으로, 《송자대전》 권200에 〈이병천처김씨묘명(李秉天妻金氏墓銘)〉이란 제목으로 실려 있다.

별지

주 선생(朱先生)은 연평부(延平府) 우계현(尤溪縣)의 우사(寓舍)에서 출생하여 14세인 계해년(1143)에 비로소 담계(潭溪)에서 살았습니다. 14세 이전에는 기록할 만한 것이 없고 그 후에야 비로소 자세히 상고할 수 있습니다. 담계에서 산 기간이 40년이기 때문에 선생이 시에서 "담계에 살던 40년 떠올려 보니"[185]라고 한 것입니다. 무이정사(武夷精舍)를 짓고 운곡(雲谷)에 집을 지은 것도 모두 담계에 살던 때의 일이었습니다. 그러하니 모름지기 담계를 위주로 하고 무이정사와 운곡을 덧붙인 뒤에 여러 시문들을 그 아래 기록하는 것이 어떻습니까?

○ 신미년(1151)에 동안 주부(同安主簿)가 되었으니, 고사헌(高士軒)과 외루암(畏壘庵) 등을 응당 그림으로 그리고, 두 기문(記文)[186]을 그 아래 기록하는 것이 좋을 듯합니다.

○ 정해년(1167) 가을 장사(長沙)로 가서 남헌(南軒)을 방문한 뒤 남악(南嶽)을 유람하였으니, 남악을 그림으로 그리고 그때에 지은 여러 작품들을 그 아래에 기록해야 할 것입니다.

○ 을미년(1175)에 동래(東萊)와 함께 한천정사(寒泉精舍)에서 《근사록(近思錄)》을 편찬하고 이어 함께 아호사(鵝湖寺)로 가서 육자수(陸子壽) 형제를 만나 강론하였으니, 모름지기 한천정사와 아

185 담계에……보니 : 《회암집(晦庵集)》 권66에 실린 〈회담계구거(懷潭溪舊居)〉의 제1구이다.

186 두 기문(記文) : 《회암집》 권77의 〈고사헌기(高士軒記)〉와 〈외루암기(畏壘庵記)〉를 가리킨다.

호사를 그림으로 그리고 《근사록》의 서문 및 육자수 형제와 수작한 작품을 비롯한 여러 시를 기록해야 할 것입니다.

○ 무술년(1178)에 남강군 태수(南康軍太守)가 되었으니, 여산(廬山)을 그림으로 그리고 그때 지은 여러 작품을 모두 그 아래에 기록해야 할 것입니다. 이곳에서의 일이 가장 많으니 와룡암(臥龍庵), 강왕곡(康王谷), 염계(濂溪)의 집과 같은 것들을 각기 그림으로 그리고 그 시문을 각각 그 아래에 기록하되, 백록동서원(白鹿洞書院)은 가장 상세히 할 수 있는 것입니다.

○ 임자년(1192)에 비로소 고정(考亭)에 집을 지었으니, 이것이 창주정사입니다.

○ 갑인년(1194)에 호남 안무사(湖南安撫使)가 되어 악록서원(嶽麓書院)을 건립하였으니, 이 서원은 의당 그림으로 그려야 합니다. 이해에 조정에 들어가 시강(侍講)이 되었다가 한탁주(韓侂胄)에게 쫓겨나 영지사(靈芝寺)로 나가 묵고서 동료들의 전송을 받았으니, 모름지기 이 절을 그림으로 그리고 〈여이계장서(與李季章書)〉[187]를 그 아래에 기록해야 합니다.

○ 정사년(1197) 한천(寒泉)의 정안사(淨安寺)에서 채서산(蔡西山)과 작별하였으니, 모름지기 이 절을 그림으로 그린 뒤 선생이 교외로 나가 채서산을 맞이하던 모습과 제생들이 화로에 둘러앉고 구자복(丘子服)이 눈물을 떨구던 모습을 모두 덧붙임으로써 끝맺는다면 선생의 대전(大全)이 될 수 있을 것입니다.

187 여이계장서(與李季章書) : 주희(朱熹)의 문인 이인엽(李寅燁)에게 보낸 편지이다. 《회암집》 권29에 실려 있다. 계장(季章)은 이인엽의 자이다.

○ 여러 곳의 산수를 모름지기 《일통지(一統志)》에 의거하여 그림으로 그린다면 비록 딱 들어맞지 않더라도 그리 크게 틀리지는 않을 것입니다. 이와 같이 한다면 몇 년 동안의 공부가 되겠습니다.

김연지에게 보냄 기미년(1679, 숙종5) 3월 23일

與金延之 己未三月二十三日

언제나 주 선생(朱先生)의 "이 머리가 목 위에 붙어 있다."[188]라는 말씀을 외우곤 하였는데, 이제는 사태가 목전에 닥침에 따라 장차 머리를 목 위에 붙여 둘 수 없게 되었습니다. 선생이 편지[189]에서 "생각건대 공은 평생의 친구이니 몇 마디 이별의 말을 하지 않을 수 없습니다."라고 하셨는데, 이제 마침 독우군(督郵君)을 만나 감히 이렇게 대략 소회를 폅니다.

밀곡(密谷)의 남군(南君 남유창(南有昌))이 여기에 온 지 이제 겨우 며칠이 되었습니다. 편지에서 말씀한 내용은 하나하나 다 읽어 보았습니다. 칠선(七仙)의 문자[190]는 보내온 작품 그대로가 정히 좋으니 굳이 더 이상의 췌언이 필요하지는 않겠습니다. 또 정암(靜庵)과 충암(冲庵)[191] 두 현인은 모두 죽음을 앞두고 글을 지었으나, 저는 글솜씨가

188 이……있다 : 송 영종(宋寧宗) 때 한탁주(韓侂胄)가 정권을 잡고 반대파를 제거하기 위한 일환으로 주희(朱熹)와 그 일파의 학문을 위학(僞學)으로 규정하고 추방하자, 그에 위협을 느낀 주희가 겨우 목숨을 부지하고 있다는 의미로 한 말이다.《朱子語類 卷107》

189 편지 :《회암집(晦庵集)》 권29의 〈여항평보서(與項平父書)〉이다.

190 칠선(七仙)의 문자 : 김수증이 지은 〈칠선동기(七仙洞記)〉를 가리키는 것으로 보인다.《谷雲集 卷3》

191 정암(靜庵)과 충암(冲庵) : 정암(靜庵)은 조광조(趙光祖)의 호이고, 충암(冲庵)은 김정(金淨)의 호이다. 이들은 모두 급진적인 개혁 정책을 추진한 사림파의 대표적인 인물인데, 1519년(중종14)에 훈구파인 남곤(南袞) 일파가 일으킨 기묘사화(己卯

졸렬하여 지을 겨를이 없습니다. 저의 글을 짓는 것도 겨를이 없는데 다른 이의 글을 지을 수 있겠습니까. 오직 바라건대 고요한 가운데 책을 보고 이치를 완색(玩索)하며 마음을 보존하고 기운을 기름으로써 사문(斯文)의 일맥을 부지해 주십시오. 그리해 준다면 크나큰 다행일 것입니다. 모든 것은 오직 묵묵히 이해해 주기를 바랍니다.

별지

처자의 명(銘)[192]에서 "《시경》을 묻고자 하였다.〔欲問詩〕"라고 한 것은 《초사후어(楚辭後語)》의 "여사를 찾아 《시경》을 물었다.〔顧女史問詩〕"라는 말을 활용하였고,[193] 그 위의 구에 나오는 "오리와 기러기, 금과 슬〔鳧雁琴瑟〕"은 《시경》의 말[194]이기 때문에 원용한 것입니

士禍)로 인하여 조광조는 그해 12월에 사사되었고, 김정은 유배되었다가 1521년에 신사무옥(辛巳誣獄)에 연루되어 사사되었다.

192 처자의 명(銘) : 이병천(李秉天)에게 시집간 김수증 딸의 묘명(墓銘)으로, 송시열이 지었다. 《송자대전》 권200에 〈이병천처김씨묘명(李秉天妻金氏墓銘)〉이란 제목으로 실려 있다.

193 초사후어(楚辭後語)의……활용하였고 : 《초사후어》는 주희가 편찬한 시가 모음집이다. 그 책 권2에 한 성제(漢成帝)의 궁인인 반 첩여(班婕妤)가 황후 조비연(趙飛燕)의 참소를 받고 지은 〈자도부(自悼賦)〉가 수록되어 있는데, 그 작품 가운데 "여도를 펴 놓고 귀감으로 삼음이여, 여사를 찾아 《시경》을 물었도다.〔陳女圖以鏡監兮, 顧女史而問詩.〕"라고 하는 대목이 있다.

194 시경의 말 : 《시경》 〈정풍(鄭風) 여왈계명(女曰雞鳴)〉의 "장차 이리저리 다니면서, 오리와 기러기를 주살로 잡아올지어다.〔將翺將翔, 弋鳧與雁.〕"라고 한 것과 "자리에 있는 금과 슬도, 고요하고 좋지 않음이 없도다.〔琴瑟在御, 莫不靜好.〕"라고 한 것을 가리킨다. 전자는 어진 아내가 안일함에 빠지지 않고 남편을 잘 규계(規戒)한다는 의미이고, 후자는 부부의 화락(和樂)한 모습을 형용한 말이다.

다. 이른바 '서자기(書自奇)'[195]는 대개 "스스로 서책을 매우 기이한 일로 여겼다."라는 말인데, 구양공(歐陽公)이 매완릉(梅宛陵)의 처 사씨(謝氏)의 명[196]을 지으면서 "평소에 더욱이 문장이 귀중하다는 것을 알았다."라고 하였으니, 지금 이 문장은 기실 구양공의 이 글의 뜻에 뿌리를 둔 것입니다.

195 서자기(書自奇) : 송시열의 〈이병천처김씨묘명〉에 "생각건대 평소에 서책을 스스로 기이하게 여겼으니, 누가 그 죽음을 슬퍼하며 그 비문을 짓겠는가.〔念其平生書自奇, 孰哀其死篆斯碑?〕"라고 한 대목을 가리킨다. 《宋子大全 卷200》

196 매완릉(梅宛陵)의……명 : 송나라 구양수(歐陽脩)가 지은 〈남양현군사씨묘지명(南陽縣君謝氏墓誌銘)〉을 가리킨다. 매완릉은 매요신(梅堯臣)이며, 완릉(宛陵)은 그의 호이다.

김연지에게 답함 계해년(1683, 숙종9) 9월 18일

答金延之 癸亥九月十八日

서울 집에 머물면서 날마다 상공(相公)이신 두 아우와 함께 넓고도 정밀하게 계책을 논하며 지낼 것이라 생각했다가, 마침내 다시 수령으로 나아갔다는 소식[197]을 듣고 한창 낙담하고 있었습니다. 그러던 차에 홀연 특별히 보낸 편지를 받게 되니 그립고 위로되는 마음을 무어라 표현할 길이 없습니다. 저의 책을 교정하는 일은 비록 든든한 벗을 얻었으나, 저의 병이 오래도록 낫지 않는 탓으로 하다 말다 하고 있으니 끝날 기약이 없을까 염려됩니다. 그곳은 강과의 거리가 몇 걸음도 되지 않아 풍경이 몹시 맑고 그윽하여 짐작건대 고아한 그대의 마음에 만족스러울 것이며 또한 '남긴 은혜가 사라지지 않은'[198] 감회가 있을 것이니, 그 모두가 저로 하여금 흠모하는 마음을 그치지 않게 합니다. 어제 좌규(左揆)가 자운비(紫雲碑)[199]의 탁본을 보내 주었는데 흡사 구루산(岣嶁山)에 올라 과두서(科斗書)를 어루만지는 것 같은 기분이 들었으니,[200] 이 얼마나 즐거운 일입니까. 맏아들을 보내 다시 살피고

197 수령으로 나아갔다는 소식 : 김수증이 1683년에 청풍 부사(淸風府使)에 임명된 것을 가리킨다. 《寒水齋集 卷1 觀水軒次谷雲丈所寄韻》

198 남긴……않은 : 김수증의 부친인 김광찬(金光燦)이 청풍 부사로 있으면서 베푼 은혜가 여전히 남아 있는 것을 가리킨다. 김광찬은 1655년(효종6) 청풍 군수에 임명되었다. 《承政院日記 孝宗 6年 4月 29日》

199 자운비(紫雲碑) : 송시열이 지은 〈자운서원묘정비명(紫雲書院廟庭碑銘)〉을 가리킨다. 《宋子大全 卷171》

교정하였습니까? 왕림하겠다고 허락해 주었으니 간절히 기다리는 마음 어찌 견딜 수 있겠습니까. 다만 병든 몸으로 그대를 모시고 다닐 수 없을까 염려될 뿐입니다. 나머지 할 말은 자세히 갖추어 말씀드리지 못합니다.

200 구루산(岣嶁山)에……들었으니 : 송시열의 〈자운서원묘정비명〉을 쓴 김수증의 글씨를 칭송한 말이다. 구루산은 중국 형산(衡山) 남쪽에 있는 봉우리인데 우(禹) 임금이 홍수를 다스린 뒤 세운 형산신우비(衡山神禹碑)가 그곳에 있으며, 과두 문자(蝌蚪文字)로 쓰여 있다. 이는 김수증의 글씨를 형산신우비의 글씨에 비긴 것이다. 《宋子大全隨箚 卷6》

김연지에게 답함 계해년(1683, 숙종9) 10월 6일

答金延之 癸亥十月六日

충선(忠宣)의 일[201]은 물론 근거할 곳이 없지만 여공(呂公)은 실로 올바른 인물이 아니었기에 충선이 그를 미워하여 원한을 푼 일을 숨기고자 하였습니다. 그렇기 때문에 그 마음이 정도를 지키는 데에 해될 것이 없으니, 그 위의 "함께 설 수 있다."라고 한 것이 또한 이 뜻입니다. 저의 소견은 이와 같은데, 옳은지 모르겠습니다.

201 충선(忠宣)의 일 : 충선은 송(宋)나라 범순인(范純仁)의 시호이다. 인종(仁宗) 때 범순인의 아버지 범중엄(范仲淹)은 곽 황후(郭皇后)의 폐위 문제를 놓고 재상 여이간(呂夷簡) 등과 대립하다 좌천된 적이 있다. 범중엄이 죽은 뒤에 구양수(歐陽脩)가 그의 신도비명(神道碑銘)을 지으면서 두 사람이 만년에 원한을 풀었다고 썼는데, 범순인은 자신의 아버지가 여이간과 화해한 적이 없는데 이렇게 쓴 것은 아버지를 욕되게 하는 일이라고 생각하여 비문에서 그 구절을 빼 버렸다. 이러한 범순인의 행동에 대해 훗날 주희(朱熹)는 "이른바 '함께 설 수 있어도 함께 권도를 할 수 없다.'라는 경우이다." 라고 하면서 범순인은 구양수에게 부친의 진심을 아뢰고 그 처분을 따라야 했고, 끝내 의견이 맞지 않으면 의리에 입각하여 구양수와 관계를 끊었어야 옳다는 평가를 내리는 한편, "소견은 좁지만 정도를 지키는 것에는 해될 것이 없다."라고 그의 행위를 일부 옹호하였다. 《晦庵集 卷38 答周益公書》《唐宋八家文 卷12 資政殿學士戶部侍郎文正范公神道碑銘》

김연지에게 답함 갑자년(1684, 숙종10) 5월 22일

答金延之 甲子五月二十二日

지난달에 안으로는 위장이 손상되고 밖으로는 감기에 걸려 수차례 죽을 뻔하다가, 외람되게도 의약(醫藥)을 내려 주라는 명을 받아서 오늘이 있을 수 있게 되었습니다. 그러나 여전히 생사의 갈림길에 있는데, 이러한 때에 홀연 안부를 묻는 편지를 받고서 문득 오랫동안 앓던 병의 소재마저 잊었으니 얼마나 다행이며 또 얼마나 다행입니까. 이어 그를 통해 한벽루(寒碧樓)와 매월헌(梅月軒)[202]에서 무더위도 범접하지 못하는 가운데 고요하게 앉아 있는 정경이 족히 즐거울 만하다는 것을 알았으니, 저로 하여금 몹시 그리운 마음이 들게 합니다.

근자에 황강(黃江)의 벗[203]이 찾아와서 책 읽는 공부를 폐하지 않고 있으니 도움을 받는 부분이 매우 많습니다만, 병든 상태로 하는 생각이 어둡고 어지러운 탓에 뜻을 다하여 토론하기가 불가능하여 정말로 하루가 아쉽다는 생각이 듭니다.

별지에서 한 말씀은 삼가 자세히 살펴보았습니다. 그자가 말한 것[204]

202 한벽루(寒碧樓)와 매월헌(梅月軒) : 이때 김수증은 청풍 부사(淸風府使)로 재직 중이었는데, 부사의 집무실인 청풍관(淸風館)의 부속 건물들이다. 《宋子大全 卷142 淸風館重修記》

203 황강(黃江)의 벗 : 송시열의 문인인 권상하(權尙夏)를 가리킨다. 황강은 충청북도 청풍의 한수면 황강리로, 권상하가 이곳에 한수재(寒水齋)를 짓고 은거하며 제자들을 가르쳤다. 《寒水齋集 年譜》

204 그자가 말한 것 : 1681년 윤증(尹拯)이 송시열에게 보내기 위해 써 놓고 부치지

은 모두 우리들의 실제 병통이니, 오직 따끔한 경계로 삼아 일신할 것을 도모해야 할 뿐입니다. 그러나 한스러운 것은 겉으로는 진솔한 척 말하다가 뒤돌아서면 시기함으로써 분란을 초래하는 것입니다.

지난번 편지는 병으로 혼몽한 가운데 받아 보았고 중화(仲和 김창협(金昌協))가 또 응당 이미 동쪽으로 돌아갔을 것이라고 말하였기에 끝내 답장을 올리지 못하였으니 불민함이 깊이 부끄럽습니다. 추로(秋露)[205]와 단수(腶脩)[206]를 보내 주었으니, 감사하는 마음 그지없습니다.

않은 편지인 이른바 〈신유의서(辛酉擬書)〉에서 "왕도와 패도를 아울러 쓰고 의(義)와 이(利)를 같이 행하니, 《대학》의 성의(誠意), 정심(正心) 공부와 같지 않다."라고 하며 송시열을 비판한 것을 가리킨다. 《明齋遺稿 別集 卷3》

205 추로(秋露) : 추로백(秋露白)의 준말로, 가을철에 내리는 이슬을 받아 빚은 청주(淸酒)를 말한다.

206 단수(腶脩) : 포를 만들 때에 고기를 두들겨 생강과 계피 등의 양념을 넣고 길게 잘라 만든 것을 이른다.

김연지에게 답함 갑자년(1684, 숙종10) 9월 29일
答金延之 甲子九月二十九日

몹시 때 이른 추위로 벌써부터 잔뜩 몸을 움츠리고 있던 차에 갑자기 이렇게 편지를 받으니, 위로되는 마음 말로 다 할 수 없습니다. 저는 병들고 용렬함이 줄곧 이와 같으니, 세상을 살아가는 데 무슨 정취가 있겠습니까. 괴로운 일이며 또 괴로운 일입니다. 보내 준 족자는 글씨와 그림이 고아하니, 차마 말아서 넣어 둘 수가 없는지라 오랫동안 살펴보며 완상하고 있습니다. 다만 작은 2개의 족자는 말이 서툴고 거칠지만 대략 정취를 이루었으니, 베껴 쓸 때에 목이 메는 슬픔을 어떻게 견뎠습니까. 인의(仁義)가 행해지지 아니하여 아비가 수차례 자식을 곡하는 일을 당하였으니, 천도가 끝내 어떠합니까.

부탁한 재기(齋記)는 마침 개인적인 일이 바빠 즉시 글을 짓지 못한데다 지어 놓은 것 또한 마음에 들지 않으니, 한 번 보고 버리는 편이 좋을 것입니다.

화양동(華陽洞)의 세 그루 매화나무는 그 계곡의 동쪽과 북쪽에 있던 것을 석벽 사이에 심어 놓은 것인데, 헌걸차고 구불구불 꺾인 자태가 화보(畫譜)에 넣을 만한 정도입니다. 사람을 보내어 선별한 뒤에 그곳으로 옮겨 심게 하는 것이 어떠합니까? 그 나무가 그대가 머무는 맑은 자리 곁에 이웃하게 되면 더욱 세상과 소원해지는 것이라, 필시 원지(遠志)가 소초(小草)가 되는 지경[207]을 본받지는 않을 것입니다.

207 원지(遠志)가……지경 : 산속을 떠나 보잘것없는 존재로 전락하는 지경을 가리킨

작은 여뀌는 가을 물과 정말 잘 어울리니, 멀리서 보내 준 뜻에 더욱 감사합니다. 나머지는 상황이 번잡스러워 제대로 된 격을 갖추지 못하니, 모든 것을 헤아려 주기를 바랍니다.

별지

《맹자》에서 임금을 사직(社稷)의 다음에 두었고 보면[208] 그것이 가볍지 않고 중한 것은 분명한 사실인데도 본조(本朝)의 고을에서는 그것에 대해 특히나 소홀합니다. 이렇게 하는데도 가뭄과 홍수가 없기를 바라고들 있으니 또한 요원한 일이 아니겠습니까. 지금 고명한 그대가 《주자대전(朱子大全)》에 의거하여 다시 그 제도를 변화시키고자 하니, 몹시도 훌륭하고 몹시도 훌륭합니다. 대개 나라에

다. 동진(東晉) 때 사안(謝安)이 오랫동안 동산(東山)에 은거하다가 거듭된 황제의 엄명에 부득이 세상에 나가 당시 권력자인 환온(桓溫)의 휘하가 되었다. 마침 어떤 사람이 환온에게 원지를 바쳤는데 환온이 사안에게 묻기를 "이 약은 소초라고도 하는데, 왜 하나의 약에 두 이름이 있는 것입니까?"라고 하니, 사안이 즉시 대답하지 못하였다. 곁에 있던 참군(參軍) 학륭(郝隆)이 바로 대답하기를 "이는 쉽게 이해할 수 있습니다. 산속에 있으면 원지라 하고 산 밖에 나오면 소초라고 부릅니다."라고 하자, 사안이 매우 부끄러워하였다. 《世說新語 排調》 학륭의 말은 본래 뜻을 원대하게 갖는다는 의미의 원지와 하찮은 잡초라는 의미의 소초를 대비시킴으로써 절개를 굽히고 산을 떠나 출사한 사안을 조롱한 것이다.

208 맹자에서……보면 : 《맹자》 〈진심 하(盡心下)〉에 "백성이 가장 귀중하고 사직이 그다음이며 임금은 가벼운 것이다. 그러므로 백성의 마음을 얻은 이는 천자(天子)가 되고, 천자에게 신임을 얻은 이는 제후(諸侯)가 되고, 제후에게 신임을 얻은 이는 대부(大夫)가 된다. 제후가 사직을 위태롭게 하면 다른 제후로 바꾼다. 희생(犧牲)이 이미 갖추어지고 제기의 곡식이 이미 정결하여 제사를 제때에 맞게 지내는데도 가뭄이 들고 홍수가 넘치면 사직을 바꾸어 설치한다."라고 하였다.

정해진 제도가 있고 보면 비록 좋지 않다손 치더라도 멋대로 바꾸기는 어렵습니다. 그런데 지금 설치한 것은 고을의 수령과 아전들이 격식에 맞지 않게 구차하게 흉내 내는 절차 가운데 이따금 드러나는 것을 새롭게 만들어 낸 것에 지나지 않으며, 《주자대전》에 실려 있는 것이 이와 같이 분명하니 어찌 구차하게 예전에 해 오던 일을 그대로 답습할 수 있겠습니까. 그러나 응당 관찰사나 예조(禮曹)에 아뢰고서 실행에 옮기는 것이 절차상 완비된 처사일 듯합니다.

'유(壝)' 자는 《맹자》의 "백성이 가장 귀중하고 사직이 그다음이다."라고 한 소주(小註)에 나오는 글자이니, 상고하여 알 수 있습니다. 대개 흙을 쌓아 계단으로 만든 것의 이칭인데, 본래는 《주례(周禮)》 〈지관(地官) 대사도(大司徒)〉에 나옵니다.[209]

209 본래는……나옵니다 : 《주례》 〈지관사도 상(地官司徒上) 대사도〉에 "천하를 지도로써 살펴 구주(九州) 전 지역에 대한 길이와 넓이의 수치를 두루 알아서 산림과 천택, 분연(墳衍)과 원습(原隰)의 이름난 토산물들을 분별한다. 방국(邦國)과 도(都)와 비(鄙)의 수를 구별하고, 경기 지방의 경계를 제정하여 도랑을 파고 흙을 높이 쌓아 올리며 그 사직의 유(壝)를 설치하고 전지(田地)의 신(神)을 세워서 각각 전야(田野)에 마땅한 나무들을 가지고 사(社)나 야(野)의 이름을 정한다."라고 하였는데, 정현(鄭玄)의 《주례주(周禮注)》에 "유는 단(壇)과 미날(埒埒)이다."라고 하였고, 손이양(孫詒讓)의 《주례정의(周禮正義)》에 "대개 유라는 것은 흙을 쌓은 것의 명칭이다. 무릇 흙을 쌓아 평평하게 다진 것을 선(墠)이라고 하고, 선의 위에 흙을 쌓아 집처럼 높게 만든 것을 단이라고 하며 그 바깥에 낮은 담을 만든 것을 미날이라고 한다. 통틀어 말하자면 선과 단은 모두 유라고 칭할 수 있다."라고 하였다.

김연지에게 답함 을축년(1685, 숙종11) 1월 20일

答金延之 乙丑正月二十日

해가 바뀌고 기후가 좋지 않은데 이러한 때에 그대가 그리워서 배나 적적하였습니다. 그러다 홀연 특별히 보낸 편지를 받고는 창 아래에서 병으로 신음하던 것도 문득 잊을 지경이었으니, 실로 위로되고 실로 고마워 참으로 말도 잊을 정도입니다.

지난해 입대하였을 적에 성상 앞에서 직접 근기(近畿)에 머무르라는 유시[210]를 받들고는 다만 만의(萬義)의 산간에 웅크리고 있으면서 봄을 맞이할 계획을 하였는데, 그러던 중 갑자기 사학 유생(四學儒生)의 상소[211]가 올라오는 바람에 허겁지겁 남쪽으로 내려왔고, 남쪽 땅 또한 무사하지 못하였기에 책을 들고 더욱 깊은 곳으로 들어갔습니다. 그러자 바위 사이의 고목이 저와 상대하지 않으려고 하면서 이선(吏仙)한테 거취를 옮겼으니,[212] 이는 마치 나뭇가지를 낮게 드리워 자취를 쓸어

210 근기(近畿)에 머무르라는 유시 : 1684년 12월 송시열이 명성왕후(明聖王后)의 소상에 참여하고 바로 내려가려고 하자, 숙종은 입대한 자리에서 "만약 서울에 머물 수 없다면 일단 근기에 머물러 나의 기대하고 바라는 마음을 위로해 달라."라고 하면서 만류하였다.《宋子大全 附錄 卷10 年譜》

211 사학 유생(四學儒生)의 상소 : 1684년 12월 11일 사학 유생 이성좌(李聖佐) 등이 도성을 떠나 남쪽으로 내려가는 송시열을 만류해 달라고 청원한 상소를 가리킨다.《肅宗實錄 10年 12月 11日》

212 바위……옮겼으니 : 1684년 가을에 송시열이 화양동에 심어 두었던 자신의 매화나무를 김수증이 근무하고 있던 청풍(淸風)으로 옮겨 심게 한 것을 가리킨다.《宋子大全 卷51 答金延之(甲子九月二十九日)》

버렸던 것[213]보다 준엄한 태도 같은지라 저로 하여금 부끄러움을 느끼게 하였습니다. 그러나 다행히도 황강(黃江 권상하(權尙夏)) 형제가 찾아와 함께 보살피며 지내고 있으니, 잘된 일인지 못된 일인지 비교해 본다면 가히 이익이 남는 장사라 할 만한지라 우습고 우습습니다.

사단(社壇)은 악주(鄂州)의 제도[214] 외에는 다시 상고할 곳이 없습니다. 또 옛 제도에 천자와 제후는 그 등차에 따른 위세가 비록 엄격하였지만 그 경대부(卿大夫)는 그다지 현격하지 않았습니다. 하물며 외신(外神)[215]은 애당초 가사(家私)와는 같지 않은데 또 악주의 제도를 쓴다면 또한 어찌 사국(四國)과 순백(郇伯)의 감회[216]가 아니겠습니까.

213 나뭇가지를……것 : 남조(南朝) 송(宋)나라의 공치규(孔稚珪)가 북산(北山)에서 함께 은거하다가 변절하고 벼슬길에 나선 주옹(周顒)을 못마땅하게 여겨 〈북산이문(北山移文)〉을 지어 그를 비판하였는데, 그 가운데 "총생(叢生)하는 가지가 눈을 부릅뜨고 첩첩이 포개진 이삭들이 마음에 노하여, 혹은 가지를 날려 수레를 꺾기도 하고 갑자기 가지를 낮게 드리워 자취를 쓸어버리려 하니, 청컨대 속된 선비의 수레를 돌려보낼지어다."라고 하였다. 《古文眞寶 後集 卷2》

214 악주(鄂州)의 제도 : 1183년 악주 지주(鄂州知州) 나원(羅願)이 악주 지사(鄂州知事) 유청지(劉淸之)와 함께 고례를 상고하여 새롭게 정립한 악주의 사직단(社稷壇) 제도를 가리킨다. 이와 관련한 자세한 사항이 주희(朱熹)의 〈답사단설(答社壇說)〉과 〈악주사직단기(鄂州社稷壇記)〉에 나온다. 《晦庵集 卷68, 卷79》

215 외신(外神) : 종묘와 사당에 있지 않은 산천이나 천지의 신으로, 내신(內神)과 상대하여 쓰는 말이다. 주희는 "외신은 산천의 신, 사직(社稷)의 신, 오사(五祀)의 신과 같은 따위로, 산림이나 계곡의 신과 더불어 능히 구름을 일으키고 비를 내리게 할 수가 있는 신들이다."라고 하였다. 《論語集註大全 八佾》

216 사국(四國)과 순백(郇伯)의 감회 : 《시경》 〈조풍(曹風) 하천(下泉)〉에 "무성하게 자라는 기장 싹을, 음우가 내려 기름지게 하노라. 사국에 왕이 계시거늘, 순백이 또 위로하셨더라.〔芃芃黍苗, 陰雨膏之. 四國有王, 郇伯勞之.〕"라고 하였는데, 주희의 주석에 "순백은 순후(郇侯)이니, 문왕(文王)의 후손으로 일찍이 주백(州伯)이 되어

저의 소견이 이와 같으니, 오직 그대의 판단과 처리가 어떠한지에 달려 있을 뿐입니다. 방문해 준다고 허락하였으니 간절히 기다리는 심정을 어찌 견딜 수 있겠습니까. 다만 한 길이나 쌓인 눈이 산을 감싸 산신령이 쓸어 내기가 쉽지 않을 듯하니 이것이 걱정입니다. 목기(木器) 하나를 보내 주셨으니 감사합니다.

제후를 다스려 공이 있었다. …… 기장 싹이 이미 무성히 자랐는데 또 음우가 적셔 줌이 있고, 사국에 이미 왕이 있는데 또 순백이 위로함이 있음을 말하였는데, 지금은 그렇지 못함을 서글퍼한 것이다."라고 하였다.

김연지에게 답함 을축년(1685, 숙종11) 2월 25일
答金延之 乙丑二月二十五日

일전에 치도(致道 권상하(權尙夏))와 작별한 뒤에 계속해서 한 열흘쯤 머물려고 계획하였는데, 갑자기 일이 생겨 황급히 출타하였다가 어제 다시 돌아오니, 승려가 와서 그대가 남겨 놓은 시편을 가져다 보여 주었습니다. 그제야 그대가 이 산문(山門)에 찾아왔다가 헛걸음만 하고 돌아간 줄을 알게 되었으니, 조물주가 희롱하여 한바탕 좋은 만남을 놓치게 한 것이 무척 한스럽습니다. 그러나 이 또한 미천한 이 몸의 기박한 운명 탓이니 어찌하겠습니까. 저는 문사(文事)[217]가 매우 급박한데, 스스로의 처지를 생각해 보면 살날은 많지 않고 할 일은 적지 않으므로 감히 한가한 마음을 가질 수 없습니다. 그렇지 않다면야 물이 불어난 봄날의 강에 나아가 배를 띄우고 한번 노를 저어 강물을 거슬러 올라가 신선이 노니는 듯한 경치 좋은 곳을 함께 완상하기를 청하는 것도 그리 나쁜 일은 아니겠습니다만, 끝내 이러한 속박을 벗어날 수 없으니 이따금 한번 혼자 웃을 뿐입니다. 마침 황강(黃江 권상하) 편을 통하여 안부 편지를 부쳤는데, 조만간 받아 볼 것으로 생각하니 삼가 살펴보기를 기다립니다. 자세히 갖추어 말씀드리지 못합니다.

217 문사(文事) : 《주자대전차의(朱子大全箚疑)》를 편찬하는 일을 가리킨다. 《宋子大全隨箚 卷6》

삼가 들으니 문곡(文谷)이 세도(世道)를 위하여 온갖 냇물을 막아 동쪽으로 흐르게 하였다[218]고 하는데, 당시 장기(瘴氣) 서린 바닷가에서 죽지 않고 지금 이 일을 목도하게 된 것을 스스로 다행이라 생각합니다. 이 일은 본래가 한바탕 웃을 만한 것이었습니다.-만약에 그의 아비가 죽지 않은 것을 십분 온당한 도리라고 하고 또 그의 아비가 통렬히 스스로를 자책했다고 말한다면, 십분 온당한 도리에 대해서 통렬히 자책한 자는 어떤 사람이 됩니까. 그의 아비가 반드시 '죽을죄를 지은 신하'라고 칭한 것은 마땅히 죽어야 하는데 죽지 않은 것을 자책한 뜻이 분명하니, 이는 그의 소장에 근거해 본다면 알 수 있는 사실입니다. 그런데 이제는 "소명(召命)에 응하지 않았기 때문이다."라고 하니, 무릇 그가 자책한 것은 뉘우치고 스스로 일신하려는 착한 마음에서 출발한 것인데 이제는 도리어 그것을 엄폐하고 있습니다. 이러한 일이 한두 가지가 아니니 이 어찌 족히 다투어 논변할 것이

218 문곡(文谷)이……하였다 : 김수항(金壽恒)이 부정한 학설을 물리쳤다는 말이다. 병자호란 때 강화도로 피란했던 윤선거(尹宣擧)는 성이 함락되자 아내는 자결했는데 본인은 어버이의 봉양을 위해 평민의 옷을 입고 성을 탈출하여 목숨을 부지하였고, 결국 그는 평생 죄인을 자처하며 벼슬에 나아가지 않았다. 이후 윤선거의 아들 윤증(尹拯)이 춘추관에 편지를 보내어 "율곡은 진정 절간에 들어간 잘못이 있었으나 나의 아버지는 죽어야 할 의리가 없었다."라고 말하면서, 자기 아버지가 병자호란 때 강화도에서 죽지 않고 피신한 것이 당연한 일이었다고 변호하였다. 이에 사학의 유생들은 분노하여 전국에 통문(通文)을 보내 윤증의 죄를 따져 공격하였는데 결국 정거 처분을 받았고, 뒤이어 이진안(李震顔)이란 유생이 상소하여 사학 유생에게 정거하는 벌을 가한 것은 잘못이라고 하였다가 역시 정거 처분을 받았다. 이러한 상황에서 김수항은 영의정으로서 사학 유생의 처사가 과격하기는 했으나 선현을 모욕한 윤증이 더 잘못한 것이라고 그들의 입장을 변호하였는데, 부정한 학설을 물리쳤다는 것은 이를 가리킨다. 《肅宗實錄 11年 2月 4日, 6日》《宋子大全 附錄 卷11 年譜》

겠습니까. 이러한 이유로 이쪽에서 소장을 올려 그 문제를 따지는 시도를 극력 저지하였으니, 이는 대체로 다툼이 일어나는 것이 싫은 이유 때문만은 아니었습니다. 그러다 김 내한(金內翰)[219]이 사학 유생(四學儒生)에게 정거(停擧)의 벌을 내리게 했다는 말을 전해 듣고는 매우 경악하여 '인심이 이와 같으니 도학(道學)이 없어지고 절의가 상실되어 국가가 믿고 의지할 데가 없게 되었다.'라는 생각을 하면서 한밤중에도 근심과 탄식으로 날을 지새우곤 하였습니다. 또 듣건대 그들의 죄악이 점차 하늘을 뒤덮을 지경에 이를 것이라고 하니 장차 국가가 결국 어떻게 될는지 모르겠습니다. 삼가 듣건대 문곡이 두려움 없이 홀로 우뚝 서서 잘못된 행실을 막고 사벽한 언설을 내침으로써 거의 말끔히 소탕하였다고 하니, 그 공로가 어찌 홍수를 막고 맹수를 몰아낸 것보다 못하겠습니까.[220] 우리 문정(文正) 선생이 과연 훌륭한 손자를 두었다고 이를 만합니다. 무릇 사문(斯文) 가운데 어떤 사람인들 손을 들고 서로 칭찬하지 않겠습니까. 대개 도학이란 사람마다 알 수 있는 것이 아닙니다만, 의리를 위해 죽은 사람에 대해서는 오랑캐일지라도 탄복하는데 지금은 도리어 "반드시 죽어야 할 의리가 없다."라고 합니다. 그러한즉 그 도리를 어기고 교화에 손상을 끼침이 극에 달하는데도 온 세상 사람들이 바람에 쏠리듯 하나같이 무리 지어 그에 동조하고 있으니, 열성조(列聖朝)에서 선비들을 배양한

219 김 내한(金內翰) : 당시 사관(史官)으로 있었던 김홍복(金洪福)을 가리킨다.

220 그……못하겠습니까 : 《맹자》 〈등문공 하(滕文公下)〉에 "옛적에 우(禹) 임금이 홍수를 막자 천하가 태평해졌고, 주공(周公)이 이적을 겸병하고 맹수를 몰아내자 백성이 편안해졌고, 공자가 《춘추(春秋)》를 완성하자 난신적자들이 두려워하였다."라고 하였는데, 이에 대해 주희(朱熹)는 "부정한 학설이 멋대로 유행하여 사람의 심술(心術)을 파괴함이 홍수와 맹수의 재난보다 심하고 이적과 찬시(簒弑)의 화(禍)보다 참혹하다."라고 주를 달았다. 즉 김수항에게 부정한 학설을 몰아낸 공이 있다는 말이다.

끝에 이처럼 망극한 부류가 생겨날 줄 어찌 생각이나 하였겠습니까. 선유(先儒)는 "조조(曹操)가 한(漢)나라의 보정(寶鼎) 곁을 배회하면서도 감히 그것을 탈취하지 못한 것은 당고(黨錮)의 화[221]를 당하였던 사람들이 제 목숨 버리기를 마치 제집에 돌아가는 것처럼 여긴 그 공로 때문이다."라고 하였는데, 지금 우리나라의 보정은 가볍기가 한낱 머리털과 같으니 어찌 한심하지 않겠습니까. 그런데 요즈음 사람들이 모두 사학의 통문과 이생(李生)[222]의 소장이 이 몸을 위해 나온 것이라고 하면서 그 주장을 통하여 저를 위협하고 억누르려고 꾀를 부리고 있기에 혐의쩍어서 감히 한마디도 이 문제를 언급하지 않았는데, 지금 문곡의 일을 들으니 저도 모르게 분발되어 감히 집사께 숨길 수가 없었습니다. 대개 세도와 국가를 위하여 스스로 입을 다물려 해도 다물고 있을 수가 없으니, 여기에서 또한 이전 일에 징계되지 못하였음을 볼 수 있습니다. 집사께서는 부디 남에게 말하지 말기를 바랍니다. 분서갱유의 화가 생기고 국가도 그 뒤를 따르게 될까 두렵습니다. 어떤 이는 오늘날의 일이 계미년(1583, 선조16)과 갑신년(1584)의 일[223]보다 심하다 하는데, 아마도 과언이 아니라 생각됩니다. ○ 계미년과 갑신년에는 도학만 공격하였을 뿐 절의는

221 당고(黨錮)의 화 : 동한(東漢) 말년 환제(桓帝) 때에 환관의 전횡을 막기 위해 진번(陳蕃)과 이응(李膺) 등이 대장군 두무(竇武)와 함께 환관을 모살(謀殺)하려다가 오히려 실패한 나머지 진번과 이응 등 100여 인이 피살당하였고 뒤를 이어 사형과 유배를 당하고 수금된 자가 700여 인에 이르렀던 사건을 말한다. 《後漢書 黨錮列傳》

222 이생(李生) : 보은(報恩)의 유생 이진안을 가리킨다. 《宋子大全隨箚 卷6》

223 계미년과 갑신년의 일 : 계미년은 홍문관 전한 허봉(許篈), 대사간 송응개(宋應漑), 도승지 박근원(朴謹元)이 병조 판서 이이(李珥)가 붕당을 짓고 권병(權柄)을 독차지하여 나랏일을 그르친다고 하면서 탄핵하였다가 갑산(甲山)에 유배된 해이며, 갑신년은 그로 인하여 동서로 분당되어 당쟁이 격화하던 시기이다.

공격하지 않았습니다.- 한바탕 웃고 그만두었으면 정히 마땅한 일이었을 텐데, 사학의 유생들이 경솔히 글을 올려 큰 소요를 일으켰으니 이 점이 애석합니다. 그러나 일번인(一番人)[224]은 무상(無狀)하니 만약 문곡이 아니었던들 누가 감히 그 예봉을 건드릴 수 있었겠습니까. 그러나 문곡도 일신을 보전하지 못할 것 같은데 하늘의 뜻이 끝내 어떨는지 모르겠습니다.

224 일번인(一番人) : 당파나 이념을 달리하는 쪽의 사람들을 직접 가리키고자 하지 않을 때 쓰는 말인데, 여기서는 윤증을 가리킨다.

김연지에게 답함 을축년(1685, 숙종11) 4월 23일

答金延之 乙丑四月二十三日

일찍이 그대 아내의 건강이 좋지 않다는 말을 들었으나 인편이 없던 관계로 심부름꾼을 보내 안부를 묻지 못하였다가, 다만 황강(黃江 권상하(權尙夏))을 통하여 처음 들었던 내용과는 차이가 있다는 것을 대략 알았습니다. 그래도 여전히 그 상세한 곡절은 알지 못하던 차에 이렇게 특별히 보낸 편지를 받고서 근황을 하나하나 알게 되니, 기쁘고 위로되는 심정을 말로 할 수 없습니다. 선산(先山)으로 간다고 하니, 진휼하는 일이 대략 마무리되고 보리가 이미 익어 가고 있을 것으로 생각합니다. 저는 늙고 쇠약하여 생긴 병이 날로 심해져서 앞으로 남은 세월이 얼마 없다는 것을 점차 느끼게 되는데, 오직 차손(次孫)이 병으로 관직에서 물러나 이곳으로 와서 함께 서로 돌보며 책을 보고 있으니 이는 다행이라 할 것입니다. 시사에 대해서는 감히 말하지 못한 지 오래인데, 이는 대개 소선(蘇仙)이 내릴 큰 술잔을 두려워한 탓이지 남궁(南宮)의 공이 있어서 그런 것은 아니니[225] 우습습니다. 바위 사이의 작은

225 이는 대개……아니니 : 소선은 죽어 신선이 된 소식(蘇軾)을 가리킨다. 소식의 〈증손신로칠절(贈孫莘老七絶)〉에 "아, 나와 자네는 오랫동안 무리를 떠났기에, 아무 일도 듣지 않아 귀와 맘이 다 식었네. 만일 청산을 마주 보고 세상일을 말한다면, 의당 큰 술잔을 들어 자네에게 곧바로 벌주를 먹이리.〔嗟予與子久離群, 耳冷心灰百不聞. 若對青山談世事, 當須擧白便浮君.〕"라고 하였다. 남궁은 공자의 제자인 남궁괄(南宮适)로, 남용(南容)이라고도 부른다. 《논어》 〈선진(先進)〉에 남궁괄이 《시경》 〈대아(大雅) 억(抑)〉의 "흰 구슬의 티는 갈아 없앨 수 있거니와, 말의 허물은 어찌할 수가

매화나무가 강가의 누각으로 자리를 옮겼으니, 짐작건대 그 무성한 가지가 옆으로 비스듬히 기우는 자태를 뽐낼 것이지만 차분하고 담담하며 맑고 소쇄한 맛은 예전만 못할 듯하니 또 한 번 웃습니다. 육포와 술병은 감사합니다. 나머지는 다 말씀드리지 못합니다.

없다.〔白圭之玷, 尙可磨也, 斯言之玷, 不可爲也.〕"라는 구절을 세 번씩 되풀이하여 읽자 공자가 형의 딸을 그의 아내로 삼아 주었다고 하는데, 이는 말을 삼가는 남궁괄의 미덕을 높게 산 것이다. 즉 송시열의 이 말은, 시사를 오래도록 말하지 않은 것은 두려워서이지 말을 삼가는 미덕이 있어서 그런 것은 아니라는 뜻이다.

김연지에게 보냄 을축년(1685, 숙종11) 6월 19일
與金延之 乙丑六月十九日

그리워하던 차에 받은 한 통의 편지가 흡사 한벽루(寒碧樓)의 청명한 기운을 두르고 있는 것 같으니, 진실로 "한문(寒門)에 날아올라 청풍(淸風)으로 몸을 씻는 것"[226] 같은 기분이 들었습니다. 다만 미처 석벽(石壁)에 있던 매화나무의 안부[227]가 어떠한지는 알지 못하겠습니다.

근자에 더위로 인한 설사 때문에 조그만 방에 쓰러져 누워 있다가 억지로 몸을 일으켜 선사(先師)의 유고(遺稿)[228]를 교감해 나가고 있습니다. 모르겠습니다만, 성상께서 유일(遺逸)로 선사를 불러들인 뜻이 어디에 있겠습니까. 만일 계곡(谿谷)과 기암(畸庵)[229] 등 그 문인들이

226 한문(寒門)에……것 : 주희(朱熹)가 공풍(鞏豐)에게 보낸 편지에 "새로 지은 시를 보내 주시니, 저를 비루하게 여기지 않는 줄을 더욱 잘 알겠습니다. 시를 읽어 보노라면 곧 오석(烏石)과 영원(靈源)이 나에게서 멀지 않음을 느끼게 되니, 이러한 무더위를 당하여 상쾌하기가 마치 한문에 날아올라 청풍으로 몸을 씻는 듯합니다."라고 하였다. 한문은 북방의 지극히 한랭(寒冷)한 지역을 말한다. 《晦庵集 卷64 答鞏仲至》

227 석벽(石壁)에……안부 : 1684년 가을에 송시열이 화양동의 석벽 사이에 심어 두었던 매화나무를 김수증이 부사(府使)로 있던 청풍(淸風)으로 옮겨 심게 하였다. 《宋子大全 卷51 答金延之(甲子九月二十九日)》

228 선사(先師)의 유고(遺稿) : 사계(沙溪) 김장생(金長生)의 유고를 가리킨다. 이때 송시열은 김장생의 문집을 바치라는 숙종의 명에 따라 유고를 교정하던 중이었다. 《尤菴先生書節要集解 卷3》

229 계곡(谿谷)과 기암(畸庵) : 각각 장유(張維)와 정홍명(鄭弘溟)의 호로, 이들은 모두 김장생의 문인이다.

생존해 있다면 필시 이 유고를 훌륭하게 정리하고 단장하였겠지만 구천에 있는 분들을 다시 일으킬 수 없는지라 용렬한 이 늙은이가 홀로 그 일을 담당하게 되었으니 밤낮으로 황공하고 두려운 마음입니다.

사학 유생(四學儒生)의 소장에 대한 비답이 명백하고 통쾌한데 삼학사(三學士)와 관련한 어지러운 설이 또 일어나니, 이른바 "틀어막는 것이 끝이 없다."라는 경우이니 어쩌면 좋겠습니까. 장차 어찌할 계획이냐는 말씀을 통해서 그대의 두터운 마음이 어디에 있는지 삼가 잘 알았습니다.

홍수주(洪受疇)의 소장[230]에 담긴 내용을 들은 뒤로 가슴속이 활활 타올라 서둘러 글 하나를 써서 대략 의리를 갖추었습니다. 그런데 주변의 의견은 다 "이러한 풍파에 맞서면 보탬은 없고 모욕만 당할 것이다."라고 하는데, 이 또한 일리가 있는 말이기에 불태우지 않고 일단 남겨 두었습니다. 이로 인하여 기억을 떠올려 보자면, 범순부(范淳夫)가 이천(伊川)을 수년이 지난 뒤에 변호한 것도 주 선생(朱先生)은 오히려 비판하였고 보면[231] 이 몸의 죄는 더욱 속죄할 수 없습니다.

좋은 기회라고 한 말씀은 정말 그러하고 정말 그러하지만, 떠오르는

230 홍수주(洪受疇)의 소장 : 1685년 5월 26일 홍수주가 이이(李珥)를 무함하고 욕보였다고 비난을 받은 윤증(尹拯)을 옹호하기 위해 올린 소장을 가리킨다. 이 소장에서 그는 이이가 젊은 날 불교를 믿었던 것은 공공연한 사실이므로 그것을 언급한 윤증의 말은 무함이라 할 수 없으며, 이이의 제자인 김장생 또한 그것에 대해 증언하였다고 말하였다.《肅宗實錄 11年 5月 26日》

231 범순부(范淳夫)가……보면 : 범순부는 북송(北宋)의 범조우(范祖禹)로, 순부는 그의 자이다. 정이(程頤)가 소식(蘇軾) 일파의 모함으로 벼슬을 삭탈당할 위기에 처했는데, 그때 범조우는 정이를 변호하지 못하였다가 정이가 부주(涪州)로 귀양을 가고 나서야 뒤늦게 변호하였다. 이에 대해 주희가 비판한 내용은 211쪽 주122 참조.

말을 생각 없이 그대로 내뱉다가 풍파를 크게 일으킬까 두려울 뿐입니다. 서로 처한 거리가 멀어 직접 만나 상론하지 못하니 너무 한탄스럽습니다. 《절작통편(節酌通編)》과 《주자대전차의(朱子大全箚疑)》는 만약 치도(致道 권상하(權尙夏))의 정밀한 교감을 거친다면 거의 허물이 적게 될 것입니다. 나머지는 병을 무릅쓰는지라 격식을 갖추지 못합니다.

별지

별지를 통하여 저를 깊이 염려해 주신다는 것을 알게 되었으니 참으로 감사합니다. 지난날 대윤(大尹)이 선사(先師)께서 신응구(申應榘)를 꾸짖었던 편지를 삭제해 달라고 청하였는데,[232] 이른바 신응구를 꾸짖었던 편지란 전적으로 파산(坡山)의 문인이 송강(松江)을 헐뜯음으로써 문간(文簡) 선생을 기축옥사(己丑獄事)로부터 말끔하게 벗어나게 하려고 한 행위를 꾸짖은 것입니다. 이는 대시비(大是非)가 걸린 문제이니 어찌 삭제할 수 있겠습니까. 지금 보내온 편지에서 하신 말씀이 이와 같은 것은 진실로 먼 앞날을 염려한 뜻이기는 하지만, 이는 실로 선사께서 심력을 들인 부분이라 묻어 두는 것 또한 편치 않은 일이니 실로 난처합니다. 옛날 주 선생이 위원리(魏元履)의 묘문(墓文)을 지으실 적에 실로 용대연(龍大淵)과 증적

232 대윤(大尹)이……청하였는데 : 대윤은 윤선거(尹宣擧)를 말한다. 1665년(현종6) 9월 송시열이 이이와 성혼(成渾)의 연보를 교감하는 일로 이유태(李惟泰), 윤선거와 동학사(東鶴寺)에서 만났을 때, 윤선거가 송시열에게 김장생의 유고에서 신응구를 꾸짖었던 편지를 삭제해 달라고 청한 것을 가리킨다. 《沙溪全書 卷4 答申子方》《宋子大全隨箚 卷4》《宋子大全 附錄 卷5 年譜》

(曾覿)에 대한 두려움으로 감히 있는 그대로의 사실을 다 말하지 못하였다가 추후에 사실을 자세히 수록하였으니,[233] 오늘날 이 일에 혹 이와 같은 의리가 있습니까? 만일 적당한 인편이 있으면 부디 그 편에 가르침을 내려 주기를 바랍니다.

233 옛날……수록하였으니 : 원리(元履)는 송나라 위섬지(魏掞之)의 자이다. 주희가 그의 묘표(墓表)를 지었는데, 그 당시 권세가 대단하던 용대연과 증적을 의식하여 위섬지가 증적을 소환하라는 명령에 대해 논박하는 봉사(封事)를 올린 일을 싣지 않았다가 나중에 증적이 몰락한 뒤에야 그 일을 밝힌 것을 말한다.《晦庵集 卷83 跋魏元履墓表》

김연지에게 답함 을축년(1685, 숙종11) 7월 28일

答金延之 乙丑七月二十八日

정말 그리웠던 차에 이렇게 특별히 보낸 편지를 받았습니다. 비록 언급하진 않았으나 무더위가 강가의 누각에 이르지 않았을 테니 그 더없는 맑음을 상상해 볼 수 있습니다.

선사(先師)의 유고는 늙고 혼몽한 정력으로 정리하고 다듬기가 쉽지는 않았는데, 그저께 겨우 4책을 보냈고 미진한 것이 또 2책이 넘지만 2, 3일이 지나면 그 또한 완료할 수 있을 것입니다. 함께 올린 글은 이미 그에 대한 분명한 가르침을 받았습니다.

충정을 담은 소장은 비록 그 자체로 남은 유감이 없지만 어찌 끝내 올리기를 그만둘 수 있겠습니까. 다만 주 선생(朱先生)이 범 당감(范唐鑑)을 꾸짖은 의리[234]로 미루어 보면 이미 일을 지체한 죄가 있습니다. 그 소장을 올린 뒤에는 감히 초본(草本)을 드리지 않을 수 있겠습니까.

사단(社壇)에 대한 문제는 악주(鄂州)의 사례[235]에서 그에 관한 주 선생의 정성스러운 뜻을 자세히 볼 수 있는데, 지금 그 일에 관심을 집중하는 것이 이와 같이 지극하니 아마도 가뭄과 홍수에 대한 염려는 없을 것입니다.

부탁한 기문(記文)은 지금 교열이 아직 끝나지 않은 터라 미처 부탁

234 주……의리 : 범 당감은 북송(北宋)의 학자 범조우(范祖禹)를 가리키는데 그가 《당감(唐鑑)》을 저술하였기에 이렇게 칭한 것이다. 211쪽 주121, 주122 참조.

235 악주(鄂州)의 사례 : 267쪽 주214 참조.

대로 하지 못하였으니, 응당 후일을 기다려야겠습니다.

손자 주석(疇錫)이 아비가 의금부로 가서 조사를 받았다는 소식을 듣고 허겁지겁 서울로 올라갔으니, 그 낭패스러움이 극히 걱정됩니다. 그 아이에게 내려 준 편지를 뜯어보았는데, 외람되이 말씀한 대로 하겠으니 장독이나 덮는 데 써 준다면 몹시 다행일 것입니다. 보내 준 용주(茸酒)는 실로 감사합니다.

김연지에게 답함 을축년(1685, 숙종11) 11월 20일

答金延之 乙丑十一月二十日

뜻하지 않게 받은 편지에서 간곡한 위로의 말씀을 들었습니다. 지독(舐犢)이라고 하신 말씀[236]은 실로 저의 마음을 먼저 안 것이라, 슬픔으로 눈물이 흘러 마음을 가눌 길이 없습니다. 일전에 시비를 분별하는 소장을 올린 것[237]은 실로 부득이해서였습니다. 수많은 분노가 제 한 몸에 몰리는 것을 실로 기꺼이 감내해야 하니, 목이 잘리고 가슴에 구멍이 난다고 해도 그것이 어찌 족히 염려할 일이겠습니까.

별지에서 부탁한 것에 대해서는 감히 그 부탁대로 하지 않겠습니까. 다만 '양소(陽昭)'[238]의 뜻은 분명하게 알지 못하겠습니다. 혹 회옹(晦

236 지독(舐犢)이라고 하신 말씀 : 이때 송시열의 막냇손자 송회석(宋晦錫)이 어린 나이에 세상을 떠났기 때문에 이 말을 한 것이다.

237 일전에……것 : 1685년 9월 30일 송시열이 숙종의 명으로 김장생(金長生)의 유고를 정리하고 진헌한 일을 계기 삼아, 이이(李珥)가 소싯적에 머리를 깎고 중이 된 적이 있고 그 제자 김장생이 그 일을 증언하였다고 주장한 홍수주(洪受疇)의 소장에 반박하는 소장을 올린 것을 가리킨다.

238 양소(陽昭) : 김수증이 조부 김상헌(金尙憲)이 살던 석실산(石室山)에 지은 누대의 이름이다. 이 이름은 《회암집(晦庵集)》 권4 〈재거감흥이십수(齋居感興二十首)〉에 "붉은 햇빛이 하늘에 퍼져도, 미세한 음은 깊은 못에서 싹트고, 추위가 대지를 덮어도, 양의 덕은 깊은 샘 속에서 밝네.〔朱光遍炎宇, 微陰眇重淵. 寒威閉九野, 陽德昭窮泉.〕"라고 한 데서 유래한 표현으로, 윤상(倫常)이 끊어져 음(陰)이 기승을 부리는 현재의 세상 속에서도 병자호란 당시 김상헌이 보여 주었던 대명의리(大明義理)가 사라지지 않고 양(陽)으로 남아 면면히 흐르고 있음을 드러낸 것이다.

翁)의 시 〈재거감흥이십수(齋居感興二十首)〉의 이른바 "양의 덕이 깊은 샘 속에서 밝네.〔陽德昭窮泉〕"라는 구절을 두고 한 말입니까? 인편을 통하여 그 의미를 말해 주면 몹시 다행이겠습니다.

《절작통편(節酌通編)》은 교감을 해 나가고 있다고 하니 사문(斯文)의 다행입니다. 이 책은 오래도록 관심 밖에 버려져 있었는데 요즈음 윤휴(尹鑴)를 신구(伸救)하는 논의가 조금씩 그 모습을 드러내고 있으니, 이는 더욱 이 책의 입장에서는 재앙이 되는 일입니다. 어떡하면 좋겠습니까. 다만 《주자서절요(朱子書節要)》에 대한 차의(箚疑)는 때로 퇴계(退溪)의 설을 따르지 않는 부분도 있으니 아마도 이로 인해 분란이 초래될 것 같은데, 이 때문에 두렵습니다.

김연지에게 보냄 을축년(1685, 숙종11) 섣달그믐
與金延之 乙丑除日

지난번에 올린 편지는 받아 보셨습니까? 여러 글은 모두 급히 부응해 짓느라 초솔합니다. 무엇보다 그중 '양소(陽昭)'에 관하여 읊은 시[239]는 마침 박씨(朴氏) 성을 가진 이가 올린 소장에 두려워할 만한 뜻이 있다는 말을 들은 관계로 그 근본부터 미루어 말끔히 제거해 버리는 내용을 담았었는데, 그러다 보니 저도 모르게 그 말이 지나치게 노골적이어서 온유돈후(溫柔敦厚)의 가르침에 전혀 걸맞지 않게 되었습니다. 그리하여 곧바로 고쳐 지어 그 잘못을 만회하였는데, 고쳐 지은 것도 그 흔적이 다 사라지진 않았습니다만 처음에 지은 것과 비교해 보면 차이가 있습니다. 처음에 지은 것은 부디 돌려주는 것이 어떻겠습니까?

○ 공자가 말씀하시기를 "온유하고 돈후한 것은 《시경》의 가르침이다."라고 하였는데,[240] 평소 이 가르침을 본받고자 하지 않은 것은 아니지만 기질이 한번 정해져 버려 바꿀 수가 없는 것을 어찌하면 좋습니까.

239 양소(陽昭)에……시 : 송시열이 김수홍의 양소대(陽昭臺)에 대해 지은 시인 〈곡운거사가 석실산에 누대를 지었다는 소식을 듣고……화답을 구하다〔聞谷雲居士爲臺於石室山中……以求和〕〉를 가리킨다. 《宋子大全 卷4》

240 공자가……하였는데 : 《예기》 〈경해(經解)〉에 "그 나라를 들어가 보면 그 나라의 가르침이 어떠한지 알 수 있으니, 그 사람됨이 온유하고 돈후함은 《시경》의 가르침이요, 통달하여 원대함을 앎은 《서경》의 가르침이요, 광박하고 평이하고 선량함은 《악경(樂經)》의 가르침이요, 정결하고 정미함은 《역경(易經)》의 가르침이다."라는 공자의 말이 있다.

김연지에게 답함 병인년(1686, 숙종12) 1월 11일
答金延之 丙寅正月十一日

연이어 훌륭한 가르침을 담은 편지를 받으니 참으로 "아침저녁으로 만나는 것이다."[241]라는 격입니다. 이 얼마나 다행이고 다행입니까. 더구나 망녕된 행동과 생각[242]은 하자마자 곧바로 후회하였는데 다행히도 집사의 고명한 의견에 부합하였습니다. 그런데 그는 남에게 과오가 있기를 바라면서 스스로 일신하는 것을 두려워하니, 참으로 불인(不仁)하다 하겠습니다. 시 아래에 부기한 몇 마디 말은 애오라지 자기 뜻을 말로 드러낸 것에 불과하므로 애당초 남에게 보이고자 하지 않았습니다만, 집안과 관련한 말은 또한 이처럼 장황해서는 안 되니 삼가 고쳐서 돌려드리겠습니다. 시어(詩語) 가운데에도 고친 부분이 있습니다.

사단(社壇)에 대해 말하자면, 당시 보내 준 별지를 벽에 붙여 놓았는데 아이들 때문에 잃어버렸으니 인편을 통하여 다시 보내 준다면 곧장

241 아침저녁으로 만나는 것이다 : 《장자(莊子)》〈제물론(齊物論)〉의 "만세의 뒤에 나의 이 견해를 알아주는 대성인(大聖人)을 한번 만나게 된다면 이는 아침저녁으로 만나는 것이다."라는 말에서 나온 것으로, 본래는 후세에 자기의 뜻을 알아주는 대성인이 나타난다면 아침저녁으로 자주 만나는 절친한 지기(知己)와 같을 것이라는 말인데, 여기에서는 김수증에게 편지를 연이어 받은 것을 가리킨다.

242 망녕된 행동과 생각 : 박씨(朴氏) 성을 가진 이가 올린 어떤 소장으로 인하여 김수흥의 양소대(陽昭臺)를 노래한 시를 너무 지나치게 노골적으로 지은 것을 가리킨다. 《宋子大全 卷51 與金延之(乙丑除日)》

말씀대로 하겠습니다. 부탁에 응하는 일이 지체됨에 따라 재차 말씀을 하도록 하였으니, 몹시 송구합니다.

○ '열(冽)'이란 글자는 《시경》의 향판본(鄕板本)과 《십삼경주소(十三經注疏)》의 당판본(唐板本)을 상고해 보니 모두 '빙(冫)'을 부수로 하고 있습니다. 《운회(韻會)》에서는 부수 '수(氵)'에 대해 "물이 맑음이다."라고 주석하였고 부수 '빙(冫)'은 "차가움이다."라고 주석하였는데, 《시경》 〈하천(下泉)〉의 '열(冽)' 자에 대한 주자(朱子)의 주석 또한 "차가움이다."라고 되어 있으니, 지금 '빙(冫)'을 부수로 해야 함은 의심할 여지가 없겠습니다.

김연지에게 답함 병인년(1686, 숙종12) 6월 13일

答金延之 丙寅六月十三日

늘 그리워하던 차에 홀연 이달 10일에 보낸 편지를 받고서 벼슬을 버리고 돌아간 지 며칠이 흘렀다는 사실[243]을 알게 되었습니다. 구루(句漏)의 선인(仙人)이 현령(縣令)이란 글자까지 아울러 벗어 버렸으니[244] 얼마나 홀가분하겠습니까. 다만 받고 싶지 않은 지목에 대해선 비록 한 줄기 강의 풍월(風月)이라 할지라도 어찌할 수 없으니,[245] 하늘이 실로 이렇게 만든 것인바 참으로 어쩔 수 없는 것입니다.

부탁한 일사정(一絲亭)의 기문[246]은 어찌 감히 잊고 있겠습니까. 다만 도입부에 들어갈 좋은 말을 아직 생각해 내지 못하였습니다. 드넓은 문장을 지닌 파공(坡公)조차 "필부로서 천하의 스승이 된다."라는 한

243 벼슬을……사실 : 김수증이 청풍 부사(淸風府使)에서 물러난 것을 가리킨다. 《尤菴先生書節要集解 卷3》

244 구루(句漏)의……버렸으니 : '구루의 선인'은 진(晉)나라 때의 은자 갈홍(葛洪)으로, 평소 신선술에 심취한 그는 구루라는 지역에 선약(仙藥)의 재료인 단사(丹砂)가 나온다는 말을 듣고 조정에 청하여 구루의 현령으로 가기를 자원했다. 《晉書 葛洪列傳》 김수증을 갈홍에 비유하고, 청풍 부사에서 물러난 것을 "현령이란 글자까지 아울러 벗어 버렸다."라고 표현한 것이다. 《尤菴先生書節要集解 卷3》

245 받고……없으니 : '받고 싶지 않은 지목'이란 당인(黨人)이라는 지목을 가리킨다. 청풍은 강에 임해 있어 신선의 구역이란 이름이 있으므로 '한 줄기 강의 풍월'이라고 말한 것이다. 《尤菴先生書節要集解 卷3》

246 일사정(一絲亭)의 기문 : 일사정은 김수증이 동호(東湖)에 지은 정자의 이름이다. 이 기문은 《송자대전》 권145에 〈일사정기(一絲亭記)〉란 제목으로 실려 있다.

구절을 생각해 내지 못하자 끝내 한공(韓公)의 다리 아래에 붓을 대지 못하였으니,[247] 하물며 그보다 못한 나머지 인물이야 경솔히 지을 수 있겠습니까. 다행히 생각을 해 낸다면 삼가 마땅히 촛불을 가져오게 한 뒤[248] 지어 바치겠습니다.

화답해 준 근체시는 여러 차례 읊으면서 저도 모르게 입안이 풍성해졌습니다. 제가 지은 것은, 말씀해 준 바와 같이 써서 보내고 싶은 마음 간절하나 제가 이미 저의 글을 잊었기에 응당 황강(黃江 권상하(權尙夏))에게 물은 뒤에 써 보겠습니다. 보내온 종이는 감히 백지로 그냥 돌려보낼 수 없기에 대충 어지러이 써 내려갔는데,[249] 비록 산곡(山谷)의 필력[250]을 지닌 자라 할지라도 "6월의 뜨거운 날씨는 노인이 필연(筆

247 드넓은……못하였으니 : 파공은 송(宋)나라 소식(蘇軾)이고 한공은 당(唐)나라 한유(韓愈)이다. 소식이 한유의 묘문(墓文)인 〈조주한문공묘비(潮州韓文公廟碑)〉를 지을 때 도입부에 들어갈 적당한 말을 생각해 내지 못하여 내내 글을 쓰지 못하였다. 그러다 어느 날 "필부로서 백세의 스승이 된다."라는 말이 떠오르고 나서야 글을 시작할 수 있었다. '한공의 다리 아래'란 표현은 주희(朱熹)가 진부중(陳膚仲)으로부터 원주(袁州)의 학기(學記)를 지어 달라는 청을 받자 이미 한유가 그것을 지은 바가 있다고 하면서, "더구나 또 한문공의 다리 아래는 문장을 지을 수 있는 곳이 아니다."라고 사양한 데서 온 것이다. 《宋子大全隨箚 卷6》《晦庵集 卷49 答陳膚仲》

248 촛불을……뒤 : 주희가 왕귀령(王龜齡) 문집의 서문을 쓸 때 오래도록 짓지 못하다가 어느 날 한밤중에 술에 취해 누워 있던 중 갑자기 수백 글자가 떠올라 냉큼 촛불을 가져다가 글을 지었다는 고사를 원용한 것이다. 《尤菴先生書節要集解 卷3》《晦庵集別集 卷4 劉共甫》

249 보내온……내려갔는데 : 김수증이 송시열에게 종이를 보내 큰 글씨를 써 달라고 요청하였기에 이렇게 말한 것이다. 《尤菴先生書節要集解 卷3》

250 산곡(山谷)의 필력 : 산곡은 송나라 황정견(黃庭堅)의 호이다. 그는 시로도 유명했지만 글씨에도 뛰어나 소식, 채양(蔡襄), 미불(米芾)과 함께 송나라의 사대가(四大

硯)을 가까이할 때가 아니다."라고 할 것이니, 지금 제대로 된 모양을 갖추지 못한 것은 이상할 것이 없습니다. 이에 따라 노선생(老先生)의 시 4수는 감히 엄두를 내지 못하고 있으니, 응당 서늘한 기운이 언뜻 생겨날 때를 기다려야겠습니다.

붓과 술과 포와 산나물이 모두 왔으니 도리어 저로 하여금 파곡(巴谷)[251]의 풍미를 회상케 합니다. 유사(遺事)[252] 중 한 항목을 얻어서 몹시 다행입니다. 병으로 기력이 특히 심하게 떨어져 남의 손을 빌려 적느라 초솔하니 일일이 다 말씀드리지 못합니다.

별지

소 선생(邵先生)의 이른바 '아이들의 장난'[253]은 전적으로 형공(荊公)이 《주례(周禮)》에 의탁하여 법을 바꾼 일을 가리키는 듯합니다. 정자(程子)와 부필(富弼) 등 제현에 대해서는 선생께서 일찍이 '천하의 장관(壯觀)'이라고 하셨으니, 어찌 아울러 형공과 똑같은 수준으로 볼 수 있겠습니까. 그런데 지난번 흑수(黑水)의 경우[254]는 하루

家)로 꼽혔다.

251 파곡(巴谷) : 속리산 화양동(華陽洞)에 있는 골짜기로, 송시열의 서재가 있던 곳이다.

252 유사(遺事) : 김상헌(金尙憲)의 유사로 보인다.

253 소……장난 : 소 선생은 북송(北宋)의 소옹(邵雍)이다. 소옹이 친구 집에 들러 낮잠을 자다가 아이들이 눈 감고 술래잡기하는 그림의 머릿병풍을 보고는 그 위에 "마침내 높다랗게 누운 사람으로 하여금, 베개에 기대어 아이들의 장난을 보게 하는구나.〔遂令高臥人, 欹枕看兒戲.〕"라고 시를 지었다. 《邵氏聞見錄 卷20》

254 흑수(黑水)의 경우 : 윤휴(尹鑴)가 주희를 따르지 않고 독자적으로 유교 경전을 해석한 것을 가리킨다. 흑수는 윤휴가 살았던 경기 여주(驪州)의 '여(驪)' 자가 검은

살이가 나무를 흔드는 정도도 못 되었으니 웃고 내버려 두어도 되는데, 도리어 큰일로 여겨서 힘써 그와 논쟁하였습니다. 이는 비록 모두 '아이들의 장난' 정도로 치부해도 될 것이지만 지금의 시점에서 보건대 그 화가 거의 하늘까지 치솟을 지경이 되었으니, 비록 '아이의 장난'이라 하지 않더라도 또한 괜찮을 것입니다. 이는 한번 웃을 만한 일이므로 보내온 편지로 인하여 대략 언급하였으니, 부디 한마디 말씀을 내려 깨우쳐 주기를 바랍니다.

말 '여' 자로 검다는 뜻이 있고 여주에 여강(驪江)이 있으므로 윤휴를 배척하는 측에서 그의 별칭으로 사용한 것이다.

김연지에게 답함 정묘년(1687, 숙종13) 10월 23일
答金延之 丁卯十月二十三日

유생(兪生)이 찾아와 편지를 전해 주어서 일찍이 운사(雲社)를 왕래하였다는 사실을 알게 되었으니, 이 마음 표연(飄然)하기가 마치 저를 달이 뜬 강가의 소나무와 바위 사이에 앉혀 둔 것과 같습니다.

편지에서 한탄스럽다고 한 말씀은 어리석은 저도 어렴풋이나마 그 마음이 짐작됩니다. 이 어찌 지난번 우리들만 유독 좋은 복을 누린 까닭으로 조물주가 시기하여 지금의 일을 가지고 조롱하는 것이 아니겠습니까. 세상에 완전한 것이 없다는 말은 참말입니다.

부탁한 정자의 기문(記文)[255]은 지금에야 써서 보냅니다. 다만 맑은 풍도와 고상한 절개 위주로 서술하지 않고 경전(經傳)의 중요한 도리 위주로 서술하였으니, 세인들이 국량이 좁다고 흠잡지 않겠습니까. 그러나 주 선생(朱先生)이 조대(釣臺)의 바위에서 탄식하신 것[256]은

255 정자의 기문(記文) : 일사정(一絲亭)에 대한 기문을 가리킨다.

256 주……것 : 후한(後漢)의 광무제(光武帝) 유수(劉秀)가 황제의 자리에 오르자 동문수학한 친구인 엄광(嚴光)을 찾아내어 극진한 대우를 하고 벼슬을 주려고 하였지만 엄광은 계속 거절하였다. 이때 사도(司徒)인 후패(侯霸)가 엄광과 평소 친분이 있었던 터라 사람을 시켜 서찰을 보내 초청하였는데, 엄광은 그 서찰에 구두로 답하기를 "인(仁)을 품고 의(義)를 보필한다면 천하가 기뻐하겠고, 아부하며 뜻만 맞추면 허리와 목이 끊어질 것이다."라고 하고는 끝내 호의를 거절하고 부춘산(富春山) 아래에 은거하여 농사짓고 낚시하며 생을 마쳤다. 이후 북송(北宋)의 호인(胡寅)이 "인을 품고 의를 보필한다."라는 말을 엄광이 낚시하던 바위 위에 새겨 그 뜻을 기렸는데 얼마 안 가 인의(仁義)의 설을 싫어하는 세상 사람들이 그 새긴 글자를 훼손하여 지워 버렸고,

그 뜻이 따로 있었으니, 집사께서는 혹 이를 통해 나를 알아주고 나를 죄줄 것입니다.[257]

유생이 간청한 것에 대해 말해 보자면, 저와 그는 실로 세의(世誼)가 있으니 구태여 집사의 소개를 힘들게 거칠 필요는 없겠지만, 저의 문사(文辭)가 졸렬하고 또 문곡(文谷)이 해 준 경계[258]를 위반하는 것이라 겸연쩍고 두렵습니다.

별지에서 부탁드린 것은 부디 물리치지 말아 주기를 바랍니다. 이 일을 너무 자주 부탁한다는 생각이 들지만 집사에 대한 깊은 흠모와 신뢰로 인하여 다른 사람은 고려 대상에 둘 수 없습니다.

○ 선조인 쌍청당(雙淸堂 송유(宋愉))과 선고(先考)의 묘소 손방(巽方)에 석벽이 있는데, 거기에 '쌍청당수옹이묘재건방이백오십보백대청풍삼한정기(雙淸堂睡翁二墓在乾方二百五十步百代淸風三韓正氣)'라는 23자를 새기고 싶습니다. 부디 그 글자를 팔분체(八分體)로 크게 써서 보내 주는 것이 어떠합니까? 글자 양식 하나를 보내 드립니다.

이에 주희(朱熹)는 그곳을 지날 때마다 그 바위를 어루만지며 탄식하였다. 《後漢書 逸民列傳 嚴光》《宋子大全 卷145 一絲亭記》《尤菴先生書節要集解 卷3》

257 집사께서는……것입니다 : 《맹자》〈공손추 하(公孫丑下)〉에 "공자께서 이를 두려워하여 《춘추(春秋)》를 지으시니, 《춘추》는 천자(天子)가 하는 일이다. 이 때문에 공자께서 말씀하시기를 '나를 알아주는 것도 오직 《춘추》이며 나를 죄주는 것도 오직 《춘추》이다.' 하였다."라고 한 것을 원용한 표현으로, 김수증에게 자신이 지은 〈일사정기(一絲亭記)〉를 통해서 정당한 평가를 내려 주기를 바란다는 말이다.

258 문곡(文谷)이……경계 : 1678년 김수항(金壽恒)이 송시열에게 편지를 보내어 일찍이 신도비문을 한 번도 지은 적이 없던 이황(李滉)의 사례를 끌어와 남의 집안에 묘문을 지어 주는 것을 신중히 해야 한다는 문제 제기를 한 것을 가리킨다. 《文谷集 卷27 上尤齋別紙》

김연지에게 답함 무진년(1688, 숙종14) 6월 2일
答金延之 戊辰六月二日

궁벽한 골짜기에 날아든 편지 한 통은 무더위를 가시게 하기에 충분했습니다. 더구나 정자(正字)인 아드님이 여전히 남은 슬픔을 머금은 채 멀리서 방문해 주었으니, 놀랍고 위로된 나머지 도리어 측은한 마음이 들었습니다.

완릉(宛陵)의 부탁은 정의(情義)로 보아서는 짓는 게 맞지만 육일공(六一公)의 문장이 없으니 어떻게 만분의 일이나마 제대로 드러낼 수 있겠습니까.[259] 차마 끝내 거절할 수 없는 점이 있기에 다만 이렇게 엉성히 지어 올림으로써 기준을 잡고 취사선택해 주기를 기다리는 바입니다.

운당(篔簹)과 관련한 말씀[260]은 저로 하여금 경계와 반성을 하도록

259 완릉(宛陵)의……있겠습니까 : 완릉은 송(宋)나라 매요신(梅堯臣)의 호이고, 육일공은 호가 육일거사(六一居士)인 구양수(歐陽脩)를 가리킨다. 매요신이 구양수에게 자기 처 사씨(謝氏)의 묘지문을 부탁한 고사를 원용하여, 김수증이 죽은 처 창녕 조씨(昌寧曺氏)의 묘문을 부탁한 것을 '완릉의 부탁'이라 하였다. 《尤菴先生書節要集解 卷3》

260 운당(篔簹)과 관련한 말씀 : 주희(朱熹)가 젊은 시절 운당포(篔簹鋪)라는 곳에서 쉬다가 그 벽 사이에 "빛나는 영지(靈芝)는 일 년에 꽃이 세 번이나 피는데, 나는 유독 어찌하여 뜻만 있고 그것을 이루지 못한단 말인가."라는 글이 쓰여 있는 것을 보고는 누차 그 글을 되뇌면서 몹시 슬퍼하였다. 그 후 40여 년이 지나 우연히 그곳을 다시 찾았을 때 그 글은 간데없고 다만 지난 세월에 대한 감회가 일어 "언뜻 지나는 백 년 세월 그것이 얼마나 되랴. 영지가 세 번 꽃피는 것은 무엇을 하려 함인고. 늙도록

하고, 또 감개한 마음을 불러일으킵니다. 파옹(坡翁)은 율곡(栗谷)을 여읜 뒤에 이 시를 추포(秋浦)를 비롯한 여러 공에게 거론하셨으니,[261] 그 뜻이 간절합니다. 저 같은 사람은 죽을 날이 한층 더 가까이 닥쳤으니, 더욱이 마음을 가눌 길이 없습니다.

《남한기략(南漢記略)》은 손 씻고 받들어 읽고는 감히 몇 마디 말로 대략 소회를 드러내 보았는데, 감히 곧장 원래의 책을 더럽힐 수가 없기에 별지에 기록해 올립니다.

'기린〔麕身〕'을 노래한 시에 대해 말해 보자면, 그 왁자지껄 어지럽게 떠들어 대는 자들이 기필코 그것을 '금년에 지은 것'이라고 하면서 깊이 쳐들어갈 계책으로 삼았는데,[262] 이는 족히 괴이할 것도 없습니다. 근

금단을 이루었다는 소식 없으니, 운당포 벽 위의 시가 거듭 한탄스럽네."라고 시를 읊으면서 늙도록 이룬 것이 없는 자신의 처지를 슬퍼하였다. 《晦庵集 卷84 題袁機仲所校參同契後》

261 파옹(坡翁)은……거론하셨으니 : 파옹은 파산(坡山)에 살던 성혼(成渾)이며, 추포는 이이(李珥)와 성혼의 문인인 황신(黃愼)의 호이다. 이이가 죽은 지 3년이 되는 1587년(선조20) 8월에 성혼은 문인인 황신, 오윤겸(吳允謙)에게 시를 써 주었는데, 그 서문에서 이이와의 생전 추억을 회상하고 또 운당포에서 지은 주희의 시를 거론하며 무상한 세월 속에 아무것도 이룬 것이 없는 자신의 처지를 탄식하였다. 《牛溪集 卷1 書示吳黃兩生二首》

262 기린을……삼았는데 : 기린을 노래한 시란 《송자대전》 권4의 〈고시에 차운하여 곡운과 황강에게 보이고 화답을 구하다〔次古韻示谷雲黃江求和〕〉를 가리킨다. 이 시는 1686년 봄에 송시열이 황폐해진 석담사원(石潭祠院)을 보고 슬퍼하며 지은 것인데, 그 가운데 "탄식하노니, 애공 십사 년 봄에, 겨를 없던 공자께서 기린을 보고 눈물 지으셨지. 누가 음사를 쫓아낼 수 있을까. 도리어 원한 삼는 사람 될까 두렵구나.〔歎息哀公十四春, 遑遑尼父泣麕身. 誰能成得放淫事? 堪怕還爲修隙人.〕"라는 내용이 있다. 이후 2년이 지나서 윤증(尹拯)의 무리가 이 시를 들고나와 "금년이 금상(今上)의 즉위 14년

자에 듣건대 예장생(豫章生)이 하송(夏竦)의 모책을 사용하여 회상(檜相)이라는 말을 담아 편지를 위조한 뒤 석수도(石守道)의 관을 열려고 한 것과 같은 재앙을 뿌리려 한다고 하니,[263] 하물며 의거할 만한 말이 있는 경우야 오죽하겠습니까. 그러나 천명(天命)이 있으니 그것을 믿고 두려워하지 않겠습니다. 하고 싶은 말은 아드님이 필시 상세히 진달할 것이니, 나머지는 일일이 다 말씀드리지 못합니다.

이니 애공을 금상에 비유한 것이다."라고 하면서 옥사를 일으키려 하였으나 수포로 돌아갔다. 《宋子大全 附錄 卷11 年譜》《尤菴先生書節要集解 卷3》

263 예장생(豫章生)이……하니 : 예장생은 윤선거(尹宣擧)의 문인 나양좌(羅良佐)를 가리킨다. 예장은 송(宋)나라 학자 나종언(羅從彦)의 호인데, 나양좌와 같은 나씨(羅氏)이므로 이렇게 칭한 것이다. 회상은 남송(南宋) 때의 재상이자 간신으로 평가받았던 진회(秦檜)를 가리킨다. 송나라의 간신 하송이 자기를 배척한 석수도가 죽자 자기 여종에게 석수도의 필적을 익히게 한 뒤에 원망과 비방으로 가득한 편지를 위조하여 황제의 마음을 분노케 하고, 석수도가 죽었는데도 "그가 죽음을 칭탁하고 사실은 거란(契丹)으로 도망친 것이다."라고 하고서 무덤을 파헤쳐 시체를 확인하려 한 일이 있다. 《宋史 石介列傳》 나양좌가 송시열과 김수항(金壽恒)의 관계를 이간하기 위하여 송시열이 김수항을 진회와 같은 사람이라고 했다는 내용으로 편지를 위조하였는데, 송시열이 이 일을 하송이 석수도를 해한 고사에 견준 것이다. 《宋子大全隨箚 卷9》

송자대전

제52권

書서

김기지[1] 수흥 에게 보냄 계사년(1653, 효종4) 4월 14일

與金起之 壽興○癸巳四月十四日

일전에 편지 한 통을 올렸을 때 저를 아껴 주는 마음을 믿고 어리석은 견해를 말씀드린 바 있는데, 이에 주제넘은 짓을 했다는 생각으로 걱정이 한창이었습니다. 그러던 중 뜻하지 않게도 집사께서는 스스로의 고명함을 낮추어 마음을 비우고 상대를 받아들이는 넓은 마음으로 말씀해 주었습니다. 이러한 태도를 쭉 미루어 나간다면 장차 천하의 선이 모두 자신에게 돌아올 것이니, 지극히 흠모하고 우러르는 심정을 이길 수 없습니다.

현재 부모님을 모시는 일 외에 건강은 잘 보중하고 있습니까? 못난 저는 모친을 봉양하면서 그럭저럭 콩죽과 물로 가난한 생활을 이어가고 있습니다. 이는 선비라면 늘 겪게 되는 일상인지라 괴롭고 근심스러울 것까지는 없지만, 스스로를 반성해 볼 때 허물이 많아서 군자에게

1 김기지(金起之) : 김수흥(金壽興, 1626~1690)으로, 본관은 안동(安東), 자는 기지, 호는 퇴우당(退憂堂)·동곽산인(東郭散人)이다. 김상헌(金尙憲)의 종손자이자 김수항(金壽恒)의 종형(從兄)이다. 1655년에 문과에 급제하여 삼사(三司)를 비롯한 주요 관직을 두루 거쳤고, 1674년(현종15) 영의정이 되었을 때 자의대비(慈懿大妃)의 복제(服制) 문제로 남인에게 몰려 부처될 위기에 처했으며, 그해 현종이 승하하자 양사(兩司)의 탄핵으로 춘천(春川)에 유배되었다가 이듬해 풀려 나와 양주(楊州)로 물러가 살았다. 1680년(숙종6) 경신대출척(庚申大黜陟)으로 서인이 재집권하자 다시 영의정에 올랐으나, 1689년 기사환국(己巳換局)으로 남인이 다시 집권하자 장기(長鬐)에 유배되어 이듬해 배소에서 죽었다. 시호는 문익(文翼)이다. 《農巖集 卷28 仲父退憂先生墓表》

버림을 받은 처지인지라 늘 두렵고 부끄러운 심정입니다.

양주(楊州)의 이 상사(李上舍)를 만나지 못한 것이 아쉽습니다만, 만났다 하더라도 그에게 해 줄 대답은 응당 사우(師友)들이 해 온 논의를 벗어나지 않았을 것입니다. 그러나 일전에 서울에 있는 한두 명의 벗들과 편지를 주고받을 적에 대략 저는 "노선생(老先生)[2]은 마땅히 도봉서원(道峯書院)에 배향되어야 하고, 선원(仙源) 선생[3]은 별묘(別廟)에 단독으로 제향되어야 한다."라고 말한 바 있습니다. 이 주장에 대해 누군가는 옳다고 하고 누군가는 그르다고 하는데, 어설픈 저는 현재 주위의 비난으로 인하여 잔뜩 몸을 움츠리고 칩거해 있는 상태인지라 그에 대해 우물쭈물하며 제대로 말하지 못하는 스스로의 처지가 한탄스럽습니다. 다만 모르겠습니다만, 이 도리가 끝내 어떻게 될 것이라고 생각합니까? 도리가 걸린 문제에 대해서는 혐의를 회피하지 않을 것이라는 생각에, 보내온 편지에서 언급한 것을 계기로 감히 궁극의 도리가 무엇인지 묻습니다. 그러나 그르다고 하는 쪽에 또 여러 주장이 있으니, 혹자는 "이렇게 하면 홀로 높아질 수가 없다."라고 하고 혹자는

2 노선생(老先生) : 김수홍의 종조부인 김상헌(金尙憲, 1570～1652)에 대한 경칭으로, 본관은 안동(安東), 자는 숙도(叔度), 호는 청음(淸陰)·석실산인(石室山人)·서간노인(西磵老人), 시호는 문정(文正)이다. 병자호란이 발발하고 남한산성이 포위되었을 때 척화론(斥和論)을 주장하다가 청(淸)나라에 잡혀가 모진 고초를 당하였으며, 귀국한 뒤에는 안동의 학가산(鶴駕山)에 은거하여 여생을 마쳤다.《宋子大全 卷182 石室金先生墓誌銘 并序》

3 선원(仙源) 선생 : 김수홍의 종조부인 김상용(金尙容, 1561～1637)으로, 선원은 그의 호이다. 김상헌의 형으로, 자는 경택(景擇), 또 다른 호는 풍계(楓溪)·계옹(溪翁), 시호는 문충(文忠)이다. 병자호란 때 왕족을 호종하고 강화로 피란하였다가 강화산성이 함락되자 자결하였다.《樂全堂集 卷14 右議政金公諡狀》

"이렇게 하면 필시 시끄러운 일을 야기할 것이다."라고 하는데, 어떻게 하면 좋겠습니까? 옳은지 그른지 은밀하게 알려 주기를 바랍니다.

노선생의 시와 간찰을 일찍이 송광식(宋光栻)[4]에게 맡겨 대신 올리도록 하였는데, 무엇보다 경인년(1650) 봄에 주고받았던 여러 서찰은 후대에 전하지 않으면 안 될 듯합니다. 그러나 아무리 찾아봐도 찾을 수가 없으니, 삼가 응당 있는 힘껏 수색함으로써 반드시 찾아내기를 기약할 뿐입니다.

4 송광식(宋光栻) : 1625~1664. 자는 희장(希張), 본관은 은진(恩津)이다. 송준길(宋浚吉)의 아들이며, 정경세(鄭經世)의 외손이다. 《宋子大全 卷188 工曹正郞宋君墓誌銘 幷序》

김기지에게 답함 갑오년(1654, 효종5) 8월 24일

答金起之 甲午八月二十四日

어느새 또 벌써 가을이 깊어졌는데, 질병과 번다한 용무 때문에 안부 편지를 보내지 못하였습니다. 그러던 중 인편을 통하여 멀리서 보내 준 편지를 받게 되니, 그 감사하고 다행스러운 심정이야 굳이 말로 할 필요가 없습니다.

노선생(老先生)의 상일(祥日)이 어느덧 지나가 버렸으니, 들보가 내려앉는 것 같은 슬픔[5]이 이에 더욱 새삼스럽습니다. 대영감(大令監)[6]께서는 외제(外除)[7] 이후로 건강을 잘 지탱하고 계십니까? 아울러 몹시 걱정이 됩니다. 담제(禫祭)를 지내는 날은 열흘 이전과 열흘 이후 중 언제로 하십니까?[8]

5 들보가……슬픔 : 스승이나 철인(哲人)의 죽음에 대한 비유로, 여기서는 김상헌(金尙憲)의 죽음을 말한다. 공자가 세상을 떠나기 1주일 전에 "태산이 무너지는구나. 들보가 내려앉는구나. 철인이 쓰러지는구나."라고 노래하였는데, 자공(子貢)이 이 노래를 듣고는 "태산이 무너지면 내가 장차 어디를 우러러보며, 들보가 내려앉고 철인이 쓰러지면 내가 장차 어디에 의지하겠는가."라고 말한 고사에서 유래한 표현이다. 《禮記 檀弓上》

6 대영감(大令監) : 김상헌의 아들이자 김수흥의 생부인 동지중추부사 김광찬(金光燦)을 가리킨다. 《尤菴先生書節要集解 卷3》

7 외제(外除) : 부모를 위하여 상복을 입고 있는 사람이 비록 상기(喪期)가 다 되어 겉으로는 상복을 벗더라도 속으로는 여전히 슬픈 마음이 없어지지 않는 것을 말한다. 여기서는 상복을 벗었다는 말이다. 《예기》 〈잡기 하(雜記下)〉에 "부모의 상은 외제하고 형제의 상은 내제(內除)한다."라고 하였다.

8 담제(禫祭)를……하십니까 : 《예기》 〈곡례 상(曲禮上)〉에 "날짜를 점쳐 정할 때에

용렬한 저는 우둔하여 학문에 진전이 없으니, 혹 늘그막에 부족했던 공부를 만회하여 대략 협소한 안목이나마 갖춘다고 한들 뒤따라 정신이 흐려질 터이니 어찌하겠습니까. 삼가 듣건대 시론(時論)이 일변하였다고 하니, 노선생이 평소 자임했던 일은 정히 후인들에게 기대하지 않을 수 없겠습니다. 계절이 저물어 가는 이때 삼가 건강에 유념하기를 바랍니다.

는 열흘 이후는 '먼 어느 날'이라고 하고, 열흘 이전은 '가까운 어느 날'이라고 한다. 상사(喪事)에는 먼 날을 먼저 점치고, 길사(吉事)에는 가까운 날을 먼저 점친다."라는 말이 나온다.

김기지에게 답함 무술년(1658, 효종9) 9월 11일

答金起之 戊戌九月十一日

지난번 왕림한 것에 대해 지금까지 고마워하고 있던 차에 지금 이 편지를 받으니 한문(寒門)에 날아올라 청풍(淸風)으로 몸을 씻는 기분[9] 이상이었습니다.

시남(市南)에 대해서는 온 조정이 다 같이 축하해 주지만,[10] 그가 올라와서 능히 사람들의 마음에 부응할지 모르겠습니다. 이는 굳이 논할 것도 없거니와 하늘처럼 두루 덮어 주신 성상의 덕에 대해 우러러 흠모하는 마음 이길 수 없으니, 저의 변변치 않은 힘이 거기에 무슨 영향을 미쳤겠습니까. 다만 그날에 했던 말 가운데 실수로 대신(大臣)을 저촉한 일[11]이 조금 있었는데, 이에 대신이 불안해하면서 곧 차자(箚

9 한문(寒門)에……기분 : 주희(朱熹)가 공풍(鞏豐)에게 보낸 편지에 "새로 지은 시를 보내 주시니, 저를 비루하게 여기지 않는 줄을 더욱 잘 알겠습니다. 시를 읽어 보노라면 곧 오석(烏石)과 영원(靈源)이 나에게서 멀지 않음을 느끼게 되니, 이러한 무더위를 당하여 상쾌하기가 마치 한문에 날아올라 청풍으로 몸을 씻는 듯합니다."라고 한 것을 원용한 표현이다. 한문은 북방의 지극히 추운 지역을 말한다. 《晦庵集 卷64 答鞏仲至》

10 시남(市南)에……주지만 : 시남은 유계(兪棨)의 호이다. 1649년 인조(仁祖)의 묘호(廟號)를 정할 때 '인(仁)' 자의 사용을 반대하다 선왕을 욕되게 하였다는 죄로 이듬해 유배형을 받고 2년 뒤에 방환되어 초야에 묻혀 있던 유계가, 1658년 9월 9일 송시열과 송준길(宋浚吉)의 잇단 천거로 조정에 복귀하여 시강원 문학(侍講院文學)이 된 것에 대해 온 조정의 관원들이 다 같이 축하해 주었다는 말이다. 《宋子大全 卷191 市南兪公墓表》《孝宗實錄 卽位年 5月 23日, 1年 10月 28日, 9年 9月 9日》

11 실수로……일 : 1658년 9월 9일 송시열이 송준길과 입시하여 효종에게 유계를 천

子)를 올리려고 하므로 스스로의 죄를 아뢰면서 고향으로 돌아가기를 청하지 않을 수 없습니다. 지금 그에 대한 글을 작성하고 있으니 정오 무렵에 응당 입계(入啓)할 것입니다. 이로부터 돌아갈 길이 점차 열릴 것이니, 참으로 "기뻐서 미칠 듯하다."[12]라는 심정입니다. 이 정도로만 씁니다.

거하던 때, '연경(燕京)으로 갔던 사신이 상의원(尙衣院)의 요청으로 몰래 어떤 물건을 사 가지고 귀국하려다 청(淸)나라 사람의 수색이 벌어지자 대신이 그 물건을 품속에 숨기기까지 한 일이 있다'고 아뢴 것을 가리킨다. 《孝宗實錄 9年 9月 9日》

12 기뻐서 미칠 듯하다 : 당(唐)나라 두보(杜甫)의 시 〈문관군수하남하북(聞官軍收河南河北)〉의 제4구에 나오는 말로, 안사(安史)의 난 때 관군이 하남과 하북 지역을 수복하였다는 소식을 들은 두보가 서둘러 고향으로 돌아갈 준비를 하며 들뜬 마음으로 한 말이다. 《杜少陵詩集 卷11》

김기지에게 답함 경자년(1660, 현종1) 5월 28일

答金起之 庚子五月二十八日

슬픔을 머금은 채 죽지도 못하고 차마 초나흗날이 다시 찾아온 것[13]을 보게 되었는데, 배종(陪從)하는 반열에 참여하지 못하기에 슬픈 심정이 갑절이나 더합니다. 이러한 때에 멀리서 안부 편지를 보내 주니 살뜰히 보살펴 주는 그 마음에 깊은 감사를 느낍니다. 저는 다른 일은 전혀 없고 오직 병으로 누워만 있을 따름입니다.

효시(嚆矢)에 관하여 하신 말씀은 일찍이 듣고서 떨렸습니다. 그렇지만 회옹(晦翁)이 비록 "눈이 있으나 사람을 제대로 알아보지 못하였다."라고 후회하셨으나,[14] 이천(伊川)은 실로 "정이 두터우니 감히 의심할 수 없다."라고 하는 가르침을 내리셨으니,[15] 이 두 경우의 사이에서

13 초나흗날이……것 : 효종의 기일이 돌아왔다는 말이다. 효종은 1659년(효종10) 5월 4일에 승하하였다.

14 회옹(晦翁)이……후회하셨으나 : 회옹은 주희(朱熹)의 호이다. 1188년 주희가 병부 낭관(兵部郎官)으로 있을 때 병부 시랑(兵部侍郎) 임률(林栗)과 더불어 《주역》과 〈서명(西銘)〉에 대하여 토론하다가 임률의 주장을 논박하였는데, 이후 이에 앙심을 품은 임률이 "주희는 본래 학술도 없으면서 한낱 장재(張載)와 정이(程頤)가 남긴 단서를 훔쳐서 허황되게 종주(宗主)를 삼고 도학(道學)이라 칭한다."라는 등의 말로 주희를 탄핵하였다. 이에 주희가 어떤 이에게 보낸 편지에서 이와 같이 말하였다. 《宋子大全隨箚 卷4》

15 이천(伊川)은……내리셨으니 : 이천은 북송(北宋)의 학자 정이의 호이다. 정이가 1097년에 부주(涪州)로 귀양을 가게 되었는데, 문인 사양좌(謝良佐)가 "이 귀양길은 제가 그 연유를 아는데, 곧 족질(族姪) 정공손(程公孫)과 형서(邢恕)의 소행입니다."라

주선한다면 아마도 거의 될 것입니다. 저를 깊이 아껴 주고 인정해 준 것에 감사하는 마음에 이렇게까지 속마음을 다 털어놓게 되었으니, 다른 사람이 보면 필시 "말은 옳지만 때는 잘못되었다."라고 할 것입니다. 우리 벗이 해량해 주기만 바랄 뿐입니다. 이렇게만 쓰고 일일이 다 말하지 못합니다.

고 하니, 정이는 "족질은 지극히 어리석어서 꾸짖을 것조차 없고, 고인(故人)은 정이 두터워서 감히 의심하지 못한다."라고 하였다. 《二程全書 卷19, 卷50 伊川年譜》

김기지에게 답함 임자년(1672, 현종13) 5월 12일

答金起之 壬子五月十二日

좁은 집안에서 병으로 누워 지내느라 마음이 무료하던 차에 홀연 대감의 편지를 받으니, 흡사 한문(寒門)에 날아올라 청풍(淸風)으로 몸을 씻는 것[16]처럼 마음과 정신이 깨어남을 느낍니다.

별지에서 말한 내용은 몹시 경악스럽습니다. 사람이 하는 말이 끝내 이와 같단 말입니까. 제가 과연 들은 것이 있다면 오래전에 벌써 서둘러 회옹(晦翁)이 이성보(李誠父)에게 경계한 의리[17]에 따라서 여쭈었을 것입니다. 다만 말세에 사람들의 말이란 으레 참된 것이 드문 법입니다. 높은 명망과 맑은 지조를 지닌 송강(松江)이 무엇이 부족하다고 빌붙었겠습니까마는, 그럼에도 마침내 청양군(靑陽君)을 탄핵하는 상소에 이름이 들어갔습니다.[18] 이 일은 오직 스스로 수립한 지조가 어떠한가에 달린 문제로, 밖에서 이르는 허물이 무슨 상관이겠습니까.

16 한문(寒門)에……것 : 304쪽 주9 참조.

17 회옹(晦翁)이……의리 : 이성보는 주희(朱熹)의 스승인 연평(延平) 이동(李侗)의 아들 이신보(李信甫)로, 성보는 그의 자이다. 그가 영신(佞臣) 용대연(龍大淵)과 증적(曾覿)이 집권할 때에 간관(諫官)에 임명되자 주희는 그에게 편지를 보내 "제공(諸公)이 올바른 사람을 내쫓고 오직 존형(尊兄)으로 책임을 메우려 하니 이는 몹시도 존형을 경시하는 처사이다. …… 이 조그마한 은혜만을 생각하여 큰 치욕을 잊어서는 안 된다."라고 경계하였다.《晦庵集 卷28 與李誠父書》《宋子大全隨箚 卷6》

18 높은……들어갔습니다 : 송강은 정철(鄭澈)의 호이며, 청양군은 심의겸(沈義謙)의 봉호이다. 동서(東西) 간의 대립이 첨예하였던 1581년(선조14)에 정인홍(鄭仁弘)을 비롯한 동인 측에서 서인인 심의겸을 탄핵하면서 정철을 심의겸의 당여(黨與)로 보고 함께 배척한 일을 가리킨다.《宋子大全隨箚 卷6》

정자와 집에 붙인 편액을 통해서, 들인 공력이 깊다는 사실을 충분히 확인할 수 있었습니다. 어떻게 하면 그 집의 창가와 밭둑길 사이에서 그대를 종유함으로써 스스로 경계하고 보탬이 되게 할 수 있겠습니까. 요청한 소기(小記)는 인편이 바쁜 관계로 미처 뜻에 부응하지 못하였으니 일단은 훗날을 기다려야겠습니다.

대저 우리 후생이 의지할 대상은 다만 노선생(老先生)의 집안과 신로(愼老)[19]일 따름이니, 두 집안이 낭패를 겪는다면 그때는 바로 우리가 다 같이 무너지는 날일 것입니다. 어찌 그 물결에 동참하면서 선악을 따지고 입장의 차이를 보일 리가 있겠습니까.[20] 만일 집사의 형제들이 남궁(南宮)의 제공(諸公)[21]과 함께 이러한 사체가 지극히 중대하다는 사실을 유념하여 이해관계에 대해서는 일단 내버려 두고 오직 의리를 분명히 한다면 우리는 대소를 불문하고 그 영광을 다 함께 누릴 수 있을 것이니, 이것이 바로 밤낮 마음으로 기도하는 부분입니다.

성상의 체후가 오래도록 평상을 회복하지 못하고 있으니, 근심으로 애태우는 마음 어찌 끝이 있겠습니까. 미천한 신이 만약 체직된다면

19 신로(愼老) : 송시열의 스승인 김집(金集, 1574~1656)으로, 그의 호가 신독재(愼獨齋)이므로 이렇게 칭한 것이다. 김집의 본관은 광산(光山), 자는 사강(士剛), 시호는 문경(文敬)이다. 이이(李珥)의 학문을 계승하고 부친인 김장생(金長生)을 이어 예학(禮學)의 체계를 완비하였으며, 그 학문을 송시열에게 전해 주어 기호학파를 형성하였다. 《宋子大全 卷155 愼獨齋金先生神道碑銘 幷序》

20 선악을……있겠습니까 : 대본에는 '善惡異同之哉'로 되어 있다. 두주에 근거하여 '之' 뒤에 '理'를 보충하여 번역하였다.

21 남궁(南宮)의 제공(諸公) : 남별궁동(南別宮洞)에 살았던 김만기(金萬基)와 김만균(金萬均) 등을 가리킨다. 이들은 모두 김집의 종손이다. 《宋子大全隨箚 卷6》《尤菴先生書節要集解 卷3》

안부를 여쭙고자 하는 마음을 한번 펼치기를 간절히 원하지만 그럴 수 없으니, 살아서는 목숨을 바치고 죽어서는 결초보은하겠다는 다짐을 할 뿐입니다. 날씨가 벌써 무더우니 다만 건강에 유념하기를 바랍니다.

○ 옥천(沃川)의 백성과 선비들은 일찍이 그 수령이 조세 미납 문제로 장차 면직이 불가피하다는 말을 듣고는 서로 힘을 다하여 조세를 수납하였습니다. 그러므로 명령을 내리지 않아도 일이 해결되었으니, 그 수령의 자애로움을 짐작할 수 있습니다. 그런데 이제 듣기로, 그 고을의 품관(品官) 중 이익(李杙)이라는 자가 조세 징수에 몰린 나머지 스스로 목을 매 죽는 끔찍한 일이 일어났다고 하니, 차마 듣지도 말하지도 못할 소식입니다. 자애로운 옥천 수령조차 그 백성을 보호하지 못하니, 민생이 시급하다는 사실을 알 수 있으며 이 외의 경우 역시 짐작할 수 있습니다. 어찌 성상의 애통해하는 교서가 내리자마자 아래로부터 이러한 일이 전해져 들리는 것입니까. 삼가 바라건대 집사께서는 한결같이 절약에 유념하는 한편, 모든 조세의 징수를 늦추고 완화함으로써 백성에게 은혜를 내리는 방도로 삼으십시오. 그렇게 한다면 마치 다칠세라 백성을 염려하시는 성상의 덕이 괜한 허풍으로 전락하지는 않을 것입니다. 저를 깊이 허여해 주는 마음에 감사함을 느껴 이렇게까지 속마음을 쏟아 냈으니 해량해 줄 것으로 생각합니다. "당(唐)나라의 위기는 판탁지(判度支) 배연령(裴延齡)에게서 시작되었다."[22]라는 말을 욀 때마다 소름 끼치도록 두렵지 않은 적이 없습니다.

22 당(唐)나라의……시작되었다 : 배연령은 당 덕종(唐德宗) 때의 간신(奸臣)으로, 판탁지를 지내면서 백성의 재물을 가혹하게 착취하는 것을 상책으로 삼은 인물이다. 《宋子大全隨箚 卷6》《唐書 裴延齡列傳》

김기지에게 보냄
與金起之

우리가 죽으나 사나 의지할 대상은 오로지 노선생(老先生)의 집안뿐이며, 그 집안을 지키는 것은 전적으로 대감의 형제분들께 달려 있습니다. 이 집안을 지키지 못한다면 실로 작은 술병이 바닥남에 따라 큰 술병이 수치를 느끼는 격[23]이 될 것입니다. 근래에 근거 없는 말이 자못 나돌기에 내심 걱정이 되어 어떤 사람과 대화를 나눌 때 그 일에 대해 대략 언급하였는데, 이는 우연한 망발이 아닙니다. 집사께서 만약《주자대전(朱子大全)》제28권에 실려 있는 〈이성보에게 보내는 편지〔與李誠父書〕〉[24]를 본다면 구구한 저의 진심이 어디에 있는지 알 것이니, 흡사 또한 주 부자(朱夫子)가 오늘날을 위하여 그러한 말씀을 준비해 놓은 것 같습니다.

지금 삼가 별지에서 한 말씀을 보니 몹시 저에게 위로와 기쁨을 줍니다. 고인이 이르기를 "신이 하는 말이 실현되지 않는 것이 국가의 복입

23 작은……격 :《시경집전》〈소아(小雅) 육아(蓼莪)〉에 "작은 병이 바닥남은, 큰 병의 수치로다.〔甁之罄矣, 維罍之恥.〕"라고 한 데서 온 말인데, 주희(朱熹)는 이에 대해 "작은 병이 큰 병을 의지하고 큰 병이 작은 병을 의지하는 것은 마치 부모와 자식이 서로 의지하여 목숨을 부지하는 것과 같다. 그러므로 작은 병이 바닥남은 큰 병의 수치이니, 이는 마치 부모가 살 곳을 얻지 못한 것이 바로 자식의 책임인 것과 같은 것이다."라고 풀이하였다.

24 이성보에게 보내는 편지 : 주희가 스승 이동(李侗)의 아들인 이신보(李信甫)에게 보낸 편지이다. 308쪽 주17 참조.

니다."라고 하였는데,[25] 이는 참으로 오늘날 제 마음속에 간직된 말입니다. 그러나 계속해서 바라건대, 과거에 그러한 경우가 전혀 없었다고 해서 그것만을 믿지는 말고 장래에 혹시라도 그러한 경우가 생기지는 않을까 하면서 통렬히 경계하는 것이 어떻겠습니까? 주 부자가 일찍이 말씀하시기를[26] "천하의 선비 중에 명성이 있고 절개 있는 행동을 하여 당대 여론이 쏠리는 사람이 있다는 말을 들으면 간절한 심정으로 그 사람을 만나 보지 못하는 것을 한탄하고, 그가 세상에 나아가 등용이 되었다는 소식을 들으면 혼자서 기뻐하곤 하였다. 그러나 정작 끝내 이룬 바를 요약하여 살펴보면 진실로 존경스러운 마음이 들 만큼 시종일관 굳은 절개를 지킨 사람은 대체로 얼마 없었으며, 언론과 풍지(風旨)가 끝내 일컬을 만하지 않거나 공명과 사업이 끝내 기록할 만하지 않은 경우도 왕왕 있었다. 이러한 이유로 한숨 쉬고 스스로 탄식하면서 알게 된 사실은, 천하의 이른바 명성 있고 절개 있는 행동을 한다는 자도 천하의 사람들을 안정시켜 주기에는 부족하며, 천하의 일을 과연 앞으로 어디에 맡겨야 할지 알 수 없다는 것이다."라고 하였습니다. 부자의 이 말씀은 읊조릴 때마다 맛이 있기에 지금 감히 집사에게 그대

25 고인이……하였는데 : 명(明)나라 태조(太祖)가 호유용(胡惟庸)을 좌승상으로 삼으려고 하자 개국 공신인 유기(劉基)가 태조에게 "이 작은 송아지가 수레를 엎고 쟁기를 망가뜨릴 것입니다."라고 하면서 그 임명을 반대하였으나, 결국 호유용은 좌승상이 되었다. 이에 유기가 크게 근심하면서 "만일 내 말이 실현되지 않는다면 이는 창생(蒼生)의 복일 것이다."라고 하였다. 결국 호유용은 후일 모반 혐의로 처형되었다. 《明史 劉基列傳》

26 주……말씀하기를 : 이하 주희의 말은 《회암집(晦庵集)》 권37의 〈여왕귀령(與王龜齡)〉에 나온다.

로 외워 올립니다. 부디 저의 광망하고 참람함을 용서하여, 이 말씀을 스스로의 마음속에 간직할 뿐만 아니라 대학사(大學士) 대감(김수항(金壽恒))께도 말해 주기를 바랍니다. 애모하는 마음이 깊어서 저도 모르게 속의 말을 다 쏟아 내고 말았습니다.

김기지에게 답함 임자년(1672, 현종13) 11월 15일
答金起之 壬子十一月十五日

양기가 자라나는 계절에 그리운 마음이 더욱 깊어 가던 차에 홀연 이렇게 편지를 받고 또 이어 여러 말씀이 담겨 있는 것을 보니, 제 마음에 위안이 되었고 또 저를 하찮게 여기지 않는 것에 대한 깊은 감사를 느꼈습니다. 저는 집안의 상(喪)을 당한 뒤로 수차례 큰 병을 앓아 죽을 날이 머지않았으니, 오직 눈을 감기 전에 직명(職名)을 바꿀 수 있게 된 것이 다행일 뿐입니다.

부탁받은 글에 대해 말씀드리자면, 여름부터 중형(仲兄)의 병이 갑자기 위독해져 탕약을 마련하느라 분주하였고 그러다 결국 장례까지 치르게 되고 보니 걱정하고 허둥대며 슬퍼하고 괴로워하느라 붓을 들 겨를이 없었습니다. 그런데 지금 외람되이 집사가 직접 지은 글을 보니 뜻은 원만하고 글은 유창하며 일은 다 갖추었고 문리는 지극합니다. 아마도 밤낮 공무로 바쁜 가운데도 부지런한 독서와 존심양성(存心養性)의 공부를 내팽개치지 않은 덕분일 터이니 무척이나 존경스럽습니다. 비록 노둔한 능력을 다 바쳐서 지난날의 약속을 지킨다고 해도 마치 남에게 좋은 땅을 모두 선점당한 것처럼 아예 한 글자도 더 쓸 만한 말이 없습니다. 이 때문에 그저 비속하고 진부한 말들을 그 뒤에 조합함으로써 일전어(一轉語)를 내려 달라고 하는 고인의 형식[27]을 흉

27 일전어(一轉語)를……형식 : 고인은 남송(南宋)의 주희(朱熹)를 가리킨다. 주희는 다른 사람의 글 뒤에 자신의 생각을 조금 엮어 그것을 발문으로 삼고서, "일전어를

내 내었으니, 한번 죽 훑어보는 것이 어떻겠습니까.

보내 준 달력은 장차 날씨를 기록하는 것으로 삼고자 하니, 산중에 할 일이 없지는 않겠습니다. 매우 감사하고 감사합니다. 나머지 하고 싶은 말은 일일이 다 적지 못합니다.

○ 원기(原記)의 이른바 '선조(先祖)' 아래에는 '고(考)'라는 글자가 빠진 것으로 의심되는데, 만약 '선조'라고만 칭한다면 이는 시조(始祖) 이하 고조(高祖) 이상의 여러 신위(神位)를 일컫는 통칭이 됩니다.

산중에는 붓이 몹시 부족합니다. 일찍이 육일공(六一公)[28]은 남에게 문방구를 빌리면서 "많아도 싫지 않다."라고 하였습니다. 많은 것을 감히 바랄 수는 없고 적당히 보내 주기를 바랍니다.

별지

연분(年分)을 변통하는 것에 대해 말하자면, 당초에 명령이 내려졌을 때에 아전들은 누구 하나 두려워하고 꺼리지 않는 이가 없어서 모두 그로부터 모면하기를 꾀하였습니다. 그러므로 모두가 장차 큰 보탬이 있을 것이라 여겼는데, 막상 실지 답사를 하게 되어서는 누구는 참되게 하고 누구는 허위로 하며 또 누구는 부지런히 하고 누구는 게을리하는 차이가 있었기에 혹 이전과 달라진 점이 없기도 하였습니다. 그런데 제가 보고 들은 것으로 말하자면 유 지평(柳持平)이

내려 주소서."라고 하였다. 일전어는 원래는 불교에서 참선할 때 참선자가 미혹에서 벗어나 깨달음을 얻을 수 있게 하는 말을 이르는 것으로, 사람들로 하여금 대오 각성할 수 있게 하는 중요한 말씀이라는 뜻이다. 《宋子大全隨箚 卷6》

28 육일공(六一公) : 송나라 구양수(歐陽脩)로, 그의 호가 육일거사(六一居士)이므로 이렇게 칭한 것이다.

관할한 10여 고을에서는 아전들은 두려워하고 백성들은 기뻐하며 수령들도 모두 훌륭하다고 칭송하였으니, 옛날의 이른바 "제대로 된 사람을 얻지 못하고 저절로 행해지는 법이란 없다."라는 말이 참으로 격언입니다. 오직 무작위로 제비를 뽑아 걸린 지역에서 측량을 실시할 때에는 비록 대단히 교활한 아전일지라도 얼굴에 땀을 흘린다고 하니, 이렇다면 보탬이 없지 않을 것입니다.

국가의 재용이 고갈되어 슬피 통곡할 정도의 상황이 된 것에 대해, 만나는 감사와 수령마다 그 점을 언급하지 않는 자가 없습니다. 다만 근년에 목화(木花)의 작황이 좋지 않은 까닭에 수령들이 맨몸으로 지내며 추위에 신음하는 백성들을 보고는 차마 그들에게 형장을 치거나 차꼬와 수갑을 채우지 못하고 차라리 자기가 경사(京司)의 질책을 받는 길을 택하는데, 이는 상황이 실로 그렇게 만든 것입니다. 근자에 윤 문학(尹文學 윤형성(尹衡聖))이 옥천(沃川)에 있을 때 밥이 목구멍으로 넘어가지 않아 오로지 백성들의 고통을 어루만지는 일에 몰두한 까닭에 그가 떠날 때 백성들이 석벽에 글을 새겨 그의 은덕을 기리기까지 하였는데, 봄 무렵에 경사의 조세 독촉 명령을 들은 한 백성이 스스로 목을 매 죽기까지 하였습니다. 이 일은 일전에 집사에게 말씀드린 적이 있으니, 이 한 사건을 통해 민생의 고달픈 현실을 알 수 있습니다.

토지에 대한 요역(徭役)은 그래도 버틸 만하지만 무엇보다 노비 신공(奴婢身貢)이 몹시 난감한 실정입니다. 한 집에 때로 부부와 자녀 5, 6인이 공납하는 경우도 있으니, 이는 중간 정도의 살림살이라도 결코 감당할 수 없는 수준입니다. 오늘날에 해야 할 일은 오직 조정에서 한결같이 전쟁 상황에 처한 것으로 여기고, 바쳐 올리는 공물도 송(宋)나라 고종(高宗)이 남쪽으로 건너왔을 때[29]처럼 해야 하니,-남쪽으로 건너온 뒤에 임금에게 올리는 음식은 아침저녁으로 양 1마리를 바쳤고 찬이 담긴 그릇도 몇 가지에 불과하였으며, 집이 좁더라도 더 보수하지 않았고 비빈(妃嬪)도 겨우 2, 3명이었습니다.- 그렇게 한다면 천심(天心)을 감동시키고 백성의 원망을 누그러뜨릴 수 있을 뿐만 아니라 또한 항시적으로 드는 비용을 잠시나마 감당할 수 있을 것입니다. 지금 사대부들은 감옥을 자기 침소처럼 일상적으로 드나들며 개돼지처럼 취급당하는 것을 다반사로 여기고 있으니, 어찌 감히 이러한 내용으로 들어가 고할 수 있겠습니까. 크게 탄식하고 탄식합니다.

29 송(宋)나라……때 : 송나라가 금(金)나라의 침입을 당해 변경(汴京)을 버리고 양자강(揚子江)을 건너 임안(臨安)으로 도읍을 옮겼을 때를 가리킨다.

김기지에게 답함 계축년(1673, 현종14) 1월 29일

答金起之 癸丑正月二十九日

그대의 사위[30]가 찾아와 그대의 편지를 다시 받으니 기쁘고 후련하기 그지없습니다. 게다가 재기(齋記)까지 써서 보내 주니, 손을 씻고 정중히 읽으매 깊이 깨우치고 계발되었습니다. 다만 이러한 지론(至論)을 일찌감치 들음으로써 그 내용을 그릇에 새겨 놓고 아침저녁으로 시선을 두지 못한 것이 아쉽습니다.

정기(亭記)의 뒤에 붙일 글을 써 달라고 부탁받은 지가 이미 오래되었으나 상사(喪事)와 질병으로 붓을 들 겨를이 나지 않았습니다. 그런데 이번에 독촉을 받고서 급히 부응하여 보내니, 담비 꼬리에 개 꼬리를 붙인 격[31]이라는 비난은 물론 기꺼이 받아들이겠지만 교정을 해 준다면 몹시 다행이겠습니다.

그대의 사위는 그야말로 죽은 벗[32]의 모습을 그대로 가지고 있으니, 현재와 과거를 생각하매 눈물이 줄줄 흐릅니다. 그가 요청한 글을 엉성

30 그대의 사위 : 이희조(李喜朝, 1655～1724)이다. 본관은 연안(延安), 자는 동보(同甫), 호는 지촌(芝村)이며, 송시열의 문인이다.

31 담비……격 : 상대의 글 뒤에 자신의 글을 덧붙인다는 겸사이다. 진(晉)나라 때 조왕(趙王) 사마륜(司馬倫)이 정권을 전횡하면서 그의 당여들이 모두 작위를 받게 되었다. 이에 관(冠)의 장식으로 사용하는 담비 꼬리가 부족해지자 개 꼬리로 대신하였는데, 이 때문에 당시 사람들이 "담비 꼬리 부족하여 개 꼬리로 잇네."라고 기롱하였다. 《晉書 趙王倫列傳》

32 죽은 벗 : 이희조의 부친인 이단상(李端相)을 가리킨다.

하게 써서 겨우 완성하였으니, 이른바 "오히려 차마 내 벗의 묘명을 쓰게 되었구나."[33]라는 격입니다. 늙어 갈수록 쉽게 감정이 예민해져 무슨 일이든 눈물이 고이니 어쩌면 좋습니까.

지난번 보내 준 붓과 먹을 언제나 책상에 두고 있으니 문득 그 남은 향기가 저에게 스며듦을 느낍니다. 무척 감사하고 감사합니다. 나머지 말은 남의 손을 빌려 대충 적느라 일일이 다 하지 못합니다.

33 오히려……되었구나 : 당(唐)나라 문인 한유(韓愈)가 벗 맹교(孟郊)를 위해 지은 〈정요선생묘지명(貞曜先生墓誌銘)〉에 나오는 말이다. 《五百家注昌黎文集 卷29》

김기지에게 답함 계축년(1673, 현종14) 5월 10일

答金起之 癸丑五月十日

멀리에 있으면서 성상의 밝은 명[34]이 내려졌다는 소식을 듣고는 축하하는 심정이 한창 절절합니다. 이는 대개 이 시점에서 집사가 대번에 장구하고 원대한 공과 업[35]을 일으켜서가 아니라, 이를 통해 실로 능히 임금의 마음을 바로잡음으로써 장구하고 원대한 공과 업의 기반을 다질 수 있기 때문입니다. 그러나 산에 묻혀 사는 처지에 곧바로 축하의 문안 편지를 보내는 것은 가당치 않은 일이므로 그 일을 지금까지 미루고만 있었는데, 갑자기 인편을 통하여 이렇게 편지를 받게 되니 성대하게 빛나는 겸손의 미덕을 지닌 집사께서 저를 하찮은 사람이라 하여 경시하지 않음을 더욱 알게 되었습니다. 이러한 태도를 미루어 행해 나간다면 무엇인들 이루지 못할 일이 있겠습니까. 지극히 흠모하는 마음을 더욱 이기지 못하겠습니다.

노선생(老先生)은 도를 지니고도 시험해 보지 못하셨으나, 그 마음만큼은 단 한 번도 조국을 잊은 적이 없으셨습니다. 문인 제자들은 애당초 그 뜻을 조금이나마 계승하기에도 부족하지만 그 집안에 어진

34 성상의 밝은 명 : 1673년 4월 24일 김수흥이 우의정에 제수된 것을 가리킨다.《顯宗實錄 14年 4月 24日》

35 장구하고……업 :《주역》〈계사전 상(繫辭傳上)〉에 "쉬우면 알기 쉽고 간략하면 따르기 쉬우며, 알기 쉬우면 친함이 있고 따르기 쉬우면 공(功)이 있으며, 친함이 있으면 장구할 수 있고 공이 있으면 원대할 수 있으며, 오래 할 수 있으면 현인의 덕이요 원대할 수 있으면 현인의 사업이다."라고 한 말을 인용한 것이다.

후손이 있어 성대한 사업을 잇기에 충분하니, 그에 대한 학자들의 바람은 보통의 다른 사람과 견줄 것이 아닙니다.

계씨(季氏) 대감[36]께서 의정부에 들어가자마자 매사를 규간하다가 그로 인해 성상의 마음에 들지 못하였고 이에 끝내 낭패스럽고 당황스러운 지경에 이르셨으니, 사림의 실망스러운 마음을 어찌 말로 다 할 수 있겠습니까. 그러나 다행히 집사께서 그 뒤를 이으셨으니 사람들의 마음을 위로하기에 충분할 것입니다. 다만 성상께서 인재를 발탁하는 방식을 보니 두려워할 만한 자는 뽑지 않고 반드시 좋아할 만한 자를 뽑으시며, 당신의 허물을 지적할 수 있는 사람을 구하지 않고 반드시 당신의 뜻에 맞춰 줄 수 있는 사람만을 구하십니다. 그러니 고인의 입장에서 말해 본다면 오늘날에 입은 이 후한 대우는 그저 사람으로 하여금 부끄럽고 황공한 마음이 되어 주저하도록 하기에 충분할 뿐입니다. 오늘날 성상을 차분하게 계도하여 성상으로 하여금 날마다 깨닫도록 하는 책임은 집사에게 있지 않겠습니까. 이것이 바로 축하하는 마음이 그치지 않는 까닭이니, 집사께서는 어떻게 생각하시는지요? 몹시 두렵습니다. 하고 싶은 말을 일일이 다 적지 못합니다.

36 계씨(季氏) 대감 : 김수흥의 아우인 김수항(金壽恒, 1629~1689)을 가리킨다. 자는 구지(久之), 호는 문곡(文谷)이다.

김기지에게 답함 계축년(1673, 현종14) 6월 12일
答金起之 癸丑六月十二日

더위가 닥치고 흙비가 덮쳐 마치 죽은 사람처럼 엎어져 지내고 있던 차에, 홀연 인편을 통하여 지난달 그믐에 보낸 편지와 두 개의 별지를 받았습니다. 거기에 담긴 말씀을 모두 펼쳐 읽어 보고는 갖가지 깊은 고통이 일시에 해소됨을 느꼈으니, 이 얼마나 위로되고 후련한 심정이겠습니까. 다만 우리 선왕의 찬궁(欑宮)을 배알한 지 여러 날이 지났으니, 활을 부여안은[37] 외로운 신하의 슬프고 허둥대는 마음은 갑절이나 더합니다. 혹 흠위(廞衛)[38]의 출발을 알게 된다면 어찌 감히 차마 죽기를 각오하고 달려 나감으로써 그날의 남은 애통한 심정을 다하지 않을 수 있겠습니까. 다만 질병이 이와 같으니, 조물주가 기꺼이 이 몸을 세상에 남겨 이 정을 펴도록 내버려 둘지 모르겠습니다.

올여름은 비록 비가 늦게 내렸지만 그래도 말라 가는 것에 생명을 불어넣어 큰 흉작에 이르지는 않았는지요? 산골에 깊이 은거한지라

37 활을 부여안은 : 임금의 죽음을 슬퍼할 때 쓰는 말이다. 황제(黃帝)가 형산(荊山) 아래 정호(鼎湖)에서 솥을 만들어 연단(鍊丹)을 하다가 그 일을 끝내고서 용을 타고 승천할 적에 신하와 후궁 70여 인을 함께 데리고 갔는데, 여기에 참여하지 못한 소신(小臣)들이 용의 수염을 잡고 있다가 용의 수염이 빠지는 바람에 모두 떨어졌고 이때 황제의 활도 함께 떨어졌으므로 백성들이 그 활을 부여안고 부르짖으면서 울었다고 하는 고사에서 유래한 표현이다. 《史記 封禪書》

38 흠위(廞衛) : 국상(國喪)의 장례 행렬에 쓰던 여러 가지 도구이다. 여기서는 효종의 이장(移葬) 행렬을 말한다.

농사일에 관한 이야기도 듣지 못하니, 민생을 위하여 깊이 우려됩니다. 쇠도 녹일 만큼의 혹독한 더위가 기승을 부리고 있으니, 기거하는 동안 시대를 위하여 건강에 유념하시기를 바랄 뿐입니다. 하고 싶은 말을 일일이 다 적지 못합니다.

별지

신릉(新陵)의 위치가 예로부터 대단히 칭송되던 길지로 정해졌으니,[39] 그 경사스럽고 다행함을 어찌 말로 다 할 수 있겠습니까. 더구나 듣자 하니 이 땅에 대해 지관(地官)들은 "성인(聖人)이 묻히실 곳이다."라고 한다고 합니다. 지금 우리 성고(聖考)와 성조(聖祖)의 혼백이 매우 가까운 곳에 있어 끝없이 보우해 주시니, 오늘날 구릉(舊陵)의 이 일이 아득한 저 너머로부터 묵묵히 도움을 받은 결과가 아닌 줄 어찌 장담하겠습니까. 그러나 우려되는 바는 불령(不逞)한 무리가 기회를 틈타 이의를 제기하여 이 성대하고 아름다운 일에 귀신이 장난치는 것입니다. 구릉의 위치를 정한 것은 실로 천신(賤臣)이 간여한 일이 아님에도 그 당시 해윤(海尹)[40]이 소장에서 그 사실을 드러내면서 천신의 죄라고 하였는데, 지금 들리는 말 또한

39 신릉(新陵)의……정해졌으니 : 태조(太祖)의 건원릉(健元陵) 근처에 있던 효종의 영릉(寧陵)을 세종의 영릉(英陵)이 있는 여주(驪州)의 홍제동(弘濟洞)으로 옮기기로 정한 것을 말한다. 효종의 능은 당초 윤선도(尹善道)의 주장에 따라 수원으로 정해졌으나 송시열의 반대로 결국 양주(楊州)의 건원릉 서쪽 부지로 결정되었는데, 이후 석물에 틈이 생겨 더 이상 보수할 수 없게 되자 능을 조성한 지 15년이 지난 1673년에 여주로 이장하였다. 《顯宗實錄 卽位年 6月 30日, 14年 5月 26日 · 6月 2日》

40 해윤(海尹) : 윤선도를 가리킨다. 윤선도의 본관이 해남(海南)인 데서 나온 말이다.

심히 놀랍고 두렵습니다. 이러한 이유로 감히 사관(史官)의 서계(書啓) 중에 진달한 것인데, 지금 하신 말씀을 보니 후회막급입니다. 수원(水原)에 대해서는 다만 기해년(1659)에 여러 공이 잇달아 저의 논의가 그르다고 힘써 간쟁하였을 뿐만 아니라, 백사(白沙) 상공(相公)도 일찍이 나무라며 금한 바 있습니다. 다만 백사 상공은 마음으로만 저지하여 직접 의사를 표명하지 않았기 때문에 아무런 흔적이 남지 않아 사람들이 그에 대해 깊이 알지 못할 뿐입니다. 스스로에게 책임을 돌리는 성지(聖旨)를 내려 달라고 청한 것은 고인이 임금을 보좌했던 방법을 참으로 잘 실천한 행동이니, 흠모하는 마음 이길 수 없습니다. 송(宋)나라의 현인들은 "오늘날에 오히려 해 볼 만하다."라고 하였습니다. 애오라지 이 말을 집사에게 그대로 외워 올립니다.

김기지에게 답함 계축년(1673, 현종14) 7월 20일
答金起之 癸丑七月二十日

남궁랑(南宮郎)이 다시 찾아온 것[41]을 계기로 보내 준 편지를 받았습니다. 그것을 통해 아직 남은 더위에 국사에 힘쓰는 동안 체후가 진중함을 알았으니, 위로되고 다행스러우며 또 감격스럽습니다.

지문(誌文)은 곧장 지어 올렸는데 별도의 곡절을 별폭(別幅)에 상세히 적어 놓았으니, 살펴봐 주는 것이 어떻겠습니까. 지금 이 초본을 계하(啓下)하고 의정(議定)하는 동안에 절로 시일이 뒤로 늦춰질 것이니, 일단 20일 이후에 길을 나설 작정입니다. 다만 더위가 이와 같은 관계로 길을 재촉할 수 없을 듯하니, 형세상 필시 중도에 쉬면서 비석의 표면이 매끄럽게 다듬어지고 정간(井間)이 획정되기를 기다리고 난 뒤에야 비로소 서울에 도착할 수 있을 것입니다. 8월 안에 지문을 쓴다고 대체로 생각해 본다면, 9월 안에 글을 새기는 일은 어찌 여유롭지 않겠습니까. 바라건대 날짜를 헤아려 넉넉한지 촉박한지 말씀해 주는 것이 어떻겠습니까. 나머지 할 말은 일일이 다 적지 못합니다.

별지

지금 이 천릉(遷陵)에 관한 한 가지 사항을 원래의 지문 안에 덧붙여

41 남궁랑(南宮郎)이……것 : 남궁랑은 예조 낭관(禮曹郎官)을 이르는 말로서, 1673년 6월 예조 좌랑 이영갑(李英甲)이 효종의 천릉지문(遷陵誌文)을 지으라는 현종의 명을 전달하기 위해 온 것을 가리킨다. 《宋子大全隨箚 卷6》

넣는다면 원문 구성의 체제가 파괴될 뿐만이 아니라, 또한 객이 주인에게 맞서는 형국이 되어서는 안 되므로 덧붙인 사실이 편협해져 갖추어야 할 내용을 두루 포함하고 의미를 관통하지 못할까 염려됩니다. 그러므로 원래의 지문은 감히 건드릴 수 없고 따로 한 단락 이상의 글을 써서 원문 아래에 별도로 새길 부분으로 삼았습니다. 대개 이 형식은 현재 새롭게 만든 것이 아니라 《주자대전》에 제법 나오는 것입니다. 다만 대감의 뜻과 조정의 의견이 어떠할지 모르겠습니다. 속히 알려 주기를 삼가 바랍니다.

김기지에게 답함 계축년(1673, 현종14) 7월 30일

答金起之 癸丑七月三十日

죽산(竹山)에 이르렀을 때 심부름꾼을 통해 편지 한 통을 부쳐 일을 여쭈었는데, 어제 여주(驪州)에 왔을 때 보내 준 편지를 받고 내용을 다 읽어 보았습니다. 지문(誌文) 가운데 고쳐야 할 부분은 집에 있을 때 호조 판서에게 상세히 말하여 전달하도록 하였는데, 이제 호조 판서를 만나고 나서야 비로소 그 편지가 중간에 지체되었다는 사실을 알게 되었습니다.

옹주(翁主)가 이미 원래의 지문에 나왔으니, 응당 이 글에서 하가(下嫁)한 사실을 드러내야 하지만 후사 없이 죽었으므로 삭제하였습니다. 공주들은 성고(聖考)에게 손자 항렬이 되는데, 손자 항렬은 옛 지문의 경우 남자일지라도 굳이 드러내지 않았으므로 마찬가지로 드러내지 않았습니다. 그러나 이 두 가지 사항은 추후에 첨입하더라도 무방할 것입니다. 지난 편지에서 여쭌 일에 대해서는 그저 집사를 믿을 뿐입니다. 만약 해 줄 말이 있다면 인편이 없음은 걱정할 것 없으니, 저는 응당 젊은이들과 함께 벽사(甓寺)에 머물러 있을 것입니다. 이 정도로만 씁니다.

김기지에게 답함 계축년(1673, 현종14) 8월

答金起之 癸丑八月

지난달 28일에 보내 준 편지에 대한 답서를 어제 써서 보냈는데, 오늘 또 29일에 보내 준 답서를 받았습니다. 거기에서 누누이 말씀한 뜻이 더할 나위 없이 자세하니, 비록 몹시 미련한 저이지만 어찌 감사할 줄 모르겠습니까. 다만 이번에 제가 올라온 것은 오직 면례(緬禮)에 참석하여 스스로 미천한 정성을 펴려는 의도였는데 느닷없이 이 낭패를 만나니[42] 달아나 숨는 것 외에는 별다른 방책이 없습니다. 그러나 성상께서 미천한 신의 처지를 살펴 직명의 체차를 허락해 주신다면 이내 나아가서 부족한 재주를 바치는 것이 바로 초심에 부합하는 일이므로 현재 신릉(新陵) 곁에서 소장에 대한 비답이 내려지기를 기다리고 있습니다. 만약 상하가 서로 옥신각신 버티면서 시일이 점차 지체된다면 지문을 쓰는 일은 서둘러 다른 사람에게 맡기는 것이 좋을 테니, 이렇게 된다면 필시 일을 제때 마무리하지 못할 염려는 없을 것입니다.

편지에서 말씀한 "이미 들어온 뒤에……"라고 한 것에 대해서는, 또한 좁은 길로 인하여 몸을 돌리기 어려운 상황이 생길까 염려됩니다. 옛날 동래(東萊) 선생이 주자(朱子)에게 고한 내용[43]도 이번 편지에서

42 이번에……만나니 : 송시열이 1673년 7월 26일 영릉(寧陵)의 천릉지문(遷陵誌文)을 쓰라는 명을 받고 죽산(竹山)에 도착하였을 때 사관이 와서 좌의정에 임명한다는 왕명을 전한 것을 말한다. 이에 송시열은 곧바로 서울로 가지 못하고 여주(驪州)로 돌아가서 홍제동의 새로 잡은 신혈(神穴)을 봉심(奉審)하고, 이어서 신륵사(神勒寺)에 머물면서 사직을 청하였다. 《宋子大全隨箚 卷6》

말한 것과 같습니다. 주자가 이미 들어온 뒤에 동래가 다시 "이미 들어온 뒤에는 부지런히 힘쓰지 않을 수 없다."라고 하자, 주자는 동래의 아우에게 편지를 보내 책망하기를 "모르겠습니다, 덕이 있는 분조차 이런 소진(蘇秦)과 장의(張儀)의 술책을 씁니까?"라고 하였습니다. 이제 보내온 편지에서 한 말씀을 읽어 보니 끝내 소진과 장의의 술책을 운운하는 내용으로 반곡(盤谷)[44]에 편지를 보내게 될까 염려되니 참으로 우습습니다. 대개 직명이 속히 체차된다면 이런 허다한 일이 전혀 없을 것입니다. 이렇게만 쓰고, 나머지 할 말은 일일이 다 하지 못합니다.

43 동래(東萊)……내용 : 동래 선생은 남송(南宋)의 학자 여조겸(呂祖謙)을 가리킨다. 《송자대전》 권60 〈민대수에게 답함〔答閔大受(壬戌十月十四日)〕〉에 "옛날 동래 선생이 서울에 있을 때 주자에게 올라오기를 권하면서 '올라온 뒤에 편치 않은 점이 있다면 거취는 자신에게 달려 있다.'라고 하였으므로 주자가 이 말을 듣고 들어온 뒤에 다시 물러나기를 청했습니다. 그러자 동래가 또 만류하면서 말하기를 '이미 들어온 뒤에 떠나기를 청하는 것은 말이 안 된다.'라고 하였습니다. 이에 주자가 '덕이 있는 분조차 이런 소진, 장의의 술책을 쓴다.'라고 하였습니다."라고 하였다. 그러나 여조겸이 한 말은 본래 왕응신(汪應辰)이 한 말이고, 주희(朱熹)가 한 말은 여조겸의 아우 여조검(呂祖儉)에게 한 말이다. 《晦庵集 卷24 答汪尙書(六月十一日), 別集 卷1 呂子約》

44 반곡(盤谷) : 이때 김수흥의 아우 김수항(金壽恒)이 우거하고 있던 곳이다. 1673년 4월에 영릉을 살피고 온 김수항이 조위봉(趙威鳳)으로부터 영릉을 제대로 살피지 못했다며 탄핵을 당하고 삭탈관직이 되자 반곡에 우거하였다. 《宋子大全隨箚 卷6》《顯宗實錄 14年 4月 11日, 5月 1日》

김기지에게 답함 계축년(1673, 현종14) 8월 5일

答金起之 癸丑八月五日

마음이 무료한 탓에 잠깐 농담을 하였으니, 심한 불손을 저질렀습니다. 막 지엄한 꾸지람이 내려지기를 기다리고 있었는데 애정이 담긴 답서를 보내어 참람한 행동을 용서해 주니, 기쁘고 다행한 심정을 이루 말로 다 할 수 없습니다.

현재 재액(災厄)이 닥친 와중에 성상께서 또 공주(公主)의 상[45]을 당하셨습니다. 삼가 듣건대 성상께서 지나치게 슬퍼하신다고 하니, 이는 오직 집사께서 차자를 올려 위로를 드리면서 지극한 정을 억지로라도 누를 수 있도록 기약하는 데 달려 있을 뿐입니다.

저는 당초 이팽년(李彭年)의 지엽적인 기예를 바치고자 하였지만[46] 끝내 하는 일 없이 죽과 밥만 축내는 승려 같은 생활을 이루고 말았으니, 참으로 이른바 진퇴가 가소롭다고 하는 경우입니다. 오직 소장에 대한 비답이 쉬이 내려지지 않아 오래도록 이 직명을 가지고 있으니, 하루가 세 달처럼 느껴질 뿐만이 아닙니다. 직접 만나 심정을 토로할 방법이 없기에 그저 맺힌 마음만 깊을 뿐입니다.

○ 보내 준 점필재(佔畢齋 김종직(金宗直))의 시는 저로 하여금 몹시

45 공주(公主)의 상 : 1673년 7월 24일에 현종의 딸인 명선공주(明善公主)가 마마에 걸려 죽은 것을 말한다. 《顯宗實錄 14年 7月 24日》

46 이팽년(李彭年)의……하였지만 : 영릉(寧陵)의 천릉지문(遷陵誌文)을 쓰는 일을 가리킨다. 이팽년에 대해서는 미상이다. 《宋子大全隨箚 卷6》

도 쉼 없이 읊조리도록 만듭니다. 포은(圃隱)의 시 가운데 "구월의 고풍이 나그네를 시름케 하고, 백 년의 호기가 서생을 그르쳤네."라는 구절[47]이 우연히 기억나는데 이 또한 진풍경입니다.

47 포은(圃隱)의……구절 : 정몽주(鄭夢周)의 시 〈등전주망경대(登全州望景臺)〉 가운데 제5구와 6구이다. 이 시는 정몽주가 1380년(우왕6)에 이성계(李成桂)를 따라 운봉(雲峯)에서 왜적을 무찌르고 개선하는 길에 전주의 망경대에 올라 지은 것이다. 《圃隱集 卷2》

김기지에게 보냄 계축년(1673, 현종14) 9월 5일

與金起之 癸丑九月五日

들리는 말로는 이미 조정으로 돌아갔다고 하는데, 이 몸은 여기 산 너머에 있어 만나 뵐 수 없으니 이만큼 탄식할 만한 일이 어디에 있겠습니까. 주자(朱子)는 남을 위하여 글자를 써 줄 때, 그 사람에게 고하여 반드시 자체(字體)를 잘 아는 실력 있는 장인을 구하여 알맞게 변통하여 바로잡도록 하거나 서로 대조해 보면서 다듬거나 줄이도록 하였습니다. 주자도 이러하였는데 더구나 보잘것없는 졸필인 저의 경우는 어떻겠습니까. 모름지기 일을 감독하는 사람들로 하여금 주자의 말씀대로 하도록 하는 것이 어떻겠습니까?

천신(賤臣)이 올린 차자에 대해서는 아직 비답을 받지 못하였습니다. 삼가 저의 짐작으로는 성상께서 그것을 온당치 않다고 여기시는 듯하지만, 미천한 신은 장응일(張應一)에 대한 계사[48]로 한층 불안감을 느끼고 있습니다. 또 만일 곽세건(郭世楗)의 상소가 올라온다면[49] 낭패

48 장응일(張應一)에 대한 계사 : 참의 장응일이 1673년 6월 14일 응지 상소(應旨上疏)를 올려 영릉(寧陵)의 능역(陵役)을 감독했던 제관(諸官)과 봉심(奉審)했던 대신(大臣)들의 실책을 거론하였다가 대간의 반발로 곧 삭직 처분을 받았는데, 대간이 이에 그치지 않고 그의 원찬(遠竄)을 요구하는 계사를 지속적으로 올린 것을 말한다.《顯宗實錄 14年 6月 14日, 7月 4日》

49 곽세건(郭世楗)의 상소가 올라온다면 : 진주(晉州) 유생 곽세건이 갖가지 말로 송시열을 비난하는 소장을 써서 도신(道臣)에게 올려 달라고 부탁하였으나 도신이 받아들이지 않자 행장을 꾸리고 올라와 직접 바치려고 하였으므로 이렇게 말한 것이다.《宋子大全隨箚 卷6》

스럽고 당황스럽기가 이루 말로 할 수 없을 것이므로 먼저 인책하고 떠나니, 삼가 생각건대 밝은 성상께서 아직 통촉하지 못하시는 듯하기에 이렇게 하는 것입니다. 나머지 할 말은 일일이 다 적지 못합니다.

김기지에게 답함 계축년(1673, 현종14) 9월 8일

答金起之 癸丑九月八日

답서를 보내 주시니 매우 감사합니다. 집사는 저처럼 세상과 어긋나게 함부로 행동해서는 안 되니, 다만 한 뜻으로 앞을 향해 나아가 일을 담당해야 할 뿐입니다. 다만 국가의 대사가 있는 날에는 한 사람도 없어서는 안 되기에 이 점에 대하여 모름지기 자리를 다 갖추기를 간청하여 일을 함께 하여야 할 것입니다.

저는 어제 산서(山西)에서 동교(東郊)로 향하였다가 오늘은 조계사(曹溪寺)에서 묵게 되었습니다. 돌길을 지나오는 동안 비록 도처에서 저의 옷자락을 끌어당겼으나 산수의 뛰어난 경치는 응대할 겨를이 없을 정도였으니, 참으로 이 걸음이 헛되지 않은 것입니다. 다만 아쉬운 것은 수십 리의 경치 좋은 곳에, 올라가 경치를 바라볼 만한 물가의 정자나 산속의 정자를 하나도 볼 수 없었다는 점이니, 오늘날 사대부의 맑은 운치가 중화(中華)만 못하다는 것을 알 수 있습니다.

외롭고 위태로운 처지를 언제나 애써서 비호해 주는 은혜를 입으니, 참으로 어떻게 보답해야 할지 모르겠습니다. 이후로는 달아나 숨어 고향으로 돌아간 뒤에 또한 시종일관 유의해 줌으로써 공론(公論)의 큰 죄인이 되지 않도록 해 주는 것이 어떻겠습니까. 할 말은 많고 많지만 일일이 다 적지 못합니다.

김기지에게 답함 계축년(1673, 현종14) 9월 14일
答金起之 癸丑九月十四日

어제 받은 편지에 깊은 감사를 드립니다. 청풍부원군(淸風府院君)은 취중에 있는 사람이기에 그가 하는 말의 선악(善惡)이야 물론 귀에 담아 둘 것이 없겠지만,[50] 듣건대 그의 거조가 일어날 곳에서 일어났다고 합니다. 이러한 이유로 민씨(閔氏) 집안의 일에 대한 곡절을 상세히 진달하지 않을 수 없었는데, 모르는 사람들은 필시 저들을 위하여 변명하는 것이라고 할 테니, 이는 사체(事體)를 크게 손상하는 것입니다.

근간의 일[51]은 저도 모르게 몸이 새파랗게 질릴 정도입니다. 옥당(玉

50 청풍부원군(淸風府院君)은……없겠지만 : 청풍부원군은 현종의 장인인 김우명(金佑明)으로, 1673년 9월 9일 김우명이 현종을 청대한 자리에서 송시열을 비난한 것을 두고 한 말이다. 이때 김우명은 "송시열이 한 말에 대해서는 아무도 감히 의론을 하지 못하니, 이는 '경대부(卿大夫)가 하는 말에 사서인(士庶人)이 감히 그 잘못을 바로잡지 못한다.'라고 한 경우와 같습니다."라고 하면서, 송시열이 청한 국릉(國陵)에 표석(表石)을 세우는 일은 전례가 없는 일이라며 비판하였다. 또 교관(敎官) 민업(閔業)이 죽었을 때 송시열이 광질(狂疾)을 앓던 아들 민세익(閔世益)을 대신하여 민업의 손자 민신(閔愼)에게 승중복(承重服)을 입도록 권한 것을 두고, "살아 있는 아버지를 죽은 것으로 간주하고 대신 복을 입게 하니, 성명(聖明)의 세상에 어찌 이 같은 사람을 도성 안에서 살도록 용서하고 죄를 주지 않는단 말입니까."라고 극언하였다. 《顯宗實錄 14年 9月 9日》

51 근간의 일 : 1673년 9월 홍문관 부수찬 김만중(金萬重)이 면대를 청하여, 허적(許積)이 영의정에 제수된 뒤 송준길(宋浚吉)에게 배척을 받자 "형벌을 주고 복을 주는 권력이 상에게 있지 않다."라고 하였다고 하면서, 결코 군자라 할 수 없는 그 같은 자를 영의정에 둔 것은 부당하다고 논척하였다. 이에 현종은 김만중이 다른 사람의

堂)에 두었다가 감옥에다 가두니, 이 같은 경우를 일찍이 듣거나 본 적이 있습니까. 집사께서는 어찌 거취를 걸고서 간쟁하지 않고 성상을 대단히 잘못된 지경에 들도록 하는 것입니까. 공적으로나 사적으로나 심히 걱정이 되기에 감히 이런 번거로운 말을 하지 않을 수 없으니, 삼가 해량해 주기를 바랍니다.

사주를 받았다고 하면서 감옥에 가두어 심문을 받도록 하였다.《顯宗實錄 14年 9月 12日, 14日》

김기지에게 보냄 계축년(1673, 현종14) 9월 20일

與金起之 癸丑九月二十日

요즘 일에 대해서는 자세히 알고 싶지 않으니, 저는 오늘이 지나기 전에 돌아갈 계획을 일찌감치 굳혔습니다. 그러나 집사께서는 정자의 이름이 이미 좋으니,[52] 신릉(新陵)을 복토(覆土)한 다음 날에 사직하고 정자가 있는 곳으로 돌아온다면 사류(士流)의 기대를 만족시킬 수 있을 것입니다.

일찍이 보건대 기축년(1589, 선조22)의 옥사를 처리할 때 선묘(宣廟)께서는 일을 독단적으로 처리한다는 이유로 송옹(松翁 정철(鄭澈))을 체직하시기까지 하였습니다. 송옹은 대개 감히 일을 마음대로 조종(操縱)하지 못하였던 것인데, 일이 다 지난 뒤에 그 책임을 오로지 송옹에게만 돌렸기 때문에 송옹이 지금까지 일번인(一番人)[53]의 구실이 되고 말았습니다. 이제 우리 주상께서 비록 후일에 남에게 책임을 전가하는 일을 하지 않더라도 훌륭한 사관의 붓은 또한 두려워할 만합니다.

대저 오늘날 사류들이 숭앙할 대상은 오직 도산(陶山)과 연산(連

52 정자의……좋으니 : 김수흥의 정자 이름이 독락정(獨樂亭)이기에 한 말이다. 북송(北宋) 마존(馬存)의 〈연사정(燕思亭)〉에 "주인은 분명 금거북 풀어 주고 술 산 노인이니, 정자 가운데에 이르기 전에 명성 이미 아름답네."라고 하였다. 《古文眞寶 前集 卷5》《宋子大全隨箚 卷6》

53 일번인(一番人) : 당파나 이념을 달리하는 쪽의 사람을 구체적으로 지칭하지 않고자 할 때 쓰는 말로, 여기서는 남인(南人)을 가리킨다.

山)[54] 두 집안뿐이지만, 언제나 남궁(南宮)이 외척에 관계됨[55]을 흠으로 여겨 왔습니다. 그런데 이제 장강(長江)과 한수(漢水)로 깨끗이 씻은 것같이 되었으니, 또한 바라건대 집사께서 단번에 뛰어올라 숭앙하는 분들께 영광이 있게 하는 것이 어떻겠습니까.

반곡(盤谷) 대감이 내쳐진 것은 몹시 사람의 마음을 흡족하게 하였는데 오늘의 일은 참으로 염려가 됩니다.[56] 그러나 동서남북 어디로 가든지 자득하지 못하는 경우가 없다면 괜찮을 것입니다. 나머지 할 말은 일일이 다 적지 못합니다.

54 도산(陶山)과 연산(連山) : 각각 김상헌(金尙憲)과 김장생(金長生)을 가리킨다. 《宋子大全隨箚 卷6》

55 남궁(南宮)이 외척에 관계됨 : 남궁은 남별궁동(南別宮洞)에 살았던 김만기(金萬基)로, 1671년에 딸을 세자빈으로 들여보낸 것을 두고 말한 것이다.

56 반곡(盤谷)……됩니다 : 반곡 대감은 김수항(金壽恒)을 가리킨다. 1673년 4월에 김수항이 영릉(寧陵)을 제대로 살피지 못했다는 이유로 탄핵을 당하고 반곡에 우거하였는데, 이때 특명으로 서용되어 사은사(謝恩使)에 차임되었다. '오늘의 일'이란 사은사에 차임된 것을 가리킨다. 《宋子大全隨箚 卷6》《顯宗實錄 14年 4月 11日, 5月 1日》

김기지에게 보냄 계축년(1673, 현종14) 10월 27일

與金起之 癸丑十月二十七日

삼가 듣건대 성상께서 사대(賜對)할 때에 승지를 시켜 천신(賤臣)이 남긴 소장을 읽도록 하면서 엄한 하교를 내리셨다고 하는데,[57] 정말 그렇습니까? 어떤 사람이 기록하여 보여 준 내용으로 보건대, 집사께서 한 대답에는 또한 온당치 않은 점이 있는 듯합니다. 당초 안팎의 재궁(梓宮)은 새것처럼 선명하였고 또 신혈(神穴 광중(壙中))은 극히 정결하였으니, 이는 여러 사람이 눈으로 확인한 사실로서 어찌 숨길 수 있겠습니까. 이와 같은데도 결국 능(陵)을 옮기는 지경에 이르렀으니, 사람들이 몹시 후회하는 것은 사리와 형세로 보아 당연합니다. 그러므로 사람들이 서로 몰래 하는 말이 어찌 분분하지 않겠습니까. 더구나 천신이 올린 소장에서는 사람들이 무어라 말하였다는 언급은 한 적이 없고 다만 "신하들이 망극한 자들의 말을 두려워한 나머지 그대로 고쳐 봉(封)하자는 의론을 끝내 내놓지 못하였습니다.……"라

57 성상께서……하는데 : 1673년 10월 12일 영릉(寧陵)을 천릉(遷陵)하는 일에 대한 부정적 입장을 담은 송시열의 소장이 올라오자 현종이 "경의 소장을 보고 나도 모르게 놀랍고 의아하였다. 경이 선조(先朝)에서 받은 은혜는 보통을 훨씬 뛰어넘으므로 나는 선릉(先陵)에 대한 일에 경이 물불을 가리지 않을 줄 알았는데, 오늘의 일은 경에게 기대했던 바에 크게 어긋났을 뿐만이 아니다. …… 오늘날 이 천릉은 풍수설(風水說)에 현혹되어 하는 것이 아닌데, 경의 상소에서는 그 때문에 하는 것처럼 여기는 내용이 있으니 더욱 놀랍고 의혹되어 경의 뜻을 이해할 수 없다."라고 비답을 내린 것을 가리킨다.《顯宗實錄 14年 10月 12日》

고만 하였으니, 성상께서 하교하신 것과 같은 내용은 있지도 않습니다. 대저 능상(陵上)에 미진한 부분이 비록 많기는 하지만, 애당초 신혈과는 서로 간섭되는 부분이 아니니, 능상을 제거하여 고쳐 봉하는 것이 무슨 문제가 되겠습니까. 당초 소본(疏本)으로 질문을 드린 것은 실로 깊은 뜻이 있어서였는데 지금 대답한 말이 이와 같으니, 어리석은 저는 의심이 없을 수 없습니다. 다만 그날 성상의 하교와 집사가 대답한 말이 과연 어떠하였는지 알고자 하여 감히 이렇게 번거롭게 여쭈는 것이니, 만약 혹 조금이라도 저를 도외시하려는 마음이 있다면 굳이 이렇게 할 것은 없습니다. 모든 것을 양찰해 주기를 바랍니다.

김기지에게 답함 갑인년(1674, 현종15) 1월 4일
答金起之 甲寅正月四日

별지에서 한 말씀은 황공하고 또 황공합니다. 옛날 사마공(司馬公)이 이천(伊川)에게 누가 급사중(給事中)을 제수하기에 적합한지 물었으나 이천은 대답하지 않았습니다. 이에 사마공이 "정숙(正叔)에게서 나와 저의 귀로 들어올 뿐이니 무슨 문제 될 것이 있겠습니까."라고 하자, 이천은 끝까지 대답하지 않고 말하기를 "만약 인재에 대하여 범연히 논했다면 괜찮을 것이다."라고 하였습니다.[58] 더구나 죄 있는 몸으로 두려움에 몸을 움츠리며 날을 보내고 있는 저인데, 더욱이 어찌 감히 옛 가르침을 위배할 수 있겠습니까.

삼가 보건대 이익수(李翼秀)에게 상으로 자급(資級)을 올려 주라고 하신 하교[59]는 실로 천신으로 인하여 격발된 결과이니, 더욱 또 전전긍긍하게 됩니다. 대개 당초 천신의 뜻은 '지금의 일이 기왕 일종의 사적

58 사마공(司馬公)이……하였습니다 : 《이정유서(二程遺書)》 권19 〈양준도록(楊遵道錄)〉에 나오는 일화로, 사마공은 사마광(司馬光)이고, 이천과 정숙은 각각 정이(程頤)의 호와 자이다.

59 이익수(李翼秀)에게……하교 : 1673년 5월 종실인 영림부령(靈林副令) 이익수가 상소하여, 영릉(寧陵)의 석물(石物)에 틈이 생겨서 빗물이 스며들 염려가 있고 봉분의 제도도 매우 소루하기에 천릉(遷陵)이나 개봉(改封)이 필요하다고 주장하였고, 결국 대대적인 조사 끝에 영릉을 여주의 홍제동으로 천릉하였다. 이후 현종은 "천릉의 공을 논한다면 이익수가 첫째가 되어야 한다."라고 하면서 이익수에게 자급을 올려 주라는 명을 내렸다. 《顯宗實錄 14年 3月 24日, 12月 18日》《燃藜室記述 卷31 顯宗朝故事本末 寧陵遷奉時事》

인 의도에서 시작되어 이 지경에 이르렀으니, 이러한 길이 한번 열린 뒤에는 공로를 추구하고 원수를 갚으려는 무리가 계속 나타나서 우리 열성(列聖)의 신령들로 하여금 편히 쉬는 땅에서 편히 쉴 수 없도록 하는 일이 생길까 우려되므로 먼 미래를 고려하는 계획을 세우지 않으면 안 된다. 또 구릉(舊陵)에 틈이 생겨 물이 새는 변고는 지면(地面)의 일에 불과하고 현궁(玄宮)은 조금도 의심할 만한 부분이 없으며, 또 땅의 기운이 증기처럼 솟아오르는 것은 지관(地官)들이 말하는 「기가 모이는 곳」에 해당한다. 그런데 이제 마침내 아무런 이유 없이 능(陵)을 옮기게 되었고 그 과정에서 천신은 끝내 한마디도 하지 못하였으니, 이는 스스로 제 한 몸을 지키려고 도모한 것으로서 선왕을 망각한 죄가 크다.'라는 것이었고, 이에 따라 스스로의 죄를 책망하는 말을 하였을 뿐입니다. 그 당시 성상께서는 친히 가서 보지 않으셨으니 그 일의 잘잘못에 대해서는 일체 간여될 것이 없는데, 성상께서 무슨 이유로 "임금을 지적하였다."라고 하면서 이렇게까지 극도의 분노를 표하시는 것입니까? 천신의 소장에서는 지면과 광내(壙內)가 아주 분명하게 구별이 된다고 하였고 성상께서는 지면에 변고가 많다는 것을 천신의 죄목으로 삼으셨는데, 집사는 저를 위하여 변호하는 동안 한 번도 이 점에 대해서는 해명을 하지 않았으니 천신의 죄가 깨끗이 씻길 길이 없게 되었습니다. 일종의 사람들이 이렇게 됨을 알았기 때문에 다시 거짓말을 지어내어 "신혈(神穴 광중(壙中))에는 변고가 더욱 많다."라고 하면서 "바깥 재궁(梓宮) 아래에는 세 사발이나 되는 양의 물이 있다."라는 말까지 하니, 오랜 세월이 지나게 되면 누가 이 말이 거짓임을 밝혀낼 수 있겠습니까. 이 점이 몹시 두렵습니다. 구구하게 스스로를 해명하는 일을 좋아하지 않는데 다만 집사께서 걱정해 준 것에 감격하여 감히 이런 말을 꺼냈으니, 양찰해 주기를 바랍니다. 상전(賞典)이 저에게까지 내려진 것은 더욱 의외의 일이라서 감히 전례에 따라 소장을 올렸는데 지금껏 아무런 지시가 내려오지 않으니, 삼가 성상께서 “그자가 어찌 감히 죄를 범하고도 소장을 올리는 것인가.”라고 하셨으리라 짐작되어 한층 더 황공합니다.

김기지에게 답함 갑인년(1674, 현종15) 1월 25일
答金起之 甲寅正月二十五日

삼가 17일에 보낸 편지와 별지를 받으니, 기쁘고 감사한 마음 말로 표현할 수 없습니다. 다만 인편을 통하여 대충 들리는 말로는 집사께서 요절한 자식에 대한 슬픔이 너무도 심한 나머지 혹 일신에 관계된 바가 몹시 무겁다는 사실도 모를 지경이라고 하니, 이에 진정 저도 모르게 눈물을 줄줄 흘렸으나 또한 집사께서 이치로 따져 슬픔을 떨쳐 버리지 못하신 것이 의아했습니다. 주자(朱子)는 진준경(陳俊卿)과 왕응신(汪應辰) 등 여러 현인에게 편지를 보내면서 언제나 "양궁(兩宮)을 위하여 스스로를 아끼십시오."라고 하셨는데, 여기에서 '양궁'이란 태상황(太上皇)과 당시 임금을 가리키는 말입니다. 지금 집사께서 위로 받들어야 할 분들은 당시의 양궁뿐만이 아니니, 어찌 이처럼 스스로 가볍게 처신할 수 있겠습니까. 바라건대 보잘것없는 저의 말을 받아들여 주기를 간곡히 눈물로 기원합니다.

이번에 올린 상소문은 스스로 실상을 아뢴 것일 뿐이니, 어찌 감히 성상께서 감동하여 뜻을 돌리시기를 바라겠습니까. 삼가 듣건대 공자(公子)의 소장[60]에 저를 지적하는 말이 있다고 하니, 놀랍고 두렵기 그지없습니다. 그 소본(疏本)을 보내 줄 수 있겠습니까? 나머지 할 말은 일일이 다 적지 못합니다.

60 공자(公子)의 소장 : 영림부령(靈林副令) 이익수(李翼秀)의 소장으로, 그가 종실(宗室)이기 때문에 공자라고 한 것이다. 《宋子大全隨箚 卷6》 341쪽 주59 참조.

김기지에게 답함 갑인년(1674, 현종15) 2월 10일
答金起之 甲寅二月十日

두 차례 보낸 별지와 손수 쓴 편지를 한꺼번에 받으니, 감사하는 마음 어찌 끝이 있겠습니까. 지난번 여기에서 답서 한 통을 올린 뒤로 피할 수 없는 죄를 지었음을 너무도 잘 알고 있습니다. 그런데 이제 제 말을 인정해 주는 은혜를 입으니, 저의 말이 도리에 크게 어긋나는 지경에는 이르지 않았다는 사실은 다행이라 하겠지만 불위(不韙)의 죄[61]를 범한 것은 끝내 어찌 면할 수 있겠습니까. 지금까지 등에 땀이 흥건합니다. 집사께서 나라를 걱정하는 정성과 하문하는 근실함이 이 정도에 이르렀으니, 저에게 만약 식견과 모책이 있다면 어찌 감히 품은 생각을 모조리 드러냄으로써 만분의 일이나마 보탬이 되지 않겠으며, 또한 어찌 부족하나마 묘당(廟堂)에 자리를 지키고 있음으로써 작은 일에도 부지런히 힘쓰는 일에 도움을 드리지 않겠습니까. 다만 스스로 돌아보건대 저는 실속도 없고 엉성하여 조그마한 장점도 전혀 없는 데다가 죄악이 이 한 몸에 모여들어 언제나 두려움에 몸을 움츠리고 있는 처지이니, 또다시 남에게 비방하기 좋은 죄목을 만들어 줄 수는 없으며,

61 불위(不韙)의 죄 : 옳지 못한 죄라는 말인데, 《춘추좌씨전(春秋左氏傳)》 은공(隱公) 11년에 식(息)나라가 정(鄭)나라와 말다툼을 하다가 전투를 벌여 대패한 사건을 두고 식나라에 대하여 "덕을 헤아리지 않았고, 역량을 헤아리지 않았고, 친한 이를 친하게 여기지 않았고, 사실에 근거하여 말의 진위를 따져 보지 않았고, 누구에게 죄가 있는지 살피지 않았다. 이 다섯 가지 옳지 못한 죄를 범하고서 남을 공격하였으니 패전한 것이 또한 당연하지 않겠는가."라고 평한 데서 온 말이다.

그 죄목이 한번 퍼지면 집사에게 누가 되는 것 또한 응당 적지 않을 것입니다. 이러한 이유로 다만 입을 다물고 자취를 숨긴 채 목석을 끌어안고 죽음을 맞이하기를 바랄 뿐입니다. 보내 준 진귀한 약제는 삼가 다 살펴보았습니다. 나머지 할 말은, 시대를 위하여 스스로 보중(保重)함으로써 우러러보는 여러 사람의 마음을 위로해 주기 바랍니다.

김기지에게 보냄 갑인년(1674, 현종15) 2월 29일

與金起之 甲寅二月二十九日

통곡하며 두 번 절하고 말씀을 올립니다. 신민(臣民)이 복이 없어 왕대비(王大妃)께서 갑자기 세상을 버리셨으니 효성스러운 성상께서 슬피 울고 가슴이 무너질 텐데, 무슨 말씀을 드려야 할지 모르겠습니다. 삼가 성상의 체후는 성복(成服)한 뒤로 어떠하십니까? 저는 병든 몸으로 먼 땅에 묻혀 사는 처지인지라 곧바로 나아가 위문하지 못하고 또 들어가 임곡(臨哭)하지도 못하니, 신자(臣子)의 인정과 의리는 땅을 쓸어 낸 듯 아무것도 남아 있지 않습니다. 이에 북쪽을 바라보며 슬피 울부짖으매 오장이 미어지는 듯한데, 구구한 이 마음을 펼 길이 없어 감히 집사 앞에 진달하니, 삼가 양찰해 줄 것으로 생각합니다.

○ 삼가 듣건대 24일 첫닭이 울 때 발상(發喪)을 하였다고 하는데, 28일 저녁이 다 되어서야 중추부의 하례(下隷)가 비로소 회덕(懷德)에 도착하였으니, 그 늦은 것이 몹시 통탄스럽습니다. 또 병든 이 몸은 27일에 청주(淸州)를 떠나 회덕으로 향하여 28일 오후에야 회인(懷仁)의 경계에 도착하였는데, 그제야 일가 사람의 사서(私書)를 통하여 부고를 듣게 되었으니 길 위에서 허둥지둥하던 그 모습을 어찌 말로 다 표현할 수 있겠습니까. 기해년(1659, 효종10) 5월 4일 정오 무렵 승하하셨을 때[62]에는 5일 정오 무렵에 부고가 이 현에 도착하였다고

62 기해년……때 : 효종이 1659년 5월 4일 정오에 창덕궁(昌德宮)에서 승하한 것을 가리킨다. 《孝宗實錄 10年 5月 4日》

하는데, 오늘의 이 일은 어찌 이렇게까지 늦고 소홀한 것입니까. 이 또한 시대의 변고입니다. 중추부의 하례를 끝내 용서할 수 없으니, 부디 그자를 엄히 다스리도록 하는 한편 답서를 엄히 독촉하여 내려보내기를 간절히 바랍니다. 아껴 주는 마음을 믿고 감히 이렇게 말하였으니, 황공합니다.

○ 일전에 은전(恩典)을 사양하는 일을 계기 삼아 산릉(山陵)의 역사(役事)가 이루어진 때의 사정에 대해 대략 진달한 일이 있습니다. 그러나 아직까지 그에 대한 비답을 받지 못하고 있으니, 지금 소장을 올림으로써 곧장 달려가 곡하지 못하는 뜻을 드러내는 일은 이미 감히 할 수 없게 되었습니다. 또 들리는 말로는 공자(公子)의 소장[63] 가운데 저를 논척하면서 서변(徐忭)[64]과 동렬에 두었다고 하고, 곽세건(郭世楗)이 현재 도성 안에 출몰하여 틈을 엿보아 소장을 올리려 한다고 하며, 또 듣건대 조경(趙絅)의 외손인 이후평(李后平)이 춘천(春川)에서 소장을 올렸다가 퇴짜를 맞았으나 또한 그걸로 그치지는 않는다고 합니다. 거기에 더하여 민씨(閔氏) 집안의 일에 대한 조사가 아직 끝나지 않아 박 진선(朴進善)이 현재 형조에 있으니,[65] 이 몸은 곧 이상의

63 공자(公子)의 소장 : 영림부령(靈林副令) 이익수(李翼秀)의 소장을 말한다. 341쪽 주59 참조.

64 서변(徐忭) : 대본에는 '徐抃'으로 되어 있는데, 《자저속집(自著續集)》 책4 〈천안군수증예조참의서공묘표(天安郡守贈禮曹參議徐公墓表)〉와 《효종실록》 7년 5월 12일 기사에 근거하여 '抃'을 '忭'으로 바로잡아 번역하였다. 1656년 승지 유도삼(柳道三)이 인평대군(麟坪大君)의 집에서 취중에 스스로를 소신(小臣)이라고 잘못 칭한 일이 있었는데, 그때 천안 군수(天安郡守)로 있던 서변이 이 일을 전해 듣고 역모로 고변하였다. 그러나 곧 무고로 밝혀졌고, 결국 효종의 진노를 산 서변은 국문을 당하다가 장살되었다. 《孝宗實錄 7年 5月 12日, 14日》

여러 죄에 대하여 그 처분을 삼가 기다리고 있는 처지입니다. 그러한즉 버젓이 소장을 올리는 일이 또 혐의쩍은 데가 있으니, 어떻게 하면 좋을지 모르겠습니다. 부디 생각해 보고 말씀해 주시는 것이 어떻겠습니까.

65 민씨(閔氏)……있으니 : 박 진선은 박세채(朴世采)이다. 1673년 9월에 전 교관(教官) 민업(閔業)이 죽었을 때 그의 아들 민세익(閔世益)이 광증(狂症)을 앓아 제대로 상주 노릇을 할 수 없자 그 집안에서 송시열과 박세채에게 자문했는데, 민업의 손자인 민신(閔愼)에게 대신 참최복(斬衰服)을 입고 집상하도록 조언하였다. 그러자 영돈녕부사(領敦寧府事) 김우명(金佑明)이 현종을 면대한 자리에서 "살아 있는 아버지를 죽은 것으로 간주하고 대신 복을 입게 하였습니다."라고 하면서 그 일을 패륜으로 규정하며 맹렬히 공박하였다. 마침내 현종은 조사를 지시하였고, 이로 인하여 송시열은 도성 밖에서, 박세채는 형조에서 대죄하였다. 《顯宗實錄 14年 9月 9日, 15年 1月 2日》

김기지에게 보냄 갑인년(1674, 현종15) 3월 8일

與金起之 甲寅三月八日

지난번 편지는 받아 보았습니까? 저는 병이 낫지 않고 일의 체모에도 구애되는 점이 있기에 당초 국상(國喪)에 나아가 곡림(哭臨)하기가 어려웠습니다. 그런데 이운거(李雲擧 이상(李翔))와 김정평(金正平 김만균(金萬均)) 등 여러 사람이 성복(成服)을 하고 곧장 출발해야 한다며 힘써 권하였고, 그에 따라 성복하고 바로 길에 올랐는데 도중에 갑자기 인적 없는 광야에서 비바람을 만나고 말았습니다. 이에 길 위의 옷차림이 그 상황에는 걸맞지 않았던 관계로 온몸이 젖어 버려 한질(寒疾)이 크게 발작하였고, 그에 따라 지난겨울에 앓던 여러 증세까지 모두 발현되어 부득이 죽산(竹山)에 있는 산사로 들어가 사흘간 몸조리를 할 수밖에 없었습니다. 하지만 병은 나날이 더욱 낫지 않고 고질이 되어 장차 길 위의 시체가 될 형편이었기에 염치 불고하고 소장을 올려 현재 처한 실상을 아뢰었는데, 밝은 성상께서 해량해 주실는지 모르겠습니다. 또 듣건대 예조의 세 당상이 대왕대비의 복제(服制) 문제 때문에 의금부에 잡혀가 심리를 받게 되었다고 하니, 이는 아마도 기해년(1659, 효종10)의 복제와 서로 관련이 있는 듯합니다.[66] 비록 그 곡절을

66 예조의……듯합니다 : 1674년 2월에 효종의 비 인선왕후(仁宣王后)가 승하하자 예조에서는 당초 인조의 계비인 자의대비(慈懿大妃)가 입어야 하는 복제를 기년복(朞年服)으로 정하여 재가를 받았다. 그러나 며느리 상(喪)에 시어머니의 복은 기년복과 대공복(大功服)의 구분이 있으며, 기해년의 국상 때에 자의대비가 기년복을 입었다는 사실을 미처 살피지 못했다며 하루 만에 대공복으로 번복하였다. 이에 현종은 그 책임을

자세히 알지 못하지만 지극히 황공한 마음을 견딜 수 없습니다. 그 사정과 관련된 모든 것에 대해 알려 주는 것이 어떻겠습니까?

길 떠났던 계씨(季氏) 어른은 이미 돌아왔습니까?[67] 저쪽의 사정을 들은 대로 대략 알려 주기를 간절히 바랍니다. 또 상당한 분량의 약재를 보내 주기를 바랍니다. 숙지황, 궁궁이, 작약, 산수유, 계피 같은 것은 제 병에 쓰는 탕약에 으레 넣는 것들입니다. 참으로 손이 떨려 글자가 제대로 써지지 않으니, 이렇게만 씁니다.

물어 예조 판서 조형(趙珩), 참판 김익경(金益炅), 참의 홍주국(洪柱國) 등을 잡아다가 신문하게 하였다. 《顯宗實錄 15年 2月 27日》

67 길……돌아왔습니까 : 계씨 어른은 김수흥의 아우인 김수항(金壽恒)을 가리킨다. 김수항은 1673년 9월에 사은사(謝恩使)에 차임되어 11월에 청나라에 갔다가 1674년 3월 5일에 돌아왔다. 《顯宗實錄 15年 3月 5日》

김기지에게 답함

答金起之

편지를 작성하자마자 바로 소장을 올리는 편에 부쳐 보냈는데, 중추부의 하례(下隷)가 바로 뒤쫓아 와 초하루 저녁에 보낸 그대의 편지를 전해 주니, 그 기쁘고 감사한 마음이 어찌 끝이 있겠습니까.

자전(慈殿)의 병세가 일찍이 어떤 상태였는지 듣지 못하고 있다가 이제야 비로소 자세히 듣게 되었는데 더욱 슬프기 그지없습니다. 성궁(聖躬)을 부탁하셨다는 대목에 이르러서는 더욱더 목소리가 나오지 않을 만큼 통곡하였고 이어 피눈물까지 흘렸습니다. 여기에서 또한 양전(兩殿)의 지극한 자애와 효성을 볼 수 있으니, 이는 실로 왕화(王化)의 근본이라, 국운이 무궁하게 이어질 것을 점쳐 볼 수 있겠습니다.

지문(誌文)을 지으라는 일[68]에 대해 말해 보자면, 문자로 성덕(聖德)의 만분의 일이나마 형용함으로써 신자(臣子)의 높이 받드는 마음을 펴는 일은 실로 마음속으로 원하는 바입니다. 다만 인간됨과 글솜씨 모두 그 일을 하는 데 걸맞지 않고 또 노병으로 고달파 정신이 쇠락한 탓에 더욱 감당할 수 없으며 나를 좋아하지 않는 자들의 능욕이 날로 더해 가고 있으니, 이와 같은 처지로 어찌 감히 찬미하는 문장을 더럽힐 수 있겠습니까. 이 때문에 황공하고 불안한 것입니다.

산릉(山陵)에 참여하는 일은 실로 감히 하지 못할 것 같지만, 길가에

68 지문(誌文)을 지으라는 일 : 1674년(현종15) 3월에 송시열에게 효종의 비 인선왕후(仁宣王后)의 지문을 지으라는 명이 내려진 것을 말한다. 《宋子大全 附錄 卷6 年譜》

서 흠위(廞衛)를 향해 곡하고 절하는 일은 인정과 의리로 살펴볼 때 의당 그만둘 수 없습니다. 지난해에 정 예경(鄭禮卿 정지화(鄭知和)) 등 여러 사람에게 말하기를 "비록 예식(禮式)에 없더라도 차라리 지나칠 정도로 후하게 하는 것이 낫다."라고 하였으니, 이제 어찌 감히 제가 한 말에 책임을 지지 않을 수가 있겠습니까. 이번에 소요되는 철물(鐵物)은 지난해에 쓰던 것이 아직 많이 남아 있을 테니 꼭 외방(外方)에 더 배정할 필요는 없지 않겠습니까. 옻을 징수한다는 공조(工曹)의 명이 낮에 이르렀는데, 바치지 말라는 명이 저녁에 또 이르렀습니다. 조정의 호령이 이처럼 일관성이 없으니 외방에서는 명을 받들어 행하는 데 혼란을 겪고, 세력 있는 자들은 비웃고 무시하는 것입니다. 일을 맡은 해당 관리는 어찌하여 분부를 내리는 데 신중하고 엄밀히 하지 않는 것입니까.

별지

지금 경대동(京大同)[69]을 그대로 두느냐 혁파하느냐의 물음 때문에 소민(小民)들은 분연히 놀라고 두려워하고 있는데, 하리(下吏)와 호강(豪强)한 자들이 소민들을 억압하여 청원에서 대부분 혁파를 원하는 것으로 말하고 있으니 극히 통탄할 일입니다. 대개 경대동이 생기기 전에는 각 읍마다 모두 사대동(私大同)[70]이 있어 하리와 향소

69 경대동(京大同) : 각 군현이 중앙 각사에 납부하는 공물을 현물 대신 쌀과 포목으로 납부하던 제도인 대동법을 가리키는데, 서울에서만 실시하였으므로 이렇게 칭한 것이다.

70 사대동(私大同) : 대동법으로 거둔 쌀이나 포목을 사주인(私主人) 등에게 지급하여 공물을 마련하던 방식이다.

배(鄕所輩)가 마음대로 헛되이 소비하였으며, 또 호강한 사람으로 양호(養戶)를 만든 자는-호강한 자가 소민들의 결복(結卜)을 수합하고 그 명칭을 '양호'라고 하였는데, 징수하는 것이 한정이 없으므로 소민들이 몹시 원망하였으나 호소할 곳이 없었습니다. 그러다 경대동이 생긴 이후부터는 소민들이 각자 바쳐야 할 미포(米布)의 수량을 알게 되었으므로 몹시 편리하게 여겼습니다.- 소민들에게 함부로 징수하는 것이 몹시 낭자하였습니다. 그러나 경대동이 생긴 이후부터 이들은 문득 그 이권을 잃게 되어 항상 그 불편함을 말해 왔는데, 지금 조정에 이 명이 내려졌다는 것을 듣고는 서로 근거 없는 말로 선동하고 그러고도 혹 혁파되지 않을까 염려하고 있으니, 이는 실로 조정에서 마땅히 알아야 할 일입니다.

○ 오랑캐의 화란[71]이 이미 그 단초가 생겼습니다. 옛날에 노공(魯公)이 검은색 상복을 입고 종군하니 군자들이 "군사의 일은 변함이 없다."라고 하였는데, 이는 비록 상중에 있더라도 평상시와 변함이 없음을 이른 말입니다. 지금은 비록 슬픔으로 경황이 없는 때이지만 모름지기 부지런히 계획을 세워서 의당 해야 할 일을 할 뿐이니,

71 오랑캐의 화란 : 오삼계(吳三桂)의 난을 두고 하는 말이다. 오삼계는 본래 명나라의 무장으로, 산해관(山海關)에서 청나라 군대를 방어하다가 이자성(李自成)이 이끄는 반란군의 공격으로 북경이 함락되자 산해관을 열고 청나라에 투항한 인물이다. 이후 청나라의 중원 정벌에 협력한 공으로 운남(雲南)에 평서친왕(平西親王)으로 봉해져 광동(廣東)의 상가희(尙可喜), 복주(福州)의 경정충(耿精忠)과 함께 삼번(三藩)으로 불리면서 변방에서 막강한 영향력을 행사하다, 1673년 강희제(康熙帝)가 삼번을 철폐하라는 명을 내리자 상가희, 경정충과 함께 반란을 일으켰다. 1674년 3월 2일, 사은사(謝恩使)로 청나라에 갔던 김수항(金壽恒)이 이러한 사실을 장계로 보고하였다. 《淸史稿 吳三桂列傳》《顯宗實錄 15年 3月 2日》

어찌 "어쩔 수 없다."라고만 하면서 제대로 하지 않을 수 있겠습니까. 성고(聖考)께서 천신으로 하여금 사사로이 무장(武將)에게 "비밀리에 병기와 성지(城池)를 수축하라."라고 말하도록 하였는데, 이 어찌 오늘날 집사의 책임이 아니겠습니까.-성고께서 일찍이 이르기를 "변방의 장수 된 자는 성곽을 급작스럽게 수리할 필요는 없다. 그러니 오늘 바위 한 개를 다듬고 내일 바위 한 개를 다듬을 것이며, 또한 모름지기 바위나 벽돌을 성안의 민가에 많이 쌓아 놓아 그것을 위급한 상황에서 응용할 수 있는 도구로 삼으면 좋으련만 한 사람도 내 뜻을 알아주는 자가 없으니 항상 울적할 뿐이다."라고 하셨습니다.-

김기지에게 답함 갑인년(1674, 현종15) 3월 17일

答金起之 甲寅三月十七日

집에 돌아와 침소에 엎드려 있는 동안 슬픔으로 몹시도 검어진 성상의 용안을 묵묵히 떠올렸더니 눈물이 흘러 이루 다 닦아 낼 수가 없었습니다. 그러던 중 갑자기 인편을 통하여 11일에 보내 준 편지와 별지를 받았는데, 거기에서 누누이 말씀해 준 뜻이 저로 하여금 더할 나위 없는 위로와 감격을 느끼게 하였습니다.

신릉(新陵)과 길일(吉日)이 다 이미 좋은 점조(占兆)에 따라 정해졌으니, 얼마나 다행입니까. 그러나 저의 질병이 줄곧 낫지 않으니, 대개 온전하지 못한 기혈(氣血)로 경솔히 비바람을 맞으며 먼 길에 오른 탓으로 이 지경까지 이른 듯합니다. 제대로 잘 헤아리지 못함이 으레 이와 같으니 스스로 가엽게 여긴들 어쩌겠습니까.

북쪽에서 온 소식으로 사람들이 모두 고무되어 있는데 저는 의지할 곳이 없으니, 그야말로 완안량(完顔亮)이 죽고 금(金)나라 군대가 달아난 뒤에 주자(朱子)의 걱정이 전보다 더욱 깊어진 경우[72]와 같아 걱

72 완안량(完顔亮)이……경우 : 1161년 금나라의 군주 완안량이 남송(南宋)과의 평화 조약을 깨뜨리고 침략하였는데, 거듭된 패전과 내부의 군사 반란으로 급기야 완안량이 피살되자 금나라 군대는 퇴각하였다. 이때 주희(朱熹)는 동지추밀원사인 황조순(黃祖舜)에게 보낸 편지에서 오히려 걱정되는 마음을 토로하면서 "오늘날의 이 일은 공들이 조정에서 도모한 결과라거나 장수들이 야전에서 싸워서 얻은 공이라고 할 수 없음은 분명합니다. 저는 생각건대 마땅히 군신이 서로 경계하고 삼가고 엄숙한 태도로 조정의 권한을 다잡고 더욱 정사를 닦음으로써 상천(上天)이 돌아보시는 천명에 응답해야지,

정되고 한탄스럽습니다.

보내 준 약재는 매우 감사히 받았습니다. 이 외에 필요한 것들을 분부에 따라 적어 보냅니다. 병을 무릅쓰느라 할 말을 일일이 다 적지 못합니다.

별지

대수(大受)가 나아간 것은 정말 겁을 먹어서 그런 것이니,[73] 이 몸이 물러난 것 또한 겁이 나서 그런 것이 아니겠습니까. 지난겨울 어떤 사람이 이 몸의 12가지 죄를 하나하나 논하여 수절하는 국구(國舅 김우명(金佑明))의 일가 사람을 통해 그 글을 국구에게 바쳤는데, 국구의 조카[74] 덕분에 그 일이 마침내 저지되었다고 합니다. "사슴이 산속에 있지만 목숨은 푸줏간에 달려 있다."라는 말[75]은 참으로 이를

인근 국가의 환난을 앉아서만 걱정하면서 요행히 모면하는 것을 이롭다고 여기고는 대뜸 스스로 편안히 여겨서는 안 될 것입니다."라고 하였다. 《晦庵集 卷24 與黃樞密書》 오삼계(吳三桂)의 반란으로 청나라가 어수선해진 상황에서 송시열은 주희의 이 일을 거론함으로써, 이럴수록 신중하고 철저한 대비가 필요함을 말한 것이다.

73 대수(大受)가……것이니 : 대수는 민정중(閔鼎重)의 자이다. 이때 송시열이 의정부로부터 "모 대감이 서둘러 나왔으니, 이는 작년의 일로 겁을 먹어서 그런 것이다."라는 편지를 받았으므로 이렇게 말한 것이다. 1673년 민정중은 당시 영의정으로 있던 허적(許積)과의 갈등으로 고향에 물러나 누차에 걸친 소명에도 응하지 않고 번번이 관직을 사양하다가 결국 현종으로부터 엄한 하교를 받고 삭직되었다. '겁을 먹어서 그런 것'이란 바로 이 일을 가리킨다. 《顯宗實錄 14年 9月 14日》《宋子大全 卷58 答閔大受(甲寅三月)》《宋子大全隨箚 卷6》

74 국구의 조카 : 김석주(金錫胄)를 가리킨다. 《宋子大全隨箚 卷6》

75 사슴이……말 : 제(齊)나라 대부 최저(崔杼)가 장공(莊公)을 시해한 뒤 자신의 뜻에 동조하지 않는 자는 모두 죽이겠다고 하자 안영(安嬰)은 죽어도 뜻을 굽힐 수

두고 하는 말입니다.

○ 대동법이 만약 혁파된다면 소민(小民)들은 실로 버티기가 어려울 것이며 호강(豪强)한 자들이 부당하게 얻는 이익도 응당 이전보다 더 심해질 것인데, 지금 이렇게 말씀해 주니 몹시 다행입니다.

○ 복제는 장 대감(張大監)이 특히 힘을 써 주었습니다. 다만 윤선도(尹善道)와 유세철(柳世哲)의 무리가 다시 이의를 제기하지 않을런지는 모르겠습니다. 화살에 상처를 입었던 새는 꼭 굽은 나무만이 아니라 곧은 명주실을 보고도 놀라는 법입니다.

○ 작년에 만약 재궁(梓宮)을 바꿔 써서 예비로 쓸 것이 남아 있지 않았더라면 오늘날의 낭패는 더욱 심했을 것이니, 작년의 일은 참으로 신명이 도운 듯합니다.

○ 어제 춘형(春兄)의 손자들이 보낸 편지를 보니, 모인(某人)이 관직에 나아간 것을 비난하는 것이 집사가 편지에서 말씀한 것과 같았으며, 이어 장난삼아 "만약 더러운 오랑캐를 소탕하여 대의를 밝힐 수 있다면, 그가 나아간 것에 명분이 있을 것입니다."라고 하였습니다. 이에 저도 장난으로 "과연 그렇게 된다면 그대들의 조부와 사람들이 마땅히 얻을 지목이 있을 것이다."라고 답장하였습니다.[76]

없다고 하였다. 최저가 결국 그의 뜻을 꺾지 못하고 돌아가게 하였는데, 안영이 돌아가는 길에 마부가 급히 수레를 몰자 안영은 "사슴은 산속에 있지만 그 목숨은 푸줏간에 있네, 목숨이 매인 바가 있으니 어찌 빨리 달리겠는가."라고 말하며, 절도를 지키면서 떠나갔다. 《韓詩外傳 卷2》

76 어제……답장하였습니다 : 춘형은 송준길(宋浚吉)이고, 모인은 윤휴(尹鑴)이다. 윤휴는 효종 때 청나라의 연호를 쓰는 문제로 번번이 고신(告身)을 도로 바치고 관직에 나아가지 않았는데, 이때에 이르러 관직에 다시 나와 큰 목소리를 내어 지난날과는

폭소를 금치 못하겠습니다.

차이를 보였으므로 송준길의 손자들이 이런 농담을 한 것이다. 한편 송준길이 일찍이 그에게 관직을 추천하면서 "사람을 잘 알아본다는 지목이 있을 것이다."라고 하였다. 《宋子大全隨箚 卷6》

김기지에게 답함 갑인년(1674, 현종15) 4월 2일

答金起之 甲寅四月二日

나흘 전 사관이 돌아갈 때 그저 짧은 편지로만 저의 간절한 심정을 표한 것은 심히 소홀하고 태만한 행동이었습니다. 이에 한창 두려워하고 있었는데 방금 지난달 27일에 보낸 편지와 별지를 받으니, 기쁘고 감사하는 심정 이루 다 표현할 수 없을 정도입니다.

지문(誌文)에 관한 말씀에 대해서는 지난번 편지에서 대략 아뢰었습니다. 대저 병든 몸을 애써 채찍질할 수 없음은 분명한 사실이니, 만약 지난해 했던 것처럼 하지 못한다면 다만 서둘러 다른 사람에게 그 일을 맡긴 뒤에야 공사(公私) 간에 낭패를 볼 우려가 없게 될 것입니다. 보내 준 약재는 모두 중풍의 조짐이 보이는 증상에 절실한 것이니, 감사하고 다행스럽기 그지없습니다.

일찍이 보건대 홍 의정(洪議政 홍중보(洪重普))은 온양(溫陽)에 있을 때 병조 판서로서 연배군(輦陪軍)에게 친히 음식을 먹였다고 하는데, 자성(慈聖)께서 상에게 "연배군의 고생이 몹시 심하니, 나의 수라를 덜어서 배불리 먹이십시오."라고 하였으므로 이와 같이 따로 음식을 먹인 것입니다. 그런데 이제 편지에서 한 말씀은 참으로 그와 다름이 없는 지극한 뜻이니, 신민의 입장에서 어찌 감격의 눈물을 흘리지 않을 수 있겠습니까. 나머지 할 말은 병을 무릅쓰느라 일일이 다 적지 못합니다.

별지

삼가 듣건대 영릉(英陵)을 천봉(遷奉)할 적에 수로(水路)를 이용하여 발인하였다고 합니다. 만일 등록(謄錄)을 고찰하여 그 말이 거짓이 아니면 이는 이미 조종(祖宗)께서 시행한 규례가 있는 것이므로 요행을 바라는 시도에 비할 것은 아닙니다. 그러나 만일 하늘까지 닿을 정도의 큰물이 진다면 비단 육로만 통하지 못할 뿐 아니라 수로도 감히 이용할 수 없게 됩니다. 저의 생각에는 발인할 기일을 앞당겨 정하여 그 기간을 꽤 여유 있도록 만드는 것보다 좋은 대책은 없을 듯하니, 그렇게 한다면 상황을 보고 날짜를 조절할 수 있어서 낭패를 볼 걱정이 없게 될 것입니다.

모인(某人)의 소장은 그 말뜻이 비록 온당치 않은 듯하지만, 옛날 송(宋)나라 황제가 돼지처럼 꾸짖고 종처럼 질책하는 잘못을 저지르자 주자(朱子)가 그 일을 듣고는 밤새도록 잠들지 못하고 눈물을 흘리기까지 하였고 보면,[77] 오늘날 걱정되는 것은 말로 할 수 없는 지경입니다. 기축년(1649, 효종 즉위년)에 포상(浦相)이 주자의 〈산릉의장(山陵議狀)〉에 나오는 뜻을 가지고 장릉(長陵)에 장지를 쓰지 말 것을 청하자[78] 성고(聖考)께서는 대신에게 그에 대해 논의하

77 옛날……보면 : 1167년 송 효종(宋孝宗)이 천변(天變)의 발생으로 인하여 재상을 파직한다는 조서를 내렸는데, 주희(朱熹)가 당시 한림학사 지제고(翰林學士知制誥)로 있던 유공(劉珙)에게 보낸 편지에 "삼가 11월 5일 임금이 내린 조서를 읽어 보니, 대신을 노비처럼 꾸짖고 신하들을 돼지처럼 본 것이 너무 심하였습니다. …… 장사(長沙)에 있을 때 근간의 조서를 보지 못하였으나 이미 우려를 금치 못하여 날마다 흠부(欽夫)와 이에 대해 이야기하며 거의 눈물이 흐르는 지경에 이르렀습니다."라고 하였다.《晦庵集 別集 卷1 劉共甫》

게 하셨고, 이에 이 영사(李領事 이경석(李景奭))는 감히 주자의 말씀을 쓸 수 없다고 할 수는 없어서 다만 포상의 주장과 주자의 말씀이 차이가 있다는 것만 논하면서 그것을 시행하지 말도록 아뢰었습니다. 그 당시 의론하던 자들은 포상의 숨김없이 직언하는 태도와 성고 및 이 영사가 저마다 사체(事體)를 얻었다고 평가하였습니다.

복(服)을 벗은 뒤에 나아가 뵐 때의 복색(服色)은 비록 편지에서 말씀한 대로 말하더라도 두 단계의 차이가 있습니다. 백포(白袍)와 오모(烏帽)와 흑각대(黑角帶)를 착용하는 것은 본조(本朝)의 법식이고, 자삼(紫衫)과 조각대(皁角帶)를 착용하는 것은 주자의 설입니다. 그러나 주자의 경우는 부득이했던 것이어서 이렇게 하는 것이 그래도 순전히 길복(吉服)을 사용하는 것보다는 낫다고 한 것일 뿐입니다. 지금 예를 행하는 자들이 지극히 선하고 지극히 아름다운 도를 추구하지는 못하고 주자의 부득이한 데서 나온 설을 퇴행적으로 좇으니, 그 또한 소홀한 처사가 아닐까 합니다. 저의 생각으로는 본조의 법식을 따르는 것이 비록 혹 고의(古義)에 완벽하게 부합하지는 못할지라도 "예가 의심스러울 때에는 후하게 하는 쪽을 따른

78 기축년에……청하자 : 포상은 포저(浦渚) 조익(趙翼)이다. 〈산릉의장〉은 주희가 풍수적인 관점으로 송 효종의 산릉(山陵)을 모시는 일에 관해 올린 글이다. 1649년 5월 18일 조익은 대사헌으로서 차자를 올려 장지에 대한 정이(程頤)와 주희의 풍수적 관점을 인용하여 "주자는 장지의 길흉이 자손의 화복과 국가의 보존에 직결되는 것으로 간주하였으니, 후세에 법도로 삼아야 할 사람으로 주자를 능가할 분이 또 있다고 하겠습니까."라고 하면서 1635년(인조13) 겨울에 인열왕후(仁烈王后)를 장사 지낸 장릉은 풍수로 볼 때 좋지 않으므로 인조를 이곳에 장사 지내지 말고 새로 장지를 정하자고 청하였다. 《晦庵集 卷15 山陵議狀》《孝宗實錄 卽位年 5月 18日》《浦渚集 卷12 論山陵箚》

다."라는 의리에 무방할 것입니다. 그러나 이 어찌 이 일이 진행되는 시점에 제가 언급할 내용이겠습니까. 비록 이웃 마을의 부엌데기가 하는 질문일지라도 그것이 예법에 조금이나마 관련되는 문제라면 저는 두려움으로 주위를 둘러보게 됩니다. 다만 간절히 하문해 주는 것에 감격하여 감히 이렇게 대략 의견을 올리게 되었으니, 보는 즉시 불태워 버리면 매우 다행이겠습니다.

김기지에게 답함 갑인년(1674, 현종15) 5월 20일
答金起之 甲寅五月二十日

어전(御前)에 나아갔을 때 아뢴 말씀을 통해서 남을 위하여 도모해 주는 충심을 우러러 알 수 있었으니, 그 은덕에 대한 깊은 감격은 말로 다 표현할 수 없습니다. 다만 군신과 부부는 의리로 뭉친 관계입니다. 이미 "부부 사이의 일은 아비도 능히 그 자식에 대해 어쩌지 못한다."[79]라고 했는데, 더구나 집사께서는 신하의 입장에 처해 있으면서 도리어 솜을 묶어 불씨를 구걸하려고 하니[80] 공연히 힘만 들 뿐 아무런 보탬이 없지 않을까 염려됩니다. 만일 성상께서 편당을 짓는다는 것으로 집사를 의심한다면 나라를 다스리고 백성을 구제하려는 집사의 사업은 혹 아마도 이로 인하여 어그러질 것이니, 부디 이제부터 잘 참작해 보는 것이 어떻겠습니까.

또 삼가 생각건대, 성상께서 오늘날 신하를 대하는 것이 비록 도리의

79 부부……못한다 : 한(漢)나라 광무제(光武帝)가 곽 황후(郭皇后)를 폐위하자, 질운(郅惲)이 "신은 듣건대 부부의 애정에 대해서는 아비도 자식에게 어쩔 수가 없는 것인데, 하물며 신하가 임금에게 어쩔 수 있겠습니까."라고 한 것을 인용한 것이다. 《後漢書 郅惲列傳》

80 솜을……하니 : 남의 집 일에 부지런히 나서는 것을 가리킨다. 시골의 한 아낙이 밤에 고기를 잃어버렸는데 그 시어머니는 며느리가 고기를 훔쳤다고 오해해 그녀를 집에서 내쫓았다. 그 아낙과 평소 사이가 좋았던 이웃의 한 부인이 그녀를 불쌍히 여겨 직접 솜을 묶어 아낙의 집으로 찾아가 불씨를 구걸하며 말하기를 "어제저녁에 개들이 고기를 물고 와 싸우다가 죽었으므로 삶으려고 합니다."라고 하자 시어머니가 부랴부랴 쫓아냈던 자기 며느리를 불러들였다. 《漢書 蒯通傳》

차원에서 어떨지는 모르겠으나 천신에 대해서는 지극히 온편하게 하십니다. 대개 제가 살날이 얼마 남지 않았고 또 궁구하지 못한 서책도 허다하므로, 근래 시냇가에 작은 집을 하나 지어 장차 조석으로 거기에서 서책을 연구하고 시를 읊조리면서 이 삶을 마감하려고 합니다. 그런데 만약 이전처럼 불러들여 자문함으로써 산속이 반쯤 조정과 저자처럼 되어 버린다면 남의 비난을 한가득 초래할 뿐만 아니라 하는 일에 전념하지도 못할 것입니다. 오늘의 일은, 삼가 생각건대 조물주의 의도가 거기에 담긴 것 같습니다.

또 생각건대 노선생들은 국상(國喪)에 본디 나아갈 필요가 없습니다. 더구나 지금의 경우는 대왕의 상과는 차이가 없을 수 없으니, 외방에 있는 신하가 반드시 나아가야 하는지 아직 모르겠습니다. 그러나 천신의 의리를 생각해 보면, 이미 성고(聖考)로부터 외람되게도 천고를 뛰어넘는 은혜로운 대우를 입었을뿐더러 성자(聖慈)께서도 천신을 여타의 일반 사람들과 똑같이 대우하지 않으셨으니, 비록 소장에 대한 비답이 아직 내리지 않았다 한들 어찌 차마 달려가 길가에서 슬피 통곡하지 않을 수 있겠습니까. 그런데 대궐에 나아가 사은하는 것에 대해 말하자면, 비록 비답이 내린 뒤라도 감히 하지 못할 점이 있습니다. 성상께서 끝내 국구(國舅)가 신을 비난한 것을 그르다고 하지 않으시어 국구를 비판한 자들이 낭패스러워 어쩔 줄 몰라 하고, 박화숙(朴和叔)은 천신 때문에 아울러 죄안에 든 몸으로서 현재 형조에서 대죄하고 있습니다. 또 곽세건(郭世楗)과 이석관(李碩寬)은 동쪽과 남쪽에서 서로 호응하여 일어나 음험한 수단을 품고 기회를 엿보면서 기필코 그 불순한 의도를 실현하려고 하고, 또 듣건대 어떤 사람이 천신의 죄상을 낱낱이 기록하여 그 글을 국구의 집에 몰래 보냈다가 마침 그것을 먼저 발견한 어떤 사람이 저지하였다는데 그 형세가 장차 이것으로만 그치지 않을 것입니다. 이러고도 함부로 궐 아래에 나아갈 수 있겠습니까. 저의 생각이 이와 같으니, 부디 불쌍히 여기는 마음으로 가르침을 주기를 바랍니다.

오늘의 이 두 대배(大拜)[81]는 비록 옛날의 몽복(夢卜)[82]보다는 못하지만, 오늘날에는 마땅히 오늘날의 인물 가운데 가장 뛰어난 자를 선발한다는 데 있어서는 응당 여망에 부응하는 결과가 아닐까 합니다.

"정정한 기력……"이라고 한 말씀은 집사의 생각이 가히 제대로 짚은 것이라고 할 수 있겠습니다. 일찍이 그가 병조 판서로 있을 때 제가 시험 삼아 "이번에는 면했지만 훗날의 대배는 장차 어쩌려는가?"라고 물었는데, 그도 고개를 저으면서 "끝내 하지 않을 것이다."라고 하였습니다.[83] 그러나 지금 천하의 일이 이렇게 된 상황에서 우리나라가 기꺼이 속수무책으로 망하기만을 기다린다면야 상관없겠지만, 만약 무예

81 오늘의……대배(大拜) : 대배는 정승에 제수되는 것으로, 1674년 4월 26일에 정지화(鄭知和)와 이완(李浣)이 각각 좌의정과 우의정에 임명된 것을 가리킨다. 《顯宗實錄 15年 4月 26日》

82 몽복(夢卜) : 꿈을 꾸고 점을 친다는 의미인데, 은(殷)나라 고종(高宗)이 꿈을 꾸어 부열(傅說)을 만나고, 주(周)나라 문왕(文王)이 점을 쳐서 여상(呂尙)을 얻은 것에서 나온 말이다. 《書經 秦誓》

83 그가……하였습니다 : 이완이 병조 판서로 있을 때 "무신은 훈척이 아니면 한 번도 이러한 제수가 내려지지 않았다."라고 하면서 힘써 직을 사양하며 끝내 출사하지 않았고, 1669년 이후로는 언제나 몸조리를 하면서 상록(常祿)을 받지 않았으므로 이렇게 말한 것이다. 이완은 현종 때 병조 판서로 기용되었으나 굳이 사양하여 수어사(守禦使)로 임명되었고, 후에 우의정에 이르렀다. 《宋子大全隨箚 卷6》《宋子大全 卷158 右議政李公神道碑銘 幷序》

를 닦아야 할 일이 생긴다면 그가 어찌 감히 그 정정한 기력을 끝내 고수하고만 있을 수 있겠습니까. 다만 성상께서 어떻게 맡기느냐에 달려 있을 뿐입니다.

김기지에게 보냄

與金起之

지난번에 부친 답장은 받아 보았습니까? 보내온 편지에서 언급하신 내용에 대해서는, 의리상 불가하기에 감히 대답을 드리지 못하였습니다. 그러다 오늘 새벽에 《주자대전(朱子大全)》을 읽었는데, 그중 〈진승상에게 보내는 편지〔與陳丞相書〕〉에 "충심으로 감정이 북받쳐 눈물을 흘리기까지 하였다."라는 대목이 나오자, 홀연 스스로 탄식하며 '부자(夫子)는 비록 한산한 곳에 있더라도 나라를 위하는 정성이 이 정도까지구나.'라는 생각을 하였습니다. 더구나 집사의 정성이 이와 같이 간절하고 비천한 이를 무시하지 않는 태도가 또 이와 같은데 저는 도리어 아무런 대답을 드리지 못한다면, 국사와 오랜 벗에게 매우 몰인정한 것이라 참으로 고인이 말한 "각박하기로 자처한다."라는 경우입니다. 그리하여 속히 초심(初心)을 회복하였으나 또한 제대로 일을 해내지 못할까 염려됩니다. 그러나 저의 생각을 끝내 토로하지 않을 수 없습니다.

'수염'[84]이 사론(士論)을 만족시키지 못한다는 사실은 일찍이 도성 안에 있을 때 익히 들었던 이야기입니다. 그러나 말세에는 참과 거짓이 뒤바뀌는 법인지라, 어찌 족히 그 말을 믿을 수 있겠습니까. 다만 이 한 가지 일이 있습니다. 옛날 상신(相臣)[85]이 황제의 처소에서 띠를

84 수염 : 이상진(李尙眞)을 가리키는 말로, 수염과 털이 많아서 붙여진 명칭이다. 《宋子大全隨箚 卷4, 卷6》

떨어뜨렸는데 뒤도 안 돌아보고 그 자리를 나가자 황제가 환관으로 하여금 뒤쫓아 가 그것을 가져다주게 하였는데, 상신이 그렇게 한 의도는 대개 '띠가 떨어졌을 때 돌아본다면 그 의용(儀容)을 잃는 것이다.' 라는 것이었습니다. 이렇듯 백관의 윗자리에 있는 입장에서는 한 번 돌아보는 일조차도 감히 경솔히 할 수 없는데, 하물며 다리를 절뚝거리고 남의 부축을 받음으로써[86] 남들로 하여금 보고 놀라게 함과 동시에 속으로 비루하게 여기는 마음이 들게 하는 경우는 어떻겠습니까. 오늘날의 갈관자(鶡冠子)는 옛날의 평성(平城), 능천(綾川) 두 공과 비교해 보면 하늘과 땅 그 이상의 차이가 나는 인물입니다.[87] 게다가 국가가 위태롭고 의심스러운 상황에 처한 때에 힘을 얻을 수 있고 또 신료들을 제압할 수 있습니다. 편지에서 물어보았던 한 사람은 앞에서 말한 경우와 같은 선상에서 비교할 자는 아닐 듯하니, 평범하고 그저 그런 사람일 뿐입니다. 저의 생각으로는 만약 집사를 대신하게 할 것 같으면 전임자를 함께 올리는 것이 가장 좋을 듯한데, 어떻게 생각할지 모르겠습니다. 이 편지는 한번 보는 즉시 불태워 버리기를 천만 바랍니다.

85 상신(相臣) : 북송(北宋)의 문신인 송상(宋庠)을 가리킨다. 《宋子大全隨箚 卷6》

86 다리를……받음으로써 : 이상진이 다리를 저는 병이 있으므로 이렇게 말한 것이다. 《宋子大全隨箚 卷6》

87 오늘날의……인물입니다 : '오늘날의 갈관자'는 이완(李浣)을 가리키는데, 갈관(鶡冠)은 갈(鶡)이라는 새의 깃으로 만든 모자로서 한(漢)나라 때 호분랑(虎賁郎)이라는 무관직이 쓰던 것이다. 평성과 능천은 각각 신경진(申景禛)과 구인후(具仁垕)의 봉호(封號)이다. 신경진과 구인후는 모두 무관으로서 재상이 된 인물인데, 이때 김수홍이 재상 후보자를 물색하면서 송시열에게 자문하였으므로 이렇게 답한 것이다. 《宋子大全隨箚 卷6》《白軒集 卷37 領議政平城府院君申公諡狀》《宋子大全 卷161 綾川府院君具公神道碑銘 幷序》

○ 상 앞에서 힘써 간쟁하여 죄안을 씻어 버리고서 수(受)와 예(禮)를 얻는 것이 상책(上策)이나,[88] 혹 일의 체모로 보아 쉽지 않을 듯합니다.

88 상……상책(上策)이나 : 수는 민정중(閔鼎重), 예는 정지화(鄭知和)를 가리키는 말로, 그들의 자가 각각 대수(大受)와 예경(禮卿)이므로 이렇게 칭한 것이다. 이때 민정중은 민업(閔業) 집안의 상제(喪制) 문제로 삭직을 당한 상태였고, 정지화는 예조판서로 있던 1673년에 영릉(寧陵)의 봉심(奉審)을 잘못한 죄로 관작을 삭탈당하고 문외출송(門外黜送)된 상태였다. 《宋子大全隨箚 卷6》《顯宗實錄 14年 1月 2日, 5月 1日》

김기지에게 보냄 갑인년(1674, 현종15) 6월 14일

與金起之 甲寅六月十四日

본조는 본디 제대로 된 군대가 없는 나라입니다. 더구나 조석으로 변란을 대비하는 이때에 이미 훈련된 군사를 혁파할 수 있겠습니까. 지난해 유혁연(柳赫然)이 와서 말하기를 "별대(別隊)의 규모를 장차 1만 명이 차게 하려 한다면 이대로 서둘러 군사를 모집함으로써 되도록 빨리 완성을 볼 계획을 합니까, 아니면 천천히 충당합니까?"라고 하기에, 내가 대답하기를 "백성들이 몹시 괴로워하고 있으니, 우선 농사가 풍년이 들고 백성이 쉴 수 있을 때를 기다리는 것이 좋을 듯합니다."라고 했습니다. 그런데 오늘날은 지난해와는 판연히 다른 상황이니, 모름지기 서둘러 1만 명을 채워서 훈련에 돌입하도록 하는 것이 마땅할 듯합니다. 대체로 오늘날 와전된 말들은 이미 이루 헤아릴 수 없을 정도입니다. 비록 날마다 군사를 모집하고 군마를 사들인다 하더라도 그 와전된 말은 더 보태질 수 없고, 군사를 모집하지 않고 군마를 사들이지 않는다 하더라도 또한 그 와전된 말이 가라앉을 리가 없으니, 어찌 그것을 두려워하여 의당 해야 할 일을 하지 않을 수가 있겠습니까.

수군(水軍)은 무엇보다 양민들의 골수에 박힌 원망의 군역이 되고 있는데, 그중 산간 고을에 있는 자들로는 전혀 효과를 얻을 수가 없습니다. 대체로 위급한 사태가 생기면 산간 고을에 있는 자들은 미처 부방(赴防)하지 못하고 상시 사람을 사서 군역을 대신 치르게 하는데, 그들은 모두가 떠돌아다니는 무리이니 어찌 난에 임하여 도망치지 않으려고 하겠습니까. 이것을 빨리 변통하여 그 산간 고을에 있는 자는 일체 옮겨서 육군으로 만들고 해변에 사는 백성들을 수군으로 개정하여, 평시에는 그들로 하여금 둔전(屯田)을 경작하는 일과 고기 잡는 일을 생업으로 삼게 하는 한편 위급할 때는 그들로 하여금 배를 몰고 적을 방어하게 하게 한다면, 좋아하는 자도 많을 것이며 유사시에도 이용할 수 있을 것입니다.

그런데 지금 논자들은 모두 "산간 고을의 수군을 갑자기 혁파할 수 없다."라고 하는데, 이는 대개 수사(水使) 노릇을 하는 자들이 생계를 꾸리는 밑천이 모두 산간 고을의 군사들에게서 뜯어내는 것이기 때문입니다. 그 수사 노릇을 하는 자 역시 그렇게 하고 싶은 것은 아니면서도 끝내 멈추지 못하는 것은 어째서이겠습니까? 그렇게 하지 않으면 재상이나 명관(名官)들의 요구에 응할 수 없기 때문입니다. 이것이 주자(朱子)가 군사를 다스리는 일을 논할 때마다 반드시 조정을 바르게 해야 한다고 하신 까닭입니다.

집사께서 이러한 시기에 온갖 공무가 집중되는 가장 윗자리에 처하셨으니, 의당 주공(周公)이 앉아서 아침을 기다렸던 것[89]처럼 하고 무후(武侯)가 일 처리를 치밀하게 한 것처럼 해야 일을 성사시킬 수 있을 것입니다. 이를 생각할 때마다 목을 빼고 그리워하는 심정을 견딜 수 없었는데, 이제 나를 비루하게 여기지 않고 하문하신 것이 여러 장에 이르렀으므로 대략 우매한 소견을 아뢰는 것이니, 부디 한번 보고 불태

89 주공(周公)이……것 : 주(周)나라 때 주공은 우(禹), 탕(湯), 문왕(文王), 무왕(武王)이 했던 일을 시행하려고 하면서 당시와 맞지 않는 것이 있으면 밤새도록 생각하였고, 생각하여 좋은 계책을 얻으면 빨리 시행하고 싶어서 잠을 자지 않고 그대로 앉아서 날이 새기를 기다렸다고 한다. 《孟子 離婁下》

워서 남에게 보이지 않는 것이 어떠합니까.

○ 옛사람의 말에 "누에 쳐서 옷 지어 입고 밭 갈아 밥 먹고 살면서 1전(錢)도 왕에게 부세를 바치지 않았다."라고 하였는데, 이는 당(唐)나라 때에 전제(田制)가 문란해서 그랬던 것입니다. 본조에서는 신역(身役)의 문란이 더욱 극심하여 기병(騎兵)과 보병(步兵)에서부터 공천(公賤)에 이르기까지 한 집에서 내는 베가 혹 10여 필에 이르는데, 입작(入作)[90]하는 자들은 1전도 내지 않을 뿐 아니라 도리어 앉아서 양민의 재물을 축내고 있으니, 이제 일률적으로 1필의 베를 내게 하여 국용(國用)을 돕도록 하는 것이 또한 마땅하지 않겠습니까. 입작하는 자들뿐만 아니라 대개 유랑민으로서 관에 등재되지 않은 자가 매우 많고 승도(僧徒) 또한 번성하여 무리를 이루고 있으니, 이들을 법도 있게 잘 대하여 점차로 얽어매어 두면 베를 거둘 수 있을 뿐만 아니라 군액(軍額)에 점차적으로 충당할 수도 있을 것입니다. 혹시라도 소요가 발생하지 않을까 우려된다면 그렇지 않은 점이 있으니, 무릇 일을 해 나가지 않는다면 그만이거니와 일을 해 나가는 경우엔 비록 삼대(三代) 시대에도 소요의 발생은 벗어날 수 없는 일이었습니다. 공자(孔子)의 시대에도 "던져 버린다."라는 노래가 있었는데,[91] 더구나 이 말세의

90 입작(入作) : 일정한 생업과 거처 없이 이곳저곳 옮겨 다니며 사는 것을 가리킨다. 《宋子大全隨箚 卷6》

91 공자(孔子)의……있었는데 : 공자가 처음 노(魯)나라에 등용이 되어 막 정사를 펼치려고 하였을 때, 노나라 사람 예(鷖)가 "새끼 사슴으로 만든 가죽옷을 입고 슬갑을 찬 이를 던져 버려도 죄 될 것이 없으며, 슬갑을 차고 새끼 사슴으로 만든 가죽옷을 입은 이를 던져 버려도 잘못이 없네."라고 노래하면서 공자를 은근히 비난하였는데, 3년이 지나자 공자의 정치가 효과를 발휘하여 남녀가 길에서 좌우로 구분 지어 다니고

경우야 어떻겠습니까.

오늘날의 일은 다만 선조(宣祖)께서 용만(龍灣)에 계실 때나 인조(仁祖)께서 남한산성(南漢山城)에 계실 때처럼 병기를 수선하고 변방을 튼튼하게 지키는 일 외에는 어떤 일도 그 사이에 개입시키지 않고, 또 한 푼의 돈과 한 자의 베도 응당 쓰지 말아야 할 곳에 쓰지 않는다면 군대도 다스려지고 재물도 모이게 될 것입니다. 그런데 삼가 듣건대 이번 대상(大喪)에서 단지 도로를 보기 좋게 한다는 이유로 소비된 호조의 은화가 3000냥에 이를 정도로 많았다고 합니다. 이는 성모(聖母)의 자애롭고 검소한 덕을 손상할 뿐만 아니라 국가의 재정에도 얼마나 손해되는 일입니까. 개탄스럽고 개탄스럽습니다.

○ 남송(南宋)이 위급한 때를 당했을 적에 주자가 당시 재상에게 하신 말씀[92]은 불과 "명망 있는 이를 거두어 모아서 조정에 두라."라는 것뿐이었습니다. 그 말씀에 "마치 병들어 지친 자가 침과 약으로 효과를 보지 못하다가 그 단전(丹田)과 기해(氣海)에 뜸을 뜨면 기혈이 근본에 모여서 이목과 수족이 이롭게 되는 것과 같다."라고 하셨으니, 이는 오늘날에 있어 조금도 늦춰서는 안 될 일입니다.

땅에 떨어진 물건을 아무도 줍지 않는 등 사회 질서가 확립되었다고 한다. 《呂氏春秋 卷16 悔過》

92 주자가……말씀 : 이하 주희의 말은 《회암집(晦庵集)》 권37의 〈여적계호선생(與籍溪胡先生)〉에 나온다.

김기지에게 답함 갑인년(1674, 현종15) 8월 21일

答金起之 甲寅八月二十一日

베개에 기대어 누운 채로 집사의 편지를 읽는 동안 눈물이 샘물처럼 솟구쳐 올랐습니다. 저 푸른 하늘은 어찌하여 이다지도 자애롭지 못한 것입니까. 18일 저녁에 성상의 환후가 크게 악화되었다는 소식을 대강 듣고 곁에 있는 사람들의 시비도 돌아볼 겨를 없이 죽음을 무릅쓰고 한밤중에 길을 나섰습니다. 그런데 한강 밖에 막 도착하였을 때 애통한 소식이 미리 와 있었으니, 하늘에 부르짖고 땅을 치면서 죽지 못한 것을 한스럽게 여길 뿐이었습니다. 그러나 이미 종남산에 가까이 왔기에 차마 말고삐를 돌리지 못하여 좌상 대감께 편지로 여쭌 뒤에야 감히 도성에 들어가 첩첩이 둘러싸인 호위병들 밖에서 곡을 하였는데, 그러고는 곧장 도성을 빠져나왔습니다. 이는 차마 대죄(待罪)하고 있는 입장에서 이미 주상께서 아무것도 하실 수 없다고 여겨 스스로 여타의 사람들과 똑같이 행동할 수 없었기 때문입니다. 수성(隋城)의 산중에 있을 때부터 앓고 있던 병이 밤을 새워 내달려 온 이후로 증세가 갑자기 악화되어 곡기를 끊고 지낸 지가 이미 3일이 되었습니다. 조석으로 죽을 날을 기다리면서 마음은 식은 재처럼 만사를 잊었는데 저절로 눈물이 흐르는 것은 이 무슨 마음이란 말입니까. 오늘 아침 왕세자께서 궁관(宮官)을 보내어 하문하셨는데, 또한 삼가 받들지 못하고 다만 부복한 채로 피눈물만 훔쳤습니다. 저의 상황은 집사께서 실로 먼저 겪으셨습니다. 그러나 집사야 이미 견책을 받은 상태이기에 마음이 절로 편안할 것이지만, 천신 같은 경우는 집사에 비할 수 없을 만큼의 죄를 저질렀음에도 아직까지 처분이 내리지 않았습니다. 혹 왕세자께서 선왕의 뜻과 사업을 잘 계승하여 마침내 형벌을 내려 주신다면 천신은 실로 기꺼운 마음으로 눈을 감겠습니다. 만나 속마음을 나눌 길이 없으니 다만 슬픔만 더합니다. 나머지 할 말은 일일이 다 적지 못합니다.

별지

일찍이 듣건대 합천(陜川)의 흉얼(兇孼)이 선조(宣祖)께서 환후가 날로 심해졌을 때 귀양 처분을 받았다가 승하하신 이후 곧 사면되어 풀려나 바로 대사헌으로서 선왕이 신임하던 구신(舊臣)들을 국문하여 죽였는데,[93] 그때 그의 기색이 심히 여유작작하여 식자들은 그때부터 이미 그가 화를 면할 수 없음을 알았다고 합니다. 오늘날 우리들의 차마 하지 못하는 마음으로 헤아려 보건대, 비록 사성(嗣聖)께서 죄를 탕척해 주셨다고 하더라도 주저하고 머뭇거려야 마땅할 듯합니다. 조정의 여론은 천신이 슬퍼하는 반열에 들어가 곡림(哭臨)하고 모든 일을 함께 상의하기를 꼭 바라는데, 이는 실로 천신이 마음먹은 바가 아닙니다. 오늘날 이 마음을 알아주는 것은 오직 집사뿐이기에, 감히 그에 대해 언급합니다.

93 합천(陜川)의……죽였는데 : 합천의 흉얼은 합천에 살던 정인홍(鄭仁弘)의 멸칭이다. 정인홍은 1607년(선조40) 선조가 광해군에게 양위하고자 할 때 이를 반대하는 소북의 영수 유영경(柳永慶)을 탄핵했다가 대신을 무함한다는 선조의 분노를 사 이듬해 영변(寧邊)에 유배되었고, 이후 선조가 승하하고 광해군이 즉위하자 유배 도중 풀려나 곧 대사헌에 기용되어 소북 일당을 추방하고 대북 정권을 수립하였다.《宣祖修正實錄 41年 1月 1日》《光海君日記 卽位年 2月 23日》

김기지에게 보냄 갑인년(1674, 숙종 즉위년) 10월 17일

與金起之 甲寅十月十七日

"여간(餘干)으로부터 오랫동안 편지를 받지 못했는데 시간은 더욱 흘러 사람으로 하여금 슬픔과 탄식을 일으키게 하니, 산곡(山谷)이 '돌아가 편히 쉬시게나. 서강(西江)의 파도는 어느 때나 잠잠해지려나.'라고 한 말은 정말 귀신도 울릴 만합니다."라고 한 이 말은 조상 여우(趙相汝愚)가 한탁주(韓侂胄)로부터 모함을 받은 후 회옹(晦翁)이 어떤 사람에게 보낸 편지의 내용인데,[94] 오늘날 그와 같은 상황을 직접 목도하게 될 줄 어찌 알았겠습니까. 삼가 보건대 보내 준 편지에 답장할 만한 것은 없고 고향으로 돌아가 소요하는 것이 바로 오늘날 제가 해야 할 일이기에, 애오라지 이 말을 그대로 베껴서 올릴 뿐입니다. 할 말을 일일이 다 갖추어 적지 못합니다.

94 여간(餘干)으로부터……내용인데 : 여간은 송(宋)나라 영종(寧宗) 때의 정승 조여우(趙汝愚)를 가리키는데, 그가 여간 사람이므로 이렇게 말한 것이다. 산곡은 송나라 시인 황정견(黃庭堅)의 호이며, 주희(朱熹)가 인용한 것은 황정견이 시집가서 박대받고 강에 빠져 죽은 그의 여동생을 추모하여 지은 〈훼벽(毁壁)〉이라는 시이다. 주희가 임성계(林成季)에게 보낸 편지에 해당 구절을 인용하면서 재상 조여우가 한탁주의 무고를 입고 귀양 가 죽은 것을 한탄하였다. 《古今事文類聚 後集 卷11》《晦庵集 卷100 林井伯》 송시열이 이 글을 인용한 것은, 김수흥이 1674년 7월 복제(服制)에 대해 책임 있는 태도를 보이지 않는다는 이유로 현종의 노여움을 사서 춘천(春川)에 중도부처(中途付處)되었기 때문이다. 《宋子大全隨箚 卷1》《顯宗實錄 15年 7月 16日》

김기지에게 답함 을묘년(1675, 숙종1) 6월 12일

答金起之 乙卯六月十二日

산곡(山谷)의 시[95]를 주고받은 뒤로 줄곧 동정을 듣지 못하였는데, 지난달 북쪽에 있을 때[96] 홀연 인편을 통해서 편지를 받으니 구구한 마음에 기쁘고 위로되는 심정이 실로 끝이 없었습니다. 이제 남쪽으로 옮겨 와[97] 저를 둘러싸고 있는 가시울타리가 하늘이 만들어 낸 철령(鐵嶺)보다 한층 견고하니, 비록 그대의 소식을 듣고자 하지만 더욱 그럴 수 없게 되었습니다. 구름 낀 하늘을 바라보며 재차 산곡의 시를 읊조리니, 어디에서 귀신이 다시 눈물을 흘리는지 모르겠습니다. 이렇게만 씁니다.

별지

성조(聖祖)의 구릉(舊陵)에 과연 수환(水患)이 있습니까? 거짓으로 무함하는 말이 이에 이르렀으니, 비통하고 비통합니다. 그때 올린 장계(狀啓)의 초본들은 모두 책 상자에 보관되어 있을 것으로 생각되니, 부디 그것들을 확실히 거두어서 좋은 기회가 올 때를 기다리게 해 줄 수 있겠습니까?

95 산곡(山谷)의 시 : 377쪽 주94 참조.

96 북쪽에 있을 때 : 갑인예송(甲寅禮訟)에서 패한 송시열이 1675년 1월부터 함경도 덕원(德源)에서 유배 생활을 하던 때를 가리킨다. 《宋子大全 附錄 卷7 年譜》

97 남쪽으로 옮겨 와 : 1675년 6월에 함경도 덕원에서 경상도 장기(長鬐)로 이배되어 위리안치(圍籬安置)된 것을 가리킨다. 《宋子大全 附錄 卷7 年譜》

김기지에게 답함 을묘년(1675, 숙종1) 9월 11일
答金起之 乙卯九月十一日

이달 초에 인편을 통하여 편지를 받으니, 혜주(惠州)는 정말 천상에 있지 않습니다.[98] 영해(嶺海)의 사이가 실로 적막하지 않게 되었지만,[99] 서로 간의 거리가 천여 리나 되어[100] 다만 슬피 그리워만 하고 있을 뿐이니, 멀리서 생각건대 형제를 그리워하는 정회가 또한 울적할 것입니다.

저는 저번 달 초부터 풍토병이 거듭 발작하여 손가락뼈가 이미 커져 버린 데다 여러 증상이 아울러 발현되니, 가시울타리 속에서 괴로워하

98 혜주(惠州)는……않습니다 : 김수홍의 편지가 왔으니, 송시열 자신이 머물고 있는 이 유배지가 아무도 닿을 수 없는 먼 천상에 있는 건 아니라는 말이다. 송(宋)나라 소식(蘇軾)이 왕안석(王安石)의 신법에 반대하다가 혜주에 유배되자 친구인 고승(高僧) 불인(佛因)은 소식이 있는 혜주와 자신이 있는 곳의 거리가 너무 멀고 인편마저도 없어서 편지 보낼 길이 막막하였는데, 마침 도인(道人) 탁계순(卓契順)이란 자가 "혜주는 천상에 있지 않으니, 가면 곧 이르는 법입니다."라고 하면서 인편을 자처한 덕택에 결국 불인의 편지가 혜주에 도착했다는 고사에서 유래한 표현이다. 《古今說海 卷110 說略 錢氏私誌》

99 영해(嶺海)의……되었지만 : 영해는 본래 중국의 광동(廣東)과 광서(廣西) 지방을 가리키는데, 여기서는 궁벽한 유배지를 말한다. 1674년(현종15) 갑인예송(甲寅禮訟)의 여파로 남인(南人)이 집권하는 과정에서 김수홍, 김수항(金壽恒) 형제를 비롯한 많은 서인들이 유배형에 처해진 것을 두고, 유배지가 더 이상 조용하지 않게 되었다는 의미로 쓴 말이다. 《宋子大全隨箚 卷6》

100 서로……되어 : 김수홍의 유배지인 춘천(春川)과 김수항의 유배지인 영암(靈巖)을 두고 한 말이다. 《宋子大全隨箚 卷6》

며 지내는 시간도 이제 얼마 남지 않았습니다.

요청한 기문(記文)은, 크나큰 서신(書信)의 역할을 합니다. 그러나 금령(禁令)을 무릅쓰고 지었으니, 그 강직함 때문에 몸을 망칠 것임은 당연한 일입니다.[101] 그런데 다른 사람에게 보여서는 안 되니, 이백(李白)의 시에 이르기를 "다른 사람이 열어 봐도 아깝지 않으나, 다만 시비가 생길까 두렵네."라고 하였는데[102] 이 말이 참으로 의미가 있습니다. 붓을 잡기가 심히 어려워 남의 손을 빌려 적게 할 수밖에 없었으니, 황공하고 황공합니다. 나머지 할 말은 일일이 다 적지 못합니다.

101 그……일입니다 : 굴원(屈原)의 〈이소(離騷)〉에 "곤(鯀)은 강직함 때문에 몸을 망쳐서, 끝내 우산(羽山)의 들판에서 요절했는데, 너는 어이 박학하고 충직하여 수행을 좋아해, 아, 홀로 이 아름다운 절조를 지녔느냐."라고 한 말을 원용한 표현으로, 요(堯)임금의 신하로서 성질이 너무 강직하여 명령을 거스르고 제멋대로 하는 성격을 지녔던 곤을 스스로에게 비긴 것이다.

102 이백(李白)의……하였는데 : 당(唐)나라 시인 이백의 〈감흥팔수(感興八首)〉 가운데 제3수에 나오는 말이다. 《李太白文集 卷21》

김기지에게 답함 을묘년(1675, 숙종1) 12월 28일

答金起之 乙卯十二月二十八日

삼가 10월 27일에 보내 준 편지를 받으니, 혜주(惠州)가 천상에 있지 않은 것[103]이 다행입니다. 밤새도록 눈물을 훔친다고 말씀하였는데, 그 말을 누가 믿겠습니까. 그러나 저만큼은 그렇다는 것을 안다고 스스로 생각하며, 이내 눈물이 가슴을 적심을 금치 못하겠습니다. 앓고 있는 풍토병은 고칠 수 있는 약이 없기에 다만 정 선생(程先生)이 영류(癭瘤)를 치료하던 방법[104]에 의거하여 샘물을 터서 흐르게 함으로써 아교처럼 엉겨 붙어 있던 것을 새어 나오게 하였으나 또한 효과를 보지 못하였습니다. 요컨대 오래된 산골짜기의 맑고 찬 물을 마신 뒤에야 거의 안개가 걷힐 가망이 있겠으나, 이 삶을 다시 얻을 수 없으니 운명인 것을 어쩌겠습니까.

선대인(先大人)의 행장은 집사의 형님께서 보내 주어 삼가 이미 손 씻고 절한 후에 받아 보았습니다. 다만 저의 병이 이와 같아서 곧장

103 혜주(惠州)가……것 : 379쪽 주98 참조.

104 정……방법 : 북송(北宋)의 정자(程子)가 여주(汝州)에 있을 때 영류를 치료하던 방법이다. 《이정외서(二程外書)》 권10 〈대전집습유(大全集拾遺)〉에 "여주에는 영류가 난 사람이 많은데, 이는 땅의 기운이 막혔기 때문이다. 일찍이 어떤 사람이 고을의 여러 곳에 기물을 잡다하게 쌓아 두어 수질이 모두 걸쭉하고 탁해졌고 심지어 물속이 아교처럼 된 곳도 있었으니, 그 물을 마시면 어찌 영류가 없을 수 있겠는가. 그것을 치료하는 방법은 고을 가운데 몇 군데 도랑을 파서 땅의 기운이 새어 나가게 하는 것이니, 그런 뒤에 조금 괜찮아졌다."라고 하였다.

글을 엮어 올리지 못하는 것이 죄스럽고 한스럽습니다.

〈악대설화(幄對說話)〉는 당시 선왕께서 누설하는 것을 원치 않으셨기 때문에 꽁꽁 싸서 감춰 두고 있었는데, 집사의 형님께서 "응당 노선생(老先生)의 글과 함께 이어 붙여 한 책으로 만든다면[105] 요순(堯舜)의 훈모(訓謨) 아래 〈고요모(皐陶謨)〉, 〈익직(益稷)〉 등의 편에 덧붙여 세상에 전하는 셈일 것이다."라고 하기에 감히 끝까지 숨겨 둘 수 없어 써서 올립니다.

'굳세고 용감하다는 것'은 선왕의 감식안이 실로 틀리지 않았습니다만[106] 이제는 그 점을 불선(不善)한 데에 쓰고 있을 뿐입니다. 그야말로 "당(唐)나라에서는 충성하고 수(隋)나라에서는 아첨하였다."[107]라는

105 악대설화(幄對說話)는……만든다면 : 〈악대설화〉는 1659년(효종10) 3월 11일에 효종이 송시열과 독대한 일을 기록한 글이고, 노선생의 글은 김수흥의 조부 김상헌(金尙憲)의 생전 언행을 기록한 〈도산기언(陶山記言)〉을 말한다. 1675년 5월 김수흥의 형인 김수증(金壽增)이 덕원(德源)에 유배되어 있던 송시열을 방문하여 〈악대설화〉를 구해 〈도산기언〉 뒤에 붙여 책으로 만들고 싶다고 하였다. 《宋書拾遺 卷7 幄對說話》《宋子大全隨箚 卷7》

106 굳세고……않았습니다만 : 효종이 송시열과 독대한 자리에서 허적(許積)에 대해 "굳세고 용감해서 일을 맡길 수 있다."라고 평가한 것을 말한다. 《宋子大全隨箚 卷6》

107 당(唐)나라에서는……아첨하였다 : 송(宋)나라 사마광(司馬光)이 수나라와 당나라에서 모두 고위 관직을 역임한 배구(裴矩)의 이중성을 평가한 말이다. 배구는 수나라에서 벼슬할 때에는 양제(煬帝)의 난정(亂政)에도 충언을 바치지 않고 아첨을 일삼았고, 이후 수나라가 망하고 당나라에 투항하여 태종(太宗)을 섬길 때에는 함정을 파서 신하들의 부패를 적발하려고 했던 태종의 행위에 대해 그 부당함을 직언하였다. 이에 대해 사마광은 《자치통감(資治通鑑)》에서 "배구가 수나라에서는 아첨하고 당나라에서는 충성하였으니, 이는 그 성품이 변한 것이 아니다. 군주가 과실을 듣기 싫어하면 충성이 변하여 아첨이 되고, 군주가 직언을 듣기 좋아하면 아첨이 변하여 충성이 되기에

경우와 같으니, 이 무슨 이상할 것이 있겠습니까.

정유년(丁酉年)의 글[108]은 그 이후 초본을 잃어버려 늘 아쉬웠는데, 이제 하신 말씀을 들으니 참으로 자리에서 일어나질 만큼 기쁘고 다행스러운 심정을 주체할 수 없습니다. 속히 도모해 주시면 천만다행이겠습니다. 하고 싶은 말이 이루 셀 수 없이 많지만 병으로 남의 손을 빌려 적는 처지일뿐더러 지난날 그랬던 것처럼 남들이 사들일까 봐[109] 이렇게만 씁니다.

그런 것이다."라고 하였다. 《資治通鑑 唐紀》

108 정유년(丁酉年)의 글 : 《송자대전》 권5의 〈정유봉사(丁酉封事)〉를 가리킨다.

109 지난날……봐 : 1675년 5월 윤휴(尹鑴) 쪽 사람들이 영평(永平)의 양문역(梁文驛)에서 송시열이 사우들에게 부친 편지를 금백(金帛)으로 사들여 가로채 간 일을 말한 것이다. 《宋子大全 卷77 答金遠明(乙卯五月十二日)》

김기지에게 보냄 병진년(1676, 숙종2) 9월 12일

與金起之 丙辰九月十二日

4월의 별지에서 한 말씀을 통해서 깊은 깨우침과 가르침을 받았습니다. 이제 부탁한 것에 대해서 말해 보자면, 만약 보잘것없는 한미한 가문의 경우라면 다만 가련할 뿐이어서 족히 책망할 것이 없겠지만 대대로 벼슬해 온 큰 가문에서 먼저 항복의 깃발을 꽂는다면 저들은 마침내 총애가 남다름을 과시하고 뽐내면서 사람들이 흠모하게 만들 테니 이것이 몹시 한스러운 것입니다. 옛날 주 선생(朱先生)이 예법을 행하는 것에 대해 논하시면서 "모름지기 대가가 하는 모습을 보고 따라 해야 한다."라고 하였는데, 이제 저들은 도리어 속이고 농락하는 모략에 이러한 의리를 적용하니, 이것이 통탄스럽습니다.

삼가 듣건대 동보(同甫 이희조(李喜朝))의 당형제(堂兄弟)도 미끼를 문 사람이 있다고 하니, 개탄을 금치 못하겠습니다. 그러나 말로 드러내고 싶지 않았지만 차마 동보에게 숨길 수도 없어서 그 일의 단서만 살짝 드러냈는데, 지금 이렇게 말씀해 주시니 참으로 적절합니다. 옛날 경원(慶元) 연간 을묘년(1195)과 병진년(1196)에 일어난 화에서 면재(勉齋 황간(黃榦))가 동료들이 스스로 지조를 지키지 못하는 것을 극히 한스러워하여 몹시 단도직입적인 발언을 하자, 주 선생은 "이렇게 하면 좋은 사람이란 전혀 없게 된다."라고 하였습니다. 집사의 말씀은 참으로 선생의 뜻에 부합하는 것이니 감히 가슴에 새기지 않을 수 있겠습니까.

김기지에게 답함
答金起之

독락정(獨樂亭)이 마침내 다른 사람의 소유가 되었다는 말씀을 들으니, 극히 안타깝습니다. 그러나 마음속에 견지하는 바가 있으면 어디에 선들 홀로 즐겁지 않겠습니까. 다만 삼가 듣건대 모인(某人)이 독포(秃浦)에서 알현한다는 말을 하자 집사께서 영지(靈芝)로 몸을 피해 우거하였다고 하니, 이 어찌 삶은 양(羊) 한 마리를 얻지 못해서 그런 것이겠습니까.[110] 또 삼가 생각건대 그가 만약 덕망(德望)에 분주해서 혁면(革面)할 계책을 하려 한다면 어찌 좋은 일이 아니겠습니까마는, 만약 거절하는 것이 장차 엄하지 않을 것이라고 여겨서 그런 것이라면 삼가 조심스레 생각건대 집사의 의연한 기색이 혹 그를 꺾지 못한 소치일 것이니, 그렇지 않습니까? 말이 이에 이르니, 저도 모르게 크게 웃음이 납니다.

○ 삼가 듣건대, 저자들의 모의에 "이제 몇 사람은 반드시 죽여야

110 모인(某人)이……것이겠습니까 : 모인은 윤휴(尹鑴)이다. 북송(北宋) 때 정위(丁謂)가 구준(寇準)을 참소하여 뇌주 사호참군(雷州司戶參軍)으로 좌천시켰는데, 얼마 뒤에 정위가 애주 참군(崖州參軍)으로 좌천되어 갈 적에 뇌주를 지나게 되자 구준이 사람을 보내어 삶은 양 한 마리를 가지고 가서 그를 뇌주 경계에서 맞아 대접하게 하고, 또 집안 하인들에게 원수 갚는 것을 금하게 하였다.《宋史 寇準列傳》 송시열은 이 고사를 인용하여 김수홍이 윤휴를 만나지 않고 피한 것이 구준이 정위에게 한 대접보다는 못하다는 점을 지적한 것이다. 이때 김수홍은 춘천(春川)에 유배되었다가 방면되어 양주(楊州)에 머물고 있었는데, 윤휴가 있던 독포는 김수홍의 거처와 멀지 않은 거리에 있었다.《宋子大全隨箚 卷6》《尤菴先生書節要集解 卷3》

하는데, 갑자기 그 일을 저지르면 일번인(一番人)이 필시 더욱 원통해 하면서 그 정신을 한데 모을 테니 그렇게 되면 하나의 강한 적이 될 것이다. 그러니 반드시 위세와 이익으로 회유하여 우리 당으로 만들고 그런 뒤에 일거에 제거한다면 일개 외로운 병아리와 썩어 빠진 쥐 같은 하찮은 존재에 불과하게 될 것이다."라고 한다고 하니, 이 모의가 심각하면서도 교묘합니다. 저 같은 사람은 비록 죽음을 당하지 않더라도 애당초 머지않아 죽을 사람이기에, 혹 그들 뜻대로 죽이더라도 저들은 중을 죽여 놓고 사람을 죽였다는 말만 듣게 될 뿐입니다. 그러나 문곡(文谷 김수항(金壽恒))의 경우는 그가 품은 포부가 어떠하고 맡겨진 책임이 어떠하며 또 앞길이 어떠합니까. 그런데도 도리어 죽음을 면치 못한다면 종묘사직은 장차 어떻게 되겠으며, 세도는 어떻게 되겠습니까. 생각이 이에 미치니 저도 모르게 자리에서 일어나게 됩니다. 이러한 이유로 삼가 고가(故家)의 사람들이 스스로 지조를 지키지 못하는 것을 깊이 한탄하는 것입니다.

김기지에게 답함 정사년(1677, 숙종3) 2월 29일

答金起之 丁巳二月小晦

어제 윤군 이성(尹君以性)이 돌아가는 편에 단지 그가 전달해 준 나중 편지에만 답장을 써서 보냈는데, 아직 받아 보지 않았을 듯합니다. 그런데 지금 동보(同甫)의 인편이 또 와서 출발을 고하는데, 때마침 며칠간 내린 장맛비로 습기가 침투해 오랜 병이 갑자기 악화되었습니다. 그래서 질문한 모든 사항들에 대해 모두 남의 손을 빌리는 관계로 엉성하게 대답함을 면치 못하니, 한탄스러운 나머지 또한 몹시 황공합니다.

보내 준 작품들은 누차 반복하여 읊조렸는데, 간간이 눈물을 참지 못한 경우도 있었습니다. 임금의 대우가 무겁고 가벼운 것에 따라서 행동을 후하게도 박하게도 하는 저들은 과연 어떤 심보란 말입니까. 병중의 심회를 억지로 일으켜 근근이 화답하여 올리니, 족히 볼 것도 없습니다. 낭주(朗州)[111]는 오래도록 소식을 듣지 못하였으니, 그립고 아쉽기 그지없습니다.

별지

찾아오는 벗들 가운데 어떤 이는 "예전과 다름이 없다."라고 하고 어떤 이는 "몸이 상한 것을 차마 못 보겠다."라고 하는데, 이는 오직

111 낭주(朗州) : 낭주는 전라도 영암(靈巖)의 옛 이름인데, 여기서는 당시 영암에 유배되어 있던 김수항(金壽恒)을 가리킨다. 《宋子大全隨箚 卷6》

자신만이 그 진실을 알 것입니다. 비록 화양동(華陽洞)에 있으면서 차가운 시냇물을 두 손으로 떠서 마신다 하더라도 망팔(望八)의 나이에는 옛사람처럼 학 같은 기골과 푸른 눈을 보존하기 어려울 텐데[112] 더구나 3년간 장기(瘴氣)를 품은 안개 속에서 날마다 여영(汝瘿)의 탁한 물[113]을 마시고 살았으니, "하늘에 목숨을 맡긴다."라는 말은 천 길 탁한 물 앞에 놓인 한 치의 아교에 불과할 뿐입니다.

○ 옥천(沃川)의 사인(士人)들이 과연 비호를 받게 되었으니,[114] 그들의 영광과 행운을 이루 말할 수 있겠습니까. 다만 듣건대 흉악한 정용(鄭墉)의 무리가 또 장차 상소하여 서리가 내린 뒤의 남은 풀들까지 모조리 베려고 한다 하니 더욱 한심합니다.

○ 대수(大受 민정중(閔鼎重))와 지숙(持叔 민유중(閔維重)) 두 대

112 옛사람처럼……텐데 : 《회암집(晦庵集)》 권8의 〈기제구일산확연정(寄題九日山廓然亭)〉에 "멀리서 그리운 것은 지팡이 짚은 노인, 학 같은 골격에 두 눈이 푸른 것이네."라고 한 것을 두고 말한 것이다.

113 여영(汝瘿)의 탁한 물 : 381쪽 주104 참조.

114 옥천(沃川)의……되었으니 : 1675년 10월에 대북파(大北派) 한찬남(韓纘男)의 생질이자 전팽령(全彭齡)의 외손인 정용이 또 다른 전팽령의 외손 여이진(呂以振)을 사주하여 송시열과 송준길(宋浚吉) 등 서인의 주장으로 훼철된 전팽령과 곽시(郭詩)의 사당을 복설(復設)해 달라는 상소를 올리게 하였는데, 이듬해 4월에 옥천 유생 박수흠(朴守欽) 등이 그 부당함을 주장하였다. 이 일로 정용은 감사(監司) 조위명(趙威明)에게 호소하여 그 일에 관여한 옥천의 유생 16명을 영문(營門)에 감금하도록 하는 한편 선현(先賢)을 무함했다는 죄목으로 계청(啓請)하게 하였는데, 이에 결국 박수흠을 비롯한 곽증(郭檜), 곽로(郭櫓), 여유형(呂有衡), 박명흠(朴明欽), 남명거(南溟擧) 등 6명이 귀양을 가게 된다. '옥천의 사인들'이란 이들을 말하며, 송시열은 사우들에게 이들을 잘 비호해 달라는 부탁을 하였다. 《肅宗實錄 1年 10月 10日, 2年 4月 28日》《宋子大全 卷44 與張淨之, 卷63 與閔持叔(丁巳二月)》

감은 어떻게 결론이 날지요? 어찌 성덕(聖德)을 위하여 매우 기쁘지 않겠습니까마는 그들의 낭패는 실로 편지에서 한 말씀과 같으니, 지극히 염려되고 염려됩니다. 듣건대 그들의 백씨(伯氏)가 세상을 떠났다고 하니, 애통하고 애통합니다.

○ 철옹(鐵甕)의 일[115]에 대해서 질문을 하였는데, 대략 그에 대해 한두 가지를 말하고 싶지 않은 것은 아니나, 그 사연이 몹시 길기도 하고 또 차마 다 말하지 못하는 부분도 있기 때문에 끝내 들려드리지 못합니다. 대개 이 일이 일어난 뒤로 슬프고 개탄스럽기만 할 뿐입니다. 인간사에는 없는 일이란 없으니, 어찌하면 좋습니까.

115 철옹(鐵甕)의 일 : 철옹은 평안도 영변(寧邊)에 있는 성의 이름인데, 여기서는 갑인예송(甲寅禮訟)으로 인하여 1676년(숙종2) 평안도 영변으로 귀양을 갔던 이유태(李惟泰)와의 갈등을 가리킨다. 기해예송(己亥禮訟) 때 이유태는 송시열의 기년설(朞年說)을 옹호하였는데, 갑인예송 이후 이유태의 자제들은 송시열과 이유태의 주장에 차이가 있음을 부각함으로써 영변에 귀양 간 이유태의 방면을 시도하였고, 남인(南人)도 이에 동조하면서 이유태가 종전의 예론을 수정하였다고 칭찬하였다. 이에 송시열은 이유태를 강하게 의심하여 둘 사이에 갈등이 격화되었다. 《宋子大全 附錄 卷7 年譜》《尤菴先生書節要集解 卷3》

김기지에게 보냄 정사년(1677, 숙종3) 6월 11일

與金起之 丁巳六月十一日

시열(時烈)은 아룁니다. 사가(私家)의 불행으로 아내가 갑자기 세상을 떠났으니, 먼 곳에서 부음을 들으매 슬픈 마음 감당하지 못하겠습니다. 삼가 여름철 장마로 찌는 듯이 답답한 날씨에 기거가 건승하고 신명의 도움으로 화락할 것으로 생각하니, 구구한 저의 칭송하고 흠모하는 마음 멈출 수 없습니다.

삼가 지난날 보내 준 편지로 보건대 그동안 《주자어류(朱子語類)》를 비롯한 여러 서적에 쏟은 공부가 깊다는 사실을 알겠는데, 지금은 쉼 없이 탐구하고 완미하고 있습니까? 직접 얼굴을 뵙고 그 실마리나마 듣지 못하는 것이 한입니다.

지난봄 두 번에 걸쳐 보낸 답장은 모두 받아 보았습니까? 일상적인 안부를 묻는 일 외에 해 놓은 이야기가 제법 있는데, 비록 시사(時事)와 관련된 것은 아니지만 남이 보는 것은 원치 않습니다. 이제 백씨(伯氏)의 위문편지에 대한 답장을 한 통 써서 보내 드리니, 부디 믿을 만한 인편을 통하여 전해 올리는 것이 어떻겠습니까? 동보(同甫 이희조(李喜朝))의 소식을 오래도록 듣지 못하였으니, 그립기 그지없습니다. 나머지 할 말은 병으로 엎드려 남의 손을 빌려 적느라 일일이 다 쓰지 못합니다.

김기지에게 답함 정사년(1677, 숙종3) 10월 23일
答金起之 丁巳十月二十三日

한 해가 저물어 가는 이때에 교외에서 있으면서 우러러 그리워하니, 이는 빈말이 아닙니다. 평범한 안부 편지조차 차디찬 골짜기에 온기가 생기도록 만드는데, 하물며 여러 장의 편지로 해 준 말씀 가운데 성현의 가르침이 아닌 것이 없는 경우이겠습니까. 비록 의리의 정미함은 비루한 제가 감히 들을 바가 아니지만, 어리석음을 깨우치고 나태함을 경계하는 것이 깊으니 구구한 저의 기쁨과 다행스러움이 어찌 끝이 있겠습니까. 여러 장의 편지에 하나하나 답함으로써 바로잡아 주기를 기다리겠습니다. 다음 편지에서는 아낌없이 바로잡아 회답해 주기를 바랍니다.

별지

경원(慶元) 연간에 이미 "위당(僞黨)이 변하여 역당(逆黨)이 되었다."라고 하였고 이어서 참형(斬刑)을 청한 자까지 나타났고 보면,[116] 그 화의 참혹함이란 지금과 별반 차이가 없습니다. 그러나 그에 대한 처벌은 파직하여 내쫓는 것으로 그쳤는데 주 선생(朱先

116 경원(慶元)……보면 : 송 영종(宋寧宗) 경원 연간에 한탁주(韓侂冑) 등이 주희(朱熹)의 학문을 위학(僞學)으로 규정하고 그 일파를 탄압하는 이른바 경원 당금(慶元黨禁)을 일으켜 주희의 관직이 삭탈되자, 유삼걸(劉三傑)은 주희의 무리가 전날에는 위당이었는데 이제는 또 역당이 되었다고 논하였고, 여철(余嚞)은 주희를 참수하여야 한다고 청하였다. 《朱子年譜 卷4》

生)은 그럼에도 글을 지어 달라는 요청을 일절 사절하였으니, 이는 시의(時義)에 비추어 볼 때 당연한 이치입니다. 다만 그런 당시에도 진염부(陳廉夫)를 위해서는 묘명(墓銘)을 지어 주었는데,[117] 이는 그 아버지인 승상공(丞相公)과 친분과 의리가 몹시 두터웠던 관계로 끝내 사양할 수 없었기 때문입니다. 이제 저는 선대인께 비록 직접 찾아뵙고 인사드리지는 못하였지만 집사로부터 이렇게까지 사랑을 받았으니, 자식을 위하여 글을 짓는 것이 아버지를 위하여 글을 짓는 것과 어찌 다르겠으며, 그 일의 체모는 또 차이가 있으나 끝내 무슨 말로 사양할 수 있겠습니까. 다만 수십 일 동안 새로운 병증으로 몹시 괴로워 신음 소리를 내며 아파하면서 죽을 듯 말 듯 날을 보내고 있는 와중에, 죽음을 참고 기운을 내어 창수장(倉守丈)의 글[118]에 대한 요청에 억지로 부응하느라 더 이상 남은 힘이 없습니다. 이 일은 단기간에 잘할 수 있는 것이 아닌 듯하니, 병세가 가라앉기를 조금 기다린다 해도 늦지 않을 것입니다. 이에 보내 준 행장은 일단 제가 간직하고 있을 테니, 부디 인편을 통하여 다시 가르침을 주는 것이 어떠합니까?

보씨(輔氏)[119]의 의론과 시무(時務)를 담론하기 좋아하는 것에 대

117 진염부(陳廉夫)를……주었는데 : 《회암집(晦庵集)》 권94의 〈진군염부광지(陳君廉夫壙誌)〉를 가리킨다.

118 창수장(倉守丈)의 글 : 김수홍의 외사촌으로서 광흥창 수(廣興倉守)를 지낸 김천석(金天錫)의 묘갈명 〈광흥수김공묘갈명 병서(廣興守金公墓碣銘幷序)〉를 가리킨다. 《宋子大全隨箚 卷6》《宋子大全 卷178》

119 보씨(輔氏) : 남송(南宋)의 학자 보광(輔廣)을 가리킨다. 흔히 경원 보씨(慶源輔氏)로 불리며, 주희의 문인이다. 《宋子大全隨箚 卷6》

한 두 조목에 대해서는 삼가 말씀하신 뜻을 잘 알았습니다. 다만 이른바 시무를 담론하기 좋아한다는 것은, 만약 그것을 두고 본말과 선후의 순서가 없다고 한다면 괜찮겠으나 '저자관(猪觜關)'에 견주기까지 한다면 너무 심한 것이 아니겠습니까.[120] 저 이른바 '저자(猪觜)'란 자는 오로지 인물에 대한 조롱만을 일삼다가 소인에게 죽음을 당하였고 보면 그저 방정맞고 경박한 무리일 뿐이니 어찌 족히 말할 것이 있겠습니까.

"성의(誠意)와 정심(正心) 등의 주제에 대해 짧은 시간만 외고 읊조렸다."라고 한 말씀은 우매한 저를 지극히도 계발시켰습니다. 어찌 고명한 집사한테 실제로 그런 일이 있었겠습니까. 인용한 바, 연평(延平)이 습관이 되어 버린 기질을 변화시켰다는 말은 몹시 저로 하여금 선(善)의 단서를 일으켜 단번에 뛰어오르려는 뜻을 가지게 합니다. 종전에 이러한 글을 읽은 적이 많았지만 기질이 박잡하여 끝내 가려서 버릴 수가 없었는데, 이제는 장차 예전 그대로의 모습인 채로 늙어 죽게 될 것이니 개탄스럽고 개탄스럽습니다. 이초평(李初平)의 일[121]을 인용한 것에 대해 말하자면, 집사의 나이가 어찌 그처

120 시무를……아니겠습니까 : 김수홍은 앞선 편지에서 학자들이 시무를 담론하기 좋아하는 폐단에 대해 말하면서 "만약 능히 그 본원의 영역을 다스리고 또 능히 일마다 그 이치를 구한다면 그 모두가 학자의 자기 본분의 일인지라 어찌 본말이 도치될 의심이 있겠습니까. 다만 그렇게 하지 못한다면 단지 저자관의 무리가 될 뿐이지 않을까 합니다."라고 하였다. 《退憂堂集 卷9 上尤齋(丁巳)》 저자관은 남들을 향해 마음대로 조롱하는 것을 이르는 말이다. 북송(北宋) 희령(熙寧) 연간에 왕경량(王景亮)이란 자는 이름 없는 사족들과 함께 단체를 결성하여 불특정 다수를 향해 외향만 보고 제멋대로 이름 붙이고 조롱하기를 즐겼는데, 결국 그 자신도 그런 행태 때문에 사람들로부터 '돼지 주둥이의 관문'이란 뜻의 저자관이라고 불렸다. 《鐵圍山叢談 卷4》

럼 노쇠하겠습니까. 이초평이 만약 집사의 나이였다면 염옹(濂翁 주돈이(周敦頤))은 반드시 박문약례(博文約禮)의 공부로 면려하였을 것이고, 반드시 자기 말을 들으라고 하지만은 않았을 것입니다.

《구산어록(龜山語錄)》의 이른바 '혼연천성(渾然天成)'이란 것[122]은 사람의 덕성(德性)으로 말한다면 온당합니다. 그러나 그것을 처세(處世)의 도에 적용한다면 말이 서로 어울리지 않을 뿐만 아니라 그 용의(用意)가 실로 한(漢)나라 때 호광(胡廣)의 중용(中庸)[123]과

121 이초평(李初平)의 일 : 북송 때 주돈이가 침(郴) 지역의 계양 영(桂陽令)으로 있으면서 강학(講學)을 열자, 그의 상관이자 그 지역의 군수(郡守)로 있던 이초평이 주돈이가 현인이라는 것을 알고 배움을 청하였다. 이초평이 독서의 요령을 묻자 주돈이가 "공은 연세가 많아 제대로 하지 못할 것이니, 청컨대 제가 말로 일러 주겠습니다."라고 하므로, 이초평이 매일같이 그 말을 들어 2년 만에 마침내 깨달음이 있었다고 한다. 《宋史 周敦頤列傳》

122 구산어록(龜山語錄)의……것 : 북송의 성리학자 양시(楊時)의 저서인 《구산어록》 권2에 "물건에 뾰족한 부분이 있으면 사람의 눈을 많이 찌를뿐더러 이지러지기가 쉬운 법이니, 군자의 처세는 원만하고 자연스럽게 해야 한다. 그러면 남들이 싫어서 버리지 않을 것이다.〔物有圭角, 多刺人眼, 目亦易玷闕, 故君子處世, 當渾然天成, 則人不厭棄矣.〕"라고 한 것을 가리킨다. 김수흥은 송시열에게 보내는 편지에서 해당 대목을 인용하며 "이 말에 병통이 있지 않습니까? 군자의 처세의 도가 뾰족한 부분이 없는 것을 마땅하게 여긴다는 것부터가 이미 옳지 않고, '원만하고 자연스럽게 해야 한다.'라고 한 말은 더욱 타당하지 않은 듯합니다. 이는 어폐가 있는 것일 뿐만 아니라, 그의 만년의 출처가 혹시 이러한 병통에서 기인한 것인 듯합니다."라고 하였다. 《退憂堂集 卷9 上尤齋(丁巳)》

123 호광(胡廣)의 중용(中庸) : 일정한 원칙이 없이 그때그때 원만하고 적당하게 대처하여 시류에 영합하는 태도를 말한다. 호광은 후한(後漢) 사람으로 자가 백시(伯始)이다. 여든 살이 되도록 여섯 임금을 섬기며 지위가 삼공(三公)에 이를 만큼 후한 예우를 받았는데, 임기응변에 능하고 뚜렷한 주관과 강직한 기풍이 없어 무슨 일이 생기든지

마찬가지가 되어 버리니, 정자(程子)의 학문을 한 차례 전하는 과정에서 이미 그 참됨을 상실할 줄 누가 알았겠습니까. 주 선생은 일찍이 구산(龜山)의 글을 읽다가 말씀하시기를 "나를 두렵게 할 뿐이다."라고 하였으니, 만약 선생이 이와 같이 논파하지 않았다면 후인들이 그것에 의해 잘못되는 경우가 셀 수 없이 많았을 것입니다.

설 문청(薛文淸 설선(薛瑄))의 말에 의심할 만한 부분이 있다고 한 말씀은 가히 정밀하고 마땅한 견해라 바꿀 수 없다고 이를 만합니다. '하나의 이(理)를 아는 것'과 '하나의 일을 아는 것'이란 말로 대등하게 짝을 맞추어 함께 논하는 것부터가 이미 이와 일이 두 개의 사물이 되는 병통이 있는데, "하나의 이를 알면 하나의 이를 행한다."라는 말에는 더더욱 의심할 만한 부분이 있습니다. 무릇 이 이가 있으면 이 일이 있는 법이니 이를 두고 "그 일을 행한다."라고 하면 괜찮겠지만, 이라는 것은 형체가 없는 것이므로 "행한다."라는 말을 붙일 수가 없습니다. 그 뜻이 만약 "그 일을 행하는 것은 바로 그 이를 행하는 소이(所以)이다."라고 한다면 그 의미가 조금 통할 수도 있겠지마는, 그것 역시 어폐가 있음을 면치 못합니다. 집사의 평은 더할 나위가 없습니다만, 인용한 '이일분수(理一分殊)'란 말과 '천지와 만물을 합하여 말한 것'이란 말은 대체로 지나치게 힘을 허비한 것인 듯합니다.

'독서'란 두 글자는 이미 《논어》에 보이고, 성인이 《주역》을 읽다

좋게만 처리하며 어물쩍 넘겨 버렸으므로 당시에 "해결 안 되는 모든 일은 백시에게 물어보라. 천하의 중용은 호공(胡公)에게 있다."라는 조소 어린 말이 유행했다고 한다. 《後漢書 胡廣列傳》

가 가죽끈이 끊어졌다는 글도 있으니, 자고로 성현 가운데 독서를 하지 않은 분은 없었습니다. 그러나 만약 기운이 병들어 제대로 할 수 없는 경우엔 다만 이리저리 보아 가면서 눈과 마음이 하나가 되게 하고 이(理)와 마음이 하나가 되게 한다면 공을 이루기를 기약하지 않아도 저절로 공을 이룰 것입니다. 일찍이 듣건대 율곡(栗谷) 선생은 일찍이 소리를 내며 송독한 적이 없고 오직 침잠하고 읊조리는 것만을 일삼았다고 하는데, 생각건대 이러한 방법을 통해서 득력하는 것이 더 많았을 것입니다.

편지에서 말씀한 여진백(呂進伯)에 대한 말[124]은 실로 늘그막에 학문하는 사람의 삼자부(三字符)[125]가 되니, 저로 하여금 극히 흥기하게 합니다.

유배된 옥천(沃川)의 사인(士人)들에 대해서는 "은밀하게 비호해 달라고 이미 당부해 놓았다."라고 편지에서 말씀하였으니, 그들이 필시 힘을 얻을 수 있을 것입니다. 감사하고 다행스럽기 그지없습니다. 그들은 정자(程子)를 존숭하다가 마침내 뜻밖의 화를 당하기까지 하였으니, 이러한 화를 꾸민 자에게 반드시 재앙이 내릴 것입니

124 편지에서……말 : 여진백은 북송의 여대충(呂大忠)으로, 진백은 그의 자이다. 김수흥이 여대충에 대하여 한 말은 "늙어서도 학문을 좋아하였다."이다. 이 말은 원래 북송의 학자 정호(程顥)와 정이(程頤)가 여대충에 대하여 공통적으로 내린 평가이다. 《退憂堂集 卷9 上尤齋》《宋子大全隨箚 卷6》《二程遺書 卷10 洛陽議論》

125 삼자부(三字符) : 주희의 초년 시절 스승인 유자휘(劉子翬)가 주희에게 "내가 《주역》에서 입덕(入德)의 문을 얻었으니, 이른바 '불원복(不遠復)'이란 것이 바로 나의 삼자부이다."라고 한 데서 유래한 표현으로, 자신이 평생 지켜야 할 세 글자로 된 좌우명을 가리킨다. 《宋史 劉子翬列傳》

다. 남쪽과 북쪽으로 유배된 6명 모두 연로한 부모가 있는데, 그중 벽동(碧潼)으로 유배 간 자의 경우엔 그 부모의 병이 몹시 위중하다고 하니 더욱 걱정입니다.

돌려준 편지[126]는 삼가 다 읽어 보았습니다. 그 가운데 "온천에 행행하였다."라는 등의 말은 실로 기휘에 저촉되기는 합니다. 그러나 그 모두가 주 선생이 당시 재상에게 보낸 편지의 말뜻에 근본을 두고 있고, 또한 일찍이 이런 말로 성고(聖考)께 진달함으로써 종묘에 전알하기를 청하였다가 성고께서 기쁜 마음으로 듣고 시행하셨던 일이 있습니다. 그런데 이제 와서 이것을 죄라고 한다면 그 또한 기꺼이 받아들이겠습니다만, 이 편지가 이미 저에게 되돌아 왔으니 나중에 비록 이 편지가 밖으로 드러나더라도 저들이 어찌 진본이라고 하겠습니까. 그렇다면 불태워 버리는 것이 낫겠는데, 어떻게 생각합니까? 생각해 보고 알려 주기 바랍니다.

고문호(高文虎)의 소설(小說)에 기록된 내용[127]은 참으로 기이한

126 돌려준 편지 :《송자대전습유(宋子大全拾遺)》 권2의 〈김기지에게 답하는 편지〔答金起之〕(癸丑五月十日)〉를 가리킨다. 이 편지는 1673년(현종14) 5월 10일 송시열이 김수흥에게 보낸 것으로, 그 내용 중 "경자년(1660) 이후로 성상께서는 연이어 건강이 좋지 않다는 이유로 능행(陵幸)을 빠뜨리셨지만 온천만큼은 해마다 행행하셨으니, 경자년 이후로 만약 친히 봉심하는 일을 하셨다면 어찌 오늘 같은 일이 있었겠습니까."라고 한 대목에 대해 허적(許積)과 유명천(柳命天)이 "개인적 편지로 성상을 지적하는 말을 하였다."라고 하면서 큰 화가 일어나려고 하자, 김수흥이 그 편지의 원본을 검토하고 송시열에게 되돌려 보냈다.《宋子大全隨箚 卷6》《尤菴先生書節要集解 卷3》

127 고문호(高文虎)의……내용 : 송나라 사람 고문호의《요화주한록(蓼花洲閑錄)》에 실린 이야기이다. 희령(熙寧) 말기에 낙양(洛陽) 지방의 한 농부가 봉황산(鳳凰山) 밑에서 밭을 갈다가 우연히 한(漢)나라 때 진사 조인의 묘지명이 새겨진 비석을 발견하

일입니다. 노선생(老先生)의 서원(書院) 서쪽에 고(故) 이상(二相) 이명규(李名珪)의 묘가 있는데, 그 묘표문(墓表文)은 사실 그의 처 이씨(李氏)가 지은 것입니다. 고금에 부인이 글에 능한 것이 때로 이와 같으니, 혹시 또한 타고난 기가 부족하지 않아서 그런 것일지요? 그러나 조인(曹禋)의 묘지명에는 연월(年月)이 적혀 있지 않아 어느 시대 사람인지 알지 못하니, 이것이 안타깝습니다. 그 문장을 노장(老莊)의 학문에서 얻은 것이라고 본 것은 참으로 옳은 말이고 옳은 말입니다.

였는데, 바로 조인의 부인이 지은 것이라는 내용이다. 《青莊館全書 卷53 耳目口心書6》

김기지에게 답함 무오년(1678, 숙종4) 1월 29일

答金起之 戊午正月二十九日

섣달 초에 보낸 편지를 이번 그믐날에 받았는데, "조금의 흥취가 없지 않다."라고 한 말씀은 극히 저로 하여금 흠모하고 깨우치는 마음이 들도록 합니다. 삼가 생각건대 날마다 새로워지는 공부를 하는 가운데 남들은 모르지만 스스로는 알게 되는 것이 있을 것입니다. 형(刑)을 기다리고 있는 비루한 저의 근황은 족히 들을 것도 없습니다.

선대인의 묘명(墓銘)을 분부에 따라 외람되이 지었는데, 겨우겨우 했음을 절실히 느낍니다. 이 어찌 효심으로 사모하는 집사의 뜻에 만분의 일이나마 대략 부응할 수 있는 것이겠습니까. 세속의 혐의에 얽매이지 말고 취사선택의 권형(權衡)을 행사해 주기를 바랍니다. 치루(痔漏)가 바야흐로 극심하여 또 남의 손을 빌려 적을 수밖에 없으니 너무도 황공합니다.

별지

편지에 대해서 말해 보자면,[128] 그자들의 사들였던 그 마음[129]으로 볼 때 그 종잡을 수 없이 날조하는 술법이 응당 한층 더 심해질 것이기 때문에 지난번 편지에서 그 일에 관하여 여쭈었는데, 이제 편지에서 한 말씀을 보니 그 깊고 치밀한 생각은 저의 생각이 미칠 수 있는

128 편지에……보자면 : 397쪽 주126 참조.

129 그자들의……마음 : 383쪽 주109 참조.

수준이 전혀 아닙니다. 삼가 마땅히 말씀대로 하겠습니다. 그러나 이 편지가 계속 여기에 있는 것은 상규에 위배되는 듯하므로 다시 원래의 상자에 돌려놓고 기다려 보는 것이 사체(事體)로 보아 정당할 것입니다. 집사께서 만약 옳다고 여긴다면 삼가 응당 잘 싸서 돌려드릴 터이니, 생각해 보고 말씀해 주기를 바랍니다.

윤선거(尹宣擧) 묘문(墓文)과 관련한 말씀[130]은 더할 나위 없는 깨우침을 입었습니다. 저는 성품이 조급하고 선(善)을 받아들이는 도량이 조금도 없기에 평소 붕우들은 이와 같은 저의 성품을 비루하게 여기면서도 능히 그것을 바로잡아 주려는 자가 없었습니다. 따라서 일상생활에서 하는 말과 행동이 어느 하나 허물을 쌓고 후회를 쌓는 일 아님이 없었는데, 무슨 행운인지 거의 다 죽게 된 때에 이렇게까

130 윤선거(尹宣擧)……말씀 : 송시열이 지은 윤선거의 묘갈명과 관련한 윤증(尹拯)과 송시열의 갈등을 가리킨다. 1669년(현종10) 윤선거가 죽은 뒤 그의 아들 윤증은 스승이자 부친의 벗이었던 송시열에게 묘갈명을 지어 달라고 부탁하였는데, 이때 윤증은 박세채가 이미 지어 놓은 윤선거의 행장과 윤선거가 생전에 송시열에게 보내려고 하였던 〈기유의서(己酉擬書)〉를 전달하였다. 〈기유의서〉에는 송시열이 극렬하게 배척하였던 윤휴(尹鑴)와 허적(許積)을 옹호하는 내용을 비롯하여 송시열의 과격한 태도를 비판하는 내용이 다수 포함되어 있었다. 송시열은 결국 윤증의 청을 받아 주었지만 윤선거의 학문을 찬양하는 주요 부분을 대부분 박세채가 지은 행장의 내용을 인용하는 것으로 대신하여 윤선거에 대한 불만을 간접적으로 드러냈다. 이에 윤증은 여러 차례 편지를 보내 수정해 줄 것을 요청하였으나 송시열은 골자는 그대로 둔 채 자구만 몇 군데 손질하였을 뿐 끝내 윤증의 부탁을 들어주지 않았다. 이를 계기로 두 사람 간의 사제의 의리가 완전히 끊어졌으며, 사림 또한 송시열을 옹호하는 노론(老論)과 윤증을 옹호하는 소론(少論)으로 나뉘어 논란을 벌이게 되었다. 《尤菴先生書節要集解 卷3》《宋子大全 附錄 卷5 年譜》

지 대단한 충고의 말씀을 듣게 되었으니 구구한 마음에 이루 말할 수 없이 감사하고 다행스럽습니다. 이에 물어 온 부분에 대한 전말을 감히 그 실상대로 다 말씀드림으로써 재차 가르침을 구하지 않을 수 없습니다.

당초 그 글이 대략 완성되었을 때 '이는 사문(斯文)의 논의이므로 사체가 가볍지 않다.'라는 생각이 이내 들었는데, 스스로 보건대 마음에 차지 않았습니다. 그러다 '화숙(和叔 박세채(朴世采))은 요즈음 사우(士友)들의 맹주인데 현재 수립한 것이 이와 같으니 앞으로 어디까지 성취해 나갈 것인지 가늠할 수 없다.'라는 생각이 들었고, 이에 그의 글을 차용하여 그것에 의지하는 뜻을 그 결말 부분에 담았는데 이는 대략 고인이 글을 쓰면서 앞 사람이 쓴 글을 핑계 대는 체재를 활용한 것입니다. 그런데 뜻하지 않게도 후배들이 함부로 짐작하여 말이 분분하게 되었으니, 이는 글을 지은 사람에게 해가 될 뿐만 아니라 글의 주인공에게도 누가 됨이 적지 않은 것입니다.

한편에서는 "소견이 있는데 맡으려고 하지 않는 것이다."라고 하고, 한편에서는 "옛날에 미워하고 분노하는 마음이 있었기에 이로 인하여 복수하는 것이다."라고들 말합니다. 정말로 스스로 맡고 싶지 않으면 사양하고 맡지 않는 것이 무슨 안 될 일이라고 뜻을 굽혀 구차스럽게 되는 이런 짓을 한단 말입니까. 더구나 스스로 맡고 싶지 않은 일에서 빠져나와 그것을 남에게 맡기는 일은 심히 불인(不仁)한 자가 아니면 하지 않는 것입니다. 저의 평소 몸가짐이 비록 족히 말할 것도 없는 수준이긴 하지만 속에 품은 마음은 결코 이 정도까지는 아닙니다.

평소 미워하고 분노하는 마음이 있었다는 이야기에 대해서는 더욱 한바탕 웃음거리도 되지 못합니다. 저는 그 친구와 비교할 때, 지체로 보자면 명문세족 앞의 누추한 집안이고 인품으로 보자면 난새와 봉황 앞의 노루와 사슴 정도에 불과합니다. 그런데도 외람되이 그 친구는 저를 서로의 좋은 점을 보고 본받는 벗으로 대우해 주었으니 "은혜에 감사하였다."라고 한다면 그런 경우야 있겠습니다만, 그 무슨 쌓인 미움과 깊은 분노가 있어서 살아 있을 때에는 가슴에 꽁꽁 담아 두고 견디면서 말하지 않다가 마침내 죽은 뒤에 그 효자의 지성스러운 부탁을 계기로 도리어 분풀이하는 바탕으로 삼겠습니까. 당초 스스로를 낮추고 스스로를 탐탁지 않게 여겼던 실체가 도리어 스스로를 속이고 스스로를 더럽힌 것으로 귀결되어 버렸으니, 저들 본가 자제들은 꼭 그렇지 않겠으나 그 외의 다른 문하에서는 이러한 말들을 듣고 몹시 떠들썩한 반응을 보이고 있습니다.

이 문제에 대해 일찍이 스스로 해명하기를 '주 선생(朱先生)이 일찍이 여동래(呂東萊)의 찬(贊)을 지었는데 다른 일반 사람의 관점에서 보자면 그 글은 훌륭함을 더할 나위 없이 표현하였다고 이를 만하지만 절중(浙中)의 제자들은 아무래도 언짢은 마음이 드는 것을 면치 못하였으니, 이는 절중의 제자들에게 스승을 높이는 뜻이 끝이 없어서 그런 것인가, 아니면 주 선생에게 무슨 의도가 있어서 그런 결과를 낳은 것인가? 주 선생에게 과연 무슨 의도가 있었다면 이 소자(小子)의 입장에서 이런 흉내를 내는 것은 실로 또한 반드시 죄가 된다고는 할 수 없을 것이다.'라고 하고는 스스로 손뼉을 치며 속으로 웃었습니다. 그러고는 계속해서 스스로 반성하기를 '당초 문장을 만들었던 뜻은 실로 스스로를 탐탁지 않게 보았던 뜻에서 출발한 것이면서 또한 과도하게 염려하는 뜻이 없지 않았으니, 이는 성인께서 「공손하기만 하고 예(禮)가 없으면 두렵다.」라고 말씀한 병통에 꼭 들어맞는다.'라고 하였습니다. 저들이 "맡으려고 하지 않는 것이다."라고 한 말이 비록 실정에 어긋나긴 하지만 저에게 실로 혐의스러운 자취가 있으니, 이는 뒤늦게 후회하지 않을 수 없는 점입니다. 그러나 만약 죄를 결단하는 자가 공평한 마음으로 처결을 내린다면 또한 공적인 죄와 사적인 죄의 구분이 없지는 않을 것이니, 어떻게 생각합니까? 충심으로 저의 일을 도모해 주는 후한 마음에 감사하여 이렇게까지 속마음을 털어놓았으니, 부디 살펴보고 재차 따끔한 충고의 말을 해 준다면 천만다행이겠습니다.

《구산집(龜山集)》을 마침내 보내 준다면 얼마나 다행이고 얼마나 다행이겠습니까. 만약 원본을 얻게 된다면 더욱 다행이겠습니다. 인하여 삼가 생각건대, 《논어혹문(論語或問)》과 《맹자혹문(孟子或問)》은 모두 정자(程子)의 의론을 변석한 것인데 따로 그 본래의 말을 기록하여 한 책으로 만들고 《집의(集義)》라고 명명하였으니, 《혹문(或問)》에서 그저 "양씨(楊氏)의 설이 옳다.", "유씨(游氏)의 설은 틀렸다."라고만 한 것은 대개 후인들로 하여금 《집의》에서 상고해 보게끔 하려는 의도입니다. 그런데 우리나라에는 《혹문》만 있고 《집의》는 없으니, 이는 벼리만 있고 그물코는 없는 그물과 똑같은 격으로 심히 쓸모가 없습니다. 주 선생이 당시 수고로이 힘쓴 뜻이 어찌 이렇게만 하라는 것이겠습니까. 예전에 사신 행차를 통하여 연경(燕京)의 서점에서 그 책을 구매하려고 하였는데 끝내 구하지 못하였다고 해서 한탄스러웠습니다. 이제 다행히 양시(楊時)의 문집이 있으니, 만약 여씨(呂氏), 유씨(游氏), 사씨(謝氏), 후씨(侯

氏) 등 여러 선생[131]의 문집까지 또 얻는다면 비록 《집의》가 없어도 서로 참작하여 고찰할 수 있어서 《혹문》은 끝내 쓸모 있는 책이 될 것입니다. 부디 바라건대 집사께서는 문헌(文獻)의 집안에서 두루 찾아보고, 그 가운데 얻지 못하는 것은 또 연경의 서점에서 구매하시면 좋겠습니다. 만약 다섯 문집이 모두 구비된다면 선별하고 유형별로 모아 재차 의리를 정밀하게 하는 것도 그다지 어렵지 않은 일일 것이니, 재차 바라건대 집사께서 유념해 주신다면 몹시 다행이겠습니다.

삼가 일전의 기억으로는, 선부군(先府君)께서 계해년(1623, 인조1) 초에 동도(東道)의 참봉으로 있을 때 경기 감사에게 능을 지키는 장정 가운데 도망간 인원수를 채워 달라고 청하였는데, 경기 감사는 책임을 떠넘기며 하려고 하지 않았습니다. 이에 선부군께서는 이치에 근거하여 재차 아뢰었는데, 그 말이 몹시 직절(直截)하여 경기 감사는 분노하면서 제사(題辭)를 쓰기를 "참봉이 침학하지 않았다면 도망가지 않았을 것이다."라고 하였습니다. 이에 선부군께서는 즉시 벼슬을 버렸습니다.

○ 이 한 항목이 행장에 실리지 않았는데, 무슨 의도인지 모르겠습니다. 후일 인편을 통해서 알려 주기를 바랍니다.

131 여씨(呂氏)……선생 : 차례로 송(宋)나라 정자(程子)의 문인들인 여대림(呂大臨), 유작(游酢), 사양좌(謝良佐), 후중량(侯仲良)을 가리킨다. 이들의 견해가 《논어혹문》과 《맹자혹문》에 다수 실려 있다.

김기지에게 보냄 무오년(1678, 숙종4) 4월 24일

與金起之 戊午四月二十四日

다른 일은 감히 언급하지 못합니다. 삼가 생각건대 이 편지[132]는 끝내 여기에 있으면 안 되니 있던 곳으로 돌려놓습니다. 조만간 윤(尹 윤휴(尹鑴))이 만약 고발한다면 응당 저쪽에서 죄를 자백하여 성상의 처분을 기다리는 것이 정당한 도리이며 또한 그것이 피차 임금을 섬기되 속이지 말라는 의리가 됩니다. 이에 일가 사람을 통하여 돌려드리는데, 또한 그에게도 감히 분명하게 말하지 못합니다. 저의 병이 더욱 고질이 되어 가므로 이제부터 편지로 안부를 묻는 일은 또한 다시 할 수 없을 테니 서글픈 생각이 들지 않을 수 없습니다. 남의 손을 빌려 적는 처지라 자세히 다 말씀드리지 못합니다.

132 이 편지 : 《송자대전습유(宋子大全拾遺)》 권2의 〈김기지에게 답하는 편지〔答金起之〕(癸丑五月十日)〉를 가리킨다. 397쪽 주126 참조.

김기지에게 답함 무오년(1678, 숙종4) 6월 12일

答金起之 戊午六月十二日

선대인의 묘명(墓銘)은, 보내온 편지에서 살펴 채택해 주었다고 하니 부끄럽고 두렵기 그지없습니다. 그중 더하거나 고칠 부분은 삼가 말씀대로 따르겠습니다.

○ 윤선거(尹宣擧)의 묘문에 관하여 말하자면, 저들 스스로 시끄러운 것이야 그저 마음대로 하게 내버려 둘 뿐이지만, 유독 저에게 선하지 않은 점이 있다면 그것은 생각해 보지 않을 수 없습니다.

○ 《구산집(龜山集)》을 마침내 보내 준다면 그만한 다행이 어디에 있겠습니까. 속히 도모해 주기를 바랍니다. 《면재집(勉齋集)》과 관련하여 최근 제법 많은 말들이 오가고 있는데,[133] 그에 대해 역시 익히 들었을 것으로 짐작합니다. 이를 두고 저는 일찍이 속으로 웃으면서 '비록 이 문집에 십분 분명한 증거가 있다 하더라도 저 사문(斯文)의 적이 된 자는 주자(朱子)한테조차 힘써 공박하면서 스스로 자신의 공

133 면재집(勉齋集)과……있는데 : 1659년(효종10) 효종이 승하한 뒤 인조의 계비인 자의대비(慈懿大妃) 조씨(趙氏)가 상복을 어떻게 입을 것인가 하는 문제가 대두되었을 때, 송시열은 삼년복 대신 기년복(朞年服)을 주장하였다. 이는 《의례주소(儀禮註疏)》의 이른바 사종지설(四種之說)을 근거로 한 것이었으며 효종은 그중 세 번째 '서자(庶子)가 뒤를 이었을 경우'에 해당한다고 하였는데, 이즈음 누군가가 송(宋)나라 황간(黃幹)의 문집인 《면재집》에 송시열의 견해와 비슷하게 사종지설을 논한 부분이 있다고 하면서 그것을 가지고 송시열의 학설이 옳다는 것을 증명하려고 하였다. 《尤菴先生書節要集解 卷3》

이 우(禹) 임금보다 못하지 않다고 하였으니, 하물며 면재가 무슨 상관이랴.'라고 생각했습니다. 그렇긴 하지만 삼가 얻어 보기를 원하니, 혹 주선할 길이 있겠습니까? 여씨(呂氏), 유씨(游氏), 사씨(謝氏), 후씨(侯氏)의 문집들을 편지에서 말한 대로 과연 연경(燕京)의 시장에서 구매하게 된다면 사문의 큰 다행일 것입니다. 절실히 바라건대 집사께서 힘써 맡아 처리해 주는 것이 어떻겠습니까.

김기지에게 답함 무오년(1678, 숙종4) 11월 16일

答金起之 戊午至月十六日

시열(時烈)은 아룁니다. 사문(私門)이 불행하여 큰딸이 갑자기 요절하였으니, 비통하고 괴로운 심정 견딜 수 없습니다. 그런데 삼가 자애로운 존장께서 특별히 편지를 보내어 위문해 주니, 지극한 슬픔 가운데 이 마음을 주체하지 못하겠습니다. 슬픔으로 괴로워하던 끝에 위태롭게 숨을 헐떡이며 근근이 목숨을 부지하고 있는데 시론(時論)이 더욱 급박하다는 소식마저 듣게 되니, 숲속의 사슴 목숨이 어찌하여 푸줏간에 매여 있게 된 것입니까.[134]

문곡(文谷 김수항(金壽恒))이 거처를 가까운 곳으로 조금 옮김으로써 성상이 계신 곳과 점차 가까워지고 형제간의 거리가 멀지 않게 되었으니, 공적으로나 사적으로나 큰 다행입니다.

춘형(春兄)의 묘지문[135]에 대해 말하자면, 그를 사모하는 자는 그 덕을 미진하게 형상화하였다고 싫어하고 그를 좋아하지 않는 자는 모든 내용이 거짓이라고 합니다. 그런데 이제 편지에서 한 말씀을 보니, 나를 알아주는 것도 나를 죄주는 것도 다 여기에 있어 가히 후세에 증빙으로 삼을 만하다는 사실을 자신하게 되었습니다. 오늘날 해야 할 일은 다만 책을 보고 이치를 연구하는 것뿐이니, 이는 자신에게 속한

134 숲속의……것입니까 : 357쪽 주75 참조.

135 춘형(春兄)의 묘지문 : 춘형은 동춘당(同春堂) 송준길(宋浚吉)로, 《송자대전》 권182의 〈동춘당송공묘지(同春堂宋公墓誌)〉를 가리킨다.

일입니다. 이제 서로 힘쓰도록 격려할 일이 이것 외에 또 무엇이 있겠습니까. 자리보전하여 괴로워하면서 대충 남의 손을 빌려 적느라 일일이 다 쓰지 못합니다.

김기지에게 답함 무오년(1678, 숙종4) 12월 20일
答金起之 戊午十二月二十日

일찍이 인동(仁同)[136] 편을 통해 상사(喪事)를 위로하는 편지를 받고 바로 답장을 써서 그 인편에 부쳤는데, 지금 또 10월 18일에 보내 준 편지와 여러 장의 별지까지 받으니 저의 어리석고 나태함에 너무도 깊은 경종을 울렸습니다. 이만한 다행이 어디에 있겠습니까. 저는 상을 당한 슬픔이 오래도록 그치지 않다가 곧 병이 악화되어 이제 남은 날이 많지 않다는 사실을 너무도 잘 알겠으니 어찌하겠습니까. 삼가 여러 가지 말씀해 준 뜻을 살펴보니, 나이는 아직 위 무공(衛武公)과 거원(蘧瑗)에 미치지 못하였으나[137] 그 두 현인처럼 되고자 하는 뜻이 깊으니 후일의 성취를 어찌 헤아릴 수 있겠습니까. 우리들을 위해 매우 경사로 생각합니다. 내려 준 깊은 권애(眷愛)에 힘입어 속에 있는 말을 다 털어놓고 보니 도리어 황공한 마음만 한층 더합니다. 편지의 여러 내용에 대해 망녕되이 저의 생각을 가지고 다시 여쭈니, 조만간 인편을

136 인동(仁同) : 당시에 인동 부사(仁同府使)로 좌천된 이숙(李䎘)을 가리킨다. 《宋子大全隨劄 卷6》

137 나이는……못하였으나 : 위 무공은 나이가 95세였는데도 나라에 경계하기를 "경(卿)으로부터 사(師), 장(長), 사(士)에 이르기까지 진실로 조정에 있는 자들은 내가 늙었다 하여 나를 버리지 말고 반드시 아침저녁으로 공손히 하고 조심하여 서로 나를 경계하라."라고 하였다. 《詩經 大雅 抑》 거원은 위 영공(衛靈公) 때의 대부(大夫)로, 자가 백옥(伯玉)이다. 《장자(莊子)》 〈칙양(則陽)〉에 "거백옥은 살아온 나이 60이 되어 60번이나 자신의 잘못을 고쳐 변화하였다."라고 하였다. 이때 김수흥의 나이는 53세였다.

통하여 바로잡아 주면 매우 다행이겠습니다. 나머지 할 말은, 한 해가 저물어 가는데 더욱 몸을 보중하여 이 세상을 다행스럽게 해 주기를 바랍니다.

별지

말씀하신 화숙(和叔)의 말[138]은 실로 움직일 수 없는 지론입니다. 지난 병진년(1676)에 집사의 조카 중화(仲和 김창협(金昌協)) 군이 걱정했던 바가 그야말로 또한 이와 같았는데, 늘 그 말을 사랑하고 그 뜻을 가상히 여기면서 집사의 가문을 위해 매우 경사로 여겼습니다. 옛날에 환온(桓溫)이 왕맹(王猛)을 대하여 말하기를 "관중(關中)의 호걸이 하나도 찾아오지 않는다."라고 하였는데, 선현이 일찍이 이를 비웃으면서 "호걸이 바로 눈앞에 있는데도 모르면서 어디서 다시 호걸을 얻어 오겠는가."라고 하였습니다. 집사에게 중화는 눈앞에 있는 관계 그 이상인데 혹 지친(至親)이라 하여 사사로이 보는 것이 아닙니까. 참으로 우습습니다.

이민(二閔 민정중(閔鼎重)과 민유중(閔維重))과 운로(雲路 남구만(南九萬))에 대해 말하자면, 저 역시 일찍이 "우리 당에 인재가 있다."라고 자축한 바가 있습니다. 정 선생(程先生)이 일찍이 말씀하시기를 "늙어서도 학문을 좋아하는 것이 더욱 가상하다."라고 하였는데,[139]

138 말씀하신 화숙(和叔)의 말 : 화숙은 박세채(朴世采)의 자이다. 김수홍이 이때 송시열에게 보낸 편지에서 "가을에 마침 박화숙과 우연히 만나 한가하게 강론을 하였는데, 그때 화숙이, 선배들이 혼조(昏朝)를 만나 초야로 쫓겨나던 시절에 경세제민(經世濟民)의 학문에 유의하거나 힘쓰지 못하고 다만 사장(詞章)에만 노력하였던 것을 깊은 유감으로 여겼습니다."라고 한 것을 가리킨다. 《退憂堂集 卷9 上尤齋》

이 사람들도 거의 여기에 해당할 것입니다. 선생이 또 말씀하시기를 "그 뜻이 장차 이미 끊어진 사도(斯道)를 밝히려고 하면서도 그 어려움을 두려워하지 않는 것은 대개 '그것을 아는 사람의 범위가 넓어지면 그것에 힘쓰는 자가 또한 많아질 것이니 어떤 어려움인들 쉽게 해결되지 않으랴.'라는 생각 때문이다."라고 하였습니다.[140] 오늘날 갈고닦아 성취시킬 책임은 아마도 다른 사람에게 있지 않을 듯합니다.

《주역》은 의당 주 선생(朱先生)의 설에 따라 다만 복서(卜筮)로 보아야 합니다. '잠룡물용(潛龍勿用)'을 예로 들어 본다면, 상(象)과 점(占)으로 나누어서 '잠룡'을 상으로 삼고 점을 쳐서 이 상을 얻은 사람은 응당 세상에 일을 시행하지 말아야 하니, 이것이 이른바 점입니다. 이와 같이 보면 의미도 있고 조리도 있어서 독해에 어려움이 없을 텐데, 여타 제가의 설들은 실로 허황되고 모호하여 무슨 말을 하는지 알 수 없습니다. 그런데 정전(程傳)은 주 선생이 비록 "물 샐 틈이 없다."라고 칭탄하셨으나 동시에 《주역》과 상관없는 부분을 문제로 여기셨으니, 이는 대개 복서로 보지 않고 또 상과 점을 나누지 않았기 때문입니다. 후학들이 이 책을 읽고자 한다면 우선 이것을 알지 않아서는 안 됩니다. 유능(幼能)의 "먼저 넓게 하고 나중에 요약한다."라는 설[141]은 실로 선현에게서 나왔으나 그 넓게 하는 것에

139 정……하였는데 : 북송(北宋)의 학자 정이(程頤)가 여대충(呂大忠)에게 내린 평가이다. 《二程遺書 卷10 洛陽議論》

140 선생이……하였습니다 : 정이가 제자 유현(劉絢)의 제문(祭文)에서 한 말이다. 《二程文集 卷12 祭劉質夫文》

141 유능(幼能)의……설 : 유능은 이단상(李端相)의 자이다. 이단상은 송시열의 문인으로, 송나라 소옹(邵雍)의 《황극경세서(皇極經世書)》를 혹호(酷好)하는 한편 《주

도 차서가 있는 법이니, 응당 그중 쉬운 것을 먼저 하고 어려운 것을 뒤에 함으로써 통달하지 않은 것이 없게 된 다음에야 넓다고 이를 수 있습니다. 옛날에 진염부(陳廉夫)가 《주역》을 배우려 하자, 주자(朱子)는 "말은 친근하지만 그 뜻은 심원하여 학자의 일상적인 공부에 절실한 《시경》, 《서경》, 《논어》, 《맹자》 같은 책을 우선 읽는 편이 더 나을 것이다."라고 하셨습니다.[142] 이 말씀은 아마 어길 수 없을 듯한데, 어떻게 생각합니까?

송강(松江)이 만년에 성취한 것은 후학이 감히 망녕되이 의론할 바는 아니나, 이미 많아져 버린 나이에도 능히 이 일에 뜻을 두셨으니, 그 힘을 쏟는 방법에 전혀 어두웠다고 말할 수 없고 보면 그에 대한 효과 역시 어찌 하찮은 것이겠습니까. 사계(沙溪 김장생(金長生)) 노선생이 그분과 시종 변함없이 교분을 나누면서, 남의 말 때문에 그 교분을 소홀히 하지 않으셨던 것은 필시 이유가 있을 것입니다.

신 영천(申靈川 신응구(申應榘))의 일은 사계 선생의 유고(遺稿) 가

역》과 《춘추(春秋)》에 깊이 뜻을 두었는데, 이에 박세채가 너무 일찍부터 《주역》을 읽는 것이 아니냐고 지적하자 "학문을 하는 방법은 꼭 한 가지에만 국한될 필요는 없다. 초학자가 글을 읽는 차례는 이미 선유(先儒)의 정론이 있어서 당연히 엽등(躐等)할 수 없지만, 문로(門路)를 조금 알아 거의 다른 길로 빠질 유혹이 없게 되면 또한 불가불 먼저 넓게 하고 나중에 요약해야 한다."라고 대답하였다. 김수홍이 이 일화를 가지고 송시열에게 질문한 것이다. 《靜觀齋集年譜 卷2》《退憂堂集 卷9 上尤齋 戊午》

142 옛날에……하셨습니다 : 진염부는 남송(南宋)의 재상 진준경(陳俊卿)의 손자인 진지(陳址)로, 염부는 그의 자이다. 이는 주희(朱熹)가 진준경에게 보낸 편지에서 한 말이다. 《晦庵集 卷27 與陳丞相書》

운데 언급된 곳이 많으며, 문정(文正 김상헌(金尙憲)) 노선생의 경우는 꼭 영천만 가리키지는 않고 뭉뚱그려서 "파산(坡山 성혼(成渾)) 문하의 제공이 당화(黨禍) 이후에 송옹(松翁)을 거세게 공격한 것이 온당치 않다."라고 논한 뒤, 이어서 "당화 이후의 논의는 중봉(重峰 조헌(趙憲))과 사계만 한 것이 없다."라고 하셨으니,[143] 이는 모두 제가 직접 들은 말입니다.

학술의 분열에 관한 논의에 대해서는 실로 개탄할 만합니다. 그 아래에 논한 "반드시 학술이 있은 다음에야 비로소 한 나라와 한 몸에 수용(受用)하는 근저가 된다."라고 한 것은 실로 지론(至論)이라, 아무리 송(宋)나라 때의 제현(諸賢)이 다시 나오더라도 이 말은 바꾸지 못할 것입니다. 그런데 끝부분에서 "박잡(駁雜)한 병통이 있기보다는 차라리 애당초 학술이 없는 것이 낫다."라고 한 것으로 말하자면, 이는 필시 울컥하는 일이 있어 한 말인 것 같으나 감히 알 수 없습니다. 그러나 의리로 말한다면 애당초 학술이 없어야 한다는

143 신……하셨으니 : 1589년(선조22) 기축옥사(己丑獄事) 때 조식(曺植)의 문인인 최영경(崔永慶)이 반란의 수괴 길삼봉(吉三峯)으로 오인되어 옥에서 억울하게 죽었는데, 이후 정인홍(鄭仁弘)을 비롯한 북인(北人)들은 성혼이 당시 옥사를 맡았던 정철(鄭澈)을 사주하여 최영경을 죽게 만들었다고 주장하였다. 이에 성혼의 제자와 후손들은 성혼을 위하여 그 죄를 오로지 정철에게 돌렸고, 특히 성혼의 제자 신응구는 소장에서 "성혼과 정철이 서로 친하기는 하지만 애당초 정철과는 조정에서 함께 일을 하려는 마음은 없었다."라고 하였다. 이에 김장생은 신응구에게 장문의 편지를 보내어 그러한 행동을 신랄히 비판하였고, 〈송강정문청공행록(松江鄭文淸公行錄)〉에서도 신응구의 불분명한 처신을 비판적으로 기록하였다. 《光海君日記 卽位年 11月 22日》《宋子大全 附錄 卷5 年譜4》《沙溪全書 卷4 答申子方, 卷9》

말은 물론 논할 것도 못 되거니와 그 학술이 있는 자가 만약 그 박잡함을 깨달아 끊임없이 앎을 지극히 하고 힘써 행한다면 끝내 순수하고 바른 경지에 귀착될 것입니다. 지금을 위한 계책은, 배움이 없는 사람에게는 반드시 배워야 한다는 것을 말하고 박잡한 사람에게는 폐단을 바로잡는 방법을 말해 주는 것 이외에 더 좋은 것은 없을 것이니, 오늘날 이 책임을 맡을 마땅한 사람이 반드시 있을 것입니다.

김기지에게 답함 무오년(1678, 숙종4) 12월 29일

答金起之 戊午十二月二十九日

일전에 원편지 외에 또 다섯 폭의 별지가 있기에, 속으로 삼가 '이는 아랫사람에게 묻기를 부끄러워하지 않고 작은 일에도 부지런히 힘썼던 옛사람의 큰 마음씨이다.'라고 감탄하면서 주제넘게 무식한 생각을 다 짜내어 다시금 가르침을 청하였습니다. 그 편지를 봉하여 올린 지가 대략 8, 9일도 되지 않았는데, 이제 또 옥산(玉山)[144] 편을 통하여 이번 달 6일에 보낸 편지를 받고는 삼가 세밀에 일상의 기거가 신의 도움으로 평안함을 살피게 되니, 기쁘고도 송축하는 바입니다.

동주(東州)[145]에서의 모임[146]은 형제간의 즐거움을 상상할 만하니, 그 융숭한 성은은 소신(小臣)을 온전히 살려 준 성대한 뜻과 다름이 없습니다.

대개 요즘 무리가 오늘날 가혹하게 적용된 법률과 엄준한 논의로 성상의 뜻을 격동시켜 성상으로 하여금 사람을 죽이도록 만들고 정작 자신들은 사람을 죽였다는 죄명으로부터 탈피하고 있는데, 윤휴(尹鑴)

144 옥산(玉山) : 인동(仁同)의 옛 이름으로, 당시 좌천되어 인동 부사(仁同府使)로 있던 이숙(李翻, 1626~1688)을 가리킨다. 《宋子大全隨箚 卷6》

145 동주(東州) : 대본에는 '東洲'로 되어 있는데, 《송자대전수차(宋子大全隨箚》 권6에 근거하여 '洲'를 '州'로 바로잡아 번역하였다.

146 동주(東州)에서의 모임 : 동주는 강원도 철원(鐵原)의 옛 이름으로, 1678년 9월 전라도 영암(靈巖)의 유배지에서 철원으로 양이된 김수항과의 모임을 가리킨다. 《宋子大全隨箚 卷6》

의 경우 저를 왕망(王莽)이나 안녹산(安祿山)으로 보면서도 죽여야 한다고는 청하지 않았으니, 이는 그의 의도가 매우 분명한 것입니다. 그런데 성상께서는 총명하시어 아직까지 후명(後命)을 내리지 않으셨고 문곡(文谷 김수항(金壽恒))에 대해서도 중론(衆論)을 뿌리치고 내지(內地)로 양이(量移)하셨으니, 이는 실로 양기가 회복되는 조짐이라 두 손 모아 축하하는 이 마음 어찌 사적인 이유 때문이겠습니까.

〈감춘부(感春賦)〉[147]에 차운한 시는 몹시도 저의 마음을 씻어 주었는데, '백운(白雲)'이 들어가는 한 구절을 읽다가 저도 모르게 피눈물이 턱까지 흘러내렸으니, 이는 누가 만든 일입니까. 아아, 슬픕니다. 이 어찌 속인과 더불어 말할 수 있겠습니까. 해가 바뀌려는 이때에 삼가 시대를 위하여 건강에 유념함으로써 많은 복을 받기를 기원합니다.

별지[148]

〔문〕 "이초평(李初平)"에 대하여

〔답〕 주염계(周濂溪)의 행장에서 이미 "이초평이 날마다 선생의 말씀을 들어 2년 만에 과연 소득이 있었다."라고 하였으니,[149] 그가 효

147 감춘부(感春賦) : 남송(南宋)의 주희(朱熹)가 1183년에 지은 작품으로, 암울한 시대를 만나 천하에 도를 펼 만한 경륜을 지니고도 임금의 부름을 받지 못하고 세상에서 물러나 안빈낙도하면서 나라를 위해 무궁한 근심을 한다는 내용이다. 《晦庵集 卷1》

148 별지 : 이하 소제목과 그에 대한 송시열의 대답은 모두 《주자어류(朱子語類)》의 내용에 대한 김수흥의 질문에 송시열이 대답한 것이다.

149 주염계(周濂溪)의……하였으니 : 주염계의 행장은 주희가 지은 〈염계선생사실기(濂溪先生事實記)〉를 가리킨다. 《晦庵集 卷98》 이초평과 관련한 내용은 394쪽 주121 참조.

과를 보았음을 알 수 있습니다. 그런데 후세에는 주염계 같은 분을 만나기도 물론 어렵거니와 비록 그런 분이 있더라도 그를 알고 믿는 건 어렵지 않을까 합니다. 주 선생(朱先生)이 말씀하시기를 "염계는 당시에 사람들이 '벼슬할 때의 업적이 남보다 뛰어나고 신선의 풍모와 도인의 기골이 있었다.'라고 하였다." 하였고, 또 "그를 아는 자는 뜻이 고매하다고 생각하는 데 불과하였고 그의 학문에 대해 아는 자는 없었다. 그런데 유독 정 태중(程太中)[150]만큼은 그것을 알았으니, 두 분의 정 부자(程夫子)를 탄생시킨 것은 당연한 일이다."라고 하였습니다. 그렇다면 비단 주염계를 만나는 것만 어려운 것이 아니라 주염계를 아는 것 또한 쉽지 않은 것입니다.

〔문〕 "용렬하고 미련한 사람은 변하지 않음"에 대하여

〔답〕 오늘날 정리(鄭涖)[151]에 대해 사람들은 서얼(庶孽)로서 음관(蔭官)이 된 자로만 대접하는데, 정리는 당시 어떤 사람이 송옹(松翁)을 언급하는 것을 듣고는 이내 옷소매를 떨치고서 물러나 돌아가 버렸으니, 지난날 제 몸을 아끼던 사대부들과 비하여 어떻습니까? 정리는 실로 속되지 않은 사람이거니와, 또한 정리만 못한 사람도 스스로 지조를 지키는 자가 있습니다. 태사공(太史公)의 말에 "겁쟁이는 의(義)를 사모하니 어느 곳인들 힘쓰지 않으랴."라고 하였는

150 정 태중(程太中) : 북송(北宋)의 학자 정호(程顥)와 정이(程頤)의 아버지로, 벼슬이 태중대부(太中大夫)에 이르렀던 정향(程珦)을 가리킨다.

151 정리(鄭涖) : 1619~1690. 정철(鄭澈)의 손자이며 정홍명(鄭弘溟)의 아들이다. 동복 현감(同福縣監)을 지냈다.

데, 오늘날 그 말이 더욱 증명됩니다.

〔문〕 "구산(龜山)이 육당(陸棠)에게 속음"[152]에 대하여

〔답〕 "사람을 알아보면 명철한 것이다."라고 하는 것은 요(堯) 임금도 어렵게 여기신 부분인데 더구나 구산은 어떻겠습니까. 편지에서 말씀한 "진심을 숨기고 겉모습을 꾸미는 자는 믿기가 어렵다.〔矯情飾貌之難信〕"라는 이 일곱 자는 온당치 않은 듯합니다. 이러한 사람은 숨기고 꾸밀 때부터 이미 소인이니, 어찌 믿을 만한지 믿기 어려운지에 대해 말할 수 있겠습니까. 현자(賢者)가 사람을 관찰하는 방법은 마음이 공평하고 이치가 밝은지를 볼 뿐입니다. 맹자(孟子)의 말씀에 "명예를 좋아하는 사람은 능히 천승(千乘)의 나라를 사양할 수 있으나, 정말로 그럴 만한 사람이 못 되면 한 그릇의 밥과 한 그릇의 국에도 본심이 얼굴빛에 드러난다."라고 하였는데, 주자(朱子)는 "사람에 대한 관찰은 그가 무엇에 힘썼느냐가 아니라 무엇에 소홀했느냐를 보는 것이다."라고 하셨습니다. 오늘날로 말하자면, 그 사람이 고신(告身)을 봉환(封還)하던 날[153]에는 그 고상함이 어떠하였습니까. 그런데 이제 와서는 뇌물 받는 것과 음란한 것이

152 구산(龜山)이 육당(陸棠)에게 속음 : 구산은 북송의 학자 양시(楊時)이고, 육당은 양시의 문인이자 사위이다. 양시는 처음에 용모가 매우 단정하고 장중하던 육당을 좋아하여 사위로 삼았는데, 나중에 범여위(范汝爲)가 난을 일으킬 때 그 무리에 가담하였다가 범여위가 패하자 극약을 먹고 자결하였다. 《朱子書節要講錄刊補 卷3 答楊子直》

153 그……날 : 1657년(효종8) 윤휴(尹鑴)가 세자시강원 자의(世子侍講院諮議)에 제수되었으나 사직소를 올리고 고신을 정원에 봉환했던 일을 두고 한 말이다. 《宋子大全 卷211 同春宋公遺事》

모두 기피할 만한 일인 줄 모르니, 억지로 애써서 하는 일은 오래가지 못하고 진심은 가릴 수 없는 것이 이와 같습니다. 졸렬한 제가 그에게 속임을 당한 지 오래이니 후회한들 어찌하겠습니까.

〔문〕 "본조(本朝)는 의론이 우세하고 공명(功名)은 적음"에 대하여
〔답〕 인용한 《주자어류(朱子語類)》의 글은 본래의 문장[154]과 서로 다릅니다. '한당(漢唐) 이래로'부터 '공명은 적다'까지는 보광(輔廣)의 질문인데, 주 선생이 그에 대답하시기를 "의론이 우세한 것은 또한 인묘(仁廟) 이후부터 희풍(熙豐)[155] 연간까지 만연하였다. 태조(太祖) 때에는 의론이 있기는 했어도 당시 시행하고자 하는 일을 말하는 데에 불과하였고 쓸모없는 허다한 말은 없었다."라고 하였으니, 이에 근거하면 주 선생의 뜻이 무엇인지 알 수 있습니다. 계속해서 기억을 떠올려 보건대, 병자년(1636, 인조14) 이후 어떤 명공(名公)이 저의 일가인 참의(參議) 송국택(宋國澤)에게 말하기를 "병자년에 오랑캐가 쳐들어올 줄 알고 사신을 보내 이를 늦추고자 하였으나 사론(士論)이 우세하였으므로,[156] 조정 또한 마음대로 할 수 없어 결국 이 지경에 이르게 되었다."라고 하였으니, 이 뜻 역시 보씨(輔

154 본래의 문장 : 《주자어류》 권127 〈본조흠종조(本朝欽宗朝)〉에 "보광이 말하기를 '한당 이래로 유독 본조의 신하가 가장 일을 하기 어려워하기 때문에 의론이 우세하고 공명은 적은 것입니다.' 하였다."라고 한 것을 가리킨다.

155 희풍(熙豐) : 희령(熙寧)과 원풍(元豐)의 합칭으로, 모두 송나라 신종(神宗)의 연호이다.

156 사론(士論)이 우세하였으므로 : 척화(斥和)를 주장하는 의론이 우세하였다는 말이다. 《尤菴先生書節要集解 卷3》

氏)의 말과 같습니다. 그러나 당시에 과연 사론을 채택하여 급급하게 자강(自强)의 대책을 세웠다면 만분의 일이라도 나라를 지탱할 형세를 확보하였을 것이며, 그것이 불가능하였더라도 나라가 망하였을 때 임금이 따라 죽는 올바른 의리를 잃지 않았을 것인데, 사론이 행해지지 않았기 때문에 이 두 가지 기회를 잃고서 사론만 비판한 것입니다. 그렇다면 의론에 대한 비판은 오직 실제적인 일을 위하지 않고 쓸모없는 말만 늘어놓는 상황에서라야 가능한 것입니다. 만약에 애당초 실제적인 일을 하지도 않은 데다 의론까지도 없었다면 이는 천리가 더욱 어두워지고 인륜이 더욱 무너지게 하는 것입니다. 성고(聖考) 현종(顯宗)께서 삼학사(三學士)를 논한 그 훌륭한 말씀에 "세 명의 신하는 모두 실제적인 일을 실천하였으니, 명예를 좋아하였다고 이를 수 없다."라고 하셨으니,[157] 성고의 이 말씀이 어찌 한 고조(漢高祖)가 삼걸(三傑)[158]을 거느리고 천하를 얻은 데 비할 수 있는 정도일 뿐이겠습니까. 그렇다면 의론을 소홀히 할 수 없는 것이 분명합니다.

〔문〕 "왕씨(王氏)의 신경(新經)[159]에는 훌륭한 부분이 있음"에 대

157 현종(顯宗)께서……하셨으니 : 삼학사는 병자호란 때 청나라와의 화의를 반대하고 척화를 주장하여 죽음을 당한 홍익한(洪翼漢), 윤집(尹集), 오달제(吳達濟)를 가리킨다. 허적(許積)이 현종을 면대한 자리에서 삼학사가 사사로운 명예를 위하여 일부러 죽었다고 하면서 비판하자, 현종이 이렇게 배척한 것이다. 《尤菴先生書節要集解 卷3》

158 삼걸(三傑) : 한 고조를 도와 천하를 평정한 장량(張良), 한신(韓信), 소하(蕭何)를 말한다.

159 왕씨(王氏)의 신경(新經) : 송나라 신종 때에 왕안석이 《시경》, 《서경》, 《주례》

하여

〔답〕 비단 주 선생만이 개보(介甫 왕안석(王安石))의 설을 취하신 것이 아니라 정 선생(程先生)도 조묘(祧廟)에 대해 논하면서 "결국 세속의 선비보다 고명하다."라고 하셨는데[160] 이때 세속의 선비는 대개 사마공(司馬公)을 가리켜 말한 것이니, 성현의 마음이 공평한 것이 대개 이와 같습니다. 또 청묘법(青苗法)에 대해서 명도(明道) 선생과 주 선생이 모두 좋지 않다고 하지 않았고, 주 선생은 또 "개보는 불세출의 자질을 지닌 사람이다."라고도 하셨습니다. 그 사람됨이 이와 같았으니, 그의 말 가운데 취할 만한 것을 어찌 이루 다 셀 수 있겠습니까.

〔문〕 "선원(禪院)의 청규(清規)와 같은 모양"[161]에 대하여

를 새롭게 해석하여 편찬한 《신경모씨의(新經毛氏義)》, 《신경상서의(新經尚書義)》, 《주관신의(周官新義)》를 가리킨다. 《宋史 王安石列傳》

160 정……하셨는데 : 송 효종(宋孝宗)이 죽은 뒤 송 태조(宋太祖)의 고조인 희조(僖祖)가 공덕이 없고 대수(代數)가 다하였으므로 조천(祧遷)을 하고 동향의 자리에 태조를 모셔야 한다는 논의가 있자, 주희가 그 논의에 반박하며 희조를 그대로 태조 동향의 자리에 모셔야 한다고 하면서 "원우(元祐) 연간의 대유인 정이(程頤)의 설을 찾아보니, 거기에 '개보는 희조를 조묘로 옮겨서는 안 되고 순조(順祖) 이하는 조묘로 옮겨도 괜찮다고 했다. 어째서인가? 송나라는 희조를 시조로 추증했지만, 그 이상은 추존할 수 없었기 때문이다. …… 개보의 의론은 결국 세속의 선비보다 고명하다.'라고 하였다. 내가 살펴보니 정이의 의론은 평소 왕안석과 달랐는데, 이 일을 논하면서는 그에게 깊이 감복하고서 세속의 선비보다 고명하다고 하였으니, 의리와 인심이 같은 것은 본시 약속하지 않고도 일치한다는 것을 충분히 알 수 있다."라고 하였다. 《晦庵集 卷15 小貼子》

161 선원(禪院)의……모양 : 《주자어류》 권7 〈학(學)1 소학(小學)〉에 나오는 주희의 말이다. 문인 육구령(陸九齡)이 쇄소응대(灑掃應對)를 주로 하는 옛 소학의 교육

〔답〕 선원의 청규와 같은 모양은 아마도 승려들이 초학자를 가르치는 규범인 것 같으니, 위 조항의 육자수(陸子壽)의 말로 보면 그 사실을 알 수 있습니다.

〔문〕 "과정(課程)을 적게 세움"에 대하여

〔답〕 주 선생이 《대학》 읽는 법을 논하면서 "모름지기 큰 단락을 나누어 작은 단락으로 만들어서 자자구구(字字句句)를 소홀히 지나쳐 버리지 말 것이며, 아직 통달하지 못했을 때에는 모름지기 통달하도록 해야 하고 이미 통달한 다음에는 완전히 익숙해지기를 바라야 한다. 그러고는 이 한 단락을 끝내고 또 다른 한 단락을 바꾸어 보아야 한다."라고 하시고, 또 "옛날에 윤화정(尹和靖 윤돈(尹焞))은 이천(伊川)을 종유한 지 반년 만에야 비로소 《대학》과 〈서명(西銘)〉을 볼 수 있었는데, 지금 사람들은 반년 동안에 많은 책을 읽으려고 한다."라고 하셨으니, 선생이 과정을 적게 세운 뜻이 이와 같이 정밀하고 간절합니다.

〔문〕 "성기(性氣)를 지니지 않음"에 대하여

〔답〕 "성기는 굳세고 결단력이 있는 것에 가깝다."라고 한 편지의 말씀은 정확하며, 또한 거기에는 '용(勇)' 자와 '노(怒)' 자의 뜻도 들어 있습니다. 옛날 양억(楊億)이 거란(契丹)에 회답하는 글을 초안할 때 "인양(隣壤 이웃 나라)과 서로 좋게 지낸다."라고 써 놓았는

방법을 실천하려 한다고 하자 주희가 "단지 선원의 청규와 같은 모양으로 하면 절로 좋을 것이다."라고 대답하였다.

데, 진종(眞宗)이 그 옆에다 "후양(朽壤), 서양(鼠壤), 분양(糞壤)이다."라고 하는 주석을 붙였습니다. 그러자 양억이 서둘러 해직해 줄 것을 청하니, 이에 진종은 "양억은 참으로 기성(氣性)이 있다."라고 하였습니다. 이 말에 근거하면 성기의 뜻이 무엇인지 알 수 있습니다.

〔문〕 "남이 알아주기를 바라면 진실을 지켜야 함"에 대하여
〔답〕 '성(誠)'이란 한 글자는 곧 성학(聖學)의 처음과 끝입니다. 그러므로 주자의 학문을 논하여 '성을 위주로 함'이라 하였고, 여기에서 한 단계 아래로 내려가면 면재(勉齋)의 이른바 '진실한 심지(心地)'[162]와 온공(溫公)의 이른바 '거짓말을 하지 않음'[163]인데, 이는 처음 배우는 사람에게 긴요한 것입니다. 이를 미루어 끝까지 도달해 보자면 곧 천도(天道)의 변함이 없고 쉼이 없는 속성 모두가 바로 이 성인 것입니다. 성실하지 않으면서 그저 남이 알아주기만을 바라는 것은 진정 소인의 심보인지라, 서로 비교하여 취사선택할 수 없는 관계가 하늘과 땅 차이 그 이상입니다. 그런데 지금 보내온 편지에서 "다만 남이 알아주기를 바란다면 차라리 그 진실한 심지를 지켜서 폐단이

162 면재(勉齋)의……심지(心地) : 면재는 주희의 문인인 황간(黃榦)의 호이다. 황간이 제자 하기(何基)에게 "학문은 반드시 진실한 심지와 각고의 공부가 있은 뒤에야 가능하다."라고 한 것을 가리킨다. 《宋史 何基列傳》

163 온공(溫公)의……않음 : 온공은 사마광(司馬光)의 봉호이다. 유안세(劉安世)가 사마광에게 마음을 다하고 몸을 행하는 요점으로서 종신토록 행할 만한 것을 묻자, 사마광이 '성(誠)'이라고 대답하였다. 유안세가 다시 성을 행하는 데는 무엇을 우선으로 해야 하느냐고 묻자, 사마광은 "거짓말을 하지 않는 데서부터 시작하라."라고 하였다. 《心經附註 誠意章》

없게 하는 것만 못하다."라고 하였으니, 이 어찌 글을 쓸 때 우연히 실수한 것이 아니겠습니까.

〔문〕 "체인(體認)이 자재(自在)함"에 대하여

〔답〕 이는 미발(未發)의 심체(心體)를 논한 말인데, 대개 이미 '체인'이라고 했다면 이는 이발(已發)에 속하는 것입니다. 그러므로 구산(龜山)과 연평(延平)이 모두 이 말을 하였으나 주 선생은 오히려 그것을 모두 병통으로 여긴 것입니다. 이발의 때에 이르러서 그 생각의 사정(邪正)을 체인하여 버리거나 취한다면 이는 절실하고 중요한 공부입니다.

〔문〕 "한결같이 끊어 내기만 하면 도무지 좋은 사람이 없게 됨"에 대하여

〔답〕 이는 선생이 황면재(黃勉齋)에게 답한 말입니다. 생각건대 사람을 일률적으로 공척(攻斥)함으로써 다시는 사류(士流)에 용납되지 못하도록 하는 면재의 행동을 선생은 병통으로 여겼기 때문에 그 말씀이 이와 같았던 것입니다. 그러나 선생은 오백풍(吳伯豐)과 이성보(李誠父) 등의 사람들에 대해서는 깊이 책망하였습니다. 그러므로 일찍이 이르기를 "세도(世道)와 인물(人物)을 위해 매우 애석한 일이다."라고 하였으니, 그 관대함과 엄함을 자유자재로 하는 뜻을 볼 수가 있습니다.

〔문〕 "원우(元祐)가 희풍(熙豐)을 배척함"에 대하여

〔답〕 예컨대 채확(蔡確)이 거개정(車蓋亭)에 올라 시를 짓자 원우의

제현(諸賢)이 이것으로 채확에게 죄를 지우고[164] 군소배로 하여금 의구심을 품어 더욱 깊은 모의를 꾸미도록 하였고, 또 제현이 자기들끼리 서로 의견을 달리하여 소인들에게 엿볼 틈을 주었으니, 이러한 일들은 모두 패망을 초래하는 길이었습니다. 그러나 철종(哲宗)의 마음은 원래부터 원우의 제현을 좋아하지 않았으니, 원우의 제현이 비록 십분 온당하였다 하더라도 어찌 패망하지 않을 수 있었겠습니까. 철종이 처음 즉위하였을 때 사용하는 탁자가 좋지 않으므로 선인황후(宣仁皇后)가 그 탁자를 바꾸라고 하자, 철종이 수긍하지 않고 말하기를 "이것은 아버지가 쓰시던 것입니다."라고 하였으니, 이는 도로 원풍(元豐 신종(神宗))의 의사를 따른 것입니다. 그러자 선인황후가 크게 통탄하면서 항상 군자를 등용하고 소인을 물리치는 도에 대해 말하니, 철종은 그것을 몹시 유감으로 여기다가 결국은 폭발하여 한결같이 소인만 등용하였습니다.-주자의 말씀이 대체로 이와 같습니다.- 철종이 이미 소인을 좋아하였으니, 선인황후한테조차 유감을 품었는데 그 나머지야 또 말해 무엇 하겠습니까. 또 소인들이 정책(定策)의 설로 약간 임금의 귀를 놀라게 하였는데,[165] 임금이 매우

164 채확(蔡確)이……지우고 : 채확은 북송의 문신으로 왕안석의 신법파에 속하는 인물이다. 신종 때 권력을 누리다가 철종이 즉위하고 선인황후가 수렴청정을 할 때 안주(安州)로 폄출되었는데, 그때 거개정에 올라 당나라 때 무후(武后)의 즉위를 반대하다 처형당한 학처준(郝處俊)의 충절을 애도하고 무후를 선인태후에 비겨 시를 읊었다. 이를 구법당에서 문제 삼아 결국 채확은 신주(新州)에 안치되었다. 《宋史 蔡確列傳》

165 소인들이……하였는데 : 정책은 임금의 옹립을 도모하는 것을 말한다. 신종의 병이 악화되자 훗날의 철종을 태자로 세웠는데, 채확과 형서(邢恕)가 신종의 아우인 가왕(嘉王)을 제위에 올리기 위하여 선인황후가 가왕에게 마음이 있다고 선언한 것을 가리킨다. 《宋子大全隨箚 卷6》

싫어하는 것은 이보다 더 심한 것이 없으니 원우의 제현이 어찌 패망하지 않을 수 있었겠습니까. 오늘날 연한(漣漢)[166]이 바로 이와 같은데, 국본(國本)이 아직 정해지지 못했다는 내용의 소장[167]은 바로 오늘날 예기치 못한 화의 큰 원인이니, 두렵고 두렵습니다.-오늘날 고묘(告廟)를 해야 한다는 의론[168]은 바로 책훈(策勳)을 하려는 뜻인데, 사람들이 이를 간파하지 못합니다. 영남에 유원지(柳元之)라는 자가 있었는데, 그 아들이 사사로이 그 아비 사당에 고유(告由)함으로써 요즘 무리들의 뜻에 영합하니, 가히 교묘하고 심하다 하겠습니다.-

〔문〕 "성인은 남에게 죽음을 당한 적이 없음"에 대하여

〔답〕 순(舜) 임금은 우물과 창고에서, 탕(湯) 임금은 하대(夏臺)에서, 문왕(文王)은 유리(羑里)에서, 공자(孔子)는 광인(匡人)에게 모두 살해될 처지에 있었습니다. 그러나 끝내 그 위기에서 벗어날 수 있었던 것은, 하늘이 내신 덕을 지닌 분들이었기에 하늘 또한 그분들을 도운 것이 아니겠습니까. 그러나 그 사이에 또한 인위적인

166 연한(漣漢) : 연천(漣川)에 사는 놈이란 말로, 허목(許穆)에 대한 멸칭이다. 《宋子大全隨箚 卷6》

167 국본(國本)이……소장 : 1663년(현종4)에 훗날 숙종이 되는 왕자 순(焞)이 태어나자 허목이 소장을 올려 "국본이 아직 정해지지 않은 것은 나라가 위태롭게 되는 길입니다."라고 하면서 속히 순을 세자로 책봉해야 한다고 청한 것을 가리킨다. 《顯宗實錄 4年 8月 5日》

168 고묘(告廟)를……의론 : 1674년 갑인예송(甲寅禮訟)의 패배로 예를 그르쳤다는 죄를 입어 송시열이 귀양을 가자, 1675년부터 조사기(趙嗣基)를 비롯한 남인들이 송시열을 반역 죄인으로 종묘에 고하고 극형을 내려야 한다고 지속적으로 주장한 일을 말한다. 《肅宗實錄 1年 閏5月 12日, 3年 6月 20日, 4年 10月 24日》

것의 개입이 없지 않았습니다. 예컨대 순 임금의 구멍과 두 개의 삿갓,[169] 산의생(散宜生)의 미녀와 보옥(寶玉),[170] 공자의 미복(微服)[171] 같은 것은 또한 신통한 묘책과 성명(聖明)한 지혜가 자연스럽게 저절로 도출된 것이니, 이른바 '인위적인 것' 역시 모두가 천리입니다.

〔문〕 "자신을 죄주고 책망하는 일은 없을 수 없음"에 대하여

〔답〕 주 선생이 말씀하기를 "'회(悔)'라는 글자는 설명하기 어렵다. 애당초 늘 가슴속에 머물러 두고 뉘우쳐서도 안 되고, 그렇다고 또 뉘우치지 않아서도 안 된다. 만약 그저 뉘우치지 않는다고 말할 뿐이라면 이번에 잘못 행동하고는 또 그만두고 다음번에도 잘못하고는 또 그만둘 것이니, 말이 되지 않는다."라고 하였습니다. 이에 혹자가 "어찌해야 중도에 맞는 도리인가?"라고 묻자, 말씀하시기를 "뉘우치지 않을 수 없으나 다만 마음속에 머물러 두어서는 안 되니, 이미 이 일을 잘못했거든 나중에 다시 이 일을 만나거나 이 일과 서로

169 순……삿갓 : 순 임금의 이복동생인 상(象)이 순 임금을 죽이려고 창고 지붕에 올라가 수리를 하도록 한 뒤에 사다리를 치우고 불을 지르자 순 임금은 미리 준비해 간 두 개의 삿갓을 펴 날듯이 내려와 위기를 모면하였고, 또 상이 순 임금에게 우물을 파게 한 후 흙을 덮어 묻어 버리자 순 임금은 우물 속에 미리 숨을 구멍을 뚫어 놓고서 그 구멍으로 피해 살아 나온 일이 있다. 《史記 五帝本紀 虞舜》

170 산의생(散宜生)의 미녀와 보옥(寶玉) : 산의생은 주 문왕(周文王)의 현신(賢臣)으로, 문왕이 은왕(殷王) 주(紂)에 의해 유리라는 감옥에 갇히자 동료인 굉요(閎夭) 등과 함께 주에게 미녀와 보옥을 바치고 문왕을 구출하였다. 《史記 周本紀》

171 공자의 미복(微服) : 공자가 송나라를 지나려 할 때 환 사마(桓司馬)가 죽이려 하자 미복 차림으로 지나가 화를 면했다. 《孟子 萬章上》

유사한 경우를 만났을 때에 모름지기 징계하여 두 번 다시 잘못해서는 안 된다."라고 하였습니다. 선생의 이 말씀이 모든 것을 다 포함하고 있으니 다시 무슨 말을 하겠습니까.

〔문〕 "학자는 당시의 일을 담론하기 좋아함"에 대하여
〔답〕 주 선생이 말씀하시기를 "학자가 천하의 일을 자신이 당연히 해야 할 일처럼 간주하고서 행한다면 비록 군사에 관한 일, 전곡(錢穀)에 관한 일, 제사를 지내는 일, 유사(有司)의 일이라 할지라도 그 모두 자신을 위하는 것이고, 세상에서 알아주기를 바라는 마음에서 그것을 행한다면 비록 다리의 살을 베어 병든 부모를 먹이고, 시묘(侍墓)를 살고, 낡은 수레를 타고, 파리한 말을 타더라도 또한 남을 위하는 것이니 좋은 일이겠는가. 장경부(張敬夫)의 말에 '자신을 위하는 것은 특별한 목적 없이 그렇게 하는 것이다.'라고 하였으니, 그 말뜻이 깊고 절실하여 대체로 전대의 현인이 드러내지 못한 부분이 있다. 학자가 이것으로 날마다 스스로 반성하면 선(善)과 이(利)의 사이를 살펴서 털끝만 한 어긋남도 없게 할 수 있을 것이다."라고 하였습니다. 이것으로 논한다면 학자가 의당 무엇을 가려야 할지 알게 될 것입니다.

〔문〕 "능침(陵寢)의 요청"에 대하여
〔답〕 소인의 말은 좋아하기 쉽고 군자의 논의는 합치되기 어려우니 이는 고금의 공통된 걱정거리입니다. 또 효종(孝宗)이 비록 나라의 회복에 뜻을 두었으나, 주 선생이 등대(登對)하던 처음에 복수의 의리를 논하였으므로 다시는 임금의 말을 듣지 못했다고 합니다.

대개 목마(木馬)와 철장(鐵杖)으로 단련하는 그 마음은 비록 간절하였으나[172] 그 규모와 대체가 명철하지 못하였기 때문에 근세의 규범과 사소한 이익에 관한 말에 쉬이 미혹된 것이니, 이것이 제왕의 학문이 반드시 궁리(窮理)를 우선으로 해야 하는 까닭입니다.

〔문〕 "주 선생이 호방형(胡邦衡)을 논한 것"[173]에 대하여

〔답〕 주 선생이 말씀하시기를 "사람이 가장 이해하기 어렵다. 제 한 몸은 청렴하여 곤궁을 잘 견디면서도 여색을 좋아하는 사람이 있다."라고 하였으니, 담암(澹菴)이 여천(黎倩)의 보조개를 보고 욕정을 일으킨 일은 참으로 이해할 수 없는 것입니다. 제가 일찍이 《퇴계집(退溪集)》을 보니, 스스로를 두고 수십 년 동안 구덩이 속에 빠져 살았다고 한 말이 있었지만[174] 만년에는 마음을 잡아 지키고 혼자

172 목마(木馬)와……간절하였으나 : 송나라 효종이 금(金)나라를 치려는 뜻을 다지기 위해, 앞뜰에 목마를 세워 말타기와 활쏘기를 익히고 철장으로 힘을 단련한 데서 온 말이다. 《宋子大全隨箚 卷6》

173 주……것 : 호방형은 송나라 때 충신 호전(胡銓)으로, 방형은 그의 자이다. 송고종(宋高宗) 때 호전이 금나라와의 화친을 주장하는 진회(秦檜) 등을 탄핵한 죄로 귀양 갔다가 10년 만에 풀려났는데, 돌아오는 길에 매계관(梅溪館)의 기생인 여천과 사통을 하였다. 이튿날 그 남편이 사실을 알고 호전을 붙잡아 콩과 꿀을 섞은 것을 주면서 말처럼 먹게 하고는 먹지 않으면 죽이겠다고 협박하자 호전은 결국 그것을 먹었다. 그 뒤에 주희가 그곳을 지나다가 시를 짓기를 "십 년 동안 호해(湖海)에선 한 몸 한가했는데, 풀려나 돌아오다가 여천의 보조개 보고 욕정 일었네. 세상길 욕심보다 더 험한 것 없는데, 몇몇이나 이로 인해 일생을 망쳤던가.〔十年湖海一身輕, 歸對黎渦却有情. 世上無如人欲險, 幾人到此誤平生?〕"라고 하였다. 《晦庵集 卷5 宿梅溪胡氏客館觀壁間題詩自警二絶》

174 제가……있었지만 : 《퇴계집》 권16 〈기명언에게 답하는 편지〔答奇明彥〕〉에 "저

있을 때를 삼간 공이 이처럼 지극하였으니, 초년의 작은 흠이란 참으로 광활한 하늘 아래의 조그마한 일산(日傘)과 같은 것입니다. 대체로 사람은 초년에는 볼만한 점이 있었다가도 만년에는 마음을 놓아버리는 자가 많습니다. 이러한 이유로 주 선생이 일찍이 말씀하시기를 "천하의 선비로서 명성과 절행이 있어 당대 여론이 귀의하는 자라고 할지라도 정작 끝내 이룬 바를 요약하여 살펴보면 진실로 존경스러운 마음이 들 만큼 시종일관 굳은 절개를 지켜 낸 사람은 대체로 거의 없었다."라고 하였고, 고인(古人)은 또 말하기를 "만년의 절개를 보장하기는 어렵다."라고 하였습니다. 그렇다면 시작은 있으나 끝을 맺지 못하는 것보다는 차라리 시작에 비록 흠이 있더라도 끝에 가서 볼만한 점이 있는 것이 더 낫습니다.–사계(沙溪) 선생이 일찍이 율곡(栗谷) 선생에게 묻기를 "회재(晦齋)와 퇴계 두 선생의 경우 창기(娼妓)를 거느린 일도 똑같고 봉성군(鳳城君)의 일[175] 또한 똑같은데, 선생께서 회재에 대해서는 불만스러운 마음을 가지고 퇴계에 대해서는 그렇게 여기지 않으시니 감히 그 까닭을 묻습니다."라고 하니, 율곡 선생이 대답하기를 "사람을 보는 것은 마땅히 일을 성취한 뒤에 해야 한다. 퇴계의 경우는 모두 초년에

는 10여 년 전 구덩이 속에 빠져 살았던 사람이었는데 노병으로 건강이 쇠한 뒤에야 비로소 몸을 빼어 탈출할 수 있었습니다."라고 한 것을 두고 한 말이다. 구덩이 속에 빠졌다는 것은 색욕(色慾)에 빠졌다는 뜻이다. 《尤菴先生書節要集解 卷3》

175 봉성군(鳳城君)의 일 : 봉성군은 중종의 여섯째 아들인 이완(李岏)이다. 1546년 명종 즉위 후 윤원형(尹元衡) 일파가, 윤임(尹任) 등이 이완을 추대하려고 역모를 꾀하였다는 명목으로 을사사화(乙巳士禍)를 일으킨 것을 말한다. 이후 을사사화를 주도한 세력이 대부분 공신에 책훈되었는데, 이때 이언적(李彦迪)도 그 명단에 포함되었고 이황(李滉)은 도성 밖으로 나가 있다가 돌아와 계사에 참여하였다. 《宋子大全隨箚 卷6》

있었던 일이요, 회재의 경우는 만년에 있었던 일이기 때문에 나의 의론이 이와 같다."라고 하였으니, 이는 참으로 타당한 논의입니다.

위에서 논한 것들은 모두가 나의 어리석은 견해이고 또 말하기에 극히 온당치 않은 것이 이따금 있습니다만, 집사께서 마음을 기울여 하문해 준 것에 진정 감격하여 감히 숨길 수가 없었으니, 부디 남에게 보이지 않는 것이 어떻겠습니까. 또 이 가운데 온당하지 않은 것에 대해 다시 하교해 준다면, 원컨대 그것을 통해 스스로 그 어리석음을 깨우칠 것입니다. 천만 지극히 바랍니다.

송자대전

제53권

書서

김기지에게 보냄 기미년(1679, 숙종5) 2월 16일
與金起之 己未二月十六日

어제 곡운(谷雲)[1]께 가는 인편을 통하여 병든 몸을 무릅쓰고 쓴 편지와 짧은 글을 부쳤습니다. 그런데 오늘 재종질(再從姪) 기현(基顯)의 하인이 다시 지난달 21일의 편지를 전해 주었으니, 참으로 "아침저녁으로 만나는 것이다."[2]라는 격인지라 위로되고 감사하는 마음을 말로 형용할 수 없습니다.

이전 편지에서 말씀하신 "한 집안의 사사로움으로 천하의 공변됨을 생각하지 않는다."라는 것을 통해서, 필부가 울타리 안에 들어앉아 있으면서 대방가(大方家)의 규모를 전혀 모르는 것 같은 저의 처지가 부끄러웠습니다. 그러나 자제(子弟)는 모름지기 나의 몸에서 근본하는 것이며 나의 몸 역시 나의 마음에서 근본하는 것이라 요약해 갈수록 더욱 가까워집니다. 이로부터 미루어 보면 확충해 갈수록 더욱 멀어지는바, 그런 뒤에야 비로소 천하의 공변됨이라고 할 수 있을 것입니다. 평소 사우들에게 들어 왔던 것이 이와 같기 때문에, 살뜰한 가르침으로 말미암아 다시 이 말을 그대로 외워 올리는 바입니다.

1 곡운(谷雲) : 김수흥의 형인 김수증(金壽增)의 호이다.

2 아침저녁으로 만나는 것이다 : 《장자(莊子)》 〈제물론(齊物論)〉의 "만세의 뒤에 나의 이 견해를 알아주는 대성인(大聖人)을 한번 만나게 된다면 이는 아침저녁으로 만나는 것이다."라는 말에서 나온 것으로, 본래는 후세에 자기의 뜻을 알아주는 대성인이 나타난다면 아침저녁으로 자주 만나는 절친한 지기(知己)와 같을 것이라는 말인데, 여기에서는 김수흥에게 편지를 연이어 받은 것을 가리킨다.

편액의 기문은 졸렬한 실력을 망각한 채 요청에 부응하여 지어 올립니다. 곡운의 시운(詩韻)에 수창한 시는 교정해 주면 몹시 다행이겠습니다. 봄추위가 살을 에는 관계로 근근이 쓰느라 하고 싶은 말을 일일이 다 하지 못합니다.

○ 재종질 기현의 어미는 그대 조모님과 일가입니다. 일찍이 들은 말로는 노선생(老先生)[3]께서 철마다 사람을 시켜 그의 안부를 묻게 하셨다고 하니, 삼가 우러르건대 선정(先正)의 후덕하고 살뜰한 풍모는 후세 사람들이 미칠 바가 아닙니다. 이제 재종질 기현이 감히 집사께 편지를 요청해 받아 제게 전해 주었으니, 집사께서 간절히 돌보아 주셨기 때문에 그가 이렇게 할 수 있었다는 사실을 알 수 있습니다. 이에 감사하는 심정인 데다 또 -원문 결락- 훌륭함이 쇠하지 않음에 감탄합니다.

3 노선생(老先生) : 김수흥의 종조부인 김상헌(金尚憲)에 대한 경칭이다.

김기지에게 답함 기미년(1679, 숙종5) 2월
答金起之 己未二月

'뜻을 성실하게 하는 것〔誠意〕'이란 선악을 분별하는 일입니다. 뜻이 이미 성실하면 비록 선만 있고 악은 없는 상태이지만, 그 이른바 선이란 것이 제때에 발하지 않을 경우에는 비록 바르더라도 간사해지며, 혹 일이 지난 뒤에 그 상태에 구애되어 그대로 머물러 있을 경우에는 마음이 바름을 얻지 못합니다. 이것이 정자(程子)와 《대학》 전문(傳文)의 뜻으로서, 이러한 까닭에 뜻이 이미 성실한 뒤에도 오히려 마음이 바르지 못하게 되는 병통이 있는 것입니다. 또 보내온 편지에서 마음을 물의 근원에 비유하고 뜻을 그 흐름에 비유하면서 "어찌 하류가 맑은데 본원이 탁한 경우가 있겠는가."라고 하였는데, 이는 뜻이 성실하면 마음이 바르게 된다는 설입니다. 그러나 그 발원처에 혹 바람이 요동치고 진흙이 섞이기라도 하면 그 흐려지지 않음을 보장하기 어려우니, 이는 그 흐름이 이미 맑은 것과는 아무런 상관이 없습니다. 그러므로 《대학》의 8조목이 비록 서로 인과 관계로 이루어져 있다고 하더라도 부득불 저마다의 조목에 공력을 지극히 하지 않을 수 없는 것입니다.

수신장(修身章)은 비록 마음의 병통에 대해 말하였지만, 기실 모두가 실제 몸이 어떤 대상과 접하는 상황을 가지고 말한 것입니다. 예컨대 '친근하고 사랑함〔親愛〕'이라고 한 것은 이 몸이 처자식과 서로 접하는 것이며, '거만하고 태만함〔敖惰〕'이라고 한 것은 이 몸이 거만하고 태만하게 대하는 대상과 서로 접하는 것이니, 이는 정심장(正心章)에서 말하는 '성냄〔忿懥〕'과 '좋아함〔好樂〕'과 더불어 차이가 없을 수 없습니다. 전문 10장의 경우에도 "편벽되면 천하 사람들에게 죽음을 당한다."라고 하였으니, 이 어찌 치국(治國)과 평천하(平天下)에 대해서 오로지 정심(正心)만을 말할 이치가 있겠습니까. 또한 그 몸이 천하의 윗자리에 처해 있으면 일을 혹시라도 편벽되게 하면 안 되는 것입니다.

대체로 《대학》이란 책은 모두 마음을 근본으로 하여 말을 하였습니다. 예컨대 격치장(格致章)에서 말한 "사람 마음의 신령함〔人心之靈〕", 성의장(誠意章)에서 말한 "마음이 발하는 바〔心之所發〕", 수신장(修身章)의 이른바 "좋아하면서도 그의 나쁜 점을 알고 싫어하면서도 그의 좋은 점을 아는 사람은 이 세상에 드물다."와 "사람들은 자기 자식의 악함을 알지 못하며 자기 밭의 싹이 큰 줄을 알지 못한다."라고 한 것 또한 모두 마음을 가리켜 말한 것입니다. 한편 치국장(治國章)의 "마음에 진실로 구한다."와 평천하장(平天下章)의 "그 마음이 남이 좋아하는 바를 미워하고 남이 미워하는 바를 좋아하는 것을 일러 사람의 성품을 어긴다고 하는 것이다."라고 한 것의 경우는 초지일관 오로지 마음을 근본으로 하여 말하였는데, 단 그 사이에 제 몸과 집안, 국가, 천하가 각기 친소(親疏)와 대소(大小)의 차이가 대략 있으므로 마음이 베풀어지는 것이 경우에 따라 길고 짧고 혹은 넓고 좁은 차이가 있을 뿐이니, 사실은 의미가 하나로 관통되는 것입니다. 그 수신(修身)을 논하면서 마음을 말한다는 것을 어찌 족히 의심하겠습니까.

김기지에게 답함 기미년(1679, 숙종5) 3월 3일
答金起之 己未三月三日

재종질(再從姪) 기현(基顯)이 인편을 통하여 집사의 편지를 전하기에 바로 답장을 써서 부쳤고, 전번에 하문해 준 것과 부탁한 글은 전에 이미 백씨(伯氏)께 보낸 편지에 동봉하였습니다. 그런데 지금 이 효자(李孝子)가 와서 지난달 6일에 부친 편지를 전해 주니, 참으로 "아침저녁으로 만나는 것이다."[4]라는 격인지라 이는 귀양지에 의당 있는 일이 아닙니다. 별지에서 한 말씀에 대해서는 대략 백씨께 보낸 편지에서 언급하였으므로 여기에서는 감히 다시 운운함으로써 말을 많이 하지 말라는 경계를 범하지 않겠습니다.

《대학》의 뜻 가운데 의문 나는 부분을 다시 별지로 가르침을 구하였으니, 인편을 통하여 그 옳고 그름에 대해 회답해 주면 몹시 다행이겠습니다. 대체로 《대학》의 긴요한 부분은 오로지 격물(格物)과 성의(誠意) 이 두 가지에 있습니다. 그러므로 전문(傳文) 3장에 특별히 도학(道學)과 자수(自修)를 말하였으니, 여기에서 전문을 쓴 이의 의도가 무엇인지 알 수 있습니다. 주 선생(朱先生)이 성의장(誠意章)의 전문에서 그것을 드러내어 '자수의 첫머리〔自修之首〕'라고 하였고, 편말(篇末)의 총론에 이르러 또다시 격물과 성의의 뜻을 드러냈으니, 선생은 참으로 공자와 맹자의 뜻을 알았다고 말할 수 있겠습니다. 이 뒤로부터는 한 단계 한 단계 갈수록 쉬워지기 때문에 정심(正心) 이하로는 가벼

4 아침저녁으로 만나는 것이다 : 435쪽 주2 참조.

운 태도로 그저 다 제거되지 못한 남은 증상과 약간의 찌꺼기만을 설파함으로써 사람으로 하여금 분명히 살펴서 알게 하고 고쳐서 다스려 나가게 해야 하니, 그렇게 하면 그 공부가 대단히 수월할 것입니다. 이 책을 읽는 자는 이러한 사실을 몰라서는 안 됩니다. 제가 젊었을 때 스승께 들은 것이 이와 같으므로 감히 그대로 외워 올립니다. 나머지 할 말은, 병으로 고통스러워 남의 손을 빌려 대신 쓰게 하므로 이만 줄입니다. 송구하고 송구합니다.

별지

'뜻이 성실하지 않다.〔意不誠〕'라는 것은 선을 좋아하고 악을 미워하는 마음이 성실하지 못한 것이므로 이를 '사과(私過)'라고 합니다. 그러다 정심의 지위에 이르러서는 비록 사욕(私欲)과 악념(惡念)은 없지만 그 잠깐씩 왔다 갔다 하는 사이에 한가롭고 들뜬 생각이 또한 마음을 해칩니다. 그러나 이를 사욕과 악념에 비할 바는 아니기 때문에 이를 '공과(公過)'라고 합니다. 이른바 "마음이 그 바름을 얻지 못하는 까닭은 또한 사악한 생각이 활활 일어나 그 마음을 동요시키기 때문이다."라고 한 것에 대해 말해 보자면, 이는 대개 질문한 자가 "뜻이 마음에서 발한다면 뜻은 응당 마음에게서 명을 받아야 하는데, 지금 《대학》에서 말하기를 '뜻이 성실한 후에 마음이 바르게 된다.'라고 하였으니, 이는 뜻이 도리어 마음을 단속하는 것이 되어 그 차서가 전도된 것 같다.……"라고 하였기 때문에 선생은 "뜻이 성실하지 못해서 사악한 생각이 활활 일어나면 그 마음을 도리어 동요하기에 충분한 것이다."라는 의도로 대답한 것일 뿐입니다. 이와 같다면, 뜻이 비록 마음에서 나왔지만 도리어 그 마음을 동요시키는 것이지 뜻이 이미 성실한 후에 다시 사악한 생각이 생겨 그 마음을 동요시킨다고 말한 것은 아닙니다. 재차 《주자어류(朱子語類)》의 본문을 보면 분명해질 것입니다. 또 선생이 정심을 계구(戒懼)에 소속시키고 성의를 신독(愼獨)에 소속시킨 것은 더욱 분명한 것이니, 계구에서 존천리(存天理)를 말하고 신독에서 알인욕(遏人欲)을 말한 《중용장구》의 해당 부분을 살펴보면 그 점을 알 수 있습니다.

뜻이 성실한 후에도 이 마음이 여전히 잠깐씩 왔다 갔다 하고 또 있다 없다 하는 병폐를 면치 못하는 것은 비록 사욕이나 악념과는 차이가 있는 것이나, 또한 "얼굴 들어 새 구경을 탐하다가 고개 돌려 틀린 대답을 한다."라고 하는 우환[5]에 귀결되고 맙니다. 그러므로 반드시 이 마음의 있고 없는 것을 엄밀히 살펴 경(敬)하여 곧게 한 다음에야 이러한 우환을 면할 수 있습니다. 그러므로 《중용장구》에서 '경'과 '직(直)'이란 글자를 인용하였으니, 아주 친절하고 분명하다고 이를 수 있습니다. 이전에 백씨께 보내는 편지에서 이미 나의 어리석은 견해를 올렸는데, 지금 여기에서 다시 이에 관한 것을 언급해 주었기에 삼가 이렇게 아뢰는 것입니다.

5 얼굴……우환 : 몸과 마음이 분리되어 사물에 정확하게 응대할 수 없는 것을 가리킨다. 이 말은 원래 당(唐)나라 시인 두보(杜甫)의 〈만성(漫成)〉에 나오는 구절인데, 북송(北宋)의 학자 사양좌(謝良佐)가 《상채어록(上蔡語錄)》 권2에서 인용하여 썼던 말을 남송(南宋)의 주희(朱熹)가 《대학혹문(大學或問)》에서 인용하여, 희로애락에 마음이 사로잡히면 정심을 할 수 없으며 그 결과 마음이 부재하여 바르게 마음을 써야 할 부분에 제대로 대응하지 못한다는 것을 경계하였다. 《杜少陵詩集 卷10》

김기지에게 답함 경신년(1680, 숙종6) 7월 29일
答金起之 庚申七月二十九日

연달아 편지를 받았는데 마치 직접 얼굴을 뵙고 가르침을 받는 듯하니, 이 얼마나 다행이고 다행입니까. 더구나 보내 준 시는 땅에 던지면 쟁쟁 소리가 나는 옥처럼 아름다우니, 개원(開元)과 천보(天寶)[6] 연간의 여러 인물들의 시에 비하여 응당 어떠할는지요. 그러나 이 우려되는 시기에 어찌 이런 한가하고 안일한 마음을 가질 수 있겠습니까. 비록 문곡(文谷 김수항(金壽恒))과 같이 몸소 큰 책임을 떠맡고 있지 않다 하더라도, 당(堂)에 이름 붙인 뜻[7]은 도리어 생각지 않습니까.

저는 두문불출하고 죄를 반성하면서 아침저녁으로 죽기만을 기다리고 있는 처지이니 별달리 말할 만한 것이 없습니다. 그러나 만약 성상의 학문이 날로 진보하여 소인의 말에 의해 잘못되지 않음으로써, 하늘에 빌지 않아도 저절로 하늘이 영원한 국운(國運)을 내렸다는 소식을 듣게 된다면 눈을 감고 죽을 수 있을 것입니다. 비방하는 말이 날로

6 개원(開元)과 천보(天寶) : 모두 당(唐)나라 현종(玄宗)의 연호로, 이때 왕유(王維)와 맹호연(孟浩然), 이백(李白)과 두보(杜甫), 고적(高適)과 잠삼(岑參) 등 뛰어난 시인들이 많이 배출되었다.

7 당(堂)에……뜻 : 김수흥이 자신의 당호를 퇴우당(退憂堂)으로 정한 뜻, 즉 전원에 한가롭게 물러나 있더라도 나라를 걱정하겠다는 뜻을 가리킨다. 이는 송(宋)나라 범중엄(范仲淹)의 〈악양루기(岳陽樓記)〉에 "천하 사람보다 앞서서 근심하고, 천하 사람이 모두 즐거워한 뒤에 즐거워한다.〔先天下之憂而憂, 後天下之樂而樂.〕"라고 한 것에서 유래하였다. 《宋子大全 卷143 退憂堂記》

비등하는 것이야 애당초 흰 옥돌 속의 반점 같은 의미도 못 됩니다. 다만 자신을 바로잡고 임금을 바로잡아야 한다는 말에 더욱 힘쓰는 한편, 그러한 내용으로 문곡에게 글을 올리려 하였으나 이는 죄를 지은 자가 감히 할 행동은 아니기에 그저 마음속에 담아 두고만 있었고 편지를 주고받는 일은 그만둔 지 오래되었습니다. 그런데 이제 동보(同甫 이희조(李喜朝))로 인해서 문득 이렇게 파계(破戒)를 하게 되었으므로 아울러 이렇게 답장을 드립니다. 하고 싶은 말을 일일이 다 적지 못합니다.

김기지에게 답함 경신년(1680, 숙종6) 윤8월 19일

答金起之 庚申閏八月十九日

보내 준 편지에 오래도록 답장을 드리지 못한 것은 대개 궁벽한 지역이라 인편이 없었기 때문입니다. 가을이 깊어 가는 이때 일상의 기거가 신명의 도움으로 만복한지요? 구구히 그리운 이 마음 언제고 그칠 날이 없습니다.

저는 문을 닫아걸고 자취를 숨긴 채 생활하느라 눈앞에 펼쳐진 산수조차 노닐며 감상하지 못하고 있으니, 세상을 살아가는 데 즐거움이 없는 저의 이 처지가 우습습니다. 게다가 이 한가한 지역에 있으면서 귀에 들어오는 향리의 한두 가지 일 역시 몹시 걱정이니, 이로써 또 생각건대 나라의 근본이 되는 지역도 근심이 전혀 없지는 않을 것입니다. 하물며 자고로 정도(正道)는 승리하기가 어려웠으니 오죽하겠습니까. 이에 한밤중에도 잠을 이루지 못하여 담벼락을 돌다가 날이 새곤 하는데, 국정을 담당한 분은 또 어떨지 모르겠습니다. 서울에서 오는 편지는 일절 금하고 있었는데, 외람되이 이렇게 간절히 하문해 주니 감사하여 감히 이런 파계를 하게 되었습니다. 삼가 해량해 주기를 바랍니다. 병으로 괴로워 남의 손을 빌려 적느라 황송하고 황송합니다.

김기지에게 답함 경신년(1680, 숙종6) 10월 8일
答金起之 庚申十月八日

편지에서 한 말씀은 간곡할 뿐만이 아니었으니, 가슴에 새기던 끝에 도리어 더욱 황송하였습니다.

서감(西監)과 관련한 말씀[8]에 대해 말해 보자면, 일찍이 그 일을 《주자대전(朱子大全)》에서 본 적이 있습니다. 비록 그것과 감히 비교할 수 없겠지만 그것을 그대로 흉내 낸다면 근거 없이 마음대로 꾸미는 지경까지는 가지 않을 것입니다. 또 제게는 할 일이 있는데,[9] 다만 가동(家僮)과 함께 길을 나섰다가 어젯밤부터 병세가 갑자기 심해졌기에 제때에 도착하리라는 보장을 하기가 어렵습니다. 만약 혹 그렇지 않아 사행길을 떠나기 전에 도착한다면[10] 집사의 훌륭한 가르침을 아마도

8 서감(西監)과 관련한 말씀 : 구체적으로 무슨 내용인지는 미상이다. 서감은 서경 국자감 교수(西京國子監教授)의 약칭이다. 북송(北宋) 때 정이(程頤)가 휘종(徽宗)이 즉위한 1100년에 귀양지인 부주(涪州)로부터 풀려 나와 곧바로 서경 국자감의 관직에 취임하자 정이의 문인 윤돈(尹焞)이 나아가지 않을 자리에 나아갔다고 스승을 의심하였는데, 이에 정이는 "주상이 즉위하여 맨 먼저 큰 은혜를 입었으니, 이렇게 하지 않으면 무엇으로 덕의(德義)를 우러러 받들겠는가."라고 하였다. 《二程全書 卷50 伊川年譜》 1680년 경신환국(庚申換局)으로 서인이 재집권하자 송시열은 5년간의 귀양 생활 끝에 같은 해 10월 영중추부사에 제수되었는데, 이때 송시열은 정이가 서경 국자감 교수에 임명되었던 고사를 명분으로 삼아 상경하여 입대(入對)하였다. 《宋子大全 附錄 卷7 年譜》

9 제게는……있는데 : 휴치(休致)를 청하는 일을 말한다. 《宋子大全隨箚 卷6》

10 사행길을……도착한다면 : 1679년 8월에 김수홍이 사은 진주 겸 동지 상사(謝恩陳

들을 수 있을 것입니다.

진퇴와 관련하여 한 말씀에 대해서는 배를 그러안고 웃을 수밖에 없었습니다. 그러나 한방에 같이 있는 사람이 싸우고 있는데 방문을 닫은 채 그것을 말리지 않는다면, 아마도 그와 같은 우왕(禹王)과 후직(后稷)은 없지 않을까 하니,[11] 다시 한 번 웃습니다.

奏兼冬至上使)가 되어 이해 11월에 연경으로 떠나게 되었기 때문에 이렇게 말한 것이다.《芝村集 卷26 大匡輔國崇祿大夫……退憂堂先生金公行狀》

11 한방에……하니 : 이왕 나라의 직책을 맡은 이상 나라의 위급한 상황을 모른 채 외면할 수 없다는 뜻이다. 우왕과 후직은 태평한 세상에서도 가정을 돌볼 틈 없이 급급히 세상을 구제하였고, 안회(顔回)는 혼란한 세상에도 세상일에 관여하지 않고 시골에 묻혀 안빈낙도하였다. 이에 대해 맹자(孟子)는 "지금 한방에 같이 있는 사람 가운데 싸우는 자가 있으면 이를 말리되 비록 머리를 그대로 풀어 흩뜨리고 갓끈만 매고 가서 말리더라도 괜찮지만, 동네나 이웃에 서로 싸우는 자가 있을 때 머리를 그대로 풀어 흩뜨리고 갓끈만 매고 나가 말린다면 이는 미혹된 행동이니 비록 문을 닫더라도 괜찮다."라고 비유하면서, 두 경우는 단지 처한 상황만 다를 뿐이지 나아가면 백성을 구제하고 물러나면 일신을 수양하는 도리에서는 마찬가지라고 설명하였다.《孟子 離婁下》

김기지에게 답함
答金起之

서로 멀리 떨어져 있는 상태라 우러러 그리워하는 것이 빈말이 아니었는데, 홀연 인편을 통하여 몹시 정성스레 안부를 물어봐 주는 편지를 받게 되니 우러러 알게 된 그 은혜로운 뜻을 깊이 가슴에 새겼습니다. 영릉(寧陵)을 이장할 때의 모함에 대해 어전에서 통렬히 변석하였으니,[12] 비록 장강(長江)과 한수(漢水)로 몸을 씻는다 한들 어찌 이보다 더 말끔하게 될 수 있겠습니까. 지극히 흠앙하고 탄복하는 심정을 실로 주체할 수 없습니다.

사행(使行)을 떠난다고 하였는데, 비록 신명이 호위해 줄 것으로 알지만 꽁꽁 언 만 리 길의 여정에서 심신이 지치지 않을 수 있겠습니까. 이 오랜 벗은 걱정을 떨쳐 버릴 수 없습니다. 서책과 관련한 말씀[13]

12 영릉(寧陵)을……변석하였으니 : 1680년(숙종6) 8월 3일 김수흥이 숙종을 면대한 자리에서, 허적(許積) 등이 1659년(효종10) 효종의 재궁(梓宮)을 만들 때 판자를 덧대어 붙여 만든 일과 애초 수원(水原)으로 정해진 장지를 양주(楊州)로 바꾸게 한 일을 모두 송시열의 잘못으로 돌리고 또 1673년(현종14) 영릉의 이장 과정에서 송시열이 광중(壙中)에 물기가 있고 벌레와 짐승이 드나든 흔적이 있음을 보고도 자신의 허물이 드러날까 염려하여 일부러 숨겼다고 비판한 것을 조목조목 반박하면서 송시열을 변호한 것을 가리킨다.《肅宗實錄 6年 8月 3日》

13 서책과 관련한 말씀 : 이에 앞서 김수흥이 송시열에게 부친 편지에 "지금 장차 연경으로 가려는데, 돌아올 때의 행장을 감히 다른 물건으로 더럽힐 수야 물론 없고, 중화의 옛 물건과 의장(儀章)과 서책의 경우엔 실로 보고 싶었으나 얻지 못했던 것이니 한번 연경의 서점에서 널리 구해 보고자 합니다. 혹 구해 보고 싶은 글이 있습니까?"라고

은 지극하고 또 극진합니다. 만일 그동안 사행길에 올랐던 자들이 모두 집사의 마음과 같았다면 연경(燕京) 사람들이 어찌 침을 뱉을 수 있었겠습니까. 그중 꼭 있어야 하고 없어서는 안 되는 것들에 대해서는 별지에서 아뢰었습니다.

○ 전에 일컫던 집사의 별호(別號)는 이제는 실상에 맞지 않으니, '퇴(退)' 자를 '진(進)' 자로 고치는 것이 어떻겠습니까? '우(憂)' 자를 '락(樂)' 자로 고치기를 바라지 않는 이유는 근심은 끝나는 것이 싫지 않다는 것을 애당초 잊지 못하기 때문이니, 모르겠습니다만 집사께서는 그에 대해 동의합니까?

별지

《논맹혹문(論孟或問)》은 옛날 이사수(李士修)의 부친[14]이 부임지에서 판각한 바 있습니다. 단 이 책은 정자(程子)와 장자(張子) 및 그 문인들이 《논어》와 《맹자》를 주석한 것에 대해서 무엇이 옳고 그른지를 논한 것입니다. 대개 주 선생(朱先生)은 정자와 장자 이하의 주석을 수집하여 《논맹요의(論孟要義)》라 이름을 붙이고 《논맹혹문》에서 그 옳고 그름에 대해 논하였습니다. 그 가운데 단지 "정자가 정확하다.", "정자의 설은 온당치 않다.", "장자의 설은 분명치 않은 부분이 있다."라는 식으로만 말한 이유는 이미 《논맹요의》란 책이 있어 학자들이 그 부분에 대해 상고하여 알아낼 수 있기 때문입

한 것을 말한다. 《退憂堂集 卷9 上尤齋》

14 이사수(李士修)의 부친 : 이사영(李思永)의 부친인 이명하(李鳴夏)를 가리킨다. 사수는 이사영의 자이다.

니다. 그러나 우리나라에는 《논맹혹문》만 있고 《논맹요의》는 없는 실정이니, 어디에서 상고하여 그 옳고 그름과 분명치 못한 것의 실제 내용을 알 수 있겠습니까. 그렇다면 이 《논맹혹문》이란 것은 우리나라에 있어 기실 흰 바탕지 없는 회화 작업과 똑같은 것입니다. 지난번 사행을 가는 여러 공에게 삼가 이러한 뜻을 자세히 고하면서 연경의 서점에서 사 가지고 와 줄 것을 요청하였는데, 모두들 연경의 서점에도 없다고 회답하였습니다. 이는 성실히 구하지 않아서 그런 것일까요, 아니면 정말 없는 것일까요? 이제 다행히 집사께서 연경에 들어가게 되었으니, 어찌 이 책을 얻을 특별한 기회가 아니겠습니까. 이 책은 분량이 4, 5책에 지나지 않을 것으로 짐작되는데, 만약 역관(譯官)이 비싼 가격을 주고 구한다면 얻지 못할 리는 없을 듯합니다. 비록 연경 서점에 정말로 없을지라도 남경(南京)에는 기필코 있을 것이니, 만약 믿을 만한 사람에게 가격에 맞는 돈을 맡겨 사들이게 한 다음 내년 사행 때 전해 달라는 약속을 한다면 완전하게 일을 마무리할 수 있을 것입니다. 부디 바라건대 깊이 유념해 주는 것이 어떻겠습니까.

○ 이 책은 주 선생이 처음엔 이름을 《논맹요의》라고 했다가 나중에 《논맹정의(論孟精義)》라고 고쳤고 다시 또 《논맹집의(論孟集義)》라고 고쳤는데, 지금은 어떤 이름으로 되어 있는지 모르겠습니다. 한번 이 세 가지 이름으로 구해 보게 하는 것이 어떻겠습니까? 이 외에는 정자와 장자의 문인인 예컨대 유작(游酢), 윤언명(尹彥明), 장역(張繹), 후사성(侯師聖), 여여숙(呂與叔), 범손지(范巽之) 및 나중소(羅仲素), 주위재(朱韋齋)와 같은 분들의 문집이 모두 학자에게 절실한 것이니, 부디 바라건대 듣고 보는 대로 그것을 사들이

도록 해 준다면 실로 사문(斯文)의 다행일 것입니다. 명(明)나라 학자의 경우엔 구경산(丘瓊山)의 전집(全集) 또한 볼만합니다.

김기지에게 답함 신유년(1681, 숙종7) 4월 20일

答金起之 辛酉四月二十日

만 리 먼 길을 떠났다가 이제 무사히 돌아온 것은 기뻤지마는, 혹 심신에 탈이 생기지는 않았을까 하는 걱정을 하였습니다. 그러던 차 이번에 보내 준 편지를 받고는 무한히 축하하는 마음이 들었으니, 이 어찌 신명의 도움이 없이 가능한 결과이겠습니까.

사가(私家)의 불행으로 손자며느리가 세상을 떠나 영척(嶺脊)의 깊은 벽지[15]로 와 귀장(歸葬)을 하였는데, 이곳에 인사(人事)가 거의 없는 것이 좋아서 계속 자손들과 서로 의지하며 책을 보고 있으니 흡사 아무도 없는 텅 빈 골짜기에 숨어 사는 것 같습니다. 당초에 명을 받든 것은 본래 오래 있을 생각으로 한 것이 아니었으니, 지금 할 일은 다만 은거하려던 처음의 뜻을 이루는 것뿐입니다.

북경의 서점에서 구한 서책을 날마다 기다리고 있었는데, 편지의 내용을 보니 서운합니다. 민상(閩商)이 만약 믿을 만한 자라면 만에 하나의 희망이라도 버릴 수 없겠지만 언제 될지 모르는 일을 무작정 기다리기란 난감하지 않을까 합니다. 구경산의 전집은 정말 보고 싶었던 것인데 마침내 제게 보내 주니, 이 얼마나 다행이고 다행입니까. 날씨가 더워져 가는 이때, 삼가 시대를 위하여 몸을 보중함으로써 우러르는 마음을 위로해 주기를 바랍니다. 나머지 할 말은 일일이 다 적지

15 영척(嶺脊)의 깊은 벽지 : 충청도 황간(黃澗)의 냉천리(冷泉里)를 가리킨다. 《宋子大全 附錄 卷2 年譜》

못합니다.

○ 사람의 운명에 대해 논한 글은 그 간절한 정의에 감사를 드립니다. 그러나 세상 어디에 100세를 사는 사람이 있겠습니까. 그 허무맹랑함이 가소롭습니다.

김기지에게 답함 신유년(1681, 숙종7) 5월 27일
答金起之 辛酉五月二十七日

연달아 편지를 받으니, 천 리가 먼 땅이라는 것을 깨닫지 못하겠습니다. 혹독한 가뭄이 이어지고 있는 이때, 삼가 저와 똑같이 애태우며 근심하고 있을 것으로 생각하니, 어떡하면 좋습니까. 이러한 시기에 미천하고 병든 저는 감히 삭참(朔參)에 관한 말을 꺼낼 수 없었습니다. 그런데 뜻하지 않게 자질구레하고 천한 일이 외람되이 집사의 귀에까지 들려 정성스러운 분부를 내려 주기까지 하는 은혜를 입었습니다. 저는 서울에 있을 때와는 차이가 있기에 끝내 마음이 편치 못한 부분이 있지만 집사의 분부가 이와 같으므로 감히 끝내 분부를 어기지 못하고 삼가 이렇게 받드는 바입니다.

주자(朱子)의 필적을 보내 주니 놀랍고 기쁜 마음을 주체하지 못하겠습니다. 다만 듣건대 저쪽에서는 으레 위조하기를 좋아한다고 하므로 그동안 얻어 놓은 것은 부득불 진위 여부를 의심할 수밖에 없지만, 지금 이 본은 이미 높은 안목을 지닌 이의 감정을 거친 것이기에 더 이상 의심하지 않고 가까이 두고 아끼며 즐기기를 그치지 않고 있습니다. 이손오(李遜五)의 문답은 자세하기가 이와 같으니 참으로 이른바 "오랑캐가 내 눈 안에 들어 있다."[16]라는 격인데, 다만 남방의 노래가

16 오랑캐가……있다 : 내용이 일목요연하다는 말이다. 후한(後漢)의 광무제(光武帝)가 외효(隗囂) 정벌을 계획할 때 장군들의 반대에 부딪히자 복파장군(伏波將軍) 마원(馬援)을 불러 자문했는데, 마원이 황제 앞에서 쌀을 모아 산과 골짜기를 만들어

활기가 없는 것[17]이 한탄스럽습니다. 병세가 바야흐로 극에 달하여 남의 손을 빌려 적느라 대충대충 쓰는 것을 면치 못하였으니 황공하고 황공합니다. 곡운(谷雲 김수증(金壽增)) 어른은 지금 어디에 있습니까? 지극히 그리운 마음 견딜 수 없습니다.

○ 자운비(紫雲碑)[18]는 표면을 매끈하게 다듬어 놓은 지가 이미 오래되었는데, 여태껏 글을 새기지 못하고 있습니다. 대개 듣기로 사류의 여론은 기필코 문곡(文谷 김수항(金壽恒))의 글씨를 얻고자 하는데 문곡이 완강하게 거부하고 있어 감히 억지로 요구할 수 없고, 그 나머지 인물들의 경우에는 사류의 여론이 심히 도도하여 가벼이 허락하지 않는다고 합니다. 어떤 이는 동춘(同春 송준길(宋浚吉))이 남긴 필적을 집자(集字)해서 그 일을 진행하고 싶어 하는데, 다만 생각건대 동춘은 생전에 집자하는 것을 극히 좋지 않은 일로 생각하였습니다. 이는 글자를 작게 깎아 내기도 하고 또 벌어진 간격을 보충하기도 하면서 원래의 참된 모습을 잃기 때문인데, 지금 또 어찌 그렇게 되지 않으리란 보장이 있겠습니까. 일찍이 보건대 곡운 어른의 팔분체(八分體)가 몹시 좋

놓고 손가락으로 가리키며 형세를 설명하자, 광무제가 기뻐하며 "오랑캐가 내 눈 안에 들어 있다."라고 하고는 그 계책대로 진군해서 대승을 거두었다. 《後漢書 馬援列傳》

17 남방의……것 : 춘추 시대 진(晉)나라 사광(師曠)이 초(楚)나라 군사가 동원되었다는 말을 듣고는 "남방의 노래는 활기가 없어서 죽어 가는 소리가 많으니, 초나라 군사는 필시 아무 공도 거두지 못할 것이다."라고 평한 고사를 인용한 것인데, 무엇을 두고 말한 것인지는 미상이다. 《春秋左氏傳 襄公18年》

18 자운비(紫雲碑) : 파주의 자운산(紫雲山) 아래 자운서원(紫雲書院)에 놓일 묘정비(廟庭碑)를 가리킨다. 자운서원은 율곡(栗谷) 이이(李珥)의 위패를 안치한 사액서원(賜額書院)으로 송시열은 이이의 행적을 기리기 위해 〈자운서원묘정비명(紫雲書院廟庭碑銘)〉을 지었다. 《宋子大全 卷171》

았기에 일을 담당한 사람들을 시켜 그분께 청하도록 하고 싶은데, 문곡처럼 완강히 거절하면 다시 차질을 빚을까 또 염려됩니다. 부디 이러한 뜻을 먼저 그 어른에게 완곡하게 얘기해 주는 것이 어떻겠습니까.

김기지에게 답함 신유년(1681, 숙종7) 6월 20일
答金起之 辛酉六月二十日

동보(同甫 이희조(李喜朝))가 보낸 인편이 이제야 도착하였으니, 편지는 비록 늦게 받았으나 흠모하던 제 마음에 깊은 위로가 됩니다. 구경산(丘瓊山 구준(丘濬))의 전집(全集)을 얻었으니 큰 다행입니다. 대개 퇴로(退老)가 《가례의절(家禮儀節)》에 대해 매양 못마땅해하고 경시하는 뜻을 드러냈던 이유가 무엇인지 몰랐기 때문에[19] 더욱 그 전집을 보고 싶었는데, 이제 보내 주는 은혜를 받았습니다. 그러나 이미 심하게 쇠약하고 병든 처지라 깊이 연구하지 못하는 것이 아쉬울 따름입니다. 다만 일찍이 본 바로는 이 어른이 《대학연의보(大學衍義補)》를 지었는데 지금 여기에는 실려 있지 않으니, 이 전집 또한 완전한 모음집은 아닌 듯합니다. 연경(燕京) 시장에서 다시 수소문해 볼 수 있겠습니까? 집사께서는 현재 한가한 직책에 있고 또 역관을 지휘할 수 있으므로 감히 번거롭게 요청드리는 바입니다.

19 퇴로(退老)가……때문에 : 퇴로는 퇴계(退溪) 이황(李滉)을 가리킨다. 《가례의절》은 명나라 때의 유학자 구준이 편집한 책으로, 주희(朱熹)의 《가례(家禮)》를 당시의 제도에 맞게 가감하고 설명을 보충해서 8권의 분량으로 만든 것이다.

김기지에게 답함 임술년(1682, 숙종8) 3월 27일

答金起之 壬戌三月二十七日

안부 편지를 보내 준 것만으로도 무척이나 감사하고 다행스러운데, 별도의 기록을 담은 이 두 편지[20]는 특히 저를 도외시하지 않는 은혜를 베풀어 준 것입니다. 저들은 한 번 변화하여 선왕(先王)의 도(道)에 이르고자 하지만, 저들이 하는 행동을 볼 때 비록 백번 변한다 한들 제(齊)나라에도 이르지 못할 듯하니, 하물며 노(魯)나라이겠으며 선왕의 도이겠습니까.[21] 더구나 그 본색을 상실한 자가 으레 쇠망의 길로 접어드는 것은 이미 전례가 있습니다. 이는 우리가 손을 들어 서로 축하해야 할 만한 일이니, 극히 우습습니다.

저의 질병은 끝내 손대지 못할 지경이 되었습니다. 어제는 부모님의 묘소 곁으로 나갔는데, 대개 이 또한 사람이 곤궁에 처하면 근본으로 돌아간다는 뜻입니다. 인생이 이에 이르렀으니 다시 또 무슨 말을 하겠습니까. 으레 또 약을 보내 주었으니, 자주 염려해 주는 그 마음에 감사하는 심정을 가눌 수 없습니다. 나머지 바라는 바는, 시대를 위하

20 별도의……편지 : 청나라의 국내 사정을 담은 기록으로 보인다. 《宋子大全隨箚 卷6》

21 저들은……도이겠습니까 : 청나라가 제아무리 새로운 정치적 변화를 모색한다 한들 선왕의 도가 실현되었던 주(周)나라나 그 유풍이 아직 남아 있었던 노나라와 같은 나라는커녕 패도(霸道) 정치의 여습이 존재했던 제나라 같은 나라조차 될 수 없다는 말이다. 《논어》 〈옹야(雍也)〉에 "제나라가 한 번 변하면 노나라에 이르고, 노나라가 한 번 변하면 선왕의 도에 이를 것이다."라고 한 것을 원용한 것이다.

여 몸을 보중함으로써 멀리 있는 저의 마음에 부응해 주는 것입니다.

별지

한 건의 편지에서 한 말을 통해, 저도 모르게 온몸이 파랗게 질려 버렸습니다. 《시경》에서 말하지 않았습니까. "하늘이 실로 이렇게 한 것이니, 말해 무엇 하랴."라고 하였으니, 이는 바로 오늘을 위해 준비된 말입니다. 아무개 공과 이 아무개, 김 아무개에 관해 한 말씀[22]은 공정하기가 가히 정밀하다고 하겠습니다. 상고 시대에는 인재를 등용할 때 재주 있는 자와 덕이 있는 자를 아울러 등용하였기 때문에 어진 이를 천거하고 능한 이를 천거하는 법[23]이 있었던 것입니다. 만약 일체 똑같은 법을 적용한다면 저 공격을 해 대는 자들 가운데에도 어찌 골라내 버릴 자가 없겠습니까. 덕을 숭상하는 풍조는 당우(唐虞) 시절만 한 것이 없고 공(功)을 높이는 말은 전모(典

22 아무개 공과……말씀 : '아무개 공'은 청성부원군(淸城府院君) 김석주(金錫冑), '이 아무개'는 완녕부원군(完寧府院君) 이사명(李師命), '김 아무개'는 광남부원군(光南府院君) 김익훈(金益勳)이다. 1680년 경신대출척(庚申大黜陟)으로 조정에서 남인(南人)들을 몰아내는 데 적극 참여하여 공신이 된 이들 세 사람은 계속해서 정탐과 모략으로 남인을 완전히 제거하려 하였고, 이에 삼사(三司)를 중심으로 한 서인(西人) 내부의 소장파들은 이들을 훈척(勳戚)이라 비판하고 스스로를 청류라고 하였다. 이러한 상황에서 김수흥이 앞선 편지에서 이 세 사람의 장단점에 대해 논한 것이다. 《尤菴先生書節要集解 卷3》《宋子大全 卷50 答李季周(癸亥十月六日)》

23 어진……법 : 《주례(周禮)》 〈지관사도(地官司徒) 향대부(鄕大夫)〉에 "3년 만에 크게 그 덕행과 도예를 시험하여 어질고 능한 사람을 등용한다. …… 이것을 일러 '백성들로 하여금 스스로 어진 자를 천거하여 나아가 백성들의 관장이 되게 하고, 들어와 조정 내의 행정을 다스리게 한다.'라고 한다." 하였다.

謨)에 누차 나타나니, 공신(功臣)에게 일을 맡기지 않는다면 그것은 바로 쇠락한 시대의 일입니다. 이에 대해서는 다만 그 사람이 어떠한지만을 보아야 합니다.

다른 일은 논하지 않겠고 그저 직접 보고 들은 내용만 말해 보겠습니다. 유효립(柳孝立)이 꾸민 역모(逆謀)로 위험천만한 상황이 코앞에 닥쳐왔음에도 끝내 그자가 주멸(誅滅)되기에 이른 것은 순전히 익녕군(益寧君)을 비롯한 훈신(勳臣)들 덕분이었습니다.[24] 당시 만약 훈신들을 비난하여 청류(清流)에게만 일을 맡겼다면 그 명분이야 어찌 시원하고 후련하지 않았겠습니까마는, 변고가 위급하게 일어나는 상황에서 청류들의 짜내는 힘이란 혹 도리어 훈신보다 못한 부분이 있었을 것이니, 국가가 어찌 위태롭게 되지 않았겠습니까. 한쪽 무리는 원대한 계책이라고는 전혀 없이 그저 한때의 의론만을 통쾌히 만족시키려 들면서 국가의 깊은 우려는 망각하고 있으니, 탄식을 금할 수 있겠습니까. 여간(餘干)이 변사(變事)를 만났을 때 그 바름을 잃지 않아 참소를 입고 귀양 가 죽자 사림(士林)은 섬멸되었고[25] 사림이 섬멸되자 나라는 따라서 망하였으니, 이는 지금으로

24 유효립(柳孝立)이……덕분이었습니다 : 인조반정으로 제천(堤川)에 유배되어 있던 유효립 등이 1628년(인조6)에 대북파(大北派)의 잔당을 규합하여 광해군을 상왕(上王)으로 삼고 이공(李珙)을 왕으로 추대하려는 역모를 기도하였다. 이에 인조반정에 참여한 공로로 정사 공신(靖社功臣)에 책록되고 익녕군에 봉해진 홍서봉(洪瑞鳳)이 그 사실을 전해 듣고는 즉시 훈신들에게 통고하여 신속한 고변(告變)을 이끌어 냈고, 인조반정의 또 다른 공신인 김류(金瑬) 역시 곧바로 군사를 징집하여 역당을 포획하였다. 이 외에 여러 훈신의 활약으로 역모는 수포로 돌아갔고 유효립은 처형되었는데, 그 공으로 홍서봉은 영사 공신(寧社功臣)에 녹훈되었다.《仁祖實錄 6年 1月 3日, 26日》

25 여간(餘干)이……섬멸되었고 : 여간은 남송(南宋)의 재상 조여우(趙汝愚)로, 그

부터 멀지 않은 지난날의 귀감입니다. 다만 지금 사람의 현명함이 여간과 비교할 때 어떠한 수준일지 모르겠습니다.

가 출생한 곳이 여간이다. 조여우는 송 효종(宋孝宗)이 죽고 광종(光宗)이 정신병으로 집상(執喪)을 못 하게 되자 황실의 외척인 한탁주(韓侂胄)와 모의하여 광종을 퇴위시키고 영종(寧宗)을 옹립하여 종묘사직을 부지하는 공을 세웠는데, 이것이 송시열이 말한 "변사를 만났을 때 그 바름을 잃지 않았다."라는 것이다. 또 영종 경원(慶元) 연간에 한탁주가 자신의 장인인 이목(李沐)을 정언(正言)으로 삼고는 조여우가 황실의 종친이라는 점을 이용하여 찬역을 꾀한다고 무고하게 하였는데, 이 일로 결국 조여우는 조정에서 축출되어 유배지에서 죽음을 맞이하였다. 이후 권력을 잡은 한탁주는 주희(朱熹) 등의 도학파를 위학(僞學)이라 하여 모조리 추방하였는데, 이것이 송시열이 말한 "참소를 입고 귀양 가 죽자 사림은 섬멸되었다."라는 것이다. 《宋史 趙汝愚列傳, 韓侂胄列傳》《宋子大全隨箚 卷6》

김기지에게 답함 임술년(1682, 숙종8) 5월 1일

答金起之 壬戌五月一日

산야에 사는 이 늙고 추한 사람은 타인들과 나란히 서기에 부족한 인물인데도 매번 집사로부터 죽었는지 살았는지 안부를 물어봐 주는 은혜를 입었습니다. 이는 대등한 관계일지라도 감당키 어려운 일일 터이니 저의 감사하는 마음이 응당 어떠하겠습니까. 저는 병의 차도가 일정치 않다가 지금은 설사병으로 괴로워하고 있으니, 끝내 어떻게 될지 모르겠습니다. 기 상국(沂相國)에 대한 글[26]은 죽을 위기를 견디며 초고를 작성하였으니 삶과 죽음에 관한 감회가 더욱 일어납니다. 홍우(洪友)가 반드시 집사에게 교정을 받으러 갈 것이니, 부디 수정해 주는 것이 어떻겠습니까. 영질(令姪) 또한 마찬가지입니다.

별지에서 한 말씀은 삼가 다 읽어 보았는데, 시대를 걱정하는 것이 참으로 간절하였습니다. 다만 끝 단락에서 한 말씀은 만약 자공(子貢)이 들었다면 필시 "한마디 말로 지혜롭지 못한 사람이 된다."라는 말로 경계하였을 것입니다.[27] 저 같은 사람은 땔나무를 끌고 와 불을 끄려는

26 기……글 : 현종 때 영의정을 지낸 기천(沂川) 홍명하(洪命夏)의 신도비명(神道碑銘)으로, 《송자대전》 권162에 〈기천홍공신도비명(沂川洪公神道碑銘)〉이라는 제명으로 실려 있다.

27 만약……것입니다 : 김수홍이 편지의 끝부분에서 송시열을 칭찬하자, 송시열이 말을 신중히 해야 한다고 경계한 것이다. 진자금(陳子禽)이 자공을 공자보다 훌륭하다고 평하자, 자공이 "군자는 한마디 말로 지혜로운 사람이 되기도 하고 한마디 말로 지혜롭지 못한 사람이 되기도 하니, 말은 신중하게 하지 않으면 안 된다."라고 꾸짖었던 고사를

자[28]로서 단지 제 몸이 먼저 불타기에 족한 사람이니, 어찌 식자들의 큰 비웃음을 당하지 않겠습니까. 또 차자(箚子) 가운데 한 대목[29]은 황공함을 이길 수 없습니다. 제 자식 놈은 원래가 게으르고 졸렬한데 그 아들이 관직을 얻은 뒤부터는 부자가 함께 녹을 받는 것을 더욱 참람하게 여겨 관직의 제수와 관련한 모든 일을 일절 사절해 왔습니다. 그런데 지금 이 일에서는 이전에 하던 대로 똑같이 대응할 수가 없으니, 이 어찌 제 집안에 재앙이 생겨날 조짐이 아니겠습니까. 하물며 제 자식 놈과 함께 나란히 거론된 사람이 또 어떤 지위에 있는 사람입니까.[30] 차자의 내용을 들은 뒤로 밤낮 근심과 두려움으로 오직 도망치고 싶은 심정이었지만 불가능한 일이었습니다. 문순공(文純公 이황(李滉))이 일찍이 세속의 말을 인용하면서 "결자해지(結者解之)해야 한다."라고 하였는데, 이제 감히 이 말을 그대로 외워 드리지 않을 수 없겠습니다. 《구산집(龜山集)》은 산중에 보관해 두고 있는데, 후일 마땅히 분부대로 가져오겠습니다.

인용하였다. 《論語 子張》

28 땔나무를……자 : 터무니없는 방법으로 문제를 해결하려고 하여 도리어 화가 자신에게 미치는 것을 비유하는 말이다. 《전국책(戰國策)》 〈위책(魏策)〉에 "땅을 떼어 주면서 진(秦)나라를 섬기는 것은 마치 땔나무를 안고서 불을 끄려는 것과 같으니, 땔나무가 다 타서 없어지지 않으면 불이 꺼지지 않을 것입니다."라고 하였다.

29 차자(箚子)……대목 : 1682년 4월 9일 김수흥이 올린 차자에 송시열의 아들 송기태(宋基泰)를 근방의 한 고을에 제수함으로써 봉양하기 편리하게 해 달라고 요청한 것을 가리킨다. 《肅宗實錄 8年 4月 9日, 13日》

30 하물며……사람입니까 : 김수흥이 송기태를 추천할 때 사계(沙溪) 김장생(金長生)의 사손(嗣孫)을 함께 거론하였기에 이렇게 말한 것이다. 《宋子大全隨箚 卷6》

김기지에게 답함 임술년(1682, 숙종8) 7월 17일

答金起之 壬戌七月十七日

인편이 있으면 그때마다 편지를 보내 주니 어떻게 이럴 수 있을까 하고 일찍부터 의아해했는데, 이번에 또 네 편의 아름다운 시를 보내 주었습니다. 이에 베개를 밀치고 일어나 앉아 읊기를 여러 차례 하는 동안 오랜 앓던 병의 소재도 문득 잊을 정도였으니, 시가 사람에게 도움이 된다는 것은 참말입니다.

풍악산(楓嶽山)에 관련하여 한 말씀은 또 저로 하여금 먼 곳까지 생각이 치달리게 만들어 마치 일만 이천 봉우리 가운데에서 그대와 함께 노니는 듯한 기분이 들게 합니다. 다만 시사(時事)가 이와 같은데 그저 나가 노닐면서 근심을 씻어 버리는 시인(詩人)의 마음과 똑같이 행동하려고 하는 것입니까, 아니면 '이미 태평한 세상으로 가고 있으니 즐거운 일을 끝까지 다 하고 한가로운 복을 즐길 만하다.'라고 여기는 것입니까? 저는 망녕되게도 언제나 '집사께서는 비록 관직에 있지 않더라도 응당 밤낮 생각을 경주함으로써 영의정 대감과 국사를 강구하고 의논하느라 다른 일에 관심을 둘 겨를이 없을 것이다.'라고 생각해 왔습니다. 저의 망녕된 의론이 이에 이르렀으니, 그 어리석음을 해량해 줄 것으로 생각합니다.

○ 기 상국(沂相國)에 대한 글[31]은 만약 집사의 고견으로 볼 때 큰 흠이 없으면 다행이겠습니다. 밥 한 끼 먹을 때에도 임금을 잊지 못하

31 기……글 : 461쪽 주26 참조.

는 뜻이 그 속에 여러 번 드러나고 따로 겉으로 표출하지 않았다는 것은 참으로 편지에서 한 말씀 그대로입니다. 응당 그 본가 자제들과 상의하여 첨삭하고 윤색하겠습니다.

○ 《주자어류(朱子語類)》에 대해 이렇게까지 유념해 주니 사문(斯文)의 다행입니다. 그것을 더욱 정밀하고 간략하게 만드는 일에 대해 말하자면, 물론 그러한 뜻이 없지는 않으나 정력이 날로 줄어드는 데다 곁에 도움이 될 만한 든든한 벗도 없기에 여태까지 미루고 있었으니, 마침내 천고의 한이 될까 염려됩니다. 혹 안목을 갖춘 사람이 있어 대충 완성된 이 본을 가지고 온공(溫公)의 《자치통감거요력(資治通鑑擧要曆)》[32]처럼 따로 선별하고 요약한다면 좋을 것입니다. 집사께서 불가하다면 적당한 사람을 보고서 그 일을 맡길 것인데, 그에 있어 저는 집사의 사위[33]만 한 이가 없다고 생각합니다.

32 온공(溫公)의 자치통감거요력(資治通鑑擧要曆) : 북송(北宋)의 사마광(司馬光)이 《자치통감》을 편찬하자 신종(神宗)으로부터 "방대하면서도 요점을 얻고, 간략하면서도 사건을 두루 포괄하였다."라고 칭찬을 받았는데, 사마광은 그에 만족하지 않고 더욱 정확하게 요점을 추려 내기 위하여 《자치통감목록(資治通鑑目錄)》을 편찬하였고, 또 그것으로도 사건을 두루 포함하기에는 부족하다 여겨 다시 《자치통감거요력》을 편찬하였다. 이에 대해 주희는 임금을 사랑하고 나라에 충성하며 옛일을 상고하고 대책을 아뢰는 뜻을 볼 수 있다고 평가하였다. 《晦庵集 卷76 資治通鑑擧要曆後序》

33 집사의 사위 : 지촌(芝村) 이희조(李喜朝)를 가리킨다. 《尤菴先生書節要集解 卷3》

김기지에게 답함 임술년(1682, 숙종8) 11월 12일

答金起之 壬戌十一月十二日

집사의 편지는 받으면 받을수록 더욱 기쁘기만 하니, 사람의 마음이란 만족을 모른다는 사실을 알 수 있습니다. 깊고 깊은 산골에 명을 받든 사신이 날마다 이르니, 처음엔 실로 목전의 안일을 도모하려는 마음이 었지만 점차 황공함만 더해 갑니다. 이러한 때에 저를 이해하는 집사와 같은 분이 수수방관하고 웃기만 하면서 제대로 된 조처를 취해 주지 않는다면, 그것은 평소 제가 바라던 것이 아닙니다.

곡운(谷雲 김수증(金壽增)) 어른이 누추한 이곳에 왕림해 주었는데, 이는 비록 산을 사랑하는 마음에서 그렇게 한 것이겠지만 저의 분수를 헤아려 볼 때 너무도 참람하였습니다. 또 몰래 엿보니 이미 산골 노인의 모습이 되었는바, 의당 두 정승의 원방(元方)이 되기는 어렵겠습니다.[34] 참으로 우습습니다. 그러다 며칠을 더 지켜본 뒤에 문득 한가로운 구름 따라 남쪽으로 떠났는데, 이제부터는 소식이 막히게 되었으니

34 의당……어렵겠습니다 : 김수증이 산골에 사는 노인 행색을 하고 있으니, 정승이 된 두 동생 김수흥과 김수항(金壽恒)의 형이라고 하기는 어렵겠다는 농담이다. 후한(後漢) 때 고사(高士) 진식(陳寔)은 진기(陳紀)와 진심(陳諶) 두 아들이 모두 재덕(才德)이 뛰어나 당시에 명성이 높았다. 한번은 진기와 진심의 아들이 서로 자기 아버지의 공덕이 더 훌륭하다고 우기다가 결론을 내지 못하여 할아버지인 진식에게 가서 묻자, 진식이 이르기를 "원방은 형이 되기 어렵고, 계방(季方)은 아우가 되기 어렵다."라고 하면서 두 사람의 우열을 가리기 어렵다는 뜻을 보였다. 원방은 진기의 자이고, 계방은 진심의 자이다. 《世說新語 德行》

저로 하여금 심히 암담한 심정이 들게 합니다. 나머지는 남의 손을 빌려 대충 적느라 일일이 다 말하지 못합니다.

김기지에게 답함 임술년(1682, 숙종8) 12월 13일

答金起之 壬戌十二月十三日

지난번 편지에 미처 답장을 하지 못하여 늘 겸연쩍고 한스러웠는데 지금 또 연이어 편지를 받으니 더욱 저의 불민함을 자책하게 됩니다. 강가에 은거해 있는 동안 더벅머리 두 아이가 서로 자리를 지키며 떠나지 않고 있으니,[35] 매양 "이 몸을 따르는 것은 오직 백발뿐이네.〔隨身唯白髮〕"[36]라는 구절을 욀 때마다 이조차도 역시 쉽지 않은 일이라고 여기곤 합니다.

선왕의 능이 가까이 있다고 한 말씀은 참으로 저의 마음을 먼저 안 것이니, 다 읽어 내려가기도 전에 저도 모르게 눈물과 콧물이 섞여 흘렀습니다. 강물이 푸르게 일렁이고 여린 풀들이 언덕에 자라는 그 아름다운 경치는 과연 편지에서 한 말씀과 같습니다만, 절기에 어긋나는 것은 어찌하면 좋습니까. 걱정을 이루 다 말할 수 없으니, 다음 해는 장차 어떻게 될는지요. 주제넘게 하는 한탄이 이와 같은데, 당국자는 또 어떤 심정일지 모르겠습니다. 곡운(谷雲 김수증(金壽增)) 어른

35 더벅머리……있으니 : 병이 고질이 되어 낫지 않는다는 말이다. 춘추 시대에 진(晉)나라 경공(景公)이 병이 들어 의원을 불렀는데, 꿈에서 더벅머리 두 아이가 의원을 피해 고황(膏肓) 사이로 숨으려고 모의하는 것을 보았다. 이후 의원이 도착하여 병이 고황에 들어 고칠 수 없다고 하자 경공은 그를 양의(良醫)로 인정하였다. 《春秋左氏傳 成公10年》

36 이……백발뿐이네 : 구봉(龜峯) 송익필(宋翼弼)이 말년에 지은 시 〈희천으로 유배 가는 도중에〔謫熙川途中〕〉의 셋째 구절이다. 《龜峯集 卷2》

의 편지는 삼가 받아 답장을 올렸습니다.

○ 지난번 편지에서 말씀한 '칭호'는 급하지 않은 일을 살피는 것이라고 할 만합니다. 또 생각건대 "자기에게 나쁜 점이 없은 뒤에야 다른 사람의 나쁜 점을 비판한다."[37]라고 하는 말은 이러한 세세한 일에 또한 옳은 말입니다. 삼가 집사께서 《대학》에 대한 독서가 아직 미숙한 것이 아닐까 하는데, 배를 그러안고 웃지 않을 수 없습니다.

별지

별지에 적힌 내용을 보고 경악을 금치 못하였습니다. 이 이후의 조보(朝報)는 어떤 것은 보고 어떤 것은 보지 못하였는데, 그 조어(措語)가 어떻게 되어 있는지 모르겠습니다. 저는 본래 시사(時事)에 간여하고자 하는 마음이 없고 또 파방(罷榜)의 의론이 오가는 가운데 혐의되는 부분이 있으므로[38] 절대로 그것을 입에 올리지 않았습니

37 자기에게……비판한다 : 《대학장구(大學章句)》 전(傳) 9장에 나오는 말로, "군자는 자신에게 좋은 점이 있은 뒤에 남에게 좋은 점을 요구하고 자신에게 나쁜 점이 없은 뒤에 남의 나쁜 점을 비판한다."라고 하였다.

38 파방(罷榜)의……있으므로 : 1682년 8월 19일에 열린 증광 감시(增廣監試)의 복시(覆試)에서 조한추(曺漢樞)를 비롯한 여러 거자(擧子)들이 과장에 함부로 난입하는 사건이 발생하자 정언 이굉(李宏), 대사간 유상운(柳尙運) 등을 중심으로 복시의 파방을 청하는 의론이 비등하였고, 지평 조형기(趙亨期), 영의정 김수항(金壽恒) 등이 그에 맞서서 파방을 반대하여 논쟁이 가열되었다. 이때 송시열의 손자인 송주석(宋疇錫)이 회시(會試)에 응시할 처지였기에 혐의쩍어 말할 수 없었던 것이다. 이후 결국 숙종은 "죄가 시관(試官)에게 있으면 시관을 죄주고 죄가 거자에게 있으면 거자를 죄줄 것이니, 파방하지 말라."라는 선조(宣祖)의 수교(受教)가 명백히 있다는 이유로 파방을 윤허하지 않았다. 《宋子大全隨箚 卷5》《肅宗實錄 8年 8月 19日, 10月 1日, 11月 2日》

다. 그런데 삼가 듣건대 저의 이름이 제법 남들의 입에 오르내린다고 하니, 지금의 일은 가히 난감하다고 할 만합니다. 고인이 산림에 더 깊이 들어가지 못하는 것을 한으로 여긴 것은 참으로 그럴 만한 이유가 있는 것입니다. 기축년(1589, 선조22)의 일[39]에 대한 말씀은 삼가 자세히 살펴보았습니다.

39 기축년의 일 : 1589년에 동인(東人) 정여립(鄭汝立)의 모반 사건을 계기로 일어난 기축옥사(己丑獄事)와 관련한 일로 보인다.

김기지에게 답함 계해년(1683, 숙종9) 1월 9일

答金起之 癸亥正月九日

보내 준 입춘축(立春祝)은 감사히 잘 받았습니다. 처음엔 이 몸이 인조(仁祖)께서 패옥(佩玉)을 바꾸셨던 해[40]를 다시 만나게 될 줄은 생각지 못하였습니다. 기억을 떠올려 보건대, 그 당시에는 여러 현인들이 조정에 가득하여 민간에서 태평성대를 칭송하였는데 지금은 나라의 위급함이 이와 같으니, 누구를 탓하겠습니까. 미천한 저는 몸 둘 바를 모르겠으니 진실로 잠깐 근교(近郊)로 나아가 재차 속마음을 다 털어놓은 뒤 물러나려고 하는데, 두려운 것은 추위가 바야흐로 심하다는 것입니다. 나머지 할 말은 일일이 다 적지 못합니다.

40 인조(仁祖)께서……해 : 인조반정(仁祖反正)이 일어난 해인 계해년(1623)을 가리킨다. 이해 역시 계해년이었으므로 이렇게 말한 것이다.

김기지에게 답함 계해년(1683, 숙종9) 2월 6일
答金起之 癸亥二月六日

지난번에 왕림해 주어 외람되이 한나절 동안 차분히 대화할 수 있었기에 지금껏 감사하고 다행스러운 마음이 사라지지 않고 있는데, 이번에 또다시 편지를 보내어 정성스럽고 간절하게 깨우쳐 주니 저를 잊지 않는 그 은혜에 더욱더 감사를 드립니다. 휴치(休致)에 대한 청은, 지난날 이미 그에 관한 간절한 하교가 있었기에[41] 지금 잠자코 모른 체하고 있을 수 없기 때문이었습니다. 그러나 또다시 윤허를 받지 못하였으니, 참으로 이른바 "임금의 조화는 추웠다 더웠다 하는 일정하지 않은 날씨와도 같다."라는 격입니다. 화숙(和叔)은 수립한 절조가 탁월하니 어찌 두레박틀처럼 남을 따라 이랬다저랬다 하겠습니까.[42] 이는 염려할 바가 아닙니다.

41 지난날……있었기에 : 1683년 1월에 송시열이 수개월 동안 서울 근교에 머물면서 소명(召命)을 거부한 채 지속적으로 휴치를 청하자 숙종이 은례(恩禮)를 베풀고 "도성에 들어온 뒤에 휴치의 청을 허락하겠다."라고 한 것을 가리킨다. 《宋子大全 附錄 卷7 年譜》

42 화숙(和叔)은……하겠습니까 : 화숙은 박세채(朴世采)의 자이다. 송시열이 숙종에게 휴치를 청할 때마다 숙종이 "박세채가 오는 것을 기다린 뒤에 허락하겠다."라고 하였기 때문에 이렇게 말한 것이다. 《宋子大全隨箚 卷6》

김기지에게 답함 계해년(1683, 숙종9) 2월 15일

答金起之 癸亥二月十五日

편지에서 한 말씀을 다 살펴보았습니다. 타락죽은 해당 낭관(郎官)이 재차 왔기에 감히 끝내 사양할 수 없었으나 실로 매우 황공합니다. 차자(箚子)의 부본(副本)[43]은 공손히 받들어 읽고 나서 그 충정을 바치는 지극한 요결에 우러러 탄복하였습니다. 성상께서 혹 그윽하게 혼자 계신 가운데에서 경계하고 두려워하는 마음을 중단 없이 계속 가지신다면 성학(聖學)이 날로 진보하고 성덕(盛德)이 날로 새로워질 것이니, 재이(災異)가 어찌 족히 근심이 되겠습니까. 베개에 엎드려 남의 손을 빌려 대충 적느라 속의 말을 다 드러내지 못합니다.

43 차자(箚子)의 부본(副本) : 1683년 2월 15일에 김수홍이 재이로 인하여 올린 차자의 부본이다. 여기에서 그는 숙종에게, 경계하는 마음을 지녀야 하며 상참(常參)과 윤대(輪對)의 규정을 시행하도록 청하였다. 《肅宗實錄 9年 2月 15日》

김기지에게 답함 계해년(1683, 숙종9) 한식
答金起之 癸亥冷節

잠깐 헤어진 뒤로 그리운 마음 한층 더하였는데 홀연 이렇게 편지를 받으니 위로되는 마음 끝이 없습니다. 벼슬을 내놓게 해 달라는 간청이 1년이 지난 뒤에야 비로소 허락을 받게 되니, 그 망극한 성은에 무종(無從)의 눈물[44]만 흘립니다. 다만 박화숙(朴和叔)이 훼방을 놓아 일이 거의 이루어지려다가 중도에 다시 원상태가 되고 마니,[45] 천하의 일에

44 무종(無從)의 눈물 : 무종은 따르는 물건이 없다는 말로, 슬퍼하기만 할 뿐 슬퍼하는 만큼의 충분한 도움을 줄 수 없이 공연히 흘리는 눈물을 말한다. 공자가 위(衛)나라에 갔을 때 옛 관사(館舍) 주인(主人)의 상(喪)을 당하여 들어가 곡하고 나온 뒤 자공(子貢)을 시켜 참마(驂馬)로 부의(賻儀)를 하라고 하였다. 이에 자공이 문인(門人)의 상에도 참마로 부의한 적이 없는데 옛 주인에게 이렇게 하는 것은 너무 과중하지 않느냐고 말하자, 공자가 이르기를 "내가 지난번 들어가 곡할 적에 한번 슬퍼하매 눈물이 나왔으니, 나는 눈물을 흘리면서 따르는 것이 없는 것을 싫어한다."라고 한 데서 온 말이다. 《禮記 檀弓上》

45 박화숙(朴和叔)이……마니 : 송시열은 1682년부터 1년이 넘도록 지속된 휴치(休致)의 청이 도무지 받아들여지지 않자 "휴치한 후에도 계속 경저(京邸)에 머물러 있으면서 국사에 참여하겠다."라고까지 하면서 뜻을 이루려 하였고, 이에 결국 숙종은 그 말을 조건으로 1683년 3월에 청을 허락하였다. 그런데 이때 송시열의 휴치를 한사코 반대하던 박세채(朴世采)가 소장을 올려 휴치를 허락한 명을 거두어 달라고 청하는 한편, 휴치 이후에도 계속 정사에 참여하라는 것이 말로만 그치면 송시열이 또 적당한 핑계를 대고 떠나 버릴 수 있으니 그 내용을 절목(節目)을 만들어 교서(教書)에 보태어 넣은 뒤에 대신을 보내어 그 뜻을 전달해야 한다고 하였다. 이에 숙종은 그 말대로 한 뒤 이조 판서 이숙(李䎘)을 송시열에게 보내 자신의 뜻을 전유하게 하였다. 《宋子大全 附錄 卷8 年譜》《宋子大全隨箚 卷6》

는 완전히 좋은 것이란 없음을 알 수 있습니다.

"고요하고 편안하다."라는 말씀에 대해서는, 떠올려 보자니 제 마음이 그곳으로 치달려 감을 느낍니다. 그러나 기억하건대 일찍이 회옹(晦翁)은 양성재(楊誠齋)를 면려하면서 "지나치게 유유자적하면서 남들과 함께 걱정해야 할 걱정을 잊지 말라."라고 하셨으니,[46] 간절히 바라건대 서둘러 조정으로 돌아가 연석(筵席)에 자주 출입함으로써 최선을 다해 주상을 계도해 준다면 큰 다행이겠습니다. 저의 병은 날로 손댈 수 없는 지경이 되고 있으니, 조용히 최후를 기다릴 뿐입니다.

46 회옹(晦翁)은……하셨으니 : 양성재는 남송(南宋)의 학자 양만리(楊萬里)로, 성재는 그의 호이다. 주희(朱熹)가 그에게 보낸 편지에서 "그대의 청렴한 덕과 고상한 명망을 조정과 재야에서 진심으로 따르고 있으니, 간절히 바라건대 먹고 자는 동안에도 때로 자중하고 또 하늘을 즐거워하고 천명을 아는 즐거움 때문에 남들과 함께 걱정해야 할 걱정을 잊지 말며 지나치게 유유자적하지도 말고 은둔하려는 생각도 하지 않기를 바랍니다."라고 한 것을 인용한 것이다. 《晦庵集 卷38 答楊庭秀》

김기지에게 답함 계해년(1683, 숙종9) 3월 13일

答金起之 癸亥三月十三日

일전에 보내 준 편지가 머리맡에 당도하매 문득 심신이 상쾌해짐을 느꼈습니다. 옷을 걸치고 일어나 앉아 붓을 잡고 답장을 쓰던 중 홀연 또다시 여러 장을 이어 붙인 편지를 받았는데, 상세히 일깨우고 경계해 준 그 내용은 어느 하나 성대한 덕의 말씀이 아닌 것이 없었습니다. 다만 이러한 말씀은 의당 군자라야 감당할 수 있는데 미천하고 졸렬한 제게 베풀어 주니, 부끄러워 땀만 흘릴 뿐입니다.

양성재는 기운이 호방하고 힘이 웅대하여 세상에서 그의 눈에 차는 사람이 없었으니, 회옹이 함께 일하기를 바라신 것은 당연한 것이었습니다. 이러한 인물은 비록 쉽사리 따라갈 수 없는 존재이지만, 집사께서는 인물됨과 지체로 보건대 도리어 박화숙(朴和叔)한테 양성재와 같은 존재가 되시지 않겠습니까. 다만 염려되는 것은 집사께서 천 개의 봉우리 위로 날아오르는 흥취를 주체하지 못하여,[47] 원대한 대책을 모의하고 상의하는 동안 고개를 숙이지 않으려고 하시지 않을까 하는

47 천……못하여 : 양만리 같은 웅대하고 호쾌한 기상을 주체하지 못한다는 말이다. 양만리와 주희(朱熹)는 평소 자주 시를 주고받았는데, 그를 통해 농담하기를 즐겼다. 하루는 주희가 다리에 병이 나서 제대로 못 걷는다는 말을 듣자 양만리가 시를 지어 희롱하기를 "회옹이 만약 성재 노인의 안부를 묻는다면, 천 개의 봉우리를 오르내리면서도 부축이 필요 없다고 하겠네.〔晦翁若問誠齋叟, 上下千峯不用扶.〕"라고 하였다. 이에 주희가 그 시를 보고는 "나의 병은 그래도 다리에 있지, 성재의 병은 입에 있다."라고 응수하였다. 《宋子大全隨箚 卷9》

것입니다. 임금과 백성에 대한 화숙의 지극한 정성은 참으로 존경하고 탄복할 만합니다. 다만 일을 할 때가 말을 할 때와 같지 않고 사람들의 마음이 자신의 마음과 같지 않은 까닭으로 끝내 수수방관만 하다가 돌아가 버리는 지경에 이를까 염려되므로, 지난번 편지에서 언급하였던 것입니다. 오늘날 인물이 비록 적다고 하지만 만약 능히 서로 마음을 합한다면 거의 조금이나마 나라를 부지할 수 있을 것입니다.

마침 우상(右相)의 선래(先來)가 진달한 말[48]을 들었는데, 극히 우려됩니다. 오늘날의 사세는 제비와 참새가 사람의 집에 둥지를 틀고 있는 것[49]보다 몇 곱절은 더 심각한 상황이니, 한밤중에 이를 생각할 때마다 저도 모르게 두려운 마음이 듭니다. 집사께서 이 말을 들었을 때 저와 똑같은 심정이시지 않았을까 합니다. 병상에 누워 남의 손을 빌려 대충 적느라 할 말을 일일이 다 적지 못합니다.

48 우상(右相)의……말 : 우상은 1682년 겨울에 사은사(謝恩使)로 청나라 연경(燕京)에 간 우의정 김석주(金錫胄)이다. 1683년 3월 7일에 김석주는 선래를 보내 조정에 청나라의 내부 사정을 아뢰었는데, 강희제(康熙帝)가 삼번(三藩)의 난을 평정한 뒤로 날마다 사냥과 연회를 일삼으면서 더욱 기세등등해하는 모습과, 또 삼번의 난 당시 오삼계(吳三桂)의 병력과 호응하여 싸우다가 패한 정금(鄭錦)이 반청(反淸) 세력을 이끌고 대만(臺灣)으로 들어가 명(明)나라를 잊지 않고 있는 사정 등을 수록하였다. 《肅宗實錄 9年 3月 7日》

49 제비와……것 : 화가 눈앞에 닥쳐도 알지 못하고 편안히 여기는 상황을 가리킨다. 《공총자(孔叢子)》 〈논세(論勢)〉에 "제비와 참새가 집에 둥지를 틀고는 어미와 새끼가 서로 먹이를 주고받으면서 편안히 즐기며 스스로 안전하다고 여기고만 있을 뿐, 구들에서 불꽃이 치솟아 건물 전체가 타 버릴 상황이 되었는데도 제비와 참새는 안색을 바꾸지 않고 화가 장차 자기 몸에 미칠 줄을 알지 못한다."라고 한 말을 원용한 것이다.

김기지에게 보냄

與金起之

고인은 격물치지(格物致知)의 공부를 반드시 본원(本源)을 함양하는 《소학(小學)》 공부 다음에 하였기 때문에 학문을 함에 한곳으로 수렴되는 바가 있었습니다. 더구나 《주례(周禮)》는 산만하고 자질구레한 지엽적인 제도에 해당하니, 격물치지 공부를 할 때에 응당 뒤로 미루어야 하고 먼저 해서는 안 됩니다. 그러므로 주자(朱子)가 그렇게 말씀하신 것입니다.

"육상서(六尙書)가 대간(臺諫)의 잘못을 논할 수 있다."라고 하는 것과 "좌승(左丞)과 우승(右丞)이 대간을 바로잡을 수 있다."라고 하는 것[50]은 국가의 제도가 어떠한지에 따라서 달리 말해야 하는 것이니 일률적으로 논할 수 없는 문제입니다. 그러나 광해군 시절의 폐모(廢母) 논의처럼 대간의 말이 이치에 대단한 해가 된다면 조정에 있는 사람은 비록 미관말직이라도 마땅히 발언을 해야 합니다. 그러니 상서가 된 자는 또 어떻겠습니까.

50 육상서(六尙書)가……것 : 《주자어류》 권128의 〈본조법제(本朝法制)〉에 "묻기를 '어떤 사람이 육상서는 대간의 잘못을 논할 수 있다고 하는데 그렇습니까?' 하니, 대답하기를 '예로부터 좌승과 우승은 대간을 바로잡을 수 있었다.' 하였다."라고 한 것을 가리킨다. 이에 대해 김수홍은 "대간의 말이 비록 이치에 맞지 않는 부분이 있더라도 임금이 또한 응당 관대히 받아들이면 상서와 좌우 승상이 어찌 바로잡을 수 있겠습니까. 이렇다면 언로에 방해가 있지 않겠습니까. 아니면 국가가 그렇게 제도를 제정한 의도가 있어서 그 사이에 따로 도리가 있는 것입니까?"라고 질문하였다. 《退憂堂集 卷9 上尤齋問目》

보내온 편지에서 "참아야 할 일과 참으면 안 될 일의 문제에 있어서,[51] 만약 일을 헤아리는 것이 정밀한 자가 아니라면 아마도 참아야 할 일에 참지 못하고 참으면 안 될 일에 참는 경우가 있지 않을까 한다." 라고 한 말은 참으로 지당한 의론입니다. 그러나 만약 참으면 안 될 일이 있다면 어찌 일체 참는 것이 더 낫다고 할 수 있겠습니까. 근세에는 수령이 감사에게 치욕을 당하면서도 왕왕 참아 가며 계속 그 자리에 눌러앉는 경우가 있으니, 몹시도 추합니다. '염(廉)'이란 '염치(廉恥)'의 '염'이며 '염우(廉隅)'의 '염'입니다.

학자가 만약 책을 읽고 이치를 궁구함으로써 의리를 분명하게 하면 저절로 폭넓게 응할 수 있고 세세한 것까지 합당해지는 법이니, 그러므로 주자가 선후와 경중의 구분을 통해서 말씀하신 것입니다.[52] 그러나 주자가 일찍이 말씀하시기를 "학자가 만약 자신을 위한 공부를 하려는 마음이 있다면 전곡(錢穀)에 관한 일과 군사에 관한 일 등이 모두 실제로 있는 일이다."라고 하였으니,[53] 응당 그 결심한 것이 어떠한지를

51 참아야……있어서 : 《주자어류》 권13 〈학(學)7 역행(力行)〉에 "일에는 참으면 안 될 것이 있으니, 어찌 전적으로 참아야 하는 일만 배울 수 있겠는가."라고 한 것을 가리킨다.

52 학자가……것입니다 : 《주자어류》 권13 〈학7 역행〉에 "학자가 만약 가슴속에 의리가 분명해지면 이로부터 사물을 헤아림에 저절로 폭넓게 응할 수 있고 세세한 것까지 합당해지는 법이다. 만약 요순(堯舜) 같은 허다한 총명이 있다면 절로 요순 같은 허다한 사업을 할 수 있겠지만, 만약 하나하나 이해하려고 든다면 일이 변화가 끝없이 이어지는 것을 미리 예측하기가 어렵고 기미에 따라 달리 대응하는 것을 미리 정하기 어렵다. 문인과 재사(才士)가 입만 열면 국가의 이해(利害)를 이야기하고 붓만 잡으면 시정(時政)의 득실을 서술한다면 끝내 무슨 일을 이루겠는가."라고 한 것을 가리킨다.

53 주자가 일찍이……하였으니 : 《사서혹문(四書或問)》 권1 〈대학(大學) 경일장(經

보아야 할 뿐입니다.

태극(太極)은 이(理)이니, 일상생활의 모든 행위가 어찌 이(理) 너머의 것이겠습니까.

주자가 유 원성(劉元城)을 두고 중도(中道)를 얻었다고 한 것[54]은 그 의도하는 바가 있습니다. 《주자어류(朱子語類)》〈본조(本朝) 자희령지정강용인(自熙寧至靖康用人)〉에서 요옹(了翁)과 유 원성을 논한 부분을 상고해 본다면 그 점에 대해 알 수 있을 것이고, 또 주자가 정경망(鄭景望)에게 답한 편지 및 《주자어류》에서 함괘(咸卦)의 동동왕래(憧憧往來)[55]를 논한 말을 보면 더욱 알 수 있습니다.

一章)〉에 "학자가 천하의 일을 마치 자신이 당연히 해야 할 일처럼 간주하고 행한다면 비록 군사에 관한 일, 전곡에 관한 일, 제사 지내는 일, 유사(有司)의 일이라 할지라도 모두 자신을 위한 공부이고, 세상에서 알아주기를 바라는 마음에서 그것을 행한다면 비록 다리의 살을 베어 병든 부모를 먹이고 시묘(侍墓)를 살고 낡은 수레를 타고 파리한 말을 타더라도 또한 남을 위한 공부이니 좋은 일이겠는가."라고 한 것을 말한다.

54 주자가 유……것 : 유 원성은 북송(北宋)의 명신인 유안세(劉安世)로, 그가 원성(元城) 사람이므로 이렇게 칭한 것이다. 그는 성격이 강직하여 송 휘종(宋徽宗) 때 간신인 장돈(章惇), 채변(蔡卞) 등을 신랄하게 비판하다가 유배되는 등 온갖 고초를 겪었는데도 끝내 지조를 꺾지 않았다. 《宋史 劉安世列傳》 이에 대해 《주자어류》 권130 〈본조4 자희령지정강용인〉에 "묻기를 '원성과 요옹의 강직함 가운데 누가 중도를 얻었습니까?' 하니, 말하기를 '원성이 중도를 얻었고, 요옹은 후일 지나친 부분이 있었다. 원성은 다만 그 지위에 있으면서 숨김없이 끝까지 말하다가 죄를 받고는 순순히 응하였고, 요옹은 나중에 하는 일들이 모두 차분함이 없었다.' 하였다."라고 하였다. 요옹은 북송의 문신인 진관(陳瓘)의 호이다.

55 함괘(咸卦)의 동동왕래(憧憧往來) : 《주역》〈함괘(咸卦) 구사(九四)〉에 "왕래하기를 자주 하면 벗만이 네 생각을 따르리라.〔憧憧往來, 朋從爾思.〕"라고 한 것을 가리킨다.

김기지에게 답함 계해년(1683, 숙종9) 4월 9일

答金起之 癸亥四月九日

편지에서 한 말씀을 보니 황송합니다. 주달한 내용이야 어찌 훌륭한 뜻이 아니겠습니까마는, 다만 제가 그에 합당한 사람이 아닌 듯합니다.[56] 광성(光城)[57]이 선사(先師)의 유고(遺稿)를 교정해 달라고 여러 차례 대면하여 부탁하였는데, 시끌벅적한 이곳은 그 일을 하기에 적당한 장소가 아니며 오늘 도성 북쪽으로 나가 열흘간 머물 생각을 하고 있습니다. 그러나 그 일을 끝내 사양할 수 없게 되었고 이에 계속해서 그 일을 조지서(造紙署)로 돌렸는데, 마침 그 일을 맡을 좋은 주인을 확보하였으니 졸렬한 저로서는 다행입니다. 나머지 할 말은 직접 뵙고 말씀드릴 테니 일일이 다 쓰지 않습니다.

56 주달한……듯합니다 : 1683년 4월 8일 김수흥이 석강(夕講)에 나아가 "송시열이 《주자대전(朱子大全)》을 주해한 것이 있는데, 미처 탈고하지 못했다고 합니다. 청컨대 붓과 종이를 글씨 쓰는 사람에게 주어서 그로 하여금 베껴 올리게 하소서."라고 아뢴 내용을 두고 말한 것이다. 《肅宗實錄 9年 4月 8日》

57 광성(光城) : 광성부원군 김만기(金萬基)를 말한다.

김기지에게 보냄 계해년(1683, 숙종9) 9월 5일

與金起之 癸亥九月五日

날씨가 추워져 가는 이때에 삼가 지내는 형편이 좋을 것으로 생각하니, 우러러 그리워한다는 것은 괜히 하는 허언이 아닙니다. "시골 마을에는 쓸데없는 시비가 없으니 즐길 만하다."라고 한 것은 주 선생(朱先生)의 말씀입니다만, 그 시골 마을이란 것도 고금의 차이가 있기에, 피치 못하게 산속으로 들어가 창문을 막은 채 살아갈 수밖에 없습니다. 그러나 이렇게 해도 시비가 끝내 이르지 않을는지는 알지 못하겠습니다.

현재 사우(士友)와 함께 《주자대전차의(朱子大全箚疑)》를 교감해 나가고 있는데, 가지고 있는 향본(鄕本)에 오탈자가 너무 많아 당본(唐本) 가운데 선본을 구하려 합니다. 번거롭겠지만 부디 주선해 줄 수 있겠습니까? 아껴 주는 마음을 믿고 감히 이렇게 말씀드립니다.

김기지에게 답함 계해년(1683, 숙종9) 9월 12일

答金起之 癸亥九月十二日

스스로 생각건대 이 몸은 잘난 것이 하나도 없고 더구나 지금은 늙고 병들어 일개 추물이 되었는데 언제나 저를 기억해 주어 자주자주 안부 편지를 보내 주니, 분수에 넘치는 그 은혜에 어찌 다 감사를 드릴 수 있겠습니까. 산이 수려하고 물이 맑은 것은 과연 편지에서 한 말씀과 같지만 주인을 잘못 만나 신음하고 찡그리면서 한 번도 좋은 낯으로 상대하지 못하니, 이문(移文)을 새겨 사절하게 하는 상황을 면하게 된 것은 다행입니다.[58] 오직 다행인 것은 한두 벗이 저를 그다지 비루하게 여기지 않아 산중의 서재로 찾아와 함께 상을 마주하여 책을 보고 있는 것이니, 이 점은 위로될 만합니다.

시사(時事)가 실로 이와 같습니다.[59] 다만 소선(蘇仙)의 큰 술잔이

58 이문(移文)을……다행입니다 : 산속에 묻혀 살면서 산신령에게 거절당하지 않은 것을 다행이라고 말한 것이다. 남제(南齊) 때 주옹(周顒)이 일찍이 남경(南京)의 북산인 종산(鍾山)에 은거하다가 조정의 부름을 받아 해염 현령(海鹽縣令)으로 나갔는데, 임기를 마치고 도성으로 가는 길에 다시 종산에 들르려 하였다. 그러자 일찍이 그와 함께 은거했던 공치규(孔稚珪)가 그의 변절을 매우 못마땅하게 여긴 나머지, 산신령의 뜻을 가탁하여 그를 거절하는 뜻으로 〈북산이문(北山移文)〉을 지어 "종산의 영령과 초당의 신령이 연기로 하여금 역로를 달려가서 산마루에 이문을 새기게 하였다. …… 청컨대 속사(俗士)의 수레를 돌리어라. 신령을 위하여 포객(逋客)을 사절하노라."라고 하였다. 《古文眞寶 後集 卷2》

59 시사(時事)가……같습니다 : 당시 서인 내부의 노소(老少) 대립이 극한으로 치닫던 상황을 가리킨다. 1683년 5월 우의정 김석주(金錫胄)가 숙종을 청대(請對)한 자리

두려워[60] 감히 문득 지난날의 경계를 깨뜨려 이러저러한 말을 할 수 없으니, 그저 추위가 더해 가는 이때 몸을 보중함으로써 멀리 있는 저의 정성에 부응해 주기를 바랄 뿐입니다.

별지

별지에서 한 말씀을 삼가 다 읽어 보았습니다. 다만 생각건대 이 사안[61]은 반드시 맹자(孟子)나 주자(朱子)와 같은 큰 안목과 큰 역량이 있어야 하고, 그 아래로는 반드시 한유(韓愈)와 같은 문장을 지닌

에서 송시열을 은근히 배척한 조지겸(趙持謙), 박태유(朴泰維), 오도일(吳道一) 등 서인 내부의 소장파 인물을 일일이 거론하며 그들의 처벌을 청하자 숙종은 허락하였다. 이에 대사헌 박세채(朴世采)가 소장을 올려 김석주를 강력히 탄핵하였고, 이에 김석주는 다시 차자를 올려 자신을 변호하였다. 그러자 이번에는 태학생 황위(黃霨) 등 30여 명이 소장을 올려 박세채를 두둔하고 김석주를 극력 탄핵하면서 갈등이 첨예화되었다. 《肅宗實錄 9年 閏6月 26日, 7月 6日·10日·15日·27日》《宋子大全隨箚 卷6》

60 소선(蘇仙)의……두려워 : 소선은 죽어 신선이 된 소식(蘇軾)을 가리킨다. 소식의 〈증손신로칠절(贈孫莘老七絶)〉에 "아, 나와 자네는 오랫동안 무리를 떠났기에, 아무 일도 듣지 않아 귀와 맘이 다 식었네. 만일 청산을 마주 보고 세상일을 말한다면, 의당 큰 술잔을 들어 자네에게 곧바로 벌주를 먹이리.〔嗟予與子久離群, 耳冷心灰百不聞. 若對青山談世事, 當須舉白便浮君.〕"라고 하였는데, 송시열이 이 말을 인용하여, 시사를 말하지 못하는 것은 산속에 있으면서 세상일을 말하면 큰 술잔으로 벌주를 내리겠다는 소식이 두렵기 때문이라고 한 것이다. 《東坡全集 卷4》

61 이 사안 : 태조(太祖)의 묘호를 추가(追加)하는 일을 가리킨다. 1683년 3월에 송시열은 태조는 나라를 창업한 임금인데 그 휘호(徽號)가 도리어 후대의 임금보다 적은 것은 부당하다고 하면서 존주(尊周)의 의리를 밝힌 위화도 회군(威化島回軍)의 공덕을 태조의 시호에 추가해야 한다고 주장하였다. 그러나 이 주장은 박세채의 반대에 부딪혀 결국 실현되지 못하였다. 김수홍이 이와 관련하여 어떤 질문을 한 것으로 보인다. 《肅宗實錄 9年 3月 25日, 4月 19日》《宋子大全隨箚 卷6》

자라야 자임할 수 있습니다. 그렇지 않고서 한 묶음의 쑥대와 갈대로 된 제방을 가지고 천 길 깊이의 급한 물살을 막으려고 한다면 그 어리석음만 보일 뿐이라 표류하여 죽지 않을 자가 거의 없을 것입니다. 다만 일찍이 매월당(梅月堂)의 시[62]와 성 승지(成承旨)의 전(箋)[63]과 우리 문정공(文正公)의 소장(疏狀)[64]에 나와 있는 말들을 모아 한 책으로 만듦으로써 우매한 자들에게 보여 주려고 하였습니다.[65] 그런데 그 전과 소장은 그래도 장차 사패(司敗)가 읍하게 시킬 일[66]이 있을 것이라고 핑계 댈 수 있겠으나, 매월당의 경우는 우리 동국

62 매월당(梅月堂)의 시 : 매월당 김시습(金時習)의 〈목청전(穆淸殿)〉과 〈집경전(集慶殿)〉을 가리킨다. 모두 태조가 위화도 회군을 통해 조선을 건국한 것을 칭송한 작품이다. 《宋子大全隨箚 卷6》《梅月堂集 卷9》

63 성 승지(成承旨)의 전(箋) : 승지를 지낸 성삼문(成三問)의 〈집현전에서 팔준도를 올리는 전〔集賢殿進八駿圖箋〕〉을 가리킨다. 태조 이성계가 가졌던 여덟 마리의 준마를 그린 그림인 〈팔준도〉에 붙인 글이다. 《宋子大全隨箚 卷6》《成謹甫集 卷2》

64 우리 문정공(文正公)의 소장(疏狀) : 문정공 김상헌(金尙憲)이 1639년(인조17) 12월에 올린 〈심양에 병력을 지원하지 말 것을 청하는 소〔請勿助兵瀋陽疏〕〉로 보인다. 해당 글에서 김상헌은 명나라를 침범하는 데 조선의 군대를 보내라는 청나라의 요구를 들어주면 안 된다고 하였다. 《淸陰集 卷21》

65 일찍이……하였습니다 : 제시된 글들은 모두 태조가 명나라와의 의리를 위하여 위화도 회군을 해서 결국 조선을 개창하였던 일과 관련 있는데, 송시열은 이를 통해 태조의 존주(尊周) 의리를 증명하려고 한 것이다. 《宋子大全隨箚 卷6》

66 사패(司敗)가……일 : 자기 임금의 과실을 숨기는 것을 가리킨다. 《논어》 〈술이(述而)〉에 "진(陳)나라 사패가 '소공(昭公)이 예를 알았습니까?'라고 묻자 공자는 '예를 아셨다.'라고 대답하였다. 공자가 물러가자 사패는 무마기(巫馬期)에게 읍하여 나오게 하고서 동성(同姓)인 오(吳)나라에 장가든 소공더러 예를 알았다고 한 공자를 비판하였다. 무마기가 이것을 아뢰자 공자가 말씀하시기를 '나는 다행이다. 잘못이 있으면 남들이 반드시 아는구나.' 하였다."라고 하였다. 《宋子大全隨箚 卷6》

의 오 태백(吳泰伯)이자 백이(伯夷)이니[67] 그 말이 어찌 빛나는 일월 같지 않겠습니까.

67 매월당의……백이(伯夷)이니 : 김시습은 수양대군(首陽大君)이 단종(端宗)의 왕위를 찬탈하자 머리를 깎고 한평생 벼슬을 하지 않으며 절개를 지켰는데, 이러한 행동이 주(周)나라 태왕(太王)이 막내인 계력(季歷)에게 선위(禪位)를 하려 하자 이를 알아챈 장남 태백이 형만(荊蠻)으로 달아나 머리 깎고 문신하여 은둔한 일과, 주나라 무왕(武王)이 은(殷)나라를 멸망시키고 천자의 지위에 오르자 백이가 주나라의 녹봉을 먹는 것을 부끄러워하여 수양산(首陽山)에 은둔한 일과 유사하기에 이렇게 말한 것이다. 오 태백은 태백이 형만 땅으로 은둔한 뒤 오(吳)나라를 창건하였기 때문에 부르는 칭호이다. 《史記 吳太伯世家》《論語 泰伯》

김기지에게 답함 계해년(1683, 숙종9) 12월 6일

答金起之 癸亥十二月六日

동문(東門)에서 전송해 준 것이 외람되게도 고인의 경우와 같았기에[68]늘 감사하고 부끄러운 마음이 들었는데, 홀연 관의 인편을 통하여 위문하는 편지를 받으니 기쁘고 감사하는 마음을 이루 형언할 수 없습니다. 돌아갈 당시에 사람을 만날 때마다 번번이 성상의 체후가 어떠한지 묻고는 뛸 듯이 기뻤는데, 돌아간 후에 또 골짜기 안 선비들과 백성들이 술상을 놓고 장구를 치면서 서로 경하하는 소리를 들었습니다. 사람들 마음이 이와 같으니 이 역시 크게 기뻐할 일인바, 국사는 아마도 잘 이루어질 것 같습니다.

이번에 성상의 은전(恩典)이 외람되게도 제가 머무는 산골짜기에 내려졌는데, 죽음을 무릅쓰고 사양을 청하였으나 도리어 따뜻한 유시를 듣는 은혜를 입었으니 더욱 깊이 황송합니다. 지금 듣건대 자전(慈殿)의 체후가 편치 않으시다고 합니다. 이는 지난날 자식이 병들까 지나치게 걱정하신 것에 따른 결과에 불과하니, 삼가 생각건대 얼마 지나지 않아 평상을 회복하실 것입니다. 무엇보다 지금은 모든 것을 새로 시작하는 때와 같으니, 모든 것에 있어 덕을 진취시키고 학업을

68 동문(東門)에서……같았기에 : 한 선제(漢宣帝) 때 소광(疏廣)이 태자태부(太子太傅)가 된 지 5년 만에 조카 소수(疏受)와 함께 치사(致仕)하고 동문 밖에서 송별연을 벌였는데, 그때 전송을 나온 공경대부(公卿大夫)의 수레가 수백 대나 되었다고 한다. 《漢書 疏廣傳》 이때 송시열이 치사하고 돌아갔기 때문에 이렇게 말한 것이다. 《宋子大全隨箚 卷6》

닦음으로써 반드시 천심에 응답하고 이목을 새롭게 해야 합니다. 영상(領相 김수항(金壽恒))은 장차 어떻게 할 계획인지요? 언제나 우러러 기대하는 마음 간절합니다. 새로운 한 해가 오려 하는 이때에 삼가 더욱 몸을 보중함으로써 우러르는 저의 마음을 위로하기를 바랍니다.

김기지에게 답함 갑자년(1684, 숙종10) 4월 26일

答金起之 甲子四月二十六日

지난번 편지에 오래도록 답장하지 못하여 밤낮으로 겸연쩍고 한탄스러웠습니다. 그러다 이번 녹사(錄事)가 오는 길에 또다시 손수 쓴 편지를 보내 주어 삼가 성모(聖母)의 상제(喪祭)가 끝난 뒤에 성상의 체후가 편안하다는 것을 알게 되었으니, 한편으로는 슬프고 한편으로는 경사스러운 모호한 이 마음을 표현하기 힘듭니다.

이른바 세도(世道)란 것은 아마도 향윤(鄕尹)[69]의 편지를 가리켜 한 말이 아닐까 하는데, 그는 이미 저를 원수로 생각하니 무슨 말인들 가릴 것이 있겠습니까. 또 그의 말은 이 몸의 실제 병통을 정확히 지적한 것이 많으니, 그 말을 들은 것을 스스로 기뻐하면서 잘못을 고칠 것입니다. 다만 저를 두고 "화심(禍心)을 품고 있다."라고 한 것만큼은 너무 심하지 않나 생각하는데, 어찌 모든 사람이 다 윤휴(尹鑴)나 허적(許積) 같겠습니까.

손자 아이와 관련한 별지의 말씀에 대해서는, 덕(德)으로써 사람을 사랑하는 대인(大人)의 마음[70]을 더욱 확인할 수 있었으니, 그들이 감히 그 말씀을 마음에 새기지 않음으로써 물결을 일으켜 파란을 조장하

69 향윤(鄕尹) : 윤증(尹拯)인 듯하다. 《宋子大全隨箚 卷6》

70 덕(德)으로써……마음 : 《예기(禮記)》 〈단궁 상(檀弓上)〉에 "군자는 덕에 입각해서 사람을 사랑하는 반면, 소인은 그저 고식적으로 사람을 사랑한다."라고 한 것을 원용하였다.

는 짓을 할 수 있겠습니까. 다만 이번 녹사는 이미 제가 휴치(休致)한 상태이므로 그 조례(皁隷)와 더불어서 내려와서는 더욱 안 됩니다. 삼가 바라건대 분명한 지휘로 그 늠료(廩料)를 끊게 함으로써[71] 호조의 손실을 조금이나마 덜게 해 준다면 매우 다행이겠습니다.

71 늠료(廩料)를 끊게 함으로써 : 이때 숙종이 송시열에게 월름(月廩)을 하사하였기에 한 말이다. 《宋子大全 附錄 卷9 年譜》

김기지에게 보냄

與金起之

이러한 시기에는 편지에 많은 말을 해서는 안 되겠으나, 유독 부(府)의 하례(下隷)가 사라지지 않아 시시때때로 내왕하니, 이것이 일에 무슨 도움이 되겠습니까. 또 나라에 놀고먹는 사람이 많은 것은 마땅한 일이 아닙니다. 재차 바라건대, 재량하여 처리해 주십시오. 시사가 이에 이르렀는데, 오직 밝은 성상께서 위에 계시고 지난겨울은 천년에 한 번 있는 것이었으니, 천심을 또한 예상해 볼 수 있습니다.

삼가 듣건대 무더위를 무릅쓰고 경연을 열었을 때 집사께서 입시하여 진정으로 성상을 깨우치고 인도하였다고 하니, 참으로 저로 하여금 기뻐서 펄쩍 뛰게 만듭니다. 오래도록 누차 이렇게 함으로써 성학(聖學)이 날로 새로워진다면 나라는 거의 다스려지게 될 것이니, 이에 비록 늙고 병든 저이지만 금방 죽고 싶지 않다고 소원하지 않을 수 없습니다. 나머지 할 말은 일일이 다 적지 못합니다.

김기지에게 답함 갑자년(1684, 숙종10) 5월 8일

答金起之 甲子五月八日

보내온 편지를 보고 저를 잊지 않는 그 은혜에 깊은 감사를 느꼈습니다. 평소 망녕되게도 남몰래 고인의 학문에 뜻을 두었지만 실행에 힘쓰지 못하였고 이제는 죽게 될 처지이니, 사우(師友)의 기대를 저버렸기에 장차 눈을 감기 어렵겠습니다. 평소 제게 언제나 경계와 꾸짖음을 주고 은혜로운 말씀도 해 주었기 때문에 지금 이렇게 감히 말씀드리는 것입니다. 나머지 할 말은, 기운이 없어 입으로 불러 주며 적게 하고 있기에 일일이 말씀드리지 못합니다.

김기지에게 보냄 갑자년(1684, 숙종10) 6월 25일

與金起之 甲子六月二十五日

윤증(尹拯)의 편지[72]에 대한 곡절을 알고 싶다고 하니, 감히 숨길 수가 없어 그 대략적인 내용을 조금 들어 보겠습니다. 그 편지는 기운이 드세고 뜻이 굳세어서 더 이상 옛날의 면모가 아니었습니다. 대체로 스스로의 허물을 자책하는 저의 말이 혹 나중에 바뀌기라도 할세라 깊이 염려한 나머지 몹시 엄한 태도로 저를 거듭 단속하였습니다. 무릇

72 윤증(尹拯)의 편지 : 윤증이 1684년 5월 16일 송시열에게 보낸 편지를 가리킨다. 이는 윤증의 '신유의서(辛酉擬書)'로 촉발된 송시열과 윤증의 갈등 속에서 작성된 것이다. 1669년(현종10) 윤선거(尹宣擧)가 죽은 뒤 그의 아들 윤증이 송시열에게 부친의 묘갈명을 지어 달라는 부탁을 하였다. 그런데 평소 윤휴(尹鑴)와 허적(許積)을 극렬하게 배척하던 송시열은 윤증이 이때 가져온 윤선거의 생전 편지 '기유의서(己酉擬書)'를 보고는 그 두 사람을 옹호하는 윤선거의 태도에 마음이 완전히 돌아서, 묘갈명을 지을 때 윤선거의 학문을 찬양하는 주요 부분을 대부분 박세채(朴世采)가 지은 행장의 내용을 인용하는 것으로 대신함으로써 윤선거에 대한 불만을 간접적으로 드러냈다. 이 일로 송시열에 대해 오랜 원망을 품고 있던 윤증은 신유년인 1681년 6월에 송시열에게 보낼 한 통의 편지를 작성하였는데, 그 주된 내용은 송시열이 주희(朱熹)가 경계한 "왕도(王道)와 패도(霸道)를 아울러 쓰고, 이(利)와 의(義)를 함께 행한다."라는 병통에 빠져 있어서 자신의 주장을 지나치게 내세우고 남의 의견을 철저하게 배척하는 잘못이 있다는 것이었다. 이것이 이른바 '신유의서'인데, 1682년 12월에 송시열이 그 편지의 내용을 알게 되자 1684년 5월 11일에 윤증에게 편지를 보내어 자신에 대해 '왕도' 운운하며 비판한 것을 수용하는 한편, 윤선거의 묘갈명 작성 당시 자신이 무엇을 잘못하였는지, 또 어째서 처음부터 깔끔하게 절교를 선언하지 않고 겉과 속이 다르게 행동하였는지에 관하여 따져 물었다. 이에 대한 답장이 바로 본문에서 말하는 '윤증의 편지'이다. 《宋子大全 附錄 卷5 年譜》《明齋遺稿 別集 卷3 答懷川》《尤菴先生書節要集解 卷3》

"요망한 말을 익히고 더러운 행실을 하고 비구니를 첩으로 들이고 절간으로 바꾸었다."라고 하는 추악한 주장에 대해서조차 회옹(晦翁)은 오히려 "이는 모두 조사로 밝혀낸 사실이며 거짓말이 아니다."라는 말로 그 죄를 시인하신 일이 있습니다.[73] 제가 비록 비루한 사람이긴 하나 오히려 시끄럽게 따지면서 스스로의 무죄를 해명할 수 있겠습니까. 사람을 대하는 그의 태도는 심히 야박하다고 할 만합니다.

또 그는 "선인(先人)에게 해가 될 만한 부분이 있으면 어느 것 하나 후생들에게 폭로하여 전파하지 않은 것이 없었다."라고 하면서 그 밑에 "사사로운 마음이 몹시 절박하다."라고 하고 또 "자식 된 심정으로 어찌 통한이 사무치지 않겠는가."라고도 하였으니, 이렇다면 이는 저를 부형(父兄)의 원수로 보는 것입니다. 따라서 즉시 의리를 들어 절교를 고했어야 마땅한데 도리어 "털끝만큼의 어긋남과 아홉 길의 산이 무너짐은 어찌 크게 애석한 것이 아니겠습니까."[74]라고도 하였습니다. 무릇 애석해하는 마음이란 상대에 대한 지극한 사랑에서 나오는 것인데,

73 요망한……있습니다 : 남송 영종(南宋寧宗) 때 권신 한탁주(韓侂冑)가 위학(僞學)이라는 명목으로 조여우(趙汝愚)와 주희 등을 공격할 때, 주희에게 평소 앙심을 품고 있던 호굉(胡紘)이 감찰어사 심계조(沈繼祖)를 통해 상소를 올려 10가지 죄목으로 주희를 탄핵하였다. 이에 주희는 사직 상소를 올려 "그가 '마외(魔外)의 요망한 말을 익히고 시전(市廛)의 더러운 행실을 행하였으며 심지어는 친구의 재물을 사적으로 취하여 그 비구니를 첩으로 들이고 학궁(學宮)의 땅을 절간으로 바꾸었다.'라는 등등의 말을 하였는데, 이는 참으로 모두 조사로 밝혀낸 사실이며 거짓말이 아니니 정히 귀양을 보내더라도 어찌 유감을 품겠습니까."라고 하였다. 《宋子大全隨箚 卷6》《宋史 道學列傳》

74 털끝만큼의……아니겠습니까 : 윤증의 편지에서, 송시열이 이제까지 쌓아 왔던 공을 중도에 상실한다면 애석할 것이라는 의미로 한 말이다. 《明齋遺稿 別集 卷3 答懷川》

한 마음으로는 원수로 보고 다른 한 마음으로는 사랑하니, 모르겠습니다만 이것이 인정입니까? 이는 우매한 저로서는 감히 알 수 있는 바가 아닙니다.

저의 추한 행실을 동쪽 성곽에서 남은 음식을 구걸해 먹는 것으로 비유하는 한편 자기는 부인과 첩이 원망하고 우는 것에 빗댄 것[75]에 대해 말해 보자면, 저에게 물론 추한 행실이 있지만 그가 원망하고 울기까지 한 것은 원수로 보는 사람한테 지나치게 후대하는 것이 아니겠습니까. 이 몸은 비단 질병 때문만이 아니라 그 위세가 두려웠으므로 다만 간단한 몇 줄로 답장을 하였는데, 또 선생(先生)과 문인(門人)이란 글자를 떼 버리지 않았으니 더욱 이해할 수 없습니다. 오늘날 해야 할 도리는, 저에게 있어서는 다만 비판을 기쁜 마음으로 듣고서 자신을 반성하고 사욕을 극복함으로써 지난날의 잘못을 고치는 것뿐이고, 그에게 있어서는 지엄한 말로 배척하고 절교함으로써 선인의 치욕을 씻

75 저의……것 : 윤증의 편지에 "구구한 저의 우려는 진실로 이 점에 있었지만 이미 선생님께서 저를 멀리하여 제가 감히 입 밖에 내지 못했고, 이에 이런 근심을 가슴에 늘 품고 있어 항상 답답했던 까닭에 권생(權生)과 함께 이야기를 나눈 것이니, 이는 마치 제(齊)나라 사람의 부인과 첩이 뜰 가운데에서 원망하는 것과 같은 것이었습니다. 그것이 돌고 돌아 죄를 얻은 것이 이 지경이 되었으니 모두 제가 식견이 어두워서 지은 죄입니다."라고 하였다. 《明齋遺稿 別集 卷3 答懷川》 이는 《맹자》 〈이루 하(離婁下)〉에 나오는 다음과 같은 이야기를 원용한 것이다. 제나라에 부인과 첩을 한집에 두고 사는 사람이 있었는데, 그는 출타했다 돌아올 때마다 부인에게 부귀한 사람과 함께 배불리 밥을 먹고 왔다고 자랑하였다. 그 사실이 의심스러웠던 부인이 몰래 뒤를 캐보니 사실은 동쪽 성곽의 무덤들 사이에서 제사하는 자에게 남은 음식을 구걸하여 얻어먹어 온 것이었다. 이에 부인은 첩에게 그 사실을 알리고 뜰 가운데에서 첩과 함께 남편을 원망하며 울고 있었는데, 남편은 그런 줄도 모르고 의기양양하게 굴었다고 한다.

어 버리는 것뿐이니, 이것 외에는 달리 할 일이 없지 않을까 합니다. 집사께서는 어떻게 생각합니까? 집사께서 가르침을 주기를 바랍니다.

김기지에게 보냄 갑자년(1684, 숙종10) 8월 9일

與金起之 甲子八月九日

장마가 열흘 동안 이어지고 있는데 이러한 시기에 기거는 편안합니까? 구구히 우러러 그립다는 말은 실로 허언이 아닙니다. 사방의 이웃이 굶주림에 허덕이며 의지할 데가 없는 형편이니, 깊은 산속으로 달아나 도토리나 주우며 원숭이와 살고 싶은 마음 간절합니다. 그러나 차마 백성들로 하여금 그런 제 모습을 바라보고 본받게 할 수 없으므로 울부짖으며 호소하는 그 가운데에 앉아 있으니, 이 무슨 시절이란 말입니까. 삼가 생각건대 집사의 간절한 걱정은 초야에 묻힌 저와 다름이 없을 뿐 아니라 더욱 심할 것입니다.

저의 질병은 줄곧 위독한 상태이니 남은 날이 많지 않음을 알겠고, 정력도 고갈된 까닭에 글을 짓는 일에 힘을 쏟을 수 없습니다. 따라서 아마도 이 일은 끝내 완성을 보지 못하여 정중히 부탁해 준 뜻을 저버리게 되지 않을까 싶습니다. 차제에 또 손자 아이가 저를 떠나갔는데, 다만 이별하는 심정이 울적할 뿐만 아니라 이러한 시기에 벼슬길에 나아갔으니 심히 우려되는 심정을 어찌 금할 수 있겠습니까. 삼가 바라건대 일마다 미혹한 부분을 해소해 주어 그로 하여금 일찍 돌아올 수 있도록 하는 것이 어떻겠습니까. 만일 진심에서 우러나오는 말이 아니라면 감히 집사의 귀를 번거롭게 할 수 없을 것입니다.

김기지에게 답함 갑자년(1684, 숙종10) 8월 10일

答金起之 甲子八月十日

별지에서 해 준 가르침에 대해서는 감사함과 다행스러운 마음을 금할 수 없습니다. 이는 저의 오랜 버릇을 제거하여 중화(中和)의 도로 인도하고자 함인지라 그를 통해 덕으로써 사람을 사랑해 주는 성대한 마음을 확인할 수 있었지만, 이 일에는 곡절이 있습니다.

당초 그에게 절교하려는 뜻이 있는 것을 보고 '친구의 의리상 차마 그가 결심한 대로 하도록 내버려 둘 수 없다.'라는 생각이 들었습니다. 그러한 이유로 대강 겸손하게 편지를 써서 보냈는데, 그에 대한 답장에서 더욱 방자하게 악다구니를 퍼붓고 또 자기 선인(先人)의 일을 거론하면서 "몹시 절박하다.", "통한이 사무친다."라는 말까지 하기에 황공함을 이길 수 없어서 대략 답하는 형식을 취해 사과하는 답장을 보냈습니다.

대체로 강도(江都)의 일에 대해서는 그가 근거 없는 참언(讒言)으로 과한 의심과 분노를 보이기에 대략 그렇지 않다고만 말하였습니다. 그러나 윤휴(尹鑴)의 일에 이르러서는 지금까지도 가슴속에 분노가 식지 않고 활활 타오르고 있으니 어찌 제 뜻을 굽혀 그의 뜻을 따를 수 있겠습니까. 대개 윤휴가 주자(朱子)를 배척하고 스스로 자기의 학설을 내세울 때 온 세상이 바람에 휩쓸리듯 그를 흠모하였습니다. 그래서 저는 제 부족한 능력도 헤아리지 않고 결사적으로 그것을 배척하고, 윤휴에게 동조하는 자들한테도 진정으로 깨우치고 타일렀던 것입니다. 그런데 이런 저의 행동을 두고 대윤(大尹 윤선거(尹宣擧))은

"의리는 무궁하니, 희중(希仲)이 어찌 그르기만 하겠는가. 그대의 말은 억지로 덮어씌움이 너무 심한 것이 아닌가?"라고 하였고, 이에 저는 저도 모르게 고성을 지르면서 "《춘추(春秋)》의 법에 난신적자(亂臣賊子)에 대해서는 먼저 그 당여(黨與)를 다스리게 되어 있다. 윤휴는 곧 사문(斯文)의 난적인데도 공이 이와 같이 그를 돕고 있으니, 공은 응당 먼저 그 당여로 다스림을 받아야겠다."라고 하였습니다. 그러나 그는 마음을 돌릴 생각이 없었으니, 이것은 윤휴의 악행이 드러나기 전의 일이었습니다.

대체로 양주(楊朱)와 묵적(墨翟)은 인의(仁義)를 배우다가 어긋난 자들이니 어찌 처음부터 사심(私心)이 있었겠습니까. 그러나 털끝만큼의 어긋남이 결론적으로는 현저한 차이를 내기 때문에 맹자(孟子)가 그들을 "아비도 없고 임금도 없다."라는 말로 배척하고 심지어는 "사람끼리 서로 잡아먹게 된다."라고까지 하신 것입니다.[76] 더구나 윤휴는 성인을 모독하고 자신을 내세우면서도 거리끼는 바가 없으니 어찌 양주와 묵적 정도에 그치겠습니까. 그러하니 그가 어두운 밤중에 이정(李楨)과 이남(李柟)의 집을 출입하면서 결국 경자년(1660, 현종1)에 흉악을 부리고 갑인년(1674) 이후에 패악스러운 행위를 하기에 이른 것[77]

76 맹자(孟子)가……것입니다 : 《맹자》 〈등문공 하(滕文公下)〉에 "양주는 자신만을 위하니 이는 임금이 없는 것이요, 묵적은 똑같이 사랑하니 이는 아비가 없는 것이다. 아비도 없고 임금도 없으면 이는 금수이다. …… 양주와 묵적의 도가 종식되지 않으면 공자의 도가 드러나지 못할 터이니, 이렇게 되면 삿된 학설이 백성을 속여 인의를 꽉 막게 된다. 인의가 꽉 막히면 짐승을 몰아 사람을 잡아먹게 하다가 사람끼리 서로 잡아먹게 될 것이다."라고 하였다.

77 그가……것 : 윤휴는 일찍이 스스로를 윤 생원(尹生員)이라 칭하고는 밤마다 인평

은 다만 부차적인 일이라 이상할 것도 없습니다.

대윤이 세상을 떠난 것은 바로 이 경자년에서 갑인년 사이의 일이었는데, 그가 윤휴에 대해서는 마치 이미 말라 죽었는데도 여전히 나무줄기에 딱 붙어 있는 번데기처럼 끝까지 친밀하게 구는 점이 있었으니, 이는 그의 아들들이 윤휴가 보낸 전의(奠儀)를 받았다는 사실에서 확인할 수 있습니다. 그런데 저 김 헌납(金獻納)의 제문(祭文)에 대한 설[78]은 그저 가소로울 뿐입니다. 제문이야 그래도 옷소매 속에 감출 수 있겠지만 제수 음식도 그렇게 할 수 있겠습니까. 윤휴에 대해서 윤선거 부자가 했던 행동의 시말이 이와 같으므로 제가 그에게 보내는

대군(麟坪大君)의 아들인 복창군(福昌君) 이정, 복선군(福善君) 이남의 집에 드나들면서 그들을 섬기고 음모를 꾸미다 금졸(禁卒)에 붙들리기까지 하였고, 1660년에 자의대비(慈懿大妃) 조씨(趙氏)의 복상(服喪) 문제로 제1차 예송(禮訟)이 일어나자 서인의 기년설(朞年說)에 맞서서 삼년설(三年說)을 주장하여 송시열과 논쟁을 벌이다 패하여 사문난적(斯文亂賊)으로 몰렸다. 또 1674년 갑인환국(甲寅換局)으로 남인(南人)이 정권을 잡은 뒤 복창군과 복평군(福平君)이 궁녀와 통정(通情)하였다는 고변으로 옥사가 일어났을 때, 그들에 대해 강력한 처벌을 원하는 숙종의 모후(母后) 명성왕후(明聖王后)를 두고 정치에 간여하지 못하도록 단속할 것을 숙종에게 요청하여 서인들로부터 큰 비난에 직면하였다. 《尤菴先生書節要集解 卷3》《宋子大全 卷128 寄淳錫》

78 김……설 : 1684년 4월에 송시열의 문인인 사옹원 직장(司饔院直長) 최신(崔愼)이 상소하여 윤증이 송시열을 헐뜯은 것을 비난하였는데, 그때 윤선거는 역적인 윤휴를 끝내 배척하지 않았으며 그 증거는 윤선거의 상에 윤휴가 지어 보낸 제문과 제물을 윤증이 받은 것이라고 주장하였다. 이에 윤선거의 문인인 김두명(金斗明)이 소장을 올려 "윤휴가 스스로 오랫동안 절친하게 지내다가 절교당한 것을 한스럽게 여겨, 장사 지내는 날에 자식 윤의제(尹義濟)를 보내되 그 유제(侑祭)의 글을 소매 속에 감추어 남에게 보이지 않게 하였다가 제전(祭奠)을 드릴 때 비로소 소매에서 꺼내 읽었습니다." 라고 하면서, 윤증은 윤휴가 제문을 보낸 사실을 미처 알지 못하였기 때문에 막지 못한 것이라고 변호하였다. 《肅宗實錄 10年 4月 29日, 5月 11日》《宋子大全隨箚 卷6》

답서에서 이르기를 "제가 스스로의 역량을 헤아리지 못하고 윤휴를 공격하였으니, 이것이 선장(先丈)에게 죄를 얻은 것 가운데 큰 것이다."라고 하였던 것입니다. 이 일에 대해서는 저 머나먼 지역에서 가시 울타리에 갇힌 채로 귀양살이를 할 때도 조금도 뉘우치거나 유감스럽게 생각해 본 적이 없었는데, 더구나 지금 다 죽게 된 시점에서 되레 두려워하면서 몸조심을 하겠습니까. 이는 실로 사문을 위하고 또 세도(世道)를 위하여 그렇게 하지 않을 수 없었던 일입니다. 그러나 그가 이 일을 제기하지 않았다면 제가 어찌 구태여 황천에 있는 사람을 시비하였겠습니까.

그의 선비(先妣)의 일을 제기하는 데 이르러서는 또 차마 말하지 못할 부분이 있으므로 바로 책망하여 이르기를 "남이 그 사실을 언급한다고 해도 장차 눈물이 나고 괴로워서 대답할 수 없을 텐데 어찌 차마 스스로 그 말을 할 수 있겠는가."라고 하였는데, 대개 말을 재단할 줄 모르는 것이 이와 같으니 그저 괴이할 뿐입니다. 그러나 당초에는 차마 말하지 않을 수 없어 대략 공손하게 말하였는데 이와 같은 갈등을 야기하였으니, 이는 후회해도 소용없는 일이었습니다. 그러다 편지에서 해 준 말씀을 듣고는 더욱 죄를 알게 되었습니다.

보합(保合)을 바라는 화숙(和叔 박세채(朴世采))의 그 뜻은 몹시 좋기는 하나 그대로 실현될 수는 없지 않을까 합니다. 어찌 그 부형(父兄)을 위해 몹시 절박하게 여기고 통한을 사무치게 느끼는 사람과 다시 화목하게 지낼 수 있겠습니까. 또 들으니 한 옥천(沃川) 사람이 소장을 올려 또 한층 풍파를 일으켰다는데,[79] 이 사람은 선조의 족보를 수정한

79 한……일으켰다는데 : 1684년 7월 23일에 충청도 옥천의 유학(幼學) 김엽(金曄)

다는 핑계로 서울에 올라가서 이와 같은 잘못을 저질렀습니다. 오늘날 인심이 이처럼 어그러졌으니, 어찌하면 좋습니까.

모인(某人)[80]은 그 자질(子姪)들의 잘못으로 인하여 더할 나위 없이 낭패를 당하였으니, 개탄스럽고 개탄스럽습니다. 동춘(同春 송준길(宋浚吉))이 늘 말하기를 "만약 좋은 자손이 없으면 만사가 모두 헛된 것이다."라고 하였는데, 세상을 이미 오래 살고 보니 그 말의 진실함이 이와 같습니다.

이 송시열의 만류에도 불구하고 족보를 수정한다는 핑계로 상경한 뒤 소장을 올려 정인홍(鄭仁弘)이 이황(李滉)을 모욕했던 예를 들면서 윤증이 송시열을 무함하였다고 비난한 것을 가리킨다. 《宋子大全隨箚 卷6》《肅宗實錄 10年 7月 23日》

80 모인(某人) : 이유태(李惟泰)를 가리킨다. 《宋子大全隨箚 卷6》

김기지에게 답함 갑자년(1684, 숙종10) 9월 16일
答金起之 甲子九月十六日

연달아 편지를 받으니 감사하기 그지없습니다. 저의 질병은 대체적인 증세는 조금 완화되었지만 합병증이 따라서 생겨났습니다. 이는 마치 당(唐)나라 말기에 환관의 화가 지난 뒤 번진(藩鎭)의 재앙이 바로 찾아와 마침내 함께 멸망에 이른 상황과 같으니, 조용히 마지막을 기다릴 뿐입니다.

무엇보다 지금 일이 여러 과정을 거치며 점차 말로 하기 힘든 상황에 이르렀으니, 어찌면 좋습니까. 이 일은 사실상 망녕되이 스스로의 역량을 제대로 헤아리지 못하고서 편벽되고 치우친 말을 향해 힘써 공격함과 동시에 그것에 편을 들고 동조하는 무리까지 아울러 공격한 저의 행동에서 시작되어 이 지경까지 이른 것입니다. 제가 이렇게 한 것은 비록 죽어도 후회는 없지만 유독 크게 후회되는 점이 있으니, 그것은 다음과 같습니다. 저는 망녕되게도 '주 선생(朱先生)이 동래(東萊)에게 편지를 보내 여 형공(呂滎公) 학문의 잘못된 점을 힘주어 말하였으나 동래는 그것으로 화를 내지 않았으니, 이는 대개 의리(義理)를 분변하는 일은 천하의 공적인 일이기 때문이다.'[81]라는 생각을 하였고, 그

81 주……때문이다 : 동래는 남송(南宋) 여조겸(呂祖謙)의 호이고, 여형공은 여조겸의 고조부인 여희철(呂希哲)로, 그의 봉호(封號)가 형양공(滎陽公)이므로 이렇게 칭한 것이다. 주희(朱熹)가 여조겸에게 보낸 편지에 "지난번 정헌공(正獻公)의 〈가전(家傳)〉을 보니 소씨(蘇氏)를 언급하면서는 곧바로 '부박(浮薄)한 무리'로 지목하였는데, 사인장(舍人丈)이 지은 《동몽훈(童蒙訓)》에는 '시문(詩文)은 반드시 소식(蘇軾)과 황

일이 발생한 초기에는 '그는 응당 옛날의 현인과 같을 것이다.'라고 여겼기 때문에 공손한 말로 편지를 써서 논의의 단초를 열었던 것입니다. 그런데 예상치도 않게 그의 분노가 더욱 심해져서 갈등으로 번져 나가게 되었으니, 이는 망녕되이 대현(大賢)의 일을 일반 사람에게 기대한 결과입니다. 어리석고 현명하지 못함이 늙을수록 더욱 심하니, 후회해도 소용이 없습니다. 부디 바라건대 저를 가엽게 여겨 일마다 가르침을 내려 줌으로써 끝내 미혹한 상태로 남아 있게 하지 않는다면 천만다행이겠습니다. 나머지 할 말은 일일이 다 적지 못합니다.

정견(黃庭堅)을 본보기로 삼아야 한다.'라고 극론하였습니다. 이에 속으로 탄식하기를 '정헌공과 형양공 같은 분은 가히 다른 사람을 제대로 미워할 수 있는 분이라 이를 만하나 유독 사인장이 은밀한 뜻에 대해 깨우치지 못한 것이 한스럽다.'라고 하였습니다. 그렇다면 노형(老兄)의 금일 논의는 다른 것은 차치하더라도, 가학(家學)에 있어서도 가까운 것에 가려서 먼 것에 위배되는 것이라 하겠습니다."라고 하였다. 《晦庵集 卷33 答呂伯恭》 정헌공은 여조겸의 5대조인 여공저(呂公著)의 시호이고, 사인장은 중서사인(中書舍人)을 지낸 여본중(呂本中)으로 여조겸의 종조부(從祖父)이자 여희철의 손자이다.

김기지에게 보냄 을축년(1685, 숙종11) 1월 11일

與金起之 乙丑正月十一日

새해가 찾아와 만물이 흥성하려는 이때, 삼가 성상을 축원하는 나머지에 냇물이 한창 이르는 것처럼 많은 복을 한껏 받았을 것으로 생각하니, 멀리서 축하드리는 마음 간절합니다. 저는 선산(先山)으로 귀성을 갔다가 고향으로 들어와 칩거하면서 병든 몸을 요양하고 있으니, 이 모든 것이 성상의 은혜 아님이 없습니다. 이내 또 생각하자니, 세도가 날로 변하여 풍파가 크게 일어나고 있는데 이 어찌 사람의 계책이 미칠 바이겠습니까. 진정 아무것도 듣고 싶지 않고 점점 깊이 숨어들어 경전을 품은 채 죽고 싶은 마음 간절하지만, 부모님의 무덤과 멀리 떨어져 있는 관계로 지금까지 망설이고만 있으니, 참으로 오(吳)나라 문지기[82]의 죄인입니다.

드릴 말씀은 다름이 아니라, 지난번 성상께서 대자성(大慈聖)을 효성으로 받드시어 몹시도 광범위하게 은혜를 베풀어 주셨는데[83] 이때

82 오(吳)나라 문지기 : 전한(前漢) 때의 은자인 매복(梅福)을 가리킨다. 매복은 원래 경학(經學)에 뛰어나 군문학(郡文學)이 되고 남창위(南昌尉)가 되었으나, 한나라 말기 왕망(王莽)이 정권을 독단하자 하루아침에 처자를 버리고 구강(九江)으로 떠나가 은둔하였다. 뒤에 그를 회계(會稽)에서 본 사람이 있었는데, 성명을 바꾸고 오나라 저자의 문지기가 되어 있었다 한다.《漢書 梅福傳》

83 성상께서……주셨는데 : 대자성은 인조의 계비인 장렬왕후(莊烈王后) 조씨(趙氏)를 가리킨다. 1684년 11월 7일 숙종은 장렬왕후의 회갑일을 기념하여 사면령을 시행하고 인조 집권기의 시종신에게 음식물을 하사하였다.《肅宗實錄 10年 11月 7日》《宋子大全 附錄 卷9 年譜》

천신(賤臣)도 기축년[84] 이전의 시종신(侍從臣)으로서 외람되이 음식물을 내려 주라는 명을 받게 되었으니, 이는 실로 지극한 덕의 일입니다. 다만 저는 속으로 '천신이 비록 그 당시에 외람되게도 소명을 받았지만 한결같이 모두 힘써 사양하였기 때문에 눈곱만큼의 노력조차 바친 적이 없다. 그런데 이제 도리어 당시 밤낮으로 고생하던 공들과 똑같이 하사품을 받게 된다면 이는 남을 속이는 일이 아니겠는가.'라는 생각이 들었기 때문에 일전에 진심으로 이것을 면하게 해 달라고 빌었습니다. 그러나 그 청원은 윤허를 받지 못했고 도리어 은총 어린 답변을 받게 되었으니 진정 몹시 송구합니다. 그러나 편협한 성품을 바꿀 수 없어 스스로 '사양함을 반드시 허락받은 뒤에야 마음이 편할 것이다.'라고 생각하는데, 그렇다고 또 미천한 처지로서 성상의 눈과 귀를 재차 번독하게 하는 것도 실로 감히 못할 짓이고 보면 명을 받들지 거스를지 하는 문제에 있어서 참으로 난처한 처지입니다.

일찍이 보건대 회옹(晦翁) 선생은 천자에게 무엇을 청할 일이 있으면 반드시 재상한테도 아울러 차자를 보내 도움을 요청하셨는데, 이는 대개 당시 임금이 대신을 예우하고 존중하였기 때문이며, 그에 따라 도움을 얻은 때가 여러 번 있었습니다. 이제 저는 주제넘게도 이미 정해져 있는 법을 본받고자 하여 집사께서 나서서 그 일을 주선해 주었으면 하고 바랍니다. 만약 성상과 정사를 논의하는 여가에 이와 관련한 문제가 거론될 적에 "아무개가 사양을 청하는 것은 가식이 아닙니다."라고 해 준다면 만에 하나 허락을 받을 수 있을 터이니, 이렇게 하면 일의 체모로 볼 때 혹 무난하지 않겠습니까.

84 기축년 : 1649년으로, 인조는 그해 5월 8일 승하하였다. 《仁祖實錄 27年 5月 8日》

일찍이 술과 고기의 폐단과 관련한 문제로 우상(右相)께 진달하자 그 문제가 변통이 되었는바, 지금까지 그것을 다행으로 생각하고 있습니다. 요사이 관찰사가 근처 고을로 하여금 제게 음식물을 전해 주도록 하였으나 저는 일절 그것들을 받지 않고 재차 사양한다는 뜻으로 고하였는데, 혹 잘 헤아려서 저의 진정 어린 뜻을 이루게 해 준다면 그 감사함과 다행함을 응당 어떻게 보답할 수 있겠습니까. 나머지 드릴 말은, 우러러 성조(聖朝)를 위하여 더욱 몸을 보중하기를 축원한다는 것입니다.

김기지에게 답함 을축년(1685, 숙종11) 1월 20일

答金起之 乙丑正月二十日

심심산골의 정월도 저물어 가는 이때 홀연 집사의 편지를 받으니 진정 금년 들어 가장 기쁜 일입니다. 지난번 인편에는 술만 보내오고 편지는 보내오지 않아 감히 산중의 벗과 대작하지 못하였지만 덕(德)을 마시고 그만 취해 버렸습니다. 이달 열흘이 지나서 한 통의 편지로 염치를 무릅쓰고 간청한 일이 있었으나 오래도록 회답을 받지 못하여 답답함을 견딜 수가 없습니다. 이 일이 혹 그대의 뜻에 맞지 않은 것은 아닙니까?

다시 집사께 여쭐 말이 있으니, 율곡(栗谷) 선생의 향사(享祀)가 이미 끊어져 버렸습니다. 옛말에 "대현(大賢)의 자손은 쇠퇴한다."라고 하였는데,[85] 지금 이 경우는 쇠퇴한 정도만이 아닙니다. 천도의 아득한 뜻을 누가 능히 궁구해 알 수 있겠습니까. 이후시(李厚蒔)의 아들 이계(李繼)가 또 아들이 없이 죽었으니, 그 아내가 남아 있긴 하지만 후사가 될 만한 이가 없습니다. 이후시의 종제(從弟) 이후수(李厚樹)의 차자(次子)인 이연(李綖)이 이미 장성하였고 그 집안에서도 모두 적합한 사람이라고 하니, 만약 이 사람을 이후시의 후사로 세움으로써 이계와 더불어 형망제급(兄亡弟及)의 변례(變禮)에 적용시키고 위에

85 옛말에……하였는데 : 당(唐)나라의 시인 두보(杜甫)가, 그의 이종사촌이자 당나라의 명신(名臣) 적인걸(狄仁傑)의 후손인 적박제(狄博濟)가 10년 동안 벼슬을 하지 못한 것을 안타까워하면서 "대현의 후손은 끝내 쇠퇴하니, 아득한 고금 세월 동안 그 원칙은 똑같네.〔大賢之後竟陵遲, 浩蕩古今同一體.〕"라고 한 것을 가리킨다.《九家集注杜詩 卷11 寄狄明府》

주달하여 벼슬을 내리도록 하면, 이연 또한 선생의 혈속이라 인정과 의리에 모두 온당할 것 같습니다. 다만 생각건대 오늘날 누가 이 일을 맡을 만하겠습니까? 집사께서 만약 노봉(老峯 민정중(閔鼎重)) 및 광성(光城 김만기(金萬基))과 상의하여 어전에서 아뢴다면 반드시 가능할 것이니, 만약에 안 된다고 생각지 않는다면 속히 도모해 주기 바랍니다.

세도(世道)가 한번 변하니 사문(斯文)이 더욱 외로워졌습니다. 옛일을 생각하고 오늘날을 걱정하느라 망녕되이 속마음을 다 쏟아 내었으니, 저의 이 뜻을 살펴 주시리라 생각합니다. 끝으로 형통한 복을 두루 받음으로써 멀리서 기대하는 이 마음을 위로해 주기를 바랍니다.

김기지에게 답함 을축년(1685, 숙종11) 1월 23일

答金起之 乙丑正月二十三日

보내 준 답장을 읽고서 소원을 이룰 수 있게 되었다는 사실이 너무도 기쁘고 다행스러워 어쩔 줄 몰랐습니다. 다만 관찰사가 기일보다 늦게 조정에 보고하여 혹 조정의 문책을 받게 될지도 모르니, 이것이 자못 우려됩니다. 만약 이미 입시하여 윤허를 받은 상태라면 서둘러 회현(懷縣)의 저리(邸吏)로 하여금 달려가 보고하도록 해 주면 응당 즉시 관찰사에게 통보할 것이고, 만약 혹시라도 윤허를 받지 못한다면 또한 바라건대 속히 그 사실을 알려 줌으로써 몹시도 기다리고 있는 관찰사의 심정을 풀어 주도록 하는 것이 어떠합니까. 저 때문에 오랜 시간 동안 남에게 걱정을 끼치고 있으니, 미안함을 금치 못하겠습니다.

이런 와중에 갑자기 길에서 전하는 말을 들었는데, 사학(四學)의 유생이 율옹(栗翁)을 높인 것 때문에 예문관으로부터 혹독한 해를 당하였다고 합니다.[86] 그것이 정말인지요? 또 듣건대 이는 전부 평강

86 사학(四學)의……합니다 : 윤증(尹拯)이 부친 윤선거(尹宣擧)가 병자호란 당시 강화도에서 순절하지 않고 목숨을 지켜 탈출하였다는 혐의를 변호하기 위하여 춘추관에 편지를 보내 "이제 강도(江都)의 일로써 선인(先人)을 헐뜯는 이가 있으니, 이는 곧 율곡의 '망녕된 생각으로 슬픔을 달래었다.'라고 말한 소장을 가리켜 자신의 도리를 다했다고 하는 것과 무엇이 다르겠는가. 그러나 율곡은 참으로 입산(入山)했던 과실이 있었지만, 선인이 죽지 않은 것은 처음부터 죽어야 할 이유가 없었기 때문이다."라고 하면서 이이(李珥)를 비방하였다. 이에 사학 유생 김성대(金盛大) 등은 윤증이 아비의 죄를 변명하고자 함부로 선현을 무함하고 모욕했다고 하면서 그 죄를 성토하는 통문(通文)을 사방에 보냈다. 그러자 예문관 봉교 김홍복(金洪福) 등은 김성대가 겉으로는

현감(平康縣監)[87]의 수완에서 나왔다고 하는데, 이는 더욱 믿을 수 없는 일입니다. 이 현감은 사실 수몽(守夢) 선생[88]의 외손으로서,[89] 수몽이 평소 율옹을 존모한 것은 진정 70제자가 공자에게 복종한 것과 같은 정도였습니다. 설사 율곡(栗谷)에게 정말 그런 일이 있었다고 해도, 사악한 설이 그자가 자기 아비를 위하여 신변(伸辨)하는 와중에 나왔으니 이는 율옹에게 너무나도 깊은 해를 끼친 것입니다. 이 설은 유직(柳稷)과 홍유부(洪有阜) 같은 무리[90]로부터 뛸 듯이 기쁜 반응을 얻지 않겠습니까. 만약 그렇다면 수몽의 자손 된 자는 필시 저 무리로부터 위협을 받아서 이렇게 한 것은 아닐 것입니다. 저는 이 일이 실로 사문

존현(尊賢)을 명분으로 내세우고 있으나 실은 남을 함정으로 몰아넣으려는 계책을 꾸몄다고 하면서 그에게 정거(停擧) 처분을 내리도록 하였다. 《宋子大全 附錄 卷9 年譜》《肅宗實錄 11年 2月 4日》

87 평강 현감(平康縣監) : 나양좌(羅良佐, 1638~1710)를 말한다. 윤선거의 문인이며 윤증과도 친밀하였다. 1683년 평강 현감에 제수되었고, 1687년에 송시열의 비판을 받은 스승 윤선거를 변호하다가 영변(寧邊)에 유배되었다. 《明齋遺稿 卷37 明村羅公墓誌銘》

88 수몽(守夢) 선생 : 정엽(鄭曄, 1563~1625)으로, 수몽은 그의 호이다. 송익필(宋翼弼), 성혼(成渾), 이이의 문인으로, 인목대비 폐위에 반대하여 벼슬을 그만두었다가 인조반정 후에 대사헌, 우참찬 등을 역임하였다. 《月沙集 卷44 左參贊贈右議政謚文肅鄭公神道碑銘》

89 이 현감은……외손으로서 : 나양좌를 두고 한 말인데, 사실은 나양좌의 부친인 나성두(羅星斗)가 정엽의 외손이다. 《宋子大全隨箚 卷6》

90 유직(柳稷)과……무리 : 모두 영남 유생으로, 서인(西人)들에 의해 이이와 성혼에 대한 문묘 종사(文廟從祀)가 거론되자 이이를 두고 "천륜을 끊고 불가로 도망하여 숨었다."라고 하면서 그것을 반대하는 상소를 올린 인물들이다. 《孝宗實錄 1年 2月 22日, 9月 10日》

(斯文)의 운수에 의해 이루어진 것이므로 사람의 힘으로는 어쩔 수 없다고 생각하지만, 세도가 이미 이렇게 된 이상 주자(朱子)의 글을 읽고 율옹의 도를 높이는 자로서 어찌 감히 이 세상에 편안히 있을 수 있겠습니까. 저 같은 사람은 비록 감히 이러한 일에 간여할 수 없지만, 호남(湖南)의 한 관인(官人)이 보낸 편지를 방금 보았는데 거기에 그쪽 무리의 논의[91]가 대략 제시되어 있었고 그 논의 중에 "우리들이 공격하고자 하는 대상은 회(懷)이고 배척하고자 하는 내용은 아무개가 머리 깎고 승복을 입었다는 설인데, 다행히도 이향(尼鄕)에서 그 공론이 일어났으니 그는 곧 우리 무리의 사람이다. 마땅히 책을 들고 가서 섬기기에도 겨를이 없어야 하겠다.……"[92]라는 말이 있었습니다. 이런 실정이니 저 같은 사람이 인간 세상에 용납될 수 있겠습니까. 형세상 장차 머리를 풀어 헤치고 산속으로 들어감으로써 부사(父師)의 가르침과 평소의 뜻을 저버리지 않을 것입니다. 그러나 집사가 없다면 누구한테 이러한 말을 꺼내겠습니까.

또 하나의 일이 있으니, 감히 다 아뢰지 않을 수 없습니다. 이제 음식물에 대한 사양이 끝내 소장으로 아뢰는 지경에 이르렀으니, 현인

91 그쪽 무리의 논의 : 유직, 홍유부와 같은 남인의 주장을 가리킨다.

92 우리들이……하겠다 : 회(懷)는 회덕(懷德)의 준말로 송시열을 가리키며, 이향(尼鄕)은 윤선거와 윤증의 고향인 이산(尼山)을 가리킨다. 《우암선생서절요집해(尤菴先生書節要集解)》 권3에서는 이 대목에 대해 "여기에서 남인과 소론의 두 당이 서로 합한 것의 일단을 확인할 수 있다. 무릇 사물은 양쪽으로 서로 대치하기 마련이라서 이쪽을 빠져나오면 반드시 저쪽으로 들어가는 법이다. 요즘 세상은 당이 비록 두서너 개가 존재하는 가운데 스스로 '서로 합하지 않는다.'라고 여기지만, 실상은 오직 두 당이 있을 뿐이다."라고 하였다.

을 높이고 도를 높이는 마음을 끝내 억누를 수 없어서 반드시 그 관련한 일까지 함께 아뢰어 스스로 유배형에 처해질 죄에 이른 것입니다. 이 때문에 며칠 동안 마음속으로 혼자 말하기를 '오늘 그러한 상황을 면한 것은 모든 게 지지(知止)[93] 덕분이다.'라고 하면서 답답한 채로 아무에게도 말할 수 없었습니다. 이에 번잡함을 가리지 않고 말씀드렸으니, 부디 집사께서는 실성한 자의 말이라 생각지 말고 해량해 주는 것이 어떻겠습니까.

○ 기억하건대 옛날 정인홍(鄭仁弘)이 퇴옹(退翁)을 비방하였을 당시 문정(文正) 노선생(老先生)이 아뢴 정원(政院)의 계사(啓辭)는 가히 푸른 하늘의 빛나는 해와 그 광채를 다툴 만하였습니다.[94] 그런데 애석한 것은 이 몸이 일찍이 노선생의 문하에서 가르침을 받았음에도 혐의를 피하려는 까닭으로 잠자코 있으면서 한마디도 못 하고 있는 것이니, 참으로 주자가 말한 "이 어른을 저버렸다."라는 경우입니다.-'이 어른'은 맹자(孟子)를 가리킵니다.-

93 지지(知止) : 김수홍의 당호이다. 《宋子大全 卷150 知止窩銘》

94 정인홍(鄭仁弘)이……만하였습니다 : 1611년(광해군3) 3월 우찬성 정인홍이 회재(晦齋) 이언적(李彦迪)과 퇴계(退溪) 이황(李滉)을 비난하며 두 학자의 문묘 종사를 저지하려고 하자, 김상헌(金尙憲)이 승정원 동부승지로서 계사를 올려 정인홍의 말을 조목조목 반박하고 이황을 변호한 것을 가리킨다. 《光海君日記 3年 4月 8日》

김기지에게 보냄 을축년(1685, 숙종11) 1월 26일

與金起之 乙丑正月二十六日

일전에 편지 한 통을 써서 지난번 답장에서 보여 준 글에 대해 깊은 감사의 뜻을 표한 일이 있었습니다. 그때는 산골에 묵고 있다가 우연히 마음에 촉발되는 바가 있어서 시사에 대해 약간 언급하였습니다. 그러자 어떤 이가 그런 사실을 듣고는 크게 놀라면서 "이러한 시기에는 다만 입을 다물고 아무 말도 하지 않아야 한다."라고 하였고, 이에 저의 미혹되고 잘못되었던 마음이 그 즉시 깨달음을 얻어 곧장 급히 심부름꾼을 보내 그 편지를 다시 되돌려 가지고 오게 하였는데, 제대로 당도하였는지 모르겠습니다. 삼가 생각건대, 회옹(晦翁)의 상람사(上藍寺) 편지는 대개 군상(君相)에게 말의 잘못이 있음을 걱정하여 촛불을 가져오게 하여 쓴 것인데,[95] 지금 상황은 불길이 아래에서부터 일어나고 있으므로 상람사 때와는 일의 체모가 같지 않고 또 손자 아이가 쫓김을 당해서[96] 더욱 혐의를 피해야 하기 때문에 그렇게 하는 것입니다. 속담

95 회옹(晦翁)의……것인데 : 송나라 효종(孝宗)이 조서(詔書)에서 대신들을 종처럼 꾸짖고 관료들을 돼지처럼 천시하자, 주희(朱熹)가 당시 한림학사 지제고(翰林學士知制誥)로 있던 유공(劉珙)에게 편지를 보내어 "삼가 11월 5일 임금이 내린 조서를 읽어 보니, 대신을 노비처럼 꾸짖고 신하들을 돼지처럼 간주한 것이 너무 심하였습니다. …… 저는 예장(豫章)에 이르러 상람사에 묵으면서 우연히 또 이 생각이 나서 밤새 잠을 이루지 못하고 있다가 날도 새기 전에 촛불을 밝히고 이 글을 쓰는데, 제 생각의 만 분의 일도 다 드러내지 못하였습니다."라고 하였다. 《晦庵集 別集 卷1 劉共甫》

96 손자……당해서 : 1685년 3월 예문관 봉교 김홍복(金洪福) 등이 송시열을 두둔한 사학(四學)의 유생들에게 정거(停擧) 처분을 내리게 하자, 송시열의 손자 송주석(宋疇

에 "미혹됨이 먼저이고 지혜로움은 나중이다."라고 하는 말이 참말입니다. 다만 향리는 화의 징후가 날로 거세지는 상황이니, 손자 아이가 내려와 함께 손잡고 먼 곳으로 떠나기를 고대하고 있는데, 평소 보살펴 준 집사의 은혜를 생각하여 감히 그것을 아뢰지 않을 수 없습니다.

또 이전 편지에서 부탁드린 것을 거듭 말씀드립니다. 대개 관찰사가 음식물을 즉시 봉행(奉行)하지 못할까 지극히 걱정하고 있으니, 집사께서 과연 어전에서 윤허를 받게 된다면 저의 장손 은석(殷錫)으로 하여금 급히 전인(專人)을 보내도록 해 주기를 바랍니다. 이는 비록 성상의 은혜로운 명이지만 애당초 미천한 저와 관계되어 있기에 몹시 하찮은 일인데, 이렇게까지 누차 번거롭게 하니 정말로 황공합니다. 천만 헤아려 주기를 바랍니다. 나머지 드릴 말은 다만 식사를 더욱 잘하심으로써 우러러 그리워하는 이 마음을 위로해 주기를 바란다는 것입니다. 남의 손을 빌려 적느라 이만 줄입니다. 황공합니다.

錫)이 때마침 의금부에 있다가 신변이 불안하여 벼슬을 내놓고 고향으로 돌아간 일을 가리킨다.《宋子大全 附錄 卷9 年譜》

김기지에게 답함 을축년(1685, 숙종11) 2월 5일
答金起之 乙丑二月五日

중추부(中樞府)의 하례(下隷)가 지난달 29일에 보낸 편지와 별지를 전해 주니, 기쁘고 위로되는 마음 말로 다 할 수 없습니다. 율옹(栗翁) 선생은 생존해 계실 때나 돌아가신 뒤에도 비방과 욕설을 넘치도록 받았는데, 이제는 제사까지도 단절되는 지경[97]에 이르렀습니다. 하늘은 어찌하여 이러한 큰 현인을 내고서 생전과 사후 모두에 재앙을 내려 이런 극도의 지경까지 이르게 하는 것입니까. 혹 집사께서 주선하여 재차 끊어진 그 후사를 이어지도록 해 준다면 얼마나 다행이고 다행이겠습니까. 만약 퇴계(退溪) 선생의 경우라면 필시 이 정도로 적막한 지경까지는 이르지 않았을 것입니다. 문원(文元 김장생(金長生)) 선생은 비록 후사가 있지만 그 사손(嗣孫)이 빈천하여 향사(享祀)가 또한 거의 끊어질 위기에 처하였으니, 마찬가지로 답답하고 근심스럽습니다.

보내온 종이에 우매함을 무릅쓰고 글을 써서 보냈는데, 또한 항아리 덮개로 쓰기에도 부족하므로 한 번 보고 버리는 것이 어떠합니까.

별지

주자(朱子)가 양자직(楊子直)에게 보낸 편지에서 "근년에 일종의 의

97 제사까지도 단절되는 지경 : 율곡(栗谷) 이이(李珥)의 손자 이후시(李厚蒔)의 아들인 이계(李繼)가 후사 없이 요절하여 이이의 향사가 끊어질 위기에 처한 것을 가리킨다. 《宋子大全隨箚 卷5》

론은 정직하지 못하게 이리저리 둘러대면서 심기(心機)를 다 소진하지만, 끝내 군자가 되지도 못하는 데다 소인이 된다고 해도 그 본성을 있는 그대로 철저히 드러내지도 못하니, 또한 그 마음을 잘못 쓴다고 말할 만하다."[98]라고 하였습니다.

○ 요즈음 벌어지는 일이 이 말씀과 꼭 서로 비슷하므로 감히 그대로 기록해 올립니다.

98 근년에……만하다 : 《회암집(晦庵集)》 권29의 〈여양자직서(與楊子直書)〉에 나오는 내용이다.

김기지에게 답함 을축년(1685, 숙종11) 4월 27일

答金起之 乙丑四月二十七日

재차 손수 쓴 편지를 보내 주니, 감사함과 송구함이 교차하는 이 마음 무어라 표현할 길이 없습니다. 기 상국(沂相國)에 대한 글[99]은 분부대로 교정하여 돌려보냅니다.

석담(石潭)의 후사에 관한 일[100]로 말하자면, 당초에 물론 나중에 이것이 문제가 되리라는 것을 이미 우려하였지만 지금 벌써부터 이렇게 될 줄은 예상치 못하였습니다. 그러나 이연(李綖)이 이후시(李厚蒔)의 후사가 되는 것은 이미 성상의 명이므로 가히 변동하기 어렵다는 것이 첫 번째 문제이고, 부자의 대륜(大倫)이 이미 정해졌는데 곧바로 바꾼다는 것이 두 번째 문제입니다. 그러나 이연이 이미 이후시의 후사가 되어 이계(李繼)를 대신하였으니 이는 곧 '형망제급(兄亡弟及)'의 정례(正禮)입니다. 이계의 처가 만약 후사를 세운다면 이연은 그 후사

99 기……글 : 461쪽 주26 참조.

100 석담(石潭)의……일 : 석담은 율곡(栗谷) 이이(李珥)의 별호이다. 이이의 손자 이후시의 아들인 이계가 후사 없이 요절하여 이이의 향사(享祀)가 끊어질 위기에 처하자 송시열이 이후시의 종제 이후수(李厚樹)의 차자인 이연을 이후시의 후사로 세우려고 한 것을 말한다. 송시열은 1685년 초부터 이 일에 대해 김수홍에게 힘써 달라고 부탁하였고, 결국 같은 해 2월 10일 김수홍이 그 일을 숙종에게 아뢰어 윤허를 받았다. 그런데 이후 이계의 처가 후사를 세워 종통을 빼앗으려 하면서 문제가 발생하였다. 《宋子大全 卷53 答金起之(乙丑正月二十日), 答金起之(乙丑四月二十七日), 答金起之(乙丑七月四日)》《宋子大全隨箚 卷5》《肅宗實錄 11年 2月 10日》《承政院日記 英祖 8年 2月 7日》

가 되는 자에게 종사(宗祀)를 돌려주고 그는 계속해서 이후시의 차자(次子)가 되는 것 또한 무방할 텐데, 집사의 고견은 어떠한지요? 만약 그렇다면 위에 아뢰어 이연에게 관직을 내려 주는 일을 늦출 수 없을 듯합니다.

기억을 떠올려 보건대, 옛날 효묘조(孝廟朝) 때 퇴계(退溪)의 적손(嫡孫)이 아직 어렸기에 천신(賤臣)이 지손(支孫) 이성철(李誠哲)을 대신 현관(縣官)으로 삼아 제사를 받들도록 해 달라고 청한 일이 있었고, 지난번 포은(圃隱)의 제사를 받드는 일에도 그 지손에게 관직을 부여하여 임시로 일을 맡도록 하였습니다. 이 일은 이미 전례가 되었으니, 지금만 어찌 그렇게 하지 않겠습니까. 다만 현재는 율옹(栗翁)에 대한 여론이 몹시 박하니, 충성스러운 마음을 지닌 집사가 아니면 누가 받들어 아뢸 수 있겠습니까. 하고 싶은 말은 너무도 많지만 감히 하나하나 다 말씀드리지 못하니 그저 통탄할 뿐입니다.

김기지에게 답함 을축년(1685, 숙종11) 7월 4일
答金起之 乙丑七月四日

소식이 오랫동안 막혀 그리워하는 마음만 부질없이 깊었는데, 홀연 인편을 통하여 편지를 보내 주고 아울러 율곡(栗谷)의 후사와 관련한 논의까지 일러 주었습니다. 이 일은 당초 집사의 노력에 크게 힘입어 결국 성상의 성명(成命)을 받들어 인륜과 기강이 크게 안정되기에 이르렀는데 오늘날에 와서 이견이 분분하니 실로 이해할 수 없습니다. 생각건대 당초 이연(李綖)과 이계(李繼)의 나이가 얼마인지 알지 못하고서 "이연의 나이는 이계보다 적어 이계가 장자가 된다."라고 하였기 때문에, 일찍이 이계의 처가 후사를 세우면 선대의 제사를 다시 받들어야 한다는 품의가 있었던 것입니다. 그런데 지금 듣건대 이연의 나이가 이계보다 많다고 하니, 이연이 그대로 종자(宗子)가 되고 이계의 처는 비록 후사를 세운다 하더라도 절로 별종(別宗)이 되어야 마땅합니다.

대개 부자(父子) 관계는 천륜이지만, 임금은 하늘을 대신하여 만물을 다스리는 존재이기 때문에 《중용》의 구경(九經)에서는 끊어진 대를 이어 주는 것을 하나의 중대한 일로 삼았습니다.[101] 따라서 이것이 비록

101 중용의……삼았습니다 : 《중용장구(中庸章句)》 제20장에 "천하와 국가를 다스리는 데 구경이 있으니, 자신을 수양하는 것, 어진 이를 높이는 것, 친척을 친애하는 것, 대신을 공경하는 것, 신하들을 제 몸처럼 여기는 것, 서민을 자식처럼 여기는 것, 백공을 오게 하는 것, 먼 사람들을 회유하는 것, 제후들을 품는 것이다. …… 끊어진 대를 이어 주고, 폐지된 나라를 일으켜 주며, 혼란한 나라를 다스려 주고, 위태로운 나라를 붙들어 주며, 조빙을 때에 따라 하고, 가는 것을 후하게 하고 오는 것을 박하게

인간이 정한 친속(親屬)이라 할지라도 사실상은 하늘이 정한 친속이니, 한번 정해진 뒤에 어찌 다시 변경할 수 있겠습니까. 이러한 이유로 제갈 무후(諸葛武侯)는 후사를 세운 뒤에 친아들을 두었으나 그대로 후사로 삼은 이를 장자로 삼았고, 호 문정(胡文定) 또한 그리하였던 것입니다.[102] 이 때문에 지난날 최 완성(崔完城)이 이것을 전례로 인용하면서 조정에 청하자 인묘(仁廟)께서 특별히 허락하셨으니,[103] 이는 본조에 있어서 이미 정해진 법입니다.

또 들으니 여러 논자들은 "아직 입안(立案)이 되지 않았다."라고들 한다는데, 이것은 가히 "큰 것에는 어두우면서 작은 것에는 자세하다."라고 할 만합니다. 무릇 대신이 탑전에서 건의하여 성상께서 친히 덕음(德音)을 내려 아무개를 아무개의 아들로 삼으라고 하시고는 그 내용을 사관(史官)에게 기록하도록 하셨으니, 이보다 더 큰 입안이 어디에

함은 제후들을 은혜롭게 대하는 것이다."라고 한 것을 가리킨다.

102 제갈……것입니다 : 삼국 시대 촉(蜀)나라의 승상 제갈량(諸葛亮)이 아들이 없어 그의 형 제갈근(諸葛瑾)의 아들 제갈교(諸葛喬)를 후사로 삼았는데, 제갈량이 그 뒤에 아들 제갈첨(諸葛瞻)을 낳았으나 제갈교를 그대로 적자로 두었다. 호 문정은 남송(南宋)의 학자 호안국(胡安國)으로, 형의 아들 호인(胡寅)을 양자로 들여 후사로 삼았다가 뒤에 아들 둘을 낳았지만 양자인 호인을 그대로 후사로 인정하였다. 《通典 卷69 養兄弟子爲後後自生子議》《宋史 胡安國列傳》

103 최……허락하셨으니 : 최 완성은 지천(遲川) 최명길(崔鳴吉)로, 그가 완성부원군(完城府院君)에 봉해졌기 때문에 이렇게 칭한 것이다. 최명길이 조카 최후량(崔後亮)을 후사로 삼은 뒤에 아들을 낳자, 인조가 최명길에게 후사를 어떻게 할 것인지 물었다. 이에 최명길은 "옛날에 호 문정은 호인을 후사로 삼았는데, 자기 아들을 낳은 뒤에도 파양하지 않고 자기가 낳은 아들을 차자로 삼았습니다. 신 또한 이를 따르고자 합니다."라고 대답하였고, 인조는 그것을 허락하였다. 《明谷集 卷29 先祖領議政完城府院君文忠公行狀》《顯宗實錄 3年 9月 17日》

있겠습니까. 또 이 일의 체모는 이미 보통의 규례와는 달라서 담당관이 다만 거행 조건(擧行條件)을 써서 본가에 주면 그만인 것이니, 또 누가 주장하여 다시 소장을 올리고 다시 계하(啓下)를 받아 다시 입안을 만들겠습니까. 이 문제에 대해 저같이 무지몽매한 자는 생각이 미치지 못하므로 감히 말할 수 없습니다.

일전에 지대(砥台 이단하(李端夏))가 아울러 여러 글을 보여 주었는데 그중 화숙(和叔 박세채(朴世采))의 의론이 가장 정당하였으니, 집사께서 만약 이를 옳게 여겨 따른다면 이계의 처가 패악한지 여부와 박기상(朴其祥)이 사악한지 여부는 모두 일소해 버리고 다시는 거론하지 않아도 좋을 것인데,[104] 유독 이연의 아비의 일만큼은 대략 말할 만한 부분이 있습니다. 확상(矍相)에서 활쏘기를 할 적에 들어오지 못하도록 한 대상 중 하나가 남의 후사가 되기를 구하는 사람이었으니,[105] 이것은 좀 혐의가 있을 것 같습니다. 그러나 이미 임금의 명이 있었고 보면 실로 후사가 되기를 구한 것은 아니니 오늘날 어찌 감히 혐의를 말하겠습니까. 저의 소견은 이와 같은데, 집사께서는 어떻게 생각하십니까?

104 이계의……것인데 : 이계의 처는 품성이 패악하여 이계가 죽은 뒤에 선대의 서적을 불태워 버리고 마침내 소장을 올렸는데 그 말이 극히 불손하였다. 그런데 그 글은 실상 이계 처의 동생인 박기상이란 자의 작품이었으며, 그의 사주를 받아 이계의 처가 소장을 올린 것이었다. 《宋子大全隨箚 卷6》

105 확상(矍相)에서……사람이었으니 : 공자가 확상의 채마밭에서 향사례(鄕射禮)를 행할 적에 구경하는 사람들이 담처럼 빙 둘러섰는데, 이때 자로(子路)에게 "군대를 패하게 한 장수와 나라를 망하게 한 대부와 남의 후사가 되기를 구하는 사람은 들어오지 말고 그 나머지는 모두 들어오게 하라."라고 하자, 떠나가는 자가 절반이고 들어오는 자가 절반이었다. 《禮記 射義》

요즈음 가뭄이 심하여 농사일이 망극한 상황에 이르렀습니다. 지극히 인자한 하늘이 무엇 때문에 이러한 것인지요. 걱정으로 애타는 마음을 이루 말로 다 할 수 없습니다. 끝으로 더욱 몸을 보중함으로써 우러러보는 백성들의 마음을 위로하기를 축원합니다.

김기지에게 답함 을축년(1685, 숙종11) 7월 그믐
答金起之 乙丑七月晦日

일찍이 율곡의 후사와 관련한 일로 아뢰고서 분명한 가르침이 내려지기를 고대하고 있었는데, 이번에 또 부리(府吏)가 오는 편에 삼가 가르침을 듣게 되니 지극한 기쁨과 위안이 됩니다. 일찍이 이계(李繼)의 처가 올린 소장을 보았을 때 그 말이 심히 불손하였으나 그것이 누구의 손에서 나온 것인지는 알지 못하였는데, 뒤이어 박씨(朴氏) 성을 가진 자가 한 것이라는 말을 들었습니다. 그 박씨는 곧 선묘조(宣廟朝)에서 학관(學官)을 지낸 박희현(朴希賢)의 후손으로서 본보기로 삼을 대상이 없지 않을 것 같은데, 그자가 어찌 감히 이렇게 한단 말입니까. 사태를 진정시키지 못하였다는 책임을 백종(百宗) 영공(令公)은 응당 마다할 수 없을 것입니다.[106] 그러나 보내온 편지에서 말씀한 것이 이미 이와 같고 문곡(文谷 김수항(金壽恒))의 뜻도 또한 심히 엄중하니, 이제부터는 가히 바른길로 돌아가 안정될 것입니다. 또 화숙(和叔 박세채(朴世采))의 뜻도 이견이 없으니, 이 벗이 만약 재신(宰臣) 신모(申某)[107]를 깨우칠 수 있다면 더욱 좋을 것입니다. 오늘날 조그만 티끌이 문득

106 사태를……것입니다 : 백종은 송시열의 문인인 이동명(李東溟)의 자이다. 송시열이 그에게 이이의 후사 문제를 잘 해결해 달라고 부탁한 바가 있기 때문에 이렇게 말한 것이다. 《宋子大全 卷69 答李養而(乙丑七月十六日)》《宋子大全隨箚 卷6》

107 재신(宰臣) 신모(申某) : 신익상(申翼相, 1634~1697)인 듯하다. 본관은 고령(高靈), 자는 숙필(叔弼), 호는 성재(醒齋)이다. 1662년(현종3) 정시 문과에 급제하였고, 이조 참판, 평안도 관찰사, 우의정 등의 관직을 역임하였다. 《宋子大全隨箚 卷8》

언덕이 되고 사슴을 좇느라 태산(泰山)을 보지 못하는 꼴[108]이 세상에 매우 많기 때문에 깊은 우려를 하지 않을 수 없습니다. 추참(樞參)께서 몹시 염려해 주니, 감사하는 마음과 칭송하는 마음이 모두 지극합니다.

108 조그만……꼴 : 각각 작은 일이 큰일로 확대되고, 사소한 일에 정신이 팔려 중대한 일을 보지 못한다는 비유이다.

김기지에게 보냄 을축년(1685, 숙종11) 11월 11일

與金起之 乙丑十一月十一日

헌신(憲臣) 홍모(洪某)가 죄를 지어 유배를 가게 되었으니,[109] 잘못된 행실을 막고 삿된 말을 종식시킨 성상의 공은 가히 세 성인(聖人)을 계승할 만한지라,[110] 이는 천년에 한 번 있는 때라고 이를 만합니다. 다만 삼가 생각건대, 그의 말이 비록 삿되기는 하지만 애당초 자신이 처음 지어낸 것은 아니고 그저 누군가 그러한 말을 가지고 현재 여론을 주도하는 자에게 부탁하여 청요직(淸要職)에 뽑히기를 구하고자 한 것일 뿐이며, 그 근원을 소급해 간다면 계곡(谿谷) 역시 선여 잘못이 없다고는 할 수 없습니다.[111] 그렇다면 그자 혼자만 극변(極邊)으로

109 헌신(憲臣)……되었으니 : 헌신 홍모는 사헌부 장령을 지낸 홍수주(洪受疇)이다. 1685년 5월 26일에 홍수주가 소장을 올려, 이이(李珥)가 머리를 깎았다고 한 주장으로 선현을 무함하였다는 비난을 받은 윤증(尹拯)을 변호하였다. 이에 송시열을 비롯한 여러 신료들과 유생들로부터 거센 비판을 받았고, 숙종 역시 "홍수주와 같은 간사하고 아첨하는 무리가 윤증을 위해 한편이 되어서 방자하게 상소를 올려 선현(先賢)을 무욕한 것이 끝이 없다."라고 하면서 그를 삭탈관직하고 경흥(慶興)으로 유배를 보냈다. 《宋子大全 附錄 卷10 年譜》《肅宗實錄 11年 5月 26日, 9月 30日, 10月 9日》

110 잘못된……만한지라 : 《맹자》〈등문공 하(滕文公下)〉에서 맹자가 "나 또한 인심을 바로잡아 삿된 말을 종식시키며 잘못된 행실을 막으며 음탕한 말을 추방하여 세 성인을 계승하려고 하는 것이니, 어찌 변론을 좋아하겠는가. 내 부득이해서이다."라고 한 것을 원용한 표현이다. '세 성인'은 우(禹) 임금과 주공(周公)과 공자를 가리킨다.

111 그……없습니다 : 계곡은 장유(張維)의 호이다. 홍수주가 장유의 글을 근거로 하여 이이의 입산(入山) 사실을 주장하였기 때문에 이렇게 말한 것이다.

유배를 간 것은 과중한 처사가 아니겠습니까.

성상께서는 단지 두 노선생(老先生)[112] 때문에만 그다지도 몹시 미워하신 것이 아니라, 경박한 태도로 일 만들기를 좋아함으로써 국사를 그르치는 행태까지도 함께 미워하신 것입니다. 그러나 지난날 조정을 그르친 것은 삼찬(三竄)[113]보다 심한 자들이 없었는데, 이이(李珥)와 성혼(成渾) 두 선생은 상의를 거쳐 그들의 사면을 청하였습니다. 지금 홍모가 범한 죄가 어찌 그 당시 사람들보다 심하겠습니까. 집사께서 만약 저의 말이 도리에 어긋나지 않는 것이라고 여긴다면, 혹 입시할 때에 대략 성상께 아뢰어 그를 좋은 지역으로 조금 양이(量移)하도록 해 주면 좋을 듯한데, 어떻게 생각합니까? 이러한 뜻을 영상 대감께 한번 아뢰고자 하였으나 일이 많은 때에 사무의 응대에 방해가 될까 싶어 감히 실행에 옮기지 못하였습니다. 저는 이미 초야의 백성이 된 몸이니 의리상 감히 시사(時事)에 간여할 수 없지만, 이미 사우(師友)로 인하여 이러한 사달을 일으키게 된 이상 어찌 감히 "나와 상관없는 일이다."라고 하면서 속에 품은 생각을 말하지 않을 수 있겠습니까. 이러한 뜻까지 아울러 깊이 살펴봐 준다면 몹시 다행이겠습니다.

112 두 노선생(老先生) : 이이와 김장생(金長生)을 가리킨다.

113 삼찬(三竄) : 1583년(선조16) 동인(東人)인 홍문관 전한 허봉(許篈), 대사간 송응개(宋應漑), 도승지 박근원(朴謹元) 세 사람은 병조 판서 이이가 병권(兵權)을 마음대로 하고 임금을 업신여기며 파당을 만들어 바른 사람을 배척하는 간신이라고 탄핵하였다가 각각 회령(會寧), 강계(江界), 갑산(甲山)에 유배되었다.《栗谷全書 卷34 附錄 年譜下 癸未》

김기지에게 답함 을축년(1685, 숙종11) 11월 14일
答金起之 乙丑十一月十四日

막 편지 한 통을 써서 인편에 부쳤는데 홀연 내의원 편에 삼가 보내준 편지를 받고서 여러 말씀을 다 읽어 보았으니, 위로되고 또 감사하는 마음 무어라 표현할 길이 없습니다.

죽은 딸[114]은 이미 땅속으로 들어갔습니다. 평소 진정으로 효를 다하던 모습과 남편 잃고 과부로 지내면서 우울해하던 모습을 떠올리자니 오장이 찢어지는 듯하여 눈물이 마를 날이 없습니다. 이것이 비록 사랑하는 마음에 치우친 행동이라는 것을 잘 알지만 또한 능히 스스로 견딜 수가 없습니다.

별지에서 한 말씀을 통해 깊은 깨우침을 받았습니다. 이러한 처지로 어찌 감히 사람들과 논쟁하고자 하겠습니까마는, 다만 사우(師友)와 관계된 일이고 게다가 또 사우의 사사로운 일이 아니라 세도(世道)와 국가의 흥망과 깊은 관련이 있는 일이기 때문에 부득이 감히 발언을 한 것입니다.[115] 만약 제가 조그만 혐의를 피하느라고 잠자코 있으면서

114 죽은 딸 : 1685년 8월에 죽은 송시열의 막내딸을 가리킨다.《宋子大全 附錄 卷10 年譜》

115 부득이……것입니다 : 1685년 5월 26일 홍수주(洪受疇)가 소장을 올려 이이가 머리를 깎은 것은 이이의 제자인 김장생(金長生)도 인정한 것이라는 말로 윤증(尹拯)을 비호하자, 9월 30일에 송시열이 소장을 올려 이이와 김장생 두 사람이 억울하게 무함을 당하였다고 하면서 그것이 사실이 아님을 자세히 변론한 것을 가리킨다.《肅宗實錄 11年 5月 26日, 9月 30日》

성조(聖朝)를 위하여 한마디도 하지 않는다면 그 죄는 매일반일 것이니, 삼가 주제넘지만 나를 알아주는 것과 나를 죄주는 것[116]이 혹 여기에 있지 않을까 생각합니다. 계하(啓下)를 받은 두 가지 약은 성은이 망극하여 저도 모르게 눈물이 옷을 적셨습니다. 나머지 할 말은 병으로 인하여 직접 붓을 들고 쓰지 못하므로 일일이 말씀드리지 못합니다.

116 나를 알아주는……것 : 《맹자》 〈공손추 하(公孫丑下)〉에 "공자께서 이를 두려워하여 《춘추(春秋)》를 지으시니, 《춘추》는 천자(天子)가 하는 일이다. 이 때문에 공자께서 말씀하시기를 '나를 알아주는 것도 오직 《춘추》이며, 나를 죄주는 것도 오직 《춘추》이다.' 하셨다."라고 하였다.

김기지에게 답함

答金起之

별지를 통해서는, 감탄을 하던 끝에 또 일반적인 식견을 뛰어넘는 바른 견해가 존경스러웠고 동시에 어진 이의 마음을 확인할 수 있었습니다. 적만(賊瞞)[117]이 한(漢)나라 보정(寶鼎) 주위를 배회만 하고 끝내 탈취할 수 없었던 것은 당고(黨錮)의 화[118]를 당하였던 공(公)들이 꼭 선을 선으로 여겨 좋아하고 악을 악으로 여겨 미워한 덕분이 아니라고 할 수 없으니, 시비를 분명히 밝히지 않을 수 없는 것은 또한 오랜 옛날부터 그러했던 것입니다. 그런데 지금은 대체로 하나하나 따지지 않고 모호하게 처리하는 것을 시폐(時弊)를 바로잡는 제일의 방책으로 삼고들 있으니, 그러한 흐름은 장차 편벽되고 부정한 자들로 하여금 스스로 무엄 방자한 행동을 할 수 있도록 만들 것입니다. 그런데 어제 어느 후생(後生)이 전해 준 화숙(和叔 박세채(朴世采))의 글을 보니 "논의는 차라리 모호한 것이 좋다."라고 하였는바, 이에 저는 놀라워서 그에게 보내는 답서에다 약간의 경계와 책망을 하였습니다. 그러나 그는 끝내

117 적만(賊瞞) : 후한(後漢) 말의 권신(權臣)으로서 삼국 시대 위(魏)나라 건국의 기초를 닦았던 조조(曹操)의 멸칭이다. 그의 어릴 적 이름이 아만(阿瞞)이었으므로 이렇게 칭한 것이다.

118 당고(黨錮)의 화 : 동한(東漢) 말년 환제(桓帝) 때에 환관의 전횡을 막기 위해 진번(陳蕃)과 이응(李膺) 등이 대장군 두무(竇武)와 함께 환관을 모살(謀殺)하려다가 실패하여 진번과 이응 등 100여 인이 피살당하였고, 계속해서 사형과 유배를 당하고 수금된 자가 700여 인에 이르렀던 사건을 말한다. 《後漢書 黨錮列傳》

스스로의 잘못을 시인하려 들지 않고 더 이상 답장도 하지 않았습니다. 화숙도 이 정도인데 다른 사람한테야 무엇을 바라겠습니까.

또 별도로 한심한 일이 있는데, 이 일은 노선생(老先生 김상헌(金尙憲))과 관계되는 것이라서 감히 말씀드리는 것입니다. 듣자 하니 지금 논의를 주도하는 자는 '삼최(三崔)'라고 하는데, 그 가운데 소최(小崔)의 연원은 바로 신로(愼老)입니다.[119] 기축년(1649) 효종 즉위 초년에 신독재(愼獨齋)가 부름을 받고 나아갔는데, 그때는 이미 문정(文正) 노선생이 먼저 입조한 상태였습니다. 당시에 그분에 대한 예우가 극히 융숭하여 이미 세도(世道)에 대한 책임이 있게 되자, 창주(滄洲) 김공(金公)[120]이 극히 염려하면서 나아가 말하기를 "도(道)가 광대하니, 어디에 힘을 써야 합니까?"라고 하였습니다. 이에 신로가 한참 있다가 말씀하기를 "지금은 대의(大義)가 캄캄하게 막혔는데 국세가 이와 같으니 무슨 일을 할 수 있겠는가. 한편 사람들은 최 완성(崔完城)을 두고 진회(秦檜)라고 말하나,[121] 이는 그렇지 않다. 진회는 금(金)나라

119 지금……신로(愼老)입니다 : 삼최는 최석정(崔錫鼎), 최석항(崔錫恒) 형제와 최규서(崔奎瑞)를 가리킨다. 소최는 삼최 가운데 가장 나이가 어린 최규서를 가리키고 신로는 신독재 김집(金集)의 경칭인데, 최규서의 부친인 최석영(崔碩英)이 바로 김집의 문인이다. 《宋子大全隨箚 卷6》

120 창주(滄洲) 김공(金公) : 김익희(金益熙, 1610~1656)로, 창주는 그의 호이다. 본관은 광산(光山), 자는 중문(仲文)이다. 김장생(金長生)의 손자이며, 김집의 조카이다. 《宋子大全 卷158 滄洲金公神道碑銘 幷序》

121 사람들은……말하나 : 최 완성은 최명길(崔鳴吉)로, 그가 완성부원군(完城府院君)에 봉해졌기 때문에 이렇게 칭한 것이다. 진회는 남송 고종(南宋高宗) 때 19년간 국정을 주도한 재상으로, 금나라와 화의를 주장하며 당시 주전파였던 악비(岳飛) 같은 충신과 양장(良將)들을 탄압하고, 그 후에도 자신의 권력 유지를 위해 공포 정치를

사람과 더불어 모의를 하고 왔기 때문에 사사건건 금나라를 도왔지만, 지금 최 완성이야 어찌 오랑캐를 도울 생각이 있었겠는가. 대개 부득이 하기에 그런 것이었다. 그러나 사실상 죄가 있으니 그것은 바로 사대부로 하여금 포로로 잡혀갔던 부녀자를 다시 받아들이게 한 것으로서 이와 관련해서는 엄격한 정자(程子)의 가르침[122]이 있으며, 또 최 완성은 청음(淸陰)과 동계(桐溪 정온(鄭蘊))가 절의를 지키는 것을 비난하고 배척하였으니 이것은 장차 천하 후세에 죄를 얻게 됨을 면치 못할 것이다."라고 하였습니다. 포로로 잡혀갔던 부녀자의 일만큼은 다시 바로잡지 않을 수 없어 동춘(同春 송준길(宋浚吉))에게 "그대가 지금 헌부(憲府)에 있으니 모름지기 스스로 맡아 처리하기 바란다."라고 함에 따라 동춘은 집의(執義)로서 말을 잘 다듬어 입계(入啓)하였는데, 한 번의 입계만으로 윤허를 받았습니다. 그 후 백강(白江 이경여(李敬輿))이 정승이 되었을 때 또 중외(中外)에 공문을 내어 이혼하고 다시 장가들게 하니, 이에 정자의 가르침이 시행되어 강상(綱常)이 밝아졌습니다.

이에 앞서 석주(石洲 권필(權韠))의 아들 권항(權伉)이 문정 선생에게 "소생은 다시 장가들고 싶지만 조정의 명령이 막 반포되었으니, 어찌하면 좋겠습니까?"라고 여쭙자, 선생은 "우리 동국은 예의가 본래

폈기 때문에 후세에 매국노로 지탄받았다. 《宋史 秦檜列傳》 최명길이 병자호란이 일어났을 때 주전파였던 김상헌에 맞서서 청나라와 화의를 주장한 인물이므로 그에 대해 이런 평판이 있었던 것이다.

122 정자(程子)의 가르침 : 북송(北宋)의 정이(程頤)가 "무릇 아내를 취하는 것은 그것으로 자신을 짝하는 것이니 만약 절개를 잃은 자를 취하여 자신을 짝하면 이는 자신이 절개를 잃는 것이다."라고 한 것을 가리킨다. 《近思錄 卷6 家道》

분명하니 금령(禁令)은 장차 시행되지 않을 것이다. 또 너에게는 아들이 없으니, 아들이 없으면 순(舜) 임금조차도 부모에게 고하지 않고 장가드셨다.[123] 네가 시험 삼아 다시 장가든다고 한들 최 완성이 어찌 너에게 죄를 주기까지야 하겠느냐."라고 하였고, 이에 따라 권항은 결국 연산(連山)에서 다시 장가들어 아들을 두었습니다. 당시 두 선생[124]이 하신 일이 이와 같았습니다. 소최의 두 아비[125]가 신로에게 수업을 받으면서 몹시 사랑을 받았는데, 지금 그 아들은 도리어 이최(二崔)[126]와 합세하여 신로의 가르침을 배반하고 절의를 상실한 자를 위해 동조하고 일어나 윤씨(尹氏)를 비판하는 의론을 배척하고 있습니다. 신로를 연원으로 하는 자도 이와 같은데 그 나머지 사람이야 또 어찌 말할 것이 있겠습니까. 지금 이최는 그 조부의 뜻을 계승하고 있는데, 이는 '이렇게 하지 않으면 불효가 된다.'라는 생각에 따른 것이지만 조부의 간악함을 드러내는 것이 곧 대단한 불효가 되는 줄은 모르고 있습니다.

혹 "그렇다면 신로는 어찌하여 윤선거(尹宣擧)를 거절하지 않고 맞아들여서 문인으로 삼았는가?"라고 한다면 대답은 다음과 같습니다. 이는 윤선거가 강도(江都)에서 나온 뒤로 고개를 떨구고 기운을 잃어

123 아들이 없으면……장가드셨다 : 《맹자》 〈이루 상(離婁上)〉에 "순 임금이 부모에게 고하지 않고 장가를 든 것은 후사가 없게 될까 염려해서였다. 그래서 군자는 그것을 어버이에게 알린 것과 같다고 여기는 것이다."라는 말이 나온다.

124 두 선생 : 김집과 김상헌을 가리킨다.

125 소최의 두 아비 : 최규서의 생부(生父)인 최석영과 양부(養父)인 최석영의 동생 최석유(崔碩儒)를 가리킨다. 두 사람은 모두 김집의 문인이다. 《樗村遺稿 卷45 領議政艮齋崔公墓表》

126 이최(二崔) : 최석정과 최석항 형제이며, 그들은 최명길의 손자이다.

서 욕된 인간으로 자처하므로 신로가 대개 그를 애처롭게 여겨서 그러셨던 것이고, 또 수오지심(羞惡之心)은 천리(天理)에서 나오는 것이기에 진실로 그 마음을 확충하면 맹자의 이른바 그 마음에 '장차 사해(四海)를 보전할 수 있다.'라고 하는 것[127]이 거기에서 실현될 수 있다고 여겨서 그러셨던 것이며, 또 그가 함께 큰일을 할 만할 정도의 기질을 지녔다는 점이 아까웠기 때문에 그가 찾아오는 것을 허여할 뿐 과거의 잘잘못을 상관하지 않아서 그러셨던 것입니다. 그런데 그가 결국 윤휴(尹鑴)한테 빠져들게 되자 윤휴가 우계(牛溪)를 모독하고 심지어 주자(朱子)를 배척하는 것을 보면서도 그것을 미워할 줄 몰랐고, 끝내는 윤휴와 한마음이 되어 서로 놓아 버릴 수 없는 사이가 되고 말았습니다.

제가 늘 윤휴를 배척하면서 윤선거를 책망하면 윤선거는 "의리(義理)는 천하의 공물(公物)인데, 어찌 주자만이 그것을 알고 희중(希仲)은 알지 못한단 말인가. 희중은 고명(高明)함이 지나친 것에 불과하다."라고 하였고, 이에 제가 "윤휴는 사문(斯文)의 난적(亂賊)인데 공이 도와주기를 이와 같이 하니, 《춘추(春秋)》의 법은 먼저 그 당여를 다스리는 것이다."라고 하자, 윤선거는 또 "이는 희중이 소탈한 것에 불과하거늘 어찌 이렇게까지 심각하게 논한단 말인가."라고 하였습니다. 그러나 그 당시에 그는 또 윤휴와 절교한다는 말을 하였으므로, 또한 이랬다저랬다 계속 말이 변하는 속에서 도무지 그 두서를 알 수

127 맹자의……것 : 《맹자》 〈공손추 상(公孫丑上)〉에 "무릇 나에게 있는 사단(四端)을 모두 넓혀서 채울 줄을 알면 마치 불이 타오르기 시작하는 것과 같고 샘물이 터져 나오는 것과 같을 것이니, 진실로 그것을 능히 확충할 수 있다면 사해를 보호할 수 있고 진실로 채우지 못한다면 부모도 섬길 수 없을 것이다."라고 하였다.

없었습니다.

그렇다면 중간에 왜 그를 찬양하는 말을 하였느냐고 묻는다면 그것은 다음과 같습니다. 그는 이미 윤휴와 절교하겠다는 말을 하였고, 강도의 일에 대해서는 수오지심의 단서가 상당히 있어서 이미 과거를 단념하고 벼슬하지 않고서 유문(儒門)에 종사하였습니다. 또 병자년(1636, 인조14)에 오랑캐가 참람한 칭호로 사신을 보내왔을 때 대소 신료들은 모두 넋이 나가 어쩔 줄을 몰라 하였는데, 그는 홀로 많은 선비를 선두에서 이끌고서 오랑캐 사신의 목을 벨 것을 청함으로써 오랑캐로 하여금 겁에 질려 도망가게 하였고, 그리하여 조정에서는 마침내 명(明)나라에 그 사실을 아뢰고 군문(軍門)에 격문을 전하게 됨으로써 그 의로운 명성이 천하에 드러나게 되었으니, 그 공로는 대단한 것이었습니다. 이런 일들을 어찌 묻어 둘 수 있었겠습니까.

그런데 그가 죽었을 때 얼핏 그의 아들들이 윤휴가 보낸 제삿술을 받았다는 말을 듣고는 몹시 의아한 마음이 들었다가, 이후 윤휴가 쓴 제문[128]을 보니 "자네는 나더러 망녕되이 세상의 화(禍)에 걸렸다고 했고, 나는 자네더러 스스로 공을 수립하지 못한다고 하였네."라는 말이 있었습니다. 비록 고인(古人)과 친구 관계라 하더라도 그 도의(道義)로 사귐을 맺고 걱정과 사랑으로 규계(規戒)하는 뜻이 어찌 이보다 더 깊었겠습니까. 그 "망녕되이 세상의 화에 걸렸다."라고 한 것에 대해 말하자면, 당세(當世)에 윤휴에게 화를 입힌 자란 누구를 가리켜 하는 말입니까. 이는 비록 일반론으로 한 말처럼 보이지만 사실은 이 몸을

128 윤휴가 쓴 제문 : 《백호집(白湖集)》 권17의 〈윤길보에 대한 제문[祭尹吉甫文]〉을 가리킨다.

구체적으로 지적하여 한 말입니다. 당시 저에게 어찌 윤휴에게 화를 입힐 단서가 있었겠습니까. 윤휴는 본래부터 화심(禍心)을 품어 이미 "임금을 낮추고 종통을 둘로 나누었다."라는 말로 아뢴 바가 있는데,[129] 이제 와서는 도리어 저러한 말로써 그를 유도하고 현혹하였으니 이는 원숭이를 나무에 오르도록 가르친 격[130]입니다. 따라서 지난날 벌어졌던 크나큰 화의 원인을 규명해 보면 비록 이자로부터 출발하였다고 하더라도 괜찮을 것이니, 겉으로는 못난 저의 뜻을 따르는 척하면서 속으로는 저자와 친밀하였던 그의 태도는 아마도 올바른 사람의 마음이 아닐 듯합니다.

또 이 글을 가리켜 "원망하는 마음에서 나온 것이다."라고 한 것으로 말하자면, 위로는 임금을 속이고 아래로는 뭇사람을 속이면서도 태연자약하게 아무런 두려움이 없는 그 태도가 한심하다 이를 만한데, 온 세상이 바람에 쓸리듯 그 말을 따르니 어찌 애석하지 않겠습니까. 또 그가 죽은 후에 그의 문도가 그 아들과 함께 강도에서의 일을 "십분 온당한 의리이다."라고 하고, 절의를 위하여 목숨을 버린 선비인 권(權), 김(金) 두 사람을 비방하면서는 "죽어야 할 의의가 없었다."라고

129 윤휴는……있는데 : 1659년(현종 즉위년) 효종이 승하한 뒤, 인조의 왕비인 자의대비(慈懿大妃) 조씨(趙氏)가 상복을 어떻게 입어야 하는가 하는 문제가 제기되었을 때 송시열을 비롯한 서인 측에서 기년복(朞年服)을 주장하자, 윤휴는 "천자는 천하의 종주이고 제후는 일국의 종주로서 더없이 높고 더없이 존귀한데, '서자이기 때문에 강복(降服)해야 한다.'라고 말한다면 이것은 종통을 둘로 나누고 임금을 낮추는 것이 아니겠는가."라고 하면서 그 주장을 공격하였다. 《白湖集 卷6 引黃世禎疏辭職疏》

130 원숭이를……격 : 나쁜 사람에게 나쁜 짓을 하도록 권하는 것을 비유한 말이다. 《시경》 〈소아(小雅) 각궁(角弓)〉에 "원숭이에게 나무 타기를 가르치지 말라. 더러운 진흙 위에 다시 더러운 진흙을 바르는 것과 같다."라고 하였다.

하면서 심지어는 "용기를 손상하는 것일 듯하다.", "태산보다 더 무겁다."라는 등의 말들을 내세우고는 이쪽을 억누름으로써 저쪽을 변호하기까지 하였습니다.[131] 또 이르기를 "과거를 단념하고 벼슬하지 않았던 것은 시대를 헤아리고 사람들을 헤아린 결과이지 스스로 절개를 잃은 것을 부끄러워해서 그런 것은 아니다."라고 하였으니, 그렇다면 신로(愼老)와 여러 사우가 그에게서 취한 바는 모두 속임을 당한 것이고 진실이 아니었습니다. 이것이 이른바 "평생의 진위(眞僞)는 사후에야 밝혀진다."라는 것입니다. 이와 같을진대 지난날 찬양하던 뜻을 어찌 고수하고 변경하지 않을 수가 있겠습니까.

또 그 무리는 자신들의 그 주장이 확대되지 못할까 염려하여 마침내 삼학사(三學士)를 비방하기까지 하였습니다. 대저 삼학사는 천하 사람들이 모두 의롭다고 여기는 분들로서, 병자년의 큰 변고 이후에 족히 말할 만한 것이 있어 절로 해명될 수 있는 분들입니다. 무릇 성현의 도는 알기가 쉽지 않으니 그에 대해 험담하는 자가 있는 것은 이상할 게 없지만, 절의의 문제에 있어서는 비록 추악한 오랑캐일지라도 그것을 존숭할 줄 아는 법입니다. 그런데 이제 그들은 도리어 이와 같이

131 절의를……하였습니다 : '권'과 '김'은 각각 병자호란 때 순절(殉節)한 권순장(權順長)과 김익겸(金益兼)을 가리킨다. 윤선거는 병자호란 때 강화(江華)로 피란하여 권순장, 김익겸과 최후까지 싸우다가 죽기로 맹세하였는데, 강화가 적에게 함락되자 부인 이씨(李氏)는 자결하고 남문(南門)을 지키고 있던 권순장과 김익겸은 김상용(金尙容)을 따라 자결하였으나, 윤선거는 평민 복장으로 탈출하여 목숨을 건졌다. 이 일을 두고 윤선거의 외손인 박태보(朴泰輔)가 상소하여 윤선거의 행위를 변호하였다. 이 소장은 1687년 3월 19일에 나양좌(羅良佐)가 대신 상주하였다.《定齋集 卷6 爲羅顯道上辨魯西先生疏》《肅宗實錄補闕正誤 13年 3月 19日》

하니, 얼마 지나서 곧 금수의 존재로 전락하지 않겠습니까. 이 뒤로 그 집안에서 율옹(栗翁)을 비방하고 모독한 일[132]은 의당 책망하기에도 부족한 것으로 여겨야 할 것입니다. 대저 한 사람이 죽고 말고의 문제에 무슨 대단한 것이 있다고 그 말류의 폐해가 이 지경에 이른단 말입니까. 대개 그는 파산(坡山 성혼(成渾))의 외손이며 또 팔송(八松 윤황(尹煌))의 아들로서 유현(儒賢)에 종사하였으니 그 지위는 타인들과 비교할 수 없으므로 온 세상이 마치 바람에 쓸린 듯이 그를 추종하여 세도(世道)를 어지럽혔던 것입니다. 미천한 처지에 하찮은 힘을 가진 이 몸은 그것의 만분의 일이라도 바로잡기에 부족한 사람이라는 사실을 물론 잘 압니다. 그럼에도 감히 그와 시끄럽게 싸운 것은 실로 부득이 했기 때문입니다.

한편 "그를 물리치는 것은 실로 옳은 일이나 그 하는 말이 너무 심하지 않은가?"라고 묻는다면, 그에 대한 대답은 다음과 같습니다. 양주

132 율옹(栗翁)을……일 : 윤증은 부친 윤선거가 병자호란 당시 강화도에서 순절하지 않고 목숨을 지켜 탈출하였다는 비판을 변호하기 위하여 춘추관에 편지를 보내 "이제 강도의 일로써 선인(先人)을 헐뜯는 이가 있으니, 이는 곧 율곡(栗谷)의 '망녕된 생각으로 슬픔을 달랬다.'라고 말한 소장을 가리켜 자신의 도리를 다했다고 하는 것과 무엇이 다르겠는가. 그러나 율곡은 참으로 입산(入山)했던 과실이 있었지만, 선인이 죽지 않은 것은 처음부터 죽어야 할 이유가 없었기 때문이다."라고 한 것을 가리킨다. 이에 대해 유생들이 거세게 비판하자 1685년 5월 26일에 홍수주(洪受疇)가 윤증을 변호하는 소장을 올려, 이이가 젊은 날 불교에 들어갔던 것은 공공연한 사실이었으니 그 사실에 관한 윤증의 언급은 무함이라 할 수 없고, 또 이왕 다시 유교로 복귀하여 도에 이른 이상 한때의 과거를 거론하는 것은 이이의 평생에 흠이 되지 않으며, 이이의 제자인 김장생 또한 이이가 머리를 깎은 것을 증언하였다고 주장하였다.《宋子大全 附錄 卷10 年譜》《肅宗實錄 11年 5月 26日》

(楊朱)와 묵적(墨翟)은 인의(仁義)를 하는 것을 배운 자들인데, 맹자가 "아비도 없고 임금도 없어 장차 사람이 서로 잡아먹는 지경에 이르게 될 것이다."라고 말씀하셨으니, 사람의 일반적인 정리로 본다면 이 어찌 실제보다 지나친 말이 아니겠습니까. 그런데 주자가 일찍이 소식(蘇軾) 학문의 폐단에 대해 논하기를[133] "만약 천리가 밝지 못하여 준칙으로 삼을 것이 없고 자질구레하게 오직 정상을 참작해 주기에만 힘쓴다면, 이는 곧 정에 따라서 법도를 버려두고 악행을 마음대로 하도록 풀어놓음으로써 간악한 길을 열어 주는 것이 아니겠는가. 양주는 의(義)를 하는 것을 배운 자이고 묵적은 인(仁)을 하는 것을 배운 자이니, 그 본래의 마음 씀을 궁구해 본다면 어찌 사악함이 있겠는가. 단지 본원(本源)의 사이에 터럭만큼의 어긋남이 조금 있었기 때문에 맹자가 그 화의 원인을 미루어 '아비도 없고 임금도 없어서 금수가 되는 지경에 빠진다.'라고 하신 것이니, 맹자가 또한 어찌 그 정상을 참작하지 않고 지나치게 이 각박한 의론을 하셨겠는가. 진정 그 천리를 해치고 인심을 해치는 것이, 형명(刑名)의 속임수를 부리는 술수처럼 그 화가 얕고 가까워서 쉽게 보이는 것과는 같지 않기 때문이다."라고 하셨습니다. 주자의 뜻이 대개 이와 같으니, 이에 의거하면 오늘날 살신성인으로 절의를 선택한 분들을 공공연히 배척하는 것은 이미 "아비도 없고 임금도 없어서 금수가 되는 지경에 빠진다."라고 하는 영역에 들어간 것이라 그 말류의 폐단은 굳이 기다릴 것도 없습니다. 저의 망녕된 생각이 이와 같았기 때문에 부득이 머리가 잘려 나가고 가슴이 관통될지도

133 주자가……논하기를 : 이하 주희(朱熹)의 말은 《회암집(晦庵集)》 권30의 〈왕상서에 답하는 편지〔答汪尙書〕〉에 보인다.

모를 이러한 일을 한 것입니다.

또 그들은 저를 두고 "혐의도 피하지 않고 남의 자식한테 분노하여 그 아비한테 욕을 한다."라고 하는데, 이 또한 무식한 말입니다. 옛날에 주 선생(朱先生)은 조건(曹建)의 묘표(墓表) 때문에 육씨(陸氏) 문하로부터 마치 원수를 대하는 듯한 미움을 샀으나,[134] 선생은 일찍이 웃으면서 말씀하시기를 "설사 진짜 원수라 하더라도 어찌 이렇게까지 하겠는가."라고 하였습니다. 그러나 선생은 조그마한 혐의도 피하지 않고 육씨를 공격하기에 더욱 힘써서 그가 죽은 뒤에도 멈추지 않았으니, 도를 호위하는 성현의 마음은 실로 이와 같습니다. 그러나 이는 모두 지난해 이전의 일입니다. 선복(宣卜)의 장계(狀啓)가 세상에 전파된 후[135]에는 비단 지난날 찬양한 것이 부끄러울 뿐만 아니라 그와 맞서 쟁변한 것도 부끄러울 지경입니다. 이제부터 일체 그만두었으니 자못 일을 던 느낌입니다. 오늘날 이 일에 대해 함께 말할 사람이 없었는데

134 옛날에……샀으나 : 조건의 묘표는 주희가 지은 〈조입지묘표(曹立之墓表)〉를 가리킨다. 조건은 원래 육구연(陸九淵)의 제자였다가 그가 선학(禪學)을 가까이하는 것을 보고는 그와 관계를 끊고 주희의 제자가 되었다. 그가 젊은 나이에 요절하자 주희는 그의 묘표를 지었는데, 그 가운데 조건이 처음에 육구연에게 배우다가 스스로 만족하지 못하였고 나중에 장식(張栻)의 글을 보고서야 그와 함께 학문을 할 만하다고 여겼다는 일화가 등장한다. 육구연의 문인들이 이에 분노하여 거세게 비판하였다. 《宋元學案 卷18 滄洲諸儒學案》《晦庵集 卷54 答諸葛誠之, 卷90 曹立之墓表》

135 선복(宣卜)의……후 : 윤선거는 강화가 함락된 뒤에 자신의 이름이 일전에 청나라 사신을 처단할 것을 청하는 소장에 이미 노출되어 있다는 사실을 염려하여 이름을 선복으로 바꾸고 청나라 장수가 시키는 대로 남한산성의 행재소(行在所)로 가는 종실(宗室) 진원군(珍原君)의 종으로 신분을 감추고 강화를 빠져나왔다. 이 선복이란 이름을 처음에는 아무도 몰랐는데, 이후 이단하(李端夏)가 국사를 편수할 때 그때의 장계 속에서 발견하였다. 《宋子大全隨箚 卷7》

이제 집사의 깨우침에 감격하여 감히 그 소회를 말하였으니, 집사께서는 어떻게 생각하는지요? 오직 이끌어 가르쳐 주기를 바랍니다.

김기지에게 보냄

與金起之

저는 비록 우매한 인간이지만 근거 없는 말을 함으로써 스스로 불위(不韙)의 죄[136]에 빠지는 짓은 감히 할 수 없습니다. 그러니 더군다나 우계(牛溪)에 대하여 어찌 감히 털끝만큼이라도 모함하거나 비난하려는 마음을 품을 수 있겠습니까.[137] 요즘 무리가 문자를 위조한 뒤 제게 석수도(石守道)의 관을 열려고 한 것과 같은 재앙을 가하려고 하였는데,[138] 다행히 문곡(文谷 김수항(金壽恒)) 대감의 공명함과 엄정함 덕분

136 불위(不韙)의 죄 : 옳지 않은 일을 한 죄라는 말인데, 《춘추좌씨전(春秋左氏傳)》 은공(隱公) 11년 기사에, 식(息)나라가 정(鄭)나라와 싸우다 대패한 일을 두고 "덕을 헤아리지도 않고, 역량을 가늠하지도 않고, 친척을 가까이하지도 않고, 말의 시비를 따지지도 않고, 죄가 있는지의 여부를 살피지도 않았다. 이 다섯 가지 옳지 못한 일을 범하고서 남을 공격하였으니 군대를 잃은 것이 당연하지 않은가."라고 한 데서 온 표현이다. 여기서는 그중 '말의 시비를 따지지 않는 것'을 가리켜 말한 것이다.

137 우계(牛溪)에……있겠습니까 : 윤선거(尹宣擧)의 문인인 나양좌(羅良佐), 성지선(成至善) 등이 스승을 위해 변론한다는 명분으로 상소를 올려 송시열을 심하게 비난하자, 송시열의 문인 이희조(李喜朝)가 송시열에게 편지를 보내 "성지선은 성혼(成渾)의 손자인데 그 소장에 참여하였다."라고 하면서 그 이유를 궁금해했다. 이에 대해 송시열이 "성혼의 손자이기 때문에 그렇게 한 것이다."라고 하면서, 이이와 성혼을 같은 수준으로 보지 않았던 스승 김장생(金長生)의 의견을 그 근거로 내세웠다. 그러자 성혼의 자손과 문인 및 윤증의 세력들이 송시열을 두고 성혼을 무함하였다고 비난하였다. 《宋子大全 卷20 辨訾毁牛溪之謗仍白先誣疏(己巳正月), 卷96 答李同甫(丁卯五月三日)》

138 요즘……하였는데 : 나양좌가 송시열과 김수항의 관계를 이간하기 위하여, 송시열이 김수항을 남송(南宋)의 진회(秦檜)와 같은 사람이라고 했다는 내용으로 편지를

에 그 계략이 수포로 돌아가자 이번에는 또 우계의 일을 가지고 공격합니다. 지금 비록 그것이 무함임을 대략 변론하더라도 어찌 이후에 그 모략을 끝내 그만두리란 보장을 할 수 있겠습니까.

자고로 군자가 패배하는 것은 그 공정한 마음과 정직한 도를 믿고서 죽음에 이르더라도 개의치 않기 때문이고, 소인은 기필코 뜻을 이루고 마음의 만족을 얻은 뒤에야 끝내고자 하기 때문입니다. 이러한 이유로 소인은 늘 승리하고 군자는 늘 재앙을 겪습니다. 대저 소인이 군자를 재앙에 빠뜨리려 할 때에는 반드시 참언으로 이간질하는 것을 좋은 방법으로 여기며 이를 실행하는 자는 반드시 내부의 원조 세력과 결탁하니, 이산해(李山海)가 한 일[139]을 살펴보면 알 수 있습니다. 지금 나양좌(羅良佐)가 이미 문곡에게 그 모략을 시험하려다가 실현하지 못하였으니, 이산해와 같은 일을 끝내 하지 않으리라 보장할 수 있겠습니까. 근심이 끝이 없다고 이를 만합니다. 또 그들이 이미 "우계를 무함하였다."라는 것을 사람을 해치는 일대 함정으로 삼고 있는 이상 제

위조한 것을 말한다. 《宋子大全隨箚 卷9》 송(宋)나라의 간신 하송(夏竦)이 자기를 배척한 석수도가 죽자 여종에게 석수도의 필적을 익히게 한 뒤에 원망과 비방으로 가득한 편지를 위조하여 황제의 마음을 분노케 하고, 그가 죽은 뒤에도 "그가 죽음을 칭탁하고 사실은 거란(契丹)으로 도망친 것이다."라고 하고서 무덤을 파헤쳐 시체를 확인하려 하였다. 《宋史 石介列傳》

139 이산해(李山海)가 한 일 : 1591년(선조24) 정철(鄭澈)이 당시 동인(東人)인 영의정 이산해와 함께 광해군을 세자로 책봉할 것을 건의하기로 하였다. 그런데 평소 정철과 사이가 좋지 않았던 이산해는 약속 전날 선조(宣祖)의 후궁인 인빈(仁嬪) 김씨(金氏)의 오빠 김공량(金公諒)을 만나 정철이 세자를 세울 것을 청하고 아울러 인빈 김씨와 그 소생인 신성군(信城君)를 죽이려 한다고 알려 주었다. 이에 정철은 신성군을 세자로 책봉하려던 선조의 노여움을 사서 유배형에 처해졌다. 《宋子大全隨箚 卷6》

스스로 변론하는 일을 서두르지 않을 수 없기에 청교(青郊)에서 올린 서계(書啓)에서 이미 그 일의 단서를 드러냈습니다. 그러나 반드시 그들이 먼저 그 일을 꺼내고 난 뒤에 대응해야 하니, 이는 일의 순서가 그러하기 때문입니다.

듣건대 저들이 앞다투어 흉흉하게 굴어 온 지가 이미 오래라고 하는데 아직까지 그 칼끝을 숨기고 있으니, 장차 "반역은 지체될 것이나 화는 크게 될 것이다."[140]라는 지경에 이르지 않겠습니까. 한영휘(韓永徽)를 비롯한 제군이 저들과 서로 겨루는 것이 욕된 일이라는 사실도 모르고 갑자기 소장을 올렸으니, 비록 따뜻한 비답을 받긴 하였지만 일의 체면을 손상한 것은 많습니다. 그런데 지금 제가 또 이어서 번독하게 한다면 시의(時義)를 모르는 처사가 아니겠습니까. 이러한 이유로 머뭇거리면서 결정을 하지 못하고 있으니, 어떻게 해야 좋을지 모르겠습니다. 삼가 생각건대 지금의 일에 대해서는, 굽히는 것이 펴지는 것이며 욕을 당하는 것이 영광스러운 일이라고 여겨야 할 것입니다.

녹야(綠野)와 관련하여 한 말씀[141]에 대해 말해 보겠습니다. 지금

140 반역은……것이다 : 한 경제(漢景帝) 때 어사대부(御史大夫) 조조(鼂錯)가 제후의 봉지(封地)를 삭감하자고 건의하면서 한 말로, "지금 땅을 삭감해도 반역할 것이며 땅을 삭감하지 않아도 반역할 것입니다. 삭감하면 반역이 빨리 일어날 것이나 화가 작을 것이고, 삭감하지 않으면 반역은 지체될 것이나 화는 클 것입니다."라고 하였다. 《二十史略 西漢景帝》 윤증과 그 측근 세력의 공격이 지체되고 있지만 그로써 화는 더욱 커질 것이라는 의미이다.

141 녹야(綠野)와……말씀 : 녹야는 당 헌종(唐憲宗) 때의 명재상인 배도(裵度)가 은퇴한 뒤 낙양 근교에 마련한 별장 녹야당(綠野堂)을 말한다. 배도가 회서(淮西)에서 일어난 반란을 평정한 공로로 헌종에게 옥대(玉帶)를 하사받고서 후일 임종할 때 자제들에게 그 옥대를 반납하라고 한 고사를 말한 것으로 보인다. 《宋子大全隨箚 卷6》

길에 오른 제가 결국 서울에 들어가서 사대(賜對)의 은혜를 받을 수 있다면 명성성비(明聖聖妃)께서 손수 써 주신 서찰[142]까지 함께 직접 올리고 싶습니다. 또 대개 기해년(1659, 효종10)의 어찰(御札)[143]은 현묘께서 무릎을 꿇고 친히 주시자 천신이 땅에 엎드린 채로 받은 것으로서, 당시 일의 상황이 그처럼 정중하였으니 승정원을 통하여 올릴 수는 없기에 그 어찰을 반드시 직접 면대하여 드리고 싶었습니다. 그런데 이제는 이미 소원이 성사되지 못하였으니, 모름지기 죽은 뒤를 기다려 손자 주석(疇錫)으로 하여금 소장을 올리면서 바치도록 해야 할 것입니다. 이 일을 몹시도 뇌리에서 떨쳐 버릴 수 없으니, 모름지기 잘 헤아려 지시를 내려 주는 것이 어떠합니까?

또 삼가 간청드릴 일이 있습니다. 이 손자 아이가 극히 불안한 처지이니, 탄핵 상소를 입어서 산속으로 아주 들어가 버리는 것이 가장 좋은 일이겠고, -듣건대 최(崔)가 불효(不孝)라는 죄목을 거짓으로 꾸몄다고 합니다.-[144] 한 궁벽한 고을의 수령이 되어 옛 책을 공부하는 것이 그다음 좋은 일이겠습니다. 그런데 '그다음 좋은 일'은 또한 도모하여 실현

142 명성성비(明聖聖妃)께서……서찰 : 1680년(숙종6) 12월에 현종의 비인 명성왕후(明聖王后)가 도성을 떠나려 하는 송시열을 만류하기 위해 보낸 언문(諺文) 수찰(手札)을 가리킨다. 《宋子大全 附錄 卷8 年譜》《肅宗實錄 6年 12月 23日》

143 기해년의 어찰 : 1659년 4월에 효종이 당시 왕세자이던 현종(顯宗)으로 하여금 궁궐 깊숙한 곳에서 서연을 열게 하고 비밀리에 송시열에게 하사한 어찰로, 안으로 국정을 닦고 밖으로 적을 방어하는 모책을 담고 있다. 《肅宗實錄 20年 閏5月 11日》

144 듣건대……합니다 : '최(崔)'는 대본에는 '吳'로 되어 있는데, 《송자대전수차(宋子大全隨箚)》 권6에 근거하여 바로잡아 번역하였다. 최규서(崔奎瑞)가 송주석을 두고, 모친이 죽었는데도 분상(奔喪)하지 않았다는 내용으로 무함한 것을 가리킨다. 《宋子大全隨箚 卷6》

하기가 어려우니, 집사께서 혹 그것을 위해 주선해 줄 수 있겠습니까? 옛날 주제넘게도 배규(裴虯)의 전례[145]에 따라 그 아이를 한림(翰林)에서 면직될 수 있게 청한 일이 있는데, 그것은 실로 진심에서 우러나온 것이었습니다. 그런데 계속 바뀌지 않고 지금까지도 그대로 이어져 점차 산속으로 들어가게 생겼으니, 참으로 가련함을 견딜 수 없습니다. 만약 대군자(大君子)의 보살핌을 통해서 조금 안온한 지역을 맡을 수 있게 되고 이어 혹 그 학문과 식견을 진전시킬 수 있게 된다면 이는 실로 덕으로써 사람을 사랑하는 큰 은혜가 될 것이니, 천만 바라는 바입니다.

145 배규(裴虯)의 전례 : 당 대종(唐代宗)이 배복(裴復)의 뛰어난 재주를 알고 불러들여 그를 한림학사(翰林學士)에 임명하려 하자, 그의 부친인 배규가 소장을 올려 자식의 학문이 끝날 때까지 기다려 달라고 하면서 면직해 주기를 청한 것을 말한다. 《宋子大全隨箚 卷6》

김기지에게 답함 을축년(1685, 숙종11) 12월 22일
答金起之 乙丑十二月二十二日

나무와 바위 가운데에서 한가하게 사는 백성을 언제나 기억하여 이런 안부 편지를 보내 주니, 과분하여 황공하고 감사하는 심정 이루 말로 다 할 수 없습니다.

별지에서 말한 내용은 그야말로 주 선생(朱先生)이 평소에 하신 말씀이니, 주 선생은 이미 《논어집주》에서 그에 대해 간곡하게 말씀하신 바 있습니다. 또 일찍이 당시 사람들을 가리켜 "그가 관작(官爵)을 좋아하면 비록 아비와 임금을 죽이는 일이라도 감히 할 것이다."라고 하셨는데,[146] 이는 모든 사람이 무조건 그렇다는 말이 아니라 그 근본을 미루어 보면 말류는 반드시 이러한 지경에 이를 것이라는 말이니 성인의 가르침이 엄하다고 할 만합니다. 저 정인홍(鄭仁弘), 이이첨(李爾瞻), 윤휴(尹鑴), 허적(許積)이 득세하던 당시에 서로 앞다투어 빌붙어서 방자하게 패역(悖逆)을 부린 자들은 그 한 가지 생각이 일어나는 것이 또한 어찌 이것을 벗어나겠습니까. 그러나 그들은 인조반정(仁祖反正) 초기에 매우 관대한 처분을 받았고, 성모(聖母)의 10가지 죄를 나열한 나만기(羅萬紀)도 전혀 아무 탈이 없다가 유생으로서 소장을 올린 일로 또한 귀양을 가기에 이르렀습니다. 아랫사람들을 관대하게 대하는 것은 본래 성인의 덕입니다.

146 일찍이……하셨는데 : 《주자어류(朱子語類)》 권13 〈학(學)7 역행(力行)〉에 나오는 말이다.

삼가 성상을 엿보건대, 그 인자한 뜻이 언제나 언어 가운데에 가득 넘쳐나고 벌을 내릴 때에는 언제나 가벼운 쪽으로 죄를 적용하셨습니다. 그런데 지금 이 헌신(憲臣) 홍모(洪某)에 대한 처분은 이처럼 통쾌하고 무거우니 이는 대개 당론(黨論)을 엄히 제재하시려는 의도이며, 오로지 현인을 높이고 도를 호위하려는 뜻에서 하신 것만은 아닐 것입니다. 그러나 북방의 춥고 괴로운 지역에서 만에 하나 살아 돌아오지 못한다면 살리기를 좋아하는 성덕(聖德)에 어찌 손상이 되지 않겠습니까. 이러한 이유로 지난번 감히 그러한 뜻을 집사께 개인적으로 말씀드렸고, 어제 대죄(待罪)하는 소를 통하여 대략 저의 어리석은 충정을 아뢰었습니다. 그런데 지금 받은 비답에서 성상께서는 동의하지 않으셨지만 집사의 답장을 받아 보니 "도리에 어긋나지 않다."라고 하였기에 속으로 '다행히도 죄가 없겠다.'라고 자축하였으니, 이만한 위로가 어디에 있겠습니까.

천생(賤生)이 줄곧 고질병을 앓다가 다시 납월(臘月)이 저무는 것을 보게 되었습니다. 육방옹(陸放翁)의 "둥둥 악귀를 쫓는 북소리는 보(洑)의 여기저기서 들리네."라는 시구[147]를 괴로이 읊으매, 세밑의 감회가 절로 일어납니다. 나머지 할 말은 병을 무릅쓰는 관계로 일일이 다 적지 못합니다.

147 육방옹(陸放翁)의……시구 : 방옹은 송(宋)나라 고종(高宗) 때의 문신 육유(陸游)의 호이다. 그의 시 〈사북만보(舍北晩步)〉에 "아득히 밥 짓는 연기 마을 여기저기서 피어나고, 둥둥 악귀를 쫓는 북소리는 보의 여기저기서 들리네. …… 날씨 차고 적막한데 사립문은 저무니, 또 부질없는 인생에 한 해가 다함을 보네.〔漢漢炊煙村遠近, 鼕鼕儺鼓埭西東.……天寒寂寞籬門晩, 又見浮生一歲窮.〕"라는 구절이 있다. 《劍南詩稿 卷38》

김기지에게 보냄 병인년(1686, 숙종12) 3월 21일

與金起之 丙寅三月二十一日

봄이 저물어 가는 이때에 삼가 기거가 더욱 복될 것으로 생각하니, 구구히 칭송하는 마음 날로 더해만 갑니다. 삼가 듣건대, 연석(筵席)에 자주 출입하여 성심으로 성상을 인도하고 보좌하는 일이 아주 많다고 하는데, 이는 본원(本源)의 영역에 있어 어찌 큰 보탬이 되는 일이 아니겠습니까. 참으로 흠앙하는 지극한 심정을 견딜 수 없어 거의 감격의 눈물이 흐를 정도입니다.

방금 중숙(重叔 김만중(金萬重)) 판서의 편지를 보니 《절작통편(節酌通編)》[148]을 그가 장차 교정해 나갈 것이라고 하였는데, 이는 실로 집사께서 아뢰어 된 일이니[149] 학문을 높이고 교화를 일으키는 성대한 마음을 볼 수 있습니다. 다만 처음 그 이야기를 들었을 때 그 주석에 미진한 부분이 있어서 사문(斯文)에 죄를 얻지나 않을까 염려가 되었고, 이에 사우인 권상하(權尙夏)와 함께 재차 상세히 고증해 가면서 읽어 보았는데 과연 헤아려 볼 부분이 많았습니다. 퇴계(退溪)의 《주자서절요기의(朱子書節要記疑)》도 보면 볼수록 아쉽다고 생각하는 부분이 생기는데, 하물며 지금 그것을 더 보충한 이 책에 오류가 없을 것이라는

148 절작통편(節酌通編) : 송시열이 이황(李滉)의 《주자서절요(朱子書節要)》와 정경세(鄭經世)의 《주문작해(朱文酌海)》를 합하여 편집한 책이다.

149 이는……일이니 : 1686년 1월 12일에 김수흥이 숙종에게 송시열이 《절작통편》이란 책을 편찬하였으니 교서관(校書館)에 내려 교정하게 하고 전라도와 경상도에서 간행하도록 해 달라고 청하자 숙종이 허락한 일이 있다. 《肅宗實錄 12年 1月 12日》

보장을 어찌 더욱 할 수 있겠습니까. 후세가 지금 우리를 보는 것이 지금 우리가 옛날을 보는 것과 똑같지 않을까 하는 깊은 우려 속에서 자고 먹는 일도 편치 않습니다. 그리하여 감히 작은 소장을 올려 간행하고 반포하라는 명을 거두어 달라고 청하였으니, 만약 윤허를 받지 못한다면 또한 모름지기 그 기한을 조금 연장하여 제가 교정하여 보낼 수 있도록 함으로써 참작하고 취사할 터전으로 삼게 해 주는 것이 어떻겠습니까?

규암(圭菴) 선생[150]에게 시호가 내려진 뒤, 후손이 쇠락한 나머지 곧바로 분황(焚黃)을 하지 못하고 사당의 신주는 이미 묘소 뒤편에 묻어 버렸으니 사림의 한이 어떠하겠습니까. 송(宋)나라 고사에 의거한다면 묘소에서도 그것을 행할 수 있는데, 후손의 쇠락함은 이전보다 더욱 심해져 버렸습니다. 삼가 집사께서 성상 앞에서 힘써 아뢰어 그 사손(嗣孫)이 녹용(錄用)될 수 있도록 해 준다면 어찌 온 가문만 그 은혜에 감격하여 고무되겠습니까. 사림의 영광 또한 적지 않을 것입니다. 다만 직접 찾아가 감사를 드리지 못하는 것이 한입니다. 하고 싶은 말은 많으나 멀리 보내는 편지라서 감히 일일이 다 하지 못합니다. 그저 더욱 몸을 보중함으로써 우러러보는 저의 마음에 위로가 되기를 바랄 뿐입니다.

○ 국세가 위태롭고 허약하기가 이에 이르렀으니, 저로 하여금 무관

150 규암(圭菴) 선생 : 송인수(宋麟壽, 1499~1547)로, 규암은 그의 호이다. 본관은 은진(恩津), 자는 미수(眉叟)·태수(台叟), 시호는 문충(文忠)이다. 성리학의 전파와 인재 양성에 힘써 사림의 추앙을 받았고 윤원형(尹元衡)을 탄핵하다가 파직되었으며 정미사화(丁未士禍) 때 사사되었다. 《圭菴集 卷3 附錄 諡狀》

(武官) 재상[151]을 다시 생각나게 합니다. 삼가 듣건대 그 아들 이인척(李仁倜)이 깊은 지우와 장려를 받고 유별난 보살핌을 받았다고 하니 도움 되는 바가 없지는 않을 것입니다. 분수에 넘는 걱정이 뇌리에 떠나지 않아 이러한 자질구레한 말을 하였으니 송구하고 송구합니다.

151 무관(武官) 재상 : 무관으로서 우의정에까지 오른 이완(李浣, 1602~1674)을 가리킨다. 본관은 경주(慶州), 자는 징지(澄之), 호는 매죽헌(梅竹軒)이다. 병자호란 때 김자점(金自點) 휘하의 별장으로 출전해 정방산성에서 공을 세웠고, 이후 함경 병사, 황해 병사, 경기 수사 등을 거쳤다. 청(淸)나라가 명(明)나라를 공격하기 위해 조선에 원병을 청했을 때 임경업(林慶業)의 부장으로 출전, 군사 상황을 명나라 군에 알려 피해를 막았다. 효종 즉위 후 북벌 계획이 추진되면서 어영대장과 훈련대장에 차례로 올라 청나라와의 전쟁에 대비했으나 효종의 죽음으로 이루지 못하였다.《宋子大全隨箚 卷6》

김기지에게 답함 병인년(1686, 숙종12) 4월 14일

答金起之 丙寅四月十四日

성균관에 시신이 쌓이는 일이 발생한 것[152]은 실로 대자연의 조화에 관계된 것의 발로이지만, 삼가 괴이하게 생각하는 것은 집사 집안의 자제분이 거기에 포함되어 있다는 점입니다. 이는 하늘이 장차 집사 집안으로 하여금 왕가의 억만년토록 무한한 경사를 도와 이루도록 만들려고 하기 때문에 그에 따라 이치상 온전한 복이란 없어서 그런 것이 아니겠습니까. 지금 깊이 축원하는 가운데 감히 슬픔을 위로하는 말을 많이 할 수 없습니다.

부(府)의 하례(下隷)가 내려와서 삼가 보내 준 편지를 받았습니다. 여러 장에 걸쳐 간곡하게 한 말씀은 일과 이치가 모두 마땅하니, 무척이나 기쁘고 다행한 심정을 이루 다 표현할 수 없습니다. 하늘이 역적 윤휴(尹鑴)를 내려 사문(斯文)에 화를 입힌 뒤로부터 그가 남긴 해독과 재앙이 지금까지도 만연한 실정인데, 그 가운데 주된 것은 주자(朱子)의 도가 배척을 당하자 온 세상이 그것에 동조하여 그 형세가 마치 홍수가 산을 집어삼키고 언덕을 타고 넘는 것 같은 지경에 이르렀다는 점입니다. 이에 저는 속으로 '물결을 되돌리고 냇물을 막는 방도[153]가

152 성균관에……것 : 1686년 4월 3일 숙종이 성균관에 거둥하여 작헌례(酌獻禮)를 행하고 명륜당(明倫堂)에서 시사(試士)를 하려던 중 수많은 응시자가 한꺼번에 모여들어 8명이 쓰러져 밟혀 죽는 사태가 발생한 것을 가리킨다. 이때 김수홍의 조카인 김창석(金昌碩)이 변고를 당하였다. 《肅宗實錄 12年 4月 3日》《文谷集 卷24 祭昌碩文》

153 물결을……방도 : 맹위를 떨치는 부정한 학설을 바로잡는 방도를 가리킨다. 당

혹 선생의 책[154]에 담겨 있는데, 그 이치가 명백하여 사람들로 하여금 쉽게 알 수 있게 해서 그것을 아는 자가 많이 생긴다면 저 피음사둔(詖淫邪遁)의 말[155]들은 거의 종식될 수도 있을 것이다.'라는 생각을 하였고, 그러한 이유로 감히 퇴옹(退翁)이 《주자서절요기의(朱子書節要記疑)》를 만든 전례에 따라 망녕되이 차기(箚記)를 만들게 되었습니다. 그런데 다행히도 문곡(文谷 김수항(金壽恒)) 대감은 그것을 괴이하다고 하지 않고서 직접 나서서 도움을 주었고, 또 곡운(谷雲 김수증(金壽增)) 어른 역시 약간의 가르침을 내려 주었습니다. 이 때문에 더욱 자신을 얻게 된 저는 감히 그 작업을 마치고서 망녕되이 '나를 아는 것도 나를 죄주는 것도 여기에 있다.'라고 내심 여기게 된 것입니다. 그러다 결국 판서 홍우원(洪宇遠)이 소매를 걷어붙이고 크게 꾸짖었다는 소식을 듣게 되었으니, 훗날에 분서갱유의 참화가 기필코 없을 것이란 보장을 어찌 할 수 있겠습니까. 이에 오직 바라건대 집사께서 초연하게 멀리까지 내다보며 몸소 그 일을 주장하기를 꺼리지 않고서 성상께 아뢰기까지 한다면 성상께서도 집사를 믿고 의심하지 않으시어 그 초본을 가져

(唐)나라 한유(韓愈)의 〈진학해(進學解)〉에 "온갖 냇물을 막아서 동쪽으로 흐르게 하여, 이미 거꾸로 흐르는 거센 물결을 되돌렸다."라고 한 말에서 온 표현이다. 이는 노불(老佛) 등의 이단(異端)을 배척하여 모든 사람들로 하여금 공맹(孔孟)의 도로 들어가게 하고자 했다는 말이다. 《東雅堂昌黎集註 卷12》

154 선생의 책 : 주희(朱熹)의 책을 가리킨다.

155 피음사둔(詖淫邪遁)의 말 : 《맹자》 〈공손추 상(公孫丑上)〉에 "한쪽으로 치우친 말에서 그의 마음이 가려 있음을 알며, 지나친 말에서 마음이 빠져 있음을 알며, 부정한 말에서 마음이 도(道)와 멀리 떨어져 있음을 알며, 회피하는 말에서 논리가 궁함을 알 수 있다."라고 한 것을 가리킨 것이다.

오게 한 뒤 친히 을람하기에 이를 것이니, 그렇게 된다면 만분의 일이나마 세도에 일조가 될 것입니다.

다만 한 가지 또 드릴 말씀이 있습니다. 여기의 논의 가운데 "이미 《절작통편(節酌通編)》이라고 이름을 지어 놓고 각 책 아래에 주석을 부기하면 비록 열람하는 데엔 편할 것이나 그 권수가 거의 30여 권에 이르게 되니 이는 가난한 선비가 인간(印刊)하여 가질 수 있는 규모가 아니고, 또 《절작통편》 외에 부주(附註)는 빠지게 되는 것이 아쉬우며, 아울러 원시(原詩) 10편[156]은 의리(義理)의 오묘함을 갖추지 않은 것이 없는데 또한 수록되지 못하였으니, 하나하나 유감스러운 부분이 많다. 차라리 주석만을 취하여 정리한 뒤 하나의 책으로 만들고 《대전차의(大全箚疑)》라고 이름을 붙이면 그 분량이 4, 5책에 불과하게 되어 간행하는 일이 간편해질 뿐만 아니라, 인간하여 보는 것도 그다지 어렵지 않으면서 《주자서절요(朱子書節要)》와 《주문작해(朱文酌海)》의 주해가 실로 거기에 포함되게 되니, 그렇게 하는 것이 더 나을 것이다.……"라는 주장이 있었습니다. 저는 그 주장에 매우 동의하는 입장이지만, '이미 《절작통편》의 일로 성상께 아뢰었는데 또 이것으로 아뢴다면 정황상 변통하기가 어려울 것이다.'라는 생각이 들어 오직 마음에 근심이 떨쳐지지 않을 뿐이었습니다. 그런데 지금 보내온 편지를 보니 마치 약속이나 한 듯이 생각이 일치하니, 저도 모르게 자리에서 벌떡 일어났습니다. 이 일을 변통하는 것은 다만 한 차례 성상께 의견을

156 원시(原詩) 10편 : 《주자대전(朱子大全)》에 수록된 시를 가리킨다. 이황(李滉)의 《주자서절요》와 정경세(鄭經世)의 《주문작해》는 오직 주희의 편지와 여타 산문만을 초록한 것이기 때문에 시는 수록되지 않았다. 《宋子大全隨箚 卷6》

아뢰는 데에 달려 있을 뿐이니, 성상의 뜻도 불가하다고 여기실 점이 없을 듯합니다.

슬픕니다. 주 선생(朱先生)이 일생의 고된 노력으로 말씀을 세우고 교훈을 드리워 후세를 가르치셨는데 지금 세도가 마침내 이 지경에 이르렀으니, 탄식을 금할 수 있겠습니까. 퇴옹(退翁)과 율로(栗老)가 충심으로 간절하게 신봉한 것이 실로 이 책에 있는데, 율로는 언제나 "다행히 주자의 뒤에 태어난 덕에 학문이 거의 틀리지 않게 되었다."라고 하였습니다. 그분이 문원공(文元公 김장생(金長生))에게 가르쳐 준 것은 다만 이 책을 의발(衣鉢)로 삼으라는 것일 뿐이므로 제가 차록(箚錄)한 것은 대부분 스승의 설을 그대로 준용한 것인데, 언제나 속으로 생각하기를 '여러 노선생(老先生)은 실로 훌륭한 장인(匠人)들이니, 그 홀로 애쓰는 마음은 참으로 차가운 물 위에 떠 있는 가을 달과 같다.'[157] 라고 하였습니다.

지난번 어떤 사람이 찾아와서 말하기를 "한번은 어떤 곳에 가서 윤휴(尹鑴)의 성명을 거론하였는데 그곳 주인이 발끈하면서 '이분이 어찌 이름을 부를 수 있는 분이겠는가.'라고 하였다."라고 하였으니, 그 우려스럽고 두려운 것이 어찌 홍수와 맹수보다 심하지 않겠습니까. 두렵고

157 여러……같다 : 훌륭한 학자가 각고의 노력으로 멀리 선현의 학문을 또렷하게 전수하였다는 의미이다. 두보(杜甫)의 시 〈제이존사송수장자가(題李尊師松樹障子歌)〉에 "이미 그대와 뜻이 맞는 것을 알고 있지만, 새삼 뛰어난 장인의 홀로 애쓰는 마음 깨닫네.〔已知仙客意相親, 更覺良工心獨苦.〕"라고 한 말과 주희의 〈재거감흥이십수(齋居感興二十首)〉에 "삼가 천년의 마음을 살피건대, 가을 달이 찬 강물을 비추는 듯하도다.〔恭惟千載心, 秋月照寒水.〕"라고 한 말을 원용한 표현이다. 《杜少陵詩集 卷6》《晦庵集 卷66》

두렵습니다.

병든 손자가 막 돌아왔는데 그 증세가 몹시 위중하니, 타들어 가는 근심과 번민으로 어찌해야 할지 모르겠습니다. 이 때문에 잠깐 틈을 내어 이 편지를 쓰느라 말에 전혀 조리가 없으니, 삼가 해량해 주기를 바랍니다. 언제나 친필로 편지를 보내 주는데 저는 남의 손을 빌려 쓰는 처지를 면하지 못하니, 더욱 이에 황공합니다. 아울러 너그러이 살펴 주기를 바랍니다. 하고 싶은 말을 일일이 다 적지 못합니다.

김기지에게 답함 병인년(1686, 숙종12) 6월 4일

答金起之 丙寅六月四日

그리움이 늘 가슴에 떠나지 않던 차에 방금 추부(樞府) 조례(皁隸)가 오는 편에 손수 써서 보내 준 편지를 받게 되었는데, 이는 바로 지난달 보름에 보낸 것이었습니다. 비록 늦게 받아 보긴 하였지만, 삼가 읽어 본 후로는 위로되고 감사하는 마음을 말로 다 할 수 없습니다. 그러나 문곡(文谷 김수항(金壽恒))이 앓는 병이 줄곧 낫지 않고 오래 이어지고 있으니, 공사 간의 우려를 어찌 말로 할 수 있겠습니까. 오랫동안 소인들의 공격 가운데 있으면서 끝없는 괴로움과 고통을 두루 겪는 것보다는 차라리 그곳을 사절하고 벗어나 초연한 마음으로 홀가분하고 편안하게 지내는 것이 더 낫겠습니다. 그러나 마침 나랏일이 이러한 지경에 이르렀으니 누가 능히 일을 떠안고 미봉하여 상황을 수습할 수 있겠습니까. 비록 초야에 있는 몸이지만 근심스럽고 분하여 죽고 싶은 마음을 견딜 수 없습니다.

일찍이 권치도(權致道), 이동보(李同甫) 등 여러 사람과 만나 서원(西原)의 북쪽 경계에서 《주자대전차의(朱子大全箚疑)》를 교감하였는데, 일이 뜻대로 되지 않아서 자리를 옮겨 화양동(華陽洞)에 들어가 열흘이나 보름 정도 머물 계획을 하였습니다. 그런데 홀연 사관(史官)이 《주자대전차의》를 가지러 청풍(淸風)에 찾아간 일로 시론(時論)이 몹시 준엄하게 일어났다는 말[158]을 듣고는 감히 스스로 편안히 있을

158 사관(史官)이……말 : 청풍은 권상하(權尙夏)가 살던 곳이다. 1686년 4월 18일에

수 없어 염치 불고하고 스스로의 죄를 고하는 소장을 올렸는데, 비록 지극히 따스하고 간곡한 성상의 비답을 받긴 하였지만 두려움은 여전히 남아서 새파랗게 질려 버린 몸은 아직 원상태로 돌아오지 않고 있습니다. 그러나 어찌 감히 남을 탓할 수 있겠습니까. 때때로 내심 농담으로 '회옹(晦翁)은 아성(亞聖)이신데, 그분의 도는 당대에 남들로부터 화를 당하였고 그분의 책이 또 오늘날 남들로부터 곤액을 당한다.'라고 하였습니다. 또 문중자(文中子)는 일찍이 말하기를 "나는 부자(夫子)께 망극한 은혜를 받았다."라고 하였는데,[159] 지금 회옹도 한 분의 '부자'이신데 어찌 그리도 은혜를 받지 못하고 도리어 해를 가하는 것입니까. 이는 크게 한바탕 웃을 일입니다.

중화(仲和 김창협(金昌協))가 다행히 교정하는 일을 맡게 된다면 잘못된 문장에 대하여 글자를 보충하고 지울 때나 또 스스로 문자를 정할 때 반드시 자세하게 검토하여 그 조리가 필시 정당할 것이니 이 일은

김수흥이 숙종에게 송시열이 편찬한 《주자대전차의》를 가져다 한번 본 뒤에 간행해 달라고 청하자, 숙종이 송시열이 있는 회덕(懷德)에 사관을 보내 그것을 가져오게 하였다. 그런데 마침 그 책이 교정하는 일 때문에 청풍의 권상하에게 있었으므로 송시열이 사관을 그곳으로 보내 찾아가도록 하였는데, 이에 왕명을 받든 사관을 제멋대로 부렸다고 하면서 물의(物議)가 비등하였다. 《肅宗實錄 12年 4月 18日》《宋子大全隨箚 卷8》

159 문중자(文中子)는……하였는데 : 문중자는 수(隋)나라 학자 왕통(王通)의 사시(私諡)이다. 자는 중엄(仲淹)이며 용문(龍門) 사람으로, 유년 시절부터 학문에 힘썼고 장안에 가서 태평십이책(太平十二策)을 올렸으나 자신이 쓰이지 않을 것을 알고는 물러나 하분(河汾)에서 저술과 후학 양성에 전념하였다. 《논어》의 형식을 모방한 《중설(中說)》을 남겼는데, 그 책 권1의 〈왕도(王道)〉에 "천지는 나를 낳아 주었지만 나를 길러 주진 못하였고, 부모는 나를 길러 주었지만 나를 성취하게 해 주진 못하였다. 나를 성취하게 해 준 분은 부자이니, 나는 부자께 망극한 은혜를 받았다."라고 하였다.

걱정이 없을 수 있겠습니다. 무엇보다 퇴계(退溪)의 《주자서절요기의(朱子書節要記疑)》의 온당치 않은 부분은 또한 망녕되게도 개정하지 않을 수 없었는데, 그 개정한 것이 만일 틀리다면 참으로 금은거(金銀車)의 비웃음[160]을 살 것이며 도리어 불위(不韙)의 죄[161]를 적잖이 얻을 것이니, 부디 이러한 내용을 중화에게 고해 주어 그로 하여금 이러한 부분에 대해 맹렬히 정신을 쏟도록 하는 것이 어떻겠습니까? 지난해 전라 감사가 이 책을 간행하고자 하였을 때 제가 그것을 극력 저지하였던 것은 비단 시의(時義)로 볼 때 불편한 점이 있어서만이 아니라, 틀린 부분이 있어서 후인을 그르치게 할까 염려되었기 때문이기도 하였습니다. 만약 중화가 우선 교정한 한두 책에 찌를 붙여서 보여 준다면 저의 어리석은 견해를 극진히 할 수 있을 것이니, 천만 바랍니다. 나머지 할 말은, 더위로 인한 설사로 좁은 방에서 쓰러져 누워 있느라 남의 손을 빌려 적어 황송한 심정이니, 일일이 다 드러내지 못합니다.

160 금은거(金銀車)의 비웃음 : 문자를 잘못 교정하여 당하는 비웃음을 가리킨다. 당(唐)나라 한유(韓愈)의 아들 한창(韓昶)이 집현전 교리(集賢殿校理)로 있으면서 서책을 교정할 때 '금근거(金根車)'란 글자가 나오자 그것이 황금으로 장식한 황제의 수레를 지칭하는 말인 줄 모르고 '금은거'로 교정하였다. 이에 사람들이 훌륭한 아버지를 두고도 그런 실수를 했느냐고 비웃었다. 《說郛 卷36 尙書故實》

161 불위(不韙)의 죄 : 옳지 않은 일을 한 죄라는 뜻으로, 여기에서는 자신의 역량을 헤아리지 않은 것을 두고 한 말이다. 541쪽 주136 참조.

김기지에게 답함 병인년(1686, 숙종12) 6월 22일

答金起之 丙寅六月二十二日

반쯤은 살아 있고 반쯤은 죽은 채로 지내는 가운데, 보내 준 편지를 외람되이 받으니 감사하고 위로되는 마음 말로 다 할 수 없습니다. 또 생각건대 인편이 없으면 그만이거니와 있으면 반드시 편지를 보내 주니, 제가 어떻게 이런 대접을 받을 수 있는지 모르겠습니다. 그저 부끄럽고 황송할 뿐입니다.

현재 비가 내리고 날이 개는 것이 예전과 비할 바가 아닌지라 사람들이 모두 근심하고 있는데, 이러한 때 집사의 기거가 신명의 도움으로 만복하다는 것을 알게 되니 또 깊은 축하를 드립니다. 제가 있는 이곳은 내린 비로 산이 무너져 무수한 사상자가 났고 골짜기와 언덕으로 변해 버린 논밭의 숫자를 이루 셀 수가 없습니다. 성상의 어진 마음과 어진 명성이 이와 같은데도 하늘이 이 지경까지 견책을 내린 이유가 무엇인지 알지 못하겠으니, 탄식하며 눈물을 흘리는 것으로도 충분치 않습니다.

《논맹정의(論孟精義)》가 온 것은 가벼운 일이 아니니, 이는 대개 기다리고 있던 것으로 택령(擇令)의 공이 작지 않습니다.[162] 이제 막

162 택령(擇令)의……않습니다 : 택령은 송시열의 문인 이선(李選, 1632~1692)으로, 자는 택지(擇之)이며 호는 지호(芝湖)이다. 이선이 1685년에 동지사 겸 사은사의 부사(副使)로 연경(燕京)에 갔을 때 《논맹정의》를 사서 돌아왔기 때문에 이렇게 말한 것이다. 《宋子大全隨箚 卷6》

그것을 《논맹혹문(論孟或問)》에 끼워 넣었는데,[163] 정력이 고갈되고 곁에 도움이 될 든든한 벗이 없으니 정밀하게 살피지 못하여 후학을 그르치게 될까 염려되므로 황공한 마음이 듭니다.

《주자대전차의(朱子大全箚疑)》와 관련하여 다시 말씀을 해 주었는데, 그것이 중화(仲和 김창협(金昌協))의 손에 들어간 것을 알게 되었으니 참으로 다행이고 다행입니다. 이 일은 오직 십분 정당(精當)하게 하는 것을 선(善)으로 삼아야 합니다. 분명 빨리 완성하려고 서두르면 일이 제대로 되지 못할 것이니, 어찌 과정을 서두르고 기한에 맞추면서 일을 할 수 있겠습니까. 부디 이러한 내용을 그에게 말씀해 주기를 바랍니다.

화숙(和叔 박세채(朴世采))의 소본(疏本)을 얻어 보았는데 "죄가 있다.", "응당 만번 죽어야 한다."라는 등의 말이 있었으니 더욱 황공합니다. 추참(樞參)께서 다시 번거롭게도 염려를 해 주니, 감사하고 또 감히 편안할 수 없습니다. 나머지 할 말은 병이 심하여 남의 손을 빌려 적는 형편이므로 일일이 말씀드리지 못합니다.

163 그것을……넣었는데 : 《논맹혹문정의통고(論孟或問精義通考)》의 편찬 작업을 가리킨다. 《논맹혹문》은 《논어혹문》과 《맹자혹문》을 합하여 이른 말이다. 송시열은 주희(朱熹)의 《논맹혹문》에 누구의 설은 좋고 누구의 설은 그르다는 평만이 실려 있고 각 학자들의 구체적인 학설은 실려 있지 않은 것을 안타깝게 생각하여 주희의 《논맹정의》와 합쳐서 한 책으로 만들었는데, 그것이 바로 《논맹혹문정의통고》이다. 《宋子大全 附錄 年譜 卷11》

김기지에게 답함 병인년(1686, 숙종12) 10월 20일

答金起之 丙寅十月二十日

궁음(窮陰)의 숙살(肅殺)한 계절에 천지의 기운이 꽉 막혀 겨울이 되었으니,[164] 삼가 생각건대 이러한 때에 기거는 여유롭고 편안하며 아름다운 복까지 아울러 받았는지요? 지난번 보내 준 편지는 아직까지 감사하고 있습니다.

삼가 듣건대 연석(筵席)에 자주 출입하면서 마음을 열고 성상께 충언(忠言)을 바친다고 하니, 그 덕의(德義)를 흠모하는 가운데 칭송하는 마음을 말로 다 할 수 없습니다. 다만 하늘의 분노가 아직 그치지 않아 기근이 빈번히 발생하는데, 울창주(鬱鬯酒)를 주관하는 자리[165]가 오래도록 비어 있어 인심이 매여 있을 곳이 없고 부정한 설이 아울러 일어나서 국맥이 손상되니, 국사가 장차 어떻게 될는지 모르겠습니다. 한밤중에 이를 생각하면 한심함을 견딜 수 없습니다. 그 어떻게 할 수 없는 부분이야 당연히 어떻게 할 수 없겠지만, 노력으로 해결이 될 수 있는 부분에 대해서는 어찌 수수방관하기만 할 수 있겠습니까. 지금의 상황은 참으로 근심스럽다고 하겠습니다. 병세가 날로 위중해

164 궁음(窮陰)의……되었으니 : 궁음은 음기(陰氣)가 끝까지 찼다는 뜻으로 음력 10월을 가리킨다. 《예기》 〈월령(月令)〉에 "초겨울 10월에 하늘의 기운은 위로 올라가는 반면에 땅의 기운은 아래로 내려가는 관계로 천지의 두 기운이 서로 통하지 않은 채 꽉 막히면서 겨울을 이루게 된다."라고 하였다.

165 울창주(鬱鬯酒)를 주관하는 자리 : 세자(世子)의 자리를 가리킨다. 울창주는 종묘(宗廟)에서 제사 지낼 때 올리는 술인데, 태자(太子) 또는 세자가 주관하여 올린다.

지니 이 또한 곧 죽을 사람의 말[166]입니다. 나머지 할 말은 일일이 다 적지 못합니다.

별지

간절한 개인적 간청이 있습니다. 손자 주석(疇錫)이 한원(翰苑)에 들어간 것은 본래 기대했던 일이 아닌데, 지금 또 남상(南床)에 선발되었다는 말을 듣게 되었으니[167] 더욱 황공합니다. 대개 남상은 비록 사면(辭免)할 길이 있더라도 애당초 분수에 맞지 않는 직책이므로 반드시 재앙이 이를 것입니다. 하물며 사직을 청하는 일이 체면치레로 하는 말로 귀결되어 공연히 사람들의 귀만 놀라게 하였으니, 이 어찌 심히 걱정스러운 일이 아니겠습니까. 일전에 들었던 말로는 집사께서도 일찍이 이러한 상황을 만난 적이 있다고 하니, 지금 저의 손자 아이가 집사께서 만난 적 있는 상황에 발을 들이는 것이 어찌 외람된 일이 아니겠습니까. 이는 더욱 감히 편안할 수 없는 것입니다. 그러나 이미 사직을 청하는 일이 체면치레로 하는 말로 귀결되어 버린 이상 굳이 여러 말을 할 것은 없거니와, 다만 현재의 직분에서 벗어날 기약이 없는 관계로 영민하고 준수한 인재들이 진출할 길이

166 곧……말 : 자신의 말이 받아들여 줄 만큼 선하다는 뜻이다. 증자(曾子)가 병이 위독해졌을 때에 "새가 곧 죽을 때에는 그 울음이 슬프고, 사람이 곧 죽을 때에는 그 말이 선한 법이다."라고 하였다. 《論語 泰伯》

167 남상(南床)에……되었으니 : 송주석이 홍문관 정자(弘文館正字)에 선발되었다는 말이다. 홍문관이 회좌할 때에는 장관과 부제학은 북쪽, 4품인 부응교 이상은 동쪽, 6품인 부수찬 이상은 서쪽, 그 이하인 박사(博士), 저작(著作), 정자는 남쪽에 앉기 때문에 홍문관 정자를 남상이라 부른다.

오래도록 막힐 상황에 처하였으니, 이것이 바로 늙은 할아비가 밤낮으로 두려워하는 실체입니다. 게다가 세월이 이미 많이 흘렀고, 앞으로 해야 할, 책을 다듬고 베끼는 일은 1, 2년 안으로 끝낼 수 있는 것이 아닙니다. 관직에 머무는 시간이 오래될수록 부채는 더욱더 많아지니, 이렇게 된다면 필시 그 세상에 골몰하게 될 것입니다. 평소 이 손자 아이에게 기대하면서 실로 망녕되이 여러 말을 하곤 하였는데 이제 도리어 이와 같이 되니, 참으로 자고 먹는 것도 편치 않아 혹 날이 새도록 잠을 이루지 못합니다. 삼가 바라건대, 집사께서 이를 불쌍하게 여겨 천신이 지난날 소장[168]에서 아뢴 내용이 실로 진심에서 우러나온 것임을 혹 연석(筵席)에 있을 때 대략 진달하여 주십시오. 다행히도 혹 성상의 윤허를 받게 된다면 집사의 도균(陶勻)[169]의 은덕은 산과 같이 높을 것입니다. 집사께서 여기에 대해 어찌 뜻이 없겠습니까. 천만 지극히 바랍니다.

○ 이는 비록 근심이 마음속에서 떠나지 않는 일이지만, 집사가 아니면 어찌 감히 그에 대해 발설할 수 있겠습니까. 혹자는 "변통(變通)을 하여 새로운 인물을 추천하면 벗어날 길이 있다."라고 하는데,

168 지난날 소장 : 송시열이 1685년 9월 30일에 올린 〈문원공의 유고를 바치고……또 손자 주석이 전야로 돌아가 독서할 수 있도록 청하는 소〔進文元公遺稿……又乞許孫疇錫歸田讀書疏〕〉를 가리킨다. 이 소장에서 송시열은 이이(李珥)와 김장생(金長生)에 대한 무고(誣告)를 길게 변론한 뒤에, 끝에 가서 송주석은 우둔한 범재로서 예문관 검열로 있기에는 부적절한 인물이므로 서둘러 면직하여 고향에서 학문에 전념할 수 있도록 해 달라고 청하였다. 《宋子大全 卷19》

169 도균(陶勻) : 도자기를 만들 때 그 그릇의 용도에 따라 속도를 조절하여 적절히 굴리는 물레라는 뜻으로, 정국(政局)을 주도하는 재상의 권한을 말한다. 여기서는 김수홍을 두고 하는 말이다.

성인(聖人)의 이른바 "궁(窮)하면 변(變)하고 변하면 통(通)한다." 라는 말씀[170]이 어찌 자연의 이치가 아니겠습니까.

170 성인(聖人)의……말씀 : 《주역》〈계사전 하(繫辭傳 下)〉에 나오는 말이다.

김기지에게 답함 정묘년(1687, 숙종13) 1월 18일
答金起之 丁卯正月十八日

지난 납월(臘月)부터 한질(寒疾)을 심하게 앓고 있습니다. 처음에는 봄이 오면 거의 회복할 가망이 있을 것이라고 생각하였는데, 봄이 온 뒤 추위가 갑자기 심해지자 앓고 있던 병이 악화되어 아침저녁으로 죽기만을 기다리는 처지가 되었습니다. 납월 30일은 악업(惡業)이 깨끗이 사라지는 시기라고 누가 말하겠습니까.

적막한 산속에서 누운 채로 차가운 개울물이 바위를 치는 소리를 듣고 있으니 그리운 마음에 저도 모르게 집사가 있는 곳으로 정신이 치달려 갔습니다. 그러던 중 홀연 이곳으로 오는 사관(史官)을 통해 13일에 보내 준 편지를 받았는데, 상세하게 해 준 그 말씀이 곡진하고 간절하였습니다. 제 평생 남들로부터 이러한 대우를 받은 것은 드무니 감사하는 마음 어찌 이루 말로 다 할 수 있겠습니까.

하늘의 경계와 백성의 근심은 참으로 편지에서 한 말씀 그대로입니다. 성상께서 임어하신 이후로 여러 현신이 성상의 일을 널리 드날리고 있으니 하늘의 마음에 합치함으로써 백성의 마음에 위로가 되어야 마땅한데 도리어 이처럼 어그러지는 것은 무슨 이유입니까. 이는 필시 어떤 이유가 있는데 깜깜히도 깨닫지 못하고 있는 것입니다.

모인(某人)의 제문[171]을 찾은 것은 필시 이유가 있을 것입니다. 사람

171 모인(某人)의 제문 : 1686년 6월에 송시열이 지은 〈이초려 제문〔祭李草廬文〕〉으로 보인다. 《宋子大全隨箚 卷6》

을 보내 술잔을 올리게 한 뒤에 즉시 손자 주석(疇錫)이 있는 곳으로 보냄으로써 일찍이 절교한 적이 없다는 뜻을 알게 하고, 아울러 이 손자 아이로 하여금 바치도록 하겠습니다.

약에 쓸 삼(蔘)을 보내 주니, 감사하는 마음 간절하다가 되레 황송함이 더합니다. 나머지 할 말은, 다만 더욱 몸을 보중함으로써 우러러 그리워하는 저의 마음에 위로가 되어 달라는 것뿐입니다. 침상에 엎드린 채로 입으로 불러 주며 편지를 쓰는 형편이라 더더욱 황공합니다.

별지

주자(朱子)는 병산(屛山)을 스승으로 섬기고는[172] 이어 유씨(劉氏)로부터 양육을 받았기 때문에 유씨들을 동기간처럼 보았습니다. 이에 공보(共父)[173]가 동지추밀원사(同知樞密院事)가 되었을 때 선생은 마음속에 할 말이 있으면 반드시 꺼내어 국사의 기밀에 대해 논하기도 하고 인재를 천거하기도 하면서, 초야에 묻힌 몸이라고 해서 스스로 혐의쩍게 생각하지 않으셨습니다. 옛날 저에게 질문해 주었을 때 삼가 이러한 의리를 따라서 차마 입을 놀리지 않을 수 없었고 지난해 문곡(文谷 김수항(金壽恒))에게도 그것은 마찬가지였는데 오늘날의 비방은 예전에 비해 더욱더 심하니, 훗날 "조정의 권력을 멀리에서 장악하였다."라는 죄로 논단하는 것이 응당 더욱 심할 것입

172 주자(朱子)는……섬기고는 : 병산은 남송(南宋) 때 학자 유자휘(劉子翬)의 호이다. 주희(朱熹)는 일찍 부친을 여의고 부친의 유명에 따라 부친의 친구였던 유자휘를 스승으로 섬겼다. 《宋子大全 卷29 與李士深(己亥八月)》

173 공보(共父) : 유자휘의 맏아들인 유공(劉珙)의 자이다.

니다. 시의(時義)를 모르고서 의리를 정밀하게 하는 성현의 일을 망녕되이 흉내 내었으니, 옛날의 이른바 "금가루는 비록 귀한 것이기는 하지만 눈에 들어가면 눈을 멀게 한다."라는 말[174]은 참으로 좋은 말입니다. 우습습니다.

174 옛날의……말 : 《오등회원(五燈會元)》 등에 나오는 불가(佛家)의 말로서, 아무리 전대의 훌륭한 말이라도 잘못 보면 도리어 해가 된다는 의미이다. 《宋子大全隨箚 卷6》《栗谷全書 卷10 答成浩原》

김기지에게 답함 정묘년(1687, 숙종13) 2월 3일

答金起之 丁卯二月三日

봄이 깊어져 가면서 그리운 마음이 배가되던 차에, 홀연 중추부 녹사(中樞府錄事)가 오는 편에 손수 써서 보내 준 편지를 받고서 삼가 여러 말씀을 다 살펴보았으니, 직접 뵙고 좋은 가르침을 듣는 것과 아무런 차이가 없었습니다.

이연(李綖)의 일[175]은 집사의 성의가 없었다면 어떻게 이렇게 될 수 있었겠습니까. 그가 가묘(家廟)를 받들고 서울에 들어와 벼슬하는 것은 애당초 순리(順理)를 따른 일인데, 다만 편안히 머물 곳이 없는 것은 난감합니다. 전에 천신이 탑전에서 성상께 아뢰었을 당시에, 포은(圃隱)의 사당과 영당(影堂)을 만들고 또 시골에서 유랑하며 곤궁하게 살아가고 있는 그 봉사손(奉祀孫)을 거둔 뒤 늠료(廩料)를 주고서 그 사당을 지키게 하는 한편 그가 장성하기를 기다려 관직을 내려 달라고 청하여 모두 윤허를 받은 일이 있습니다.[176] 지금 만약 이 일에 의거하

175 이연(李綖)의 일 : 517쪽 주100 참조.

176 전에……있습니다 : 포은은 정몽주(鄭夢周)의 호이다. 1681년 1월에 송시열은 입시한 자리에서 숙종에게, 도학(道學)을 천명한 정몽주의 공을 강조하고는 이어 "지난해에 봉사손인 도사(都事) 정찬광(鄭纘光)이 죽은 뒤에 그 과부와 고아가 빈궁하여 스스로 살아가지 못하고 시골에 유랑하며 지내고 있으니 이제 그 사당을 지키는 사람이 없습니다. 정찬광 아들의 나이가 겨우 13세여서 관직에 임명하여 녹을 받게 할 수는 없으나 별도로 체아직(遞兒職)을 하나 만들어 요미(料米)를 주고 서울에 돌아와서 사당을 지키도록 하면, 현인을 존숭하는 성세의 전례에 합당할 듯합니다."라고 하였고, 이에 숙종은 허락하였다. 《宋子大全 附錄 卷8 年譜》

여 성상께 아뢴다면 좋겠습니다만, 재정이 바닥난 현재의 상황에서 이러한 일을 아뢰어 청하는 것은 아마도 때에 맞는 처사가 아닐 듯하니 어쩌면 좋겠습니까. 또 기억을 떠올려 보건대, 효묘조(孝廟朝)에 퇴계(退溪)의 지손(支孫) 이성철(李誠哲)을 6품으로 올려 고을 수령이 되게 함으로써 제사의 일을 받들게 하였는데, 이 또한 천신이 아뢴 일입니다. 동춘(同春 송준길(宋浚吉))이 이 일을 몹시 좋다고 여겨 그가 이조판서로 있을 때 이후시(李厚蒔)을 불러 만나 보고는 이성철의 전례와 똑같이 해 주려고 하였지만, 상황이 자못 같지 않았기 때문에 감히 엄두를 내지 못하였다고 하였습니다. 이러한 것들은 모두 집사께서 의당 들으셔야 할 일이므로, 비록 번다하지만 감히 다 말씀드리지 않을 수 없습니다.

김기지에게 답함 정묘년(1687, 숙종13) 3월 23일

答金起之 丁卯三月二十三日

보내 준 편지와 별지는 더할 나위 없이 정중하고 간절하였으니, 감사하고 다행스러운 마음이 든 나머지 분수에 넘친다는 두려움이 한층 더하였습니다. 이 일[177]이 있고 난 뒤 향리도 몹시 분란한 지경에 휩싸였으니 모욕을 담은 소장이 머지않아 나왔어야 하는데, 췌마술(揣摩術 독심술(讀心術))을 쓰는 어떤 자가 "만약 윤휴(尹鑴)와 서로 절교하였다고 하면 윤휴의 도당들이 불쾌해하여 두 가문의 연분이 혹 소원해질 것이다."라고 말한 까닭에 그쪽에서는 꾹 참고 소장을 올릴 계획을 멈추었습니다. 어째서 이 모략이 성지선(成至善)과 나양좌(羅良佐)한테는 전해지지 않아 오늘 이러한 일이 벌어지게 된 것입니까.[178]

"그들과 겨루지 않는다."라는 가르침은 참으로 지론(至論)입니다. 옛날 한탁주(韓侂胄)의 무리가 회옹(晦翁)을 두고 "친구의 재물을 사

177 이 일 : 1687년 2월 4일에 송시열이 소장을 올려 윤휴를 사문난적(斯文亂賊)이라고 비판하고, 윤휴에 중독되어 그를 옹호한 윤선거(尹宣擧)의 잘못과 윤증(尹拯)이 윤선거의 제문에 대한 일로 자신을 배척한 일에 대해 논한 것을 가리킨다. 《肅宗實錄 13年 2月 4日》

178 어째서……것입니까 : 1687년 2월 4일에 윤휴와 윤선거 부자를 비판하는 송시열의 소장이 나오자, 같은 해 3월 19일 윤선거의 문인인 나양좌, 성지선, 조득중(趙得重) 등이 상소하여 스승 윤선거에 대한 송시열의 비판은 모함이라고 하면서 억울함을 호소하였다. 이에 숙종은 스승을 변호한다는 명목으로 대로(大老)를 모함하였다고 판결을 내려 나양좌를 유배형에 처하고 성지선과 조득중을 사판(仕板)에서 삭제시켰다. 《肅宗實錄補闕正誤 13年 3月 19日》《西坡集 卷29 附錄 年譜》《宋子大全 附錄 卷10 年譜》

적으로 취하여 그 비구니를 첩으로 들였다."라고 하였는데도 회옹은 오히려 스스로를 변호하지 않고 "이는 참으로 모두 조사로 밝혀낸 사실이며 거짓말이 아니다."라고 하셨습니다.[179] 지금 만약 그들과 시끄럽게 논쟁하며 해명한다면 또한 "대장부를 안 것이 참으로 천근했다."라는 경우가 아니겠습니까.[180] 다만 제게 충고해 준 뜻은, 이런 은혜를 입을 자격이 없음을 스스로 알기에 거의 감동의 눈물이 흐를 정도입니다. 근자에 시령(時令)을 앓아 기혈이 실낱같으니 생각의 만분의 일도 다 쓰지 못합니다. 모든 것을 묵묵히 이해해 주기를 바랍니다.

○ 말씀한 바의 '격려하고 권면하는 사람'은 그 속에 품은 생각을 실로 가늠할 수 없습니다.

179 옛날……하셨습니다 : 493쪽 주73 참조.

180 또한……아니겠습니까 : 춘추 시대 진(晉)나라 순언(荀偃)이 죽은 뒤 눈을 뜨고 입을 굳게 다무는 바람에 반함(飯含)을 할 수 없었다. 선자(宣子)는 자식을 염려하여 그러는 것으로 생각해 시신을 어루만지며 그의 아들 순오(荀吳)를 똑같이 잘 섬기겠다고 하였다. 그러나 여전히 아무런 변화가 없자, 이번에는 제(齊)나라를 정벌하는 일을 마치지 못하여 그런다고 생각해 미완의 일을 완수하겠다고 맹세하였다. 그러자 마침내 순언의 시신이 눈을 감고 입을 벌려 반함을 받았고, 선자는 "내가 대장부를 안 것이 참으로 천근했구나."라고 하면서 사심으로 사람을 판단한 것을 부끄러워했다.《春秋左氏傳 襄公19年》 여기에서는 남의 모함에 맞서 굳이 일일이 변명하지 않았던 주희의 뜻을 제대로 이해하지 못하는 행동이 아니냐는 말이다.

김기지에게 답함 정묘년(1687, 숙종13) 4월 29일
答金起之 丁卯四月二十九日

손자 아이가 돌아와 삼가 손수 써서 보내 준 안부 편지를 받아 보았으니, 지극한 감격 속에 이 마음을 주체할 수 없습니다.

근래의 일이 마침내 크게 번져 버리는 지경에 이르러 세도(世道)가 더욱 어쩔 수 없게 되었으니 이는 실로 늙은 이 몸의 죄이겠지만, 훗날 혹 저를 알아주는 이가 있을 것입니다. 무엇보다 저들의 소장에서 말한 "용맹을 상실하는 것이다.〔傷勇〕"라는 두 글자[181]는 신자(臣子)의 불충하고 불효하는 폐단을 크게 열어 주는 말입니다. 만약 방추애(方秋崖)[182]가 그것을 봤다면 필시 한바탕 좋은 말을 하면서 "공자(孔子)가 맹자(孟子)를 돌아보며 말하기를 '나는 살신성인(殺身成仁)이란 말을

181 용맹을……글자 : 1687년 3월 19일에 나양좌(羅良佐)가 스승 윤선거(尹宣擧)를 변호하는 소장을 올렸는데, 거기에서 윤선거가 병자호란 때 친구였던 권순장(權順長), 김익겸(金益兼)과 함께 순절(殉節)하지 않은 이유를 설명하면서 "고인이 이르기를 '사람은 진실로 한 번 죽는데, 그 죽음은 혹 태산(泰山)보다 무겁다.'라고 하였고, 맹자는 '얼핏 보면 죽을 만하고 자세히 보면 죽지 말아야 할 경우에 죽는 것은 용맹을 손상하는 일이다.'라고 하였으며, 안연(顏淵)은 '선생이 계시니 제가 어찌 감히 죽겠습니까.'라고 하였습니다. 당시에 이미 반드시 죽어야 할 의리가 없었고, 또 부득이 죽어야 할 상황이 있던 것도 아니었으며, 위로는 부모가 계시는 상황에서 그 생사 여부를 알지 못하였으니, 벗과 처를 위하여 죽는 것이 불가함은 또한 이미 분명하였습니다."라고 하였다. 《定齋集 卷6 爲羅顯道上辨魯西先生疏》《肅宗實錄補闕正誤 13年 3月 19日》

182 방추애(方秋崖) : 송(宋)나라 때 문신 방악(方岳)으로, 추애는 그의 호이다. 《宋子大全隨箚 卷6》

하였고 그대는 사생취의(捨生取義)란 말을 하였으니, 이와 같으면 충분한데 무슨 이유로 또 용맹을 상실하는 것이라는 말을 하여 후대인의 구실을 만들어 주는가?' 하셨을 것이다."라고 했을 테니, 이렇게 말하고 보니 한바탕 크게 웃음이 납니다.

석담(石潭 이이(李珥))의 일[183]에 대해서는, 간절하고 지극한 정성으로 언제나 말해 주니 지극히 흠앙하는 마음을 주체할 수 없습니다. 비록 정신이 쇠락하여 조리를 제대로 이루지 못하나, 감히 애써서 간절한 분부를 받들지 않을 수 있겠습니까. 병세가 몹시 괴로워 남의 손을 빌려 적는 처지인지라 일일이 다 적지 못합니다.

183 석담(石潭)의 일 : 517쪽 주100 참조.

김기지에게 보냄 정묘년(1687, 숙종13) 5월 17일

與金起之 丁卯五月十七日

만금(萬金)을 주더라도 한가로운 시간은 조금도 살 수 없으니, 늙고 추한 저는 자랑할 만한 것이 없으나 그 점만은 스스로 자랑스러웠습니다. 그런데 요사이 반쯤 썩은 것과 다름없는 저의 이름이 세상 속에서 한가로움을 누리지 못하고 있으니,[184] 높은 곳에서 떨어지는 것 같은 두려움 속에 "이것을 가지고 장차 어디로 돌아갈 것인가."라는 탄식을 하였습니다. 그런데 성대한 덕을 지닌 집사께서 수많은 분노의 화살이 자신에게 돌아올 것을 혐의치 않고 언제나 제게 편지를 내려 주면서 생사 여부를 물어봐 주리라고 누가 생각이나 했겠습니까. 마음에 새겨 감사하는 가운데 보답을 드리고 싶지만 방법이 없습니다.

지금 일어나고 있는 일의 근원이 무엇인지 자세히 생각해 보면 단지 사문(師門)에서 사람에게 관용을 베푸는 것이 지나치게 후함에 따라 도리어 절의와 도학이 세상에서 배척당하게 되었기 때문이니,[185] 만분

184 요사이……있으니 : 자신의 이름이 윤증(尹拯)과 그의 측근의 소장에서 자주 거론되며 비판받고 있는 것을 말한다. 《尤菴先生書節要集解 卷3》

185 사문(師門)에서……때문이니 : 병자호란 당시 강화도로 피신하였다가 평민을 가장하여 탈출한 윤선거(尹宣擧)가 이후 스스로 욕된 인간으로 자처하고 철저히 반성하는 모습을 보이자 신독재(愼獨齋) 김집(金集)이 그것을 애처롭게 여겨 문인으로 받아주었고, 그에 따라 윤증이 마침내 윤선거를 변호하기 위해 이이(李珥)에게 입산(入山)한 실수가 있다고 하는 한편 병자호란 당시 순절한 권순장(權順長)과 김익겸(金益兼)에게는 죽어야 할 의리가 없었다고 하는 일이 발생한 것을 가리킨다. 《宋子大全隨箚 卷6》《宋子大全 卷53 答金起之》

의 일 가운데 털끝만큼이라도 바로잡고자 하는 것은 망녕된 일이지만 사문의 다른 종파[186] 역시도 칼자루를 잡고 노려보고 있는 것은 몹시 해괴합니다.

지난번에 보낸 답장은 지금 이미 받아 보았습니까? 마음속의 생각을 다 쏟아 낸 모든 말들은 부디 남에게 보이지 말기를 바랍니다. 분서갱유의 화를 재촉할까 염려됩니다. 하고 싶은 말은 많으나 일일이 다 하지 못합니다.

186 사문의 다른 종파 : 사계(沙溪) 김장생(金長生)의 서자(庶子)인 김구(金榘)와 김비(金棐)를 가리키는 것으로 보인다. 이 두 사람은 윤증이 김장생의 말을 근거로 이이가 머리를 깎았다는 주장을 하자 그에 동조한 인물들이다. 《宋子大全隨箚 卷6》《宋子大全 卷78 答韓汝碩(戊辰二月)》

김기지에게 보냄 정묘년(1687, 숙종13) 7월 9일

與金起之 丁卯七月九日

삼복더위가 막 지나갔는데 남은 열기는 여전히 맹위를 떨치고 있습니다. 이러한 때에 삼가 기거는 신명의 도움으로 만복하십니까?

지난 편지에서 해 준 말씀을 통해서 자리에서 벌떡 일어날 정도로 감격하고 황공하였으며, 그러고 나서는 이어 피눈물을 훔쳤습니다. 〈악대설화(幄對說話)〉는 당시 자리에서 물러난 뒤 곧바로 종이에 기록해 두었는데, 그 뒤에 이광직(李光稷)과 이세장(李世長)이 사관(史官)으로 있을 때 저에게 잇달아 그것을 사책(史冊)에 수록하게 해 달라고 은밀히 요청을 해 왔습니다. 이에 오랫동안 생각을 거치고 난 뒤 지금의 문의 현령(文義縣令)을 시켜 그 책을 공손히 받들어 보내도록 하였습니다. 그런데 또한 들리는 말로는 윤휴(尹鑴)와 허적(許積)이 득세하였을 때 심하게 삭제를 당하였다가 경신년(1680) 이후에 다시 표창(表彰)되었다고 합니다. 그러나 사관의 일은 심히 비밀스러우므로 그 사실에 대해 감히 탐문할 수 없으니, 끝내 어떻게 되었는지 모르겠습니다. 집사께서 만약 혹시라도 지금 좌상(左相)에게 몰래 물어본다면 그 대강의 사정을 알 수 있을 것입니다.

기해년(1659, 효종10) 4월에 받은 밀찰(密札)은 일찍이 일가(一家) 중 믿을 만한 사람에게 부탁하여 명산 아래에 보관해 두고 있었는데, 편지에서 해 준 말씀을 보고 난 뒤 간신히 가지고 돌아왔습니다. 이에 천상의 향기가 여전히 스미는 가운데 차마 그것을 펼쳐 읽을 수가 없어서 그저 집안의 이필(珥筆)한 이[187]로 하여금 조심스레 뜯어보게 하였습니다. 그러나 보내온 편지에서 해 준 말씀대로 하려 한다면야 더할 나위 없이 좋겠으나 거기에 담긴 수많은 곡절을 지금 감히 문면(文面)에 드러낼 수 없기에 다만 이필한 이에게 아무도 없을 때에 몰래 품달하라고 하였으니, 모름지기 직접 얼굴을 보고 가르침을 내려 주기를 바랍니다. 아아, 집사가 아니라면 누가 이렇게까지 생각할 수 있겠으며, 집사가 아니라면 또 어찌 감히 이 일을 품달할 수 있겠습니까. 이 가르침을 들은 뒤로 마치 무언가를 얻은 것과 같은 기분이 드는 동시에 또한 눈물이 마를 날이 없으니, 대개 "늙으면 쉽게 감동한다."라는 것입니다.

○ 나양좌(羅良佐)의 일[188]은 전적으로 무식하여 기세를 함부로 부린 결과로, 이는 다만 자기 스승의 잘못을 증명하는 셈이니 더욱 가소롭습니다. 그러나 성상께서 그자에게 죄주신 내용에 대해 말하자면, 경전을 속이고 성인을 거슬러서 역적 윤휴(尹鑴)를 계승한 것을 죄안(罪案)으로 삼지 않고 그저 천신(賤臣)을 무욕하였다는 것을 주된 죄안으로 삼으셨습니다. 대저 천신은 본디 하류(下流)에 처해 있는 터라 온갖 증오가 집중되는 것은 당연한 일이니, 이것이 무슨 죄가 되겠습니까. 부디 입시할 때에 책망할 가치도 없이 애처롭기만 한 그자의 실상에 대해 상세히 진달하고서, 그자에 대한 석방을 속히 청하는 것이 마땅한

187 집안의 이필(珥筆)한 이 : 송시열의 손자 송주석(宋疇錫)을 가리킨다. 이필은 항상 붓을 귀에 꽂고 기록에 대비한다는 뜻으로 사관을 가리키는 말인데, 송주석이 예문관 검열을 지냈으므로 이렇게 칭한 것이다. 《宋子大全隨箚 卷6》

188 나양좌(羅良佐)의 일 : 1687년 3월 19일에 나양좌가 스승 윤선거(尹宣擧)를 변호하고 송시열을 비판하는 소장을 올린 것을 가리킨다. 《尤菴先生書節要集解 卷3》《肅宗實錄補闕正誤 13年 3月 19日》

일일 듯하니 천만 유념해 주기를 바랍니다. 그자가 이미 스승의 억울함을 호소한다는 명분을 내세웠으니 또한 가엽게 여겨 용서할 만합니다.

김기지에게 답함 정묘년(1687, 숙종13) 8월 7일

答金起之 丁卯八月七日

삼가 이달 3일에 손수 써서 보내 준 편지를 받으니, 읽고 난 뒤로 저도 모르게 마음이 풀리고 위로되는 것을 느꼈습니다.

어찰(御札)을 끝내 속세에 둘 수 없다는 것은 참으로 편지에서 한 말씀 그대로입니다. 이른바 "곡절을 다 설명하기에 편치 않다."라고 한 것[189]은 손자 아이가 재차 나아갔으니 필시 그에 대해 자세히 진달하였을 것으로 생각합니다.

문곡(文谷) 대감께서 책임을 내려놓고 한가로운 처지가 되었으니,[190] 붕우로서 몹시도 기쁘고 다행스러운 심정입니다. 그러나 사(私)가 공(公)을 이기지 못하는 것은 천리(天理)인바, 간절한 걱정 근심을 어찌 그만둘 수 있겠습니까.

지난번 말씀해 준 부분 가운데 이연(李綖)의 일[191]에 대해서는 이미

189 이른바……것 : 이보다 앞선 1687년 7월 9일의 편지에서 효종의 밀찰(密札)에 대해 "거기에 담긴 수많은 곡절을 지금 감히 문면에 드러낼 수 없기에 다만 이필(珥筆)한 이에게 아무도 없을 때에 몰래 품달하라고 하였으니, 모름지기 직접 얼굴을 보고 가르침을 내려 주기를 바랍니다."라고 한 것을 가리킨다. 《宋子大全 卷53 與金起之(丁卯七月九日)》

190 문곡(文谷)……되었으니 : 1687년 7월 24일에 영의정 김수항(金壽恒)의 사직 상소가 받아들여진 것을 가리킨다. 《肅宗實錄 13年 7月 24日》

191 이연(李綖)의 일 : 이이(李珥)의 손자 이후시(李厚蒔)의 아들인 이계(李繼)가 후사 없이 요절하여 이이의 향사(享祀)가 끊어질 위기에 처하자 송시열의 주선으로 이후시의 종제 이후수(李厚樹)의 차자(次子)인 이연을 이후시의 후사로 세웠다. 그

답장을 하셨는지 모르겠습니다. 이 일은 참으로 사문(斯文)의 여러 원로에게서 나온 것이니 몇몇 무리들을 제외하고 누군들 기쁘게 듣지 않겠습니까. 서신을 보낼 때에 저의 이름도 외람되이 말단에 끼이게 된다면 여기에서도 수령과 친구들 사이에서 의당 주선하여 도와주기를 구할 것입니다.

○ 송(宋)나라 원풍(元豐) 연간의 여러 사람들이 자기들의 본심을 밝히고자 하여 제 스스로 무망하고 패란한 일을 서술하자, 주자(朱子)는 "이는 자연 바꿀 수 없는 공론이다."라고 하셨습니다.[192] 당시 우연히 아뢰었는데, 이번에 인정을 받았으니 다행입니다.

후 서울에서 머물 곳이 마땅치 않았던 이연의 사정을 걱정한 송시열은, 1681년 1월에 정몽주(鄭夢周)의 봉사손(奉祀孫)에게 체아직(遞兒職)을 주어 제사를 받들게 한 뒤 그가 장성하기를 기다려 관직을 내리게 해 달라고 하였던 요청이 모두 수용된 전례를 들어 김수홍에게 그와 똑같이 숙종에게 아뢰어 이연의 사정을 봐 달라고 요청하였다. 《宋子大全 卷53 答金起之(丁卯二月三日)》

192 송(宋)나라……하셨습니다 : 송나라 신종(神宗) 연간에 왕안석(王安石)이 저술한 《희령일록(熙寧日錄)》과 여혜경(呂惠卿)의 저술들에 대해 주희(朱熹)가 "그 무리들이 제 스스로 무망하고 패란한 실상을 서술하여 사람들이 모두 무엇이 삿되고 무엇이 바른지 알게 되었으니, 천하에는 과연 자연 바꿀 수 없는 공론이 있는 것이다."라고 한 말을 인용한 것이다. 이는 나양좌(羅良佐)를 비롯한 윤증(尹拯)의 측근들이 윤휴(尹鑴)를 두둔한 윤선거(尹宣擧)와 윤증을 옹호하는 소장을 올림으로써 그들 스스로 윤휴와 한통속인 실상을 드러냈다고 말한 것이다. 《宋子大全隨箚 卷7》《宋子大全 卷131 雜錄》

김기지에게 답함 정묘년(1687, 숙종13) 12월 2일
答金起之 丁卯十二月二日

"머리털은 흰데 마음은 붉다."라는 것은 고인의 말인데, 생각지도 않게 우리들이 몸소 그런 지경을 마주했습니다. 이번 달 19일의 편지가 은자의 처소로부터 당도하니, 몇 줄도 채 못 읽었는데 늙은이의 눈물을 참아 내기가 힘들었습니다.

모 어른에 대해 말하자면,[193] 제 생각에는 함께 협조하여 다스리는 것은 비록 쉽게 논할 수가 없으나 회남왕(淮南王)이 꺼리는 바가 되기에는 충분합니다.[194] 옛날의 이른바 사직(社稷)의 종신(宗臣)은 이 사람이 아니고 누구이겠습니까. 그러나 참언(讒言)이 망극하여 허겁지겁 도성을 떠났으니, 병중에 그 소식을 듣고는 한심함을 금할 수 없었

193 모……말하자면 : 모 어른은 김수항(金壽恒)이다. 1687년 6월 4일 숙종이 인조(仁祖)의 손자이자 숭선군(崇善君) 이징(李澂)의 아들인 동평군(東平君) 이항(李杭)을 혜민서 제조에 제수하자 삼사(三司)에서 그것을 극력 반대하였는데, 숙종은 이러한 여론이 김수항에게서 비롯된 것으로 간주하였고 이에 거취에 불안을 느낀 김수항은 곧바로 도성을 나가 대죄하였다. 《肅宗實錄 13年 6月 4日, 8月 17日・18日》

194 회남왕(淮南王)이……충분합니다 : 전한(前漢)의 회남왕 유안(劉安)이 반란을 도모할 적에 "급암(汲黯)은 직간을 잘하는 데다 절의를 지키면서 의리를 위해 목숨을 바치는 사람이니, 잘못된 일을 가지고 그를 미혹시키기는 어려울 것이다. 그러나 승상 공손홍(公孫弘) 따위를 설복(說服)하는 것은 물건 위에 덮인 먼지를 털어 내거나 낙엽을 흔들어 떨어지게 하는 것처럼 쉬울 것이다."라고 한 고사를 인용한 것이다. 여기에서 회남왕은 동평군 이항을 비유한 것이며, 급암은 김수항의 강직한 성품을 비유한 것이다. 《宋子大全隨箚 卷6》《漢書 汲黯傳》

습니다.

협공(峽公)[195]에 대해 말하자면, 그 오활하고 서툰 성품이 시의(時宜)에 맞지 않은 까닭으로 짓밟히고 능멸당하여 세상에 용납되지 못하였지만, 시대에 대해 몹시 깊이 걱정하면서 그 심력을 다한 것으로 말하자면 세상에 어찌 또 이런 사람이 있겠습니까. 나라에 세자(世子)가 없어 식견 있는 자들이 상심하고 있으니 믿을 사람은 오직 두세 명의 변치 않는 신하들뿐인데, 지금 도리어 이러한 지경이 되고 말았습니다.

옛날 송(宋)나라 황제가 대신들을 종처럼 욕하고 관료들을 돼지처럼 꾸짖자, 회옹(晦翁)은 길에서 그 소식을 전해 듣고 거의 눈물을 흘릴 뻔하고는 상람사(上藍寺)에 들어가 날도 새기 전에 촛불을 가져오게 하여 친한 재추(宰樞)에게 편지를 썼습니다. 이를 오늘의 일과 비교해 보면 마치 그림으로 그려 낸 것처럼 똑같으니, 어찌하면 좋단 말입니까. 한스러운 점은 현자들이 기미를 일찍 파악하지 못함으로써 요즘 무리로 하여금 이런 흔적을 두도록 했다는 것입니다. 어린 손자 아이가 바로 이러한 때에 외람되이 벼슬길에 나아갔으니, 숫양이 울타리에 뿔이 걸려 나아가지도 물러가지도 못하는 상황과 똑같은지라 밤낮 걱정을 하면서 자고 먹는 것도 편치 않습니다. 그러나 어찌 군자이면서

195 협공(峽公) : 이단하(李端夏)를 가리킨다. 이때 그가 지평(砥平)의 산속에 있었기 때문에 이렇게 부른 것이다. 그는 1687년 7월 청(淸)나라 사신을 맞이할 때 역관의 가자(加資)를 함부로 언급했다는 엄지(嚴旨)를 받고 수차례 사직 상소를 올려 8월 18일 좌의정에서 해면되었고, 같은 날 거취에 불안을 느낀 김수항과 함께 도성 밖으로 나갔다. 《肅宗實錄 13年 7月 15日, 8月 18日》《圃巖集 卷22 議政府左議政畏齋李公諡狀》《宋子大全隨箚 卷6》

그 물러남을 함께하지 않는 자가 있겠습니까.[196] 그 아이가 막 소장을 작성하여 면직을 청하였는데, 만약 외직을 얻어 가지고 온다면 몹시 편할 것인지라 염치 불고하고 자리를 고르는 것에 관한 편지를 썼으니 냉소나 하지는 않을는지요. 또 이 몸이 비록 한가로운 곳에 있으나 석수도(石守道)의 무덤을 파헤치는 근심[197]이 몹시도 있습니다. 대개 나양좌(羅良佐)는 이전에는 여종을 시켜 편지를 위조하는 모책을 하다가 그 뒤이어 하는 짓은 더욱 무자비하니,[198] 이 몸은 언제나 이 일에서

196 어찌……있겠습니까 : 송나라 구양수(歐陽脩)가 직간(直諫)으로 좌천된 범중엄(范仲淹)을 변호하다가 함께 좌천을 당하였는데, 그 뒤에 범중엄이 섬서 안무초토사(陝西安撫招討使)에 임명되어 나갈 적에 구양수를 종사관으로 임명하자 구양수가 웃으면서 "예전의 일이 어찌 자신의 이익을 도모하기 위해서 한 것이겠는가. 물러나는 것은 함께하고 진출하는 것은 함께하지 않는 것이 좋겠다."라고 말하며 사양했던 고사가 전한다. 《宋史 歐陽脩列傳》

197 석수도(石守道)의……근심 : 나양좌가 송시열과 김수항의 관계를 이간하기 위하여, 송시열이 김수항을 남송(南宋)의 진회(秦檜)와 같은 사람이라고 했다는 내용으로 편지를 위조한 것에 대한 근심을 말한다. 송나라의 간신 하송(夏竦)이 자기를 배척한 석수도가 죽자 자기 여종에게 석수도의 필적을 익히게 한 뒤에 원망과 비방으로 가득한 편지를 위조하여 황제의 마음을 분노케 하고, 그가 죽은 뒤에도 "그가 죽음을 칭탁하고 사실은 거란(契丹)으로 도망친 것이다."라고 하고서 무덤을 파헤쳐 시체를 확인하려 하였다. 《宋子大全隨箚 卷9》《宋史 石介列傳》

198 뒤이어……무자비하니 : 나양좌와 성지선(成至善) 등이 스승 윤선거(尹宣擧)를 위해 변론한다는 명분으로 상소를 올려 송시열을 비난하자, 이희조(李喜朝)가 송시열에게 "성지선은 성혼(成渾)의 손자인데 그 소장에 참여하였다."라고 하면서 그 이유를 궁금해했다. 이에 대해 송시열은 "성혼의 손자이기 때문에 그렇게 한 것이다."라고 하면서 이이(李珥)와 성혼을 같은 수준으로 보지 않았던 스승 김장생(金長生)의 의견을 그 근거로 내세웠다. 그러자 나양좌를 비롯하여 성혼의 자손과 문인들이 송시열을 두고 성혼을 무함하였다고 비난하였다. '뒤이어 하는 짓'이란 바로 성혼을 무함하였다고 비난

벗어날 수 있을지 모르겠습니다. 일찍이 집사께서 저를 위하여 점쟁이에게 질문을 하자 점쟁이가 이러저러한 말을 해 주었다는 이야기를 들은 적이 있는데 지금 그 말이 증명되었습니다. 누구(僂句)가 속이지 않은 것이니[199] 기이하고도 우습습니다. 마음속이 평안치 못하여 붓 가는 대로 우러러 답장을 썼으니 외인(外人)들에게는 말하지 마십시오. 나머지 축원하는 바는, 섣달 추위에 몸을 보중함으로써 멀리 있는 저의 정성에 부응해 달라는 것입니다.

한 것을 가리킨다. 《宋子大全 卷20 辨訾毁牛溪之謗仍白先誣疏, 卷96 答李同甫(丁卯五月三日)》

199 누구(僂句)가……것이니 : 점쟁이의 말이 틀리지 않았다는 말이다. 누구는 노(魯)나라 대부 장소백(臧昭伯)이 가지고 있던 점치는 거북이 등껍질의 이름이다. 장소백이 진(晉)나라에 갈 때 그의 사촌인 장회(臧會)가 누구를 훔쳐다가 신의 있게 행동하는 것이 길한지 신의 없게 행동하는 것이 길한지 점을 쳤는데, 후자가 길하다는 점괘가 나왔다. 이에 그는 그 점괘대로 행동하였고, 결국 훗날 계평자(季平子)가 장회를 장씨(臧氏)의 후계자로 세우자 장회는 "누구가 나를 속이지 않았다."라고 하였다. 《春秋左氏傳 昭公25年》

김기지에게 답함 무진년(1688, 숙종14) 1월 19일

答金起之 戊辰元月十九日

어제 선산(善山)의 이군(李君)이 찾아와 편지를 전해 주어 삼가 새봄이 찾아든 가운데 대감의 기거가 만복하다는 사실을 알고는 바야흐로 위로되고 다행인 심정이었습니다. 그러던 중 오늘 녹사(錄事)가 또 지난 섣달에 보낸 편지와 별지를 가져다주니, 펼쳐서 누차 반복하여 읽어 보고는 거듭 한탄하였습니다.

제가 일전에 이치를 거스르는 참척(慘慽)[200]을 당하였을 때 감정을 절제하지 않고 슬픔 속에 잠겨 있다가 병이 그 틈을 타 침입하였습니다. 처음엔 이 병이 새해를 넘기지는 않을 것이라고 생각했는데 이달도 벌써 반이 지났으나 여태껏 이어지고 있으니, 이 또한 괴이한 일입니다. 다만 세도(世道)는 이에 이르렀고 국사(國事)는 끝이 없으니, 언제나 한결같은 염려를 여전히 스스로 그만둘 수 없는바, 이 또한 무슨 심정인지 알지 못하겠습니다. 오직 하루아침에 죽는 것이 궁극의 방책일 것이나, 만일 효종(孝宗)의 뜻과 사업이 끝내 크게 밝혀지고 크게 계승되지 못하여 7세(世)의 덕을 관찰하는 일이 만세토록 이어지지 못하게 된다면[201] 비록 땅속에 들어간다 하더라도 눈은 의당 감기 어려

200 이치를 거스르는 참척(慘慽) : 자식의 죽음을 의미하는 말로, 1687년 12월에 송시열의 서녀(庶女)가 세상을 떠난 것을 가리킨다. 《宋子大全 卷50 答李季周(丁卯十二月二十日)》

201 7세(世)의……된다면 : '7세의 덕을 관찰하는 일'이란 《서경》 〈함유일덕(咸有一德)〉에 "7세의 사당에서 덕을 관찰할 수 있다."라고 한 데서 유래한 표현이다. 이에

울 것입니다.

율옹(栗翁)의 《별집(別集)》을 산개(刪改)하는 일은 삼가 이군을 통하여 그에 대한 집사의 숭고한 뜻을 알게 되었습니다. 다만 화숙(和叔)이 자기의 뜻을 완전히 포기하려 하지 않으니,[202] 이와 같이 서로 버티다가 부질없이 남들의 의심과 분노를 야기하는 것은 마땅한 일이 아닐 듯합니다. 저의 생각으로는 서둘러 이연(李綖)으로 하여금 그 판본(板本)을 깎아 버리도록 하고 따로 한 개의 본을 만들어 간결하게 하는 데 힘쓰는 한편, 박세채(朴世采)의 발문은 구태여 남겨 두지 않는 것이 가장 좋은 방안일 듯합니다. 이렇게 한 뒤에야 비로소 일을 종결지을 수 있을 것이니, 어찌 군이 남의 눈치를 살펴 가며 사문(斯文)의 중대사에 끝내 유감이 남게 할 수 있겠습니까. 율로(栗老)의 유지(遺址)와 관련한 일은 집사께서 이토록 부지런히 신경을 써 주었는데 끝내 허사로 돌아갔으니, 여기에서 또한 세상의 변고를 관찰할 수 있습니다. 겨우겨우 쓰느라 하고 싶은 말을 일일이 다 드러내지 못합니다.

대한 채침(蔡沈)의 주에 "천자는 일곱 사당이니, 3개의 소(昭)와 3개의 목(穆)에 태조(太祖)의 사당을 합하여 7개이다. 7개 사당은 친(親)이 다하면 옮기니, 덕이 있는 군주는 체천(遞遷)하지 않으므로 7세의 사당에서 덕을 관찰할 수 있다고 말한 것이다."라고 하였다. 《書經集傳 卷3》 즉 송시열은 효종을 덕이 있는 군주로 간주하는 한편 그의 사업을 계승하지 못하면 끝내 효종의 사당은 불천위(不遷位)를 할 수 없게 된다고 한 것이다. 송시열은 일찍이 《서경》의 해당 표현을 가지고 효종의 묘당을 세실(世室)로 정할 것을 청한 바가 있다. 《宋子大全 卷17 請以孝宗大王廟爲世室疏》

202 화숙(和叔)이……않으니 : 화숙은 박세채의 자이다. 박세채는 1682년에 이이(李珥)의 《외집(外集)》과 《별집》을 편집하였는데, 거기에는 오탈자가 너무도 많아 송시열이 김만기(金萬基)를 시켜 그것을 교감하게 하는 한편 그 판목(版木)을 없애도록 하였다. 《尤菴先生書節要集解 卷3》

김기지에게 답함 무진년(1688, 숙종14) 2월 12일

答金起之 戊辰二月十二日

태의(太醫)가 내려오는 편에 삼가 보내 준 답서를 받았습니다. 거기에서 해 준 모든 말씀은 그 어느 하나 세도에 관계되지 않은 것이 없었으니, 저로 하여금 의지할 바가 있어서 두려움이 사라지게 하였습니다. 천식(賤息)[203]은 비루하고 미천한 까닭으로 집사의 위로를 받기에 부족한 존재인데 이렇게나 슬픔을 달래 주고 위문해 주는 은혜를 입으니, 감사하고 또 송구한 마음 뭐라 형언할 수가 없습니다. 2명의 태의를 보내 준 성상의 은혜로운 명은 천신이 감당할 수 있는 바가 너무도 아니니, 감읍하고 황공하여 몸 둘 바를 모르겠습니다.

교로(郊老)[204]의 소식을 들을 길이 없는데, 정양(靜養)하고 엄숙히 지내는 가운데 명망과 실제가 더욱 높아지고 있을 것으로 짐작되니, 하늘의 뜻이란 우연한 것이 아닙니다.

저의 질병은 태의의 정밀한 의술 덕분에 약을 한번 먹자마자 바로 효험을 보았습니다. 이를 통해 살리기를 좋아하시는 성상의 덕이 이 늙은이에게 유독 후하다는 사실을 더욱 잘 알게 되었습니다.

손자 아이가 삼가 집사의 비호를 받아 벼슬길에서 벗어나게 됨과 동시에 함께 물러나고자 하는 소원도 이루게 되었으니, 이 얼마나 다행이고 다행입니까. 나머지 할 말은 일일이 다 쓰지 못합니다.

203 천식(賤息) : 1687년 12월에 세상을 떠난 송시열의 서녀(庶女)를 가리킨다.

204 교로(郊老) : 김수항(金壽恒)을 가리킨다. 《宋子大全隨箚 卷6》

김기지에게 답함 무진년(1688, 숙종14) 3월 29일

答金起之 戊辰三月二十九日

홍경궁 제거(鴻慶宮提擧)[205]는 주자(朱子)가 사직하실 당시의 관직명인데, 오늘날 집사의 직무가 그와 유사하니[206] 참으로 저의 정신을 깨어나게 만듭니다. 삼가 위문편지를 받고서 현재 집사의 기거가 깨끗하고 엄숙하다는 사실을 알게 되니 위로와 감사가 교차하여 무어라 표현할 길이 없습니다. 다만 어진(御眞)이 여기서 멀지 않은 곳을 지나가는데, 천신은 삼가 그 길가에 엎드려 견마지로의 미천한 정성을 조금이나마 펴고 싶은 마음 간절합니다. 그러나 병든 몸을 억지로 일으키기가 힘들고 또 저의 야복(野服) 차림이 남들의 비평을 초래할까 염려되어 뜻은 있지만 이루지 못하니, 무슨 한이 이만하겠습니까. 지금 이 성대한 의식은 천년에 한 번 있는 일인데, 속료(屬僚) 사신(詞臣)이 칭송하는 작품을 지은 것이 있습니까? 그 칭송은 무엇이 되어야 하겠습니까? 오직 교매(郊禖)에서 궁독(弓韣)의 일을 할 뿐입니다.[207]

205 홍경궁 제거(鴻慶宮提擧) : 대본에는 '崇福宮提擧'로 되어 있는데, 《송자대전수차》 권6과 《회암집》 권85의 〈사면대제……사표(辭免待制……謝表)〉에 근거하여 '崇福'을 '鴻慶'으로 바로잡아 번역하였다.

206 홍경궁……유사하니 : 홍경궁은 남송(南宋) 때 멀리 원묘(原廟)를 바라보며 제사를 지내던 곳이다. 1688년 3월 김수홍은 모사도감 도제조(模寫都監 都提調)가 되어 전주(全州)에 가서 태조(太祖)의 영정을 모셔오는 임무를 맡았다. 《芝村集 卷26 大匡輔國崇祿大夫……退憂堂先生金公行狀》

207 교매(郊禖)에서……뿐입니다 : 왕자(王子)의 탄생을 기원한다는 말이다. 교매

늙은 신하가 백발로 소장을 밀봉하는 정성을 견디지 못하여 문득 지면에 드러내고 말았으니, 도리어 지극히 두려운 심정만 더합니다. 나머지 할 말은, 태양이 상서롭고 바람은 온화한 가운데 호위가 만복하기를 기원한다는 것뿐입니다.

○ 편지 말미에 말씀하신 것은 말하고 싶지 않습니다. 옛날에 '백송(白松)의 송골매'란 칭호가 있었는데, 오늘의 일이 거의 그와 비슷합니다.[208]

는 옛날 제왕이 자식을 얻기 위해 제사 지내는 신인데, 사당이 교외에 있기 때문에 이렇게 칭하였다. 궁독은 아들을 낳았을 때 천지 사방을 향해 활을 쏘아 축하하는 뜻을 취한 것이다. 《史記 殷本紀》《禮記 月令》

208 옛날에……비슷합니다 : 선조(宣祖) 연간에 이기(李墍)가 이이(李珥)를 비난하자 당시 사람들이 그를 백송의 송골매라고 칭하였다. 이는 송골매는 새를 잘 사냥하기 때문이고, 또 이기는 일찍부터 백발이 된 데다 호가 송와(松窩)였기 때문이다. 《宋子大全隨箚 卷6》

김기지에게 보냄 무진년(1688, 숙종14) 단오일

與金起之 戊辰端陽日

일전에 어진(御眞)을 호종할 때 길가에서 우러러 절하고서 행차를 맞이하지 못한 것이 지금까지 마음에 한으로 남아 있습니다. 삼가 요즈음 체후가 더욱 평안할 것으로 생각하니, 송축하는 마음 한량이 없습니다.

삼가 아뢸 것이 있습니다. 일찍이 영외(嶺外)의 자질구레한 문자를 보았더니 퇴계(退溪) 문하의 사람들이 조금이라도 칭술할 만한 산과 개울에 대해서는 모두 드러내어 찬양함으로써 세상에 전하였는데, 유독 해주(海州)의 고산 구곡(高山九曲)은 노선생(老先生)이 은거하며 노닐고 완상하시던 곳인데 묻히고 황폐해져서 거의 찾아갈 수가 없는 형편이니 극히 한탄스럽습니다. 더구나 이 구곡은 주자의 무이 구곡(武夷九曲)과 은연중 부합하니, 이는 더욱 기이한 일입니다. 지금 〈무이도(武夷圖)〉가 나라 안에 꽤 전해져 있으니, 삼가 이 그림에 의거하여 고산 구곡을 그림으로써 사우들 사이에 전하기를 원합니다. 그런데 화공(畫工) 및 바탕이 될 종이와 필묵 등을 실어 보내는 일은 여기 학궁(學宮)의 선비들의 역량으로 마련할 수 있는 것이 아닙니다. 삼가 듣건대 집사께서 현재 사복시 제조(司僕寺提調)를 맡고 있다고 하니, 공무로 쓰다 남은 자질구레한 것들이 또한 이를 해결해 줄 수 있을 듯합니다. 부디 바라건대 유의하여 도모해 주는 것이 어떻겠습니까. 이 일을 고할 데가 없어 감히 이렇게 번거롭게 청하였으니, 삼가 헤아려 주기를 바랍니다.

김기지에게 답함 무진년(1688, 숙종14) 6월 2일

答金起之 戊辰六月二日

뜻하지 않게 지난달 22일에 보낸 편지를 받고서 제게 해 준 말씀을 다 살펴보매 마치 직접 뵙고 가르침을 듣는 것 같았으니, 지극히 위로되고 다행스러운 심정을 이길 수 없었습니다.

만수전(萬壽殿)의 편찮은 체후는 이미 평상을 회복해 갑니까? 구구히 염려되는 마음을 어찌 말로 형언할 수 있겠습니까.

고산 구곡은 이미 도본(圖本)이 있다고 말씀하시니, 기쁘고 다행스러운 심정을 이길 수 없습니다. 부디 바라건대 재차 수정과 윤색을 가하여 정본을 만듦으로써 서로 돌려 가며 본떠서 새길 바탕으로 삼는 것이 어떻겠습니까. 집안에 노선생(老先生)이 지으신 〈구곡가(九曲歌)〉의 언문본(諺文本)이 있는데 그 아래 최간이(崔簡易 최립(崔岦))의 문자가 있으니 모두 남창(南窓)[209]의 필적입니다. 지금 그것을 보내드리니, 부디 바라건대 그것을 본떠 새기고 출간하여 부녀자들도 모두 보고 완상할 수 있도록 한다면 《태평광기(太平廣記)》나 《제해기(齊諧記)》 등의 책보다는 훨씬 나을 것입니다. 본떠 새긴 뒤에 즉시 보내주는 것이 어떠합니까?

귀에 들어오는 시사가 모두 나쁜 것들뿐입니다. 우려스러운 단서는

209 남창(南窓) : 김현성(金玄成, 1542~1621)의 호이다. 본관은 김해(金海), 자는 여경(餘慶)이며, 초명(初名)은 방진(方進)이다. 이이(李珥), 성혼(成渾) 등과 교유하였으며, 명필로 이름났다.

실로 편지에서 한 말씀 그대로이니, 이 어찌 사람의 계책으로 미칠 바이겠습니까. 다만 천장을 쳐다보며 한숨만 쉴 뿐입니다.

중우(仲羽 이숙(李翻))에 대해 말해 보자면, 듣건대 그가 병이 나은 뒤에 나아가 병판(兵判)과 함께 왕실을 보좌함으로써 그 만분의 일이나마 부지하고자 하였다는데, 그 뜻을 결국 이루지 못하고 갑자기 황천의 사람이 되고 말았으니 슬프고 슬픕니다. 이 또한 하늘의 뜻이 어디에 있는지 알 수 있는 부분이니, 어떡하겠습니까.

성조(聖祖) 화상(畫像)의 모사본을 받았는데 극히 정묘하니, 어찌 신의 도움이 없고서 이렇게 될 수 있었겠습니까. 한번 우러러 뵙지 못하는 것이 한스럽습니다.

하고 싶은 말은 정자(正字)인 집사의 조카가 능히 상세히 진달할 것으로 생각합니다. 나머지 할 말은 일일이 다 하지 못합니다.

김기지에게 답함 무진년(1688, 숙종14) 9월 16일

答金起之 戊辰九月十六日

신민이 복이 없어 자의성모(慈懿聖母)께서 끝내 세상을 떠나시기에 이르렀으니, 모두 깊이 애통해하는 심정이 어찌 끝이 있겠습니까.

소식이 오래도록 막힌 끝에 삼가 손수 쓴 편지를 받게 되었는데, 상세히 길게 말씀을 해 주니 저에 대한 관심과 사랑에 지극히 감사를 드립니다.

대개 집사께서 다시 조정에 들어간 뒤로 기쁘고 경하하는 마음 비록 깊었지만, 그것이 오히려 깊은 근심보다는 못하였습니다. 마치 남을 대신해 썩은 음식을 받았는데 먹을 수도 없고 안 먹을 수 없는 진퇴양난의 상황과 같으니, 오늘날의 사리와 형세로 보건대, 충무후(忠武侯 제갈량(諸葛亮)) 이상 되는 사람이 아니면 비록 만분의 일이나마 부지하고자 한들 그렇게 될 수 없을 것입니다. 혹 벗어나는 것이 어렵다고 말을 하지만 진실로 -원문 결락- 아부하지 않는다면 요즘 무리들이 나를 용납하지 않을 것입니다. 도리어 청문(靑門 동쪽 성문)을 나서서 형제간이 함께 빛나게 되는 것이 어찌 인간사의 쾌활하고 즐거운 일이 아니겠습니까.

고산 구곡(高山九曲)은 아직 한 번도 그곳에 발을 들인 적이 없어 매일 밤 꿈속에서 상상할 뿐이었는데, 지금 이 그림을 보고는 마치 시내가 다투어 흐르고 빼어난 경치가 서로 경쟁하는 그 속에 들어앉아 맑은 바람을 쐬고 여향(餘香)을 맡는 것 같았습니다. 다만 구곡을 가로로 보이게 그린 〈무이도(武夷圖)〉와는 같지 않았는데, 이는 묘법(妙

法)을 절로 운용하여[210] 옛 투식을 답습하지 않은 것입니까? 기이하고 기이합니다.

천신이 올린 작은 소장에 애처롭게 여기는 내용의 비답이 내려져 과한 은혜를 받으니, 황송하고 감격스러움을 이기지 못하겠습니다. 다만 늙고 병든 것이 이렇게나 극에 달하였으니 억지로 나섰다가 길에서 죽는 것이 어찌 어질고 성스러운 세상에 응당 있어야 할 일이겠습니까. 형세상 다시 글을 올려야겠습니다. 하고 싶은 말을 일일이 다 적지 못합니다.

210 이는……운용하여 : 대본에는 '此是纊也之自運妙法'으로 되어 있는데, '纊'은 의미를 알 수 없으므로 번역하지 않았다.

김기지에게 보냄 무진년(1688, 숙종14) 11월 21일

與金起之 戊辰十一月二十一日

추위가 혹심한데 삼가 정무를 보살피는 여가에 기거가 신의 도움으로 평안할 것으로 생각하니, 구구히 그리운 마음을 주체할 수 없습니다.

저는 하류에 처하여 온갖 악평이 모두 집중되고 있습니다. 호남(湖南)의 상소하러 가는 무리[211]가 벌써 차령(車嶺)을 넘었고, 또 듣건대 성균관 유생들의 의론이 또한 장차 맹렬히 일어나려 하며 영남(嶺南)에서도 그 소문을 듣고 서로 호응하여 일어나고자 한다고 합니다. 이 영남의 경우는 대개 연전에 어전(御前)에 올린 《심경석의(心經釋疑)》와 차자 때문이며,[212] 호남과 성균관의 의론은 동보(同甫 이희조(李喜朝))와 주고받은 서찰 중에 우계(牛溪)를 언급한 일 때문입니다.[213] 이것은 모두 한 번의 웃음거리도 못 되지만 일이 사문(斯文)에 관계되니 잠자코 아무런 변론을 하지 않을 수는 없을 것입니다. 그러나 만약 변명을 하자면 몹시 피로할 것 같은데 어떻게 하면 좋겠습니까? 부디 생각해 보고 가르쳐 주기를 바랍니다.

211 호남(湖南)의……무리 : 호남의 유생인 백광호(白光瑚) 등을 가리킨다. 그는 김장생(金長生)의 문묘 종사를 청하기 위해 상경했다가 논제를 바꿔 윤증(尹拯)의 억울함을 하소연하면서 송시열을 공격하였다.《肅宗實錄 14年 12月 3日》

212 영남의……때문이며 : 1681년 9월 송시열은 숙종의 명에 의해 이황(李滉)의 문하에서 편찬된 《심경석의》의 오류를 정정하고 차자를 올렸는데, 이를 두고 영남 사류들은 송시열이 이황을 헐뜯었다고 통문을 돌린 일을 가리킨다.《宋子大全 附錄 卷11 年譜》

213 호남과……때문입니다 : 583쪽 주198 참조.

별지

동보에게 보낸 편지 중 우계에 대해 언급된 것이 두 가지 일인데, 그중 하나는 "이처럼 같을 수가 있는가?"라고 한 말이며, 또 하나는 임진년(1592, 선조25) 후의 일이었습니다. "이처럼 같을 수가 있는가?"라고 한 것은, 제가 소싯적에 선사(先師 김장생(金長生))께서 일찍이 "두 선생은 서로 차이점이 없지 않다."라고 하신 것입니다. 이는 우계를 억누르려는 의도에서 그런 것이 아니고 대개 율곡(栗谷)에 대해 그 성심으로 열복하는 것이 마치 70제자가 공자에게 하듯 하는 마음이 있기 때문에 그렇게 말씀하셨던 것입니다. 그러나 재아(宰我)가 말하기를 "제 입장에서 부자(夫子)를 관찰하건대 요순(堯舜)보다 훨씬 훌륭하십니다."라고 하였는데, 요순을 높이는 자가 이것으로 재아에게 화를 냈다는 말을 듣지 못하였습니다.

한편 '임진년 후의 일' 운운한 것에 대해서 말하자면, 선사께서 일찍이 문인과 더불어 위(衛)나라 첩(輒)의 경권(經權)에 관한 일[214]을 강론하면서 이르기를 "변(變)도 쉽게 조처할 수 없고 권(權)도 경솔히 논할 수 없다. 임진년의 능변(陵變)[215]을 당한 후에 우계가 국외(局外)의 사람으로서 갑자기 강화(講和)를 주장하다가 선조대왕(宣祖大王)에게 무한한 죄책을 받았으니, 만약에 율곡이었다면

214 위(衛)나라……일 : 춘추 시대 위나라 영공(靈公)의 세자인 괴외(蒯聵)가 아버지에게 죄를 얻고 진(晉)나라로 도망하였다. 그 후 영공이 죽자 위나라에서는 괴외의 아들 첩을 임금으로 추대하였다. 괴외가 진나라 군대를 이끌고 위나라로 들어와 군주가 되려 하니, 첩은 자기 아버지인 괴외를 막았다. 《春秋左氏傳 定公14年, 哀公16年》

215 임진년의 능변(陵變) : 임진왜란 때 왜병이 성종의 능인 선릉(宣陵)과 중종의 능인 정릉(靖陵)을 파헤친 사건을 말한다.

반드시 이런 일은 없었을 것이다."라고 하셨습니다. 이는 대개 권변(權變)의 도를 범연하게 논하면서 약간 우계의 일을 언급하였던 것입니다. 이는 마치 주자(朱子)가 의리(義理)의 지극한 곳을 논하면서 말씀하시기를 "문왕(文王)은 무왕(武王)보다 높고, 태백(泰伯)은 또 문왕보다 높다."[216]라고 한 것과 같은 것이니, 이것이 어찌 우계를 배척하는 뜻이겠습니까.

당시에 황추포(黃秋浦 황신(黃愼)) 같은 이는 그 문인이었음에도 그것을 의심하였으니 이 어찌 다른 생각이 있어 그런 것이겠습니까. 또 윤안성(尹安性)의 시에도 정히 그 일을 풍자하였는데 지금의 태학사(太學士 남용익(南龍翼))가 그 시를 《기아(箕雅)》에 기록히였습니다.[217] 이와 같은 일들에 대해 만일 일일이 화를 내고자 한다면 장차 그 화를 이루 다 이겨 내지 못할 것입니다. 또 선사께서 말년에 우계에 대해 추존하고 찬미한 것이 한둘이 아니니, 이는 새로 간행한 유고(遺稿)를 보면 알 수 있는 사실입니다. 그런데도 저들 무리는 그 일의 선후와 곡절을 알지 못하고 이와 같이 분분히 떠들며 심지어는 선사의 이름까지 부르면서 비방하니, 이는 분노할 일이 아니라 실은 애석히 여겨야 할 일입니다. 이것으로 동보를 위안하고자 하나

216 문왕(文王)은……높다 : 이 내용은 《회암집(晦庵集)》 권58 〈답양지인(答楊志仁)〉에 보인다.

217 윤안성(尹安性)의……기록하였습니다 : 《기아》 권4에 실린 윤안성의 시를 말한다. 선조 말기에 일본에 사신을 보낼 때 그가 시를 짓기를 "회답사란 이름 띠고 어디로 향해 가나. 오늘날에 화친이라 내 그 뜻 모르겠네. 시험 삼아 한강에 와 강가 바라보니, 두 능의 송백들이 가지도 안 돋았네.〔使名回答向何之? 此日交隣我未知. 試到漢江江上望, 二陵松柏不生枝.〕"라고 하여 조정의 조치를 풍자하였다.

거듭 누를 끼칠까 염려되어 감히 못 하고 있으니, 이는 동보를 대하는 방법이 아닌지 모르겠습니다.-그때 제가 묻기를 "율곡이 당시에 계셨다면 응당 어떻게 하였겠습니까?"라고 하자, 선사께서 오래도록 묵묵히 있다가 말씀하시기를 "당시에는 별다른 좋은 계책이 없었으니, 오직 지성으로 슬피 울부짖으면서 천장(天將)께 간청하여 철군(撤軍)하지 않도록 빌 따름이었을 것이다."라고 하였습니다. 이에 의하면 선사 역시 우계가 한 일이 부득이한 상황에서 나왔음을 알았던 것입니다.-

김기지에게 보냄 무진년(1688, 숙종14) 12월 4일
與金起之 戊辰十二月四日

병으로 슬프고 괴로운 가운데 남은 숨을 아직 연장하고 있으니, 그리운 일념이 끊이지 않습니다. 추위가 이미 매서운 가운데, 삼가 정무를 보살피는 여가에 체후가 신의 도움으로 만복할 것으로 생각합니다.

일찍이 배녹야(裴綠野)의 표문(表文)[218]에 대해 말씀해 주었으니, 실로 외로운 이 마음에 감동을 주었습니다. 지금 그것을 인용하여 저의 일을 완료하고자 하니, 삼가 바라건대 그 전편을 기록하여 보내 주기나 아니면 그중 긴요한 구절을 기록하고 또 출처에 대해 말씀해 주는 것이 어떠합니까. 손자 아이가 오래도록 집사로부터 장막을 드리우는 것과 같은 보살핌을 받았는데, 지금 거취와 굴신(屈伸)의 마땅함에 대해 재차 지도해 주었으니 그 감사한 은혜를 더욱 어떻게 갚겠습니까.

218 배녹야(裴綠野)의 표문(表文) : 녹야는 당 헌종(唐憲宗) 때의 명재상인 배도(裴度)가 은퇴한 뒤에 낙양 근교에 마련한 별장인 녹야당(綠野堂)을 말한다. 배도가 회서(淮西)에서 일어난 반란을 평정한 공로로 헌종으로부터 옥대(玉帶)를 하사받았는데, 후일 환관이 권력을 천단(擅斷)하여 사기(士氣)가 떨어지자 그 옥대를 반납하는 표문을 올리고 녹야당에서 명사들과 글과 술로 세월을 보내며 세상일에는 귀를 기울이지 않았다. 《舊唐書 裴度列傳》

김기지에게 답함 무진년(1688, 숙종14) 12월 14일
答金起之 戊辰十二月十四日

막 원우(院宇)에 당도하여 미처 전배(展拜)를 하기 전에 이렇게 편지를 받고서 거기에 담긴 말씀을 다 살펴보았습니다.

무릎의 통증이 점점 괴로워져 가는데 떠날 계획은 이미 촉박하니, 멀리 종남산을 바라보면서 율옹(栗翁)의 "사공에게 일러 돛 걸지 말게 하였네.〔爲報篙師莫擧帆〕"라는 구절[219]을 작게 음송할 따름입니다.

지난번 편지에서 여쭌 일에 대해 끝내 가르침과 보탬을 주었으니 얼마나 다행이고 다행입니까.

한 해가 다하려 하니, 오직 시대를 위하여 몸을 보중함으로써 멀리서 우러르는 저의 마음을 위로해 주기를 축원합니다.

○ 보내 준 황의(黃醫)는 그 정성스러운 뜻에 감사합니다. 감사하는 마음 어찌 다함이 있겠습니까. 30년 전에 이 병을 앓다가 다릿병으로 변하였으니, 춘형(春兄 송준길(宋浚吉))은 농담하기를 "병까지 회옹(晦翁)을 배울 필요는 없다."라고 하였습니다. 대개 그분의 한 가지 일도 배우지 못하고 오직 이것만 배웠지만 이 어찌 쉬운 일이겠습니까. 오늘날 춘형을 다시 볼 수 없으니, 애오라지 그 말을 그대로 외면서 한바탕 웃음거리로 삼는 바입니다.

219 율옹(栗翁)의……구절 : 《율곡전서(栗谷全書)》 권2의 〈배 가운데에서 종남산을 바라보며 처연히 짓다〔舟中回望南山悵然有作〕〉에 나온다.

김기지에게 보냄 기사년(1689, 숙종15) 1월 3일

與金起之 己巳正月三日

새해를 맞아 만복을 받았을 것이니 구구히 축하드립니다.

청교(靑郊)에서의 거취에 대해서는 창졸간이라 어수선하여 미처 여쭈지 못하고 마음대로 진퇴를 결정하였으니, 어찌 이치에 어긋나지 않겠습니까. 뒤미처 생각해 보매 두렵기만 합니다.

일전에 삼가 듣건대 혐의쩍은 일로 인하여 인혐하고 물러났다가 대장(大葬 예장(禮葬))으로 인해 이내 나왔다고 하는데, 이제 대장이 끝났으니 다시 장단자(長單子)를 올려 사직을 청할 것입니까, 아니면 시사(時事)를 위해 억지로 애쓸 것입니까? 그에 대해 듣고 싶으나 감히 청하지 못합니다.

삼가 생각건대 《기묘록(己卯錄)》에 조 선생(趙先生 조광조(趙光祖))의 연원을 논한 곳이 십분 적실하게 되었는지 알 수 없지만, 점필공(佔畢公 김종직(金宗直))이 크게 유풍(儒風)을 떨쳐서 한훤(寒暄 김굉필(金宏弼))과 일두(一蠹 정여창(鄭汝昌))의 문정(門庭)을 열어 놓고 마침내 조 선생에 이르러 정학(正學)이 밝게 드러나게 된 것으로 말하자면 그것은 속일 수 없는 사실입니다.

무오년(1498, 연산군4)과 기묘년(1519, 중종14)의 화는 참혹하였습니다. 그 후 누명을 씻고 융숭히 보답하는 일에 최선을 다하지 않은 것은 아니지만 오직 점필공에 대해서만큼은 오히려 유감이 없을 수 없습니다. 이는 대개 시호를 내리는 은전에 대하여 정론(定論)이 없었으며, 증직(贈職) 한 가지 일에 있어서도 오히려 인색한 감이 없지 않기 때문입니다.

삼가 듣건대 논자들은 의제부(義帝賦)[220]를 가지고 말한다 하는데, 의제부에 실로 의심되는 데가 있기는 하나 그 주설(註說)은 유자광(柳子光)이 교묘하게 남들을 현혹함으로써 함양(咸陽)에서의 원한[221]을 보복한 것입니다. 이제 어찌 다시 그 말을 따져서 유풍을 크게 진작한 위대한 공로를 덮을 수 있겠습니까.

염계(濂溪) 주자(周子 주돈이(周敦頤))가 비록 전하지 않는 공맹(孔孟)의 여론(餘論)을 계승하였으나, 두 분의 정자(程子)를 얻어 사도(斯道)가 크게 밝아진 후에야 사람들이 주자의 공이 몹시 큰 것을 알았습니다. 지금 점필공을 비록 감히 주자에 비할 수는 없겠지만, 우리나라에서 그 공로를 논한다면 대수롭게 간주하지는 못할 듯합니다. 그런데 지금 그 자손이 미약하여 감히 억울함을 하소연하여 은전을 빌지 못하고, 유생들 역시 주창하여 성의를 다하는 이가 없으므로 식자들이 개탄해 온 지 오래되었습니다. 이에 다행히 그의 후손 김시락(金是洛)이 나이 겨우 약관이 지났는데, 집사께서 사문(斯文)을 자신의 임무로 삼고 있다는 말을 듣고는 발을 싸매고 서울로 올라갔습니다. 그런데 감히 스스로 문하에 나아가지 못하기에 감히 이와 같이 소개를 하니, 부디 바라건대 잘 지도해 주는 것이 어떻겠습니까.

220 의제부(義帝賦) : 김종직이 지은 〈조의제문(弔義帝文)〉을 말한다.

221 함양(咸陽)에서의 원한 : 김종직이 함양 군수로 부임해 학사루(學士樓)에 올랐는데, 마침 조정을 어지럽히던 유자광의 시판(詩版)을 보고 바로 떼어 버렸다. 이 일에 앙심을 품은 유자광은 김일손(金馹孫)이 사초에 삽입한 김종직의 〈조의제문〉을 단종을 폐위한 세조를 모욕한 글이라 하여 김종직을 부관참시하고 수많은 사림을 숙청하였는데, 이것이 무오사화(戊午士禍)이다. 《宋子大全隨箚 卷6》

나머지 할 말은 병이 심하여 남의 손을 빌려 적느라 일일이 다 하지 못합니다.

김기지에게 답함 기사년(1689, 숙종15) 1월 12일

答金起之 己巳正月十二日

막 인편을 통하여 대략 편지 한 통을 부쳤는데, 그것이 미처 도달하기도 전에 방금 이번 달 7일에 보낸 편지와 별지를 받았습니다. 이에 길게 가르쳐 준 말씀을 다 살펴보고는 기쁘고 감사하는 마음 가슴에 새기면서 어찌할 바를 모르겠습니다.

저는 타고난 운명이 기구하여 하는 일마다 상흔을 입곤 합니다. 손자 아이의 장례를 다 마치지도 못하였는데 병을 무릅쓰고 바로 돌아오다가 증세가 갑자기 심해지는 바람에, 쇠잔하여 죽을 날만 기다리고 있으니, 오히려 또 무슨 말을 하겠습니까.

나라의 존망이 걸린 위급한 이때에 집사께서는 다시 재상의 지위에 있어 책임이 극히 무거운데, 떠돌아다니는 부평초와 같은 상황이라 힘쓸 곳이 없으니 사림이 비록 몹시도 우러러 기대하고 있지만 또한 어찌해 볼 수가 없습니다. 장차 어떻게 하려는지요? 오직 더욱 몸을 보중함으로써 우러러 바라보는 많은 이들의 마음에 위로가 되기를 바랍니다.

지은이 **송시열(宋時烈)**

1607(선조40)~1689(숙종15). 자는 영보(英甫), 호는 우암(尤菴)·우재(尤齋)·파옹(巴翁)·화양동주(華陽洞主) 등이며, 시호는 문정(文正), 본관은 은진(恩津)이다. 부친은 송갑조(宋甲祚)이고, 모친은 선산 곽씨(善山郭氏)이다. 사계(沙溪) 김장생(金長生)과 신독재(愼獨齋) 김집(金集)을 사사하여 기호학파의 종장(宗匠)이자 노론의 영수로 활동하면서 조선 후기 학문과 정치에 큰 발자취를 남겼다. 효종의 즉위 이후 청나라에 대한 복수설치(復讎雪恥)를 역설한 《기축봉사(己丑封事)》를 올려 북벌론을 제시하였고, 학문적으로는 주자성리학을 정통으로 삼아 남인 학자인 윤휴(尹鑴)와 대립하였다. 이후 남인, 소론과 갈등이 깊어지다가 효종의 천릉(遷陵), 왕실 복제를 둘러싼 예송(禮訟)으로 논핵을 받아 삭탈관직되고 덕원(德源), 장기(長鬐), 거제도(巨濟島)에서 유배 생활을 하였다. 1689년 원자 책봉 문제로 제주(濟州)에 유배되었다가 서울로 압송되던 중 정읍(井邑)에서 사사(賜死)되었다. 1756년(영조32) 문묘(文廟)에 배향되고 영의정에 추증되었다. 저서로 《송자대전》, 《주자대전차의(朱子大全箚疑)》, 《정서분류(程書分類)》, 《주자어류소분(朱子語類小分)》, 《논맹혹문정의통고(論孟或問精義通考)》 등이 있다.

옮긴이 **정문채(鄭文采)**

부산대학교 국어국문학과를 졸업하고 서울대학교 국어국문학과 석사과정을 수료하였으며 한국고전번역원 부설 고전번역교육원 연수과정을 졸업하였다. 현재 한국고전번역원 고전번역실 번역위원이다.

송자대전 11

송시열 지음 | 정문채 옮김

2023년 12월 31일 초판 1쇄 발행

발행인 김언종 | 발행처 한국고전번역원
등록 2008. 3. 12. 제25100-2018-000049호
주소 (03310) 서울시 은평구 진관1로 85
전화 02-350-4800 | 팩스 02-350-4994 | 홈페이지 www.itkc.or.kr

연구총괄 정영미 | 연구책임 장희성 | 연구기획 강지원 | 자문 정선용

책임편집 이선주 | 편집진행 신진호 서윤이
교정 송숙희 윤옥선 이재황 | 조판 김지현 | 제작 조은지
디자인 씨디자인 | 인쇄 명일인쇄

값 20,000원
ISBN 978-89-284-1094-1 94810
978-89-284-0619-7 (세트)